KB039015

세계 최고의 커플테라피 이마고

당신이 원하는 사랑 만들기

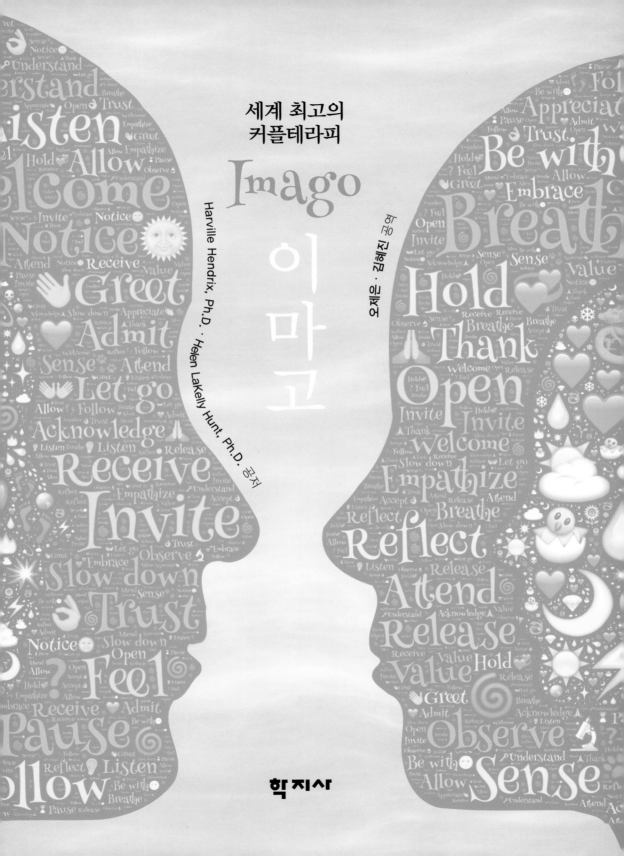

세계 최고의
커플테라피

Imago

이마고

Harville Hendrix, Ph.D. · Helen Lakelly Hunt, Ph.D. 공저

어제은 · 김혜진 공역

학지사

『세계 최고의 커플테라피 이마고: 당신이 원하는 사랑 만들기』30주년 기념 출간에 즈음하여, 이 책에 대한 찬사의 글

"이 책은 통찰력과 지혜, 공감으로 가득 찬 보물이다! 하빌과 헬렌은 사랑하는 사람들의 관계를 더 강화시켜 주고자 무진 애를 쓰고 있다. 심지어는 다 닳아서 거의 해어질 것 같은 그런 관계에까지도 희망을 전달해 준다. 두 분이 만나는 모든 사람들과 모든 것들에 대해 신선한 아이디어와 친절한 마음, 깊은 인간애를 가져다주고 있다."

— 뉴욕타임스 베스트셀러 『사랑의 자연 발생적인 역사』의 저자
다이앤 애커맨(Dianne Ackerman)

"놀랍게도 이 『세계 최고의 커플테라피 이마고: 당신이 원하는 사랑 만들기』가 무려 4백만 부 이상 판매된 후에, 헬렌과 하빌은 이 30주년 기념 저서를 통해서 독자들로 하여금 어떻게 하면 두 사람 사이에 고조되어 있는 갈등을, 서로의 차이점이 문제의 원인이 아니라 도리어 그 차이들로 인해 커플관계가 더 풍요로워지도록, 즉 윈-윈 관계로 바꾸어 갈 수 있는지, 두 사람 사이에서 안전을 창조해 내는 방법을 상호작용적인 구조와 함께 보여 주고 있다. 이 책을 읽는 독자들은 커플관계를 이해하는 데 있어서, 이 탁월한 두 선구자의 새로운 지혜를 통해서 큰 혜택을 얻게 될 것이다."

— 세계 최고의 부부관계연구자인 존 가트맨(John Gottman) 박사와
그의 아내인 줄리 슈왈츠 가트맨(Julie Schwartz Gottman)

"헬렌 헌트 박사와 하빌 헨드릭스 박사는 이 역사적인 『세계 최고의 커플테라피 이마고: 당신이 원하는 사랑 만들기』 30주년 기념 저서에서, 커플(부부)관계를 개선하기 위해 오랜 시간 동안 검증된 전략을 제공해 주기 위해 뭉쳤다. 인간의 뇌와 행동이 어떻게 변화하는지에 대한 새로운 과학적 이해를 이마고치료에 결합시킴으로써, 이 책은 커플들로 하여금 사랑과 연결의 깊고 혼란스러운 미스터리를 풀어 내고, 건강하고 상호적이며 서로 친밀한 관계에서 현존하는 기쁨과 치유의 힘을 얻도록 도와줄 것이다."

– 여성들을 위한 웰슬리 센터의 연구학자이자
『연결을 위해 연결됨: 뇌 과학과 강하고 건강한 커플관계의 연관성』의 저자인
에이미 뱅크스 박사(Amy Banks, M.D.)

"『세계 최고의 커플테라피 이마고: 당신이 원하는 사랑 만들기』는 사랑하는 사람과의 관계에 관한 수많은 책들 중에서도 **역사상 가장 중요한 책** 중 하나다. 이 책은 클래식, 즉 고전이다. 어린 시절 우리를 돌보아 주었던 주 양육자들과 가장 비슷한 사람에게 끌리게 된다는 하빌과 헬렌의 통찰은, 사랑하는 사람과의 관계에 대한 비밀 중 관계심리학 분야에서 밝혀진 가장 놀라운 사실 중 하나다. 수백만 명의 사람들이 이 책을 통해 혜택을 누렸다."

– 『기쁨의 책』의 공동 저자인 더글라스 에이브람스(Douglas Abrams)와
『바디와이즈(BodyWise)』의 저자인 레이첼 에이브람스 박사(Rachel Abrams, M.D.)

"『세계 최고의 커플테라피 이마고: 당신이 원하는 사랑 만들기』는 정말 멋진 책이다. 관계는 삶의 열쇠이고, 이 책은 그것을 바로잡을 수 있는 열쇠다. 이 책은 오랜 기간의 시험을 거쳐 최고의 책들 중 하나가 되었으며, 이 책을 이번에 최신판으로 다시 업데이트해서 새로 출판하는 것은 참으로 시기적절하다고 생각한다. 우리는 하빌과 헬렌의 완전한 팬이며, 이 책을 정말로 사랑한다."

– 『아직도 우리가 가야 할 길』의 저자인 스캇 벡(Scott Beck)과
테레사 벡(Teresa Beck) 부부

"우리는 우리가 원하는 사랑을 만들지도 못하면서, 지금 어디에 있는가? 이렇게 분명하고, 지혜로 가득 차 있고, 깊은 지식을 담고 있는 이 책은 우리가 그것을 가장 필요로 했던 바로 그 순간에, 우리의 손으로 바로잡을 수 있을 만큼 정말 실질적인 '관계를 위한' 도움을 주었다. 그저 단순한 조언이 아니라 정말 영적이면서도 아주 실용적인 이 핸드북은, 우리의 결혼생활을 위해 근본적인 틀을 구축할 수 있도록 너무나 큰 도움을 주었다. 우리는 헬렌과 하빌이 이와 같이 합리적인 치유와 화합에 있어서 너무나도 놀라운, 정말 최고의 공헌을 한 것에 대해 앞으로도 영원히 감사하게 될 것이다. 이제 이 놀라운 책은 지금까지 단 한 번도 그런 적이 없었던, 어떻게 하면 우리가 건강하고 활기찬 파트너십을 구축할 수 있고 또 그것을 유지할 수 있는지에 대한 안내, 비전과 의식, 통찰력과 환경 등을 제공해 준다."

– 그래미상을 일곱 번 수상한 가수이자 작곡가인
앨라니스 모리셋(Alanis Morissette)과 래퍼 소울아이(Souleye)

"『세계 최고의 커플테라피 이마고: 당신이 원하는 사랑 만들기』의 이 최신 개정판은 당신으로 하여금 당신이 더 깊고 더 사랑스러운 연결을 만들어 가도록 영감을 줄 것이다."

– 부부연구소의 설립자이자 커플치료의 발달적 모델 창시자인
엘린 베이더(Ellyn Bader) 박사

"헬렌 라켈리 헌트와 하빌 헨드릭스가 또다시 해냈다! 이 두 사람이 만들어 낸 이 강력한 접근 방식은 커플 사이에서 안전과 신뢰, 그리고 연결을 만들어 내어 커플들의 관계에서 사랑이 살아 있게 해 주고, 우리를 과거에 붙들어 매는 그 흔한 이미지들을 떨쳐 버릴 수 있게 해 준다. 그리고 지금 당장 여기에서 우리의 파트너에게 온전하게 다가갈 수 있도록 이끌어 준다. 현대 과학은 사랑하는 관계에 대한 선구자인 이 두 사람이 수십 년 동안 가르쳐 온 것들을 확증해 주고 있다. 자기 자신에 대한 이해를 높이고 명확한 의사소통을 함양하기 위한 실제적인 단계들을 밟아 감으로써, 우리가 그토록 오랫동안 갈망해 왔던 친밀감과 연결을 성취할 수 있다.

바로 우리 눈앞에 있는 그 사람에게 우리의 마음을 열어 주는 안전한 대화를 하는 방법을 가르쳐 줌으로써, 우리는 문자 그대로 '정말로 우리가 원하는 그 사랑을 얻을 수가 있고, 그런 사랑을 만들어 갈 수 있다!' 여러분이 마땅히 누려야 할 자유와 친밀감을 사랑하고 즐기기 위한, 이미 오랜 시간 동안 검증된 이 실제적인 실습들을 당신의 것으로 만들어라!"

－ UCLA 정신의학과 교수, 뇌과학 연구자,
마음가짐 연구소(Mindsight Institute) 책임 디렉터,
뉴욕타임스 베스트셀러『깨달음: 현존(있음)의 과학과 실제』의 작가인
대니얼 시걸 박사(Daniel J. Siegel, M.D.)

"하빌과 헬렌은 지난 수십 년 동안 '관계의 분야(세계)'에 큰 영향력을 끼쳤고, 이들의 작업은 수많은 사람에게 깊은 영감을 주었다. 이마고 이론과 치료는 커플들로 하여금 서로에게 평생 동안 봉사할 수 있는 방식으로, 자기 자신을 알아차리고 상대방을 이해할 수 있는 기반을 마련하는 데 도움을 준다."

－ 1440 Multiversity의 공동 설립자인 스캇 크리엔스(Scott Kriens)

"만약 당신이 당신의 인생에서 가장 중요한 사람들과 관계를 맺는 방식을 바꿀 수 있는 책 한 권을 읽고자 한다면, 이 책이 바로 그 책이다.『세계 최고의 커플테라피 이마고: 당신이 원하는 사랑 만들기』가 1988년에 처음 출판되었을 때, 이 책은 정서적인 웰빙을 위해 사랑하는 사람과의 파트너십(동반자의 관계)의 중요성을 강조한 첫 번째 책이었다. 이 책이 담고 있는 메시지는 남성이든 여성이든, 혹은 어떤 성적 취향을 가졌든 상관없이, 건강하고 행복한 관계를 맺기 원하는 사람이라면 누구에게나 동일하게 가장 중요하다."

－『친밀한 관계에서의 사랑과 전쟁: 커플치료에서의 연결과 단절, 그리고 상호규제』의
공동 저자인 마리온 솔로몬 박사(Marion Solomon, Ph.D.)

"과거의 흔적(각인)이 무의식적으로 현재를 어떻게 퇴색시키는지 배우라! 안전감이 당신과 파트너와의 관계형성을 위해 얼마나 중요한지 배우라! 그리고 두 사람의 미래를 밝히기 위해 의식적으로 파트너십을 함께 실천하라! 삶의 목표는 관계를 돈독히 하는 것이다. 그 목표를 달성하는 데 있어 하빌 헨드릭스와 헬렌 라켈리 헌트보다 더 훌륭한 커플관계 전문가는 없다."

– 밀턴 에릭슨 재단의 설립자이자 최고경영자인
제프리 자이그 박사(Jeffrey K. Zeig, Ph.D.)

"30년 전 이 책『세계 최고의 커플테라피 이마고: 당신이 원하는 사랑 만들기』의 첫 출판 이후 세상은 급격하게 변화되어 왔으며, 파트너(부부)들 사이에서 일어나는 수많은 역동성을 우리는 지켜봐 왔다. 다행스럽게도, 이러한 변화와 더불어 우리의 지식 또한 커플(부부)들의 관계를 개선하는 데 도움이 될 수 있도록 더 확장되어 왔다. 하빌 헨드릭스와 헬렌 라켈리 헌트는 이러한 시대적 변화에 발맞춰 왔다. 이번에 출간된 이 최신판은 어린 시절의 상처 때문에 힘들어하고, 또 보상 문화 시스템으로 인해 '두 배나 힘들어하는' 부부들을 위한 지침을 제공해 주고 있다. 동시에 이 책의 독자들은 지금까지 출간된 다른 판에서 제공되었던 그 효과적인 수많은 실습 자료들을 여전히 이 새 판에서 만나 볼 수 있다."

– 커플치료에 대한 심리학적 접근법(PACT)의 개발자이며, PACT Institute의 창립자인
스탠 택킨 박사(Stan Tatkin, Psy.D., MFT)

역자 서문

이 책은 오늘날 부부치료 분야에서 전 세계 최고의 임상효과로 널리 알려진 하빌 헨드릭스 박사님(Harville Hendrix, Ph.D.)과 헬렌 라켈리 헌트 박사님(Helen LaKelly Hunt, Ph.D.) 부부가 공동으로 개발한 '이마고관계치료(Imago Relationship Therapy: IRT)'를 이 세상에 처음으로 알린 최초의 저서이자, 이마고관계치료를 가장 대표하는 저서인 『Getting the Love You Want: A Guide for Couples(GTLYW)』를 번역한 것입니다. '이마고관계치료'는 지금까지 약 50여 개의 언어로 번역되어 소개되었으며, 전 세계적으로 수많은 이마고치료사들을 배출했습니다. 우리나라에서도 한국부부상담연구소와 (사)한국가족상담협회가 공동으로, 2012년에 개최한 '가족상담컨퍼런스'에 하빌 헨드릭스 박사님을 초청하여 이마고부부치료를 소개하였고, 〈MBC 스페셜: 부부 솔루션 '이마고'〉를 비롯한 각종 언론매체들을 통해서 이마고가 우리나라에 정식으로 알려지게 되었습니다. 그리고 헨드릭스 박사님의 한국 방문 때 함께 초청되었던 국제이마고관계치료전문가 수련연구소(Imago International Training Institute: IITI)의 임상지도 교수이자 국제공인 이마고트레이너(Certified Imago Trainer: CIT)인 웬디 패터슨(Wendy Patterson) 교수와 나중에 합류한 마이크 보라쉬(Mike Borash) 교수 두 분이, 오제은 박사의 초청으로 우리나라에서는 최초로 국제공인 이마고관계치

〈MBC 스페셜〉
영상 보기

료전문가 자격취득과정(Imago Clinical Training: ICT) 훈련을 실시하게 되었습니다. 그 후에, 오제은 박사가 아시아인으로서는 최초로 IITI로부터 국제공인 이마고트레이너 자격과 임상지도교수(Clinical Instructor & Faculty) 자격을 취득함으로써 한국어로도 직접 ICT를 실시할 수 있게 되어 지금까지 총 9회에 걸쳐 ICT가 실시되었고, 그 결과 총 200여 명의 CIT가 배출되었습니다. 또한 오제은 박사와 마이크 보라쉬 교수가 공동으로 국제공인 이마고커플스워크숍 프리젠터 자격취득과정(Imago Couples Workshop Presenter Training)을 지도하여 우리나라에서도 국제공인 이마고커플스워크숍 프리젠터들이 배출되었고, 워크숍을 직접 인도하고 있습니다.

이 책의 번역을 모두 마치기까지 참으로 오랜 시간이 걸렸습니다. 번역 작업을 처음 시작할 때부터 마치기까지, 정말 많은 분들로부터 여러 가지 방법으로 도움을 받았습니다. 여기에 일일이 그분들의 성함을 다 나열할 순 없지만, 그동안 도와주신 모든 분께 깊이 감사드립니다. 그중에서도 특히 우리나라의 국제공인 이마고관계치료 전문가들과 이마고커플스워크숍 프리젠터들, 그리고 그동안 '당신이 원하는 사랑 만들기' 국제공인 이마고커플스워크숍에 참석해 주신 수많은 부부와 커플들, 그리고 이 책이 나올 수 있도록 오랜 시간 기다려 주시고 따뜻하게 격려해 주신, 존경하는 학지사의 김진환 사장님과 유가현 과장님, 그리고 임직원 여러분께 머리 숙여 깊이 감사드립니다.

이 책의 번역 작업과 관련하여 여기에 한 가지 꼭 밝혀 두어야 할 것이 있습니다. 우리가 이 책의 번역을 거의 다 마쳤을 때쯤, 이 책의 30주년 출간을 기념하는 최신 개정판(2019, 3판)이 출판되었습니다. 우리가 원래 번역을 위해서 사용했던 원서는 이 책의 20주년 출간을 기념하는 저서로서, 2008년에 출판된 2판입니다. 3판을 구입하여 읽어 보고 비교해 본 결과, 우리가 번역에 사용했던 2판과 내용 면에서는 거의 비슷하지만, 그래도 아주 중요한 내용들이 새롭게 추가되어 있음을 발견하게 되었습니다. 그래서 우리는 공동 저자 두 분께 직접 연락을 드렸고, 함께 의논한 결과 이 한국어 번역 작업은 2판 저서를 기본으로 하되, 3판에 있는 내용 중 특별히 꼭 필요하고 중요한 내용들을 번역자가 선택적으로 추리고 추가적으로 통합하여 책을 출간해도 좋다는 허락을 받았습니다. 그래서 우리는 3판의 내용 중에서도 2판과 확연히 다르고 또 그 내용이 특별히 중요하다고 생각되는 내용들을 다시 번역하여 추가로 삽입하게 되었고, 최종적으로 이 책을 출간하게 되었습니다. 그리고 또 한 가지 중요하게 언급해야 할 것은, 원래 2판 저서에는 그 당시까지, 그러니까 이 책이 여러 번 개정될 때마다 저자들이 작성했던 저자의 서문들이 모두 다 들어가 있었는데, 3판에는 이 서문들이 모두 빠져 있었습니다. 그런데 우리 생각으로는, 이 서문들은 이 책이 개정될 때마다 그 당시에 부부치료와 관련된 아주 중요한 시대적 이슈들과 거기에 따른 임상적인 정보들을 포함하고 있어서, 반드시 이 책에 포함되어야 할 내용이라고 생각했습니다. 결론적으로 이 한국어 번역 책에는, 매우 다행스럽게도 3판(2019) 서문은 물론이고 2판(2008) 서문과 2001년 판 서문, 그리고 1988년 이 책이 처음 출판되었을 때의 최초 서문까지, 이 책과 관련된 모든 서문들이 실리게 되었습니다.

따라서 이 책의 번역과 아울러, 원서의 어떤 내용이 포함이 되었고 또 포함되지 않았는지에 대한 이 책의 내용에 관한 모든 책임 또한, 전적으로 공동 번역자에게 있다는 점을 말씀드립니다.

끝으로, 놀라운 헌신과 열정, 그리고 진실한 사랑으로 이마고를 부부관계치료 분야에서 세계 최고의 도구로 개발하고 널리 보급하여 전 세계의 수많은 부부와 가정들을 위한 치유의 도구로 아름답게 사용할 수 있게 해 주신 하빌 박사님과 헬렌 박사님께 깊은 존경과 감사를 드리고 싶습니다. 또한 IITI의 너무나도 훌륭하신 동료 교수님들, 특히 그중에서도 웬디(Wendy), 코버스(Kobus), 존(John), 레베카(Rebecca), 마야(Maya), 미쉘(Michelle), 그리고 특별히 이 책의 번역과 저작권을 담당하느라 수고하신 사남(Sanam) 선생님께 깊이 감사를 드리고 싶습니다. 그리고 우리 데이브레이크대학교(Daybreak University: DBU)의 이사장님과 이사님들, 그리고 동료 교수님들, 그중에서도 프레드 피어시(Fred P. Piercy), 로나 해커(Lorna L. Hecker), 홍경자, 한성열, 켄 실베스트리(Ken Silvestri), 태미 넬슨(Tammy Nelson), 메릴 코(Mei-ju Ko), 윤정화, 윤선자, 박은아, 김창호 교수님과 모든 학교 관계자들께 감사드립니다. 그리고 사랑하는 DBU 부부가족상담대학원의 석사 · 박사 과정 학생들 한 분 한 분과 (사)한국가족상담협회의 이사님들과 정회원님들, 평생회원님들과 모든 전문회원님들, 한국부부상담연구소의 이지영, 김지영 선생님, 그리고 치유나무공동체의 모든 가족들, 강유리, 이윤재, 이윤지, 문경일, 전은숙 선생님과 이 기쁨을 함께 나누고 싶습니다.

우리 DBU의 미션 선언문처럼, 한 번에 한 사람과의 참 만남을 통해, 이 세상을 좀 더 따뜻하고 살 만한 세상으로 아름답게 만들어 가기 위해서 정말 꼭 필요한 세계적 수준의 부부−가족관계치료 상담전문가들이 많이 배출되어, 부부관계, 가족관계, 부모−자녀관계, '관계−중심'의 사회가 되어 가는 데 이 책의 한국어판이 조금이나마 보탬이 될 수 있기를 기대해 봅니다.

Transforming the World by Changing One Relationship at a Time
"한 번에 한 사람과의 관계를 치유함으로써
더 아름다운 세상으로의 변혁을 꿈꾸며……"
(데이브레이크대학교의 비전선언문 중에서)

데이브레이크대학교 연구실에서
공동 번역자
오제은, 김혜진

한국어판 출간을 축하하며

이 번역본의 출간 소식을 듣고, 이 책의 공동 저자인 하빌 헨드릭스 박사님과 헬렌 라켈리 헌트 박사님 부부께서 축하의 글을 보내오셨기에, 여기에 그 내용을 그대로 싣습니다.

We share our delight that the third edition of *Getting the Love You Want: A Guide for Couples* is now translated into Korean. We are especially a grateful to Jay (Jea-Eun) Oh, Ph.D. and Jin (Hye-Jin) Kim, Ph.D. President and Academic Dean of Daybreak University, who have a very warm place in our hearts as colleagues and as friends, for making this happen. Their untiring commitment to bringing Imago Relationship Therapy to South Korea, for decades, has resulted in training and organizing one of the largest communities of Imago therapists in the world. Not only have they made Imago Therapy available to Korean couples, they have also made it available to academic/clinical professionals through Daybreak University at the masters and doctoral levels. This publication is a testament to their devotion and success and a template for the future of Imago in South Korea.

With devotion and deep gratitude, Harville Hendrix, Ph.D. and Helen LaKelly Hunt, Ph.D., co-creators of Imago Relationship Therapy and coauthors of *Getting the Love You Want: A Guide for Couples* and *Doing Imago Relationship Therapy in the Space-Between: A Clinician's Guide*.

우리 두 사람은 『세계 최고의 커플테라피 이마고: 당신이 원하는 사랑 만들기 (Getting the Love You Want: A Guide for Couples)』의 세 번째 개정판(2019)이 이번에 한국어로 번역되어 출간된 기쁨을 함께 나누고 싶습니다. 특히 이번 번역 작업이 우리의 동료이자 친구로서 우리 두 사람의 가슴 속에 아주 따뜻하게 자리 잡고 있는, 데이브레이크대학교 총장 오제은 박사님과 대학원장 김혜진 박사님에 의해 이루어진 것에 대해 감사드리고 싶습니다. 두 분은 지난 수십 년 동안 이마고부부관계치료(Imago Relationship Therapy)를 한국에 도입하기 위해 혼신의 힘을 다해 헌신함으로써, 수많은 이마고치료사들을 한국에서 배출하여 전 세계에서 가장 큰 이마고치료사 커뮤니티 중 하나가 조직되는 결과를 이루어 냈습니다. 또한 이 두 분은 이마고부부관계치료가 한국의 커플(부부)들에게 적용될 수 있도록 만들었을 뿐만 아니라, 데이브레이크대학교의 이마고부부관계치료 전공 석사, 박사 과정을 통해서 학계와 임상 전문 분야까지 널리 활용될 수 있도록 만들었습니다. 이 책은 두 분의 그러한 헌신과 성공에 대한 하나의 증거이며, 앞으로 한국에서 펼쳐질 이마고의 미래를 보여 주는 본보기라고 생각합니다.

그리고 나중에 헬렌 박사님이 다시 한번 짧은 쪽지를 보내왔습니다.

This is so exciting, Jay. You and Jin are such an inspiration to us and the entire Imago world. With deepest appreciation, Helen

정말 신나요, 제이. 당신과 진은 우리와 이마고 전체에 큰 영감을 줘요.
두 분께 깊은 감사를 표하며, 헬렌

조 로빈슨 씨께 특별히 감사드리는 글

　30년 전에 내가 이 책에 들어 있는 핵심적인 생각들을 상담전문가들뿐 아니라 일반 대중에게까지 알리고자 했을 때, 홀트 출판사의 편집자가 이 책의 작업과 관련해서, 편집 전문가의 도움을 받으면 유용할 것이라고 내게 말해 주었다. 이 책이 일반 대중을 대상으로 하는 나의 첫 번째 책이었기 때문에, 나는 그의 말을 주저 없이 받아들였다. 그렇게 다섯 분의 작가들을 모두 만난 뒤에, 조 로빈슨 씨(Jo Robbinson)를 만났다. 그녀는 나의 의도를 즉각 이해했다. 당시에 조는『크리스마스 기계의 플러그를 뽑아라(Unplug the Christmas Machine)』와『풀 하우스(Full House)』라는 책을 이미 집필한 적이 있는 전문 작가였다. 그다음 해에 조는 뉴욕타임스의 베스트셀러 작가가 되었고, 다수의 공동 작가로서 활동한 바 있다. 그녀의 작품으로는『도마에 오른 일부일처제(Hot Monogamy)』,『오메가 다이어트(The Omega Diet)』,『바디블루스(When Your Body Gets the Blues)』,『패스 츄어 퍼펙트(Pasture Perfect)』와 가장 최근의 저서인『야생에서 먹는 것: 최적의 건강 상태로 가는 연결고리가 없어짐(Eating on the Wild Side: The Missing Link to Optimum Health)』이 있다.

　이 책의 첫 출간을 위해, 조는 아직 잘 정리되어 있지 않았던 나의 장문의 원고와 수많은 강의들, 집단 프로그램의 내용들을 다 풀어내야만 했으며, 체계적으로 잘 정리되어 있지도 않았고, 또 어떤 면에서는 그 의미조차 분명하지 않았던 수

많은 원고들과 상당한 양의 보충 자료들을 체계적으로 정리하고 세련되게 다듬어 내느라, 전혀 쉴 틈도 없이 계속 일을 해야만 했다. 그리고 내가 이 책의 두 번째 판을 다시 내자고 제안했을 때도, 조가 또다시 내 원고의 수정본을 편집해 주고 통합해 줌으로써『세계 최고의 커플테라피 이마고: 당신이 원하는 사랑 만들기』2001년 판이 이 세상에 빛을 보게 되었다. 그녀는 자신의 연구와 집필, 그리고 무엇보다 결혼 준비로 너무나도 바쁜 상황이었지만, 내가 또다시 이 세 번째 판에 대해 언급했을 때도 변함없이 나의 아내 헬렌과 나(하빌)를 도와 우리의 한층 더 발전된 생각들을 체계적으로 정리하고 통합하는 일에 최선의 노력을 다해 주었으며, 또한 이 책의 새로운 서문을 좀 더 세련되게 다듬어 줌으로써 이 책이 상당히 수정되고 발전된 내용으로 출간될 수 있게끔 도와주었다. 처음부터 조는 내가 인도하는 '이마고커플스워크숍: 당신이 원하는 사랑 만들기'에 직접 참여함으로써 본인 스스로가 이 책의 내용에 아주 푹 빠져들었으며, 이 책을 쓰는 과정 동안에도 나와 내 아내 헬렌과 함께 아주 폭넓게 인터뷰를 진행하고 대화를 나눠 주었다.

그녀가 이 모든 과정 전체에 그토록 오랫동안 헌신해 준 것에 대해, 그리고 지난 20년 동안 보여 준 우정에 대해 나는 정말로 고맙게 생각한다. 그녀의 총명함과 출중한 글솜씨가 아니었더라면, 아마도 우리는『세계 최고의 커플테라피 이마고: 당신이 원하는 사랑 만들기』를 얻기까지 훨씬 더 많은 고생을 했을 것이다. 나는 이 지면을 통해서 다시 한번 조에게 진심으로 감사를 전하고 싶다. 조, 진심으로 고마워요!

감사의 글

　이 책을 쓰는 과정에서, 존 던(John Donne)이 "이 세상에 그 누구도 외떨어진 섬처럼, 그렇게 고립되어 있는 사람은 없다."라고 한 말과 월트 휘트맨(Walt Whitman)이 "내 안에는 다른 많은 사람들이 나와 함께 살고 있다."라고 한 말이, 우리의 진실을 가장 적절하게 표현한 말이라는 사실을 새삼 절실하게 깨달았다. 여기에 제시된 생각들과 임상적인 자원들을 함께 이끌어 내는 과정에 있어서, 내가 얼마나 많은 자료들과 다른 사람들, 그리고 여러 수많은 경험들로부터 도움을 받았으며, 그것들에 의지해 왔는지를 새삼스레 깊이 깨닫게 되었다. 만약 지금 내가 딛고 서 있는, 고도의 지성적인 거인들의 어깨가 없었더라면, 그리고 그렇게 유능한 선생님들과 나로 하여금 이 연구를 할 수 있도록 자극을 주었던 나의 학생들과 우리를 믿고 함께 동참해 주었던 수많은 부부와 커플들, 그리고 이 일을 지지해 주었던 모든 친구들과 우리 가족의 도움이 없었더라면, 아마도 이러한 새 전망과 시도 자체가 불가능했을 것이다. 그분들 한 분 한 분께 깊은 감사를 드리고 싶다. 아울러 혹시라도 그 과정 중에 내가 현명하지 못하게 처신한 게 있다면, 나는 이 자리를 빌려서 용서를 구하는 바다.

　이 책이 나오기까지, 또한 특별한 친구들로부터 수많은 격려가 있었다. 그 중 몇몇 분들을 여기에 언급하고 싶은데, 로버트 엘리어트 박사(Dr. Robert Elliott)는 이 원고를 꼼꼼히 읽고 좀 더 분명하고 명확히 해야 할 부분들에 대해서 내가 직면할 수 있게끔 도와주었으며, 팻 러브 박사(Dr. Pat Love)는 결혼과 가족에 관한 나의 생각들을 대학원 과정에 처음으로 소개해 주고 소중한 피드백까지 해 주었다. 리드(Reed)와 캐럴린 휘틀(Carolyn Whittle)은 이 원고의 초록을 읽고 전 과정에 걸쳐 매우 값진 충고를 해 주었다. 쥬디 맥콜(Judy McCall)은 아주 겸손한 분으로서, 이 원고의 최종적인 검토 후에 논평과 함께 배서하는 일을 도와주었다. 조앤(Drs. Joan)과 로버트 손(Robert Thorne)은 내가 뉴욕으로 이사했을 때, 전문가 사회에 나아갈 수 있도록 내게 길을 열어 주었으며, 또한 이 책의 전체 프로젝트에 대해 정서적 지지를 해 주었다.

나는 또 달라스와 뉴욕에 있는 여러 이마고치료사들의 열정과 지지, 자극들에 대해 특별히 감사드리고 싶다. 그들은 국제커플(부부)관계치료연구소에서 함께 연구해 왔으며, 특히 커플(부부)관계치료 임상수련을 통해서 이러한 생각들을 재확인할 수 있도록 내게 큰 도움을 주었다.

그리고 나는 내가 그동안 상담해 왔던 수많은 부부와 커플들에게 진정으로 가슴 깊이 감사를 표하고 싶다. 그들은 나를 믿고 그들의 개인적인 커플(부부)관계를 내게 공개해 주었을 뿐만 아니라, 나로 하여금 자신들의 이야기를 나의 연구를 위해서, 그리고 이 책의 내용들을 풍부하게 하기 위해 사용할 수 있도록 허락해 주었다. 부부와 커플관계에 관한 나의 지식의 대부분은 그들로부터 배운 것이다.

나는 또한 헨리 홀트 출판사(Henry Holt and Company)에 감사를 드리고 싶다. 그분들은 내 원고를 미처 읽어 보기도 전에, 그저 내 생각을 듣는 것만으로도 큰 관심을 보여 줬으며, 또한 내가 마감 날짜를 넘겼음에도 불구하고 끝까지 인내심을 갖고 원고가 완성될 때까지 기다려 주었다. 나는 특별히 홀트의 편집자인 가나 타우브(Channa Taub)의 지지와 인내심에 대해 감사하고 싶은데, 그는 내가 알맞은 거리를 유지하며 잘 지탱할 수 있도록 부드럽지만 단호하게 나를 받쳐 주었으며, 나의 대변인인 줄리안 바흐(Julian Bach)는 계약과정 전체를 통해서 나를 지켜 주었고, 또한 출판계와 관련하여 일을 시작하는 것에 대해 귀중한 안내를 제공해 주었다. 타메라 알레드(Tamara Allred)는 최종적으로 작성된 초록을 몇 번이고 읽어 가며 도움이 되는 제안들을 많이 해 주었다. 샤론 모리스(Sharon Morris)는 편집과 관련하여 탁월한 도움을 주었다. 끝으로, 나의 비서인 이본 싱글톤(Yvonne Singleton)에게 감사한다. 그녀는 타이핑 기술이 훌륭할 뿐만 아니라, 이미 옛것이 되어 버린 나의 지나간 원고들을 내가 필요로 할 때마다 큰 인내심을 발휘하여 기꺼이 활용할 수 있게끔 도와주었다.

2001년도 두 번째 판에는 바니 카르프핑거(Barney Karpfinger)에 대한 감사도 포함되어 있다. 그는 나의 새 대변인이 되었다. 당시에 책을 출판할 때는 물론이고, 출판 전과 후에 내가 다른 책들을 출간할 때마다 그의 지원은 참으로 소중했다. 이번 세 번째 개정판을 낼 때도 역시 그가 계속적으로 지원해 준 것에 대해 나는 특별히 감사한다. 그의 우정으로 나의 삶이 더욱 풍부해졌다. 그리고 20년이 넘도록 그는, 작가로서의 나의 경력을 개발하는 데 일등공신이 되었다.

계속해서 헨리 홀트 출판사에서 일하시는 직원 여러분께 더 감사를 표현하고 싶은데, 특별히 이 책의 20주년 기념 출판에 대해 참신한 생각을 제안해 주고, 개정판 발간을 위해 인내심을 갖고 일해 준 데 대해 감사드리고 싶다. 또한 특별히 헨리 홀트 출판사 대표이자 출판 책임자인 존 스테링(John Sterling)과 편집자인 새라 나이트(Sarah Knight), 홍보 책임자인 클레어 맥키니(Claire Mckinney)와 판매책임자인 리처드 로레르(Richard Rhorer), 판매와 영업 부책임자인 매기 리처즈(Maggie Richards)에게 감사드린다.

공공 TV의 영상 시리즈를 위해 훌륭한 지침을 주었던 노리스 첨리(Norris Chumley)에게도 감사한다. 그리고 2판 출간 때도 도와주었고, 이번 3판 출간에 또 도움을 준 작가 조 로빈슨(Jo Robinson)에게 다시 한번 감사드리고 싶다. 또한 지난 여러 해 동안 나를 도와주었고, 이번 출간을 위해 지루할 수도 있는 세밀한 일들을 포함하여 다양한 능력으로 힘써 도와준 사남 훈(Sanam Hoon) 역시 나의 감사를 받기에 충분하다. 그리고 나를 개인적으로 도와준 메건 도허티(Meghan Doherty)에게 나의 세부적인 스케줄을 잘 관리해 준 것에 대해서, 그리고 정말 잔신경이 많이 쓰이는 개정된 참고문헌들의 정리를 도맡아 준 것에 대해서 깊이 감사드린다. 또한 '국제이마고관계치료연구소'의 수석 책임자인 낸시 존스

(Nancy Jones)에게도 감사하고 싶다. 낸시는 이마고치료 탄생 초기에 이마고를 제도적으로 안정시켰던 분이다. 그리고 릭 브라운(Rick Brown)은 이마고를 발전시키고 널리 확장시킨 사람이다. 나는 '국제이마고관계협회(IRI)' 이사회에도 감사를 전하고 싶다. 또한 국제이마고관계협회의 사무총장인 팀 애킨슨(Tim Atkinson)과 스태프인 페라 데니엘스(Farrah Daniels), 린다 톰슨(Linda Thompson)에게도 감사드린다. 이들은 이마고에 대한 그들만의 확고부동한 태도로 깊이 헌신했으며, 이마고를 국제적으로 확장시키는 데 혼신의 힘을 다했다.

오프라 윈프리(Oprah Winfrey)에게 도움을 받은 것은 여기에 말로 다 표현할 수가 없을 정도다. 1988년 수백만의 일반 대중에게 이마고를 처음 공개하도록 만든 장본인이 바로 오프라 윈프리다. 그 결과, 『세계 최고의 커플테라피 이마고: 당신이 원하는 사랑 만들기』를 뉴욕타임스 베스트셀러 대열에 올려놓았다. 그리고 〈오프라 윈프리 쇼〉에 17번이나 출연한 것이 이 책을 11번이나 『뉴욕타임스』 베스트셀러에 오르게 했다. 그리고 오프라는 그녀의 20년 방송생활 동안, 그녀가 최고로 꼽는 20개의 프로 가운데 내가 두 번째로 출연한 1989년 방송을 포함시켜 주었다.

아울러 이 책을 읽고 주변에 널리 알려 준 모든 부부와 연인들, 또 다른 상담전문가들, 이 책을 추천해 준 친구들, 그리고 이마고관계치료를 더욱 깊이 발전시키고 미국뿐만 아니라 전 세계에서 이마고를 적용할 수 있게 하는 데 이바지한 전 세계의 모든 국제공인 이마고관계치료 전문 치료사들, 특히 마스터 트레이너들과 이마고 임상지도 교수님들께 깊이 감사드리고 싶다.

마지막으로, 나는 이 세상 그 어떤 것보다도 가장 소중한 나의 아내 헬렌 라켈리 헌트에게 깊이 감사한다. 아내 헬렌은 이 모든 과정 가운데 나의 동반자가 되어 주었다. 만약 헬렌의 지지와 지적인 헌신이 없었더라면, 단언하건대 이 책을 비롯한 이마고와 관련한 다른 책들 또한 세상에 결코 빛을 보지 못했을 것이고, 이 이마고커플치료 또한 이 세상에 나오지 못했을 것이다. 아울러 이 책이 쓰이고 개정되는 동안에 이 일을 지지해 주고 큰 인내심을 발휘해 준 나의 사랑하는 여섯 자녀들에게 감사한다. 자녀들과 아내는 내가 이 이마고 이론에 따라 살 수 있게끔 나를 도와주었으며, 나로 하여금 하나의 전체적인 사람이 될 수 있도록 끝까지 나를 지지해 주었다. 그들과 함께 나는 지난 2판 개정에 대해 몹시 흥분했었다. 그리고 이제 다시 이 3판의 개정이 완성되는 데 대해서도, 우리 모두는 너무 기뻐 전율하고 있다.

『세계 최고의 커플테라피 이마고: 당신이 원하는 사랑 만들기』
30주년(2019년)에 쓰는 서문

　이 책은 『세계 최고의 커플테라피 이마고: 당신이 원하는 사랑 만들기』의 전면 개정판이며, 가장 최신 정보가 수록된 최신판이다. 우리는 당신이 이 책의 독자가 된 것을 진심으로 환영한다. 이 책을 구입함으로써, 당신은 전 세계에 걸쳐서 지난 30년 동안 커플들의 관계를 변화시켜 온 고전을 계속해서 유통하는 데 기여하고 있다. 우리는 당신이 전 세계의 각 가정에서, 자신들의 부부(커플)관계를 돈독하게 하기 위해 헌신하고 있는 모든 부부들의 그 새로운 의식에 함께 참여하여, 그 한 부분이 된 것을 매우 기쁘게 생각한다.

　여기 여러분이 이 책에 대해서 잘 모를 수도 있는 이야기가 있다. 이 책이 1988년에 처음 출판이 되고 몇 주 후에, 오프라 윈프리가 이 책을 전 세계적으로 너무나 유명한 그녀의 쇼 프로그램인 〈오프라 윈프리 쇼〉에서 소개하였고, 그 쇼는 에미상을 수상하였다. 그 후로 23년 동안, 오프라는 이 책을 〈오프라 윈프리 쇼〉에서 거의 12번 이상이나 다루었고, 그로 인해 이 책이 **뉴욕타임스 베스트셀러 목록에 11번이나 연속으로** 오르는 데 큰 도움을 주었다. 이 거대한 가시성은 전 세계적으로 약 4백만 명의 독자를 끌어모았다. 그리고 약 2,500명의 치료사들이 50개 이상의 국가에서 이마고 전문가 훈련을 받고 이마고커플치료를 부부상담에서 사용하게 됨으로써, 이제 이마고커플치료는 부부치료 분야에서 전 세계적으로 가장 많은 치료사들이 부부상담에서 가장 많이 사용하고 있고, 가장 인기가 있는 커플관계치료법이 되었다.

사실 이것은 이미 알 만한 사람은 다 알고 있는, 좀 오래된 뉴스다. 하지만 지금부터 말씀드리는 것은 새로운 뉴스다. 이 책의 표지를 보면, 이 책에는 두 사람이 공동 저자로 이름이 올라 있다는 걸 알 수 있다. 지금까지 이 책의 이전 판들에서는, 내(하빌)가 유일한 저자였다. 하지만 2008년에 출간된 책부터는, 나의 인생과 일의 파트너인 헬렌이 이 책 서문의 새로운 공동 집필자로서 표지에 등장했다. 그 일이 계기가 되어, 이제 이 신간(2019년 판)을 내면서 비로소 그것이 완성된 셈이다. 지금 내가 가장 열정적으로 느끼는 것은, 헬렌을 이마고관계치료의 공동 개발자로서 공개적으로 널리 인정하게 된 것이다.

'그런데 왜 하필 지금이야? 왜 그전에는 그렇게 하지 않은 건데?'라고 궁금해할 수 있을 것이다. 사실, 1988년에 처음 책을 출간할 때도 그렇게 할까 하고 논의를 했지만, 내(헬렌)가 그렇게 하지 않겠다고 했다. 그때는 하빌을 중요하게 눈에 띄게 만들 수 있는 좋은 기회였고, 그리고 당연히 그가 그럴 만했기 때문에 그렇게 한 것이고, 그리고 하빌 또한 그런 나의 의견에 기꺼이 동의해 주었다. 나로서는 이 책을 쓰는 것을 지원하는 것이 아주 대단한 영광이었다. 또 하빌에게는 사람들에게 알려질 수 있는 아주 좋은 기회가 될 수 있었고, 나(헬렌)에게는 새롭게 시작된 우리 재혼 가정을 돌보는 것뿐 아니라, 나의 친정인 텍사스 달라스의 가족이 운영하는 사업과 관련된 문제들을 해결해야 할 시간이 필요했었다. 무엇보다도 나는 무대 뒤에서 내가 힘이 되어 줄 수 있어 매우 기뻤다. 이 책에 대해서 이렇게 멋진 꿈을 가지고, 이 책을 집필하고, 이 책을 만드는 실행에 직접 착수한 것은 하빌만의 재능이다. 내(헬렌)가 이 책의 내용에 어떤 기여를 한 것과 이 책을 직접 집필하는 것은 전혀 다른 일인 것이며, 그런 관점에서 볼 때, 이 책의 저자는 분명히 하빌이다. 우리의 이러한 공동 작업은 계속되었고, 그 결과 두 번째 책인『당신이 찾은 사랑을 유지하기: 싱글 가이드(Keeping the Love You Find: A Personal Guide)』가 출간되었고, 그리고 세 번째 책으로 부모양육에 관한 책인 『당신의 자녀를 치유할 수 있는 사랑 주기: 부모 가이드(Giving the Love that Heals: A Guide for Parents)』부터, 내(헬렌) 이름을 공동 저자로 뚜렷하게 올리게 되었다. 이렇게 하빌이 나를 공동 저자로 포함시킴으로 인해서, 그 이후의 양식이 설정되었다. 하지만 하빌과 나는 '이마고에 대한 나(헬렌)의 독창적인 공헌과 역할에 대해서' 어떻게 할 것인가를 놓고, 갈등을 겪게 되었다.

이제 이 이야기가 어떻게 시작이 됐는지 다시 되돌아가 보자. 우리 두 사람은 1977년에 만났다. 우린 둘 다 이혼을 했고, 서로 사귀기 시작했다. 몇 달 후, 우리가 서로에게서 많은 공통점들을 발견하게 되었을 때, 내(헬렌)가 하빌에게 그가 꿈꾸는 미래는 어떤 것인지를 물었다. 하빌은 사우스메소디스트대학교의 교수 생활을 그만두면서 아직 앞으로의 구체적인 계획이 없었기 때문에, 그가 고려하고 있는 몇 가지 선택사항을 나와 공유해 주었다. 그중 하나는 책을 쓰는 것이었다. 나는 그에게 그 책의 초점은 무엇일까 물었다. 하빌은, "난 참 궁금해요. 도대체 왜 커플들은 싸울까요? 왜 그토록 아름다웠던 꿈이 악몽이 되어 버릴까요?" 그래서 나는 그에게 그 대답이 무엇이라고 생각하느냐고 다시 물었고, 그날 저녁부터 우리 둘은 서로가 서로의 문장을 끝낼 수 있도록 돕는 대화를 이어 갔다. 이 대화는 우리의 데이트 기간 내내 계속되었으며, 우리가 결혼하고 나서 6년이 지난 후에 이 책의 원고가 완성이 되었고, 마침내 1988년에 출판을 하게 되었다. 사실 하빌과 나(헬렌)는 대부분의 날들을, 그러니까 우리가 계속 알고 지내 온 지난 40여 년 동안의 세월을 주로 커플에 대한 이론에 대해 이야기하면서 줄곧 지내 왔던 셈이다.

우리가 어떻게 해서 이 이마고 이론과 치료법을 공동으로 만들어 낼 수가 있었을까 곰곰이 생각을 하다가, 나(하빌)는 우리 두 사람 사이에서 아주 기본적이면서 매우 생산적인 상호 보완이 이루어졌다는 사실을 발견했다. 헬렌은 우뇌가 지배적이다. 이 말은 그녀가 그녀의 감정과 감각을 통해서 정보에 접근하고, 미묘한 자질을 직감하며, 연결점을 본다는 것을 의미한다. 나(하빌)는 좌뇌가 우위적인 사람으로, 이 말은 내가 관찰과 논리적인 사고를 통해서 정보에 접근하고, 그러한 부분적인 정보들을 모두 합쳐서 전체를 구성해 간다는 것을 의미한다. 헬렌은 창조적인 원천이고, 나는 건축가이자 하청업자이다. 우리 두 사람 사이에서, 이렇게 둘이 서로 다른 뇌의 우위성으로부터 비롯된 상이한 정신적인 활동들을 통해 아주 원시적인 콘텐츠가 도출되었는데, 그 결과로 **사랑의 관계에 관한 10권의 책들**이 출판되었고, 더 나아가서는 전 세계의 수많은 이마고치료사와 이마고 교육자들을 배출했고, 그리고 국제적인 이마고 협회와 연구소를 설립하게 되었을 뿐 아니라, 커플(부부)치유와 '관계-중심'의 문화를 조성해 가는 데 있어서 서로가 앞을 다투어 열정을 쏟아 내는, 그런 '관계-중심'적인 사회 운동에 이르기까지 참으로 놀라운 변혁을 이루었다.

헬렌은 여성운동에 헌신하여 미국 여성 명예의 전당(National Women's Hall of Fame)에 그녀의 이름이 새겨질 만한 일을 했지만, 본래 그녀가 여성운동에 헌신하게 된 것은 여성들로 하여금 사회에서 평등한 목소리를 내면서도 가정에서도 평등한 관계를 갖도록 돕고자 하는 이유에서였다. 내(하빌)가 상담실에서 결혼치료사로서 일을 하는 동안, 우리 두 사람 모두 헬렌을 우리 문화에서는 결혼치료사로 여겼다. 사실은 우리가 서로 만나기 10년도 훨씬 전부터 이미 커플(부부)에 관한 것은 그녀에게 있어서 영적인 소명과도 같은 것이었는데 말이다. 우리가 부부(파트너)가 된 이후에도 이마고에 대해서 어떤 아이디어를 내고 또 그것을 개발하고 가르쳤던 일은, 전적으로 헬렌의 뼛속까지 이미 새겨져 있었던 DNA의 일부분이었다. 그리고 우리가 여기에서, 그 수많은 세부적인 사항들까지 다 일일이 부연하여 설명하진 않겠지만, 아무튼 많은 사람들은 나(하빌) 혼자만을 이마고를 만들어 낸 개발자로 보았으며, 헬렌을 그저 그림자 속에서 나를 조력하는 협력 파트너쯤으로 보았다고 요약해서 말할 수 있다.

세월이 흘러 아이들이 성장해서 집을 떠나면서, 우리 두 사람의 결혼생활이 더욱 밀접하게 연결됨에 따라 헬렌은 자신이 정말 전문성을 가지고 하고 싶어 했던 일에 완전히 몰입하고자 했고, 정기적으로 나와 함께 부부워크숍을 인도하고, 우리 두 사람이 공동 진행자로서 국내 및 국제 컨퍼런스에서 함께 프로그램을 진행하고, 그리고 공동 저자로서 이마고관계치료에 관한 책과 기사들을 함께 저술하기 시작했다.

그 후, 일련의 우연한 일들이 일어나기 시작했고, 깊은 경각심을 불러일으켰다. 우리의 문제는 세계사적인 문제, 그러니까 여성의 지위를 역사적으로 두 번째 위치에 둔 문제, 즉 여성의 평등에 대한 무의식적 편견의 한 예였던 것이다. 그리고 헬렌과 나(하빌), 우리 두 사람 또한 무의식적으로 그 일에 연루되어 있었다.

이런 점을 깨닫고 난 후, 우리가 의식적으로 행동으로 옮긴 방법이 하나 있다. 나(헬렌)는 페미니스트 출판사(the Feminist Press)를 통해서『그리고 영혼이 그들을 움직이게 했다(And the Spirit Moved Them)』라는 책을 출판했다. 이 책은 미국에서 여성운동의 기원에 공헌했지만, 그 기여가 누락되었던 여성들에 관한 이야기다. 내(헬렌)가 쓴 이 책을 통해서, 나는 이 여성들의 위치를 미국 페미니스트 역사 초기에 원래 들어 있어야 할 올바른 자리로 되돌려 놓았다. 이 여성들이 미국 페미니스트 역사의 어두운 그늘에서 빛으로 나오는 것과 동시에, 〈히든 피겨스(Hidden Figures)〉라는 영화가 등장했다. 이 영화는 우주 프로그램의 성공에 기여한 것이 전혀 상상되지도 않고 인정받지 못했던 아프리카계 미국인 여성들의 가치를 다시 회복시켜 주었다. 그와 동시에, 우리는 정치와 의학 분야에서 헌신한 여성에 관한 여러 다른 책들에 대해서도 알게 되었다. 이러한 시대적 정신은, 주변 남성들의 그늘에 갇혀 아직 밖으로 나오지 못했던 여성들을 빛으로 이끌어 내는 것이다.

이마고에서 헬렌의 자리는 여성적인 문제였고, 또한 남성의 문제이자 인간의 문제였다. 나(하빌)는 우리가 의식적으로 인정하지 않고 있었던 문화적인 역동성, 즉 여성을 남성 다음으로 두는 것에 우리 모두가 무의식적으로 참여하고 있다는 사실을 절실히 깨닫게 되었다. 이마고에 대한 헬렌의 공헌을 인정하지 않은 채 그 그늘에 그냥 놔두는 것 또한, 이제 막 그 실체를 바로잡기 시작한 전 세계사적인 상황의 한 예인 것이다. 이러한 인식은 한편으로는 충격이었고, 다른 한편으로는 해방이었다.

그 통찰의 순간에, 저작권을 두 사람이 공유하는 데 있어서 혹시 장벽이 될 만한 것들이 다 녹아내렸다. 정당하고 거리낌 없는 인정을 받게 된 헬렌의 눈에는 눈물이 흘렀고, 나의 가슴엔 기쁨이 넘쳤다. 이 책의 30주년 개정판의 출간 시기와, 지금으로부터 30년 전에 이 책의 첫 출판에 대한 헬렌의 중추적인 기여에 대하여 헬렌을 공동 저자로서 가시적으로 바로잡는 일은, 동시에 전 세계적인 여성의 동등성 회복 프로젝트에 기여하는 수단의 하나가 되었다. 그래서 이렇게 완전히 개정되고 갱신된 30주년 기념 판이 출간되는 것의 의미는, 우리 두 사람이 공동 저자로서 이 모든 것들을 함께 견뎌 내고 뛰어넘어 온 그 강인한 내구성을 지닌 책의 출간을 축하하고 싶은 것은 물론이고, 특히 여성들에게 사회적 정의와 평등을 가져다주는 그 세계사적 과정에 함께 동참하는 일이기도 하다. 이것은 여성들만이 아니라 모든 사람들에게 있어서 다 그렇다. 이 책을 사용한 커플(부부)들이 여성과의 관계적인 동등함(평등)을 만들어 낸 것처럼, 이제 이 책의 공동 저자들의 평등성을 새롭게 하고 있다. **지금이 바로 그렇게 할 때다!**

그리고 더 있다. 그 이론은 계속 발전하고 있다. 우리가 우리 두 사람의 관계의 두 가지 차원에서, 즉 전문적으로 함께 일을 하는 데 있어서 우리 관계에서의 직업적 평등, 또 가정에서의 개인적 평등과 투쟁하는 세월 동안, 우리는 또한 부부(커플)들의 아주 만성적인 힘의 역학적 측면에서의 관계적 불평등을 관찰하고 있었다. 하지만 이것은 그렇게 놀랄 만한 일은 아니었다. 왜냐하면 여성에 대한 사회적 · 경제적 · 정치적 평등에 관한 문제는, 사실 인간의 문명이 시작된 이래로 항상 이슈가 되었기 때문이다.

두 번째 도전은, 부부가 경쟁을 보상해 주고, '최고'가 되어야 하고, 무슨 대가를 치르더라도 반드시 이겨야만 한다는, 그런 문화적 가치 체계에 젖어 있는 데서 비롯된다. 이러한 가치 체계는 우리의 어린 시절부터 그 역사가 시작되어서, 서로를 통제해야만 하는 필요성과 접속을 하게 되면, 그 관계는 독이 되고 대부분 더 이상 지속할 수 없게 되어 버린다. 그 결과, 결혼한 부부는 50%의 이혼율, 이혼하지 않는 부부들의 경우엔 75%의 불행률이 된다. 이 문제는 아주 복잡하게 얽혀 있는데, 왜냐하면 부부(커플)가 서로의 정서적인 필요를 이해하고 그것을 충족시키기 위해서 노력하고자 하는 관계적 방식과 그들이 작금에 살아가고 있는 너무나도 경쟁적인 가치 체계가 정반대로 상충되기에, 그런 점이 부부(커플)들을 아주 힘들게 만드는 것이다. 그 이유는, 외부가 내부를 형성하기 때문이다.

부부(커플)상담을 할 때도, 전통적인 심리치료의 과정에서는, 각 파트너들로 하여금 각자의 내면에 대해 깊이 이해를 하도록 도와주는 것을 목표로 하고 있다. 즉, 각 개인으로 하여금 자신의 감정과 생각, 그리고 기억의 내적 세계를 탐구하도록 하는 것이다. 이러한 치료 방법을 뒷받침하는 중요한 이론적 가정은, 각 파트너가 그렇게 내적인 통찰력을 얻게 된다면, 그 통찰력이 그 부부(커플)를 보다 건강한 방식으로 관계를 맺도록 해 줄 것이라는 점이다. 하지만 그건 그렇지가 않았다. 그 방법의 성공률은 겨우 25%에 불과했기 때문이다.

그래서 우리는 이마고에 초점을 맞추게 되었다. 즉, 부부(커플)의 내부에서 일어나는 일을 탐색하는 것으로부터, 이제는 그 바깥(Outside)에서 일어난 일과 그 두 사람 사이(Between)에서 일어나는 일에 초점을 맞추게 된 것이다. 이것이 바로 저 유명한 유태인 철학자 마틴 부버(Martin Buber)로부터 헬렌이 전달을 받아서 이마고에 기여한 또 하나의 공헌이다. 우리는 커플들이 어떻게 느끼고 생각하고 기억하는지를 변화시키는 것이 아니라, 그들의 상호작용적인 행동(Interactive Behavior)을 변화시키도록 도왔을 때 부부(커플)가 서로 연결되는 것을 느끼게 되고 새로운 사고를 하기 시작하며 또 새로운 추억을 만들어 가기 시작한다는 사실을 발견하게 되었다. 그리고 부부(커플)관계에서 가장 중요한 상호작용적인 행동은, 부부(커플)가 서로 어떻게(how) 대화하고 있느냐에 관한 것이지, 그들이 무엇(what)에 대해서 말을 하고 있느냐가 아니라는 것도 알게 되었다. 우리는 이것을 '이마고대화(Imago Dialogue)'라고 부르기로 했다.

이러한 전환(변화)이 지금의 이마고대화 과정(Imago Dialogue Process)을 탄생시킨 계기가 되었는데, 그것을 주도한 사람이 바로 헬렌이다. 때는 1977년, 우리가 아직 신혼이었을 때, 그 당시 우리 두 사람은 서로 깊은 갈등을 겪고 있었는데, 그러던 어느 날 헬렌이 "그만해요, 이제! 그리고 지금부터는 우리 두 사람 중에 오직 한 사람만 이야기를 하는 걸로 하고, 다른 한 사람은 그냥 듣기만 하기로 해요!"라고 외쳤다. 그리고 우린 실제로 그렇게 했다. 그런데 놀라운 것은, 우리가 마음을 가라앉히고 소리를 지르지도 않은 채 이야기를 하기 시작했다는 것이다. 바로 이런 것이 헬렌이 기여했던 수많은 것들 중 하나의 예로서, 내(하빌)가 그것을 이마고의 치료 과정에 접목시킨 사례들 중 하나였다. 이 경우, 헬렌의 아이디어가 주요한 치료적 도구가 되었고, 이제는 전 세계의 모든 이마고치료사들이 그것을 사용하게 된 것이다. 그러니까 치료의 대상이 그들의 내면세계이기보다는 본질적으로 그들의 외부세계, 즉 두 사람 사이의 상호작용이 된 것이다. 다시 말해서, 두 파트너가 무엇에 대해서 무슨 이야기를 하느냐보다는 어떻게 말을 하느냐, 즉 서로 대화를 하는 방식이 더 중요하다는 점이 분명해졌을 뿐만 아니라, 어린 시절로부터 무엇을 기억하고 있는지, 왜 그렇게 행동을 하게 됐는지를 서로가 잘 이해하는 것이 더 중요하다는 점을 분명히 알게 되었다.

그런데, 이것이 전부가 아니다. 그다음이 더 놀랍다. 이제 치료는 더 간단해지고, 정확해지고, 효과적이 되었지만, 결코 쉽지 않다. 그런데 두 사람의 파트너가 3단계 과정으로 구조화되어 있는, 이 이마고대화법을 사용하여 서로 대화를 하게 되면, 두 사람은 둘의 관계(사이)에서 안전(Safety)을 경험할 수 있게 된다. 안전은 그 어떤 다른 것으로도 결코 대신할 수 없을 만큼 최우선적으로 중요한데, 이 이마고 구조에 의해서 그것이 창조되는 것이다. 안전은 두 사람(부부, 커플)으로 하여금 서로의 경계를 늦추게 하고, 취약성(연약함)을 드러낼 수 있게 하고, 마음을 열게 하여, 우리가 서로에게 소위 '지금 함께 존재함(있음)'이라고 부르는 상태가 되는 걸 가능하게 만든다. 그렇게 되면, 상대방이 말을 하고 있는 동안, 듣는 사람이 듣고 있는 말에 대한 모든 형태의 부정성(Negativity)을 떨쳐 버리게 만들어, 상대방의 말을 진정성 있게 아주 효과적으로 경청하게 되며, 두 파트너가 지금 현존하는 친밀한 관계 속에서, 지나간 어린 시절의 상처까지도 치유할 수 있는, 그런 환경을 조성하게 된다. 심리치료 기법이 생겨난 이래로 거의 백 년이 지난 오늘날까지도 믿고 있는 것처럼, 파트너의 기억, 감정, 생각들까지 굳이 탐구해야만 할 필요가 없는 것이다. 밖에 변화가 일어날 때, 내면에도 변화가 일어나게 되는 것이며, 과거 또한 현재에서 치유가 될 수 있는 것이다. 그리고 서로에 대한 판단을 중지하고 두 사람이 그 순간에 함께 있어 줌(존재하는 것)은, 두 사람을 상처받게 했던 그런 경쟁적인 문화를 바꾸는 데 기여하는 정서적인 동등함(평등)을 창조해 낸다. 즉, 개인적인 것이 사회적인 것이 되고, 정치적인 것이 된다. 다시 말해서, 모든 것은 언제나 모든 것과 연결되어 있다.

그리고 마지막으로, 지금까지의 이 모든 것들을 통해서 우리가 맨 처음에 '사랑의 관계'에서 질문했던 그 질문들에 대한 답을 찾는 데 상당히 도움이 되었다. 왜 커플(부부)들은 싸우는가? 왜 사랑의 꿈이 악몽이 돼 버리는 것인가? 그러면 우리는 도대체 뭘 어떻게 해야 하는 것인가? 그런데 의외로 그 답이 그렇게 복잡하지 않은 것으로 밝혀졌다. 우리는 부부(커플)들이 서로의 차이에 대해서 반대하기 때문에 싸운다고 믿는다. 부부(커플)들은 서로를 감정적으로, 때로는 육체적으로 깎아내린다. 왜냐하면 그들은 무의식적으로 서로 경쟁적이기 때문이다. 이것은 그들이 그들의 관계에서 자신이 지니고 있는 감정적인 자원을 상대방과 비교하게 되고, '내가 맞는(옳은)' 사람이 되는 것을 지지하는, 그런 문화적 가치 체계로부터 비롯된 것이다. 그래서 부부(커플)들의 싸움은 결국 평등을 쟁취하기 위한 경쟁으로 변하게 되고, 그것이 문제의 핵심이 된다. 평등을 위해 싸운다는 것은 불평등의 표시이며, 불평등은 불안감을 조성하고, 불안은 그들의 방어를 강화시킨다. 두 파트너가 서로 불안하고 방어적이 될 때, 그들은 함께 있음에서 물러나 감정적으로 사라져 버리거나, 그들의 관계가 죽어 버리거나, 혹은 자기 자신이 죽게 될 때까지, 그렇게 서로 경쟁을 한다.

그래서 우리는 안전은 필수 불가결하며, 협상할 수 없다고 주장한다. 안전은 모든 대화를 하기 위해서 반드시 필요한, 이마고대화법 양식의 첫 번째 단계에 해당하는 것이다. 이마고 3단계 과정(프로세스)을 통해서, 두 파트너는 서로 간에 따로따로 양극화되지 않고도 서로 대화를 할 수 있으며, 두 사람 사이에 어떤 분명한 차이점이 있음에도 불구하고 그러한 차이점을 뛰어넘어서, 그 어떤 것에 대해서도 서로에게 연결할 수가 있다. 이렇게 하는 대화는 뇌를 통합시켜 주고, 비록 그 어떤 것이 우리를 건드리고 자극한다 하더라도, 우리가 거기에 감정적으로 과민 반응하여 맞대응하는 것을 줄일 수 있게 해 준다. 두 번째 단계는, 두 사람이 서로가 안전을 충분히 예측할 수 있도록, 모든 부정성을 제거하겠다는 것을 서로에게 약속하는 것이다. 이것은 필수적인 것이며, 협상할 수 있는 주제가 아니다. 그리고 마지막 세 번째 단계는 파트너들이 두 사람 사이에서 긍정적인 연결을 증가시키기 위해, 매일매일 할 수 있는 모든 종류의 칭찬을 파트너에게 쏟아붓는 것(Flooding)이다.

관계에서 안전이 형성되고 유지되면, 내면의 세계가 변한다. 불안이 가라앉게 된다. 방어가 느긋해진다. 다른 것들에 대한 인식이 부정적인 것에서 긍정적인 것으로 바뀐다. 서로 상호작용하는 즐거움이 증가하게 된다! 자발적이고 즉흥적인 농담과 놀이가 매일매일 웃음과 함께 터져 나온다. 온전히 살아 있다는 느낌이 되살아나고, 우리는 연결된 이 우주 안에서 마치 내 집에 있는 것 같은 그런 편안함을 느끼게 된다. 이것은 우리 인간들이 최초에 이 활기찬 우주에서 살아가기 시작했을 때부터 느껴 왔던 것이다. 모든 사람들과 모든 것들이 살아서 진동하고, 느끼고, 연결되어 있고, 호기심으로 가득차고 즐거웠다. 그때는 우리를 양육했던 우리의 보호자들이, 불을 끄고 모든 것들이 다 검은 조각들의 회색 빛으로 변해 버리기 전이었다. 그러나 다시 연결이 되면, 다시 색조등이 켜지고, 파트너들과 이 세계는 또다시 경이로움에 휩싸이게 된다. 우리는 우리가 최초에 그랬었던, 온전히 살아 있고 즐겁게 연결됨(Fully Alive and Joyfully Connecting) 그 사이의 공간(the Space Between)이 안정적이면서도 예측이 가능한, 아주 안전하고 중요한 사람과의 관계에서만 가능한 그 존재의 상태로 다시 돌아왔다.

우리는 내면 안에서 당신을 다시 만나, 당신을 당신의 약속된 땅으로 안내할 수 있게 되기를 간절히 바란다. 그리고 당신이 이 책을 읽으면서 즐겁고, 또 정말 당신이 그토록 원하는 사랑의 관계를 만들어 가길 바란다.

『세계 최고의 커플테라피 이마고: 당신이 원하는 사랑 만들기』
20주년(2008년)에 쓰는 서문

―나의 아내 헬렌 라켈리 헌트 박사와 함께

이 세상을 이해한다는 것은 그리 만만한 일이 아니다.

하지만, 가슴으로는 한번 품어 볼 만한 것이다.

왜냐하면 그 존재들 중 하나는 우리가 품어 볼 수 있기 때문이다.

―마틴 부버(Martin Burber)

　　1975년부터 나는 '사랑의 관계'에 대한 집중적인 탐색을 시작했다. 그 일은 내가 가르치고 있었던, '결혼과 가족치료(Marriage and Family Therapy)' 수업에 참가했던 한 학생이 내게 던진 질문에 대한 답을 찾는 것으로부터 시작되었다. 그날의 기억이 아직도 나는 생생하다. 그날은 화요일 아침이었다. 나는 수업에 20분이나 늦었다. 그때 나는 지방법원에 이혼을 인정한다는 최종 소견서를 제출하고 오는 길이었다. 내가 학교에 도착했을 때, 나는 내심 내 수업을 듣는 학생들이 모두 가 버렸기를 바랐다. 그러나 강의실 문을 열고 보니 학생들 모두가 나를 기다리고 있었다. 그들 앞에 난 설 수밖에 없었다. 그것은, 내가 결혼에 대해 알고 있는 게 하나도 없다는 사실을 생생하게 증언해 주는 것이기도 했다.

　　학생들은 내가 어디를 갔다 왔는지 이미 다 알고 있었다. 그리고 참 딱하다는 표정으로 내게 인사를 건넸다. 그들은 내가 지각한 20분 동안, 자기 자신들의 커플(부부)관계에 대해 토론을 하고 있었다. 이런 일은 이 수업에서 이전에는 없었던 일이었다. 그 학생들 중 셋은 이미 이혼을 했고, 다른 셋은 진지한 사랑의 관계를 아직 경험해 본 적이 없었으며, 나머지 여섯은 커플(부부)관계에서 아주 고통스러운 상황에 빠져 있었다. 수업이 끝날 때쯤, 한 학생이 "헨드릭스 박사님, 도대체 왜 사랑하는 사람들이 함께 살아가는 데 그렇게까지 힘든 시간들을 보내야만 하나요?"라고 질문했다. 나는 잠시 생각하다가, "사실 나도 잘 모르겠네. 도대체 왜 그래야만 하는지……. 그런데 그게 참 큰 문제인 것만은 확실한 것 같아. 그래서 나는 앞으로 그 이유를 밝혀내기 위해서, 나의 남은 생애를 다 바쳐야만 하겠다고 생각하고 있다네."라고 대답했다.

그로부터 2년 후에 나는 헬렌을 만났다. 그리고 우리 둘은 이 주제에 관해 대화를 나누기 시작했다. 그리고 그 대화는 오늘날까지도 계속되고 있다. 관계 역동에 몰입한 지 이제 어언 30년이 지난 지금까지, 우리 두 사람은 참으로 많은 것들을 함께 배웠다. 그동안 우리가 얻어 낸 수많은 통찰들은 『세계 최고의 커플테라피 이마고: 당신이 원하는 사랑 만들기』 20주년 기념판인 이 책 속에 다 들어 있다. 이 책에서 우리는 우리가 부부이자 동반자로서 그동안 함께 협력해 오면서, 집중적인 독서들을 통해, 그리고 수많은 부부와 연인들의 개별실습과 집단워크숍, 다른 심리학자들과 이마고부부치료사들과의 대화를 통해 하나씩 모아 온 지식과 경험들을 요약했다.

이번 개정판에는 의미심장한 내용들, 즉 이 글의 후반부에서 논의되는 것들이 다시 추가되긴 했지만, 이 책 내용의 상당 부분들은 지난 2001년의 책 내용과 거의 똑같다. 대체로 우리가 지속해 온 연구의 결과는 2001년 판의 주요한 전제에 도전했다기보다는 오히려 그것들을 지지하는 것이었다. 또한 우리는 이 책의 내용이 실제 부부(커플)관계에 있어서 아주 상당한 '효과'가 있었다는 수많은 증거들을 수집했다. 지금까지 전 세계에 있는 수백만의 부부와 연인들이 이 책을 읽었다. 그리고 적어도 그들 중 수천 명은 자신들의 살아 있는 경험들을 나, 그리고 내 아내이자 이 책의 공동 저자인 헬렌과 함께 나누는 시간을 가졌다. 그중에는 최근에 이혼 위기가 있었지만, 마지막으로 한 번 더 기회를 가져 보기로 한 어떤 부부도 포함되어 있었다. 그 부부는 멀리 떨어진 해안가에 오두막을 하나 빌려, 마지막으로 함께 일주일을 지내 보기로 작정하고, 일주일간 지낼 만한 음식과 물건들을 챙겨 떠나면서, 이 책도 함께 가져갔다. 그리고 모든 내용을 다 읽고, 서로에게 그 책에 있는 그대로를 한번 실천해 보기로 약속했다. 일주일이 끝나갈 무렵, 두 사람은 지난 십여 년 동안의 기간보다도 서로에게 좀 더 가까워지는 경험을 했다고 한다. 결국 그들은 이혼하지 않고 다시 함께 살아 보기로, 그래서 좀 더 깨어 있는, 의식이 살아 있는 동반자 관계를 만들어 보기로 작정했다. 그로부터 5년 후, 그들은 서로에게 아주 만족한 관계를 계속 즐기며 유지하고 있다. "당신의 책은 우리가 가장 필요로 했던, 바로 그것이었어요. 당신의 책은 우리 두 사람의 삶을 완전히 180도 바꿔 놓았어요."라고 그들은 고백했다.

우리가 수정한 것들

2001년 판의 내용이 상당 부분 그대로 있지만, 몇 가지 중요한 수정이 있었다. 첫 번째 수정은, 좀 더 포용하는 포괄적 언어를 사용한 것이다. 지난 20년 동안 여성의 권위와 동성 간의 커플관계에 대한 여러 중요한 변화들이 있었다. 즉, 남성과 여성 모두를 일컫는 말로 대명사 'he'를 사용하는 것이 부적절한 것처럼, 약혼 상태를 결혼으로 지칭하거나, 두 당사자를 배우자나 남편과 아내로만 제한하여 모두 포함시키는 것은 시대착오적인 생각이다. 최근의 종합적인 통계조사에 따르면, 미국에는 적어도 550만의 가정이 아직 미혼인 상태로 가정을 유지하고 있으며, 이런 현상을 1990년과 비교한다면 거의 72%나 증가된 것이다. 또한 오늘날 아직 미혼인 채로 가정을 유지하는 가정들 중, 대체로 여덟 가구 중 한 가구는 동성커플 가정이다. 이러한 사회적 변화를 반영하기 위해서, 우리는 성별에 관한 용어로서, 파트너와 커플이라는 단어를 번갈아 사용하고자 한다.

둘째로, 우리는 이마고관계치료를 발전시키는 데 있어서 헬렌의 핵심적인 역할에 대해 좀 더 분명하게 하고자 했다. 원래의 책은 나 혼자만의 일인극과도 같앉는데, 사실 헬렌과 나는 첫 데이트를 시작한 이래, 우리 두 사람이 **사랑의 관계**를 좀 더 잘 이해하기 위해서 그 몫을 잘 감당해야만 한다는, 그런 어떤 사명감을 가지고 있었다. 실제로 우리 두 사람은 결혼이라는 호된 시련 가운데서, 이마고 관계치료의 핵심 개념들 중 많은 부분들을 거의 잊어버리고 있었다. 정말 헬렌이 없었더라면, 아마도 이 책은 세상에 나올 수 없었을 것이다.

셋째로, 가장 최근의 개정판이 원래의 제11장을 완전히 새로운 장으로 대신하고 있는데, 원래 이 제11장은 **분노 담아두기 훈련**이라고 불렸다. 이 훈련은 부부나 연인들로 하여금 그들이 어린 시절부터 지녀 왔던 분노와 좌절을 표현할 수 있도록 고안된 것이었다. 이 장에서는 파트너 중 한 사람이 분노를 터트리게 될 때, 각 파트너의 역할을 안내하는 '완전히 담아두기'라고 부르는 연습을 훈련할 수 있게끔 안내하고 있다. 즉, 한 사람이 분노를 표현하게 될 때, 상대방 파트너는 좀 더 연민 어린 마음을 가지고 잘 귀담아들을 수 있게끔 도와준다. 이러한 기회를 통해 분노를 해소할 수 있는 카타르시스를 경험하게 되면, 매일매일의 상호작용에서 오는 긴장감의 정도 또한 줄게 될 것이라고 믿고 있는 것이다. 하지만 이 반대의 경우 또한 사실인 것으로 판명이 났는데, 그것은 이 분노 담아두기 훈련을 많이 하면 할수록 도리어 일상생활에서도 서로에게 더 많이 화를 내게 된다는 것이 새롭게 발견된 것이다.

그래서 완전히 새로운 장인 이 제11장에 우리는 **성스러운 공간 만들기**라는 새로운 이름을 붙였는데, 이 연습은 어린 시절부터 지녀 왔던 분노를 풀어 주기 위한 아주 새롭고도 효과적인 전략을 제시해 준다. 이러한 구체적인 전략이 없다면, 분노는 성공적인 관계를 해칠 수도 있는 것이다. 그러므로 이 제11장의 의도는 커플(부부) 사이에서 **분노폭발**을 줄이는 것을 돕는 데만 국한되지 않는다. 오히려 커플(부부)들로 하여금 그들 관계의 상호작용 과정 가운데서, 서로 부딪치게 되는 모든 형태의 부정적인 것—즉, 신체적인 학대나 소리 지르기부터 비열한 말 쏟아내기에 이르기까지—을 제거하는 일을 돕는 과정을 설명하고 있다. 이렇게 함으로써, 분노를 그 뿌리에서부터 잘라 내자는 것이다. 내가 이 장에서 아주 자세히 설명하고 있는 것처럼, 부정적인 것을 제거하는 것만이 사랑의 관계를 변화시키는 가장 강력한 방법이라고 나는 믿는다. 실제로 이것은 사랑을 지속시키기 위해서 가장 중요한 초석이 된다.

　끝으로, 이 책에서는 아주 많은 부분들이 덧붙여지기도 하고 삭제되기도 했다. 또한 충분히 깊이 있게 설명하지 않은 개념들에 대해서는 좀 더 많은 정보를 덧붙여 놓았다. 현재의 이마고치료 이론과 잘 들어맞지 않은 생각들을 발견했을 때는 거기에 맞는 적절한 변화를 주었다. 그리고 네 개의 새로운 연습과정들도 덧붙여 놓았다. 그 이유는 이 책이 독자들이 혼자서도 충분히 연습할 수 있는 그런 유용한 도구가 될 수 있도록 하기 위해서다. 결론적으로 이 20주년 기념판을 읽게 됨으로써, 독자들은 '자신들이 원하는 사랑을 얻고자' 하는 데 매우 성공적이 될 것이며, 아울러 이전에 출판된 책을 이미 읽은 독자들 또한 이 새로운 기념판을 다시 읽음으로써, 보다 유익하고 새로운 자료들을 얻을 수 있을 것이다.

연결

　이 새 서문을 쓰고자 생각했을 때, 우리는 우리가 이 책을 통해서 단순히 달라진 내용을 설명하는 것만이 아닌, 뭔가 그 이상을 하고 싶어 한다는 사실을 깨달았다. 그래서 우리는 이 기회를 그동안 우리가 탐구해 온 '사랑의 관계'에 관한 몇 가지 전체적인 결론을 설명할 수 있는 기회로 사용하고자 했다. 사실 그 결론은 이 책에 써 놓은 각 단어 하나하나에 다 놓여 있는 것이다. 내 아내 헬렌과 나는, 우리 부부 자신의 삶과 아울러 다른 여러 부부와 연인들의 관계에 대해서도, 이제 우리가 어떤 요약을 해도 괜찮을 만한 그런 단계에 이르렀다고 생각했다.

　프로이트는 말년에, 지금은 우리 모두에게 친숙한 몇 가지 유명한 질문을 했다. 여자가 원하는 것은 과연 무엇인가? 사실 우리도 이 질문에 대답하기 위해 무진장 노력해 왔다. 남자와 여자가 '사랑의 관계'에서 진정으로 원하는 것은 무엇일까? 프로이트와 우리의 질문에 대한 대답으로서—사실 모든 인간들이 갈망하고 있는 바로 그것—그것은 하나같이 다 똑같은 것이라고 나는 믿게 되었다. 무엇보다도 우리 모두는 연결을 원하고 있다는 것이다. 우리 모두는 그동안 억눌려서 제대로 연결되지 못했던 자기 자신의 억압된 부분들과 다른 사람들, 그리고 저 큰 우주와 진정으로 연결될 수 있기를 간절히 원하고 있다. 우리가 만약 다른 사람과의 친밀한 '사랑의 관계', 또 우리를 둘러싼 주변 세계와의 긴밀한 연결감을 갖지 못하게 된다면, 우리는 우리의 삶을 충만하게 경험할 수가 없을 것이다. 마틴 부버의 말을 인용하면, "우리 각 사람은 충만한 나(I)가 되기 위해 너(Thou)를 필요로 하고 있는 것이다."

돌이켜 보면, 우리가 그동안 추구해 온 한평생의 일은 결국 커플(부부)들로 하여금, 부버가 말한 '나-너'에서 '-(하이픈)'을 만들어 주는 일, 바로 거기에 그 뿌리를 두고 있다는 사실을 나는 깨닫게 되었다. 이 기념할 만한 관점에서 보면, 이 하이픈은 연결 고리이자 나와 너 사이의 공간을 붙잡아 주는 역할을 한다. 그러므로 가장 충실한 '사랑의 관계'는 두 사람이 서로서로 친밀하게 연결되어 있는 것이기도 하지만, 또한 동시에 각자의 다름을 인정하면서도 동시에 서로를 존경하는 만큼의 거리를 일정 유지하는 것임을 의미한다. 이러한 관계의 속성은 '나와 너'라든가, 아니면 중간을 없애 버린 '나너'라는 단어로는 설명될 수가 없는 것이다. 그것은 다만 '나-너'의 관계일 뿐인 것이다. 즉, 두 사람은 각자 분리되어 있으면서도 동시에 서로 연결되어 있는 것이다.

여기에서의 기능적인 단어가 바로 연결(Connection)이다. 우리에게 이 연결이라는 단어는, 단지 인간의 경험을 묘사하는 어떤 심리학적인 단어 그 이상의 의미를 지닌다. 다른 여러 학문 분야와의 매우 광범위한 비교연구를 통해서, 우리는 이 연결이라는 단어가 이 우주의 속성을 잘 설명해 주고 있다는 하나의 결론에 도달할 수 있게 되었다. 즉, 이 세상 모든 것들은 서로 연결되어 있으며, 인간 또한 그 우주의 일부이다. 그러므로 '연결하고 싶어 하는 것'이, 곧 우리 인간의 속성인 것이다. 그런데 만약 우리가 연결되어 있다고 느끼지 못한다면, 그 이유는 바로 우리가 이미 연결되어 있다는 그 엄연한 사실을 깨닫게 하지 못하도록 방해하는 어떤 것이 있기 때문인 것이다. 우리는 때때로 우리가 이 우주 전체의 한 부분이라는 사실을 잊어버리곤 하지만, 사실 분리되어 있다는 것은 하나의 환상에 불과하다. 우리는 서로 연결되어 있지 않을 수가 없는 것이다.

끊어진 연결

　분리되어 있다는 환상 때문에 대부분의 커플(부부와 연인)들은 상담치료를 받으러 온다. 그들은 자신들이 '서로 연결되어 있다'는 느낌을 잘 갖지 못한다. 뿐만 아니라 자신과 자신의 주변 세계, 그리고 이 우주와 사실은 한 치의 틈도 없이 서로 연결되어 있다는 사실을 전혀 느끼지도, 경험하지도 못한다. 그들은 자신이 이탈되어 있고, 고립되어 있으며, 외롭다고 느낀다. 그들의 관계는 아마 (대상으로서의) 자신과 (대상으로서의) 상대방으로 설명될 수 있을 것이다. 커플들이 '나-너' 관계를 이루는 데 실패하는 주된 이유는, 그들이 어린 시절에 그것(연결되어 있음)을 제대로 경험하지 못했기 때문이라는 것을, 나는 여러 임상경험들을 통해서 확인하게 되었다. 불행하게도 우리는 태어나서 처음 18개월 동안에 처음으로 관계에서의 어려움을 경험하게 된다. 아동발달 전문가들은 이 중요한 시기를 애착단계(Attachment Stage)라고 부른다. 주 양육자들 중 한 사람 혹은 몇 사람들과의 관계에서 긴밀한 애착을 경험하는 것은, 아동의 발달단계 전반에 걸쳐 매우 중요하다. 그러나 생후 최초의 몇 달 동안, 이러한 관계에서의 어려움은 거의 피할 수가 없는 것이다.

　강하고 안전한 연결 관계를 경험하기 위해서, 아이들은 아동심리학자들이 말하는 자기에게 잘 맞춰 주는 부모를 필요로 한다. 당신의 양육자는 이 세상에서 두 가지의 의미로 당신에게 나타나게 되는데, 먼저 양육자는 당신에게 신체적으로 유용해야만 하고, 또한 언제나 따뜻한 감정으로 나타나야 한다. 이상적으로는, 당신의 양육자는 당신이 그 순간에 필요로 하는 것에 관한 단서를 얻기 위해 당신을 향해 몸을 돌린다. 그리고 당신에게 편안함이 필요하고 신체적인 연결이 필요할 때, 당신을 안아 준다. 그리고 당신이 배가 고플 때는 당신을 먹여 준다. 또 당신이 짜증나거나 겁을 먹거나 고통 중에 있을 때는 당신을 위로해 준다. 그리고 당신이 피곤해지면 당신을 잠자리에 뉘어 재워 준다. 이렇게 잘 맞춰 주는 부모는 또한 당신으로 하여금 모든 감정을 다 표현할 수 있게끔 도와준다. 당신이 기뻐하는 것, 장난치고 싶은 것, 당신의 좌절과 분노 등 당신의 감정들을 비켜 가기보다는 당신의 여러 감정들을 그대로 받아들이고 반영해 준다. "넌 지금 참 행복하구나! 네가 되게 화가 났나 보구나! 놀고 싶은 대로 못 놀게 돼서 화가 난 거니?" 이 모든 것은 당신에 대한 수용과 사랑, 그리고 관용의 마음에서 이루어지는 것이다. 당신이 이렇게 **조절된 부모**를 갖게 되면, 당신은 부모에게 짐이 되지 않는다. 또한 당신은 당신의 부모 자신이 과거에 채워지지 못했던, 그 필요를 채워 주기 위한 해결의 통로가 되지 않아도 된다. 당신은 그저 당신 자신이 되면 되는 것이고, 그리고 감정적으로나 신체적으로 **양육자와 친밀해지는 것**이다.

자기에게 잘 맞춰 주는 부모에 의해 자라난 아이들은, 성인이 되었을 때 만족스러운 사랑의 관계를 만들어 가는 것 같다. 왜냐하면 그들은 자신들의 양육자와의 안전하고 성장시켜 주는 유대관계 경험을 이미 지니고 있기 때문에, 공포나 버려짐, 함몰됨 같은 것들에 대해 과잉 반응할 필요가 없기 때문이다. 그래서 그들이 성인이 되었을 때, 그들은 단지 어떤 필요에 따라서 파트너를 선택하는 것 같지 않다. 왜냐하면 그들의 어린 시절에 그들의 일차적인 욕구들 대부분이 이미 충족되었기 때문이다. 또한 그들은 자신을 소홀히 대하거나 비판하고 학대하는 사람에게도 잘 끌리지 않는다. 왜냐하면 학대받는다는 느낌은 그들에게 완전히 낯설고, 또 부적절하며, 근본적으로 틀렸기 때문이다. 따라서 그들 대부분은 비교적 **편안하고 알맞은 짝**에게 어떤 매력을 느끼는 것 같다. 감정적인 표현이 잘되는 사람은 긍정적인 자기 이미지와 안전감을 지니고 있으며, 친밀감을 잘 받아들이는 사람 또한 대단히 매력적인 대상이다.

필사적으로 연결 찾기

유감스럽게도, 우리 중 많은 사람은 어린 시절 나한테 잘 맞춰 주는 부모를 경험하지 못했다. 그 결과, 나의 내면에 아직 채워지지 못한 어떤 필요들을 지닌 채로 다른 성인들과의 관계를 맺어 가게 된다. 즉, 우리 대부분은 우리 부모로부터 관계에서의 단절을 경험했을 뿐 아니라, 우리 자신과의 관계에서조차 어떤 부분과의 단절을 느끼기 시작했다. 이러한 내적·외적 관계와의 단절의 결과로 인해 우리는 '고립'의 느낌을 갖게 되는데, 그것은 다른 사람으로부터도 그렇고, 더 넓은 의미에서는 우주 자체와의 관계에서도 단절됨, 즉 고립감을 느끼게 된다. 이러한 단절감은 근본적으로 두 가지 심리적 상처에 의해 생겨나게 되는데, 그것은 소홀함과 침범이다. 즉, 우리가 필요로 했던 것들에 대해서, 우리 부모가 충분한 관심을 보여 주지 않음으로써 우리를 소홀히 했거나, 아니면 도리어 우리를 통해 부모 자신의 필요를 채우려고 시도함으로써 우리를 침범했던 것이다. 대부분의 자녀들은 이 두 가지 형태의 상처로 인해 고통을 겪는다. 왜냐하면 대부분의 가정에서 부모 중 한 사람은 너무 침범하고, 또 다른 양육자는 너무 소홀히 대하기 때문이다. 이런 혼란스러운 양육방식은 아이에게 다음과 같은 아주 혼란스러운 메시지를 전달해 주게 된다. '나는 지금 네가 당장 필요하다.' '아니다. 지금은 네가 전혀 필요 없다.'

내 아내인 헬렌과 나는 이러한 '어린 시절, 부모와의 끊어진 연결'을 인간 문제의 근본적인 원인으로 생각하고 있다. 그리고 이 끊어진 연결을 다시 회복시키는 것만이 곧 치유의 원천이라고 믿는다. 우리 두 사람은 불행한 부부와 커플들에 대해서 단 한 가지의 진단명만을 갖고 있는데, 그것은 '관계에서 연결이 단절됨'이다. 따라서 이 부부(커플)관계치료에서 우리가 갖고 있는 단 하나의 목표는, 이 커플(두 사람)로 하여금 서로가 연결되어 있음을 느낄 수 있게끔 돕는 것이다. 어떻게든 만약에 이 커플(두 사람)이 '서로에게 어떻게 깊이 연결할 수 있는지'를 배울 수 있다면, 그 어린 시절의 고통도 더 이상 그들을 아프게 할 수 없을 것이다. 제1장에서 논의하고 있는데, 무의식적인 마음은 과거와 현재를 잘 구별하지 못한다. 부부가(커플이) 과거의 끊어졌던 연결(관계)을 현재 두 사람의 관계 속에서 수정하게(고치게) 될 때, 그들이 어린 시절에 겪었던 트라우마 또한 치유하게 되는 것이다. 이때, 이 커플(부부)의 서로에 대한 관계뿐만 아니라, 우주에 대한 관계 또한 함께 회복되는 것이다. 그래서 그들의 연결(관계)은 영적인 신비한 경험과도 관련된 어떤 힘과 특징을 지니게 되는 것이다. 그렇게 이 관계는 곧 신성한 공간이 된다. 즉, 현재에서의 치유와 과거에서의 치유, 그리고 전체와의 관계에서의 치유다.

안전이 연결의 제일 첫 번째 전제 조건인 것은 아주 분명하다. 만약 상대방이 부정적인 공격을 할 것이라고 예상해서 방어를 하고 있다면, 아니면 상대방에 의해 버려지거나 압도당할까 봐 겁을 먹고 있다면, 그 두 사람은 연결될 수가 없다. 이런 이유 때문에, 이마고의 모든 훈련은 부정성을 제거하고 안전과 상호존중을 증진하기 위해 고안되었다. 이 책 제13장의 이마고 실습에 나와 있는 '다시 사랑에 빠지기'는 마치 처음 사랑에 빠졌던 것과 똑같이, 커플들로 하여금 서로에게 부드러운 관심과 선물을 주고, 애정이 담긴 말과 행동을 하도록 안내하는 것이다. 이러한 역할놀이는 몇 주 동안 계속하는 것이 좋다. 어떤 부부(커플)들은 이런 역할놀이를 매우 힘들어하지만, 그대로 계속적으로 반복하다 보면, 그 결과로 서로의 신경계의 연결이 다시 자리를 잡게 되고, 더 이상 서로를 적으로 간주하지 않을 뿐 아니라, 이제는 서로를 연인이나 친구로 다시 바라볼 수 있게 되며, 무엇보다도 두 사람 사이에 안전감이 자라나기 시작한다.

'행동수정요청(Behavior Change Request: BCR)'은 부부(커플)들로 하여금 자신들이 '아직 미처 충족되지 않았던 어린 시절의 필요들'을 다시 충족시켜 줄 수 있도록 도와줌으로써 안전감을 심어 주게 된다. 대부분의 경우, 아직까지 충족되지 않은 어린 시절의 필요들은 분노 아래 놓이게 된 원인이 된다. '행동수정요청' 실습의 첫 단계에서, 커플들은 각자가 항상 지녀 왔었던 만성적인 좌절에 대해 체크하게 되고, 각각의 그 좌절에 새겨져 있는 '어린 시절의 욕구들'을 확인하게 된다. "나는 당신이 부엌일을 철저하게 하지 않는 게 화가 나요. 나의 충족되지 못했던 욕구는 나를 돌보아 주는 사람이 좀 더 책임감 있게 되는 거예요. 나는 내가 어렸을 때 나를 도와주는 사람이 없다고 느꼈었어요." 두 번째 단계에서 그 사람은 파트너에게 '구체적이고 실천 가능한 행동의 변화'를 요청하게 된다. 그것은 속에 감추어져 있던 그의 욕구를 충족시키는 데 도움이 될 것이다. 두 사람은 무의식적으로 서로를 대리 부모로 간주하고 있기 때문에, 행동에서의 이러한 변화는 마치 그것이 과거에 일어난 일인 것처럼 경험이 되곤 한다. 그리고 지난 상처를 근원적으로 치유할 수 있게 된다. 어린 시절의 고통이 이 두 사람 사이의 좌절(화)의 근거가 되었기 때문에, 그 고통을 달래 주는 것은 곧 그 화를 풀어 주는 일이 되고, 그래서 결국엔 그 두 사람의 관계 속으로 더 이상 그 화가 침투해 들어오지 못하게 되는 것이다. 즉, 화를 제거하는 일은 커플(부부)을 더욱 가까워지도록 이끌어 준다.

안전에 대한 확신은 '안아 주기' 실습에 의해 더 고조된다. '힘겨루기'가 한참 진행 중일 때는, 마치 나의 파트너(배우자)가 내게 의도적으로 사랑은 주지도 않고 고통만을 내보이는 것처럼 느껴진다. 그래서 우리는 나 자신을 지키기 위해, 되받아치거나 아니면 자신을 가두어 둘 수밖에 없게 된다. 그러나 '안아 주기' 실습 후, 30분도 채 되지 않아 사람들은 파트너의 방어벽 너머에 놓여 있는 고통을 바라볼 수 있게 된다. '안아 주기' 실습을 통해 커플(부부)들이 서로를 팔에 안고 마치 요람을 흔들듯이 흔들어 주며, 상대방 속에 있는 어린 시절 이야기를 잘 들어 주게 되고, 그렇게 실습이 끝날 쯤이 되면, 커플(부부)들은 더 이상 상대방 파트너를 나를 괴롭히는, 못된 인간으로 보지 않게 되고, 대신 상처가 가득 차 있는 사람으로 바라볼 수 있게 된다.

이 '안아 주기' 실습은 안전감을 증진시켜 주면서 치유 과정에서 매우 중요한 공헌을 한다. '안아 주기'가 가진 가장 멋진 점은, 당신의 배우자(파트너)와 부모님과의 경계를 의도적으로 흐려지게 만들어 준다는 것이다. 다시 말해서, 당신이 어린 시절에 충분한 신체적 애정을 받지 못한 것에 대해 말하고 있는 바로 그 시점에, 당신의 파트너가 당신을 아주 부드럽게 안아 주고 있다는 사실이다. 당신이 양육자에 의해서 무시당했었다는 그 말을 하고 있는 바로 그 시점에, 당신의 파트너(배우자)가 당신을 바라보며 당신에게 완전히 집중한 채로, 당신의 이야기를 잘 들어 주고 있는 것이다. 어렸을 때 당신이 슬픔에 휩싸여 홀로 있었던 그 외로운 기억을 떠올릴 바로 그 순간에도, 당신의 배우자(파트너)가 당신을 가만히 다

독여 주거나 흔들어 주며 당신을 지지해 주는 말을 당신에게 들려주고 있게 되는 것이다. 당신이 과거에 힘들었던 그 고통을 떠올리고 있는 바로 그 순간에, 당신에게 온통 집중하고 있는 당신의 배우자(파트너)의 그 따뜻한 관심과 연민은 마치 그 어떤 상황에서도 다 통할 수 있는 만병통치약과도 같다. 그래서 당신은 당신의 배우자(파트너)와 더 친밀하게 연결되었다고 느낄 수밖에 없게 될 것이고, 그리고 당신의 과거에 대해 이제 덜 고통스러워하게 되는 것이다.

이마고대화법

이마고관계치료에서 사용하는 모든 치료도구들 중에서, 깨어진 연결을 치유하기 위한 가장 효과적인 도구는 '이마고대화법(Imago Dialogue)'이다. 이 대화법은 세 단계로 구성되어 있는데, 그것은 반영하기(Mirroring)와 인정하기(확증하기, Validation) 그리고 공감하기(Empathy)다. 이마고대화법은 두 사람 사이에 깊이 있는 대화를 하기 위한 가장 효과적인 방법이다. 이 대화법의 힘은 서로가 의사소통하는 차원을 넘어서, 두 사람 모두에게 깊은 치유와 성장을 가져온다는 점에 있다. 즉, 이마고대화법을 통해서 서로에 대한 인식이 바뀌게 되면서, 마침내 두 사람의 관계에 어떤 변화가 온다는 사실이다.

『세계 최고의 커플테라피 이마고: 당신이 원하는 사랑 만들기』의 이전 판에서 언급했던 이마고대화법의 유익한 점들 외에, 여기에서 특별히 나는 이마고대화법이 안전과 연결을 만들어 내는 데 있어서 어떻게 효과적이며 왜 그러한지를 좀 더 설명하고자 한다. 이마고대화법의 첫 번째 단계인 '반영하기'는 상대방이 하는 말을 잘 이해할 수 있도록 하기 위해 고안되었다. '반영하기'는 상대방의 말을 있는 그대로 잘 듣고, 그 의미를 어떤 것 하나 바꾸지 않고 그대로 다시 말해 주는 것과, 또한 내가 이해한 것이 맞는지를 말한 사람으로 하여금 확인할 수 있도록 요청하는 것을 포함하고 있다. '반영하기'는 그 단어에 이중적 의미가 있을 때 하는 기본적인 방법이다. 그것은 단순하고도 아주 기초적인 것이다.

'나-너'의 관계를 형성하는 데 있어서, '반영하기'는 매우 강력한 도구가 된다. 상대방의 말을 반영하려면, 말하는 사람의 말을 주의 깊게 듣기 위해 당신은 당신의 생각에 대한 당신의 목소리를 내려놓아야만 한다. 다시 말해서, 당신의 채널을 '나'에서 '너' 쪽으로 돌려놓아야 한다. 이렇게 초점을 바꿈으로 해서, 파트너에게 실제로 다음과 같이 말하는 것처럼 되는 것이다. "나는 이 세상에서 더 이상 혼자가 아니며, 그리고 또한 당신이 나와 분리된 다른 존재라는 사실 모두를 인정합니다. 그리고 당신의 생각은 나에게 아주 중요합니다."

둘째로, '반영하기'는 당신(듣는 사람)으로 하여금 당신의 파트너(말하는 사람)에게 정확하게 반영할 것을 요구한다. 당신(듣는 사람)은 당신 스스로 마치 '재미있는 놀이 거울'이 된 것처럼, 그러니까 마치 당신 자신이 거울이 된 것처럼 당신의 파트너를 그대로 비춰 주어야 한다. 당신의 파트너의 생각을 비틀어 대거나, 중요한 세부사항을 빠뜨리거나, 혹은 당신의 생각으로 채색시켜서는 안 된다. 흔히 범하기 쉬운 이 세 가지 실수 중 하나를 당신이 저지르게 되면, 당신의 파트너(말하는 사람)는 당신이 정확하게 이해할 수 있을 때까지, 당신(듣는 사람)을 고쳐 주어야만 한다. "당신이 내가 말한 일부분은 정확하게 이해했어요. 하지만 내 감정에 관해 내가 말했던 어떤 부분은 당신이 빠뜨렸어요."라고 말이다. 확인해 줄 것을 요청하는 일은 당신이 겸손해야만 할 수 있는 것이고, 때론 지루할 수도 있는 일이지만, 파트너(말하는 사람)가 말하는 것을 내(듣는 사람)가 정확하게 이해했는지 아닌지를 알 수 있는 가장 좋은 방법이다.

내(듣는 사람)가 잘 이해했는지를 확인해 주도록 요청하는 것은 또한, 파트너(말하는 사람)에게 권한을 위임하는 것이다. 당신의 파트너(말하는 사람)는 당신이 당신의 파트너가 한 말을 정확하게 받아 줄 때까지 계속해서 자기주장을 할 수 있게 된다. 이렇게까지 할 수 있는 자유를 자신이 어렸을 때 누려 본 사람은 거의 없다. 우리가 이해했는지 아닌지의 여부는, 주로 우리 주변 어른들의 마음 분위기와 상태에 달려 있었다. 어른들은 우리가 하고 싶어 하는 말을 못하게 하거나 줄이도록 했고, 우리를 무시하고, 그들의 의견으로 우리를 반박하고, 심지어는 그렇게 하지 못하게 강요함으로써, 우리에게 수치심을 심어 주었다.

'반영하기'는 이러한 발자취를 따라가며 과거의 파괴적이었던 패턴을 멈추게 만든다. 당신이 서로에게 **반영(거울 비춰 주기)**을 하게 될 때, 당신은 상대방으로 하여금 당신 자신에게 관심을 더 집중하게 만들고, 또한 당신의 말을 상대방이 정확하게 이해할 수 있게 하며, 당신의 독특함을 존중하도록 만드는 것이 무엇인지를 경험할 수 있게 되는 것이다. 또한 '반영하기'는 사실 그 이상으로까지 더 깊게 나아가도록 이끌어 준다. 즉, 당신에게 아직 잘 알려져 있지 않은 무의식의 마음인 당신의 '오래된 뇌'는, 당신이 이 과정을 헤쳐 나가는 것에 주의를 집중시킨다. 시간의 인식도 없고, 개인 간의 구별조차 뚜렷이 만들지 못하는 이 '무의식의 마음'은, 당신을 돌보는 사람으로부터 전달되는, 당신을 향한 관심과 존경을 곧이곧대로 인식하게 된다. 그 반대의 경우 또한 마찬가지다. 그 결과, 어린 시절에 겪었던, 깨어진 관계에 대한 치유가 하나씩 하나씩 생성되는 것이다.

'반영하기'를 실행한 지 몇 년이 지난 후에, 듣는 사람의 역할을 하게 된 한 파트너는, "거기에 대해서 좀 더 얘기해 줄래요?", 혹은 그냥 단순히 "혹시 좀 더 얘기하고 싶은 게 있나요?"라고 물어봐 주었을 때, 반영하기를 통한 치유적 효과가 훨씬 더 증폭된다는 사실을 발견했다. 파트너(듣는 사람)가 자신(말하는 사람)에게 온 관심을 기울여 준다는 사실과, 내가 지금 생각하고 느끼는 것에 대해서 더 많이 표현할 수 있도록 초청을 받는 느낌은 참으로 멋진 것이다. 우리의 내면세계에 관해 이와 같은 호기심을 표현해 주는, 그런 양육자를 가졌던 사람은 별로 없다. 우리는 우리가 뭔가 남들과 달리 탁월하거나, 아니면 어떤 문제를 일으킬 때만 양육자의 눈에 띄었다. 그러므로 내 생각에 대해서 나의 배우자(파트너)가 세밀하게 관심을 보여 주게 되면, 오래전 과거로부터 무시당했던 것과 같은 느낌을 치유하는 데 큰 도움이 된다. 나와 함께 있으면서, 내 배우자(파트너)가 나로 하여금 더 안전함을 느낄 수 있게끔 나를 도와주게 되면, 어린 시절 이후로 내내 감추어져 온 우리 자신의 일부를 또다시 새롭게 발견해 가기 시작한다. 그렇게 우리는 점점 더 전체적인 하나의 사람, 즉 전인이 되어 가는 것이다.

이마고대화법의 두 번째 단계인 '인정하기(확증하기)'에서도 치유의 과정은 계속 이어진다. 일단 배우자(파트너)의 말을 잘 경청하게 되고, 그가 하고자 하는 말을 내가 충분히 이해하게 되면, 어떻게 해서 그 사람이 그런 생각을 하게 됐으며, 또한 그것들이 그런 의미를 갖게 되었는지를 이해하려 애쓰게 된다. 그렇다고 당신(듣는 사람)이 당신의 배우자(파트너)의 생각에 반드시 동의해야 할 필요는 없다. 즉, 당신은 그 사람을 당신이 바라는 대로의 어떤 사람이 아닌, 그저 그 사람 있는 그 자체로 바라봐야만 할 필요가 있다. 많은 사람들은 배우자를 자신이 생각하는 방식대로 그 사람이 생각하도록 만들고자 오랜 시간을 쏟아붓는다. 이것이 바로 부부(커플)관계를 회복하고자 할 때 흔히 만나게 되는 방해물이다. 당신은 당신의 배우자(파트너)가 생각하는 논리를 있는 그대로 인정하는 것이 중요하다. 그렇게 함으로써 이제 당신은 당신의 배우자(파트너)를 당신과 '다른 사람'으로 바라볼 수가 있게 되고, 더 이상 그 사람을 당신 자신의 연장선으로 바라보지 않을 수 있게 되는 것이다. "그래요. 당신은 미치지 않았어요. 지금까지 당신에 관해 알게 된 모든 것들을 종합해 보니, 당신이 왜 그렇게 생각할 수밖에 없게 됐는지 정말 이해가 돼요." 우리 부모님들 중 대부분은 당신 자신들의 생각을 뛰어넘을 수가 없었다. 그러니까 만약 우리가 그분들의 생각에 동의하지 않으면, 우리를 무시하고, 우리더러 멍청이라느니, 잘못 자랐다느니, 반항한다고, 존경심이 없다고, 심지어 미쳤다고 말했었다. 두 개의 서로 다른 관점, 그러니까 부모와 자녀가 갖고 있는, 상반되는 이 두 관점 모두가 사실 똑같이 정당할 수도 있다는 사실은, 그런 이해를 뛰어넘어 가는 것이다. '인정하기'는 이 두 개의 현실이 존재한다는 것, 그리고 그 둘이 다 옳을 수 있다는 사실을 확실하게 확증하는 과정이다.

'공감하기'는 이마고대화법의 마지막 단계다. 일단 당신(듣는 사람)이 파트너(말하는 사람)가 원래 의도했던 그대로의 메시지를 정확하게 받아들였다는 게 확인이 되면, 당신(듣는 사람)은 이제 그 뒤에 놓여 있는 감정까지도 이해하고 싶어지게 된다. "내가 당신 말을 듣고 그 말을 이해하고 보니. 아마도 당신은 그때 두려움을 느끼지 않았을까 하고 상상이 돼요." 아니면, "아! 이제서야 새 직업을 갖게 된 일이 당신에게 얼마나 많은 의미가 있는지 정말 이해가 돼요. 아마도 당신은 온몸에 소름이 돋을 만큼 너무 기뻤을 것만 같아요." Empathy라는 단어는 독일어 'Einfuhlung'에서 비롯됐는데, 그 뜻은 그 사람과 똑같이 느낀다는 말이다. 당신과 배우자(파트너)가 서로에게 공감하게 될 때, 두 사람은 감정적으로 더할 나위 없이 서로에게 가까워지게 되는 것이다. 시인인 루미(Rumi)는 이렇게 말했다.

> "옳고 그름의 관념들을 모두 뛰어넘은 바로 거기에, 그곳이 있다. 나는 거기에서 너를 만날 것이다."

사랑이 모든 것을 치유한다는 말은 이미 잘 알려진 매우 감상적인 말이다. 그리고 사실 그렇게 될 수가 있다. 사랑은 우리 모두의 가장 깊은 감정적 상처까지도 치료할 수가 있다. 당신과 당신의 배우자(파트너) 사이의 끊어진 관계까지도 말이다. 그러나 그것은 정말 특별한 종류의 사랑이어야만 하며, 조작과 왜곡이라곤 전혀 없는, 아주 성숙하고도 인내심 있는 그런 사랑이어야만 하고, 두 사람 사이의 친밀한 관계 속에서 생겨나야 한다. 친구로부터 공감을 받는다는 것은 대단히 감동적인 일이다. 그러나 그것은 당신의 심리 깊숙이까지 도달하지는 못한다. 당신이 당신의 해묵은 과거의 상처를 치유하기 위해서는, 당신의 무의식의 마음속에 어린 시절의 양육자와 긴밀히 얽혀 있는 사람, 그러니까 바로 당신의 배우자(파트너)로부터 직접, 그 진짜 사랑을 받아야만 할 필요가 있는 것이다.

그 사람이 걷는 대로 그 길을 따라 함께 걸어가 보기

20년 전에 헬렌과 내가 처음으로 '사랑의 관계'에 대한 책을 쓰는 것에 대해 생각했을 때, 우리는 그것이 마치 어떤 예행연습조차 전혀 하지 않고 곧바로 실제적인 교과서를 만드는 일처럼 생각했었다. 우리는 친밀하면서도 지속적인 그런 유대관계를 만들어 낼 수 있는 방법들에 대해 설명을 하고 싶었지만, 어떤 분명한 실천사항까지 아직 제시하지는 못했었다. 하지만 오늘날 우리가 이 책을 통해서 실제로 그것을 실천할 수 있는 그런 구체적인 방법까지도 제시할 수가 있게 된 것에 대해 너무나 기쁘게 생각한다. 우리가 여기에 개략적으로 설명해 놓은 내용들을 이 책을 읽게 될 독자들 또한 잘 이해할 수 있을 것이라는 사실과, 만약 여기에 제시해 놓은 이 실천사항들을 직접 부부(커플)들이 이행해 보지 않는다면, 아마도 힘든 부부(커플)관계를 계속 지속할 수밖에는 없을 것이라는 점 또한, 이 책을 읽는 독자들 자신이 곧 이해하게 될 것이라고 우리는 확신하게 되었다.

인식론, 즉 '과연 어떻게 해서 우리는 우리가 지금 알고 있는 것들을 알게 된 것인가?'에 관한 헬렌의 연구는, 왜(그 이유)를 설명하는 데 도움이 되었다. 우리가 알고 있는 지식에는 두 가지 서로 다른 종류의 지식이 있다. 즉, 분리된 지식(Separated Knowing)과 연결된 지식(Connected Knowing)이 그것이다. 여기 이 두 가지의 다른 지식의 차이에 관한 한 예가 있다. 만약 당신이 그림 속의 사과를 알아볼 수가 있고, 그것이 식물의 씨를 갖고 있다는 점을 이해할 수 있으며, 그리고 그것이 지니고 있는 건강에 유익한 점을 말할 수 있다면, 당신은 사과에 관한 분리된 지식, 즉 지적인 지식을 가지고 있는 것이다. 그러나 만약에 당신이 직접 사과를 한 손에 들고, 껍질의 매끄러운 표면을 느낄 수 있고, 그 냄새를 맡을 수 있고, 맛을 볼 수 있다면, 당신은 사과에 관한 연결된 지식, 즉 체험적인 지식을 갖고 있는 것이다. 분리된 지식은 추상적이다. 그러나 연결된 지식은 구체적이다. 그래서 이 두 가지 지식을 결합할 수 있다면, 당신은 보다 종합적인 지식을 제공받을 것이다. 즉, 당신은 사과에 관해서 알고 있을 뿐만 아니라 그 맛 또한 알게 될 것이다.

이전에 설명했던 '안아 주기'는 이 연결된 지식을 갖게 해 준다. 우리가 배우자(파트너)와 안전한 관계를 만들게 되면, 과거에 부모님과의 관계에서 있어 왔던 깨어진 관계를 치료하는 데 도움이 될 것이라는 사실을 지적으로 받아들일 수는 있다. 특히 사람들 간의 경계선을 분명하게 잘 구분하지 못하는 당신의 오래된 뇌의 경향성을 분석해 볼 때 더욱 그렇다. 그러나 당신이 배우자(파트너)의 팔에 안겨 당신의 삶의 이야기를 하게 될 때, 당신은 마치 배우자(파트너)가 당신의 부모(양육자)와 혼합이 된 것처럼 당신의 배우자(파트너)에게 반응하기 시작하게 된다. 그때 당신은 실제적인 치유의 과정을 경험하기 시작한다. 즉, 배우자(파트너)를 향해 더 많은 사랑을 느끼게 되는 것이다. 그리고 당신의 과거에 대해서 덜 괴로워하게 된다. 그러므로 치유란, 더 이상 지적인 관념에 불과한 것이 아니다. 치유는 당신의 뼛속 깊이 사무치는 경험이 되는 것이다.

헬렌과 내가 알고 있는 커플(부부)관계에 관한 지적인 이해들을, 매일 매일의 삶 속에서 행동으로까지는 아직 통합하지 못했다는 사실을 깨달은 사람이 바로 헬렌이다. 우리 둘은 이마고 커플(부부)관계치료를 가르치는 데 있어서 훌륭했다. 그리고 다른 커플들에게서 정말 기적 같은 일들을 이루어 냈다. 그러나 그 모든 혜택을 정작 우리 자신의 결혼생활에서는 전부 다 누리지는 못하고 있었다. 우리가 다른 커플(부부)들에게 그동안 해 왔던 그 충고들을 우리 스스로가 따르고, 그래서 마침내 우리가 서로에게 퍼붓던 그 비난들을 멈추게 되었을 때, 그리고 이마고의 실천사항들 중 특히 이마고대화를 하는 데 있어서 우리 자신의 시간을 더 많이 쓰게 되면서, 비로소 우리는 좀 더 친밀한 수준에서 진정으로 서로에게 연결할 수가 있었다.

'의식이 깨어 있는(살아 있는) 동반자'의 관계에서 꼭 있어야만 할 핵심사항

만약 누군가가 우리에게, 우리가 지난 30년 동안 '사랑의 관계'에 대해서 얻은 통찰의 핵심만을 말하라고 한다면, 아마도 다음의 다섯 문장으로 요약할 수 있을 것이다.

1. '당신의 배우자(파트너)는 당신이 아니다.'라는 현실을 받아들여라.
2. 당신의 배우자(파트너)가 지닌 당신과는 다른, 분리된 현실과 잠재적 능력을 지지하고 옹호해 줘라.
3. 모든 부정적인 것들을 제거함으로써, 당신 두 사람만의 관계가 가장 성스러운 공간이 되게 하라.
4. 당신의 배우자(파트너)의 경계선을 최대한 존중하라.
5. 당신의 관계에서 '이마고대화법'이 제2의 천성이 되고, 그리고 '이마고대화'가 자동

적으로 될 때까지, '이마고대화'를 계속 실천하라.

만약 당신이 이렇게 실천하기만 한다면, 당신은 결국 당신의 부부(커플)관계에 대해서 더 이상 어떤 작업을 더 해야 할 필요가 없어질 것이고, 당신의 관계에서의 변화 또한 아주 안정적이 될 것이다. 또한 당신은 당신의 사고 구조를 바꾸게 될 것이며, 당신이 새롭게 관계하는 방식은 이전의 방식보다 훨씬 더 편안할 것이다. 그래서 당신은 이제 다른 현실에서 살아가기 시작할 것이다. 즉, 실제적인 관계를 맺는 일이 곧 현실이 될 것이다. 그리고 당신은 배우자(파트너)와 함께 시간을 덜 보내려 애쓰기보다는, 도리어 어떻게든 배우자(파트너)와 함께 시간을 보내기 위한 방법들을 찾아내려 할 것이다. 또한 당신은 서로의 의견 차이를 창조적인 긴장으로, 또 고립된 관점을 극복할 수 있는 더 좋은 기회로서 경험하기 시작할 것이다. 그래서 하나의 흠도 없기를 바라는 그런 욕구 또한 사라지게 될 것이다. 그리고 당신은 당신의 배우자(파트너)의 다른 점, 즉 그 사람 자신이 되어 감을 즐기기 시작할 것이다. 그러나 만약에 당신의 관계가 부정적인 상태 그대로 그저 흘러간다면, 그 고통 또한 더욱 심각하게 느껴질 것이다. 그래서 당신은 '도대체 우리가 왜 이렇게까지 된 거지?'라고 다시 되돌아보게 되면서, 궁극적으로 그런 고통스러운 순간은 금방 지나가게 될 것이고, 당신은 또다시 제 궤도를 찾아가게 되고, 그리고 당신 두 사람의 관계의 신성한 속성을 회복하는 것이 이제 당신에게 훨씬 더 편안하다는 사실 또한 깨닫게 될 것이다. 그렇게 당신의 관계는 스스로 유지되고, 스스로의 체계를 갖추게 되고, 그리고 스스로를 치료하게 될 것이다.

이러한 관계가 당신에게 딱 알맞은 것이라고 느낄 수 있는 이유는, 이러한 관계가 당신으로 하여금 우주에 관한 한 가지 근본적인 사실에 참여할 수 있도록 당신을 이끌어 주기 때문이다. 자연계의 상당수는 두 개가 한 쌍으로, 그러니까 두 부분이 한 구조를 이루고 있다. 양자물리학(Quantum Physics)에 따르면, 존재하는 각각의 분자는 다른 분자와 쌍을 이루어 존재하고 있다. 더 나아가 각각의 분자는 보는 관점에 따라 그것이 점이기도 하고 파장이기도 하다. 이 점이 바로 몇몇 과학자들이 분자를 파장입자라고 부르는 이유이기도 하다. 성적인 종족 번식은 우리가 알고 있는 대다수의 종에서 두 개의 실체를 포함한다. 노아는 그중의 하나를 방주에 태웠다. 우리의 DNA는 둘로 나누어지고 잃어버린 반쪽을 만들어 낸다. 세포도 둘로 나누어진다. 인류학자들은 대부분의 문화가 갖고 있는 창조설화에서 사람들이 처음 등장할 때, 분리된 개인이 아니고 짝으로 소개되어 있다고 말한다. 생리학자들은 우리의 뇌가 좌뇌와 우뇌로 구성되어 있으며, 상호 보완적이라고 말한다. 언어 또한 이중구조라고 한다. 올라가는 것이 있으면 내려가는 것이 있고, 검은 것이 있으면 흰 것이 있으며, 피도 오른쪽이나 왼쪽으로 고정되어 있지 않고, 우리 몸의 오른쪽과 왼쪽 사이로 방향을 변화시키며 순환한다.

천문학에서의 최근의 발견은 우주의 역동적인 속성에 관한 또 다른 예를 보여 주는데, 그것은 특별히 우리의 '사랑의 관계'에 대한 관점을 설명하는 데 있어서 적절하다. 즉, 저 하늘에 떠 있는 별은 태양과 같이 홀로 있는 그런 외로운 별이 아니라는 것이다. 대부분의 별은 친구 별을 갖고 있는데, 그 두 별은 강한 중력에 의해 서로에게 끌리지만, 또한 반대되는 원심력이 있기 때문에 서로 충돌하거나 부서지지 않는다. 헬렌과 나는 '의식이 깨어 있는(살아 있는) 사랑의 관계'에 있는 사람들을 이 친구 별로 생각해 보기로 했다. 우리 각자는 잠재력으로 빛나고 있는 매우 독특한 개인이다. 또한 한 사람은 다른 사람만큼 소중하다. 그리고 각 사람은 각각 저 우주에 관한 아주 독특하고도 타당한 자신만의 관점을 가지고 있다. 그러나 우리는 모두 함께 저 큰 세계를 이룬다. 그리고 서로에 대한 사랑과 존중으로 함께 연결되어 있다. 그리고 우리는 상호 연결된 그 우주를 반영하고 있다.

뉴저지에서
2007년 7월에

2001년 판에 쓰는 서문

―하빌 헨드릭스, 헬렌 라켈리 헌트 부부

1988년에 쓴 초판의 서문에서, 나는 이 책『세계 최고의 커플테라피 이마고: 당신이 원하는 사랑 만들기』가, 나의 첫 번째 결혼의 실패로부터 나오게 됐다는 사실을 밝혔었다. 이 첫 번째 결혼의 파탄이 나로 하여금 '사랑하는 관계'의 신비를 탐색해 보게끔 만들었다. 이제 13년이 지나고 나서 다시 쓰게 된 이번 서문에서, 나는 내가 그때와는 매우 다른 현실을 말할 수 있게 되어 너무나 기쁠 따름이다. 나는 헬렌 라켈리 헌트와 재혼하여 지금까지 19년간의 결혼생활을 해 오고 있다. 그리고 이 책에 소개하고 있는 그 생각들에 의지하여, 우리의 열정적인 관계를 성취할 수가 있었다. 우리가 이러한 방법들을 발견하게 되어 기뻐한 것처럼, 사실 서로 사랑하며 살아가는 관계가, 긴장되고 소원한 관계 속에 사는 것보다는 훨씬 더 쉽다. 지금 우리 부부의 삶은 정말 놀라울 정도로 평화롭다. 역설적으로 새로운 에너지로 인해 서로 간에 공명이 일어나고, 그리고 그 에너지는 긴밀한 연결에 의해 다시금 새로운 연료를 공급받는다. 우리는 나이 먹은 우리의 육체조차도 아주 활기에 차 있음을 느낀다.

열정적인 우정을 나누는 것 외에, 헬렌과 나는 소위 열정적인 동반자의 관계를 맺고 있다. 왜냐하면 우리 두 사람은 전문적인 분야의 삶에서도 서로 연합되어 있기 때문이다. 실제로 헬렌은 우리가 첫 데이트를 시작했을 때부터 나의 일에 깊은 영향을 주었다. 1977년에 우리는 결혼하기로 했다. 내가 이혼한 지 2년 뒤였

다. 그때 헬렌은 상담 분야에서 석사과정을 마쳐 가고 있었다. 그리고 나는 메소
디스트대학의 교수로 있었다. 우리가 처음 만나던 날, 나는 내가 학교를 떠날 것
이고 그리고 뭔가 다른 어떤 일을 하게 될 것이지만, 정작 내가 정말 무엇을 하고 싶
어 하는지는 잘 모르겠다고 말했던 것으로 기억한다. 나는 내가 생각하고 있던 몇
가지 선택 사항을 말했는데, 거기에는 커플(부부)들의 심리에 대해 심도 깊게 탐
색하는 것도 포함되어 있었다. 도대체 커플(부부)들이 함께 머무르는 데 왜 그렇게 어
려워해야만 하는지, 그리고 그들의 관계가 깨지게 되었을 때, 도대체 왜 그렇게까지 황폐
해지는 것인지를 나는 알고 싶었다. 그동안 내가 읽었던 수많은 전문 서적들조차도,
이러한 나의 질문들에 대해 적절한 답을 주지 못한 것 같았다. 헬렌은 내가 그녀
와의 만남에서 나누었던 그 어떤 주제보다도, 이 가능성에 대해 더욱 마음이 끌
렸던 것 같았다. 그리고 아직 반 정도만 완성된 나의 생각들을 자신에게 말해 보
도록 했다. 내 말을 한 15분 정도 들어 보고 나더니, "당신이 말하는 관계의 중심
을 듣고 보니, 마틴 부버의 '나-너' 관계가 생각나네요."라고 말했다. 그러고는 자
신이 젊었을 때부터 외우고 있던 도스토에프스키의 문구를 인용했다. 살아 계신
하나님을 직접 얼굴을 마주 대면하여 보고 싶어 하는 사람은 그의 마음의 빈 창공에서는
하나님을 찾지 못할 것이지만, 인간의 사랑 가운데서 그분을 만나 볼 수가 있을 것이다.
관계에 대한 부버의 철학과 도스토에프스키의 정신이 분명히 연결되어 있음을
아직 알지 못했던 나는, "아니에요. 그건 아니에요. 내 생각이 그 두 사람들 중 그
누구하고도 어떤 관련이 있다고는 생각하지 않아요."라고 대답했다.

그때도 그렇고 지금도 그렇듯이, 헬렌은 내가 미처 알기도 전에 내가 어디를 향해
가고 있는지를 이미 알고 있었다. 그 후로 헬렌은 자기의 열정을 발전시키면서도
계속해서 나의 일에 적극적으로 참여해 오고 있다. 어느 정도는 그녀는 전통적
인 아내의 역할, 즉 가족 돌보기와 재정적인 일, 공감적인 입장에서 들어주기 등
을 담당했다. 하지만 자주 그 경계 밖으로 나와, 너무 전략적으로 참견하는 게 아
닌가 하는 생각이 들 만큼 나를 간섭하려는 때도 있었다. 다른 사람들이 내 생각
을 액면 그대로 받아들이고 있을 때조차도, 그녀는 내 생각에 의문을 던지고 더
자주 도전함으로써, 나의 이해를 깊게 만들어 주기도 했다. 그러나 그 모든 것들

중에서도 내가 가장 소중하게 여기는 것은, 헬렌은 언제나 나와 나의 일을 진정으로 염려해 주었으며, 기꺼이 나의 견해를 그녀 자신의 신념과 함께 확장시켜 왔다는 사실이다. 내가 여기에서 솔직히 고백하고 싶은 것은, 이 책에 들어 있는 모든 아이디어 하나하나가 사실은 우리 두 사람 자신의 부부관계의 도가니, 그러니까 우리 두 사람 사이의 혹독한 시련들 한가운데서 만들어진 것이라는 사실이다. 그런 이유 때문에 개정판의 서문을 써 달라는 요청을 받았을 때, 내가 헬렌에게 서문을 같이 쓰자고 요청한 건 당연한 일이었다. 왜냐하면, 그것은 이마고치료를 공동으로 창조한 그녀의 역할을 더 두드러지게 해 줄 것이기 때문이다.

헬렌과 내가 서문에 무슨 말을 써야 할지를 고민하고 있는 동안에, 우리 두 사람은 마치 한꺼번에 밀려오는 향수에 함께 휩싸이는 것만 같았다. 초판에 들어 있는 연구와 여러 생각들과 이야기들을 나는 오랫동안 기억하고 있었다. 처음엔 이 책을 일반적인 커플(부부)들을 위한 책으로 쓸지, 아니면 전문적인 상담치료사들을 위해 좀 더 학술적인 책으로 쓸지에 대해서, 우리는 논쟁을 했었다. 그러나 일반 대중을 위한 책으로 쓸 것을 결정하고 나서도, 실습 부분을 포함시켜야 하는 것인지 아닌지에 대해서도 여러 의견을 나누었다. 그러니까, 실습 부분을 포함시킨다면 과연 어떤 부분을 포함시켜야 할 것인지에 대해서 의견을 나누었다. 사실 이 책을 쓰는 것만으로도 몇 년이 걸리는 일이었다. 그러던 중 우리 두 사람은 조 로빈슨을 기억해 내고는 함께 환호성을 질렀다. 그 사람이라면 이런 우리의 생각을 잘 정리해 줄 수 있을 것이고, 그리고 이 책이 성공하는 데 있어서 가장 중요한 열쇠가 될 서정성과 단순성을 살려서 글을 다듬어 줄 수 있는 사람이었기 때문이다. 1988년 이 책이 마침내 출간되었을 때의 그 다행스러움과 행복감을 우리는 아직도 기억하고 있다. 그리고 놀랍게도, 〈오프라 윈프리 쇼〉에서 이 책을 특종으로 다루어 주었다. 오프라의 그 열정적인 지지에 힘입어서, 이 책이 '뉴욕타임스 베스트셀러' 목록에 여러 번 오르게 되었다. 그것은 우리의 기대를 훨씬 뛰어넘는 일이었다. 독자들의 수는 몇 년이 지난 후에도 계속해서 늘어만 갔고, 지금까지 150만 부 이상의 책이 팔렸으며, 거의 30개 이상의 언어로 번역이 되었다.

또한 헬렌과 나는 우리가 이 책에서 설명하고 있는 커플(부부)치료를 위한 새로운 이름인 '이마고치료'에 대한 관심의 여파를 되새겨 보았다. 이마고치료는 1980년대 후반에 시작되었는데, 점점 더 많은 상담치료사들이 커플(부부)들을 새롭게 치료하는 이 이마고 방법으로 훈련받는 것에 대해 더 많은 관심을 표현하기 시작했다. 오늘날 약 1,500여 명의 이마고치료사들이 13개 국가에서 활발하게 활동하고 있는 '국제적인 이마고 공동체'가 번창하고 있다. 해마다 150명의 이마고워크숍 인도자들(Couples Workshop Presenters)이 대략 400개의 이마고 워크숍을 진행하고 있다. 이마고관계치료 연구소에 소속된 20여 명의 임상 지도 교수진들(Clinical Instructors)이 전 세계 약 12개의 도시에서 새로운 이마고 치료사들을 꾸준히 훈련시키고 있다. 이 모든 재능과 에너지의 결합은 궁극적으로 이마고를 우리 사회의 변혁을 이끌어 낼 중요한 동력이 되어야만 하는, 그런 하나의 움직임으로 만들어 놓았다.

우리가 이 모든 놀라운 일들을 되돌아보게 될 때, 우리는 우리 자신을 이 모든 일을 만들어 낸 바로 그 당사자로서 느끼기보다는 하나의 목격자들처럼 느끼고 있다는 사실을 실감했다. 우리는 이 과정을 실행에 옮겼다. 그렇지만 이렇게 계속되고 있는 성공들이, 전적으로 우리 두 사람에게만 달려 있는 것은 아니라고 여긴다. 우리는 마치 아이가 자전거를 타는 법을 배울 수 있도록 때론 뒤에서 밀어 주고, 또 옆에서 함께 달려 주기도 하면서 힘써 도운 결과로, 이제는 다 큰 청년이 되어서 경주에 나가 일등을 하게 된 것을 놀라워하며 지켜보고 있는, 그런 부모와 같은 느낌이 든다. 처음에는 우리가 거기에 있었다. 우리는 처음에 뒤를 밀어 주는 것부터 시작했다. 하지만 이제는 그 아이가 능숙한 정도까지 도달했기 때문에, 우리는 이제 어느 일부분에 대해서만 우리의 역할과 책임을 느끼고 있는 것이다.

그렇다면 『세계 최고의 커플테라피 이마고: 당신이 원하는 사랑 만들기』의 놀라운 성공과 이마고 공동체의 급격한 성장을 우리는 어떻게 유지하고 지속할 수 있을까? 가장 간단한 방법은 이미 자리 잡고 있는 이 역동을 미래에도 계속해서 더 발휘할 수 있도록 관리하는 것이다. 20세기 후반부에는 결혼에 대한 오래된 개념들이 더 이상 수많은 부부(커플)들에게 적용되지 않을 것이다. 전례 없이 더 많은 사람이 불행하고 망쳐 버린 그런 부부관계를 참고 그냥 살기보다는, 차라리 이혼이라는 고통과 낙인을 감수하려 들 것이다. 1960년대와 1970년대에는 결혼 하는 것 자체가 문제의 대상이 되었다. 그래서 그때는 커플들이 개방결혼과 동 거를 실험해 보고 있었고, 전통적인 커플관계의 제한들을 뛰어넘어 감으로써, 좀 더 의미 있는 뭔가를 창출할 수 있다는 어떤 희망을 갖고 있었다.

　그리고 전통적인 결혼생활 가운데서 우리 부모님들이나 조부모님들이 경험했 던 것보다 더 크고, 더 깊고, 더 의미 있는 그런 관계를 모색하는 사람들 또한 많 았다. 수천의 커플(부부)들이 커플(부부)치료로부터 그 이상의 어떤 것을 갈망하 고 있었다. 그러나 그 당시에 제공된 치료 형태는 관계역동보다는 개인의 심리에 그 초점을 맞추고 있었다. 그 치료를 뒷받침하고 있는 한 이론에 따르면, 한 사람의 문 제에 효과가 있는 것은 두 사람 모두를 건강하게 할 뿐 아니라, 두 사람의 자기실현 또한 만들어 낼 수가 있다는 것이다. 그러므로 이런 두 사람이 만난다면 서로 하나가 되 어 긴밀히 협력할 수가 있고, 필요하다면 그저 약간의 추가적인 노력이나 통찰을 더하는 것만으로도 만족할 만한 '사랑의 관계'를 만들어 낼 수가 있다는 것이다.

　만약 우리가 단순하게 부부들이 이혼하는 일을 막는 것만을 부부(커플)치료의 성공으로 간주한다면, 이 전통적인 형태의 부부(커플)치료는 성공률이 무척 낮 은, 아주 제한적인 것이었다. 전통적인 부부(커플)치료를 받은 커플(부부)들의 약 2/3 정도가 자신들의 차이를 극복하는 데 실패했고, 각자의 길을 가기로 결정했 다. 그러나 그럭저럭 함께 살기로 결정을 한 몇몇 커플(부부)들조차도, 그들이 치 료에서 받았던 것보다도, 자신들에게는 '그 이상의 뭔가 더' 많은 것들이, 그러니 까 좀 더 지지와 통찰이 더 필요하다고 호소했다. 상담은 그들에게 그들 자신의 문제를 보다 잘 이해할 수 있게 해 주었고, 또한 의사소통 기술을 향상시켰다. 그 러나 그들의 부부(커플)관계 자체는 아직까지 풀리지 않은, 많은 문제를 안고 있었다. 상담을 통해서 얻게 된 지식들을 다 가지고도 그들은 자기 패배적인 방법으로 계 속해서 행동했다. 커플(부부)들이 그들의 부부(커플)관계에서 '그 이상의 뭔가'가 더 필요하다고 호소하는 것은, 그들 자신은 그것이 무엇인지를 정의할 수가 없고 아직 자각조차 할 수 없지만, 부부(커플)치료와 전체적인 통합에 관해 어떤 희망을 제시해 주는 것이라고 나는 생각한다.

『세계 최고의 커플테라피 이마고: 당신이 원하는 사랑 만들기』와 이마고치료가 '그 이상의 뭔가'를 갈망하는 이런 커플(부부)들에게 뭔가를 제공해 줄 수 있는 여러 이유들 중 하나는, 이 책의 저자인 나 자신이 바로 '그 이상의 뭔가'의 잠재력을 추구하며 살지 않았었던 부부(커플)관계 속에서, 존재의 좌절을 이미 충분히 경험했었다는 것이다.

내가 나 자신만의 커플(부부)치료에 대한 이론과 치료방법을 구축하기 시작했을 때, 내게 가장 중요했던 것은 정작 나 자신의 결혼생활의 실패 경험에서 떠올랐었던 바로 그 질문들에 대한 해답을 찾아내는 것이었다. 그중에서도 내가 가장 중요하게 깨달은 것 중 하나는, 커플관계에 있는 두 사람은 각자 자기 자신이 우주의 중심이며, 동시에 상대방(배우자, 파트너)을 그런 나와 동등하게 대하겠다는 환상을 버려야 할 필요가 있다는 것이다. (이 부분에서 오래된 격언이 하나 떠오른다. '너와 나는 하나이고, 그리고 그 하나는 바로 나다.') 실제로 관계에는 두 사람이 있다. 다시 말해서, 두 사람이 각자의 중심됨을 내려놓았을 때, 그때 바로 예상하지 못했던 다른 어떤 것이 떠오르게 되는 것이다. 즉, 관계 그 자체가 바로 중심이 되는 것이다. 일단 이러한 근본적인 변화가 두 사람 사이에서 일어나게 되면, 이제 그들은 더 이상 두 사람의 커플(부부)관계의 무의식적 목적(Unconscious Purpose)에 반하여 충돌하지 않고, 도리어 그 목표에 맞춰 함께 협력할 수 있게 된다. 두 사람이 친밀한 '사랑의 관계'가 된다는 것은, 결국 각자의 어린 시절에 아직 미처 해결하지 못했던 모든 과제들을 다시 불러내는 일이고, 그리고 두 사람이 함께 협동하여 그 숙제들을 끝내는 방법을 배우는 것이라는 사실을 받아들이기 시작함을 의미한다. 우리는 관계 속에서 태어났고, 관계로 인해 상처받았으며, 그리고 관계를 통해서 치유될 수 있다. 실제로 관계를 떠나서는 온전히 치유될 수가 없는 것이다. 이러한 생각에 대해서 수많은 커플(부부)들이 동의하고 있다.

부부치료사들의 입지를 흔들어 놓다

나중에 떠오른 묘안으로 인해, 헬렌과 나는 『세계 최고의 커플테라피 이마고: 당신이 원하는 사랑 만들기』의 성공에 대한 또 다른 이유가 무엇인지 알 수가 있었다. 이마고치료는 '치료사가 곧 치료의 원천'이라는 커플(부부)치료의 근본적인 신조와 다른 학설에 대해 도전을 했던 것이다. 이마고치료에서는 치료사가 치료 과정의 '촉진자(Facilitator)'로 바뀐다. 그렇다고 이로 인해 치료사가 덜 중요하게 되는 것은 아니다. 사실 이 이마고치료에서는 치료사의 유능함이 더 요구된다. 그것은 마치 산부인과 의사에게 어느 정도는 산파의 추가적 역할을 요구할 수밖에 없는, 그런 경우와도 같다고 말할 수 있다. 이때, 산부인과 의사는 자연분만 과정에 대하여 이미 모든 답을 다 알고는 있지만, 사실은 그 과정으로부터 멀리 떨어져 있는 그런 권위자로서가 아닌, 도리어 이러한 자연분만 과정을 바로 옆에서 능숙하게 도와주는 매우 숙련된 보조자와 같은 역할을 하는 셈인 것이다.

참으로 흥미로운 것은, 이렇게 치료의 권한을 치료사로부터 커플(부부)에게로 옮겨 가는 것이 참으로 기념비적인 변화라고 할지라도, 사실 우리는 이 책이 다 작성되기 전까지는 정녕 무슨 일이 일어났는지를 전혀 예측하지 못했었다. 이번에도 그런 통찰을 한 사람은 바로 헬렌이었다. "당신은 지금 부부치료사들의 입지를 다 흔들어 놓고 있어요!"라고 어느 날 헬렌이 내게 말했다. "당신은 지금까지 내담자와 치료사와의 치료적 관계에 중점을 두었던 것을, 부부(커플) 두 사람 사이의 관계로 그 중심을 옮겨 놓고 있는 거예요." 나는 그녀의 말이 맞다는 것을 바로 알아차렸다. 일단 어떤 생각이 말로 표현되고 나면, 그때에 우리는 그 변화의 중요성을 비로소 이해하기 시작한다. 전통적인 심리치료에서는 중요한 심리치료 기제 중 하나로서, 전이를 포함하고 있다. 전이란 당신에게 속해 있던 어떤 특징이나(이것을 투사전이라고 부르기도 한다), 혹은 다른 사람들에게 속해 있던 특징을 누군가에게 떠넘기는 것이다. 예를 들면, "당신은 꼭 저의 어머니 같아요."와 같은 예다. 내담자와 치료사 사이에 이러한 전이가 발생하게 되면, 도리어 치료사는 내담자의 이 '오인된 동일시'를 아주 긍정적인 방식으로 유능하게 사용함으로써, 내담자가 과거로부터 가지고 온 문제를 해결할 수 있게끔 도와줄 수가 있다. 이와 같이 전이는 심리치료에 있어서 아주 근본적인 요소다. 그러므로 치료는 내담자의 전이에 대한 충분한 치료 작업이 이루어진 그 결과로서, 이제 내담자가 치료사를 분명히 자신과 다른 한 사람의 개인으로 다시 보기 시작하게 될 때, 성공적이 되는 것이다.

이 책을 읽어 가면서 곧 알게 되겠지만, 전이는 사랑하는 관계에 있는 커플(부부)들 사이에서도 자주 발생한다. 사실 이 전이를 피할 수 있는 방법은 거의 없다. '낭만적인 사랑에 빠진 단계'에서는, 이것은 사실 **긍정적인 전이**다. 당신은 당신의 파트너(배우자)가 당신이 지니고 있는 좋은 특징들을 많이 가지고 있으며, 당신의 어린 시절 당신에게 가장 깊이 영향을 끼친 사람들의 긍정적인 특징들 또한 지니고 있다고 상상한다. 하지만 나중에 두 사람 사이에 어떤 갈등이 생겨나게 됐을 때, 당신은 당신의 파트너(배우자)에게 있는 부정적인 특징들을 투사하기 시작한다. 이것이 바로 당신의 결혼이 끝장나는 전형적인 시나리오다. "당신은 변했어! 당신은 내가 결혼하려고 했던 그때 그 사람이 아니야!"라고 상대방에게 쏟아붓는다. 사실 변한 것은 당신의 파트너(배우자)가 아니다. 단지 당신이 파트너(배우자)에게 투사하고 있던 그 정보의 성질이 변한 것뿐이다. 이마고치료에서는 이 전이를 치료의 원천으로 사용할 수 있게끔 도와준다. 이 점에 있어서, 이마고치료는 전통적인 심리치료의 정신역동과도 흡사하다. 하지만 이 상황에서는, 전이가 당신과 치료사의 사이에 있는 것이 아니라 **당신과 당신의 파트너(배우자) 사이에 있는 것이다.**

어떤 커플(부부)들은 외부의 도움이 없이도 전이를 해결할 수가 있다. 그러나 대부분의 다른 커플(부부)들처럼, 여러분은 아마도 구조화된—실제적인 연습이 필요하게 될 것이고, 그리고 그 작업을 당신 두 사람(커플, 부부)만이 아닌 유능한 이마고부부치료 전문가와 함께 실행할 필요가 있을 것이다. 이 실제 연습과정과 이마고부부치료 전문가의 추가적인 도움을 통해 여러분은 안전한 영역을 제공받을 수 있게 될 것이고, 또한 각 단계마다 주어진 지시와 설명들을 잘 따라가다

보면, 여러분 또한 곧 이 치료의 과정을 통과할 수 있을 것이다. 또한 여러분보다 먼저 이 책을 읽은 수백만의 다른 커플(부부)들처럼, 여러분도 이 책을 읽고 난 후에, '이마고 실습'을 직접 실천해 본다면, 여러분에게도 다른 수많은 커플들에게 일어났었던 것과 똑같이 좋은 결과가 반드시 생겨나게 될 것이다. 그럼에도 불구하고, 만약에 여러분에게 또 다른 어떤 추가적인 도움이 필요하다면, 여러분에게 그런 도움을 줄 만한 아주 숙련된 이마고부부치료 전문가들이 이제는 많이 있다고 말할 수가 있어서, 우린 참으로 기뻐하지 않을 수 없다.

개정판에 있는 변화들

『세계 최고의 커플테라피 이마고: 당신이 원하는 사랑 만들기』 개정판이 우리에게 있어서는, 새로운 소개말과 책의 본문 내용까지도 바꿀 수 있는 하나의 기회라는 사실을 우리가 알게 되었을 때, 우리는 혹시라도 이론상에 어떤 흠이 있는 건 아닌지, 아니면 치료 과정에 좀 더 포함되어야 할 내용이나 어떤 변화는 없는지를 확인하기 위해, 다시 한번 주의 깊게 책 전체를 뒤적거렸다. 그 결과 우리가 발견하고 깜짝 놀라게 된 사실은, 지난 13년이라는 긴 기간에 걸쳐 우리가 배우고 알게 된 것 대부분이 사실 우리가 처음에 출간했던 초판에 이미 밝혀 놓았던 내용들과 그리 달라지거나 변한 것이 없이 거의 연장선상에 있다는 것이다. 그 중에서도 우리가 만족스럽게 생각하는 것 중 하나는, 우리가 이성 커플(부부)들에 관해서 설명해 왔던 그 관계역동이 사실은 어떤 성적 선호도와도 상관없이 다른 모든 친밀한 파트너들과의 관계에서도 똑같이 적용된다는 사실이다. 우리는 우리가 새롭게 발견하게 된 이 새로운 통찰에 대해서 대단히 기쁘게 생각한다. 그리고 앞으로 출간될 이마고 관련 책들을 위해서라도 이 부분을 좀 더 잘 다듬어 놓아야 되겠다고 생각한다. 하지만 그 핵심은 변하지 않는다는 점을 이 책을 읽으실 독자들에게도 확실하게 강조해 두고 싶다.

그럼에도 불구하고, 우리가 이 책에서 꼭 강조해야만 한다고 느끼는 유일한 변화는, 제7장에 있는 '탈출구 닫기'에 관한 몇 가지 사항들에 관해서 분명하게 하고자 하는 것인데, 그것은 원래는 '반영하기 연습'이라고 불렀던 제9장에 있는 연습내용들을 좀 더 확장하는 것이다. 우리는 '탈출구 닫기'를 그저 하나의 특별한 행동으로서만이 아닌, 또 하나의 시간이 필요한 한 과정으로서 이해하는 것이 얼마나 중요한지를 새삼 깨닫게 되었다. 또한 '반영하기 연습'은 오늘에는 '이마고대화법'으로 불리고 있는데, 여기에 다른 두 개의 추가적인 단계, 그러니까 '인정하기'와 '공감하기'를 포함하여 확장하게 되었는데, 이것은 초판이 출판될 때까지는 아직 발견하지 못했던 것이다. 이 책의 제9장에서 좀 더 자세히 설명하고 있는데, '반영하기'를 통해서 말하는 배우자(파트너)의 말을 받아서 따라 말하는 것은 말하는 배우자(파트너)의 실체를 탐색하는 데 있어서 필수적인 첫 단계다. 그러나 이 '반영하기'만으로는 두 사람이 서로 연결됨을 느낄 수 있는 그런 심오한 감각까지 형성하기엔 충분하지가 않다. 하지만 만약에 당신(듣는 사람)이 당신의 파트너(말하는 사람)의 관점이 타당하다는 것을 계속해서 확인해 준다면 ("당신 말이 일리가 있어요. 그리고 당신은 결코 이상하지도, 미치지도 않았어요."), 그리고 당신(듣는 사람)이 파트너(말하는 사람)의 감정을 공감해 줄 수 있다면 ("당신이 왜 그렇게 화가 났는지 이제 내가 알겠네요."), 그렇다면 당신(듣는 사람)은 당신의 파트너(말하는 사람)와 아주 깊은 유대감을 이룰 수가 있을 것이다. 내가 커플(부부)들에게 자주 말하곤 하는 것처럼, 그러니까 당신은 당신의 파트너(배우자)와의 연결을 이루게 하는 그런 접촉을 넘어서서 궁극적으로는 어떤 영적인 합일에까지 다다르게 될 것이다.

우리 자신의 부부관계에 있어서도, 헬렌과 나는 이러한 초월적인 차원을 경험하는 귀한 특권을 누렸다. 우리는 또 이러한 일들이 이마고치료를 경험했던 다른 수많은 커플(부부)들의 삶에서도 분명히 나타나는 것을 지켜보았다. 그중 여기에서 몇몇 참가자들의 경험담을 여러분과 함께 나누면서 이 서문을 마무리하고자 한다. 『세계 최고의 커플테라피 이마고: 당신이 원하는 사랑 만들기』를 읽은 한 남편이 자신이 새롭게 이해하게 된 점에 대해서 다음과 같이 표현했다.

저는 저의 세계관이 아내의 관점보다 더 나을 게 없다는 것을 깨닫게 되었습니다. 사실 우리 두 사람의 관점을 함께 합친다면, 우리 각자가 따로따로 창출하는 것보다 훨씬 더 나은 게 나오게 되는 건 당연한 거죠. 그렇게 되기만 한다면, 사실 우리 두 사람은 뭔가를 포기함으로써 훨씬 더 많은 걸 얻게 되는 것이죠. 정말 우리 두 사람의 결혼생활에는 놀랄 만큼 크고 심오한 변화가 생겼어요.

그리고 주말에 개최되었던 '이마고커플스워크숍'에 참석했던 한 커플은, 우리에게 다음과 같은 글을 적어 보냈다.

오랜 시간 동안 우리 커플을 좌절하게 만들었던 문제들이 지금은 완전히 이해가 되었어요. 그리고 우리는 지금 진정으로 서로에게 공감하고 있어요. 아마도 지금까지 거의 20년 동안 함께 지내 온 우리 두 사람의 관계에서 **처음으로 우리가 서로에게 안전하다고 느끼고 있어요.** 이것이 사실은 진짜 우리가 늘 꿈꾸어 왔던 바로 그런 관계예요. 그리고 이게 정말 우리 두 사람에게 실현되었다는 사실이, 아직까지도 전혀 믿어지지가 않아요.

그리고 마치 이 커플에게 메아리처럼 답장이라도 하듯이 또 다른 한 부부는 이렇게 썼다.

우리가 '이마고커플스워크숍'과 당신의 책에서 배운 것은 **변혁**이었습니다. 우리는 또다시 새로운 사랑에 빠지게 되었고, 그리고 우리가 이렇게 될 수 있다는 사실에 정말 놀라워하고 있습니다.

이렇게 수많은 부부(커플)들이 그랬듯이, 만약 당신과 당신의 파트너가 함께, 이 책을 가슴으로 읽어 내려가기 시작하고, 그리고 그것을 당신의 가슴속 깊이 담아 두고, 이 책에서 말하고 있는, 그냥 언뜻 보기에는 그리 대수롭지 않아 보이는 실습들을 진심으로 실행해 보기만 한다면, 아마도 당신과 당신의 파트너는 지금

보다 훨씬 더 많은 사랑과 지지와 서로에게 깊이 만족할 수 있는, 그런 부부(커플)관계를 이루게 될 것이다. 이마고치료는 '이러면 좋겠다'는 식의 그저 바람직한 생각들이나 채워 놓은 그런 이론이 아니다. 이마고치료는 당신이 지금까지 그토록 간절하게 원해 왔던 바로 그 열정적인 사랑과 우정을 만들어 주기 위해서, 수많은 임상시험을 다 거치고 과학적으로 확인된, 정말 제대로 된 세계 최고의 커플관계 치료법이다. 당신도 이미 알고 있다시피, 결혼은 곧 치료다. 만약 당신이 '결혼의 무의식적 동기'를 진정으로 이해할 수 있게 되고, 그것을 진심으로 존중해 줄 수만 있다면 말이다.

뉴저지에서
2001년 4월에

1988년 판에 쓰는 서문

현대 사회에서 우리는 결혼을 하나의 **상자**처럼 이해하는 경향이 강하다. 우리는 먼저 짝을 고른다. 그런 다음 상자 속으로 들어간다. 그리고 일단 상자 안에 자리를 잡고 나면, 제일 먼저 상자 속의 상대를 꼼꼼히 들여다본다. 만약 상대가 맘에 들면 그대로 머문다. 하지만 상대가 맘에 들지 않으면, 상자 밖으로 나와 다른 짝을 찾아 돌아다닌다. 다시 말해서, 사람들은 결혼생활에 어떤 개선의 여지가 있느냐 없느냐, 혹은 결혼이 내 인생에 도움이 되느냐 안 되느냐는 결국 내가 좋은 배우자를 만나느냐 아니냐의 문제인 것이며, 또한 그것 역시 내 자신에게 그렇게 멋진 파트너(배우자)에게 내게 매력을 느끼게 할 만한 능력이 있느냐에 달려 있다고 생각한다. 그래서 전체 부부의 50% 이상이 선택하는 불행한 결혼에 대한 가장 흔한 해결책은 곧 이혼을 하는 것이다. 그리고 새로운 짝, 그러니까 바라기는 지난번보다는 좀 더 괜찮은 상대와 만나 다시 한번 새롭게 시작해 보는 것이다.

그런데 이 해결책이 갖고 있는 문제점은, 이 상자를 다시 교체하기까지 너무나도 큰 고통을 감수해야만 한다는 사실이다. 자녀와 헤어져야 하고, 재산도 분할해야 하고, 그간 키워 왔던 소중한 꿈들도 다 보류해야만 하는, 정말 뼈아픈 아픔이 수반되기 때문이다. 게다가 새로운 관계를 시작한다 해도 또다시 실패할지도 모른다는 그 두려움 때문에, 다시 새로운 누군가와 친밀해지는 것조차 꺼리게 된다. 또한 이 상자 안에 남게 된 자녀들의 정서적 피해 또한 막중하다. 자녀들은 부모의 이혼이 자기들 때문이라는 죄책감을 안고 자라나거나, 어른이 된 후에도 자신들 또한 혹시 지속적인 사랑의 관계를 잘 못하지는 않을까 하는 의구심을 지닌 채 불안해한다.

그렇기 때문에, 불행하게도 많은 사람이 이혼 대신 선택하는 유일한 대안은 그냥 상자 안에 머물러 있으면서 상자 뚜껑을 단단히 닫은 채로 실망스러운 관계를 꾹 참아 가며, 그저 남은 인생을 흘러보내는 것이다. 친밀한 사랑에 대한 자신들의 갈망과 허기짐은 결코 채워질 수 없는 꿈과 같은 것이라고 체념해 버린 채로, 빈껍데기 같은 공허함을 음식이나 술, 약물, 분주한 활동과 일, TV와 낭만적인 환상들로 대신 채워 가며 그 **고통을 잊어버리고자 발버둥친다.**

이 책에서 나는 '사랑하는 관계'에 대해서 좀 더 희망적이고, 내가 믿기로는 좀 더 정확한 관점을 제안하고자 한다. 결혼이란 변하지 않을 두 사람 사이에 정지되어 있는 상태 같은 게 결코 아니다. 결혼이란 서로에게 매력을 느끼고 끌리는 황홀감으로부터 시작해서, 마치 바위투성이 같은 험난한 길을 굽이굽이 정처 없이 헤매다가, 아주 어려운 '자기발견'이라는 과정을 거친 후에, 마침내 **친밀하고도 즐거운 평생의 동반자로서의 동맹적인 관계를 비로소 만들어 내게 되면서** 최고의 절정을 이루게 되는 아주 심리적이고 영적인 여정인 것이다. 이러한 비전을 위해서 당신의 놀라운 잠재력을 충분히 끌어내어 그것을 실현할 수 있을지의 여부는, 당신이 좀 더 완벽한 짝을 만나느냐, 아니면 그 짝을 매료시킬 만한 능력이 당신에게 있느냐 없느냐에 달려 있는 그런 문제가 아니다. 이것은 당신 자신 속에 숨겨져 있어서, 당신 자신에게조차 아직 잘 알려지지 않은 그 부분에 대해서 진정으로 당신이 얼마만큼이나 알고 싶어 하는지, 그리고 과연 그 부분을 당신이 얼마만큼 진정으로 받아들이고자 하는지, 그러니까 그 해결의 열쇠는 바로 당신의 자발성과 노력 여부에 달려 있는 셈이다.

개인적인 나의 삶의 여정

내가 상담사로서 처음으로 사회생활을 시작했을 때, 나는 커플(부부) 두 사람을 함께 상담하기도 하고, 한 사람씩 따로 따로 상담하기도 했었다. 하지만 나는 한 번에 한 사람씩 상담하는 것을 더 좋아했다. 내가 훈련받아 온 것도 **개인에게 초점을 맞춘** 것이었으며, 내담자를 한 사람씩 볼 때 나는 더 자신감도 생겼고 또 그게 더 효과적이라고 느꼈었다. 그러나 부부가 상담실에 들어왔을 때는, 나는 전혀 그렇지가 않았다. **결혼이라는 관계**에 대해서는, 그동안 한 번도 제대로 훈련을 받아 본 적이 없어서, 거기엔 내가 전혀 다룰 수 없는 그런 아주 복잡한 변수들이 다 포함되어 있었다. 결국 나는 대부분의 상담치료사들이 다 그러는 것처럼, 문제 해결 중심적이고 부부간에 합의를 유도해 내는 그런 부부상담으로 종결하기 일쑤였다. 하지만 이러한 접근방법들이 전혀 효과가 없음을 깨닫고 난 후에, 결국 나는 부부들을 따로 나누어서 각기 다른 집단에 배정하거나, 부부 중 한 사람만을 개별적으로 상담하는 방식을 취하게 되었다.

사랑으로 맺어진 커플(부부)관계 심리에 대해 내가 더 혼란을 겪게 된 이유는, 1967년에 정작 내 결혼생활에 문제가 드러나기 시작하면서였다. 아내와 나는 결혼생활에 충실했고 아이도 둘이나 있었다. 그래서 우리는 여러 상담치료사들에게 상담을 받아 가면서 8년 동안이나 나름대로 열심히 문제와 씨름했었다. 하지만 아무것도 도움이 되지 않는 것 같았다. 마침내 1975년, 우리는 이혼을 결심할 수밖에 없었다.

판사를 만나기 위해 내 순서를 기다리며 이혼 법정에 앉아 있을 때, 나는 나 자신이 남편으로서 실패했고, 또한 심리치료사로서도 실패했다는 그런 이중적인 패배감을 맛보았다. 더군다나 바로 그날 오후에, 나는 '결혼과 가족'에 대해 강의를 하도록 예정되어 있었고, 다음 날은 여느 때처럼 몇 쌍의 커플(부부)들을 상담하기로 예약이 되어 있었다. 나는 전문적인 상담사로서 훈련을 받았음에도 불구하고, 법정에서 자기 이름이 호명되기를 기다리고 있었던 내 옆자리의 다른 남녀들이 느끼고 있었을 그런 혼란스러움과 좌절감을 똑같이 느꼈다.

이혼하고 일 년 동안은, 매일 아침 눈을 뜰 때마다 극심한 상실감에 몸부림을 쳤고, 밤이면 잠자리에서 멍하니 천장을 응시한 채, 대체 '내가 결혼에 실패한 이유'가 무엇인지를 알아내려고 머리를 쥐어짰다. 물론 이혼한 다른 부부들과 마찬가지로, 아내와 나 역시도 '우리가 이혼할 수밖에 없는 이유'가 열 가지도 넘었다. 나는 아내의 이런저런 점들이 맘에 들지 않았었고, 아내 역시 나의 이런저런 점들을 싫어했다. 우리는 서로 관심사도 달랐고 삶의 목표도 달랐다. 하지만 끝도 없이 길고 지루한 그 수많은 불평들 아래에는 지난 8년간의 탐색을 피해 갔던, 즉 그 핵심적인 실망감과 불행에는 '보다 더 근본적인 어떤 원인'이 있다는 것을 느낄 수가 있었다.

어느 정도 시간이 흘러가자, 나의 절망감은 이 딜레마를 이해하고 말겠다는 절박한 바람으로 바뀌게 되었다. 다시 말해서, 내가 여기에서 뭔가를 깨닫지 못한다면, 나는 실패한 결혼으로 인해 평생 그 상처를 안고 살아갈 수밖에 없을 것이라는 생각이 들었다. 그래서 나는 오로지 커플(부부)관계치료에 대한 연구에만 나의 모든 노력을 집중하기 시작했다. 전문 서적과 학술지와 온갖 문헌들을 샅샅이 살펴보았는데, 결혼에 관해 깊이 있게 다룬 연구는 거의 없었으며, 그나마 찾은 자료들마저 하나같이 개인과 가족의 심리만을 중점적으로 다루고 있다는 사실에 난 깜짝 놀라지 않을 수 없었다. 복잡한 남녀관계를 설명해 줄 포괄적인 이론은 그 어디에도 없는 것처럼 보였으며, 결혼관계를 파괴시킬 만큼 강렬한 그런 감정에 대해서 만족할 만한 그 어떤 설명도 찾아볼 수가 없었다. 그러니까, 내 첫 번째 결혼에서 내가 그토록 아프게 잃어버린 것들에 대해서, 내게 설명해 줄 만한 것은 정말 아무것도 없었다.

나는 이 문제를 어떻게든 해결하기 위해 직접 수백 쌍의 커플(부부)들을 만나 개별 부부상담을 실시했고, 수천 쌍의 커플(부부)들을 대상으로 커플스워크숍과 세미나를 통해 나의 연구를 진행했다. 그렇게 지속적인 연구와 임상적인 관찰을 거듭한 결과, 나는 '이마고관계치료'라고 하는 커플치료 이론을 개발해 나갔다. 내 접근 방식은 모든 이론을 절충하는 것으로서, 심층심리학과 행동과학, 서양의 영적 전통들을 통합하였으며, 여기에 교류분석과 게슈탈트 심리학, 가족체계이론과 인지행동치료의 여러 요소들을 보충하였다. 내 의견으로는 이러한 심리학파의 이론들이, 각 개인의 심리를 이해하는 데 있어서는 나름 아주 독특하고도 중요한 공헌을 한 게 사실이지만, '사랑하는 관계'의 신비를 밝히기 위해서는, 이러한 사상들을 모두 절충하여 전혀 새로운 하나의 이론으로 다시 통합할 때라야만이 가능할 것처럼 보였다.

이런 나의 생각을 실행으로 옮기기 시작하자마자, 커플(부부)들과 함께 실시했던 나의 치료 작업에 긍정적인 결과가 즉시 나왔다. 또한 나와 함께 부부치료에 참가했던 부부들의 이혼율이 급속히 낮아지게 되었고, 그들은 결혼생활에서 훨씬 더 높은 만족감을 누리게 되었다고 보고했다. 나의 연구와 치료 작업의 성과가 더욱더 효과를 나타내게 되면서, 나는 싱글들과 커플들 모두를 대상으로 강의를 시작했다. 그리고 마침내 나는 커플들을 위해서 '함께 머무르기(Staying Together)'라고 부르는 기초적인 워크숍을 개발해 냈다. 그 후, 1981년에는 상담전문가들을 위한 훈련과정을 개설했다. 그리고 지금까지 나의 상담과 워크숍, 세미나들을 통해 나의 연구 결과를 접한 사람들은 대략 3만여 명에 이른다.

이 책에 대하여

이 책을 저술한 목적은 두 가지다. 그중 하나는 '사랑으로 맺어진 관계의 심리'에 대해서, 그동안 내가 배운 것들을 여러분과 함께 나누기 위해서다. 그리고 또 다른 하나는 여러분의 '사랑의 관계'가 사랑과 동반자의 관계로서 아주 오래오래 지속될 수 있게 하는 근원이 될 수 있게끔 변혁시키는 데 있어서, 어떤 도움이 되었으면 하는 것이다. 간단히 말해서, 이 책은 커플(부부)들로 하여금 서로에게 가장 열정적인 친구의 관계가 될 수 있도록 돕기 위한, 그 이론과 실제에 관한 책이라고 할 수 있다.

이 책은 세 부분으로 구성되어 있는데, 제1부에서는 대부분의 커플(부부)관계에서 거의 불가피하게 진행되는 과정인 서로에게 끌림, 로맨틱한 사랑, 그리고 힘겨루기를 순차적으로 정리했다. 또한 우리가 흔히 일상에서 볼 수 있는 결혼생활을 자세하게 묘사했는데, 나는 여러분이 이것을 하나의 심리적인 드라마처럼 보아 줬으면 한다. 나는 이 드라마의 제목을 무의식적인 결혼생활(The Unconscious Marriage)이라고 정했는데, 그 의미는 결혼이란 우리가 어린 시절부터 가지고 있었던 숨겨진 욕구와 습관적인 행동들을 담고 있다가, 결혼생활에서 그것이 어김없이 부부간의 갈등을 통해 다시 유발된다는 점을 표현하고 싶었던 것이다.

제2부에서는 근본적으로 아주 다른 차원의 결혼인 의식이 깨어 있는(살아 있는) 결혼생활(The Conscious Marriage)을 탐구했는데, 이 의식이 살아 있는 결혼생활이란, 당신이 어린 시절에 채워지지 못했던 그 필요들을 긍정적인 방법으로 다시 채울 수 있게 함으로써, 당신이 만족할 수 있도록 도와주는 결혼생활을 의미한다. 첫 번째로, 로맨틱한 사랑을 다시 불붙게 만들 수 있는 실제 검증된 방법을 설명한다. 이 과정을 통해 서로 협력하겠다는 마음이 다시 회복되고, 근본적인 문제를 다시 개선해 보겠다는 동기가 제공된다. 그다음으로는, 당신이 어렸을 때 습득했던 대립하고 비난하는 방법 대신에, 서로를 지지하고 성장시킬 수 있는, 그런 치유의 과정으로 어떻게 전환시킬 수 있는지를 보여 주고, 마지막으로는 억눌려 왔던 좌절들을 어떻게 공감과 이해로 바꿀 수 있는지를 설명하고자 했다.

제3부에서는 지금까지의 모든 지식들을 총동원하여, 10주간의 커플관계치료 과정을 독특하게 구성했다. 여러분의 가정에서, 실험적으로 입증된 이 각각의 단계적인 연습들을 부부(커플)가 직접 꾸준히 실행함으로써 당신의 결혼생활에 관련된 문제들에 대해 귀한 통찰을 얻을 수 있을 뿐 아니라, 아마도 상담전문가에게 상담비를 지불하지 않고서도 어떤 문제들은 해결할 수가 있을 것이다.

이 책은 당신으로 하여금, 더 사랑하고 더 지지해 주는 커플(부부)관계를 만드는 데 있어서, 아주 큰 도움을 줄 것이다. 당신이 결혼생활(부부관계)에서 새로운 활력을 되찾아야만, 그때야 비로소 당신은 부부관계에서 평화와 기쁨을 발견할 수가 있을 것이다.

차례

 제1부
무의식적인 파트너십
(의식이 잠자고 있는 커플관계, 결혼생활)

제1부

무의식적인 파트너십
(의식이 잠자고 있는 커플관계, 결혼생활)

Getting the Love You Want:
A Guide for Couples

제1장
당신이 사랑에 빠지게 되는
진짜 이유

우리가 좋아하는 인간 유형은 바로 우리 마음의 상태를 반영한다.

—오르테가 이 가세트(Ortega Y Gasset)

부부관계에 문제가 생긴 부부들이 상담을 받기 위해 나를 찾아오면, 나는 먼저 그들이 '처음에 어떻게 만났는지'부터 물어본다. 50대 중반의 부부인 메기와 빅터는 29년간의 결혼생활에 종지부를 찍고 이혼을 하려고 심각하게 고민 중에 있었는데, 그들이 내게 들려준 이야기는 다음과 같다.

"우리는 대학원에서 만났어요. 그때 우리는 커다란 집에 여러 학생이 함께 세를 들어 살았는데, 부엌을 같이 썼지요. 제가 어느 날 아침식사를 준비하면서 위를 올려다보았는데, 이 남자가 방으로 들어오는 거예요. 그때 제게 아주 이상한 반응이 일어났어요. 내 다리는 이 사람 쪽으로 가려고 하는데, 내 머리는 이 사람에게서 멀리 떨어지라고 말하는 것만 같았어요. 그 감정이 너무나 강렬해서, 저는 거의 쓰러질 지경이 되어서, 그만 그 자리에 털썩 주저앉아 버리고 말았지요." 메기는 당시의 일을 회상하며 말했다.

간신히 충격에서 회복된 메기가 빅터에게 자신을 소개했고, 둘은 그날 오전 내내 함께 얘기를 나누며 보냈다. "맞아요. 그랬어요. 그게 다예요." 빅터가 말했다. "그날 이후로 우린 두 달 동안 시간만 나면 같이 붙어 다녔고, 그러던 어느 날 둘이 같이 그 집에서 나왔지요. 만약 그 당시가 성적으로 자유로웠던 시절이었다면, 틀림없이 우리는 처음 만나자마자 애인 사이가 되었을 거라고 확신해요." 라고 메기가 덧붙였다. "제 인생에서 어떤 남자를 보고, 그렇게까지 강렬한 느낌을 받아 본 적은 단 한 번도 없었거든요."

하지만 모든 만남이 이들처럼, 첫눈에 그런 지진 같은 충격을 몰고 오는 건 결코 아니다. 라냐와 마크는 10년이 더 어린 비교적 젊은 부부인데, 그들은 좀 미지근하고 그저 그런 연애를 하면서 오랜 기간을 보냈다. 둘은 친구의 소개로 만났는데, 라냐가 친구에게 남자 친구를 소개해 달라고 부탁했고, 그 친구는 마크라고 하는 재밌는 사람이 하나 있는데, 최근에 아내와 별거를 시작했다고 말했다. 하지만 그 친구는 둘이 잘 어울리지 않을 거라고 생각했기 때문에, 라냐에게 마크를 소개해 주는 걸 주저했다. 그 친구는 말하길, "그 남자는 키가 아주 큰데, 넌 작잖아. 게다가 그 사람은 개신교인데, 넌 유대교인이고. 그리고 그 남자는 과묵한데, 넌 수다스럽잖니!" 하지만 라냐는 자신에겐 그런 게 하나도 문제가 될 게 없다고 말했다. 그렇지만 그 친구는 말하길, "게다가 딱 한 번만 할 데이트 치곤 이건 너무 최악이지 않니?"

그러던 어느 날, 그 친구가 일부러 그러려고 한 건 아니었지만, 축하 파티에 라냐와 마크를 함께 초대하게 됐는데, 친구의 예상과는 달리 라냐는 회상하며 말하길, "전 첫눈에 마크가 맘에 들었어요. 그의 조용한 태도가 꽤 매력적이었거든요. 우린 저녁 내내 부엌에서 함께 이야기를 나눴죠." 라냐가 큰소리로 웃으며 이렇게 말을 덧붙였다. "아마도 거의 대부분 저 혼자 떠들었던 것 같아요."

라냐는 자신이 그랬던 것처럼 마크도 자기에게 매력을 느끼고 있을 거라고 확신을 했고, 다음 날 마크로부터 연락이 올 거라고 잔뜩 기대를 하고 기다렸지만, 3주가 다 지나도록 아무 연락도 받질 못했다. 마침내 라냐는 그 친구를 졸라 마크가 자기에게 관심이 있는지를 좀 알아봐 달라고 부탁했다. 친구의 재촉에 못 이겨서, 결국 마크는 라냐에게 영화를 함께 보러 가자고 초청을 했다. 이렇게 해서 그들의 연애가 시작되긴 했지만, 두 사람의 연애에는 불붙는 것 같은 그런 열정적인 로맨스는 없었다. "한동안 데이트를 하다가, 또 한동안은 만나지 않고 뜸하곤 했어요. 그러다가 또 다시 데이트를 시작하곤 했지요. 그러다가 결국 3년 후에 결혼을 하게 된 거예요."라고 마크가 말했다. "아무튼 마크와 저는 아직 결혼생활을 유지하고 있어요. 하지만 우리를 소개해 주는 걸 꺼렸던 그 친구는 지금 이혼했답니다."라고 라냐가 말했다.

이처럼 대조적인 이야기들을 토대로, 여기에서 몇 가지 흥미로운 질문들을 던져 보기로 하자. 왜 어떤 커플들은 첫눈에 그토록 강렬한 사랑에 빠져드는 것일까? 또 왜 어떤 부부들은 그런 열정적인 감정이 없이도, 편안한 우정에서 결혼까지 무난하게 진행이 되는 것일까? 그리고 또 왜 라냐와 마크의 경우처럼, 많은 부부들이 그렇게도 성격이 서로 정반대인 것처럼 보이는 이유는 무엇일까? 만약 우리가 이런 질문들에 대한 해답을 찾을 수 있게 된다면, 우리는 친밀한 사랑의 관계인 '결혼의 밑바탕에 감추어져 있는 심리적 욕구'에 대한, 그 첫 번째 단서를 발견하게 될 수 있을지도 모른다.

로맨틱한 사랑에 빠지게 되는 미스터리를 파헤쳐 보기

최근 몇 년간, 각 분야의 과학자들이 '로맨틱한 사랑'에 대해 더 깊이 알아보기 위해 연구해 왔으며, 그 결과 매우 유익한 견해들이 쏟아져 나왔다. 그중에는, 구애 행동에는 어떤 특정한 '생물학적 논리'가 있다는 몇몇 생물학자들의 주장도 있다. 이처럼 사랑에 관한 광범위하고 진화론적인 관점에 따르면, 우리 인간은 본능적으로 종의 생존을 향상시킬 수 있는 배우자를 선택한다고 한다. 남성들은 전형적으로 아름다운 여성—깨끗한 피부, 맑은 눈, 윤기 나는 머릿결, 훌륭한 골격, 붉은 입술, 장밋빛 뺨—에 끌리는데, 그 이유는 일시적인 유행 때문이 아니라, 이러한 특징들이 젊음과 튼튼한 건강을 상징하며, 한 '여성이 아이를 출산할 수 있는 절정기'에 있음을 알려 주기 때문이라는 것이다.

그런데 여성들은 남성들과는 좀 다른 생물학적 이유에서 배우자를 선택한다고 한다. 즉, 남성의 생식 역할에 있어서 젊음과 육체적인 건강만이 꼭 필수적인 것만은 아니기 때문에, 여성은 본능적으로 '탁월하고 중요한 능력(Alpha)'을 보유한 남성을 선호한다. 이는 다른 남성들을 지배하거나 사냥에서 잡은 사냥감 중에서 자기 몫 이상을 집으로 가져올 수 있는 능력을 말한다. 그 이유는 남성이 지니고 있는 지배력이 젊음이나 외모보다도 '가족의 생존'을 더 보장해 줄 수 있을 것이라고 믿기 때문이다. 그러므로 아무리 젊고 잘생기고 박력이 있어도 능력이 없는 남성보다는, 쉰 살 먹은 부족의 족장이─이것을 나이가 든 은빛 등을 지닌 수컷 고릴라에 비유할 수 있다─여성들에게는 더 매력적인 것이다.

이렇게 이성에게 매력을 주는 요소가 기껏 번식력이나 음식과 돈을 벌어오는 능력으로 전락했다는 모욕을 잠시만 옆으로 제쳐 놓는다면, 이 이론에는 일면 일리가 있다. 우리가 좋아하든 아니든 간에, 여성의 젊음과 미모, 그리고 남성의 능력과 사회적 지위는 배우자를 선택하는 데 있어서 아주 중요한 역할을 하는데, 이것은 한 남성이 애인을 구하기 위해 신문의 3단짜리 광고에 기재한, 이 개인 신상 내용을 대충만 훑어보아도 쉽게 알 수가 있다.

신부 구함

개인전용 제트기를 소유한
잘나가는 45세 독신 백인 남성이
매력적이고 날씬한 20대의
독신 백인 여성을 구함

이렇게 생물학적인 요소가 연애를 발전시키는 데 있어서 중요한 역할을 하는 것이 사실이긴 하지만, 사랑에는 이것 말고도 더 중요한 요소들이 갖춰져 있어야 한다.

그럼 이제 사회심리학 분야로 넘어가서, 배우자 선택에 있어서 소위 '교환이론(Exchange Theory)'이라고 알려진 것에 대해 살펴보자. 이 교환이론의 기본 개념은 '자기 수준과 거의 비슷한 사람을 배우자로 선택한다'는 것이다. 배우자감을 찾는 일에 몰입할 때 우리는, 상대방의 외모와 재정 상태, 사회적인 지위까지 주의 깊게 살펴보는 것은 물론, 그 사람이 얼마나 친절한가와 창의성, 유머감각과 같은 다양한 성격적 특성과 인성까지도 고려한다. 마치 기업의 합병을 심사숙고하는 기업가처럼, 냉정하게 상대방을 평가하는 것이다. 그리고는 컴퓨터처럼 빠른 속도로 상대방의 점수를 모두 합산해 보고 만약 그 총계가 대략 자기와 비슷하면, 거래를 알리는 종을 울리고 흥정을 시작한다. 이 교환이론은 '배우자 선택 과정'에 관하여 단순한 생물학적 모델보다는 좀 더 포괄적인 관점을 제공해 준다. 즉, 사회심리학자들은 우리의 흥미를 끄는 요인이 단지 젊음과 미모, 사회적인 지위 때문만이 아니고, 그 사람의 전체적인 어떤 것 때문이라고 말한다. 다시 말해서, 전성기가 이미 지난 여자나 아주 별 볼 일 없는 직업을 가진 남자라 할지라도, 만약 그 사람이 매력적이고 지적이며 따뜻한 마음을 지니고 있다면, 그런 단점이 상쇄될 수도 있는 것이다.

세 번째 '페르조나(Persona) 이론' 역시 우리가 서로에게 로맨틱하게 끌리는 현상에는 또 다른 차원이 있음을 제시한다. 페르조나 이론에 따르면, 배우자 선택의 주요 기준은 '미래의 배우자가 나의 자존감을 얼마나 높여 줄 수 있는가'에 달려 있다고 한다. 우리 각자는 남에게 보여 주기 위한 얼굴로 하나의 가면, 즉 페르조나를 가지고 있다. 페르조나 이론은 이처럼 우리가 '우리 자신의 자아 이미지를 돋보이게 해 줄 수 있는 사람을 배우자로 선택한다'고 주장한다. 그럼 여기에서 아주 실질적인 질문을 하나 던져 보자. "만약 내가 이 사람과 함께 하기로 한다면, 내 자아 인식에 어떤 변화가 일어날까? 과연 내 자존감이 더 돋보일 수 있을까?" 여기에서 이 이론의 타당성을 엿볼 수가 있다. 우리 모두는 '내 짝이 다른 사람들의 눈에 어떻게 비춰지느냐'에 따라서 자부심을 느끼기도 하고, 때론 당황했던 그런 경험들을 다 가지고 있을 것이다. 즉, '다른 사람들이 우리를 어떻게 생각하느냐' 하는 것은, 사실 우리에게 있어서 아주 중요한 문제다.

이 세 가지 이론들이 로맨틱한 사랑의 양상을 어느 정도 설명을 해 주기는 하지만, 우리가 처음에 제기했던 그 의문들은 아직도 풀리지 않은 채로 남아 있다. 즉, 너무나도 강력하여 황홀한 느낌마저 드는 그런 로맨틱한 사랑―메기와 빅터의 경우처럼―에 빠지는 현상을 어떻게 설명할 수 있을까? 그리고 왜 그렇게도 많은 커플(부부들)은 서로 상반(상호 보완)되는 성격―라냐와 마크의 경우처럼―을 지니고 있는 것일까?

사실 '로맨틱한 사랑'에 빠지는 현상을 깊이 들여다보면 볼수록, 앞에 제시한 이론들이 더욱더 불완전해 보인다. 예를 들어, '사랑의 관계'가 깨질 때 자주 동반되는 감정적인 황폐함, 우리를 불안과 자기연민 속으로 깊이 빠뜨릴 수도 있는, 거의 죽음과도 같은 그런 감정의 치명적인 역류를 어떻게 설명할 수 있을까? 한 내담자는 여자 친구가 떠나갔을 때의 심정을 다음과 같이 토로했다. "전 잠을 잘 수도 먹을 수도 없어요. 가슴이 금방이라도 폭발해서 터져 버릴 것만 같아요. 하루 종일 눈물만 나오고, 도대체 뭘 어떻게 해야 할지 모르겠어요." 지금까지 세상에 나와 있는, 우리가 살펴봤던, 낭만적인 사랑에 빠지는 현상에 대해 설명한 모든 이론들은, 이렇게 실패한 로맨스에 대해 우리가 적절하게 대처할 수 있는 방법이란, 그저 또 다시 '새로운 짝 찾기'에 돌입하는 수밖에는 별다른 방법이 없는 것처럼 제시하고 있다.

그럼 이제 '로맨틱한 사랑'에 빠지는 것에 대한 아주 놀라운 양상을 하나 더 소개하겠다. 우리는 지금까지 앞에서 언급했던 이론들이 제시했던 것들보다는, 훨씬 더 독특한 각자의 취향을 가지고 있는 것처럼 보인다. 무슨 말인지 설명에 들어가기 전에, 잠시 여러분 자신의 데이트 경험을 한번 곰곰이 되돌아보기 바란다. 지금까지 살면서 아마도 당신은 적어도 수천 명의 사람들을 만나 봤을 것이다. 그리고 그 사람들 중에서 당신의 눈을 사로잡을 만큼 외모가 매력적이거나 사회적으로 성공한 사람들을 대략 줄잡아도 한 수백 명쯤은 될 것이다. 이제 거기에다 '사회적 교환이론'을 적용시켜서 이들의 범위를 좀 더 좁혀 보면, '전체 점수 가치'를 모두 합해서, 나와 비슷하거나 아니면 나보다 좀 나은 사람들을 세어 본다면, 아마도 이들 가운데 50명에서 100명가량은 될 것이다. 그러니까 논리적으로 본다면, 당신은 이들 중에 적어도 수십 명의 사람들과는 사랑에 빠졌어야만 한다는 결론이 나온다. 그런데도 대부분의 사람들은 일생 동안 불과 소수의 몇 사람하고만 깊은 사랑에 빠진다. 사실 내가 아직 싱글인 사람들을 상담할 때마다 가장 많이 듣는 말은 "도대체 세상에 정말 어디 괜찮은 남자(여자)가 단 하나라도 있어야지요!"다. 정말 이 세상은 온통 이 사람들에게 딱지맞은 사람들 천지다.

더군다나―이건 정말 신기한 일인데―그 많고 많은 사람 중에 서로에게 매력을 느끼게 된 두 사람에게는, 정말 '뭔가 닮은 구석이 굉장히 많아 보인다'는 것이다. 여기서 잠시만, 지금까지 당신이 결혼 상대로 심각하게 고려해 봤던 그 사람들의 성격적인 특성들에 대해서 떠올려 보라. 그리고 만약 당신이 그 사람들의 두드러진 성격적인 특성들을 한 목록으로 작성을 해 본다면, 아마도 당신은 그 사람들의 성격적인 특성들이 서로 비슷하게 겹친다는 것을 발견하게 될 것이다. 게다가 사실은, 그 성격적인 특성들 중에서도 공통되는 것, 특별히 그중에서도 그 사람들의 '부정적인 특성'이 서로 닮아 있다는 사실을 발견하게 되고, 아마 당신은 놀라게 될 것이다.

커플(부부)관계치료 전문가의 관점에서 볼 때, 나는 나에게 상담하러 온 내담자가 어떤 사람을 결혼 상대자로 선택하게 될지 그 패턴을 정확하게 알아맞힐 수 있다. 어느 날 밤, 집단상담 치료 과정에서 나는 재혼한 지 석 달이 됐다는 한 남자의 이야기를 듣게 되었다. 그 사람이 첫 번째 결혼에 실패했을 때, 그는 집단 참가자들 앞에서 자신이 앞으로는 전처와 같은 여자와는 다시는 만나지 않겠노라고 큰소리를 뻥뻥 쳤다. 그 사람이 자기 전처에 대해서 말하길, 그녀는 속이 아주 좁고 욕심은 많은 데다 너무나도 이기적인 여자라고 말했다. 그런데 그 남자는 집단상담 치료 중이던 어느 날, 현재의 아내의 입을 통해서 전처의 목소리를 다시 '듣게 되었다'고 고백을 했다. 그리고 '두 여자의 성격이 거의 똑같다'는 사실을 깨닫게 되었을 때, 그는 거의 패닉 상태에 빠질 만큼 무섭고 황당했던 것이다. 그러고 보면, 모든 사람들은 너나 할 것 없이, 마치 '아주 특정한 성향의―긍정적이거나 부정적인―어떤 성격적인 특성들을 갖춘 그런 짝을 만나야만 한다'는 무슨 강박적인 관념에 깊이 빠져 있는 듯하다.

무의식적인 마음의 깊이 측정하기

이처럼 높은 차원의 짝 찾기 선별 과정이 어떻게 가능한지를 이해하려면, 먼저 '파트너(배우자) 선택 과정에 있어서 무의식이 어떤 역할을 담당하는지'를 잘 알아야만 한다. 프로이트 시대 이후부터, 사람들은 매일매일 일어난 일들을 설명하기 위해, 무의식 안을 샅샅이 뒤지고 다니는 일에 익숙해져 왔다. 우리는 '프로이트의 실언(Freudian Slips: 무의식적인 욕구를 드러내게 되는 실언—역자 주)'에 대해 유식하게 대화를 나누고, 꿈을 분석해 보려 들며, 무의식이 일상의 행동에 어떤 식으로 영향을 끼치는지를 알아보려 한다. 하지만 이렇게 하고 있으면서도, 사실 우리 대부분은 무의식의 정신의 범위를 아주 과소평가하고 있다. 그렇다면, '무의식이 우리에게 어떤 식으로 영향을 끼치는지'를 비유를 들어 알기 쉽게 설명해 보기로 하자. 낮 동안에는 우리는 별을 볼 수가 없다. 그래서 우리는, 마치 별이 항상 그 자리에 있었음에도 불구하고, 마치 별이 밤에만 '나오는 것'처럼 얘기한다. 뿐만 아니라, 우리는 무수한 별들의 숫자에 대해서도 과소평가한다. 그저 하늘을 한 번 힐끗 올려다보고 희미하게 보이는 별들을 대충 훑어보고는, 그렇게 보이는 별의 숫자가 별의 전부라고 생각한다. 하지만 만약에 우리가 도시의 불빛이 잘 비치지 않는, 좀 더 외진 곳으로 멀리 여행을 떠나게 되면, 거기에서 수많은 별들로 흐드러진 밤하늘을 올려다보면서 할 말을 거의 잃어버리게 된다. 하지만 별에 대한 모든 진실을 정말 제대로 알려면, 천문학을 한참 공부하고 나서야 비로소 가능하다. 달도 없는 맑은 산골 밤하늘에 보이는 저 수십만 개의 별들은, 사실은 우주 전체 별들의 지극히 일부분에 불과한 것이며, 또한 우리가 별이라고 믿고 있는, 저 점점이 박혀 있는 그 무수한 빛들이 사실은 은하수에 불과하다는 사실을 말이다. 무의식의 마음 또한 이와 같다. 우리의 의식 수준의 질서 있고 논리적인 생각들은 사실, 항상 적극적으로 자기 역할을 다하고 있는 무의식 위에 얇게 드리워진 한낱 가리개에 불과한 것이다.

그럼 이제 잠시 인간의 뇌의 구조에 대하여 살펴보기로 하자. 뇌는 다양하고 세밀하게 나누어진 여러 하부 구조를 갖고 있는, 아주 신비하고도 복잡한 기관이다. 뇌의 구조를 간단히 설명하기 위해서, 신경과학자 폴 맥린의 모형을 사용하여 뇌를 세 부분의 중심층으로 분류해 보았다.

뇌의 안쪽에 위치하며 가장 원시적인 층을 이루는 뇌간(Brain Stem)은, 생식과 자기 보존을 관장하는 동시에, 혈액순환과 호흡, 수면과 외부의 자극에 대응하여 근육을 수축하는 것과 같은, 우리의 생명에 있어서 필수적인 기능을 담당한다. 두개골의 가장 밑바닥에 위치한 이 두뇌 부분을 '파충류의 뇌(Reptilian Brain)'라고도 부르는데, 왜냐하면 해부학적인 구조에서 볼 때, 파충류에서 포유류에 이르기까지의 모든 척추동물들이 이 부분을 공유하고 있기 때문이다. 그럼 이 논의의 목적을 위해, 뇌간을 신체활동의 원천이라고 생각하자.

뇌간의 꼭대기에 위치한 새의 앞가슴 뼈처럼 양쪽으로 벌어져 있는 부분을 '변연계(Limbic System)'라고 한다. 이것의 기능은 감정을 생생하게 만들어 내는 것이다. 과학자들은 동물의 변연계를 외과적으로 자극해서, 두려움과 공격성 같은 감정들을 자연 발생적으로 분출시키는 실험을 하기도 한다. 이 책에서 나는 뇌간과 변연계, 이 두 부분을 포함하는 두뇌 부분을 가리키는 말로, '오래된 뇌(Old Brain)'라는 말을 사용하고자 한다. 이 '오래된 뇌'는 본래 잘 갖추어진 뇌로서, 대부분의 무의식적인 반응을 결정하는 역할을 한다.

두뇌의 마지막 부분인 대뇌피질은 크고 둥근 형태의 뇌로서 내부의 두 부분을 감싸고 있으며, 네 개의 영역, 즉 귓불처럼 둥근 네 개의 돌출부로 나누어진다. 이 부분은 인간에게서 가장 잘 발달되어 있는데, 대부분의 인지 기능을 담당하고 있다. 대뇌피질은 진화 역사상 가장 최근에 나타났기 때문에, 나는 이 대뇌피질을 '새로운 뇌(New Brain)'로 부르고자 한다. 이 새로운 뇌는 의식적이고, 순발력이 있으며, 일상 환경과 접촉해 있는 부분이다. 또한 당신이 결정을 내리고, 생각하고, 관찰하고, 계획하고, 예상하고, 반응하며, 정보를 체계화하고, 새로운 아이디어를 만들어 내는 부분이기도 하다. 이 '새로운 뇌'는 본래 논리적이어서, 모든 결과에 대해서는 그 원인을 찾으려 하고, 또 모든 원인에 대해서는 결과를 찾아내려 한다. 또한 오래된 뇌의 본능적인 반응의 일부를 어느 정도 중재해 주기도 한다. 대체로 이렇게 분석적이고 탐구적이며 질문을 던지는 정신의 일부가, 당신 스스로 '당신' 자신이라고 생각하는 부분이다.

오래된 뇌의 논리

'새로운 뇌'와는 아주 대조적으로, '오래된 뇌'의 기능 대부분을 우리는 거의 인식하지 못한다. 당신의 존재에 있는 이 부분을 이해한다는 것은 정말 분통이 터지는 일이다. 왜냐하면 당신의 의식의 마음을 돌려서, 당신 자신의 가장 취약한 부분을 들여다봐야만 하기 때문이다. 이것을 정밀 조사해 온 과학자들의 말에 따르면, '오래된 뇌'의 주된 관심은 오로지 '자기 생존'에 있다. 아무리 빈틈없는 경계 태세 중에도, '오래된 뇌'는 한결같이 단 하나의 원초적인 질문만을 한다는 것이다. "내가 지금 안전한가?"

안전을 확고히 하려는 본연의 임무를 계속 수행함에 있어서, '오래된 뇌'는 '새로운 뇌'와는 근본적으로 다른 방식으로 작용한다. 그 결정적인 차이 중 하나는 '오래된 뇌'는 외부 세계를 단지 어렴풋하게만 인식한다는 것이다. 즉, 외부 현상을 직접적으로 인식하는 '새로운 뇌'와는 달리, '오래된 뇌'는 외부에서 들어오는 정보를 이미지와 상징, 그리고 '새로운 뇌'에 의해서 만들어진 생각을 통해서만 정보를 받아들이고 추론한다. 이런 방식으로 정보를 정리하고 아주 광범위한 범주로 분류한다. 예를 들어, '새로운 뇌'는 누가 존이고, 누가 수지이며, 누가 마가렛인지 쉽게 분간하는 반면, '오래된 뇌'는 이 사람들을 여섯 가지의 기본적인 범주 안으로 뭉뚱그려서 집어넣고 분류해 버린다. 즉, '오래된 뇌'는 오로지 이 특정한 개인이 ① 나를 보살피는 사람인지, ② 내가 보살펴야 하는 사람인지, ③ 나와 성관계를 갖는 사람인지, ④ 나로부터 멀어지려는 사람인지, ⑤ 내게 복종하려는 사람인지 아니면, ⑥ 나를 공격하려는 사람인지에 대해서만 관심을 보이는 것 같다. 이 사람은 내 이웃이다, 내 사촌이다, 우리 엄마다 또는 내 아내다와 같은 세부적인 부분에 대한 분류는 슬쩍 한쪽으로 밀어 놓은 채 말이다.

이렇게 '오래된 뇌'와 '새로운 뇌'는 많은 면에서 너무 다르긴 하지만, 서로 계속해서 정보를 교환하고 해석한다. 그 과정이 어떻게 일어나는지를 한번 살펴보자. 당신이 혼자 집에 있는데, 갑자기 A라는 사람이 문을 열고 들어온다고 가정해 보자. 당신의 '새로운 뇌'는 자동적으로 이 사람의 이미지를 만들어 내고, 이 이미지의 안전 여부를 조사하도록 '오래된 뇌'로 보낸다. 그러면 '오래된 뇌'는 이 이미지를 받아서, 이미 저장되어 있는 여러 다른 이미지들과 비교한다. 그리고 즉각 그 첫 번째 관찰 결과를 보고한다. "이 사람은 낯선 사람이 아님." 이 말은 이전에도 이 사람과 만난 사실이 분명히 기록되어 있다는 의미다. 그런 다음 눈 깜짝할 사이에 두 번째 관찰 결과가 보고된다. "이 이미지와 관련해서 위험한 사건이 없었음." 이 알 수 없는 손님과 연관된 모든 상호작용을 통틀어 보았을 때, 그 어느 것도 생명을 위협할 만했던 사건이 없었다는 말이다. 이때, 재빨리 세 번째 관찰 결과가 또 보고된다. "이 이미지와 관련된 즐거운 일들이 많이 있었음." 이러한 기록들로 미루어 볼 때, A라는 사람은 나를 보살피는 사람인 것으로 추정된다. 이런 결론에 도달하자, 변연계는 '파충류의 뇌'에 공습경보 해제 신호를 보내게 되고, 비로소 당신은 침입자를 향해 두 팔을 벌리고 다가가는 자신을 발견한다. 이때 '새로운 뇌'가 작용하면서 당신은 이렇게 말한다. "메리 이모! 웬일로 저희 집에 다 오셨어요?"

이 모든 것은 당신의 인식 밖에서 아주 순식간에 일어나는 일이다. 지금까지 발생한 이 모든 과정을 의식적인 정신으로 돌아보면, 한마디로 당신이 좋아하는 메리 이모가 방문을 열고 당신 집 안으로 들어왔다는 것이다. 한편 당신이 메리 이모와 대화를 하고 있는 동안에도, 데이터를 수집하는 과정은 계속된다. 이러한 최근의 만남은 더 많은 생각과 감정과 이미지를 만들어 내고, 이것들은 변연계로 보내져서 메리 이모에 대한 정보가 따로 보관된 두뇌의 한 부분에 저장된다. 그리고 이 새로운 데이터는 '오래된 뇌'의 검열을 거친 후에 정보의 일부로 남아서, 다음에 메리 이모가 다시 집에 방문하게 될 때, 조사에 사용될 정보의 한 부분이 된다.

조금 다른 상황을 가정해 보자. 문을 열고 들어온 사람이 메리 이모가 아닌 그녀의 여동생인 캐럴 이모고, 이번에는 당신이 두 팔을 벌려 반기기는커녕, 그녀가 예고도 없이 불쑥 나타난 것에 대해 **아주 불쾌해하고 있는 자신**을 발견하게 된다. 당신은 왜 이 두 이모에 대해서 이렇게도 다른 반응을 보이는 것일까? 가령 당신이 18개월 되던 때에, 당신 엄마가 당신의 동생을 출산하기 위해 병원에 입원해 있는 동안, 당신은 캐럴 이모의 집에서 일주일을 함께 보내야만 했다고 가정해 보자. 당신의 부모님은 전부터 당신을 캐럴 이모 집에 보낼 준비를 하면서, "엄마가 바이바이 하고 병원에 가서, 네 남동생이나 여동생이 태어나면 집으로 데리고 올게."라고 설명을 해 주었다.

'병원'이나 '남동생' '여동생'과 같은 단어들은 당신에게 아무런 의미가 없었지만, '엄마'나 '바이바이'라는 단어는 당신에게 확실한 의미가 있었기 때문에, 부모님이 당신에게 이 두 단어를 동시에 언급할 때마다, 당신은 불안해져서 엄지손가락을 빨곤 했었다. 그로부터 몇 주 뒤에, 엄마는 동생을 낳으러 병원으로 갔고, 당신이 아기 침대에서 곤히 잠들어 있었을 때, 당신은 캐럴 이모 집으로 옮겨졌다. 눈을 뜨자 당신은 낯선 방에 홀로 누워 있었고, 당신이 울고 있었을 때 당신에게 다가왔던 사람은 당신의 엄마나 아빠가 아닌, 바로 캐럴 이모였던 것이다.

그리고 당신은 그 다음 며칠 동안을 내내 불안에 떨며 보냈다. 캐럴 이모는 당신을 매우 사랑해 주었고 친절하게 대해 줬지만, 당신의 마음속에는 **버림받았다**는 느낌만이 가득했다. 그래서 당신은 캐럴 이모와 연관이 되어 있는 이 **원초적인 두려움** 때문에, 바로 방에서 도망쳐 나와 버렸던 것이다. 그 후로 몇 년이 지나고 나서부터는, 아무런 거리낌 없이 당신은 캐럴 이모와도 즐거운 경험들을 만들기도 했지만, 그럼에도 불구하고 30년이 지난 지금까지도 캐럴 이모가 당신의 방문을 열고 들어오면, 당신은 **자신도 모르게** 밖으로 재빨리 뛰쳐나가고 싶은 **충동**을 느끼게 되는 것이다. 당신이 자리에서 일어나 이모를 반기는 행동은, 순전히 위대한 교육과 훈련의 효과로서만 가능해진 것이다.

당신이 사랑에 빠질 수밖에 없었던 진짜 이유

'오래된 뇌'에는 직선적인 시간 개념이 없다. 이 말은 '오래된 뇌'에 대한 중요한 원리를 잘 설명해 주고 있다. 즉, 오늘이나 내일 혹은 어제가 존재하지 않으며, 과거에 일어났던 모든 일들 또한 여전히 지금 현재에 엄연한 사실처럼 적용된다는 것이다. 이처럼 '무의식의 본질에 대한 특징'을 이해할 수 있으면, 때때로 당신의 결혼생활에서 당신이 어떤 사건을 터무니없이 민감하게 받아들여 그렇게까지 감정을 폭발하게 되는 이유가 뭔지를 이해하는 데 도움이 될 것이다. 가령 당신이 일류 법률회사에서 일하는 35세의 여성 변호사라고 가정하자. 어느 날 당신이 사무실에 앉아서 당신의 남편이 참 따뜻하고 사랑스러운 사람이라는 생각에 잠겨 있다가, 문득 남편에게 전화를 걸었는데, 비서가 전화를 받아서 하는 말이, 남편은 사무실에 없고 지금 연락이 안 된다고 알려줬을 때, 갑자기 남편에 대한 사랑의 감정은 온데간데없이 사라져 버리고 불안감이 물밀듯이 몰려온다. '도대체 이 사람이 지금 어디에 간 거지?' 이성적인 생각으로는 아마도 남편이 고객을 만나러 나갔거나, 늦은 점심을 먹으러 갔을 것이라고 생각하지만, 다른 한편으로는—이 부분에서 솔직해져야 한다—버림받은 느낌을 감출 수가 없다. 당신은 누가 봐도 세련되고 능력 있는 여성임에 틀림이 없지만, 단지 남편과 통화가 안 된다는 이유만으로, 당신이 어렸을 적 엄마가 당신을 하루 종일 낯선 보모에게 맡겨 놓았을 때 받았던 것과 똑같이 상처받는 느낌을 받는다는 사실이다. 그리고 그 이유는, 당신의 '오래된 뇌'가 아직도 과거의 케케묵은 그 시각 안에 그대로 갇혀 있기 때문이다.

이번엔 당신이 중년 남자이고 대기업의 중간관리자라고 가정을 해 보자. 중요한 고객을 간신히 달래고, 수백만 달러의 예산안도 깔끔하게 마무리하느라 쉴 틈 없이 일을 마치고 퇴근해 집으로 곧장 차를 운전하며, 오늘 하루의 성과를 아내와 함께 나누고 싶은 마음에 들떠 집에 도착했다. 그런데 집에 들어서자 아내가 적어 놓은 메모가 눈에 띄어 읽어 보니, 아내가 회사 일이 많아서 오늘 밤 늦을 거라고 적혀 있다. 당신은 힘이 쭉 빠져 그 자리에 멈춰 선다. '아내가 집에 있을 거라고 기대했는데…….' 그렇다면 당신은 이제 그 실망에서 벗어나 혼자서 즐겁게 자신만의 시간을 보낼 수가 있을까? 아니면 이 시간을 활용해서 최종적으로 다시 한번 회사 예산안을 검토해 볼까? 그래 좋다. 하지만 그렇게 하려면, 먼저 냉장고를 향해 직진해서, 바닐라 아이스크림을 두 통은 먹어 치워야 어떤 일이라도 할 수 있을 것 같다. 바닐라 아이스크림은 당신이 먹어 본 음식 중에서 아마도 엄마 젖에 가장 가까운 음식물일 테니까. 이렇게 당신의 마음속에는 과거와 현재가 나란히 공존하며 살고 있는 것이다. 아내가 마침내 집에 돌아왔을 때, 당신은 자신도 모르게 아내를 냉정하게 대하게 되고 거리감을 느끼게 된다. 다음 날 당신은 저녁 식사 자리에 회사 일을 가지고 오고, 아내를 거의 바라다보지도 않는다. 당신은 그냥 TV 스포츠를 보면서 저녁 시간을 보낸다.

며칠 후에, 당신은 아마도 자신의 이러한 감정적 대응에 대해서 어리둥절하게 느낄지도 모른다. 당신은 이미 당신 아내가 당신 못지않게 얼마나 힘들게 일을 하고 있는지 잘 알고 있다. 아내 역시 늦게까지 야근을 해야만 한다. 그런데 당신은 도대체 아내에게 왜 그렇게까지 화가 났을까? 왜 그렇게까지 배신감을 느껴야만 했을까? 당신이 지금은 잘 인식하지 못하지만 아내가 집에 없었던 것, 즉 아내의 부재는 당신으로 하여금 수십 년 전에, 그러니까 당신이 아직 어린아이였을 때, 아이였던 당신이 맞벌이 부모 밑에서 자라나면서 받았던 그 상처(감정)를 건드린 것이다. 초등학생 때 당신은 방과 후 돌봄 프로그램에 남아 있어야만 했고, 엄마가 저녁식사 바로 직전에 당신을 데리러 오기만을 기다려야 했다.

당신은 학교 수업이 끝나자마자 곧장 집으로 돌아가는 친구들을 부러워했다. 이른 청소년 시기에 당신은, 빈손으로 학교에서 집까지 걸어 다녀야 했고, TV를 보면서 부모님이 집에 돌아오기를 기다리면서 몇 시간씩 시간을 보냈다. 부모님이 집에 돌아왔을 때, 그들은 대부분 직장에서 너무나 많은 스트레스를 받아서 자녀인 당신과 편안한 시간을 보내 줄 수가 없었다.

수십 년이 지난 후에, 이런 당신의 과거가 당신의 현재에 파고들었고, 당신은 아내가 집에 늦게 돌아왔을 때, 거기에 대해 아주 과민하게 반응을 하게 된 것이

다. 당신의 오래된 뇌는 당신이 성장하면서 느꼈던 그 버려짐의 경험을 똑같이
반복해서 경험하고 있는 것이다.

새로운 경로를 생성함

만약 당신이 당신의 과거로부터 이렇게 전혀 반갑지도 않고 무의식적인 침입
에 대해서 알아차릴(의식할) 수 있고, 또 그것을 규제하기 시작할 수 있다면, 당
신과 당신의 파트너(배우자)는 감정적으로 조금 덜 반응하게 되고, 조금 덜 싸우
게 될 것이다. 그리고 당신은, 당신의 새로운 뇌에 좀 더 머물면서, 조금 더 이성
적으로 상호작용을 할 수 있게 될 것이다. 그래서 여러분의 스트레스 수치는 점
점 더 낮아질 것이고, 여러분은 또 다시 옛날처럼 두 사람이 함께 즐거운 시간을
보내는 것에 좀 더 열려 있게 될 것이다. 하지만 어떻게 해야 이런 정도로 능숙
해질 수 있을까? 당신이 자신의 어린 시절의 고통스러운 사건들을 잘 의식하지
도 못하고 있고, 그리고 당신의 파트너의 어린 시절의 감정적인 상처들에 대해
서도 잘 알지 못하고 있다면, 어떻게 해야 이런 비밀스러운 침입들을 줄여 갈 수
있을까?

이마고치료의 몇 가지 실습들은 바로 이러한 공백들을 메우는 데 도움이 되도
록 고안되었다. 그래서 정말 놀라울 정도로 짧은 시간 안에 여러분은, 두 사람이
안전하고 사랑스러운 파트너십을 맺고자 하는 부단한 노력에 방해가 되는 주요
문제들을 확인할 수 있을 것이다. (이러한 실습들은 이 책의 제3부 '이마고 실습'에서
확인할 수 있을 것이다. 여러분이 이 실습들을 실행해 보기 전에, 이 책의 제1부와 제2부
를 모두 읽어 보는 것이 좋다.) 이러한 새로운 인식은 파트너의 '아직 채워지지 않은
필요와 욕구들'에 대한 당신의 세심함을 높여 주고, 파트너의 필요를 충족시켜 줌
으로써 '파트너를 만족시키고자 하는' 동기를 부여해 줄 것이다.

만약에 우리가, 우리가 하는 작업의 핵심 아이디어가 바로, 결혼의 무의식적인
목적이 어린 시절을 끝내기 위한 것이라는 사실을 분명하게 이해하게 되는 것에 있다

면, 그것을 실천하는 핵심은 새로운 기술을 배우는 데 있다. 이마고대화법은 모든 대화를 안전하게 만들어 주는, 아주 획기적이면서 전혀 새로운 대화 방식을 소개했다. 이제 여러분이 이와 같이 근본적으로 너무나 중요한 이 이마고대화법을 연습하게 되면, 여러분은 이전까지 전혀 경험해 보지 못했던 아주 깊은 수준에서 서로를 이해하기 시작하는, 매우 안전한 환경을 만들 수 있을 것이다. 이 부분에서 여러분이 반드시 기억해야 할 가장 중요한 사실은 안전이 그 열쇠라는 것이다. 당신과 당신의 파트너가 두 사람의 관계에서 안전을 형성하는 법을 배우게 될 때, 당신은 논쟁에 빠지거나 좌절감을 느끼거나 절망하지 않고, 두 사람 사이의 민감한 문제들에 대해서도 대화할 수 있게 될 것이다. 이마고치료에서 아주 중요한 대화법들 중 하나인 '행동수정요청(Behavior Change Request: BCR)'에서는, 두 사람 사이의 관계에서 경험한 좌절감을 요청으로 변환시키고, 그 요청을 받은 사람이 그것을 실행하고자 하는 마음만 있으면 실행이 가능한 행동으로 전환할 수 있는 구체적인 방법을 보여 준다. 좌절감 속에 들어 있는 상대방에 대한 비난을 제거하는 일은, 당신의 커플관계에서 두 사람 관계의 사이(the Space in Between)의 안전을 지속시켜 준다.

당신이 이 이마고치료를 통해서 한 발 한 발 그 길을 따라 걷다 보면, 당신과 다른 사람과의 관계 사이에 당신이 그토록 원하는 그 사랑을 얻는 데 꼭 있어야만 할 안전지대, 즉 우리가 '그 사이(the Space in Between)'라고 부르는 신성한 공간을 만들게 될 것이다. 당신은 이 영역을 당신과 파트너의 사이에 흐르고 있는 강과 비교할 수가 있다. 두 사람이 모두 그 강물을 마시고, 또 그 안에서 몸을 씻기 때문에, 거기에는 어떤 쓰레기나 독소가 전혀 없어야 하는 게 중요하다. 두 사람 사이의 공간에서의 상호작용이 곧 두 사람의 내면의 경험을 결정짓는다. 그 강물이 깨끗하고 순수하게 계속 흐를 수 있게 하려면, 당신 두 사람은 그 강물을 서로에 대한 비난과 상처를 주는 말들로 채우는 것을 당장 그만두고, 대신에 서로를 진심으로 존경하고 안전한 상호작용으로 채워야 한다. 당신은 당신 자신만을 돌보던 것으로부터, 이제는 두 사람의 관계의 사이, 그 공간을 잘 돌보는 것에 집중하는 쪽으로 변화되어야 한다.

뇌에 관한 새로운 연구 결과들

1990년대에 신경과학이 발전하게 되면서, 나(헬렌)는 '신경가소성(Neuro-plasticity)'이라는 개념에 매료되었는데, 이 개념은 우리의 뇌가 다른 사람들과 외부 세계와의 경험에 의해 영향을 받고 변화한다는 것이다. 우리 인간은 우리가 맺는 관계들에 의해 영향을 받는 '사회적인 두뇌(Social Brains)'를 가지고 있다. 이러한 발견이 이루어지기 전에는, 뇌 과학자들은 인간의 두뇌는 다른 사람들이나 외부 세계와의 상호작용에 의해서 변하지 않는다고 추측했었다.

이러한 뇌과학의 발견은 이마고치료를 통한 실습들이 왜 그렇게까지 효과적이고 변혁적이 될 수 있는지를 설명하는 데 도움이 된다. 우리의 뇌는 우리가 다른 **사람들과 교류를 할 때마다 바뀌기 때문이다.**

동물 실험들과 아주 정교한 두뇌 영상 기술 등을 통해서, 신경과학자들은 인간의 어린 시절의 경험들이 인간의 두뇌에서, 개별적인 신경 세포들을 연결하는 화학적인 경로로 기록된다는 것을 발견했다. 당신의 과거로부터의 고통스러웠던 경험들은, 화학 전달자들의 보다 강한 흐름에 의해서 야기된, 그것들의 힘인, 아주 강한 경로로서 기록된다. 당신이 그렇게 고통스러웠던 과거의 경험들과 아주 비슷한 그런 고통스러운 경험을 또 다시 반복하게 될 때, 그 길은 그만큼 더 단단해진다. 그래서 훗날에 당신이 당신의 파트너와 어떤 충돌이 있을 때, 이러한 숨겨진 경로들을 통해서, 파트너에 대해 당신이 대응하는 그 강도가 아주 증폭될 수가 있다. 우리는 이것을 '가족 후 스트레스 장애(Post-Family Stress Disorder: PFSD)'라고 부르는데, 그 이유는 가장 스트레스를 받기 쉬운 가족처럼 가까운 관계에서 이러한 정신적인 상태가 더 가중되어 폭발할 수 있기 때문이다. 스트레스를 많이 받는 부부나 가족관계의 상황에서 발전하는 정신 상태인 관계형 스트레스가 군사 전투나 자연재해, 전쟁터에서 발생하는 '외상 후 스트레스 장애(PTSD)'와 거의 유사하다는 사실을 인식하는 사람은 거의 없다. PTSD를 가진 사람들은, 스트레스가 아주 많았던 상호작용을 겪고서, 아주 오랜 세월이 지난 후에 비로소 자신의 현재의 관계에서의 상호작용이, 특히 자신의 최초의 관계적 트라우마(외상)를 연상시키는 사건들과 강렬한 불안의 에피소드를 건드려 촉발할 수 있다는 사실을 발견하게 된다. 대부분의 사람들이 어린 시절에 대부분 겪게 되는, 주 양육자와의 관계에서 비교적 가벼운 상처로 인해 발생했던 그런 경험일 때는, 그것이 그렇게까지 강렬하진 않겠지만, 만약에 당신의 과거로부터의 '감정적인 짐'이 당신의 파트너와의 갈등을 더 증폭시키게 될 경우에는, 그것은 마치 당신이 당신의 어린 시절에 주 양육자와의 관계에서 최초의 파열 경험을 했을 때와 아주 유사한 불안감을 건드려 촉발함으로써, 당신과 파트너와의 연결을 파열시킬 수 있다.

이마고치료는 당신이 새로운 신경 경로를 만들고, 또 그 경로를 강화할 수 있도록 도와줌으로써, 당신의 과거로부터 비롯된, 당신이 파트너와의 관계에서 더 이상 원하지 않는 난기류들을 줄여 가게 할 수 있다. 당신이 파트너와의 관계에서 긍정적인 경험을 하게 될 때, 당신의 오래된 뇌는 뇌세포들 사이에서 새로운 연결점들을 만들어 냄으로써 그것을 암호화한다. 당신이 파트너와의 관계에서 긍정적인 상호작용이 많으면 많을수록, 그 경로가 더욱 강화된다. 한편, 당신의 어린 시절에 만들어진, 그 오래되고 파괴적인 경로는 이제 그 힘을 잃어버리게 된다(세포들 사이에서 이전보다는 훨씬 적은 양의 화학 전달자가 흐른다). 즉, 더 이상 당신의 관계에 침입할 만큼 동일한 용량이 아닌 것이다. 우리는 이 과정을 오래된 고속도로 옆에 새로운 고속도로를 건설하는 것에 비유한다. 일단 사람들이 그 새로운 고속도로를 여행하게 되면, 사람들은 더 이상 그 낡고 좁은 도로에서 많은 시간을 보내지 않게 된다. 그리고 혹시 그들이 그 오래된 도로에서 길을 헤매게 되면, 그들은 즉시 그걸 알아차리게 되고, 자신들이 그 오래된 자극에 대해서 새로운 반응을 선택할 수 있는 권한을 가지고 있다는 사실을 알게 된다. 시간이 지나면서, 더 이상 옛길은 유지가 되지 않고, 갈라지고, 잡초가 무성해진다. 한편, 새 고속도로는 이제 더 여행을 많이 다니는 도로가 되었다.

우리는 이마고치료와 교육에 참여한 수많은 부부들에게서 이러한 변화들을 목격했다. 우리 각자의 과거로부터의 부정적인 경험들이 우리 부부의 일상생활

에 덜 개입하게 될수록, 부부 사이에서 오해가 줄어들게 된다. 그리고 부부관계
사이에서 일어나는 일들에 대해서 좀 더 적절한 방법으로 반응하게 된다. 성질
급하게 감정적으로 맞대응하는 일이 점점 줄어들게 되고, 두 사람이 함께 더 느
긋하고 편안한 시간을 보내기 시작한다. 이렇게 두 사람 사이에서 아주 안전하
면서 더 자주 연결되는 관계가, 이제 두 사람 모두의 기쁨과 회춘의 원천이 되기
시작한다.

　지금까지 '뇌에 관한 새로운 연구 결과들'에 대해 어느 정도 알아보았으니, 이제
다시 우리의 본래 주제인 '배우자 선택'의 주제로 돌아가 보자. '오래된 뇌'에 관한
이러한 정보들이 과연, 우리가 '로맨틱한 사랑에 빠지는 현상'을 이해하는 데 있어서 어
떤 도움을 줄 수 있을까? 이 연구를 수행하면서 알게 된 재미있는 현상은, 우리 모
두는 배우자(짝)를 선택하는 데 있어서 대단히 까다로운 선별 과정을 거치는 경
향을 보인다는 사실이다. 사실 우리는 아주 구체적으로, 어떤 긍정적인 면과 부
정적인 면 둘 다를 함께 갖추고 있는, '나를 위한, 아주 특별하고, 유일한 단 하나의
짝'을 찾고 있는 것처럼 보인다.

　우리가 오랜 기간 동안의 이론적인 연구와 임상적인 관찰을 통해서 발견하게
된 것은, '배우자(짝)를 선택하게 되는 과정'은 우리를 길러 준 주 양육자(부모나 그에 상
응하는 주 양육자들, 즉 조부모님이나 양부모, 혹은 이모나 고모, 삼촌 등 나의 어린 시
절에 친부모 못지않게 내 주변에서 나의 양육에 큰 영향을 준 사람-역자 주)의 두드러
진 성격 특징을 갖고 있는 사람을 찾는 여정이라는 것이다. 영원한 현재에 갇혀 외
부 세계에 대해서는 희미하게밖에는 잘 인식하지 못하는 우리의 '오래된 뇌'는,
자꾸만 어린 시절의 상황을 다시 재연해 보려 애를 쓰고 있다. 이처럼 '오래된 뇌'가
자꾸만 과거를 다시 돌이켜 보려는 이유는, 어떤 습관 때문이거나 맹목적인 강
박충동에 의해서가 아니고, 오래된 어린 시절의 상처를 치유하고자 하는 어쩔 수 없
는 필요 때문인 것이다.

　다시 말해서, 당신이 당신의 짝(배우자)과 사랑에 빠졌던 궁극적인 이유는, 내가 여
기에 제시한 바와 같이 당신의 짝이 젊고 아름다워서가 아니고, 멋진 직업을 가
졌거나 당신과 비슷한 점수를 갖고 있어서도 아니고, 성격이 좋아서도 아니다.

당신이 당신의 짝과 사랑에 빠졌던 진짜 이유는, 바로 당신의 오래된 뇌가 당신의 파트너(짝, 배우자)와 당신의 부모를 같은 사람으로 혼동을 했기 때문인 것이다. 그러니까 당신의 '오래된 뇌'는 당신이 어린 시절에 받았었던 그 심리적·정서적 상처를 보상해 주기에 가장 알맞은, 가장 이상적인 후보자를 드디어 만났다고 믿었던 것이다.

제2장
어린 시절의 상처

나이가 더 들었다고 해서, 더 현명한 것도 더 훌륭한 것도 아니다.

오히려 젊음만한 지도자도 없다.

왜냐하면 젊음은 얻을 것도 없지만, 잃을 것 또한 없으니까.

−헨리 데이빗 소로(Henry David Thoreau)

'어린 시절에 받은 심리적 · 정서적인 상처'라는 말을 들을 때, 아마도 여러분은 즉각적으로 어린 시절에 받았던 성적인 학대나 신체적인 학대와 같은 심각한 트라우마를 생각하거나, 부모님이 이혼했거나 돌아가셨거나, 혹은 알코올 중독을 가진 부모로 인해서 받았을 고통을 떠올릴는지 모르겠다. 사실 어린 시절에 이와 같이 어려운 현실을 겪은 사람은 의외로 많다. 설령 운이 좋아 안전한 양육 환경에서 자랐다 하더라도, 누구나 어린 시절에 받았던 보이지 않는 상처들을 지닌 채로 살아가게 되기 마련이다. 왜냐하면 인간은 태어나는 그 순간부터 끝없는 욕망의 세월을 살아갈 수밖에 없는, 매우 복잡하고 의존적인 피조물이기 때문이다. 프로이트는 이런 인간을 가리켜 '만족할 줄 모르는 존재'라고 정확하게 이름을 붙였다. 그래서 어떤 부모가 아무리 헌신적으로 최선을 다한다 하더라도, 수시로 변하는 아이들의 변화무쌍한 욕구를 모두 다 충족시켜 줄 수는 없는 것이다.

당신이 얼마나 미묘한 방식으로 상처를 받았으며, 그 결과가 당신이 사랑하는 관계 방식에 어떻게 영향을 끼쳤는지를 탐구해 보기 전에, 당신이 처음 이 세상에 태어났을 때 당신이 과연 어떤 상태였는지를 한번 알아보기로 하자. 왜냐하면 이때의 '본래의 온전한 상태'만이, 당신이 당신의 파트너(배우자)로부터 바라고 있는 그 숨은 기대가 무엇인지에 대한 중요한 단서를 내포하고 있기 때문이다.

본래의 온전함을 느끼고 싶은 기대 심리

태어나기 전의 그 어둡고도 신비한 삶이 과연 어떤 것인지를 우리에게 알려 줄 수 있는, 그런 불가사의한 능력을 가지고 태어난 아이는 지금까지 이 세상에 단 한 명도 없었지만, 그러나 우리는 태아의 신체적인 삶에 대해서 익히 알고 있다. 태아의 생물학적 필요란, 태아와 엄마가 유동체를 교환함으로써 즉석에서 자동적으로 보살핌을 받는 것이라는 사실도 알고 있다. 그러므로 태아는 먹거나 숨 쉬거나 위험으로부터 자신을 보호할 필요가 없으며, 언제나 규칙적인 **엄마의 심장박동 리듬**에 따라 마음의 안도를 얻는다는 사실 또한 잘 알고 있다. 이처럼 간단한 생물학적 사실과 갓 태어난 신생아를 관찰한 결과들을 토대로, 태아는 양수 안에 떠 있는 상태에서 아무런 힘도 들이지 않고 고요하게 떠다니는 존재로서 생활을 한다는 것을 추측할 수가 있다. 그러니까 태아는 경계에 대한 인식도, 자기 자신에 대한 감각도, 자신이 엄마의 뱃속에 있는 주머니에 싸여 있다는 자각조차 없는 것이다. 대부분의 사람들에게 널리 받아들여지고 있는 확신이 하나 있는데, 그것은 아기는 엄마의 **자궁 안에서의 합일의 느낌**, 즉 모든 욕망으로부터 자유로운 에덴동산과 같은 상태를 경험한다는 것이다. 이러한 태아의 경험을 유대인 철학자이며 신학자인 **마틴 부버**(Martin Buber)는 다음과 같이 묘사했다. "태아의 삶을 살았을 때, 우리는 우주와의 깊은 친교를 이루며 살았다."

이러한 이상적인 에덴의 상태는 엄마가 근육을 수축시켜 아이를 자궁 밖으로 밀어냄으로써 갑자기 끝나 버리게 된다. 하지만 '자폐성 기간'이라고 불리는 처음 몇 달간의 발달단계에서는, 아기는 아직까지 자기 자신과 외부 세상과의 차이를 뚜렷이 구별하지 못한다. 결혼한 지 2년 만에 헬렌과 나는 다시 아이를 낳

왔다. 우리 딸 리아가 이 단계였을 때를 나는 아직도 생생하게 기억하고 있다. 자신이 필요로 하는 모든 보살핌이 다 충족되었을 때, 리아는 우리 팔에 포근히 안겨 아주 만족스러운 표정을 지으며 주변을 두리번거렸다. 다른 아기들과 마찬가지로, 리아는 자기 자신을 분리된 존재로 인식하지 않았으며, 생각과 감정과 행동 사이에 그 어떤 구분도 없었다. 우리가 보기에 리아는 태곳적의 영성, 즉 아무런 경계가 없는 우주 삼라만상을 경험하고 있는 것 같았다. 비록 리아는 아직 미숙하고 자신의 생존을 위해 자기 엄마와 아빠인 나에게 전적으로 의존해야만 했지만, 그럼에도 불구하고 이 아기는 생명이 넘치는 완전한 하나의 인간 존재임에 틀림없었다. 어떤 면에서 다시는 돌아갈 수 없는, 그보다 더 완전한 상태는 없을 듯 그렇게 보였다.

성인이 된 우리에게는 이러한 본래의 온전한 상태를, 마치 꿈속에서조차 다시 붙잡기 어려운 그런 아련한 기억 속으로 어디론가 벌써 도망쳐 버린 것처럼 보인다. 그러고는 우리가 세계와 더욱 일치되고 연결됨을 느끼게 될 때면, 우리는 오래전의 그 시간을 회상하게 된다. 이런 느낌은 언어 속에 더 많이 묘사되어, 모든 문화마다 갖고 있는 여러 신화들 속에서 수없이 반복되어 나타난다. 그 대표적인 예가 바로 에덴동산의 이야기인데, 이 이야기는 우리에게 거부할 수 없는 강력한 영향력으로 깊은 인상을 심어 준다.

하지만 이 '본래의 온전함'이라는 것이 도대체 우리의 결혼과 무슨 관계가 있단 말인가? 우리는 이런 저런 이유로, 마치 나의 배우자(파트너)가 무슨 마술이라도 부려서 이런 온전함의 느낌을 회복시켜 줄 것이라는 기대감을 가지고 결혼에 골인하게 된다. 마치 나의 배우자가 고대 왕국의 열쇠라도 갖고 있어서, 다만 내가 그를 잘 설득해서 저 문을 열어 주게만 하면 될 것처럼 말이다. 따라서 만약 당신의 배우자가 그 왕국의 문을 여는 데 실패하게 된다면, 그것이 훗날 있을 당신의 불행의 주요 원인 중 하나가 되는 것이다.

너와 나는 하나

아기가 자신이 다른 사람과 '**구별되는 나**'에 대한 본능적인 욕구를 느끼게 되면서, 엄마의 자궁 속에서부터 그리고 태어나서 처음 몇 달 동안에 경험했던 합일의 감정, 그 일체감은 서서히 사라지게 된다. 본질적인 합일의 상태가 아직 남아 있기는 하지만, 희미하게나마 외부 세상을 인식하기 시작하는 것이다. 항상 자신을 안아 주고, 먹여 주고, 편안한 소리로 마음을 달래 주던 온화한 거인인 엄마라는 존재가, 언제나 거기에 자기 옆에만 계속 있지만은 않을 것이라는 엄청난 사실을 깨닫는 시기도 바로 이 발달단계이다. 아이는 여전히 엄마와 연결되어 있다는 느낌을 갖고 있으면서도, 동시에 자기 자신에 대한 원초적인 인식 또한 지니게 된다.

발달심리학자들에 따르면, 아기가 이처럼 엄마와의 '**공생적 관계의 단계 (Symbiotic Stage)**'에 있을 때, 아기들은 **자신을 돌보아 주는 양육자와 하나로 연결되고 싶은 열망**을 경험한다고 한다. 이러한 경험을 가리켜 발달심리학자들은, '**애착을 느끼려는 충동**'이라고 이름을 붙였다. 아기는 이전에 느꼈던 신체적 · 정신적 일체감을 다시 회복해 보려는 그 노력의 일환으로 자신의 생명의 에너지를 외부세계에 있는 엄마에게로 향하게 된다. 이러한 갈망을 나타내는 용어가 바로 '에로스(Eros)'인데, 흔히 우리가 낭만적인 사랑이나 성적인 사랑과 동일시하고 있는 이 그리스어인 에로스는, 본래 '생명력'이라는 좀 더 넓은 뜻을 지니고 있다.

엄마와 자기 자신을 뚜렷하게 구별함과 동시에, 또한 엄마와 하나로 연결되는 합일의 감정을 느끼는 데 있어서 과연 얼마만큼 성공적이었는가는, 훗날에 맺게 될 모든 인간관계에 지대한 영향을 미치게 된다. 운이 좋게도 아기가 자기 자신과 다른 사람들을 뚜렷하게 구분할 수 있으면서도 여전히 그들과 연결되어 있음을 느낄 수 있다면, 아기는 자신의 뜻에 따라 열거나 닫을 수 있는 '유연한 경계선'을 가질 수 있을 것이다. 하지만 삶의 초기 단계인 어린 시절에 고통스러운 경험을 겪은 아이라면, 자신의 주변 세계, 주변 사람들과 단절을 느끼거나 또는 주변 사람들과 쉽게 융합하려 들 것인데, 이들은 어디까지가 자기가 해야 할 영역이고 어디부터가 다른 사람이 해야 되는 영역인지를 잘 구분하지 못하게 된다. 이렇게 경계선이 확실하지 않기 때문에, 결혼생활에서도 당연히 어떤 문제가 나타나게 된다.

아이가 자라면서 에로스는 엄마뿐만 아니라 아빠나 다른 형제자매, 그리고 세상 전체를 향해 나아간다. 내 딸 리아가 세 살이었을 때, 주변의 모든 것들을 알아보고 싶어 했던 것이 기억난다. 리아는 활기가 넘쳐서, 하루 종일을 뛰어다녀도 전혀 지칠 줄을 몰랐다. "나랑 같이 달려요. 아빠! 재주넘기도 하면서요!" 리아는 빙빙 원을 돌고는 어지러워 바닥에 쓰러지면서도 자지러지게 깔깔대며 웃어 젖혔다. 개똥벌레를 쫓아다니고, 나뭇잎과 이야기를 하고, 정글짐에 기어 올라가 다리를 흔들고, 눈에 띄는 강아지란 강아지는 다 쫓아가 쓰다듬어 주곤 했다. 마치 에덴동산의 아담처럼 사물에 이름 붙여 주기를 좋아했고, 사람들이 무슨 이야기를 하는지 귀담아들으려 귀를 쫑긋 세웠다. 나는 리아를 보면서 에로스를 느꼈고, 생명의 힘찬 고동소리를 들었다. 그런 리아가 무척 부러웠고, 그리고 내게서 사라져 버린 것들이 그리웠다.

헬렌과 나는 리아 안에 에로스가 계속 살아 있도록 해 주기 위해서, 다시 말해서 리아의 그 맑은 눈빛과 주변 사람들까지 따라 웃게 만드는 그 감동적인 웃음소리를 어떡하든지 지속시켜 주기 위해서 부단히 노력했다. 그러나 우리가 아무리 최선을 다해 애를 썼음에도 불구하고, 리아의 그 모든 욕구들을 다 충족시켜 줄 수는 없었다. 때로는 그저 삶 자체가 리아로 하여금 내면으로 향하게 만드는 것처럼 보였다. 언젠가 리아는 커다란 개 한 마리를 보고 질겁을 하게 된 다음부터, 낯선 동물을 보면 경계해야 한다는 것을 배웠다. 또 어느 날은 수영장에서 미끄러지고 난 후부터, 물에 대한 공포가 생겨나기도 했다. 때로는 헬렌과 내가 더 비난받아야만 하는 일도 있었다. 우리에게는 리아 말고도 다섯 명의 아이들이 있었기 때문에, 리아는 때때로 자신이 소외당하고 버림받았다고 느꼈을 수도 있다. 또 직장에서 돌아와 너무 피곤한 나머지, 리아가 하고 싶어 하는 말을 다 들어 주지 못한 날도 있었고, 다른 것에 신경 쓰다가 그만 아이가 원하는 것을 제대로 이해해 주지 못할 때도 있었다. 그리고 안타깝게도, 본의 아니게 우리가 어렸을 적 받았던 상처들을, 세대 간에 걸쳐 리아에게도 그대로 대물림하면서 상처를 주기도 했다. 우리는 우리 자신이 부모로부터 받지 못했던 것들을 자녀들에게 지나치게 보상해 주려고도 했고, 또는 고통스러운 상황을 아무런 생각 없이 똑같이 재연하기도 했던 것이다.

그게 무슨 이유가 됐든 간에, 리아는 자기가 원하는 대로 만족하지 못하면, 얼굴에 그게 아니라는 표정을 지으면서 울음을 터뜨리고 불안해했다. 이제 아이는 더 이상 나뭇잎에게 말을 걸지도 않았고, 그리고 수풀 주변을 날아다니는 개똥벌레에도 관심을 갖지 않았다. 에로스는 무뎌지고 어디론가 들어가 숨어 버렸다.

위험한 여정

리아의 이야기는 나 자신의 이야기이기도 하고, 또한 우리 모두의 이야기이기도 하다. 우리 모두는 생기가 넘쳐나는 온전한 존재로서 삶을 시작했고, 인생의 모험을 갈망했지만, 어린 시절을 지나면서 너무나도 위험한 여정을 거쳤다. 사실 우리 모두는 우리를 길러 준 양육자들이 우리를 지나치게 개입하거나, 혹은 너무 소홀하게 대하는 것으로 인해 어느 정도 상처를 받았으며, 사실 이러한 상처는 태어나서 처음 몇 달 동안에 일어났던 것이다. 유아기 때의 그 끊이지 않는 요구사항들에 대해 잠시 생각해 보자. 아기는 아침에 눈을 뜨자마자 먹을 것을 달라고 울어 댄다. 그러고는 어느 정도 배가 불러오고 그리고 기저귀가 젖게 되면, 이제는 기저귀를 갈아 달라고 칭얼댄다. 그래서 기저귀를 갈아 주고 나면, 이제는 또 안아 달라고 보챈다. 안기는 것 또한 먹고 싶은 욕구 못지않게 강력한 신체적 갈망이기 때문이다. 그러고 나면, 또 다시 배가 고파지고, 그러면 또 먹을 것을 달라고 울어 댄다. 위에 가스가 차면 아기는 고통스러워서 운다. 울음은 아기가 고통을 알릴 수 있는 유일한 신호다. 물론 아직 미분화된, 똑같은 울음소리이긴 하지만, 만일에 아기를 돌보는 사람이 아기가 왜 우는지를 민감하게 알아차릴 수 있다면, 그래서 아기가 원하는 대로 먹여 주고, 기저귀를 갈아 주고, 안아 주거나 흔들어 준다면, 아기는 그때그때 만족하는 경험을 할 수가 있을 것이다. 하지만 아기를 돌봐 주는 사람이 아기가 왜 우는지를 잘 알아차리지 못하거나, 혹은 아기의 버릇이 나빠질까 봐 아기에게 관심을 덜 기울인다면, 아기는 이 세상이 안전한 장소가 아니라는 원초적인 두려움을 경험하게 될 것이다. 아기는 아직 스스로를 돌볼 수가 없고, 그리고 나중에 더 큰 만족을 경험하기 위해서 현재의 욕구충족을 유보하는 것에 대한, 그 어떤 인식조차 가지고 있지 않기 때문에, 결국 자신의 욕구에 즉각적으로 반응해 주는 외부 세상에 몰두하는 것만이 자신이 죽느냐 사느냐의 문제인 것이다.

물론 우리가 태어나서 처음 몇 달간에 대한 아무런 기억이 없다고 할지라도, 우리의 '오래된 뇌'는 여전히 유아 시절의 시각 속에 갇혀 있다. 그리고 이제는 우리가 성인이 되어서 스스로 배고픔을 채울 수도 있고, 몸을 따뜻하게 하고 언제나 쾌적한 상태를 유지할 수가 있지만, 여전히 우리 안에 숨겨진 어느 부분에서는 외부 세상이 우리를 돌보아 줄 것을 기대한다. 그래서 배우자(파트너)가 나를 냉랭하게 대하거나 전혀 도움을 주지 않을 경우, 우리 뇌의 깊은 곳에서 조용히 경종이 울리며 마치 죽을 것만 같은 공포로 가득 차게 되는 것이다. 이런 **자동경고 시스템**은 친밀한 사랑을 나누는 관계, 특히 결혼관계에 있어서 매우 중요한 역할을 담당한다.

아기가 자라나서 유아기를 벗어나게 되면 새로운 욕구가 나타나고, 이러한 각각의 새로운 욕구는 잠재적으로 상처받을 수 있는 범위를 명시해 준다. 예를 들어, 아기가 18개월이 되면, 아기는 어디까지를 자기가 해야 하고 또 어디서부터가 다른 사람이 해야 하는 영역인지에 대한 인식을 좀 더 분명하게 지니게 되는데, 이 시기가 바로 '자율과 독립'이라는 발달단계다. 이 기간에 아기는, 자신을 주로 돌보아 주던 양육자 외의 다른 세상을 알아보고 싶어 하고, 거기에 점점 더 흥미를 느끼게 된다. 만약 이제 막 걸음마를 시작한 이 아기가 마치 어른처럼 말을 할 수 있다면, 아마 이렇게 말하는지도 모른다. "엄마, 난 이제 엄마 무릎에서 내려올 준비가 됐어요. 이젠 젖꼭지를 떼고 혼자서 마음대로 돌아다닐 준비도 됐고요. 내가 엄마 곁을 벗어난다는 게 아직 제게는 좀 불안하긴 하지만…… 엄마

가 어디로 사라지지 않았다는 것을 확인하기 위해서 조금 이따가 다시 돌아올
게요." 하지만 실제로 아기가 말로 표현할 수 있는 단어가 극히 제한적이기 때문
에, 아기는 그저 무릎에서 기어 내려와 등을 돌리며 방 안을 아장아장 걸어 다닐
뿐이다.

　이상적으로 말한다면, 엄마는 미소를 지으면서 아기에게 이렇게 말한다. "잘
가라, 우리 아가. 가서 재미있게 놀다 오렴. 그리고 네가 필요할 땐 엄마가 언제
나 달려갈게." 그리고 잠시 후 아기가 제자리로 다시 돌아오면서 문득 자신이 그
동안 얼마나 의존적이었는지를 깨닫게 된다. 엄마는 아기에게 이렇게 말한다.
"아가야, 안녕! 재미있게 놀았니? 이제 잠시 엄마 무릎에 좀 앉아 보렴." 이러한
과정을 통해서 엄마는 아이에게, 엄마 곁을 떠나 아이 혼자 힘으로 과감하게 돌
아다녀도 괜찮으며, 필요할 땐 언제나 엄마가 함께 있어 줄 것이라는 사실을 알
게 해 준다. 이로써 어린 아기는 이 세상이 안전한 곳이며, 탐험을 해 봐도 좋을
만큼 흥미로운 장소라는 것을 알게 될 것이다.

고립된 사람과 융합하는 사람

　이처럼 중요한 발달단계에서, 많은 아이들은 좌절을 겪는다. 어떤 경우는 양
육자(부모)가 아이의 독립성을 방해한다. 아이가 눈에 안 보이면, 정작 불안해하
는 건 아이가 아니고, 엄마나 아빠다. 여러 가지 이유로 인해서—사실은 부모 자
신의 어린 시절에 그 뿌리를 두고 있는—부모는 아이가 계속해서 자신에게 의존적
인 채로 남아 있어 주기를 원한다. 어린 딸이 방을 벗어나 돌아다니면, 불안해진 엄
마는 이렇게 외친다. "옆방으론 가지 마라! 그러다간 정말 다치게 될지도 모른단
말야!" 그러면 아이는 꼼짝 없이, 착하게도 엄마의 무릎 위로 돌아온다. 그러나
그렇게 어린 딸은 겉으론 고분고분 순응하지만, 속으로는 두려움을 느끼게 된다.
왜냐하면 자율을 향한 그녀의 내면의 충동이 거부되었기 때문이다. 이렇게 계속해서
엄마에게 그냥 되돌아오다가는, 혼자서는 밖에도 한번 나가보지 못하고, 언젠가

엄마에게 잡아 먹혀 삼켜져 버릴지도 모른다는, 그래서 **영원히 엄마와의 연합된 그 공생적인 틀 속에 갇힌 채로 그냥 살아가야만 될지도 모른다는** 생각에 겁이 덜컥 나는 것이다.

아이 자신이 이것을 미처 인식하지도 못하는 사이 잡아 먹혀 삼켜져 버릴지도 모른다는 그 두려움은, 아이의 성격을 형성하는 데 있어 주요한 부분으로 자리 잡게 된다. 그리고 몇 년 후에는 다른 사람을 무의식적으로 밀어내는, 우리가 소위 '고립된 사람'이라고 부르는 사람이 된다. 이 고립된 사람은 자기 주변에 '널찍한 공간'을 필요로 하기 때문에, 항상 사람들과의 일정한 거리를 두려고 한다. 또한 자신이 가고 싶을 때 가고, 오고 싶을 때 올 수 있는 자유를 갈망하고, 어떤 관계에도 '구속받지' 않으려 한다. 하지만 이처럼 차가운 겉모습 이면에는, 독립을 향한 자신의 타고난 선천적인 욕구를 만족시키는 것이 허락되지 않았었던, 두 살짜리 어린 여자아이가 숨어 있는 것이다. 그래서 만약 이 아이가 자라서 결혼을 하게 되면, 분명한 '자기 자신'이 되고자 하는 그 욕구를, 그동안 자신이 채우고 싶었지만 채울 수 없었던 많은 욕구들 중에서도, 결혼 후에 가장 먼저 해야만 할, 최우선 순위 목록 1위에 그 욕구를 올려놓았을 것이라는 것은, 너무나도 자명한 일인 것이다.

한편, 어떤 아이들은 정반대의 성향을 가진 부모 밑에서 자란다. 이런 부모들은 아이가 편안함을 찾아 부모에게 다가오면, 아이를 밀쳐 내면서 이렇게 말한다. "좀 저리로 가, 지금 엄마는 엄청 바쁘단 말이야." "가서 네 장난감이나 갖고 놀아." "제발 그만 좀 달라붙지 못하겠니!" 이런 부모들은, 자기 자신의 필요 외에는, 다른 사람의 필요에 응해 줄 수 있는 소양을 갖추지 못했으며, 따라서 이런 부모들 밑에서 자라난 아이들은, 자신이 정서적으로 '버림을 받았다'고 느끼며 자라나게 된다. 결국 이들은 우리가 이름을 붙인 대로 '융합하는 사람'이 된다. 이 사람들은 결코 채워질 수 없는 친밀감에 대한 욕구를 가지고 있다. 융합하는 사람들은, 항상 '무엇이든 함께' 하고 싶어 한다. 만약 약속된 시간에 사람이 나타나지 않으면, 이 사람들은 자신이 버림받았다고 느낀다. 이혼에 대한 생각을 하면 공포에 휩싸인다. 이런 사람들은 육체적인 애착과 확증을 간절히 바란다. 그리고 계속해서 말을 하면서 접촉 상태를 유지해 보려고 한다. 이러한 집착의 행동 그이면에는, 좀 더 엄마나 아빠의 무릎에 머물고 싶어 했던 그 어린아이가 있다.

이 점은 이 책의 후반부에서 좀 더 탐색을 할 예정인데, 참으로 역설적인 것은 이렇게 융합하는 사람과 고립된 사람이 성인이 되어서 결혼하는 경향이 있다는 것이다. 이렇게 해서 서로 밀고 당기기를 반복하는, 그 짜증나는 게임이 시작되는 것이다. 이 게임에서는 그 어느 쪽도 만족할 수가 없다.

당신도 어린 시절을 거쳐 오면서, 이러한 발달단계를 하나하나씩 겪어 왔다. 그리고 당신의 양육자(부모)가, 수시로 변하는 당신의 욕구에 반응해 주었던 그 방식들이 당신의 정신 건강에 매우 큰 영향을 주었을 것이다. 당신의 양육자는, 당신의 어떤 발달단계에서는 다른 단계에서보다 훨씬 더 잘 대처해 주었을지도 모른다. 예를 들면, 당신이 유아였을 때 그들은 당신을 훌륭하게 돌보아 주었다. 그러나 언젠가 한 번 당신의 양육자가 불끈 화가 나는 일이 생기자, 당신을 멀리 떨어져 있게 했을지도 모른다. 아니면 당신이 걸음마를 배울 때, 혹은 당신이 이것저것 캐묻기를 좋아하는 기질을 보고는 조금 기뻐하다가, 아마 당신이 5~6세가 되었을 때, 당신이 당신의 이성 부모에게 끌리는 것을 보고, 당신의 양육자들은 몹시 겁을 먹게 되었을지도 모른다. 그렇게 당신의 양육자는, 어쩌면 당신의 욕구 대부분을 충족시켰을 수도 있고, 아니면 그중 몇 가지만 충족시켰을 수도 있다. 그러나 당신 또한 다른 아이들처럼, 충족되지 않았던 필요들에 대해서 괴로워하며 성장했다. 그리고 이렇게 미충족된 욕구들은, 당신의 사랑하는 관계에까지 계속해서 따라오게 되었던 것이다.

잃어버린 자아

지금까지 우리는, 우리가 '무의식적인 파트너십(동반자관계)'이라고 이름을 붙였던, 그 아주 넓고 감추어진 세계의 중요한 특징들에 대해서 살펴보았다. 그것은 우리로 하여금 우리가 양육되고 보호받으며 방해받지 않은 채로 더 성숙해질 수 있는, 그 길을 찾아가도록 허용되기를 바라는, 아직 충족되지 않았던 그 어린 시절의 필요들, 즉 미처 채워지지 않았던 욕구들이 가득 저장되어 있는 창고다.

그럼 이제 우리는, 또 다른 형태의 어린 시절의 상처를 살펴보도록 하겠는데, 그것은 '사회화 과정'이라고 부르는 훨씬 더 미세한 종류의 심리적인 상처다. 이것은 우리가 양육자(부모)로부터 받은 메시지를 가리키는데, 대체로 이 사회가 우리로 하여금 우리가 누구인지, 또 우리가 어떻게 행동해야만 하는지를 알려 주는 메시지다. 이 메시지는 우리가 성장한 어른이 되었을 때 우리의 사랑의 관계, 특히 파트너(배우자)와의 관계에서 우리가 도저히 피할 수 없는 아주 강력한 역할을 하게 되는데, 그것이 겉으로는 잘 드러나지 않는다.

아마도 여러분은 이러한 사회화 과정과 감정적인 상처를 왜 같은 입장에서 바라봐야만 한다는 것인지 잘 이해가 되지 않을 것이다. 그렇다면 우리가 왜 그것을 똑같은 입장에서 바라보아야만 하는지에 관해서, 내담자들 중 한 명의 사례를 들어 설명해 보고자 한다. (이 책에서 언급하는 사람들 대부분은 실제 인물이기 때문에, 익명성을 보장하기 위해 이름과 신원이 밝혀질 수 있는 특징들은 다 바꾸었음을 알려 둔다.) 사라는 매력적이고 용모와 자태가 아름다운 30대 중반의 여성이다. 그녀의 인생에서 제일 심각한 걱정거리는, 자신의 생각을 명료하게, 그리고 논리적으로 잘 하지 못한다는 것이다. "저는 생각을 잘 할 수가 없어요." 그녀는 반복해서 말했다. "그냥 생각이 잘 안 된단 말이에요." 그녀는 컴퓨터 회사에서 낮은 직급의 관리자였다. 거기서 15년 동안을 성실하게 일해 왔다. 만약 그녀가 좀 더 효과적으로 문제를 해결할 수 있는 사람이었더라면, 벌써 높은 자리에 승진할 수가 있었을 것이다. 그러나 그녀는 자신이 어려운 상황에 닥칠 때마다 겁을 먹었고, 감독관에게 달려가 도와 달라고 요청했다. 감독관은 그녀에게 현명한 충고들을 해 주었다. 그 결과로, 사라는 자기 자신이 스스로는 어떤 의사결정도 잘 하지 못한다는 믿음이 더욱 강화되었다.

사라가 그렇게 고민하고 있는 이유에 대한 단서를 찾아내기까지는, 그렇게 많은 조사를 하지 않아도 가능했다. 그녀가 아주 어렸을 때부터 그녀는 엄마로부터 자신이 그리 똑똑하지 못하다는 분명한 메시지를 들었다. "너는 오빠만큼 똑똑하지 못해."라고 엄마는 말하곤 했다. 그리고 "그러니까 너는 똑똑한 사람과 꼭 결혼해야만 돼. 왜냐하면 너는 아주 많은 도움이 필요하기 때문이야. 그런데 그런 똑똑한 사람이 과연 너 같은 애하고 결혼을 하려 들지 그게 난 의심스럽구나." 이것이 분명히 드러난 메시지이긴 하지만, 그렇다고 이것만으로는 왜 사라가 그렇게까지 사고능력이 없는지를 충분히 설명해 주지는 못한다. 사라 어머니의 메시지를 좀 더 확대해서 보면, 여자아이들이 예쁘고 다정하고 고분고분 말은 잘 듣지만 특별하게 똑똑하지는 않다는, 1950년대에 유행하던 사고방식이 들어가 있다. 사라가 초등학교에 다닐 때, 여자아이들의 꿈은 대개 사랑받는 아내(현모양처)가 되거나, 간호사가 되거나, 혹은 선생님이 되는 것이었다. 회사의 중역이나 우주비행사나 의사가 되는 것은 여자아이들의 몫이 아니었다.

　사라의 문제해결 능력에 끼친 또 다른 영향력으로는, 그녀의 어머니가 사라로 하여금 사라 자신이 독자적으로 사고할 수 있는 능력에 관한 자신감을 거의 심어 주지 않았다는 것이다. 사라 어머니는 집을 관리하고 자녀들이 필요로 하는 것을 돌보아 주기는 했지만, 중요한 결정은 언제나 남편에게 미루었다. 이렇게 엄마의 의존적이고 수동적인 형태가, 사라에게는 곧 '여성스러운 일'이었다. 사라가 15세가 되었을 때, 운 좋게도 그녀의 선천적인 기질을 잘 알아보고, 그녀에게 학교 공부를 더 열심히 하도록 격려를 해 준 교사가 한 명 있었다. 그래서 그렇게 열심히 공부한 결과, 사라는 그녀의 인생에서 처음으로, 대부분의 과목에 A를 받은 성적표를 가지고 집으로 돌아왔다. 사라는 그때의 엄마의 반응을 지금까지도 결코 잊을 수가 없다. "도대체 어떻게 이런 일이 네게 일어날 수가 있지? 난 두 번 다시는 이런 일이 네게 일어나지 않을 거라고 장담할 수 있다." 그때부터 사라는 엄마의 말에 굴복한 채로, 이성적으로 생각하는 뇌의 부분을 조용히 잠재워 두었기 때문에, 두 번 다시는 그렇게 좋은 성적을 낼 수가 없었다.

　사라가 이성적으로 생각하는 능력을 잃은 것은 물론이고, 생각한다는 것 그 자체가 위험하다는 무의식적 신념을 스스로 지니게 된 것은 비극이었다. 그런데 도대체 왜 그런 일이 일어나게 된 걸까? 그것은 엄마가 사라의 지적 능력을 강력하게 거부했기 때문에, 그래서 만약에 사라 자신이 뭔가를 명료하게 사고하게 된다면, 그것은 곧 엄마의 존재를 부인하게 되는 셈인 것이다. 사라는 그것이 곧 '엄마가 자신에 대하여 규정한 것'에 대해 반박하는 것이 된다고 믿은 것이다. 그리고 자신의 생존이 엄마에게 달려 있기 때문에, 엄마로부터 떨어져 있을 수도 없는 것이다. 그러므로 사라에게 있어서는 자신이 혼자만의 생각을 따로 갖고 있다는 사실을 아는 것, 그것조차도 아주 위험한 일이었다. 그렇지만 그럼에도 불구하고, 사라는 자신의 지성을 완전히 버리는 것 또한 할 수가 없었다. 그래서 사라는 사고하는 사람들이 마냥 부러웠다. 그리고 결혼할 때 특별히 똑똑한 사람을 선택했다. 그것은 자신의 어린 시절의 심리적 상처를 보상하려는 무의식의 전략인 셈이다.

　사라처럼 우리 모두는 우리의 의식으로부터 감추어 놓은 그 어떤 부분을 지니고 있다. 이렇게 사라진 부분들을 우리는 '잃어버린 자아(Lost Self)'라고 부르고자 한다. "나는 생각할 수가 없어요." "난 아무것도 느낄 수가 없어요." 또는 "춤을 출 수가 없어요." "오르가즘을 느낄 수가 없어요." 혹은 "창조적으로 하기가 너무 어려워요."라고 불평을 할 때마다, 우리는 우리가 의식으로부터 의도적으로 제거했던 자신의 선천적인 능력과 생각, 그 느낌을 다시 재확인하고 있을 뿐이다. 하지만 그것들은 사라지지 않았다. 우리는 여전히 그것들을 간직하고 있다. 그러나 잠시 동안, 마치 그것이 우리 의식의 한 부분이 아닌 채로 있었을 뿐이다. 그리고 마치 그것이 아주 존재하지 않는 것처럼 그랬을 뿐이다.

　사라의 경우처럼, 우리의 잃어버린 자아는 주로 어린 시절에 형성되었다. 그것은 대개 우리로 하여금 다른 사람들과 잘 어울려 살도록 가르치고 싶어 했던, 우리 양육자(부모)의 선한 의도로부터 비롯된 결과였다. 각 문화는 아이들이 흡수해야만 하는 어떤 관습과 법, 믿음과 가치들을 독특한 형태로 지니고 있다. 그리고 엄마와 아빠를 통해서 그것들이 전수된다. 이것이 주입되는 과정은, 어느 사회나 가정에서 거의 다 비슷하게 이루어진다. 만약 한 개인에게 어떤 제약을 주지 않는다면, 그 개인이 전체 집단에 대해 혹시라도 어떤 위험 요소가 될 수 있다는 것이, 아마도 거의 공통적인 이해인 것 같다. 프로이트가 한 말에 따르면, 강력하고 무한한 이 에고(ego)는 우리가 그것을 이해할 수는 있겠지만, 우리가 살고 있는 이 사회가 보여 준 바로는, 그것은 아주 깊은 의미에서 우리가 살고 있는 문명과는 거의 상반되는 것이다.

그러나 설령 우리 부모님들이, 우리가 가장 흥미 있어 하는 것들에 대해서, 그것들을 중요하게 여겼다 하더라도, 우리에게 전해지는 메시지의 대부분은 정말 소름 끼칠 만한 것이었다. 거기에는 우리가 도저히 소화해 낼 수도 없는 그런 생각과 감정들이 있었다. 어떤 선천적인 행동들은 우리가 없애야만 하고, 어떤 재능과 적성들은 우리가 거부해야만 하는 것들이었다. 아주 미묘하게 그리고 어떨 때는 너무나 노골적인, 그런 수천 가지의 방법들을 통해서, 우리 부모님들은 우리 자신의 일부분만을 인정한다는 메시지를 우리에게 전달했다. 그래서 우리는 우리가 본질적으로 전인적이지 않아야만, 이 문화 속에서 존재할 수가 있다고 믿게 된 것이다.

육체적인 금기

우리가 가장 억압받고 있는 영역들 중 하나가 바로 우리의 신체(몸)다. 아주 어린 나이였을 때부터 우리는 자신의 성별에 맞는 방법으로 몸을 가리도록 가르침을 받아 왔다. 특히 우리의 생식기에 대해서는 말하지도 말고, 만지지도 말아야 한다고 들어 왔다. 이 금기 사항은 전 세계적으로 공통적이어서, 우리는 그것이 깨어져야만 알아차리는 경향이 있다. 부모가 아이에게 우리가 상식적으로는 안 된다고 여기고 있는 그런 금기를 깨고 그것을 허용해 주었을 때, 그것이 얼마나 놀라운 일인지를 한 친구가 내게 설명해 주었다. 크리스라고 하는 그녀의 친구와 11개월 된 아들이, 어느 날 우연히 자기 집에 들렀다고 한다. 곧 내 친구와 크리스와 아기는 뒷마당에 앉아서 차가운 음료를 홀짝홀짝 마시고 있었다. 5월의 태양은 기분 좋게 따뜻했기 때문에, 크리스는 아기를 일광욕을 시키기 위해 옷을 벗겼다. 두 여자가 이야기를 하는 동안, 아기는 기분이 좋아져서 손가락으로 화분의 따뜻한 흙을 파 보기도 하며 마당 여기저기를 기어 다녔다. 대략 30분쯤이 지난 후에 아기는 배가 고팠다. 그래서 크리스는 아기를 품에 안아 주었다. 내 친구는 아기가 젖을 먹을 때 아주 조금 발기가 되는 것을 알아차렸다. 분명히 젖을 먹는 것은 매우 감각적인 경험이라서 아기는 온몸으로 기쁨을 느꼈을 것이다. 본능적으로 아기는 생식기를 만지려고 손을 내려 뻗었다. 보통의 엄마들과는 달리 크리스는 그 손을 밀쳐내지 않았다. 아기는 맨몸으로 따뜻한 햇살을 느끼면서 엄마의 가슴에서 젖을 먹을 수 있었고, 거기에 더해 자기의 성기를 만지도록 허용되었다.

아기로 하여금 이렇게 좋은 감정을 가지게 하는 것은 지극히 정상적이고 자연스러운 것이다. 그러나 우리는 이것을 거의 허락하지 않는다. 그의 엄마가 깨트리고 있는 규칙을 한번 생각해 보라. 우선, 사회는 엄마가 아기에게 젖을 먹일 수는 있지만, 그러려면 다른 사람이 엄마의 노출된 가슴을 살짝이라도 훔쳐보지 못하도록 신중해야만 한다. 그리고 두 번째로, 아기가 밖에 나와 있을 때, 날씨가 온화하고 햇살이 쨍쨍할 때도 항상 옷을 입고 있어야 한다. 안 되면 기저귀라도 차고 있어야 한다. 세 번째로, 어린 남자아이들이나 여자아이들은 성적인 흥분 상태를 경험하면 안 된다. 그러나 어떤 이유에서든 만약 그렇게 됐다면, 결코 그것을 즐기도록 허락해선 안 된다. 그러므로 크리스는 아기가 자기의 모든 감각을 즐기도록 허용을 해 줌으로써 이 세 가지의 엄중한 금기 사항 모두를 위반했던 것이다.

신체적인 기쁨에 반하는 사회적 금기를 공격하거나 변호하는 것이 나의 목적이 아니다. 그리고 그런 이슈 하나만으로도 책 한 권쯤은 충분히 나올 성싶다. (서구 사회에서 지금까지 있어 온 신체 경험의 문제를 단순화하고 싶지는 않다. 신체를 즐기는 문제에 대해서는 더 말할 나위도 없다.) 그러나 당신의 관계 속에 스며드는 숨겨진 욕구를 이해하기 위해, 여기에 적은 이 간단한 사실을 잘 이해하는 것이 당신에게 중요하다. 당신이 젊었을 때는 당신의 육체적 쾌락에 대해 금지 사항들이 부과되던 때가 참으로 많았다. 그리고 그런 문화에서 자라난 대부분의 세대들처럼, 당신 또한 당신이 더할 나위 없이 좋은 기분을 느끼게 해 주는 신체를 가졌다는 사실에 대해서 당황하거나, 죄책감을 갖거나, 어떤 장난기를 느껴야 했었는지도 모르겠다. 아무튼 당신은 당신이 착한 남자아이나 착한 여자아이가 되기 위해서, 당신 자신의 일부를 심리적으로 잘라 내야 하든지 그것을 박탈해야만 했던 것이 사실이다.

허락되지 않은 감정

당신의 감정은 사회화를 위한 또 다른 주요한 기반이 된다. 물론 어떤 감정들은 허용될 뿐만 아니라 장려되기도 한다. 당신이 유아였을 때, 부모들은 당신을 웃게 만들어 보려고 얼마나 애를 썼는지 모른다. 그 결과로 몇 주 후에 당신이 크게 웃어 젖힐 때, 당신 주위의 모든 사람들은 매우 즐겁고도 놀라운 시간을 가질 수 있었다. 그러나 분노는 또 다른 문제다. 불끈하는 것은 시끄럽고 아주 불쾌한 일이라서, 대부분의 부모들은 당신으로 하여금 절대로 그렇게 하지 못하게 막았다. 부모들은 별별 방법들을 다 동원해서 그렇게 하지 못하게 한다. 어떤 부모들은 심지어 아이들을 괴롭히기까지 한다. "아이구, 네가 화낼 땐 참 귀엽기도 하지. 그래도 한번 웃어 봐. 어서. 그렇지, 금방이라도 웃으려는 것 같은데." 또 다른 부모들은 아이를 훈련시키듯 아예 명령을 내린다. "당장 그만둬. 네 방으로 가란 말이야. 그리고 지금부터 단 한 마디도 말대꾸하지 마." 혹은 불안정한 부모들은 종종 아이들에게 그냥 굴복해 버린다. "좋아. 그럼 그냥 너 좋을 대로 한번 해 봐라. 하지만 다음엔 이번보다 훨씬 더 잘해야 돼."

아이의 분노를 정당화하는 부모는 드물다. 만약 부모가 이와 같은 말을 할 경우, 어린 여자아이가 안도하게 될 것을 한번 상상해 보라. "네가 얼마나 화났는지 잘 알겠어. 내가 너에게 요구한 것을 하고 싶지 않은 게로구나. 그러나 나는 부모고 너는 아이야. 그래서 너는 내가 말한 것을 해야 할 필요도 있단다." 아이의 화를 인정한다는 것은 아이의 감각을 인정하는 데 기여를 한다. 아이는 자기 자신을, "나는 존재한다. 나의 부모들은 나의 감정을 알아준다. 그렇다고 내가 언제나 내가 하고 싶은 대로 모든 것을 다 할 수 있는 것은 아니다. 그러나 나의 말을 귀담아 듣는 사람이 여기 있고, 그 사람이 나를 존중해 준다."라고 말할 수 있게 된다. 그 결과, 그 어린 여자아이는 자신이 만나게 된 화와 함께 머무르면서도, 본래의 온전한 모습을 이루고 있는 핵심적인 부분을 그대로 유지할 수가 있게 된다.

그러나 그것이 대부분의 아이들의 운명은 아니다. 며칠 전에 한 백화점에서 아이들의 화가 얼마나 무지막지하게 억눌리게 되는지―특히 그 화가 부모에게 향해 있을 때―를 직접 목격하게 되었다. 한 여자가 옷을 사고 있었고, 그 옆에는 한 네 살쯤 돼 보이는 아이가 그녀를 졸졸 따라다니고 있었다. 그녀는 물건에 정신이 팔려 있었고, 아이는 그녀의 관심을 끌려고 계속 혼잣말을 하고 있었다. "나 이 글자 읽을 수 있어요."라고 아이가 표지판을 가리키며 말했다. "엠―에이―디―이." 그러나 아무런 반응을 얻지 못했다. "옷을 더 입어 봐야 해요?" 아이가 물어보았다. 그러나 아무 대답이 없었다. 그러는 동안 나는 줄곧 지켜보고 있었다. 그녀는 아이에게 아주 잠시 관심을 보여 주었다. 그러면서 꾹꾹 참으며 짜증나는 목소리로 말했다. 마침내 아이가 큰소리로 또박또박 점원에게 이렇게 말했다. "우리 엄마가 교통사고를 당했는데요. 죽었대요." 그러자 이 말에는 그녀가 즉각적으로 반응을 보였다. 아이의 어깨를 흔들며 손바닥으로 아이의 엉덩이를 때리면서 억지로 아이를 의자에다 끌어다 앉혔다. "너 지금 그게 무슨 소리니, 엉? 나는 자동차 사고로 죽지 않았거든! 그따위 소리는 집어치우고 의자에 얌전히 앉아 있어! 또 다시 뭐라고 한마디 더 지껄이기만 해 봐!"라고 했다. 아이는 얼굴이 하얗게 질려서 그녀가 쇼핑을 끝낼 때까지 꼼짝도 하지 않고 거기에 그대로 앉아 있었다.

아이의 머릿속에서 엄마에 대한 화는 복수심으로 변했고, 엄마가 고속도로에서 교통사고로 죽은 것으로 만들어 버렸던 것이다. 그 아이는 엄마를 해치지 않았다. 네 살짜리 아이는 자기의 화난 생각과 감정을 버리도록 가르침을 받았다. 그래서 대신 다른 사람이 운전하는 차가 엄마를 방해했을 뿐이라고 상상을 하게 된 것이다.

어렸을 때 아마 당신도, 여러 번 당신의 양육자에게 화가 났을 것이다. 그리고 아마도 그것을 거의 지지받지 못했다는 그런 기분이었을 것이다. 그렇게 화난 감정이나 성적인 느낌, 혹은 일단의 반사회적인 생각들과 감정들을 우리는 우리의 마음속 깊은 곳에 밀어 넣은 채, 더 이상 밝은 곳에 내보이지 못하게 된다. 몇몇 부모들은 이러한 온당치 못한 과정을 극단적으로까지 몰아간다. 그들은 아이의 감정과 행동을 부정할 뿐만 아니라, 또한 아이의 존재 그 자체를 완전히 부정해 버린다. "넌 존재하지 않아. 이 집에서 넌 전혀 중요하지가 않아. 네가 필요로 하는 것, 네가 느끼는 것, 네가 바라는 것은 우리에게 전혀 중요하지 않아." 나는 언젠가 칼라라고 부르는 한 여성과 함께 일을 한 적이 있었는데, 그녀의 부모는 그녀가 자신을 유령인간처럼 보이지 않는 존재로 느낄 정도까지 그녀의 존재를 거부했었다. 그녀의 어머니는 거의 결벽에 가까울 정도로 깨끗할 것을 요구하는 가정주부였는데, 그녀가 딸에게 하는 지시는 "아무도 네가 여기에 살고 있다는 걸 알 수 없을 정도로 모든 것을 깨끗하게 해 놓아라."였다. 칼라는 카펫 위에 플라스틱으로 만들어 놓은 길 위로만 걸어 다녀야 했다. 정원사 수준으로 장식해 놓은 근사한 마당에는 아이들이 좋아하는 세발자전거나 그네나 모래상자가 있을 자리란 없었다. 칼라는 자신이 부엌에 앉아 있었던 그 어느 날의 기억이 지금까지도 생생하다. 그녀가 열 살쯤 되었을 때, 그녀는 너무 우울해서 정말 죽고 싶을 정도였다. 엄마와 아빠는 부엌을 그렇게도 숱하게 드나들면서도, 그녀가 거기에 쭉 앉아 있었다는 사실조차 전혀 알아차리지 못했다. 마침내 칼라는 자신의 육체적인 실체는 없다고 느끼기 시작했다. 그녀가 열세 살이 되었을 때, 부모님의 무언의 지시에 따라서 자신이 이 세상에서 사라져 버리기로 결심을 하고, 신경성 식욕 부진에 걸리게 된 것은 어쩌면 당연한 일일지도 모른다. 말 그대로 굶어 죽어서 자기 자신의 존재를 아예 없애 버리기로 한 것이다.

억압의 도구

어떤 생각이나 감정과 행동을 억압하려는 시도로서 부모들은 아주 다양한 기술들을 사용한다. 때로는 아주 분명하고 단호한 지시를 내린다. "절대 그렇게 생각하지 마라." "너처럼 큰 아이는 결코 울지 않는 거야." "거긴 만지는 게 아냐."

"그런 소리는 절대 듣고 싶지 않다." "이 집에선 그렇게 행동하는 건 절대 안 된다." 혹은 백화점에서 본 그 엄마처럼 아이를 비난하고, 위협하고, 엉덩이를 때리기도 한다. 또한 상당한 시간을 들여, 더 교묘한 '무효화 과정'을 거쳐 아이들을 만들어 낸다. 그런 부모들은 어떤 특정한 것에는 보상하지 않는, 그런 방법을 쓴다. 예를 들면, 만약 어떤 부모들이 자녀의 지적 발달에 대해서 거의 가치를 두지 않는다면, 아이들에게 장난감이나 운동 용품은 사 주면서도, 책이나 과학상자 같은 건 사 주지 않는 것이다. 만약 여자애들은 조용하고 여성스러워야만 한다고 믿는 부모라면, 그리고 남자애들은 몸이 튼튼해야만 하고 또 자기주장을 강하게 할 줄 알아야 한다고 믿는 부모라면, 아이들의 성별에 맞춘 방식으로 각기 다르게 보상을 한다. 예를 들면, 어린 남자아이가 무거운 장난감을 끌고 들어오면, "와! 넌 참 힘도 세구나!"라고 말하겠지만, 만약 어린 여자아이가 똑같은 장난감을 가지고 들어온다면, "어휴, 예쁜 옷이 더럽혀지면 어떡하려고 그러니? 조심해야지!"라고 주의를 줄 것이다.

그러나 **부모가 자녀에게 가장 깊이 영향을 주는 방식**은 부모 자신이 직접 어떻게 하는지 그 본을 보여 주는 것이다. 아이들은 본능적으로 부모가 무엇을 선택하는지, 부모들이 자기 자신들에게 허용하는 자유와 기쁨, 그들이 발달시키는 재능, 그들이 무시하는 능력, 그들이 지키는 규칙들을 관찰한다. 이 모든 것은 아이들에게 심각한 영향을 끼친다. "이것이 우리가 살아가는 방식이다. 이것이 인생을 헤쳐나가는 방식이다." 아이들이 부모의 방식을 받아들이든 그것에 반항을 하든 간에, 이런 초기의 사회화 과정은 나중에 짝(배우자)을 찾는 데 있어서 아주 의미심장한 영향을 끼치게 된다. 그리고 이제 곧 알게 되겠지만, 그것이 곧 나중에 결혼 생활에서 종종 겪게 되는 긴장의 숨겨진 이유이기도 하다.

사회의 명령에 대한 아이의 반응은 대부분 예상되는 단계들을 거치게 된다. 첫 번째의 전형적인 반응은, 부모로부터 금지된 행동들을 뒤로 감추는 것이다. 아이는 화난 생각을 한다. 그러나 그것을 입 밖으로 꺼내지는 않는다. 아이는 방에서 눈에 띄지 않게 자기의 몸을 탐색한다. 부모가 없을 때, 어린 동생들을 괴롭힌다. 그러나 어떤 생각과 감정은 잘 받아들여지지 않기 때문에, 결국엔 그것이 없어져야만 한다고 결론을 내린다. 그래서 머릿속에 상상의 부모를 만들어 놓고, 자기의 생각과 행동을 감시하게 한다. 그것이 심리학자들이 말하는 '초자아(Super Ego)'인 것이다. 이제 아이는 금지된 생각을 갖고 있거나 받아들여지지 않는 행동에 빠질 때마다, 자기가 투사된 걱정의 충격을 경험한다. 이것은 아주 기분이 나쁜 것이라서, 아이는 자기 자신 중에 금지된 부분을 잠재운다. 프로이트의 말을 빌리면, 억압을 하는 것이다. 이러한 순종의 궁극적인 대가는, 자기 자신으로서의 온전함을 상실해 버리는 것이다.

거짓 자아

빈 공간을 채우기 위해 아이는 '거짓 자아(False Self)'를 만들어 낸다. 이것은 이중적인 목적을 가진 성격구조다. 즉, 억압된 자신의 일부를 위장함으로써 외부로부터 받을 수 있는 상처로부터 자신을 보호하는 것이다. 예를 들면, 아이가 성적으로 자신을 억압하고 거리를 두는 엄마 밑에서 성장했다면, 그 아이는 아마도 '거친 아이'가 될 가능성이 높다. 그는 스스로에게 말하기를, "엄마가 애정 어린 사람이 아니라도 난 상관없어! 나는 그런 감상적인 사람은 필요 없어. 난 내 방식대로 할 거야. 그리고 또 하나, 내 생각에 섹스는 더러운 것이야." 결국 그 아이는 이런 패턴으로 고정된 반응을 모든 상황에 똑같이 적용하게 될 것이다. 즉, 그에게 가까이 다가오는 사람은 그게 누가 되었든 간에, 언제나 똑같은 방어벽을 세우는 것이다. 그래서 혹시 나중에라도 사랑의 관계에 빠지게 되어서 이런 거리끼는 마음을 이겨 나가고자 할 때조차도, 자기 파트너(배우자)가 지닌 친밀감에 대한 욕구와 순수한 성적 욕구를 비판하기 십상이다. "도대체 왜 이렇게 치근대고 그래? 그리고 자기는 섹스에 대해 너무 강박적인 거 아냐? 자긴 정상적이지가 않아."

거의 비슷한 발달단계 시기를 거치면서도, 어떤 아이들은 전혀 정반대의 방식으로 반응할 수가 있다. 즉, 누군가가 자기를 구하러 올 것이라는 희망을 가지고 자신의 문제를 아주 과장하는 것이다. "난 불쌍한 사람이에요. 나는 아주 깊은 상처를 받았어요. 나는 날 돌보아 줄 사람이 필요해요." 그러나 또 다른 아이는, 이 세상은 결코 넉넉한 게 없다는 어떤 신념에서, 자기에게 닥치는 것은 그게 뭐가 됐든, 사랑이든, 음식이든, 물건이든, 하나도 남기지 않고 다 틀어쥐고 놓지 않으려는 **욕심쟁이**가 된다. 그러나 거짓 자아의 속성이 무엇이든 간에, 그 목적은 언제나 똑같다. 즉, 아이의 원래 상태, 하나님께서 본래 우리에게 주셨던 그 온전함의 일부를 상실해 버린, 바로 그 **고통**을 어떻게든 피하고 줄여 보자는 것이다.

거부된 자아

그러나 자기를 보호하기 위해 만들었던 그 독창적인 생활 모습이, 삶의 어느 시점에서는 그것이 지닌 그 부정적인 특징들 때문에 비난을 받게 될 때, 도리어 더 심한 상처의 원인이 되기도 한다. 다른 사람들은 그 사람과 가까워지기가 힘들다고, 혹은 사람이 너무 궁색하다고, 또는 자기중심적이라고, 아니면 뚱뚱하다거나 인색하다고 비난한다. 그 사람을 공격하는 사람들은, 그 사람이 자신을 보호하고자 감추고 있는 그 안의 상처까지는 들여다보지 못한다. 그리고 그 방어기제의 교묘한 속성까지 깊이 생각하진 않는다. 다만 다른 사람들이 보는 것은, 그 사람의 성격의 신경증적인 측면뿐이다. 그렇게 그 사람은 다만 열등한 사람으로 여겨질 뿐이다. 그래서 그 사람은 뭔가 좀 모자란 듯한 인간으로 간주된다.

이제 아이는 참 곤란한 상황에 처해 있다. 아이는 이제 자신의 적응적인 성격적 특징에 매달려야만 한다. 왜냐하면 그것은 그 나름대로의 유용한 목적을 가지고 있기 때문이다. 그러나 다른 사람들에게 거절당하는 것 또한 원하는 것은 아니다. 그렇다면 이 아이는 뭘 어떻게 할 수 있을까? 이 아이가 선택할 수 있는 해결책이란, 단지 자신을 비난하는 사람들을 부정하거나 아니면 그들을 공격하는 것뿐이다. "나는 냉정한 사람도 아니고, 적대감을 가진 사람도 아니야." 혹은 자기방어를 위해서 이렇게 말할 수도 있다. "난 사실 정말 강한 사람이야. 그렇기 때문에, 난 결코 남에게 의지하지 않을 거야." 또는 "난 절대로 연약하지도 그리고 가난하지도 않아. 난 그저 좀 예민할 뿐이야." 혹은 "난 결코 탐욕스럽지 않아. 그리고 이기적이지도 않아. 다만 난 좀 검소할 뿐이고 그리고 신중한 거야." 이 걸 바꾸어 말한다면, "넌 날 잘못 알고 있어. 넌 나를 부정적인 관점에서 그렇게 잘못 보고 있는 거야."

　어떤 의미에서는 그의 말이 옳다. 그의 부정적인 특징들은 원래 그의 성품의 한 부분은 아니다. 그것들은 고통 속에서 만들어지고, 상상에 의해서 그런 척하다가 결국 자기의 정체성이 된 것이다. 이것은 조금은 복잡하고 그리고 때로는 적대적이기도 한, 하지만 이 세상을 헤쳐 나가는 데 있어서 도움을 주는 그런 별칭과도 같은 것이다. 그렇다고 그에게 이러한 부정적인 특징이 없다는 뜻은 아니다. 그 사람이 그런 부정적인 특징들을 지니고 있다는 사실을 확인해 줄 수 있는 목격자들은 많다. 그러나 자신의 긍정적인 이미지를 주장하고, 또 생존의 확률을 높이기 위해, 그 사람은 그것들을 부인하지 않으면 안 된다. 이렇게 본인에 의해서 부인된 부정적인 특징들은, '거부된 자아(Disowned Self)'의 일부가 되는데, 그것은 그것을 인정하기에는 너무나도 고통스러운, 거짓 자아의 일부가 되는 것이다.

　여기에서 잠시 멈추고 자아의 여러 모습들을 한번 분류해 보기로 하자. 우리는 본래 있었던 완전한 자아와 태어날 때부터 갖고 있었던 사랑스럽고 통합된 성품을 다음의 세 가지의 실체로 분류해 보았다.

1. 잃어버린 자아(Lost Self): 사회의 요구 때문에 억압해야만 했던 당신 자신의 일부
2. 거짓 자아(False Self): 충분하고 적절한 양육의 결핍과 억압으로 인해 생긴 공허함을 메우기 위해 만든 가식적인 겉모습
3. 거부된 자아(Disowned Self): 거짓 자아의 부정적인 부분으로서, 인정받지 못함으로 인해서 거부된 자아

이렇게 복잡한 콜라주 중에서, 당신이 일상적으로 알고 있는 유일한 부분은

아직도 순수한 채로 남아 있는 원래의 성품과 '거짓 자아'의 어떤 부분이다. 이러한 요소들이 합쳐져서 당신의 성격을 형성하게 되고, 이것은 또 다른 사람들에게 당신 자신을 설명하는 방법이 된다. 당신은 당신의 잃어버린 자아를 거의 인식할 수가 없다. 그 이유는 당신이 당신 자신의 존재의 억압된 부분과의 모든 관계를 단절시켰기 때문이다. 그 결과, 당신의 거부된 자아는 거짓 자아의 부정적인 부분으로서, 의식의 바로 아래에서 떠다니고 있으며, 언제라도 기회가 주어지면 솟아나오려 위협하고 있다. 당신은 그것을 계속 감추기 위해서, 그것을 적극적으로 **부인**해야만 하며, 또한 그것을 다른 사람에게 **투사**해야 한다. "난 절대로 자기중심적이지 않아."라고, 온 힘을 다해 당신은 말해야만 한다. 아니면, "도대체 그게 무슨 소리야? 나보고 게으르다니? 네가 게으른 거지."

반쪽을 찾아 헤매야 하는 운명

　어느 날 헬렌과 내가 인간의 정신의 분리에 관해 이야기하고 있었을 때, 헬렌이 플라톤의 『향연』에 나오는 한 비유를 기억해 냈다. 이 비유는 인간의 분리된 존재 상태를 설명하기 위한 신화적 모델로서 적당한 것인데, 이 이야기에 따르면, 인간은 한때 남성과 여성이 서로 분리되지 않았던 하나의 복합체였으며, 하나의 머리와 두 개의 얼굴과 네 개의 손과 네 개의 발과 남성의 생식기와 여성의 생식기 둘 다를 가지고 있었다는 것이다. 그래서 우리의 원래 조상들은 통합되고 완전한 존재로서 엄청난 힘을 발휘했었다는 것이다. 사실 이 양성적인 존재는 너무나 거창해서 감히 신을 공격하기도 했다. 물론 신들은 이러한 무례를 그냥 참고 넘어가지 않았다. 그러나 어떻게 처벌할지를 알지 못했다. "만약 우리가 그들을 죽인다면, 아무도 그들은 우리를 숭배하지 않을 것이고, 제물도 바치지 않을 것이다."라고 신들은 이구동성으로 말했다. 제우스는 이 상황을 곰곰이 생각하다가 마침내 해결책을 제시했다. "사람은 계속 존재해야 한다. 그러나 그들을 둘로 나누어야겠다. 그러면 그들의 힘이 줄어들 것이다. 그렇게 되면 우리가 더 이상 그들을 두려워할 필요가 없을 것이다."라고 명령을 내렸다. 제우스는 계속해서 인간을 둘로 나누어 갔다. 그리고 아폴로에게 그 상처를 보이지 않게 해 달라고 부탁했다. 그 후로 둘로 나누어진 반쪽 인간들은 서로의 정반대 방향으로 각기 보내졌고, 남은 인생을 자신을 온전한 모습으로 되돌리게 해 줄 자신의 나머지 반쪽을 찾아 미친 듯이 헤매며 살아가게 되었다.

이 플라톤의 신화에 등장한 피조물들과 마찬가지로, 우리 또한 반으로 나누어진 채로 불완전한 삶을 살아간다. 그러면서 우리 자신을 치유해 보고자 연고와 붕대로 상처를 싸매어 보지만, 그런 노력에도 불구하고 우리의 내면에서는 공허함이 불쑥불쑥 그 모습을 드러내려 한다. 음식과 약물, 그리고 바쁘게 활동하는 것을 통해서 이러한 공허함을 채워 보려 발버둥치지만, 우리가 진짜로 갈망하는 것은 본래의 온전함과 온갖 종류의 다양한 감정들이며, 우리가 태어날 때부터 지니고 있었던 호기심이 가득한 마음이며, 또한 우리가 아주 어렸을 때에 경험했던 그 놀라운 환희인 것이다. 이는 온전함을 향한 하나의 영적 갈망이 되고, 그리고 마치 이 플라톤의 신화에서처럼, 나를 완성시켜 주고 온전한 존재로 만들어 줄 수 있는 그런 이상형, 완벽한 짝을 반드시 만나고야 말겠다는 굳은 확신으로 발전하게 된다. 그런데 나를 그렇게 만들어 줄 그 사람은 아무나 될 수 있는 것이 아니다. 매력적인 미소를 지니고 있다고 해서, 따뜻한 성품으로 내게 다가오는 최고의 남자라 할지라도, 또는 그런 최상의 여자라고 해서 되는 것이 아니다. 그 사람은 내 마음속 저 깊은 곳으로부터 다음과 같이 말할 수 있을 정도로 깨달아야만 하고, 이 정도로 인식할 수 있게 해 줄 수 있어야만 한다. "아! 이 사람이야말로 내가 그토록 찾던 바로 그 사람이야! 이 사람이야말로 나의 과거의 모든 상처를 다 어루만져 줄 수 있는 바로 그 사람이라고!" 우리가 그토록 찾고 있던 그 이상형은 바로, 우리의 부모님의 그 긍정적인 성향과 부정적인 성향 모두를 다 지니고 있는 사람인 것이다. 그렇다면, 다음 장에서는 도대체 그 이유가 무엇인지에 대해서 좀 더 자세히 다루기로 하겠다.

제3장

당신의 이마고(Imago)

사랑이 그러하듯이, 문학에서도 우리는 사람들의 선택에 놀라게 된다.

—앙드레 모르와(André Maurois)

자신의 배우자감을 선택하는 데 있어서 자기 부모와 닮은 사람을 찾고 있다는 말에, 바로 고개를 끄덕일 사람은 아마 거의 없을 것이다. 의식적인 차원에서라면, 사람들은 보통 긍정적인 특성만을 지닌 사람을 찾는다. 그러니까 무엇보다도, 좀 친절하고, 사랑스러우며, 잘생겼고, 똑똑하며, 창조적인 그런 사람 말이다. 그런데 만약에 그 사람 자신이 어린 시절이 불행했다고 한다면, 더더욱 신중에 신중을 기해서, 자기 부모와는 전혀 다른 사람을 배우자감으로 찾으려 들 것이기 때문이다. 그래서 사람들은 스스로 이렇게 다짐하곤 한다. "난 절대로 아빠 같은 사람 (술주정뱅이)과는 결혼하지 않을 거야!" "난 절대로 엄마처럼 저렇게 차가운 여자랑은 결혼 안 할 거야!" 그러나 그 사람이 의식적으로는 어떤 의도를 가지고 있었는지와는 별 상관없이, 대부분의 사람들은 자기 부모의 긍정적인 특성과 부정적인 특성 모두를 다 지니고 있는 그런 사람에게 매력을 느끼게 되고, 대개는 그중에서도 자기 **부모의 부정적인 특성**에 대해 더 큰 영향을 받게 된다는 사실이다.

나는 수백 쌍의 커플(부부)들로부터 자신들의 파트너(배우자)에 대한 설명을 들었고, 그 내용에 대해서 내 아내 헬렌과의 심도 깊은 토론을 나눈 후에, 이와 같이 단호한 결론을 내리게 되었다. [헬렌은 상담과 심리치료를 전문적으로 훈련받았으며, 수많은 커플(부부)들과 상담을 비롯한 여러 작업 과정에서 아주 중요한 역할을 수행해 왔다.]

부부상담을 하다 보면, 어떤 시점에서 거의 대부분의 사람들은 자신의 배우자(파트너)에게 화를 내면서 다음과 같이 말하곤 한다. "당신은 꼭 우리 어머니가 그랬던 것처럼 똑같이 내게 그러는군!" "당신이야말로 내게 무력감과 좌절감을 느끼게 만드는 게, 어쩜 정말 우리 새아버지랑 그렇게 똑같아요!" 이러한 견해는, 내가 내담자들로 하여금 그들의 양육자(부모)의 성격적 특성과 배우자(파트너)의 성격적인 특성들을 비교해 보게 하는 '실습 작업'을 통해서 확실하게 입증되었다. 대부분의 경우에 있어서 부모와 배우자(파트너) 사이에는 서로 밀접한 상관관계가 있었으며, 몇몇 소수의 경우를 제외하고는, 가장 밀접하게 일치하는 특성은 거의 부정적인 특성들이었다. (이 책의 제3부에서, 독자들은 내가 지금 이 장에서 언급한 실습 작업을 직접 실행해 볼 수 있고, 또한 내가 이 책의 다른 장들에서 설명하는 내용들과 관련된 것에 대해서도 직접 실습해 볼 수가 있다. 다만 이 실습을 실시하기 전에 먼저 이 책을 다 읽어 보기 바란다.)

그렇다면 우리는 왜 그런 부정적인 특성들에 대해서 그렇게 끌리게 되는 것일까? 논리적인 근거에서 보면, 우리가 배우자감을 찾으려고 할 때, 우리는 우리의 부모를 닮은 사람보다는 우리 부모들이 갖추지 못했던 그런 부분을 보충해 줄 만한 그런 파트너를 찾고자 할 것이다. 예를 들면, 만약에 우리 부모가 우리가 의지할 만한 분이 아니어서 우리가 상처를 받았다면, 아마도 우리는 우리가 의지할 수 있는 사람, 그러니까 내가 버림받을까 봐 두려워했던 마음을 충분히 극복할 수 있게끔 나를 도와줄 수 있는 그런 사람과 결혼을 하는 게 당연할 것이다. 만약에 우리가 부모로부터 지나치게 과잉보호를 받은 걸로 인해 상처를 받았다면, 부모의 집착으로 인해 함몰될 것 같았던 그 두려움을 내가 충분히 이겨 나갈 수 있게끔, 내게 정서적인 공간을 넓게 허용해 줄 수 있는 그런 배우자감을 찾는 것이 가장 실질적인 해결책일 것이다. 하지만 배우자감을 탐색하는 일을 지시하는 두뇌의 영역은 그렇게 논리적이고 체계적인 새로운 뇌의 영역이 아니라, 과거에 매여 있고 근시안적인 오래된 뇌의 영역이다. 이 오래된 뇌는 과거에 상처받았던 그 어린 시절의 성장 과정을 다시 바로잡기 위해서, 그 당시의 상황을 다시 재현하고자 하는 것이다. 우리는 그 당시에 우리의 목숨을 겨우 부지할 만큼의 그런 보호는 받았었지만, 우리가 충분히 만족할 만한 그런 보살핌까지는 받지 못했었기 때문에, 우리의 오래된 뇌는 아직까지 미처 해결하지 못한 그 미해결과제를 어떡하든지 해결해 보고자, 우리가 좌절감을 느꼈었던 바로 그 과거의 원래 장면으로 자꾸만 되돌아가게끔, 우리를 안내하고자 하는 것이다.

잃어버린 자아를 찾아서

또 다른 차원의 무의식적인 성향에 대해서 알아보기로 하자. 우리가 잃어버린 자아, 그러니까 우리가 우리 가족과 이 사회에 적응하기 위해서 억압해야만 했던 나의 생각과 감정, 행동을 되찾고자 하는 그 욕구는 과연 어떻게 채워질 수가 있을까? 내가 나 자신의 온전함에 대한 느낌을 되찾을 수 있도록 나를 도와줄 수 있는 사람이란 어떤 사람일까? 나로 하여금 내가 잃어버렸던 부분들을 다시 계발할 수 있도록, 내게 적극적으로 용기를 불어넣어 줄 수 있는 그런 사람일까? 아니면 그 사람 또한 나처럼 나약한 사람이어서, 나로 하여금 나 자신을 덜 초라하게 느끼게 해 줄 그런 사람일까? 혹은 도리어 정반대로, 나의 연약한 부분들과 약점들을 다 채워 줄 수 있는 그런 사람일까? 여기에 대한 답을 찾기 위해서, 내 모습 가운데 내가 가장 부족하다고 생각되는 부분이 무엇인지에 대해 잠깐 생각해 보기로 하자. 아마도 당신은 당신 자신에 대해서, '난 예술적인 재능이 부족해.'라고 생각하거나, 혹은 '난 정서적으로 좀 메말랐어.'라고 느낄지 모른다. 아니면 우리가 앞에서 얘기했던 사라의 경우처럼, '난 이성적으로 분명하게 생각하는 능력이 부족해.'라고 생각할 수도 있을 것이다. 그런데 만약에 내가 부족한 그 부분에 대해서 특별히 강한 재능을 보이는 사람이 당신 주변에 있다면, 당신은 어떨까? 아마도 당신은 자신의 결점을 좀 더 확실히 깨닫게 될 것이다. 하지만 만약에 당신이 그 재능 있는 사람과 친밀한 관계를 맺게 된다면, 당신은 어쩌면 전혀 다른 태도를 보이게 될는지도 모른다. 다시 말해서, 당신이 가지지 못한 그 재능을 가진 그 사람 때문에 당신이 기가 죽거나 그런 점을 부러워하기보다는, 도리어 마치 당신 자신이 갑자기 좀 더 완성이 되는 듯한 그런 느낌이 들 것이다. 내가 이런 사람과 가깝게 지내고 있다는 사실—그 사람이 다른 사람이 아닌 바로 내 남자 친구고, 내 여자 친구라는 그 사실만으로—마치 그 사람의 그런 특징과 재능이 내 자신의 것이 된 것만 같고, 그런 사람과 같이 있는 것이 마치 부족한 나를 더 충족시켜 주는 것만 같은 그런 느낌을 갖게 되는 것이다. 당신이 그 사람에게 감정적으로 끌리는 것 때문에, 당신은 그 사람이 지닌 특성을 더 크고 완성된, 당신 자신의 일부분으로 느끼게 되는 것이다. 그러니까 당신이 만약 그 사람과 하나가 된다면, 마치 나 자신이 완전해질 수 있을 것처럼 말이다.

우리의 주변을 둘러보면, 대부분의 부부(커플)들이 서로를 보완하는 특성을 지닌 사람을 배우자(짝)로 선택한다는 증거를 무수히 찾아볼 수가 있다. 댄은 이야기를 좋아하고 수다스러운 반면에, 그의 아내인 그레첸은 사려가 깊고 내성적인 편이다. 제니스는 직관적인 사고를 하는 반면에, 그녀의 남편인 패트릭은 아주 논리적인 사람이다. 그런가 하면, 레나는 무용가인 데 비해, 그녀의 남자 친구인 매튜는 온몸이 뻣뻣한 막대기 같고, 아주 엄격하고 냉정한 사람이다. 사람들은 이러한 음양의 조화 안에서 자신의 짝 찾기를 통해서, 그러니까 자기 자신의 잃어버린 자아를 자기 배우자(파트너)를 통해서 회복하고자 하는 것이다.

이마고(Imago)

당신의 가장 이상적인 짝(배우자)인 그 사람은, 그러니까 당신의 부모를 닮기는 닮았지만, (그럼에도 불구하고) 당신의 부모님과는 달리, 오히려 당신의 억압되었던 부분들을 보상해 줄 수 있을 것만 같은 그런 사람, 그러니까 그런 사람을 찾고자 하는 우리 내면의 지표로서, 우리가 태어나면서부터 지금까지 이성에 대해 가져왔던,

우리의 내면에 형성된 어떤 상(이미지), 그것에 우리는 이것을 의지해 왔었다는 것이다. 헬렌과 나는 이것을 가리켜, 라틴어에서 이미지라는 뜻을 지니고 있는, '이마고(Imago)'라 부르기로 했다.

본래 이마고는 우리의 어린 시절에 우리에게 필연적으로 가장 강력하게 영향을 끼쳤던 사람들의 이미지가 혼합된 정보의 실루엣이다. 이 사람들은 우리의 어머니와 아버지일 수도 있고, 또 우리의 형제나 자매, 혹은 당신을 돌봐 주었던 보모나 가까운 친척(조부모나 삼촌, 이모 등)일 수도 있다. 그러나 그들이 누구였든 간에 상관없이, 당신의 두뇌의 일부에서는 그 사람들에 관한 모든 것들—그러니까 그들의 목소리나, 당신의 울음소리를 듣고 달려와서 당신을 달래 주기까지 걸렸던 시간, 그 사람들이 화났을 때 보였던 얼굴 표정, 또는 그들이 행복할 때 미소를 짓던 모습, 어깨 모양, 몸 동작, 저마다의 독특한 성격과 분위기, 그들의 재능과 관심거리 등—을 아주 낱낱이 기록해 두었다. 그렇게 당신의 두뇌에는 이러한 인상들과 더불어, 그들과의 의미 있는 **상호작용** 또한 함께 기록되어 있는 것이다. 그렇지만 당신의 두뇌는 이러한 자료들을 해석하는 것은 아니고, 다만 이것들을 있는 그대로 그저 머릿속에 새겨 놓았을 뿐이다.

우리 자신의 어린 시절에 대한 기억이 이렇게 희미할 뿐인데도, 사실 우리의 두뇌 속 어딘가엔, 우리의 부모나 양육자에 대한 기록이 이처럼 아주 세밀하게 간직되어 있다는 게 거의 불가능한 일처럼 여겨져서, 아마도 당신은 이 사실을 받아들이기가 어려울 것이다. 사실 대부분의 사람에게 있어서, 대여섯 살 이전에 무슨 일이 일어났었는지를 기억해 내기란 그리 쉽지가 않은 일이다. 그게 아무리 깊은 인상을 심어 줄 만큼 극적인 사건이었다 할지라도 말이다. 그러나 과학자들은, 우리의 두뇌 속에는 우리가 믿기 어려울 만큼의 어마어마한 양의 정보들이 **숨겨져** 있다고 확언한다. 신경외과 의사들은 환자들을 부분 마취한 상태에서 실시했던 뇌 수술을 통해서 이런 사실을 발견하게 되었다. 의사들이 약한 전류를 이용하여 환자의 뇌의 일부를 자극하자, 놀랍게도 환자들은 갑자기 자신이 오랫동안 거의 잊고 지내 왔던, 수많은 어린 시절의 기억들을 아주 상세하게 떠올릴 수가 있었다. 다시 말하자면, 우리의 정신은 우리가 거의 잊어버리고 있었던 아주 수많은 정보들을 보관하고 있는, 아주 거대한 저장고인 셈이다. 이렇듯 우리가 지금까지 경험해 왔던 모든 일들이, 우리 뇌의 어둡고 복잡하고 깊숙한 그 어딘가에 아주 고스란히 보관되어 있다는 주장들이 계속 제기되고 있다.

그러나 그렇다고 해서, 그 모든 경험들이 모두 다 똑같은 비중으로 그렇게 기록되는 것은 아니다. 그중에서도 가장 생생한 느낌은 아무래도 어린 시절, 그러니까 생의 초기에 부모(주 양육자)와 관련되어 형성된 인상일 것이다. 그리고 이처럼 중요한 사람들과 함께 했던 모든 상호작용들 중에서도, 우리의 마음속 가장 깊숙이 각인된 것은, 아무래도 우리가 가장 크게 상처를 받게 된 그런 기억일 것이다. 왜냐하면, 그런 것들은 우리의 생존을 위협할 만한 그런 위험천만한 충격이었을 것이기 때문이다. 그런데 차츰 시간이 지나감에 따라서, 부모(주 양육자)에 관한 수십만 건의 정보들이 점차 뭉뚱그려지고 서로 합쳐져서, 어떤 하나의 이미지를 형성하게 되는 것이다. 그런데 우리의 오래된 뇌는 분명한 구별을 잘하지 못하는 특성 때문에, 이 수많은 정보들을 단지 '우리의 생존을 책임지는 사람'이라고 하는 하나의 아주 커다란 제목 아래, 그저 차곡차곡 저장만 해 두었을 뿐이다. 그 결과, 당신의 생애 초기에 당신을 돌보아 주었던 그분들의 신체적인 특징까지 뚜렷하게 구별하는 일이야 어렵겠지만, 결론적으로 이마고란 당신의 부모(혹은 주 양육자들)의 중요한 성격적 특성들을 뒤섞어 놓은 혼합된 정보의 실루엣이라고 정의할 수 있겠다.

그러니까 당신이 어떤 사람에게 얼마만큼 로맨틱한 매력을 느끼는지 아닌지는 대부분 그 사람이 당신의 이마고와 얼마만큼 일치하는지 여부에 따라서 결정된다고 말할 수 있다. 그러니까 당신의 두뇌의 감추어진 한 부분은 그 사람의 특성들을 냉정하게 분석하기 위해서, 째깍째깍, 윙윙 소리를 내면서 아주 분주하게 작동함으로써, 당신이 가지고 있는 막대한 정보의 데이터뱅크 속에서 즉각 그 사람을 비교해 낸다. 그 결과, 만약 그 둘 사이에 별 상관관계가 없으면, 당신은 그 사람에 대해 별다른 흥미를 보이지 않게 될 것이며, 따라서 그 사람은 지금까지 당신을 스치고 지나갔던 수천 명의 사람들 중 한 사람처럼, 당신의 인생에 아무런 영향을 미치지 않은 채 그저 지나치듯 사라져 갈 것이다. 그러나 만약에, 그 사람이 당신이 갖고 있는 엄청난 데이터 정보와의 즉각적인 비교 결과, 그 상관관계가 매우 높은 것으로 판명이 난다면, 아마도 당신은 그 사람에게서 아주 상당한 매력을 발견하게 될 것이고, 따라서 그 사람을 상당히 매력적이라고 느끼게 될 것이다.

이처럼 나의 두뇌가 내가 만나는 사람들을, 내 내면에 지니고 있는 나의 이마고와 정밀 비교함으로써, 나의 이마고 짝을 찾아가는 그 과정이란, 마치 제2차 세계대전 중에 군인들이 공중에 날아가는 비행물체를 식별하기 위해 훈련을 받았던 방법과도 사뭇 흡사한 데가 있다. 전쟁 당시에 군인들은, 적군의 전투기와 아군기의 모형이 빼곡히 그려져 있는 책자를 제공받았다. 그러고는 정체불명의 비행기가 눈에 들어오면, 재빨리 그 비행기와 책에 그려져 있는 전투기의 삽화를 비교를 하는 것이다. 그래서 만약 그 비행물체가 아군기로 밝혀지면, 군인들은 안심하고 자기 초소로 돌아가곤 했지만, 만약 그것이 적군의 전투기로 밝혀지게 되면, 당장 전투태세로 돌입했던 것이다. 이와 똑같은 방식으로 우리도, 우리가 만나게 되는 모든 남자나 여자를 우리의 이마고와 무의식적으로 비교한다. 그 결과, 그 사람이 나와 매우 잘 어울리는 사람이라고 확인이 되면, 갑작스레 나의 관심이 증폭되게 되는 것이다.

무의식의 다른 모든 양상들이 그러하듯이, 이처럼 **정교한 무의식의 선별 과정**을 우리는 전혀 알아차릴 수가 없다. 단지 우리가 어렴풋하게나마 이마고를 느낄 수 있는 방법은, 오로지 우리의 꿈속에서일 뿐이다. 우리 자신의 꿈을 가만히 들여다보게 되면, 우리는 우리의 오래된 뇌가 사람들을 제멋대로 한데 합쳐 놓는다는 사실을 깨닫게 된다. 즉, 우리의 꿈속에서는 처음에는 어떤 사람이 한 역할을 감당하다가도, 갑자기 또 다른 사람이 나타나 그 역할을 맡기도 한다. 이렇게 무의식은 물리적인 한계를 거의 고려하지 않는다. 어쩌면 당신은 아마도 당신의 배우자(파트너)가 갑자기 변형되어 당신의 어머니나 아버지로 역할을 바꾸는 그런 꿈을 꿔 봤을지도 모른다. 아니면 당신의 배우자(파트너)와 부모가 아주 비슷한 역할을 맡거나, 혹은 두 사람 모두 너무나 똑같은 방식으로 당신을 대하는 바람에, 정말 누가 누군지조차 거의 구분되지 않는 그런 꿈을 꾼 적이 있을지 모른다. 이렇게 꿈은 이마고의 존재를 직접적으로 입증시켜 줄 수 있는 가장 좋은 방법이라고 할 수 있다.

이 책의 제3부를 전부 다 읽고 난 후에, 당신이 당신의 배우자(파트너)의 지배적인 성격 특성과 당신의 부모의 주요한 성격 특성을 비교해 보는 실습을 직접 해 보게 되면, 당신의 배우자(파트너)와 당신의 부모 사이에 이루어졌던 그 무의식적인 비교가 과연 어떤 것이었는지가 좀 더 뚜렷하게 드러나게 될 것이다.

이마고와 '로맨틱한 사랑에 빠지는 것'과의 연관성

지금까지 살펴본 이마고에 관한 모든 정보들을 바탕으로, 우리가 앞에서 다루었던 주제인 '로맨틱한 사랑에 빠지는 것'에 관한 이론과 이마고가 서로 어떻게 접목되는지를 알아보기로 하자. 그 한 예로, 나 하빌이 상담했던 린이라는 내담자가 '사랑을 찾아가는 과정'에 대한 이야기를 하고자 한다. 린은 40세의 여성으로서 초등학생인 세 아이의 엄마다. 그녀는 뉴잉글랜드의 크지도 작지도 않은 중간 크기의 도시에 살고 있으며, 시 정부의 공무원으로 일하고 있다. 그의 남편인 피터는 그래픽 디자이너다. 나는 린과 피터 두 사람이 함께 참여했던 첫 번째 부부 상담을 통해서, 린의 아빠가 린에게 아주 깊은 영향을 끼쳤다는 사실을 알게 되었다.

린의 아빠는 분명 훌륭한 부모였으며, 린을 위해서라면 아무것도 아까워하지 않았다. 하지만 린의 아빠는 매우 둔감한 사람이기도 했다. 린은 그런 아빠를 보고 있으면 화가 났고, 또 겁이 나기도 했다. 린은 아빠가 자신이 그렇게도 끔찍하게 싫어하는 줄을 알면서도, 인정사정없이 간지럼을 태웠던 일에 대해서 말했다. 그렇게 해서 마침내 린이 주저앉아 울음을 터뜨리면, 그런 린을 보고 아빠는 껄껄 웃으면서 그녀가 울보라고 놀려 대곤 했다는 것이다. 그중에서도 린이 결코 잊지 못할 사건은 바로, 아빠가 '수영을 가르쳐 준다'면서 그녀를 강에다 휙 집어던져 버렸던 일이다.

이 이야기를 할 때, 린은 두 손으로 의자 시트를 잔뜩 움켜쥐었고, 목이 잠겨 있었다. "아니, 아버지란 사람이 어떻게 그럴 수가 있죠? 전 겨우 네 살밖에 안 됐었단 말예요! 제 딸이 네 살이었을 때 제 딸아이를 보면서, 아빠가 어떻게 내게 그렇게 할 수 있었는지를 생각해 보고, 너무 깜짝 놀랐던 게 기억이 나요. 네 살이란 나이는 아직 사람을 의심할 줄도 모르는, 아주 약하디 약하고 상처도 받기 쉬운 그런 나이잖아요?"

린 자신은 그런 사실을 미처 알아차리진 못했겠지만, 그녀는 그녀가 훨씬 어렸을 적부터 그런 아빠에 대한 이미지를 자신의 무의식 깊은 곳에 저장시켜 놓았을 것이고, 그로 인해 아주 깊은 영향을 받았을 것이 틀림없다. 그래서 가령 다음과 같은 경우를 생각해 볼 수도 있겠다. 린이 아기였을 때, 어쩌면 아빠는 린에게 분유를 타 주면서 분유병을 따뜻하게 데워 주는 걸 소홀히 했을지도 모른다. 그래서 아마도 린은 아빠의 팔에 안길 때마다 그 차가운 분유로 인해 놀랐던 일이 연상되었을지도 모른다. 아니면 린이 태어난 지 아직 몇 개월도 채 안 되었을 때, 아빠는 린을 공중에 높이 던져 올리곤 하면서, 린이 겁에 질려 까무러칠 듯이 우는 모습을 보면서, 마치 아기가 신이 나서 소리를 지르는 걸로 착각했을지도 모른다. 물론 린은 이런 일들까지야 낱낱이 기억하진 못하지만, 아빠와 연관된 그런 중요한 경험들이 그녀의 마음속 어딘가에 하나도 빠짐없이 다 기록이 되어 있다는 것이다.

린의 엄마 또한 그녀의 아빠와 마찬가지로 린의 이미지에 강한 영향을 끼친 원천이었다. 린의 엄마는 린과 많은 시간을 함께 지내면서 린을 매우 세심하게 돌보아 주었고 교육 방침에도 늘 일관성이 있었다. 또한 엄마는 아빠와 달리 딸의 감정에 대해 민감해서 린이 무엇을 좋아하고 싫어하는지를 금세 알아차렸다. 그리고 밤에 린을 잠자리에 재울 때면, 엄마는 린이 그날 하루를 어떻게 지냈는지를 늘 물어봐 주곤 했으며, 린이 속상한 일이 있으면 언제나 잘 공감해 주었다. 하지만 린의 엄마는 또한 지나치게 비판적인 사람이었다. 그래서 린은 자신이 무슨 말을 하건 어떤 행동을 하건 간에, 한 번도 자신이 잘했다고 생각해 본 적이 없었다. 린의 엄마는 언제나 딸의 문법을 고쳐 주었으며, 머리를 직접 빗겨 주었고, 언제나 숙제를 두 번씩 검사했다. 린은 자신이 엄마의 주변을 맴도는 무대 위에 서 있는 것 같았고, 언제나 자신이 하는 일이 틀릴까 봐 전전긍긍하는 느낌을 떨쳐 버릴 수가 없었다.

엄마로 인해 영향을 받았던 또 다른 중요한 것들 중 하나는, 린은 자신의 성(Sexuality)을 편안하게 마주 대할 수가 없었다. 린의 엄마는 항상 소매가 긴 블라우스를 입고 단추를 맨 위까지 꼭꼭 채운 다음, 그 위에 자신의 몸매를 감출 만큼의 아주 헐렁헐렁한 스웨터를 걸쳐서 블라우스를 가렸다. 그리고 집 안에는 단 하나밖에 없는 화장실과 목욕탕을 공동으로 사용했는데도, 엄마가 사용할 때는 아무도 들어오지 못하게 했다. 린이 십대가 되었을 때도, 엄마는 린에게 월경이나 남자 친구혹은 섹스에 관해서는 입도 뻥긋하지 못하게 했다. 그러니 린의 문제 가운데 린이 성적으로 억압되어 있다는 게 드러나는 것은 너무나 당연한 일이었다.

다른 사람들 또한 린에게 영향을 끼쳤는데, 그중 한 사람은 그녀의 언니인 주디스였다. 주디스는 린보다 겨우 14개월 먼저 태어났지만 린의 우상이었다. 키도 크고 재능도 많은 주디스는 언제나 자신이 하는 모든 일마다 척척 잘 해내는 것만 같았다. 린은 그런 언니를 무척 동경했고, 가능한 한 언니 주변에서 많은 시간을 함께 보내고 싶어 했지만, 그런 언니와 함께 있을 때면 열등감도 함께 느꼈다.

린이 성장하면서 린 주변에 이러한 핵심적인 인물들—즉, 린의 아빠와 엄마 그리고 언니—의 성격적 특성들은 점차 린의 무의식 안에서 하나로 합쳐지게 되면서 어떤 하나의 혼합된 이미지, 즉 그녀의 이마고를 형성하게 된다. 그래서 린이 가지게 된 이마고는 무엇보다도 자애롭고 헌신적이며, 또한 비판적이고 무디며 거만하지만 관대했던, 누군가의 이미지의 합성체였다. 그런데 이 가운데서도 뚜렷하게 두드러진 성격 특성은 부정적인 부분들로서, 그러니까 비판적이고 무디며 거만한 성향인데, 그 이유는 이러한 성격적 특성들이 린에게 어떤 상처를 주었기 때문이다. 그래서 이 부분은 또한 린 자신의 미해결과제로서 간직하고 있는 부분이기도 하다.

린은 친구의 집에서 처음 피터를 만났다. 피터를 소개받았을 때 린은, 피터의 얼굴을 가만히 들여다보면서 마치 그를 어디선가 본 적이 있는 것 같은, 그러니까 마치 피터가 자기가 이미 잘 알고 있었던 사람인 것 같은 그런 느낌을 받았다. 참 신기한 일이었다. 그 다음 주에도 린은 이런저런 구실을 만들어 계속해서 친구의 집을 찾아갔고, 그곳에서 또 피터를 보게 되자 무척 기뻐했다. 린은 피터에게 점점 아주 강한 매력을 느끼게 되었고, 마침내는 피터가 자신의 주위에 없으면 아주 풀이 죽어 버리게 되는 지경까지 이르게 되었다. 이처럼 린은 피터와 몇 번 마주치는 동안에 자신이 잘 아는 사람들, 그러니까 부모님이나 언니는 말할 것도 없고, 다른 사람들과 피터를 의식적으로 비교해 본 적은 단 한 번도 없었지만, 다만 피터에 대해서는, 그에게 언제든지 편하게 말을 붙여도 될 것 같은, 아주 매력적이고 멋진 사람이라고만 생각했다.

나는 린과 피터 부부를 상담하는 과정에서, 린에게 있어서 피터가 얼마나 린의 이마고와 잘 들어맞는 이마고 짝인지를 점차 인식할 수가 있었다. 피터는 외향적이고 자신감에 차 있었는데, 이 두 가지 성격은 마침 린의 아빠와 언니의 성격적인 특성이기도 했다. 한편 피터는 또한 린의 엄마와 비슷하게 비판적인 성격도 가지고 있었다. 피터는 린에게 계속해서 살을 빼야 한다느니, 씀씀이가 너무 헤프다느니, 그리고 집에서는—특히 잠자리에서는—좀 더 적극적이 되어야 한다느니, 그리고 직장에서는 좀 더 자기주장을 해야 한다면서 끊임없이 잔소리를 해댔다. 그러나 피터에게 가장 두드러지게 나타나는, 린의 부모에게 있는 성격적인 특성들 중 하나는, 피터가 린의 아빠와 마찬가지로 린의 감정을 전혀 공감해 주지 못한다는 점이었다. 린은 가끔씩 우울증을 앓곤 하는데, 그럴 때마다 피터는, "그러니까 말을 좀 줄이고, 가능한 한 몸을 많이 움직이라고! 그리고 좀 더 마음을 편하게 가져 보란 말이야. 난 이제 정말 자기 문제를 듣는 일에 너무나 질려 버렸어!"라고 비난조의 충고를 하는 것이었다. 이 충고는 평소에 피터 자신이 언짢은 감정을 느낄 때마다 이용하곤 하는, 자신만의 고통 극복 방법인데, 피터는 자신을 그렇게 정신없이 움직임으로써 자신의 좋지 않은 감정들을 애써 묻어 버리곤 했던 것이다.

피터에게 린이 끌렸던 또 다른 이유는, 피터는 자기 몸을 아주 편안하게 내버려 둔다는 것이었다. 나는 이 두 사람을 볼 때마다, "그 내담자가 어떤 사람하고 결혼했는지를 알고 싶다면, 그 내담자와 정반대 성격 특성을 상상해 보면 된다."라고 말씀하셨던 나의 교수님의 말씀이 자꾸 떠올랐다. 린은 팔짱을 끼고 다리를 꼬고 앉아 있는 반면, 피터는 의자에 팔 다리를 쭉 뻗고 최대한 편안한 자세로 완전히 퍼진 채 걸터앉았다. 가끔 그는 신발을 벗고는 의자에 책상다리를 하고 앉기도 했고, 아예 한쪽 다리를 위로 올려서 의자 팔걸이에 걸쳐 놓기도 했다. 하지만 린은 단정한 옷차림을 하고 단추를 맨 위까지 채우거나 정장 차림에 실크 스카프를 목에 단단히 둘러맸다. 반면, 피터는 헐렁한 빈티지 바지에 셔츠의 단추를 몇 개씩 풀어헤치고, 어떨 땐 양말도 신지 않은 채 뒤축도 없는 간편한 신발을 신었다.

이제 린이 왜 그렇게까지 피터에게 끌리게 되었는지에 대한 몇 가지 단서들을 찾았다. 그렇다면 과연 피터의 입장에서 왜 피터는 린에게 끌렸던 것일까? 그중 하나는 린이 감정이 풍부한 사람이었기 때문이다. 피터의 부모는 피터가 몸을 편안하게 해도 좋다고 허락은 했지만, 그렇다고 피터가 자신의 감정까지 그렇게 할 수 있도록 내버려두진 않았었다. 하지만 린과 함께 있으면, 피터는 자신의 억눌렸던 감정들과 더욱 가까워지고 연결되는 느낌을 가질 수가 있었다. 그러니까 린 덕분에 피터는 자신의 잃어버렸던 자아와 다시금 접촉할 수 있었던 것이다. 게다가 린을 보면 바로 피터의 부모가 연상이 될 정도로, 린과 피터의 부모는 서로 닮은 부분이 많이 있었다. 즉, 린의 유머 감각은 피터의 어머니를 생각나게 했고, 의존적이면서 앞에 나서기를 꺼리는 린의 태도는 바로 피터의 아버지를 연상시켰다. 그렇게 린은 피터의 이마고와 일치했고, 피터 또한 린의 이마고와 일치했기 때문에 서로가 이마고 짝으로서 부합했고, 그리고 또 두 사람은 서로를 보완하는 특성들이 상당히 많았기 때문에, 그래서 린과 피터는 '사랑에 빠졌던 것'이다.

우리가 '배우자 선택에 있어서 무의식이 하는 역할과 그 요인'에 대하여 설명하게 될 때마다, 종종 듣게 되는 질문은 서로의 짝을 찾는 과정에 있어서, 과연 '어떻게 해서 서로에 대해서 그렇게도 빨리, 또 그렇게도 많은 것들을 한꺼번에 알아낼 수가 있는 것일까?' 하는 것이다. 왜냐하면 어떤 성격적 특징은 바로 표면에 드러나기도 하지만—예를 들면, 피터의 성적 관심이나 린의 유머감각 같은 것—그러나 겉으로는 그렇게 뚜렷하게 나타나지 않는 그러한 성격적인 특성들 또한 많이 있기 때문이다.

그렇게도 빨리 그 짧은 순간에 서로의 특성을 파악해 낼 수 있는 이유는, 프로이트가 말한 대로, 바로 우리가 소위 '무의식적인 자각'에 의지하기 때문인 것이다. 즉, 우리는 우리가 의식적으로 인식할 때보다 직관과 본능을 통해서 그 사람에 대해 훨씬 더 많은 것들을 알아낼 수가 있다. 우리가 낯선 사람을 만나게 되면, 우리는 즉각적으로 그 사람이 몸을 움직이는 방식, 혹은 뭔가를 찾거나 시선을 피하는 태도, 입는 옷, 어떤 독특한 표현, 머리 모양, 웃거나 미소 지을 때의 표정, 남의 말을 귀담아 듣는 능력과 말하는 속도, 질문을 듣고 대답하기까지 걸리는 시간 등, 이 모든 것들과 그 밖에 수백 가지도 더 되는 특징들을 불과 몇 분 사이에 전부 다 기록할 수가 있다.

우리는 그저 그 사람을 한번 슬쩍 쳐다보는 것만으로도 그 사람에 대해서 어마어마한 정보를 알아낼 수가 있는 것이다. 나는 매일 아침 출근할 때마다, 수많은 사람이 오고 가는 맨해튼 거리에서 나도 모르게 사람들을 평가하면서 지나간다. 그런 내 판단은 아주 즉각적이다. 나는 그 사람을 보자마자 즉각 그 자리에서 '이 사람은 내가 알고 지냈으면 하는 사람이다.' '저 사람은 내가 전혀 관심이 없는 유형이다.'라고 바로 결정을 내린다. 한번 겉만 쓱 쳐다보고서 곧바로 관심을 갖거나 거부하기를 결정해 버리는 것이다. 파티에 참석할 때도 나는, 주변을 한번 휙 둘러보면 내가 만나 보고 싶어 하는 사람을 단박에 골라낼 수가 있다. 이와 같은 경험을 하는 건 나뿐만이 아니다. 한 트럭 운전사는 시속 105km의 속도로 달리고 있을 때조차도, 도로에서 차를 태워 달라고 손짓하는 사람을 보고 그 사람이 태워줄 만한 사람인지 아닌지의 여부를 즉각 가려낼 수 있다고 한다. "아니, 거의 틀림이 없다니까요, 글쎄."

특히 짝(배우자)을 찾고 있을 때, 우리의 관찰 능력은 그 어느 때보다도 예리해지는데, 그 이유는 우리가 우리 자신의 가장 기본적인 무의식적 충동을 만족시켜 줄 대상을 찾고 있기 때문이다. 즉, 우리는 모든 사람을 똑같은 강도로 찬찬히 뜯어보는 것이다. '이 사람이 과연 나를 잘 돌보아 주고, 내 잃어버린 자아를 되찾아 줄 수 있을 만한 사람인가?'라고 생각하면서 말이다. 그리고 만약에 이러한 필요성을 충족시켜 줄 것 같아 보이는 사람을 만나게 되면, 나의 오래된 두뇌는 즉각 관심을 드러내게 된다. 그 후에 몇 번의 만남이 계속되는 동안, 나의 무의식은 과연 이 사람이 나의 완벽한 짝이 될 만한 사람인지를 확인해 줄 단서들을 찾아내려고, 더욱 더 정신을 바짝 차리게 되는 것이다. 그러다가 만약 상대방이 내가 기대했던 것과는 실제로 다르다는 생각이 들게 되면, 상대방에 대한 관심은 금세 뚝 떨어지게 되고, 그 사람과의 관계를 끝내거나 아니면 관계의 중요성을 약화시킬 어떤 방법을 찾게 된다.

린과 피터가 처음 친구 집에서 만났을 때, 그들 자신조차 미처 알지 못했던, 자신들의 내면에서 일어난 심리적 과정 또한 바로 이런 것이었다. 린은 피터가 자신의 이마고와 잘 어울리는 이마고 짝인 것처럼 보였기 때문에, 일부러 피터를 보러 친구의 집을 찾아갔던 것이다. 마찬가지로 피터 또한 린이 자신의 이마고와 잘 들어맞았기 때문에, 린이 보여 준 관심에 응답하게 된 것이다. 이것은 짝사랑을 하게 되는 경우와는 다르다. 몇 주가 지나고 나서 피터와 린은 서로에 대해 필요한 정보들을 충분히 축적했고, 그리고 마침내 서로가 사랑에 빠졌다는 사실을 깨닫게 되었다.

그렇다고 모든 사람이 다 이마고에 꼭 들어맞는 그런 짝을 찾는 것은 아니다. 때때로 그중 한두 개의 성격적인 특징만이 맞아떨어지기도 하고, 또 만남 초기에는 별 매력을 느끼지 못한 채 미적지근하게 지내는 커플들도 있다. 사실 그런 커플들은 이마고가 더 많이 일치하는 커플들보다는 열정이 덜한 만큼, 싸울 일도 별로 없고 따라서 덜 고통스럽다. 그들이 그렇게 별로 열정적이지 않은 이유는 오래된 뇌가 아직도 '나를 최고로 만족시켜줄 수 있는 대상'을 찾고 있기 때문이다. 그리고 문제가 아직 잘 안 일어나고 덜 고통스러운 이유는, 아직 어린 시절에 그렇게도 힘들었던 그 몸부림이 다시 반복되지 않았기 때문이다. 사실 서로 이마고가 잘 들어맞지 않는 부부(커플)들이 자신들의 관계를 끝내고자 할 때, 그 이유의 대부분은 그들이 어떤 커다란 고통을 느꼈기 때문이라기보다는, 서로에 대한 관심이 거의 없어져 버렸기 때문이다. 그래서 그런 커플들은 이렇게 말한다. "우린 서로 잘 맞지 않아요." "전 항상 그냥 불안했어요. 하지만 언젠가 제가 이 결혼생활에서 벗어나게 된다면, 그땐 뭔가 좀 더 나아지리라는 건 느끼고 있었죠."

　지금까지 '사랑의 관계'에 대한 이야기들을 통해서, 로맨틱한 사랑을 느끼게 되는 그 매력의 미스터리에 대해서 좀 더 이해하게 됐을 것이다. 이 책의 제1장에서 우리는 생물학적 이론과 교환이론, 그리고 페르조나 이론을 다루었다. 또한 제2장에서는 이마고에 잘 들어맞는 짝을 찾으려는 '무의식적 탐색'이라는 개념에 대해 살펴보았다. 이마고 짝을 찾으려는 우리의 무의식적 동기는, 어린 시절의 상처를 치유하고자 하는 우리의 간절한 소망 때문이다. 여기에서 우리는 우리의 결혼생활의 갈등을 들여다볼 수 있는 새로운 통찰력을 얻을 수 있다. 즉, 우리가 우리의 배우자를 선택하게 되는 그 주된 근거가 바로 우리의 짝(배우자)이 우리의 친부모를 닮은 것 때문이라면, 우리의 배우자 또한 부득이하게 나의 가장 민감한 상처들을 건드릴 수밖에 없을 것이고, 또 다시 나를 상처받게 만들 수밖에 없다는 얘기다. 따라서 소위 '힘겨루기'라고 부르는, 그 고통과 혼란의 소용돌이 속을 아직 들여다보기 전에 먼저, 사람들이 '소원 충족'이라고 부르는, 짧게는 처음 몇 달간, 길게는 처음 몇 년간의 그 로맨틱한 사랑의 환희에 대해서 좀 더 면밀하게 살펴보기로 하자.

제4장
로맨틱한 사랑
(일명 콩깍지가 씌임)

우리 두 사람이 정말 많은 것들을 함께 만들어 낸다.

―오비디우스(Ovid)

나 자신이 아내 헬렌과의 개인적인 경험에서도 그랬던 것처럼, 다른 사람들의 이야기를 들어 봐도, **사랑에 빠지게 된 연인들**은 하나같이 마치 자기 두 사람이 함께 보낸 시간들은 이 세상의 다른 모든 사람들이 경험하는 시간들과는 전혀 다른 아주 **특별한 시간**이라고 믿는다. 그 시간은 연인들이 자신들만의 기억 속으로 다시 되돌아가, 자신들의 아름다웠던 과거를 되새기며 곱씹어 보는 시간이다. 그래서 커플들에게 그들의 연애 초기 시절을 얘기해 달라고 부탁하면, 하나같이 그들은 온 세상이 다 달라진 것만 같았다고 얘기한다. 자신들이 사랑에 **빠졌었던** 그때는, 만나는 사람들마다 더 친절하게 대해 주는 것 같았고, 주변의 모든 색깔들이 더 화사해졌으며, 늘 먹던 음식들마저도 다 너무나 맛이 있고, 주변의 모든 사물들이 마치 아주 어렸을 적에 그랬던 것처럼, 그런 근원적인 새로움으로 반짝반짝 빛이 났었다는 것이다.

그중에서도 가장 큰 변화는, 그들이 자기 자신을 매우 새롭게 느끼게 되었다는 사실이다. 갑자기 더 많은 에너지가 넘쳐났고, 세상을 바라보는 인생관도 아주 건강해졌다. 재치도 더 많아졌고, 더 쾌활해졌으며, 전보다 훨씬 낙천적이 되었다. 거울을 들여다볼 때는, 거울에 비치는 자신의 얼굴이 새삼 더 좋다고 느꼈다. '난 역시 내 애인의 사랑을 받기에 손색없는 얼굴이야.' 하면서 말이다. 어떤 이들은 자기 자신이 너무나 맘에 들게 된 나머지, 이전에는 자신의 울적한 기분을 달래기 위해 필요로 했던 그 기호품들마저 더 이상 사용할 필요가 없어지기도 한다. 이제는 더 이상 달콤한 사탕이나 약물이나 알코올까지도 가까이할 필요가 없어졌고, TV를 보면서 자신을 달래거나, 그저 하룻밤의 재미를 위해 오락하듯 즐기던 섹스마저도 싫어졌다. 근무 시간 외에, 밤늦게까지 몰두했던 일조차도 더 이상 매력적이지가 않고, 돈과 명예를 좇아 발버둥치던 그런 생활이 아주 하찮게만 여겨진다. 이제 비로소 삶 그 자체의 의미와 본질을 제대로 알게 된 것 같고, 그리고 그게 바로 지금 내 옆에 아주 가까이 있다고 느낀다. 이처럼 사랑하는 마음이 가장 절정에 달하게 되면, 그와 같이 강렬하고도 따뜻한 감정이 밖으로 뻗어 나가게 되어, 모든 사람들의 사랑과 호의가 더욱 크게 느껴지게 된다. 어떤 사람들의 경우에는, 영적인 인식과 깨달음이 더욱 깊어지게 되는 큰 축복을 받아서, 어른이 된 후로는 한 번도 경험한 적이 없었던 내적 합일과 자연과의 교감을 느끼게 되기도 한다. 분리된 상태에서 찌그러진 렌즈로 세상을 바라보는 게 아닌, 잠시지만 자신의 본래 상태의 부드럽고 잘 닦여 빛이 나는 그런 렌즈로 세상을 내다볼 수 있게 된다.

제3장의 끝부분에서 소개했던 린과 피터 부부의 경우에는, 그들이 완전히 사랑에 빠져 있을 때, 함께 뉴욕 관광을 한 적이 있다고 했다. 저녁을 먹은 후에, 충동적으로 엘리베이터를 타고 엠파이어 스테이트 빌딩 꼭대기로 올라가 전망대에서 일몰을 볼 수 있었다고 한다. 발아래 수천 명의 사람들이 돌아다니는 것을, 두 사람은 손을 잡고 연민의 감정으로 내려다보았다. 이 순간의 이러한 황홀함을 함께 하지 못하는 저 사람들은 정말 얼마나 불쌍한가!

이렇게 시간에도 구애받지 않는 이런 감상은 소피아가 나다니엘에게 보낸 1839년 12월 31일의 편지에 다음과 같이 아름답게 표현되어 있다.

사랑하는 당신에게,
우리에게 올해는 과연 어떤 해였을까요? 저에게 아름다움이란 사랑이랍니다. 진실과 선함이 둘 다 포함되는 것이지요. 그러나 **우리가 사랑하는 것처럼, 진심으로 깊이 사랑하는 사람들만이 이 중요성과 그 힘을 느낄 수가 있을 거예요.** 저의 이런 생각이 제 부족한 글재주로는 잘 표현되지가 않네요. 하나님께서 정녕 당신과 늘 함께하시기만을 전 기도한답니다. 저는 건강해요. 오늘 아침엔 좀 춥긴 했지만, 댄버스까지 산책을 다녀왔어요. **저는 매일 매일이 황홀함으로 충만해 있어요.** 마치 제가 이 세상에 태어난 것을 다시 경험시켜 주는 것 같아요. 오래도록 있어 온 이 지구가 우리에게서 사라져 없어져 버리는 그런 날이 정말 올까요? 이 모든 것이 너무나 새롭지 않나요?

당신의 사랑, 소피로부터

사랑의 케미스트리(화학작용)

우리가 **로맨틱한 사랑**이라고 부르는 그런 좋은 감정을 휘몰아치게 하는 것은 무엇일까? 정신 약리학자들은 사랑은 마치 마약―건강하다는 의식과 함께 온몸으로 홍수처럼 밀려오는 천연의 호르몬과 화학물질―을 먹고 느끼는, 아주 기분 좋은 흥분 상태와 같다는 것을 알아냈다. 사랑의 관계에서 끌리는 단계에 있는 동안에 뇌는 많은 신경 전달 물질 중에서 두 가지, 즉 도파민(Dopamine)과 노르에피네프린(Norepinephrine)이라는 신경 전달 물질들을 내보내게 된다. 이 신경 전달 물질들은 인생에 대해 장밋빛 전망을 갖게 해 주고, 맥박을 빨라지게 하고 에너지를 증가시키며 인식의 수준을 높여 준다. **사랑하는 사람과 하루 종일 같이 있고 싶어 하는 이 단계에서,** 뇌는 엔도르핀(Endorphins)과 엔케팔린스(Enkephalins)를 더 많이 분비하게 된다. 이것은 천연 마취제로서 사람의 안전감과 편안함의 인식을 높여 주는 역할을 한다. 컬럼비아대학교의 임상 정신분석학 부교수인 마이클 리보비츠 박사는 이 생각을 한 걸음 더 발전시켜서, **사랑하는 사람들이 만나게 되는 하나 됨의 경험은, 세로토닌(Serotonin)이라는 신경 전달 물질**이 분비되는 것 때문인 것 같다고 주장한다.

하지만 과학자들은 과연 무엇이 이러한 강력한 물질들을 분비하게 해 주는지,

또는 무엇이 그 분비를 줄이게 하는지까지는 아직 설명하지 못한다. 과학자들이 할 수 있는 일이란, '로맨틱한 사랑'이란 측정이 가능한 생물학적인 요소와 함께 신체적으로도 강력하게 경험되는 일이라는 사실을 기록해 놓는 것뿐이다. 그렇다면, 우리는 좀 더 통찰을 얻기 위해서, 다시 심리학의 영역으로 돌아가, '로맨틱한 사랑'이 무의식의 창조물이라는 견해에 대해서 다시 한번 확인을 해 볼 필요가 있다.

누구에게나 통하는 우주적 언어: 사랑

헬렌과 나는 이전 장에서 '로맨틱한 사랑'에 대해서 설명했다. 사랑하는 관계 초기에 그토록 서로에게 좋은 감정을 갖게 되는 이유는 바로 우리의 뇌의 한 부분이 마침내 원래의 완전함을 다시 돌보고 회복할 기회가 왔다고 믿게 되기 때문이라는 것이 우리의 주장이다. 우리가 잘 찾아보기만 한다면, 이것을 뒷받침해 줄 만한 무수히 많은 실제적인 증거들을 얼마든지 찾을 수 있다. 인기가 있는 노래들을 들어 보고, 연애를 표현하는 시와 연극, 소설들을 읽어 보고, 또 수백 쌍의 커플들이 자신들의 '사랑의 관계'를 설명하는 것을 경청함으로써, 우리는 인류 태초 이래로 모든 연인들 사이에서 주고받았던 이야기들은 다음의 네 가지의 기본적인 문장으로 줄여서 말할 수 있다는 하나의 결론에 이르게 되었다. 이 네 개의 문장은 우리로 하여금 '로맨틱한 사랑의 무의식적 영역'을 바라볼 수 있도록 이끌어 준다.

이 네 문장 중 그 첫 번째 문장은 '사랑의 초기단계'에 생겨난다. 이것은 거의 첫 번째나 두 번째 만남에서 생겨나게 되는데, "우리는 이제 막 만나기 시작했지만, 저는 제가 당신을 이미 알고 있었던 것만 같아요."와 같은 뜻을 담고 있는 문장이다. 이 말은 연인들이 서로에게 그저 듣기 좋으라고 들려주는 그런 대사가 아닌 것이다. 뭐라고 딱 꼬집어 설명할 수 없는 이유로, 그들은 서로에게 편안함을 느낀다. 그것도 마치 서로가 몇 년 동안이나 이미 사귀어 온 것과 같은, 그런 편안한 낭만을 느끼는 것이다. 나는 이것을 '인정 과정의 현상'이라고 부른다.

그리고 어느 정도의 시간이 지나게 되면, 연인들은 두 번째로 중요한 정보를 서로 주고받는다. "참 특별한 것 같아요. 우리가 서로를 만나기 시작한 게 불과 얼마 되지 않았음에도 불구하고, 그동안 내가 당신을 모르고 지낸 날이 단 한순간이라도 있었나 싶은 걸요."라고 서로에게 말한다. 불과 몇 주 전, 아니 며칠 전에 만났음에도 불구하고, 그들은 마치 언제나 함께 있어 온 것처럼 보인다. 그 두 사람의 관계에는 어쩌면 시간의 경계가 없어져 버린 것 같다. 나는 이것을 '시간의 무경계 현상'이라고 부른다.

그렇게 관계가 무르익어 갈 때, 연인들은 서로의 눈을 바라보면서 세 번째의 의미 있는 문장을 말하게 된다. "내가 당신과 함께 있을 때, 난 더 이상 외롭지 않아요. 내 자신이 온전해지는 것 같고 마치 완성이 되는 그런 느낌이에요." 내 내담자 중에 패트릭이라는 사람은 이런 기분을, "내가 딘을 알기 전의 내 인생은 마치 빈방으로만 가득 차 있는 그런 큰 집을 헤매고 돌아다니며 온통 인생을 허비한 것처럼 느껴져요."라고 말했다. "우리가 만났을 때, 그건 마치 제가 문을 열고 들어가 집에 있던 그 사람을 찾아낸 것만 같았어요." 함께 있는 것만으로도 자기 완성을 향한 그 혹독한 탐색 과정이 거의 끝나는 것처럼 보였다. 그는 충만했고 또 포만감을 만끽했다. 나는 이것을 '재통합 과정의 현상'이라고 부른다.

끝으로, 어떤 지점에서 연인들은 사랑에 관한 마지막 네 번째 선언을 하게 된다. 그들은 이제 서로에게 이렇게 말하는 것이다. "난 정말 당신을 많이 사랑해요. 이제 당신 없이는 정말 난 못 살 것 같아요." 그들은 이제 서로에게 너무나 깊이 얽혀 있어서, 자신을 상대방과 분리된 존재로는 상상조차 할 수가 없다. 나는 이것을 '필요의 현상'이라고 부른다.

연인들이 실제로 이런 말을 하든지 혹은 그 밑에 놓여 있는 어떤 감정을 경험하든지 간에, 앞의 네 가지의 말들은 '로맨틱한 사랑'에 관해서 그리고 '무의식의 속성'에 관해서 우리 두 사람이 주장하고 있는 내용들을 강변해 주는 것이다.

연인들이 '인정 과정'의 그 소름 끼치는 느낌을 말하게 되는 이 첫 번째 문장은, '사람들이 연인을 선택하는 이유'가 그 사람이 자신의 양육자를 닮았기 때문이라고 말할 때 그 신비감을 잃어버리게 된다. 사랑하는 연인들은 데자뷔(déjà vu)

라는 친밀한 느낌을 갖는다. 즉, 무의식적인 수준에서 그들은 양육자와 다시 한번 연결되었다는 느낌을 갖게 되고, 이번에는 그들의 가장 깊은 곳에 있는, 가장 근본적이면서 가장 유치하기도 하고 또 천진난만하기도 한 그 깊은 소망이 이번에는 이루어질 수 있으리라고 믿게 된다. 왜냐하면, 지금 여기 이 사람이 나의 그 오래된 필요들을 돌보아 주려고 하기 때문이다. 이제 더 이상 나는 혼자가 아닌 것이다.

두 번째 문장, "내가 당신을 모른 채 살아왔던 날들이 그동안 있었던가 싶어요."라는 말은, 바로 우리의 로맨틱한 사랑이 오래된 뇌의 작용이라는 증거가 된다. 사람들이 사랑에 빠지게 될 때, 오래된 뇌는 파트너의 이미지와 양육자의 이미지를 혼합해 버린다. 그리고 영원한 현재의 세계로 들어가는 것이다. 무의식의 마음속에서는, 사랑하는 사람과 친밀한 관계에 있다는 것은, 곧 엄마의 팔에 안기어 있는 갓난아기의 상태와도 같은 것이다. 내가 안전하게 지켜지고 있다는 환상, 즉 내 자신이 전체적으로 완전히 흡수되고 있는 상태라는 것이다. 사실 사랑하는 이와 결정적인 단계에 있는 연인들을 관찰해 보면, 아주 재미있는 사실을 하나 발견할 수 있게 된다. 그것은 마치 갓 태어난 아이가 엄마와 하나가 되어 서로 엉켜 있는 것과 같은 방법으로, 본능적으로 서로 하나가 되어 감에 동참하고 있다. 혀짤배기소리를 한다거나, 혹은 다른 사람들 앞에서는 말하기가 당황스러울 만큼 짓궂은 이름으로 서로를 부른다. 서로를 쓰다듬으며 몸의 어디를 바라보더라도 모두 다 즐거운 것뿐이다. "자기 배꼽은 도대체 왜 이렇게 귀여운 거야~" "와우~ 이 부드러운 살갗 좀 봐!" 마치 아기가 너무 귀여워 죽겠어서 어찌할 바를 몰라 하는 엄마처럼 소리를 낸다. 그리고 그렇게 하는 동안, "내가 이 세상 그 누구와도 도저히 그렇게 할 수 없는 그런 방법으로, 그러니까 무의식이 해석하는 바로는, 엄마나 아빠보다 더 훌륭한 방법으로 당신을 사랑해 줄 거예요."라고 말하면서, 자신이 상대방 파트너의 대리 부모라도 된 것 같은 환상을 갖는다. 두 연인들은 두말할 필요도 없이, 이 모든 퇴행적인 행동들을 매우 큰 만족과 기쁨으로 즐긴다. 그것은 힘들고도 고통스러운 어떤 '자기 깨달음의 과정'을 통해서 그렇게 된 것이 아니라, 단지 당신의 오래된 뇌가 당신의 양육자와 혼동하게 된 당신의 파트너와 당신이 하나가 되어 가고 있고, 그리고 그 하나 됨을 통해서, 마치 당신이 치유되는 것만 같은 그런 믿음을 갖게 되었기 때문이다.

세 번째 문장—연인들이 완전해지고 하나가 되어 가는 느낌에 휩싸이게 되는 것—은 어떠한가? 연인들이 "당신과 함께 있을 때, 나는 내가 완성되고 온전해지는 느낌이에요."라고 서로에게 말할 때, 사실 그들은 자기 자신도 모르게 어린 시절에 잘려 나가 버렸었던, 바로 그 부분을 보여 주는 사람을 파트너로 선택했다는 사실을 인정하고 있는 셈이다. 즉, 그들은 자신의 잃어버린 자아를 다시 발견하게 된 것이다. 만약 자신의 감정이나 기분을 억누르며 성장해 온 사람이라면, 보통은 자신과는 달리 감정을 풍부하게 표현하는 사람을 선택하게 된다. 만약 자신의 성적 욕구에 대해서 편안하게 여기는 것이 허용되지 않았던 남자라면, 아마도 관능적이면서도 동시에 어떤 인습에도 얽매이지 않는 그런 여자를 선호할 것이다. 우리는 상호 보완적인 사람과 사랑에 빠지게 될 때, 갑자기 나 자신이 억압에서 해방된 것처럼 느낀다. 마치 플라톤이 비유했던, 그 불완전한 암수동체의 존재처럼 그들 각자는 서로 반쪽으로 있다가, 이제 드디어 완전한 하나가 되는 것이다.

그리고 마지막 네 번째 문장—헤어지면 죽을 것 같다는 느낌—은 어떠한가? 이 말은 '로맨틱한 사랑'에 관해서 과연 무엇을 말해 주는가? 이것은 첫째로 연인들이 부지불식간에, 자신의 생존의 책임을 부모로부터 파트너에게로 옮겨 가고 있다는 사실을 말해 주는 것이다. 에로스를 느꼈던 이 놀라운 존재는 이제 떨어지지 않고 항상 따라다니는 죽음이라는 공포, 즉 타나토스로부터 그들을 지켜 주고자 하는 것이다. 나의 어린 시절에 채워지지 않았던 그 욕구들에 대해 자신의 관심을 집중해 줌으로써, 나의 파트너는 생존을 위한 투쟁에서 나와 동맹관계가 되는 것이다. 그렇기 때문에 만약에 더 깊은 수준의 연인관계에서 연인들이 서로 헤어지게 되면, 이제 겨우 다시 회복하기 시작한 내 자신이 완전한 것 같은 그런 느낌을 잃어버릴 것만 같은 공포가 생겨나는 것이다. 그렇게 되면, 또 다시 부서지게 되고 다시 반쪽이 되고 또 존재의 충만함으로부터 다시 떨어져 나가게 되는 것이다. 그 외로움과 두려움이 저 밑바닥에서부터 치밀어 오르는 것이다. 이제 자신이 자기 주변과 더 이상 연결되어 있지 않게 되는 것이다. 결국 서로를 잃는다는 것은, '자아에 대한 새로운 느낌을 잃어버리는 것'이 된다.

막간의 그 짧은 순간에

그러나 아직 잠시 동안만은 이런 공포도 엄습해 올 수가 없다. 연인들에게는 이 **로맨틱한 사랑**이 실제로 자신들을 치유해 줄 것이고, 또 자신을 완전한 존재로 만들어 줄 것처럼 보이기 때문이다. 자신의 짝과 함께할 수 있다는 것만이 유일한 위로인 것이다. 아주 많은 시간을 함께해 왔기 때문에 더 이상 외롭지도 않고 고립감을 느끼지도 않는다. 그리고 서로에 대한 신뢰의 정도가 깊어짐에 따라 친밀감의 수준 또한 깊어진다. 그래서 자신이 어린 시절에 겪었던 슬픔과 고통 중의 일부를 파트너에게 말하기도 한다. 그렇게 말했을 때 파트너가, "자기가 그런 일을 겪었다니 나도 굉장히 슬퍼요." "당신이 그렇게 많은 아픔을 참아 내며 지금까지 살아왔다는 게 너무 끔찍해요."라고 진심에서 우러나오는 동정 어린 말을 해 준다면, 그건 정말 큰 보상이 된다. 이 세상 누구도 나의 내면세계에 대해서, 심지어 부모조차도 그렇게까지 깊게 염려해 준 적이 없었던 것처럼 느껴지기 때문이다. 이러한 친밀감을 함께 나누게 되면서 두 사람은 서로가 진심으로, 또 영적으로 깊이 공감하는 경험을 하게 되고, 서로의 세계에 한층 몰입하게 된다. 이렇게 흔히 경험할 수 없는 이런 순간에는 서로를 평가하지도 않는다. 상대방의 말을 해석하지도 않는다. 심지어 그들의 다양한 경험을 다른 것들과 비교조차 하지 않는다. 그리고 비록 아주 짧은 기간이긴 하지만, 자기 몰입과 동시에 '나 자신을 다른 사람과 함께 나누는 일'이, 나의 파트너(다른 인간)의 존재 안에서 허용되는 놀라운 경험을 하게 된다.

또한 '**로맨틱한 사랑**'은 우리 자신의 상처의 치유를 위해서 필요한 친절한 말이나 공감적인 순간과 같은, 그 이상의 것을 가져온다. 신통하게도, '사랑하는 관계'의 나중 단계에서는 잘 나타나지 않는 놀라운 육감을 통해서, 내 파트너가 갖고 있지 못한 부분들을 정확하게 알아차린다. 만약 파트너에게 좀 더 많은 돌봄이나 양육이 필요하다면, 기분 좋게 자원해서 엄마나 아빠의 역할을 기꺼이 감당한다. 만약 나의 파트너가 좀 더 많은 자유를 원한다면, 내게 의존하지 말고 더 자율적으로 하고 싶은 대로 하도록 기꺼이 허용해 준다. 만약 내 파트너가 좀 더 많은 안전을 필요로 한다면, 당연히 좀 더 보호해 주고 파트너가 확신을 가질 수 있게 도와준다. 또한 파트너가 생애 초기에 겪었던 박탈감을 없애 주기 위해 자발적으로 서로를 돌보아 준다. 즉, 우리가 '사랑에 빠진다는 것'은, 느닷없이 내가 사랑받는 아이가 되고, 가장 이상적일 것 같은 가족과 함께 지내게 되는 것과 같은 것이다.

'사랑에 빠지는' 환상을 품고 키워 가기

　한동안 연인들은 '사랑에 빠지는' 환상에 집착한다. 하지만 상당 부분은 그것을 무의식적으로 연출하는 것이다. 실제로 모든 연인들이 쉽게 빠져들게 되는 무의식적인 연출 중 하나는, 자신이 실제로는 그렇지 못한데도 정서적으로 더 건강한 척하는 것이다. 결국 만약 당신이 파트너에게 요구하는 것이 그리 많지 않다면, 당신의 파트너는 아마도 당신의 삶의 목표가 '누군가로부터 돌봄을 받기보다는, 도리어 다른 사람을 돌보아 주고자 하는 것'으로 아무 부담 없이 생각할 것이다. 이런 상황은 실제로 당신을 '아주 바람직한 사람'으로 만들어 준다. 루이스라고 하는 한 여성은 앞으로 남편이 될 스티브에게, 자신이 얼마나 완전한 짝인지를 보여 주려고 애썼던 일에 대해 말했다. 스티브를 처음 만난 지 몇 주 후에 루이스는 그를 자신의 집으로 초대해서 저녁식사를 함께 하기로 했다. "난 내가 집안일을 잘한다는 것을 과시해 보고 싶었어요. 스티브가 나를 그냥 직장 여성으로만 여기고 있었기 때문에, 사실은 내가 요리도 잘할 수 있다는 걸 꼭 보여 주고 싶었어요."라고 말했다. 또한 루이스는 자신의 삶이 그리 복잡하지 않고 단순하다는 것을 최대한 보여 주고 싶어서, 이전의 결혼에서 낳은 11세 된 아들을 그날 밤에 친구와 함께 지내도록 미리 조치해 놓았다—사랑 게임의 이 단계에서는 인생의 복잡한 것들을 먼저 드러낼 이유가 하나도 없었기 때문이다. 루이스는 또 청소도 철저하게 했다. 메뉴도 그녀가 가장 자신 있게 잘할 수 있는 요리로 단 두 가지만 준비했다. 그리고 모든 방마다 신선한 꽃들로 장식했다. 스티브가 집 안으로 들어올 때, 저녁은 이미 준비되어 있었고, 그녀의 화장도 신선했고, 그리고 클래식 음악이 방 안에 흐르고 있었다. 그러자 이번에는 스티브가 한껏 멋을 내고 기꺼이 도와주는 역할을 했다. 저녁을 다 먹고 난 후엔 자청해서 설거지를 하고 현관의 고장 난 전등을 자신이 고치겠다고 했다. 그날 밤에 두 사람은 서로에게 사랑을 고백했다. 그날 밤이 지난 후에 몇 달 동안 그들은 서로에게 너무나 잘 조절이된 나머지, 혹시라도 자신에게 필요한 요구 사항들이 있더라도 아예 없다고 말할 수 있을 정도가 되었다.

이런 정도의 가식적인 모습은 아주 흔하다. 우리 대부분은 '사랑에 빠지게 되는' 초기단계에서, 서로에게 자신을 가장 이상적인 짝으로 보이게 하려고 많은 노력을 한다. 그러나 어떤 경우에는 이런 기만적 행동의 정도가 거의 극단적인 경우도 있다.

내 내담자 중 한 사람은 '믿을 수 없는 남자'에게 빠진 적이 있었다. 그녀의 이름을 여기서는 그냥 제시카라고 하겠다. 그녀는 두 번의 결혼에 이미 실패한 경험이 있었고, '관계 맺는 일'에 있어서 계속해서 큰 고통을 겪고 있었다. 하지만 결국 자신에게 '전문적인 관계치료가 필요하다'고 확신을 하게 된 계기는, 바로 브래드와 사귀게 되었을 때였다. 처음에 브래드는 제시카에게 완전히 헌신적인 남자인 것처럼 보였다. 일단 그가 믿을 만한 사람이라고 받아들여지자, 제시카는 자신이 이전에 사귀었던 남자들과의 관계에서 겪었던 어려움들을 브래드에게 다 털어놓았다. 브래드는 너무나 측은한 마음이 가득해서 자신만은 제시카를 절대로 떠나지 않을 것이라고 확신시켜 주었다. "만약 우리 둘 중 떠나는 사람이 있다면, 그건 당신일 거예요. 난 언제나 당신과 함께 있을 거니까요!"라고 힘주어 말했다. 그는 어떤 면에서 보더라도, 정말 안정되어 있고 전폭적으로 믿을 수 있을 만큼 틀림이 없는 사람으로 보였다.

두 사람은 거의 여섯 달 동안을 항상 붙어 다녔다. 그리고 제시카는 이 사람과의 관계가 너무나 안전하다고 여겨서 느긋해지기 시작했다. 그러던 어느 날 직장에서 돌아와 보니, 브래드가 써서 꽂아 놓은 메모가 문 앞에 꽂혀 있었다. 그 메모에는 다른 도시에 있는 직장에서 자신에게 더 많은 보수를 제의해 와서 도저히 거절할 수가 없어 떠나게 되었다고 적혀 있었다. 그리고 이런 이야기를 자신이 직접 전하고 싶었지만, 그녀가 너무 화를 낼까 봐 겁이 나서 그렇게 할 수 없으니, 그런 자신을 이해해 주길 바란다고 했다.

제시카가 이 충격에서 조금 회복이 되었을 때, 그녀는 브래드의 절친한 친구에게 전화를 걸어, 그 사람이 브래드에 대해서 알고 있는 것들을 하나도 빠짐없이 낱낱이 얘기해 달라고 요구했다. 그 친구가 하는 말을 듣고 있자니 브래드의 전혀 다른 모습이 보여 너무나 큰 충격을 받았다. 브래드는 그동안 결코 한 도시에 오래 머무른 적이 없었다. 지난 15년 동안 무려 여섯 번이나 이사를 했었고, 결혼도 이미 세 번이나 했었다. 이 모든 것이 제시카는 전혀 모르고 있었던 새로운 사실들이었다. 그것은 '안전하고' 싶어 하는 제시카의 욕구를 알아차렸던 브래드가, 그녀에게 믿을 만한 연인인 것처럼 보이기 위해 최선을 다했던 결과였던 것이다. 이것이 바로 '투사적 동일시(Projective Identification)'라고 하는 심리적 과정이다. 무의식적으로 브래드는, 제시카가 바라는 가장 이상적인 연인의 이미지와 똑같은 사람으로 자신을 동일시한 것이었다. 처음에는 이러한 기만적인 행동이 좋은 의도에서 시작되었을지도 모른다. 아마도 브래드가 처음 관계를 시작했을 때, 그녀의 신뢰와 사랑을 얻은 후에, 그녀를 떠나가겠다는 게 그의 목적은 아니었을 것이다. 그러나 결국 거짓 게임을 계속할 수는 없었던 것이다.

브래드가 떠나간 후에, 제시카는 아무리 생각해도 화를 참을 수가 없었다. 그렇지만 제시카는 화를 내는 대신, 만약에 브래드가 돈을 좀 모으면 아마도 자신을 부르러 사람을 보낼 것이라는 거짓 환상을 꾸며냈다. 그리고 그녀는 전화가 올 것에 대비해 몇 시간씩 전화기 옆에 앉아서 기다렸다. 아니면 편지라도 오기만을 간절히 바랐다. 하지만 그에게서는 아무런 소식도 없었다. "소식을 듣지 못한 게 차라리 기뻐요. 왜냐하면 만약에 연락이 왔더라면 아마도 전 그 사람을 다시 받아들였을 테니까요. 그 사람이 무슨 짓을 하든지 말이에요."라고 어느 날 그녀가 내게 말했다.

제시카의 사례는 부인(Denial)의 고전적인 사례를 보여 주고 있다. 그녀는 브래드가 사실은 아주 미숙하고 믿을 수 없는 사람이라는 것을 받아들이고 싶지가 않았다. 브래드가 기꺼이 그녀를 위해 감당했던 그 역할에 대해서 그녀가 기억하고 있는 것은, 그의 실제 행동 속에 있는 진실보다 더 사실적인 것이었다.

부인(否認)

어느 정도 우리는 어떤 상황에 대처하는 도구로 부인(Denial)을 사용한다. 인생이 우리에게 어려움이나 고통을 제공해 줄 때, 우리는 그 현실을 무시하고 입맛에더 맞는 환상을 꾸며 내려는 경향이 있다. 그러나 연인관계의 처음 단계에서만큼, 이 '부인 기제(Denial Mechanism)'가 완전히 맞물려 있는 시기도 없다.

부부상담을 받으러 온 존은 30대의 남자였는데, '부인'에 아주 능숙했다. 그는컴퓨터 프로그래머였다. 그가 개발한 프로그램은 대단히 성공적이어서, 그는 그것을 기반으로 자기 회사를 설립했다. 상담을 할 때마다 그는 첫 10~15분 동안을 자신이 설립한 그 회사가 얼마나 잘나가는지에 대해 설명했다. 그 대화는 끝날 줄을 몰랐다. 그러다가 눈동자를 굴려서 시선을 피하고 실제로 해야 하는 대화 주제의 언저리를 맴돌았다. 그 주제는 그가 사랑하는 여자 셰릴에 관한 것이었다. 그는 완전히 그녀에게 푹 빠져 있었다. 그리고 만약 그녀가 좋다고만 하면당장이라도 결혼하고 싶어 했다. 그러나 셰릴은 결혼 서약을 거절하고 있었다.

존이 셰릴을 처음 만났을 때, 그녀는 더 이상 바랄 게 없는 최고의 여자처럼 보였다. 그녀는 매력적이고 똑똑했으며 관능적인 기쁨까지 주었다. 그러나 관계를맺은 지 몇 달이 지나자, 몇몇 부정적인 면들이 눈에 들어오기 시작했다. 예를 들면, 함께 저녁식사를 하러 갔을 때, 그녀는 음식과 서비스가 아무리 훌륭해도 항상 불평을 한다는 것을 알게 되었다. 또한 자기의 직장에 대해서도 끊임없이 불평을 늘어놓지만, 정작 근무 환경을 개선하기 위해서 자신이 하는 일이란 하나도없다는 것 또한 알게 되었다.

이러한 부정적인 것들로 말미암아 그녀를 회피하지 않기 위해서, 존은 힘들게 자기 나름대로의 정신 훈련을 하고 있었다. 예를 들면, 그녀와 함께 식사를하러 나갈 때면, 존은 그녀의 불평하는 태도에 초점을 맞추기보다는 다른 주제나 취향에 집중해 보려 했다. 또한 그녀가 자신의 직장에 대해서 사나운 말들을 과격하게 함부로 말할 때는, '그녀가 그렇게도 끔찍한 근무 상황을 잘 참아 내다니 정말 대단한 전사구나.'라고 생각해 보려고 애썼다. 그리고 "아마 다른 사람 같았더라면 벌써 그 직장을 그만뒀을 거야."라고 매우 자부심 가득한 어조로 셰릴에게 말해 주었다.

존이 셰릴에 대해서 정말 괴롭고 힘들었던 것은, 그녀를 보고 싶을 때 볼 수가 없다는 것이었다. 그녀는 언제나 자신을 밀어내는 것처럼 보였다. 그렇게 대략 여섯 달 정도를 만난 후부터는 상황이 더 나빠졌다. 그때 셰릴은, 이제 자기가 '숨 쉴 틈을 좀 가져야만 하겠다.'고 마음먹은 그 주에는 자신을 만나려 들지 말라고 강요했다. 존은 셰릴이 이렇게 공백기를 갖고 싶어 하는 이유 중 하나가, 자신이 아닌 다른 남자와 만나기 위해서라는 사실을 알고는 있었지만, 그녀의 이런 조건에 내키지 않는 동의를 해 주었다. 셰릴은 존이 자신에게 더 많은 자유를 허용해 주는 것 외에는, 두 사람의 관계에 다른 여지가 없다는 점을 분명히 했다.

그 공백을 채우기 위해서 존은, 패트리샤라는 다른 여자와 함께 시간을 보내기 시작했다. 그녀는 셰릴과는 판이하게 다른 여자였다. 헌신적이며 고분고분하고 인내심도 많은 그녀는 존에게 완전히 빠져 있었다. "그녀는 언제라도 저와 결혼하려 할 거예요. 마치 제가 셰릴과 결혼하고 싶어 하는 것처럼 말이에요. 하지만 전 패트리샤에겐 그다지 신경 쓰지 않아요. 같이 지내기에는 그녀가 훨씬 더 편한데, 그녀와 떨어져 있을 땐 그녀에 대한 생각이 하나도 안 나요. 그녀가 거의 존재하지 않는 것 같아요. 내가 이 여자를 이용하는 거라는 생각이 들 때도 있어요. 그렇다고 혼자 있고 싶진 않아요. 그녀가 그 구멍을 채워 주거든요."라고 어느 날 존이 말했다. 그러는 동안 그가 깨어 있는 모든 순간들을, 마음대로 만날 수도 없고 비판만 일삼는 셰릴이 전부 차지해 버렸다. "제가 일을 하지 않고 있을 때는, 전 항상 셰릴에 관해 꿈을 꾸고 있었지요."라고 존이 내게 말했다.

왜 존은 패트리샤의 좋은 매력에 대해서는 그다지 별 반응을 보이지 않는데, 셰릴의 그렇게 좋지 않은 결점들에 대해서는 그렇게도 가볍게 넘어가는 것일까? 비판적이고 밀쳐 내는 속성을 지닌 존의 어머니가 셰릴과 비슷하다는 점은 전혀 놀라운 일이 아니다. 존의 엄마의 얼굴엔 늘 수심이 가득했으며, 그녀는 언제나 존을 외면하곤 했다. 다른 모든 아이들처럼 존은 엄마의 주관적인 상태에 대해서는 잘 알 수도 없었고 관심도 없었다. 그가 알고 있는 모든 것은, 존이 엄마를 필요로 할 때 자신의 필요를 채워 주지 못하는 경우가 자주 있었으며, 그것 때문에 근심과 불안이 자신의 마음 한구석을 가득 채웠었다는 사실이다. 존이 엄마의 뿔따구 난 표정을 알아챘을 때, 엄마의 관심을 끌어 보려고 엄마에게 심술을 부려 본 적이 있었다. 그러자 엄마는 그를 밀쳐 내고 방으로 돌려보내곤 했다. 그런데도 만약 존이 계속 심술을 부리면 그의 볼기짝을 때리고 몇 시간 동안은 아예 말도 붙이지 않았다.

결국 존은 침묵 속에서 고통을 견디는 법을 배워야만 했다. 그는 자신이 금욕적인 태도를 가져야만 한다고 깨달았던 그날을 아직도 생생히 기억하고 있다. 엄마는 소리를 질렀고 머리빗으로 그의 볼기짝을 때렸다. 도대체 엄마가 왜 그렇게까지 화를 냈는지는 알 수 없었다. 그가 기억할 수 있는 것이라곤 다만 그가 받았던 처벌이 너무나 부당하다는 것이었다. 그는 울면서 방으로 뛰어들어갔다. 방으로 가서는 바로 벽장 속으로 들어갔다. 그리고는 문을 닫아 버렸다. 벽장 문 뒤에는 거울이 붙어 있었다. 존은 자신이 불을 켜고 눈물로 얼룩진 자신의 얼굴을 바라보던 것을 기억한다. "내가 여기에서 운다고 해서 나에게 신경 써 줄 사람은 이 세상 어디에도 없어." 그리고 그는 혼잣말로 자신에게 말했다. "또 내가 여기서 이렇게 운다 한들 그게 도대체 무슨 소용이 있겠어?" 잠시 후 그는 울음을 멈추고 눈물을 닦아 내었다. 놀라운 일은 그 후 그는 다시는 울지 않았다는 것이다. 바로 그날, 그는 자신의 슬픔과 분노를 무표정한 얼굴로 덮어 버렸다.

존의 어린 시절의 기억은 존이 셰릴에게 끌릴 수밖에 없는 그 불가사의한 이유를 설명하는 데 도움을 준다. 셰릴이 존이 아닌 다른 남자를 만나려 하거나 또는 존에게 며칠 동안 연락하지 말라고 요구함으로써 존과의 관계가 진전되는 것을 의도적으로 무시할 때, 오히려 존은 그녀와 더 가까워지고 싶은 원초적인 갈망으로 가득 차게 되었다. 그것은 그가 엄마와의 관계에서 경험했던 바로 그것이었다. 사실 존 자신은 그 점을 구별할 수가 없었지만, 무의식적인 수준에서 볼 때, 두 여성 사이에는 공통점이 아주 많다. 사실 셰릴이 갖고 있던 그 냉담함이 존의 내면 속에서 엄마를 향해 있었던 강렬한 갈망을 활발하게 움직이도록 일깨우게 된 것이다. 그의 오래된 뇌에 관한 한 셰릴은 그의 엄마인 셈이고, 그녀로부터 자신을 좋아해 주는 마음을 얻고자 하는 노력들은, 그가 아이였을 때 엄마의 관심을 끌기 위해 울고 소리치던 것의 성인 판이었던 것이다. 이러한 잘못된 동일시를 가리키는 심리학적 용어가 '전이(Transference)'다. 즉, 한 사람의 속성을 택해서 다른 사람에게 덮어씌우는 것이다. 자신의 부모에 대한 감정을 배우자(파트너)에게 전이하는 것은 가장 흔한 것이다. 왜냐하면 우리는 무의식적인 배우자(파트너) 선택 과정을 통해서, 나의 양육자(부모)와 가장 닮은 배우자(파트너)를 선택했기 때문이다. 이제 그들이 해야 할 일이란, 두 사람 사이에서 서로 비슷한 점은 과장하고, 차이가 나는 점은 축소시키는 것뿐이다.

존은 또한 셰릴이 엄마와 닮았다는 점 외에도, 또 다른 이유로 셰릴에게 끌리고 있었다. 그것은 그녀의 예술적 감각이 뛰어나다는 점이다. 존 자신이 스스로를 가리켜 '무딘 사업가'라고 설명한 데 비해서, 그녀의 세련된 안목은 그로 하여금 전혀 새로운 차원의 세계를 열어 주었다. "우리가 함께 드라이브할 때조차도 내 머리는 온통 사업적인 일로 가득하죠. 그런데 셰릴은 나의 관심을 재미있는 건물이나 아름다운 나무에게로 이끌어 주는 거예요. 그러면 그것들이 갑자기 물체가 되어 내 앞에 나타나는 거예요. 그녀가 그런 것들을 내 관심 쪽으로 끌어와 주지 않았다면, 아마도 난 그런 것들을 전혀 보지 못했을 거예요. 그건 마치 그녀가 그것들을 만들어서 내 앞에 가져다 놓은 것만 같았어요. 내가 혼자 있을 때 나의 세계는 온통 회색빛이고 그냥 이차원적이거든요."라고 존이 말했다.

존을 매료시킬 만한 (셰릴이 가지고 있는) 또 다른 요인은, 이건 아마도 존 자신은 맹렬하게 부인할 테지만, 그녀가 신랄하게 비판하는 성격을 가졌다는 사실이다. 그녀의 성격에서 이런 어두운 면은 다음의 두 가지 이유에서 존에게 매우 호소력이 있었다. 첫째는, 이미 앞에서 논의했듯이, 그녀는 존으로 하여금 '화를 내면서 감정적으로 행동하는 사람'인 그의 엄마를 생각나게 한다는 것이다. 그리고 아마도 더 중요한 것으로서 그 두 번째 이유는, 그녀의 성격이 가진 이런 나쁜 기질이 존으로 하여금 자기 자신의 부인된 감정과 다시 접촉할 수 있게끔 도와준다는 것이다. 사실 존 또한 셰릴 못지않게 많은 화를 가지고 있었지만, 그는 고분고분하게 수용하는 표정 뒤로 그 적개심을 감춰 놓았고, 그리고 겉으로는 안 그런 척 포장하는 방법을 터득했던 것이다. 어렸을 때는 이것이 아주 유용한 적응방식이었다. 왜냐하면 그 방식이 엄마의 분노로부터 그를 보호해 주었기 때문이다. 그러나 이제 그가 성인이 되고 나자, 이러한 억압이 그를 반쪽짜리 인간으로 만들어 버렸다. 강한 감정을 느끼고 표현할 수 없으면, 그는 마치 속이 텅 빈 것처럼 느껴졌다. 그러나 셰릴과 함께 있으면 그가 그렇게도 절실히 필요로 했던, 바로 그 '감정적인 카타르시스'를 경험할 수가 있었다. 그래서 그는 스스로 화를 낼 필요가 없었다. 그것은 그의 머릿속에 머무르면서 '엄마의 금지하는 말'(그러니까 어린 존의 짜증이나 화를 용납하지 않았었던—역자 주)을 가져오는 엄마 경찰, 즉 초자아를 일깨웠다. 대신 그는 그녀와 '사랑하는 관계'를 맺음으로써, 다시 한번 자신이 완전한 인간이 될 수 있다는 환상을 가질 수가 있었던 것이다.

우리 각자가 만들어 내는 영화

'투사(Projection)란' 존이 자신의 감추어 놓은 부분인 그의 화를 꺼내서 그의 애인인 셰릴의 것으로 돌리는 것을 설명하는 말이다. 그는 자신의 억압된 분노를 셰릴의 눈에 보이는 화에 투사한 것이다. 존과 같이 박탈된 자아나 잃어버린 자아를 꺼내서, 다른 그림처럼 그것을 쏘아 보낼 때마다, 우리 또한 투사를 하고 있는 것이다. 우리는 사실 우리가 사랑하는 관계에서뿐만 아니라, 언제나 투사를 하고 있다. 나는 전에 달라스에서 보냈던 시절을 기억한다. 그때 나는 집을 제임스라고 하는 정신의학과 의사와 함께 나눠 쓰고 있었는데, 그 집에 여분의 방이 있어서 방을 함께 쓸 다른 사람을 찾고 있었다. 제임스에게는 이제 막 의학 공부를 마치고 개인 병원을 내려고 준비하고 있는 한 친구가 있었다. 그래서 그 친구와 함께 지내는 게 어떻겠냐고 내게 제안을 해 왔다. 나도 그 제안이 괜찮은 것 같은 생각이 들었기 때문에, 내가 그 친구를 같이 만나 볼 수 있도록 제임스가 그를 초대하기로 했다. 그런 일이 있은 며칠 후에 나는 사무실 문을 열다가 우연히 한 남자가 복도를 걸어서 혼자 내려가고 있는 모습을 보았다. 그때 내가 볼 수 있었던 것은 그 사람의 뒷모습뿐이었다. 그런데 그 사람의 걸음걸이에는 뭔가 나를 극도로 거슬리게 하는 점이 있었다. 그 사람은 엉덩이와 머리를 이리저리 흔들면서 걸어가고 있었다. 그 모습이 마치 자신이 온 세상을 다 가지기라도 한 것처럼 보였다. 그 사람은 사실 걷는다기보다는 고문관처럼 어슬렁거렸다. 난 속으로 '아마도 저 사람은 이 세상에서 가장 거만한 인간들 중 하나겠구나. 정말 어떤 인간인지 궁금하네. 생각할 것도 없이 제임스에게 정신과 치료를 받고 있는 내담자 중 한 사람일 게 뻔해.'라고 중얼거렸다.

그런 다음 나는 다시 내 방으로 들어갔다. 그리고 방금 전의 그 일은 잊어버렸다. 잠시 후에 내 방문을 두드리는 소리가 들렸는데, 거기에 제임스가 서 있었고 그리고 그 옆에 방금 전에 복도를 걸어 내려갔던 바로 그 남자가 함께 서 있었다. "어이 하빌, 이 사람이 내가 전에 말했던 로버트예요. 우리 집 남는 방에 세 들어 살고 싶어 한다고 내가 전에 말했던, 정신분석학자라고 했던 내 친구 말예요. 내 생각엔 이 친구와 당신이 함께 점심을 먹으면서 좀 대화를 나눠 보면 좋을 것 같은데요."

그런데 내가 로버트를 직접 정면에서 바라보니, 그의 얼굴에는 미소가 흘러 넘쳤고 아주 기분 좋은 표정이 가득했다. 머리는 깔끔하게 다듬어져 있었고, 희고 검은 턱수염도 단정하게 잘 정리되어 있었다. 그는 눈이 크고 갈색이었는데 뿔테 안경을 쓰고 있었다. 그가 손을 뻗어 내게 악수를 청하면서 말하길, "안녕하세요, 하빌 씨. 이 친구에게 당신에 대한 얘기를 많이 들었어요. 당신은 요즘 아주 흥미로운 일에 빠져 지낸다면서요? 저도 거기에 대해서 좀 알고 싶군요."

난 속으로 '이 친구가 참 말도 멋지게 하고 겸손하기까지 하구나.'라고 생각했다. 이 사람이 정녕, 방금 전에 내가 이 세상에서 가장 거만할 것 같다고 판단했던 바로 그 사람이란 말인가? 그렇게 로버트와 난 점심을 먹으러 밖으로 나갔다. 대화도 참 재미있었다. 결론적으로, 로버트와 나는 좋은 친구가 되었고, 그는 밑을 수 있는 좋은 동료로 여겨졌다. 비록 그에게 거만해 보이는 순간이 있긴 했지만, 나 자신처럼, 그리고 내가 알고 있는 대다수의 많은 사람처럼, 내가 로버트를 처음 보았을 때 그렇게도 강력하게 비추어졌었던 그 부정적인 특징들은 사실, 실제로는 나 자신의 일부였던 것이다. 즉, 나의 거만한 부분들, 그러니까 다른 사람의 아픔에 민감해야만 하고, 남을 잘 돌보아야 하는 '심리치료사로서의 나'의 이미지와는 잘 부합되지 않는 그 부분들—나는 그 부분을 바로 로버트에게 밀어 넣었던 것이다.

　사랑에 빠진 사람들은 이런 투사의 대가들이다. 어떤 부부들은 마치 어두컴컴한 극장에 앉아 아주 희미한 영상들을 서로에게 비추어 가듯이, 정작 서로에 대해서는 잘 알지도 못한 채로 그저 한평생을 살아간다. 그들은 각자가 제작해서 만든 그 영화가 비추는 화면으로 인해, 고생하게 될 사람이 누군지를 알 수 있을 정도로 아주 오랫동안 자신의 영사기를 끄지 않는다. 이와 아주 똑같은 방법으로, 존도 자신의 억압된 분노를 셰릴에게 투사했던 것이다. 설령 셰릴이 실제로 화가 많은 사람이라 할지라도, 존은 그녀의 그런 성격 속에서 자기 자신이 알고있는 자아와는 전혀 어울리지 않는, 그런 '자아 이질적(Ego-Dystonic)'인 자기의 모습을 들여다보게 된 것이다.

'로맨틱한 사랑'에 대한 정의

　만약 우리가 셰릴을 향한 존의 사랑에 대해서, 아주 건조한 심리학적인 용어로 한번 정의를 해 본다면, '사랑은 부인(Denial)과 전이(Transference)와 투사(Projection)의 혼합체'라고 설명할 수 있겠다. 그러니까, 존은 셰릴을 사랑했다. 왜냐하면,

1. 존은 자기 엄마에 대한 자신의 감정을 그녀에게 전이해 놓았다.
2. 존은 또한 자신의 감추어 놓았던 분노를 그녀로부터 드러나는 분노에다 투

사했다.

3. 그리고 또 존은 그녀가 자신에게 야기했던 고통을 부인할 수가 있었다.

사실 우리는 그 사람에게 투사된 이미지와 사랑에 빠지게 되었을 때, '내가 그 사람을 사랑한다고 생각한다.'고 생각한다. 존에게 있어서, 셰릴은 자기 자신의 무의식적인 어린 시절의 갈망을 만족시키기 위한 자원이었던 것이다. 그는 자기의 소망 충족이라는 생각과, 마치 나르시시스트처럼—그녀에게 비추어진 자기 자신의 반사된 모습을 사랑했던 것이다.

프시케와 에로스

낭만적인 사랑에 대한 환상적인 요소는 프시케(Psyche)와 에로스(Eros)의 신화에 매우 아름답게 묘사되어 있다. 그것은 기원후 2세기에 처음 기록된 전설의 원형이다. 이 전설에 따르면, 다음과 같다.

여신 아프로디테(Aphrodite)는 아름다운 소녀 프시케를 질투해서, 그녀가 다스리고 있는 자신의 동족들이 프시케를 사모하고 그녀에게 찬사를 보내는 것에 크게 분노했다. 그래서 아프로디테는 홧김에 프시케를 산꼭대기로 끌어오게 하고, 거기서 끔찍한 괴물과 결혼을 하도록 명령했다. [어떤 신화에서는 이 괴물의 이름을 죽음(Death)의 신이라고 부른다.] 프시케의 부모님과 마을 사람들은 할 수 없이 어린 프시케를 산꼭대기까지 데리고 올라가 바위에 그녀를 묶고, 그녀의 목숨을 운명에 맡긴 채로 몹시 슬퍼하면서 산을 내려왔다. 하지만 괴물이 프시케를 잡으러 오기 전에, 프시케를 불쌍하게 여긴 서풍(서쪽에서 부는 바람)이 부드럽게 그녀를 실어 산 아래 골짜기로 데려가, 아프로디테의 아들인 사랑의 신 에로스의 집에 데려다주었다. 프시케와 에로스는 바로 사랑에 빠졌다. 그러나 에로스는 자기가 신이라는 사실을 프시케에게 알리고 싶지 않았다. 그래서 자신의 진짜 모습을 감추기 위해 어두운 밤에만 그녀를 찾아왔다. 처음엔 프시케도 이런 이상한 상황을 받아들였고, 자신에게 찾아온 새로운 사랑에 행복해하며 멋진 궁궐과 아름다운 정원을 즐기며 지냈다. 그러던 어느 날 프시케의 두 언니가 그녀를 방문했다. 언니들은 프시케의 행운에 질투가 나서 에로스에 대해 꼬치꼬치 캐묻기 시작했다. 하지만 프시케가 질문에 대해 제대로 답을 하지 못하자, 언니들은 그녀가 사랑하는 에로스가 혹시 나중에 그녀를 잡아먹으려고 하는 무시무시한 뱀일지도 모른다는 의심을 프시케의 마음에 심어 놓았다. 그날 밤, 프시케는 에로스가 오기 전에 미리 등불과 예리한 칼을 침대 밑에 감춰 놓았다. 만약 그가 사악한 동물인 것으로 밝혀지면 당장 그 목을 베어 버리겠노라고 벼르고 있었다. 프시케는 에로스가 곤하게 잠들기를 기다렸다가 조용히 등불을 밝혔다. 그리고 좀 더 자세히 에로스의 모습을 살펴보려고 몸을 앞으로 기울이다가 그만, 등불에서 흐른 뜨거운 기름 방울을 그의 어깨 위로 떨어뜨리고 말았다. 깜짝 놀라 깨어난 에로스는 거기에 등불과 칼이 놓여 있는 것을 보고는, 이제 진실을 알게 됐으니 그 벌로 자신이 영원히 프시케의 곁을 떠나겠다고 말하고 창문 밖으로 날아갔다. 프시케는 너무나 괴로워하며 에로스의 이름을 목청껏 외치면서 그를 쫓아갔지만, 도저히 따라잡지 못하고 발이 걸려 넘어지고 말았다. 그러자 순간적으로 그 화려했던 궁궐이며 아름답던 정원 풍경도 다 사라져 버리고, 그녀는 또 다시 황량하고 험난한 그 산꼭대기 바위에 홀로 묶이게 되었다.

　옛날 동화 같은 이야기들이 그렇듯이, 이 전설에도 말하고자 하는 어떤 진실이 들어 있다. 즉, '로맨틱한 사랑'은 무지와 환상을 바탕으로 무럭무럭 성장한다는 진실이다. 연인들이 서로가 자신의 가장 이상형이라는 그런 불완전한 시각을 가지고 있는 동안, 그들은 아직 에덴동산에 살고 있는 것이다. 프시케가 등불을 밝혀서 처음으로 에로스의 모습을 똑똑히 보게 되었을 때라야 비로소, 그녀는 에로스가 황금빛 날개를 가진 웅장한 신이라는 사실을 알게 되었던 것이다. 하지만 여러분과 나의 경우에는, 우리가 등불을 밝혀서 처음으로 우리가 사랑하는 그 사람을 객관적으로 바라보게 되었을 때, 비로소 우리는 우리가 사랑하는 그 사람이 신이 아니라는 사실을 깨닫게 되는 것이다. 아니, 신이기는커녕 내가 그렇게도 고집스럽게 절대로 보고 싶지 않아 했던, 아주 그런 부정적인 측면들만 한데 모아 놓은 것만 같은, 내가 지금까지 거절(부인)해 왔던, 내가 너무나도 싫어하는 온갖 단점들을 다 가진, 너무나도 흠도 많고 탈도 많은, 아주 불완전한 그런 연약한 인간일 뿐이라는 사실을 발견하게 되는 것이다.

제5장
힘겨루기
(주도권 잡기)

나는 당신이 없으면 못 살겠지만, 그렇다고 당신과 함께 살 수도 없다.

―오비디우스(Ovid)

그렇다면 도대체 언제 우리의 이 영원할 것만 같던 '로맨틱한 사랑'이 끝이 나게 되고, 그리고 이렇게도 사랑하는 우리 사이에 그 '힘겨루기'라는 주도권 잡기 샅바 싸움이 시작된다는 것인가? 인간의 행동을 측량해 보고자 하는 다른 모든 시도들이 그렇듯이, 이러한 단계가 언제 나타나게 되는지 그 시점을 정확하게 규명하기란 사실상 불가능한 일이다. 그러나 대부분의 남녀 사이는 서로에게 헌신적으로 몰두하던 그 시기가 어느 정도 지나게 되면, 그들 사이에 눈에 띌 만큼 뚜렷한 변화가 늘 나타나기 마련이다. "나와 결혼해 줘요!" "우리 약혼합시다." 혹은 "우리가 지금까지는 각자 만나는 사람이 있었지만, 이제부터는 정말 우리 둘이 제대로 한번 사귀어 봅시다!" 사실 이런 식의 이야기들이 입 밖으로 나올 때쯤이 되면, 어느덧 사랑을 갈망하는 그 즐겁고도 황홀한 구애의 춤은 이제 그 끝을 향해 달려가고 있는 셈이다. 그리고 연인들은 자신들의 소망 충족 그러니까 그들이 '로맨틱한 사랑'을 하고 있을 때 도취감을 갖게 해 주었던 그 환상에 대해서 이제 더 이상 기대만 하는 것이 아니라, 한번 본격적으로 그것을 실현시켜 봐야겠다고 마음먹게 된다. 그리고는 별안간 자신의 사랑하는 애인이 사실은 그다지 사랑스럽지도 않고, 그렇게 똑똑하지도, 매력적이지도 않으며, 그렇다고 또 그리 재미를 추구하는 사람 또한 아니라는 생각이 번쩍 들게 된다. 그러니까 이제 그들은 자신의 기대 선상에 있던 모든 것들, 즉 그중 일부는 좀 의식적이기도 하지만, 대부분은 인식의 세계를 피해서 저 무의식 아래에 숨어 있었던 그 기대 목록들을, 하나씩 단계별로 모두 충족시켜 보려 하는 것이다.

그렇다면 이렇게 숨겨진 기대 목록들에는 어떤 것들이 들어 있을까? 대부분의 부부들은 두 사람이 함께 살기 시작하자마자, 어디에 따로 뭐라고 분명하게 명시한 적은 없지만, **자신의 파트너(배우자)가 아주 명확한 행동 방침에 따라 잘 맞춰서 움직여 줄 것을 기대한다.** 예를 들면, 어떤 남자는 자기 아내가 집안일도 하고 요리도 하고, 먹을거리를 사러 장도 보러 가고, 빨래도 하고, 집안의 대소사도 챙기고, 가족도 잘 보살피며, 가족들이 필요한 생활용품들도 알아서 그때그때 척척 구입해서 잘 준비해 주는 역할을 **아내로서 당연히 해 줄 것이라고 기대한다.** 이런 **전통적인 역할에 대한 기대** 외에도, 또한 자신이 보고 자라면서 특별히 가지게 된 **자기 자신만의 배우자에 대한 특별한 기대 목록들**을 아주 많이 가지고 있다. 가령, 일요일에는 아내가 자신을 위해서 아주 특별한 아침식사를 준비해 줄 것을 기대한다. 그동안 자신은 느긋하게 신문을 보고, 오후에는 한가롭게 공원 산책을 할 때 아내가 함께 동행해 줄 것을 기대한다. 이러한 모습은 곧 그의 부모님이 일요일을 보내는 방식이었으며, 그리고 만약에 이렇게 익숙한 화음이 똑같이 반복되지 않는다면, 그날을 '잘' 보냈다고 할 수는 없는 것이다.

반면에 아내 또한 남편과 똑같이 아주 길고 긴 자신만의 기대 목록들을 가지고 있는데, 그 목록들은 남편과는 아주 상반되는 것들도 있어서, 서로 충돌을 일으킬 수가 있다. 남편이 차를 관리해 주고, 공과금을 내고, 세금도 계산해 주고, 잔디도 깎고, 집안 구석구석 크고 작은 일들, 고쳐야 할 것들을 손보는 일과 같은, 정말 '남자라면' 당연히 해 줘야 하는 모든 집안일들을 남편이 알아서 책임지고 모두 해 주기를 기대하고 있는 것 외에도, 요리와 쇼핑, 세탁도 남편이 함께 거들어 주기를 바라고 있는 것이다. 그리고 아내 역시 자신의 가정환경과 성장 과정을 통해서 나름대로 생각해 둔, 자신만의 다른 기대들이 있다. 그녀에게 이상적인 일요일이란 남편과 함께 교회에 가서 예배를 드리고, 식당에 가서 아침 겸 점심을 먹고, 오후에는 가까운 친정집을 방문하는 것이다. 하지만 부부들 대부분이 결혼하기 전에는 아무도 자신들이 결혼에서 배우자에게 뭘 기대하고 있는지 이야기조차 해 본 적이 없기 때문에, 각자의 기대는 오히려 부부 간에 긴장과 갈등을 일으킬 수 있는 중요한 원인이 될 수 있다.

그러나 이렇게 의식적·반의식적 기대보다 훨씬 더 중요한 문제는, 사람들이 '사랑하는 관계(혹은 결혼)'에서 서로에게 바라고 있는 무의식적인 기대다. 그중에서도 으뜸가는 최고의 기대는, 그렇게 많고 많은 후보자들 중에서 고르고 또 골라 선택한 나의 파트너(짝, 배우자)가, 나의 부모님과는 전혀 다른 최고의 방식으로 나를 사랑해 주기를 바라는 기대이다. 사람들은, 내가 어린 시절 충족시키지 못했던 나의 미충족된 욕구를 내 배우자가 충족시켜 주고, 나의 잃어버렸던 자아의 일부분도 보완해 주며, 또한 애정을 가지고 일관된 방식으로 나를 보살펴 주고, 내가 필요할 때 내 곁에서 영원히 나를 도와줄 것을 기대한다. 이처럼 우리가 사랑하는 사람에게 가지고 있는 나의 기대와 기대 목록에는 결코 변한 것이 없지만, 그 사람에게 보답하고자 하는 나의 마음은 예전 같지가 않다. 결국 사람들은 나의 파트너가 필요로 하는 것을 내가 돌보아 주고자 사랑하는 관계를 시작하는 것이 아니라, 사실은 파트너를 통해서, 나 자신의 심리적·정서적 욕구를 충족시키고 더 성장시키고 좀 더 발전시켜 보고자 관계(결혼)를 시작하는 것이다. 일단 관계가 안정되는 것처럼 보이면, 우리의 오래된 뇌의 깊숙한 곳에서 심리적인 전환이 일어나, 저 깊숙이 잠복되어 있었던 나의 유아기적 소망들이 하나하나 드러나 활동을 시작하는 것이다. 이것은 마치 상처받은 아이가 그 속에 들어가 앉아 있는 상태와도 같다. 아이는 다음과 같이 말한다. "내가 지금까지 오랫동안 이 사람에게 아주 잘해 주었으니까, 이제부터 얼마 동안은 이 사람이 내 주변에 머무르면서 내게 잘해 주겠지. 그럼 이제부터 이 사람이 과연 나에게 어떻게 보상을 해 줄지 한번 지켜보자." 이렇게 해서 두 파트너는 서로에게 크게 한 걸음 물러서서, 더 이상 아무런 노력도 하지 않은 채로 자신의 배당금이 듬뿍 굴러 들어오기만을 기다리는 상태가 된다.

변화는 갑작스럽게 다가올 수도 있고, 아주 서서히 진행될 수도 있다. 아무튼 두 사람은 어느 순간 두 사람의 분위기가 갑자기 썰렁해졌다는 사실을 깨닫게 된다.

서로의 가려운 등을 긁어 주며 위해 주는 것도 예전 같지가 않고, 신비롭기까지 했던 연애편지도 짧아지고, 사랑의 애무 또한 줄어든다. 두 사람은 이제 더 이상 같이 있을 구실을 찾아내지도 않는다. 오히려 각자 책을 읽거나, TV를 보거나, 친구를 만나거나, 아니면 그저 무미건조한 공상에 잠기거나, 그렇게 빈둥빈둥 시간을 보낸다.

반전 현상: 어떻게 사랑이 변하니?

도대체 왜 이렇게 사랑이 삭막할 정도로 변하게 되었을까? 그 이유는 내 파트너가 사실은 나를 방해할 수도 있다는 아주 괴롭고도 불편한 진실이 드러났기 때문이다. '사랑의 관계' 중 어느 시점에서 두 사람은, 한때는 그렇게도 매력적이라고 여겼었던 파트너(배우자)의 어떤 특성들이, 이제는 자신을 성가시게 만들고 있다는 새로운 사실을 서서히 깨달아 가게 된다. 남편은 아내의 보수적인 성격이―사실은 그것이 그녀에게 매력을 느꼈던 이유 중 하나였는데―이제는 괜히 얌전을 빼고 내숭을 떠는 걸로밖에는 보이지 않는다. 아내는 조용하고 남들 앞에 나서기를 꺼리는 남편의 성향이―한때는 그 남자의 정신적인 바탕의 지표라고 여겼었던, 가장 매력적인 특성이었는데―이제는 그녀를 외롭고 고독하게 만들고 있다는 것을 깨닫게 된다. 남편은 아내의 충동적이고 외향적인 성격 때문에―한때는 그렇게도 신선하다고 느꼈던 것인데―지금은 자신의 고유 영역이 침범당하는 것처럼 느끼고 있음을 발견한다.

이렇게 혼란스러운 반전 현상을 어떻게 설명할 수 있을까? 앞에서 설명했듯이 ―신이 의도했던 대로, 우리는 정신적으로나 영적으로 완전하고 완벽해지기를 바라는 마음에서―어렸을 적 떨어져 나간 나의 존재의 일부를 보완해 줄 만한 파트너를 찾는다. 그리고 마침내 나 자신의 부족한 창조력이나 예리하지 못한 사고력이나, 혹은 무디어진 감수성을 보완해 줄 만한 사람을 찾은 것이다. 그래서 그 파트너와의 결합을 통해서 드디어 나 자신의 감추어진 부분들과 연결이 되는 것 같은 느낌을 갖게 되었다. 처음에는 이런 배합이 효과가 있는 것처럼 보였다. 그런데 시간이 지남에 따라 파트너의 그런 보완적인 특징들이 지금까지 내가 금기했던 내 안의 감정과 속성들을 휘저어 놓기 시작한 것이다.

이런 드라마가 실제로 어떤 식으로 전개되는지를 알아보기 위해, 존의 이야기를 계속해 보자. 앞에서도 말했듯이 존은 아주 성공한 사업가인데, 패트리샤와 만나고는 있지만, 셰릴과 함께하기를 간절히 원하고 있었다. 어느 날, 존은 기분이 너무 좋아서 들뜬 상태로 상담실에 들어왔다. 그날은 보통 때 그러던 것처럼, 자신의 소프트웨어 사업에 대해 15분씩 설명하지도 않고, 곧바로 뛰어들듯이 기쁜 소식부터 전했다. 평소와는 달리 셰릴이 아주 고분고분한 자세로, 앞으로 6개월간 시험 삼아 존과 함께 살아 보기로 결정을 했다는 것이다. 드디어 존이 그토록 꿈꿔 왔던 일이 실현된 것이다.

존의 행복감은 그 후 몇 달 동안 지속되었고, 그 기간 동안 존은 더 이상 자신이 상담치료를 받지 않아도 된다고 스스로 판단했다. (대부분의 내담자들이 그랬던 것처럼, 존 또한 자신이 행복감을 느끼는 한, 자기 문제를 해결하는 데 별 흥미가 없었다.) 그러던 어느 날, 상담 약속 시간을 정하자고 존에게서 연락이 왔다. 그리고 존이 나를 찾아와서 셰릴과 문제가 생겼다고 털어놓았다. 그가 가장 먼저 꺼낸 문제는, 셰릴의 격정적인 개성이 거슬리기 시작했다는 것이다. 존은 셰릴의 그 '주체할 수 없는 감정'이 다른 사람에 대해서 그럴 때, 예를 들면 점원을 호되게 꾸짖거나, 친구와 흥분해서 수다를 떠는 것은 얼마든지 참을 수가 있었지만, 그렇게 주체할 수 없을 정도의 격정적인 감정을 파트너인 자신을 향해 쏟아 낼 때면, 그는 너무나도 당황한 나머지, 그저 도망치고 싶은 마음뿐이라고 했다. "마치 내 두뇌의 회로가 끊어질 것처럼 느껴져요."라고 존이 말했다.

존이 셰릴과 함께하면서 그렇게 몹시 불안했던 이유는, 셰릴이 그의 내면 속의 억압된 분노를 건드리기 시작했기 때문이다. 처음에는 그녀와 함께 있는 것만으로도 자신의 감정과 가까이 마주하는 듯한 느낌이 들어 위안을 받았었다. 하지만 어느 정도 시간이 지나자, 제멋대로인 그녀의 감정 상태가 자신의 심기를 꽤 깊숙이 건드려서, 마치 금방이라도 버럭 성질을 드러낼 것만 같은 정도의 자극을 주었다. 존의 초자아, 즉 화를 내면 절대 안 된다는 어머니의 금기 명령을 곧이곧대로 지켜 왔던 존의 오래된 두뇌는, 그에게 그가 억압해 왔던 본능을 손상시키지 말고 그대로 놔두라고 경고하는 엄청난 오류 메시지를 보내왔다. 그래서 존은 셰릴의 개성을 진정시킴으로써, 자신의 불안을 좀 줄여 보려고 애썼다. "셰릴, 제발 좀 그렇게 감정적으로 굴지 말란 말이야! 자기는 지금 너무나 바보처럼 멍청하게 굴고 있잖아." "진정 좀 하고, 나한테 차근차근 말을 해 봐. 도대체 자기가 무슨 말을 하려는 건지 난 하나도 알아들을 수가 없어." 한때는 그렇게도 매혹적으로 다가왔던 내 파트너의 그 성격을, 이제는 나의 존재를 위협하는 요소로 두뇌가 인식하게 된 것이다.

이처럼 누구나 사랑하는 관계에서 비슷하게, 내 배우자(파트너)가 조금만 덜 섹시하거나 재미를 덜 추구하거나, 혹은 독창적으로 새로운 걸 시도하는 걸 좀 덜 했으면 하고—조금은 덜 전인적이 되었으면—바라게 되는 그런 시점이 있다. 왜냐하면 배우자(파트너)의 이런 기질들이 내 안에 억압된 채 있었던 기질들을 불러내게 될까 봐, 그래서 그동안 내 안에 숨겨 놓았던 자아가 느닷없이 튀어나올 것만 같은 위험을 느끼기 때문이다. 상황이 이렇게 되자 숨어 있던 자아는 내면의 경찰 병력인 초자아를 향해 허둥지둥 달아나 버리고, 당신은 불안에 가득 휩싸이게 된다. 이것은 너무나도 불쾌한 경험이라서, 당신은 당신의 부모가 당신을 억압했던 방식과 똑같은 방식으로 배우자(파트너)를 억압하려 든다. 당신 자신의 존재를 보호하기 위해서, 안간힘을 다해 배우자(파트너)의 실체를 약화시켜 보려는 셈이다.

배우자(파트너)의 보완적인 특성들에 대해서 점점 더 불편함을 느끼게 되는 이런 현상은, 곧 불어 닥칠 폭풍우의 하나의 서곡에 불과하다. 달콤한 사랑에 빠졌을 땐 콩깍지가 씌어서 전혀 보이지 않았던 배우자(파트너)의 부정적인 특성들이, 이제 폭풍의 중심이 되고 있는 것이다. 갑자기 배우자(파트너)의 만성적인 우울증이나, 술버릇이나, 인색한 성격, 책임감 없는 성격이 뚜렷이 눈에 띄게 된다. 마침내 배우자 덕분에 나의 욕구와 필요가 채워지기는커녕, 도리어 내 배우자(파트너)라는 이 사람이, 내가 어릴 적 상처받았던 것과 똑같은 방식으로, 또 다시 나를 아프게 만들 뿐이라는 사실을 실감하게 되면서, 지긋지긋함에 몸서리친다.

고통스러운 현실 잠깐 바라보기: 부모와 닮은 배우자

첫 번째 결혼 초기—정확히 말하자면 사실 신혼여행 둘째 날에—부터 나(하빌)는 이런 **고통스러운** 발견을 했다. 아내와 나는 남부 조지아 해안가에 있는 섬에서 일주일 간의 허니문을 보내던 중이었고, 우리는 함께 해변을 산책하고 있었다. 나는 물 위를 떠다니는 나무들을 쿡쿡 찔러 보고 있었고, 아내는 60~70미터 앞에 떨어져 바닷가 쪽으로 내려가 고개를 푹 숙인 채 조개를 찾느라 몰두해 있었다. 떠오르는 태양을 배경으로 아내의 실루엣이 눈에 들어왔다. 지금까지도 나는 그때 보았던 아내의 모습을 정확하게 기억하고 있다. 아내는 내가 서 있는 쪽으로 등을 돌리고 있었다. 그녀는 검은색 반바지에 빨간색 탑을 입고 있었고, 어깨까지 내려오는 금발머리가 바람에 살랑이고 있었다. 물끄러미 아내를 바라보다가 아내의 어깨가 조금 처져 있는 것이 눈에 들어왔다. 바로 그 순간, 갑자기 나는 **불안감**을 충격적으로 느꼈다. 그리고 바로 뒤이어 '내가 **결혼을 잘못했구나!**' 하는 아주 고약하고 맥이 쭉 빠지는 **깨달음**이 문득 들었다. 그 느낌이 하도 강렬해서, 당장이라도 자동차로 달려가 차를 몰고 달아나 버리고 싶은 충동을 간신히 억눌러야 할 정도였다. 내가 그 자리에서 꼼짝도 못하고 서 있는데, 아내가 나를 향해 미소를 지으며 손을 흔들었다. 마치 악몽에서 깨어난 것 같은 기분이었다. 가까스로 정신을 차려서 나도 아내에게 손을 흔들며 그녀를 향해 달려갔다.

그날의 경험은, 마치 순간적으로 베일이 벗겨져 땅에 떨어지는 것 같았다. 왜 그날 그런 느낌이 들었는지를 정확하게 파악하기까지는, 그로부터 몇 년의 시간이 걸렸다. 내가 상담치료를 받고 있던 어느 날, 마침내 그 해답을 얻게 되었다. 내 상담치료사는 나로 하여금 어린 시절로 되돌아가도록 안내를 해 주었는데, 그의 도움으로 나는 부엌의 마룻바닥에서 놀고 있던 어린 시절의 나를 그려 볼 수가 있었다. 나는 고작 한두 살이었던 것 같았고, 나에게 등을 돌린 채로 난롯가에서 바쁘게 일하고 있는 엄마를 떠올릴 수 있었다. 이런 장면은 그 당시 우리 집에서는 흔히 볼 수 있는 모습이었는데, 나는 우리집에서 아홉 번째 아이인데 다 엄마는 요리와 청소를 하느라 하루에 네다섯 시간은 족히 부엌에서 보내야만 했기 때문이다. 내 눈에는 엄마의 등이 아주 선명하게 보였다. 사라사 천(사람, 꽃, 새 등의 무늬를 여러 가지 빛깔로 날염한 천)으로 만든 옷을 입고 앞치마를 허리 에 두른 채로 난롯가에 서 있는 엄마는 피곤하고 우울해 보였으며, 어깨는 푹 처 져 있었다.

이제 어른의 시각으로 이런 상상의 장면을 바라보고 있노라니까, 그 당시에 엄 마에게는 나를 위해 베풀어 줄 만한 아무런 육체적 · 정서적인 에너지가 없었다는 사실 이 충분히 깨달아졌다. 아버지는 머리를 다쳐서 몇 달 만에 돌아가셨기 때문에 엄마는 비탄에 잠긴 채 홀로 남겨졌고, 돌봐야 할 아이들은 집안에 우글우글한 데 돈도 몇 푼 남아 있질 않았다. 나는 나 자신이 '원치 않는 아이(Unwanted Child)' 처럼 느껴졌다. 그건 엄마가 나를 사랑하지 않아서가 아니라—엄마는 다정하고 애정도 많은 여자였다—몸도 마음도 너무나 지칠 대로 지친 데다, 혼자서 짊어 지고 가야 할 걱정이 너무나도 컸기 때문에, 엄마는 나를 건성으로 돌볼 수밖에 없었던 것이다.

나에게 있어서 이것은 새로운 발견이었다. 상담치료를 받고 있었던 그때까지 만 해도 나는 나의 불안의 원인이 내가 여섯 살 무렵, 너무 어린 나이에 부모님 두 분이 다 돌아가셨기 때문이라고 생각했었다. 그런데 바로 그날, 내가 버림받았다 는 느낌이 그보다 훨씬 일찍 시작되었다는 사실을 깨닫게 되었다. 나는 과거로 돌아 가서 엄마를 소리쳐 불러 보았지만, 엄마는 아무런 대답도 하지 않았다. 나는 너무나 슬픈 나머지 정신과의사 사무실에 앉아 엉엉 소리 내어 울었다. 그리고 그때 또 다른 사실을 깨닫게 된 것이 있었다. 그 신혼여행 둘째 날에, 내게 왜 그런 일이 일어났는지를 갑자기 깨닫게 된 것이다. 내 앞에서 저만치 떨어져서 자기 일에 몰두해 있는 아내, 엄마와 똑같이 구부정하게 어깨가 처져 있는 아내를 바라보 았을 때, 나는 '나의 결혼이 지친 엄마와 함께했던 어린 시절의 반복이 되겠구나' 하는 기분 나쁜 예감이 들었다. 나의 어린 시절의 그 공허함이 계속될 것이라는……. 나는 그것을 소화해 내기가 너무 버거워서 상상의 막을 얼른 내려 버리고 말았다.

대부분의 사람들은 결혼생활의 어느 시점에 이르게 되면, 배우자의 모습을 통해서 어린 시절의 아픈 기억을 생생하게 떠올리게 된다. 그리고 때때로 부모와 배우자(파트너)가 서로 확연하게 닮아 있다는 것이 발견되기도 한다. 예를 들면, 자녀를 학대하는 부모 밑에서 성장한 여성은, 남자 파트너에게서 폭력적인 성향을 발견하는 경향이 많다. 알코올 의존증의 부모에게서 자라난 남성의 경우엔, 어느 날 문득 자신이 알코올 의존증 초기 증상이 있거나 약물중독 성향이 있는 여성과 결혼했다는 것을 발견하게 될지도 모른다. 부모와의 관계에서 왜곡된 엘렉트라 콤플렉스(Electra Complex: 딸이 아버지에게 애정을 품고 어머니를 경쟁자로 인식하여 반감을 갖는 경향을 가리키는 정신분석학 용어—역자 주)를 갖고 성장한 여성은, 어느 날 남편이 몰래 바람을 피운다는 사실을 알게 되고 분통을 터트릴 수도 있다.

그러나 부모와 배우자(파트너) 사이의 비슷한 점은 그것을 구별하기가 그리 쉽지 않다는 것이다. 내담자 중에 결혼한 지 28년 된 버나드와 캐서린의 경우가 그렇다. 버나드는 공기업의 시설 관리자로 근무했었고, 캐서린은 상담 분야에서 학위를 받고자 다시 공부를 시작했다. 둘 사이에는 세 명의 자녀와 한 명의 손주가 있었다.

어느 날 저녁, 매주 한 번 있는 상담 시간에 맞춰 그들이 내 사무실로 들어왔을 때, 두 사람은 모두 마치 짓밟힌 패배자들처럼 보였다. 나는 즉각적으로, 그들이 아주 최근에 '핵심장면(Core Scene)' 가운데 하나를 연출했겠구나 하고 짐작했다. 지난 28년의 결혼생활 내내 정말 셀 수도 없이 아주 미묘한 방법으로, 그 형태를 바꿔 가며 무수히 반복하고 반복해 온 그 싸움 말이다. 대부분의 부부(커플)들은 거의 다 이런 핵심장면들을 가지고 있다. 그렇게 많이 너무나도 반복해서 싸우고 싸워 온 결과, 이제는 그 대사까지 줄줄 외워 버릴 정도가 된 그런 핵심장면 말이다.

이번엔 크리스마스를 대비해 집안을 장식하다가 싸움이 벌어졌다고 말했다. 버나드는 성격상 과묵하고 자기 생각에 조용히 몰입하는 유형이고, 캐서린은 집안을 어떻게 꾸밀지 하나하나 지시를 하고 있었다. 세 명의 자녀들과 며느리, 사위까지 모두가 크리스마스를 함께 보내기 위해 집을 향해 오고 있는 중이었기 때문에, 캐서린은 모든 것을 완벽하게 준비해 놓고 싶었다. 버나드는 캐서린이 시키는 일은 뭐든지 다 꼼꼼하게 하면서도, 늘 그러던 것처럼 머릿속은 줄곧 자기만의 딴생각에 골몰하고 있었다. 한 시간쯤 지났을 때, 버나드는 자기만의 생각에 빠져서, 캐서린이 무슨 말을 해도 귀가 먹먹해져서 잘 들리지가 않았다. 그런데 캐서린은 자녀들에 대해서 그와 좀 이야기를 나누고 싶어 했고, 그가 자기 얘기에 같이 맞장구쳐 주기를 바랐지만, 버나드는 겨우 한두 마디 툭툭 내던질 뿐이었다. 캐서린은 그런 버나드에게 점점 더 화가 났고, 마침내 더 이상 참지 못하고 나무에 전구를 왜 그 모양으로 달아 놨느냐며 빽 소리를 지르고 말았다. "아니, 도대체 당신은 정신을 어디다 두고 일을 하는 거예요? 차라리 그냥 나 혼자 다 하는 게 낫겠어요! 내가 앓느니 죽지, 죽어!" 버나드는 캐서린이 퍼부어 대는 욕과 장황하게 늘어놓는 비난을 고스란히 다 뒤집어쓰고는, 조용히 등을 돌려 뒷문으로 빠져나가 버렸다. 캐서린은 부엌 창가로 갔다. 그리고 닫혀 있는 차고 문 뒤에 서 있는 버나드를 바라보는데, 두 가지의 '**주요한 감정들(Primal Emotions)**'이 가슴 가득히 밀려왔다. 그것은 바로 **두려움**과 **분노**였다. 사실 두려움보다는 분노가 극도로 치솟았다. 이번만큼은 절대로 그가 도망가도록 내버려 두지 않을 작정이었다. 그래서 문을 열고 성큼성큼 나가서 차고의 문을 활짝 열어젖히면서 있는 힘을 다해 소리를 질렀다. "도대체 왜! 당신은 어쩜 그렇게도 날 도와줄 생각이라곤 눈곱만큼도 없는 거죠? 그렇게 차고 안에 들어가서 문만 꼭 걸어 잠가 버리면 다예요? **당신이 언제 단 한 번이라도 내가 정말로 당신을 필요로 했을 때, 날 제대로 도와줘 본 적이 있나요?** 당신 도대체 문제가 뭐예요?"

상담치료사인 나에게 있어서는, 캐서린이 사용한 '언제나'와 '단 한 번이라도'와 같이, 아주 전체를 다 싸잡아서 한꺼번에 평가할 때나 쓰는 그런 단어가 사용된 점이 바로, 그 당시에 그녀가 **퇴행** 상태에 있었다는 것을 알게 해 주는 분명한 지표가 된다. 어린아이들에게는 과거와 현재를 구별하는 것이 어렵다. 아이들의 눈으로 보면, 지금 이 순간에 일어나고 있는 일들은 언제나 과거에도 일어났었고, 앞으로도 언제나 일어날 일이라고 생각하는 것이다. 그러나 버나드는 상담치료사가 아니다. 그는 아내로부터 사면초가에 몰리게 된 남편이었고, 그저 아내의 격렬한 비난의 화살을 피해 좀 조용하고 평화로운 공간을 찾아 도망가는 게 고작이었던 것이다. 버나드의 오래된 뇌는 캐서린의 공격—그러니까 그녀의 공격은 실제로는 어린아이가 울고 떼쓰는 것의 성인 판에 불과한 것이다—에 대해 반격을 시작했다. "당신이 그렇게 잔소리해대는 불평꾼만 아니었더라면, 아마도 내가 당신을 더 도와주었을지도 모르지."라고 그가 되받아쳤다. "당신은 언제나 날 쫓아다니면서 괴롭히고 짖어 대잖아. 단 5분만이라도 제발 날 좀 혼자 내버려 둘 순 없겠어? 제발 날 좀 그만 괴롭히라고, 제발 좀!" 버나드는 부글부글 화가 나서 끓어오르는 분노를 쏟아 냈고, 캐서린은 엉엉 울음을 터뜨렸다.

제3자 입장에서 내가 볼 때, 두 사람이 싸움을 전개하는 과정이 단계별로 뚜렷하게 구분되었다. 싸움의 원인은 대부분 버나드가 움츠러들어서 자기 안으로 파고들어 가기 때문이다. 그러면 캐서린은 버나드로부터 뭔가 반응을 얻어내 보려고 계속해서 바가지를 긁어 댔다. 그러면 버나드는 참을 수 있을 만큼 참고 참다가 도저히 버티기가 힘들어지면, 그제야 겨우 캐서린이 원하는 대로 비위를 맞춰 주고, 그래서 어느 정도 비위를 맞춰 줬다 싶으면 조용하고 평온한 장소를 찾아 다른 방으로 슬그머니 피해 가곤 했던 것이다. 그러면 캐서린은 벌컥 화가 폭발하게 되고, 그러면 버나드도 그에 상응하는 **앙갚음**을 했던 것이다. 그러면 결국 캐서린이 울음을 터뜨린다.

나는 최근에 그들에게 일어난 일을 상세히 다 듣고 난 후에 캐서린에게, 잘 반응해 주지 않는 남편과 함께 크리스마스 휴가 준비를 하면서, 자신의 기분이 어땠는지를 정확히 기억해 줄 것을 요청했다. 그녀는 잠시 동안 조용히 앉아 당시의 감정을 떠올려 보려고 애를 쓰고 있었다. 그러더니 갑자기 당황한 표정으로 나를 올려다보면서 이렇게 말했다. "두려웠어요. 남편이 내게 말을 하지 않아 무서웠어요." 캐서린은 처음으로 자신이 남편의 침묵을 두려워한다는 사실을 깨닫게 된 것이다.

"뭐가 그렇게 무서웠나요?" 내가 물었다. 그녀가 재빠르게 대답했다. "그가 나를 해칠까 봐 무서웠어요."

버나드가 눈을 휘둥그레 뜨고 캐서린을 올려다보았다. 내가 말했다. "그렇다면, 이 문제를 버나드에게 직접 확인해 봅시다. 버나드 씨, 당신이 부엌에 있었을 때, 당신은 캐서린을 해치려는 생각을 하고 있었나요?"

"네? 내가 캐서린을 해친다고요?" 몹시 놀란 기색이 역력한 채 그가 말했다. "내가 내 아내를 해치다니요? 난 지금까지 내 평생을 두고 단 한 번도 아내에게 손끝 하나 댄 적이 없는 걸요. 그 당시에 저는 그저 제 생각에만 몰두하고 있었어요. 제가 좀 더 정확하게 그 당시를 기억해 본다면, 저는 그때, 그러니까 봄이 되면 새 지붕을 얹어야 되겠다고 걱정하고 있었어요. 사실은 우리 집 지붕에 물이 새거든요. 그리고 아마 제 사무실 일에 대해서도 좀 생각을 했던 거 같아요."

"정말 말도 안 돼요. 당신 그날 나한테 얼마나 화가 나 있었는데요. 아니에요?" 캐서린이 물었다.

"그래, 맞아. 당신이 날 계속 비난해대니까 짜증이 나긴 했지. 하지만 난 그냥 그 자리를 좀 벗어나고 싶었을 뿐이야. 온종일 그렇게 당신한테 바가지나 긁히고 있느니, 차라리 차고에 가서 내 프로젝트나 생각하고 있는 게 더 낫겠다고 생각하면서 말야."

"그거 봐요. 내가 보기에 당신은 언제나 나한테 화가 나 있어요. 그러니까 결국엔 더 이상 참지 못하고 버럭 화를 내잖아요."

"그래 맞아. 내가 화를 낸 건 사실이지. 하지만 그건 당신이 두세 시간 동안이나 계속해서 바가지를 긁어 댄 후라고. 아니, 그렇게 옆에서 계속해서 잔소리를 해대는데 화를 내지 않고 버틸 사람이 이 세상에 어디 있냐고. 내가 처음부터 화를 내는 게 아니잖아."

이건 내 생각과도 같았다. 버나드가 폭력적인 남자로는 보이지 않았다. 나는 "캐서린, 잠시 동안 눈을 감고, 버나드가 당신에게 아무런 반응을 보이지 않으면 당신이 왜 두려움을 느끼게 되는지를 한번 생각해 보세요."라고 캐서린에게 말했다.

30초 정도가 지난 후에 캐서린이 다시 말했다. "잘 모르겠어요. 전 그냥 그런 침묵이 싫어요." 그녀는 그게 과연 무엇 때문에 그런 것인지, 더 깊이 들여다보고 통찰해 보는 것을 힘겨워하고 있었다.

"자, 그럼 잠시 동안만 눈을 감아 보시고요. 지금 그 생각과 그대로 머물러 있는 상태에서, 당신이 어렸을 때 혹시 그런 침묵과 관련해서 어떤 일이 있었는지 한번 떠올려 보세요."

방 안은 조용했다. 그때 캐서린이 가쁘게 숨을 몰아쉬며 눈을 떴다. "우리 아버지예요! 지금까지 전 한 번도 이렇게는 생각해 본 적이 없었어요. 아버지는 가끔씩 깊은 우울에 빠져들곤 했어요. 그러면 정말 몇 주 동안은 단 한마디도 안 했어요. 그래서 만약 아버지가 그런 상태일 때면, 아버지를 조금이라도 귀찮게 하면 안 됐어요. 왜냐하면 만약 내가 뭐 하나라도 잘못하면 아버지가 저를 때렸거든요. 그래서 아버지가 우울해지기 시작했다는 걸 아는 순간부터 전 거의 공포에 떨었지요. 그때부터 당분간 아주 힘든 시간을 보내게 되리라는 걸 즉각 알았으니까요."

캐서린의 아버지와 그녀의 남편은 아주 중요한 성격적 특성이 서로 비슷했는데—두 사람 모두 아주 오랫동안 침묵을 지키는 성향이 있었다—의심할 여지없이, 바로 이 점이 캐서린의 마음이 버나드에게 끌렸던 이유 중 하나였던 것이다. 캐서린은 아버지와 닮은 버나드를 남편으로 선택했다. 그래서 학대받았던 어린 시절의 두려움을 해결해 보고자 했던 것이다. 그래서 캐서린은 말이 많고 외향적인 사람과 결혼하지 않고, 아버지의 부정적인 특성을 지니고 있는 사람을 남편으로 선택해서 어린 시절의 상황을 재연함으로써, 그때는 받지 못했던 변함없는 사랑과 친절함을 다시 얻고자 계속해서 몸부림치고 있는 것이다. 그러나 버나드는 겉으로만 캐서린의 아버지를 닮았을 뿐이다. 그가 말이 없었던 것은 내성적인 성격 때문이지, 캐서린의 아버지처럼 우울하거나 화를 잘 내는 성격이라서 입을 다물고 침묵하는 게 아니었던 것이다. 정작 남편을 정말 화가 나게 만드는 것은, 캐서린의 끊임없는 잔소리였다.

이런 현상을 수많은 내담자들에게서 흔히 볼 수가 있다. 그들은 배우자의 특성이 사실 자기 부모의 특성과 그렇게 같지 않은데도 불구하고, 마치 배우자와 부모가 똑같은 사람인 양 배우자에게 반응하는 것이다. 아직까지 해결되지 않은 자기 자신의 미해결과제를 완수해 보고자 하는 그 필요성 때문에, 사실상 자기 배우자에게는 있지도 않은 자기 부모의 특성을 투사하곤 한다. 그래서 마치 자기 배우자에게 그런 부모의 특성이 있기라도 한 것처럼 배우자를 몰아붙임으로써 어떻게든 자신이 원하는 반응을 얻어 내고자 하는 것이다. 내 동료의 주장에 따르면, 사람들은 "이마고 짝을 찾아내서 투사하거나 혹은 그들을 자극한다."

내가 만든 영화, 제2부

이번 장에서, 우리는 지금까지 힘겨루기(주도권 잡기)에 불을 붙이는 두 가지 요인에 대해서 이야기했다.

1. 내 배우자(파트너)는 나의 내면의 감추어진 부분들을 들춰내서 나를 불안하게 만든다.
2. 내 배우자(파트너)는 나의 부모와 똑같은 부정적인 특성을 가지고 있거나 가지고 있는 것처럼 보이며, 거기에 한 걸음 더 나아가서 나의 오래된 상처들까지 다시 건드려서 나에게 상처를 주는 것뿐만 아니라, 내 무의식 깊숙이 박혀 있는 죽음에 대한 두려움까지 일깨운다.

이제 힘겨루기(주도권 잡기)의 세 번째, 마지막 양상에 대해 주목해 보자. 이 앞 장에서 나는 '로맨틱한 사랑'의 행복한 느낌은, 대부분 우리의 이마고의 긍정적인 양상을 파트너(배우자)에게 투사하는 데서 온다는 사실을 설명했다. 다시 말해서, 우리는 파트너(배우자)를 보면서 우리 부모의 모든 좋은 점들을 다시 발견하는 것이다. 또한 우리 자신의 좋은 점들이긴 하지만, 억압된 부분들도 함께 발견한다. 힘겨루기(주도권잡기) 단계에서도 과거에 대한 영사기를 돌리는 건 여전하지만, 이번에는 필름을 바꾸어서, 거부된 나의 부정적인 특성들을 투사하기 시작한다.

이처럼 거부된 부정적인 특성들을 제2장에서 '거부된 자아'라고 정의했었다.

그 장에서, 모든 사람은 저마다 자기 본성의 어두운 면, 즉 존재에서 무시하려고 애쓰는 부분들을 지니고 있다고 설명했던 것을 기억할지 모르겠다. 이러한 부분들은 대체로 어린 시절에, 우리가 상처에 적응하느라 생기게 된, 나의 존재의 한 단면이라고 할 수 있겠다. 또한 사람들은 부모를 관찰하면서 부정적인 특성 또한 전수받는다. 설령 내가 부모의 어떤 특성들을 좋아하지 않는다 하더라도, 소위 '동일시'라고 하는 과정을 통해서, 이러한 특성들을 우리도 모르게 무의식적으로 나 자신의 것으로 '내면화'하게 된다. 예를 들면, 비판적인 아버지의 성격과 스스로를 업신여기는 어머니의 성향은 자녀들에게 그대로 전수된다. 그러나 자녀들이 자기 자신을 보다 깊이 인식하게 되면, 이러한 특성들이 자신들이 부모로부터 보고 싶지 않아 했던 부정적인 특성들이라는 사실을 깨닫게 되고, 어떻게든 그런 면들을 부정해 보려 온갖 애를 쓰는 것이다.

자, 재미있는 건 이제부터다. 이러한 부정적인 특성들은 그 자녀들에게서 분명하게 드러나게 될 뿐만 아니라—그것을 거부하거나 부정하느라고 알아차리지도 못하겠지만—자녀들이 성장하면서 장래 짝이 될 사람에게 혹시 이러한 특성들이 있나 없나부터 찾아보게 된다. 왜냐하면 이러한 부정적인 특성들이야말로, 자신의 이마고에 반드시 있어야만 할 필수 항목이 되기 때문이다. 그러므로 '이마고는 이성에 대한 내적 이미지인 동시에, 거부된 자아의 표상이기도 한 것이다.'

이처럼 불가사의하고 복잡한 심리 현상을 이해하는 데 도움이 될 만한 한 가지 사례를 살펴보기로 하자. 나(하빌)는 여기에서 릴리안이라고 부르게 될 한 젊은 여성을 여러 해 동안 상담을 하고 있었다. 그녀가 아홉 살 때 부모님이 이혼을 했고, 어머니 혼자서 그녀와 열두 살이던 그녀의 언니인 준에 대한 양육권을 가졌다. 어머니는 이혼한 지 일 년 후에 다시 재혼을 했는데, 새아버지는 준과 잘 지내지 못했다. 새아버지는 준에게 항상 소리를 질러 댔고, 아주 사소한 실수에도 벌을 주었다. 일주일에도 몇 번씩이나 그의 분노는 터져 나왔고, 준을 방으로 끌고 들어가 혁대로 때렸다. 그럴 때면 릴리안은 문 밖에 서서 준이 혁대로 맞는 소리를 들으며 분노와 공포에 치를 떨어야 했다. 그녀는 새아버지를 지독하게 혐오했다. 그런데 놀랍게도 릴리안이 준과 단 둘이 있을 때에, 그녀 자신도 언니인 준을 새아버지와 다를 바 없이 아주 경멸하는 태도로 대하게 되는 것이었다. 그러니까 새아버지로부터 들었던, 자신에게도 그토록 상처가 되었던 그런 욕설들을 자기 자신도 똑같이 언니 준에게 퍼붓고 있었던 것이다.

그렇게 언니에게 상처를 주었다는 사실이 릴리안에게는 너무나 고통스러운 일이었기 때문에, 그녀는 이 일을 무의식 속으로 억압해 버렸다. 이 일을 기억할 수 있었던 것도 상담치료를 받은 지 거의 일 년이 지난 뒤였다. 그 일을 기억해 내고도, 마침내 나를 믿고 그때의 일을 내게 털어놓는 데까지는 한참의 시간이 더 걸렸다. 그녀가 나를 신뢰하고 그런 이야기까지 털어놓았기 때문에, 나 또한 그녀가 새아버지의 긍정적이고 부정적인 특성을 모두 지니게 된 것이, 우리 인간으로서는 어쩔 수 없는 일이라는 점을 이해시켜 줄 수가 있었다. 새아버지는 집안에서 가장 지배적인 영향력을 가지고 있었기 때문에, 그녀의 무의식 속에서는 가장 크게 화를 내는 저 사람이 가장 강력한 힘을 가지고 있는 사람이라고 깊이 각인을 해 놓는 것이다. 따라서 분노와 경멸은 아주 중요한 생존 기술이 될 수밖에 없었던 것이다. 그래서 시간이 지날수록, 이러한 성격적인 특성은 교묘하게 릴리안 자신의 기본적인 성품으로 자리매김하게 되었다.

나중에 릴리안이 어른이 되어서 결혼할 대상을 만났을 때, 새아버지의 성격적 특성 중에서도, 특히 폭발적인 분노를 가진 남자와 사랑에 빠지는 것은 피할 수 없는 당연한 일이었다. 왜냐하면 바로 이것이 그녀를 가장 위협해 왔었던 새아버지의 일부분이었으니 말이다. 사실 릴리안이 상담치료를 받기 위해 나를 찾아온 이유도, 남편이 신체적으로 그녀를 학대했기 때문이었다.

상담을 시작한 지 약 2년 정도 되었을 때, 릴리안은 자신이 그토록 오랫동안 혐오해 왔던 새아버지의 분노가, 사실은 자신이 남편으로부터 남성적인 매력을 느끼게 했던 무의식적인 요소와 관련이 되어 있다는 것과―훨씬 더 놀라운 사실은―사실은 이 부분이 자신의 성격 중에서 자신은 전혀 그렇지 않다고 부인했던 자기 자신의 일부였다는 사실을 마침내 이해할 수 있게 되었다. 그러므로 특별히 이 사례에서 나타나는 이마고의 특성은 남편의 표상일 뿐만 아니라, 내 존재의 한 부분으로 받아들여지지 못하고 부인된 나 자신의 일부분이기도 한 것이다.

실제로 모든 사랑의 관계에서, 나는 이와 비슷한 경향들을 보게 된다. 사람들은 자기 자신이 거부하고 싶은 부정적인 특성들을 파트너(배우자)에게 투사함으로써 그 특성을 거부하고자 한다. 이것을 다른 말로 설명한다면, 사람들이 자기 파트너(배우자)를 보면서 비판하는 것들은 모두 다, 사실은 나 스스로가 내 존재의 일부가 되기를 거부했고 싫어했던, 그런 부정적인 특성들인 셈이다. 그런 부정적인 특성들을 골라 그것을 파트너(배우자)에게 전가시키는 것은, 나 자신의 바람직하지 않은 부분들을 아주 애매모호하게 만들어 버리는 아주 효과적인 방법이다.

이제 우리는 힘겨루기(주도권 잡기)를 구성하는 세 가지의 주요 갈등 요인을 다음과 같이 규정할 수 있다. 로맨틱한 사랑의 환상이 서서히 사라져 감에 따라, 두 파트너(배우자)들 사이에는 이러한 현상들이 나타나기 시작한다.

1. 서로에게 억압되어 있는 행동과 감정을 자극하여 흔들어 놓는다.
2. 상대방의 어린 시절의 상처에 또 다시 상처를 입힌다.
3. 자기 자신의 부정적인 특성을 상대방에게 투사한다.

이 모든 상호작용들은 무의식적으로 일어난다. 사람들이 알고 있는 것은 그저 혼란스럽다는 것이고, 화가 나고 불안하며, 우울하고, 자신이 사랑받지 못하고 있다고만 느낄 뿐이다. 그리고 이 모든 불행이 다 배우자(파트너) 때문이라고 비난하는 것도 어쩌면 당연하다. 그렇다면 그 사람이 이렇게 변해 버린 것이냐면, 그런 것은 아니다. 그 사람은 전혀 변하지 않았다. 그 사람은 그때나 지금이나 똑같은 사람이다. 변한 것은 그 사람이 아니라, 바로 당신 자신이다.

사랑이라는 무기

부부관계(연애관계)에서 아주 절망적인 상태에 빠진 부부(커플)들은, 배우자(파트너)가 어떻게든 자기를 더 사랑하게 만들어 보려고 온갖 부정적인 술책들을 사

용하기 시작한다. 상대방을 향한 애정은 억제하고 도리어 감정적인 거리를 두려고
한다. 툭하면 짜증을 부리고 비판적이 되며, 배우자(파트너)를 공격하고 비난한
다. "당신은 도대체 왜 그래?" "왜 당신은 항상 그런 식이야?" "어째서 당신은 ～
를 안 하는 건데?" 그들은 배우자(파트너)로 하여금, 상대방의 이마고 특성 목록
들 중에 혹시라도 들어 있을지도 모를 단 하나의 긍정적인 특성이라도 끄집어내 그
것을 자기에게 표현하도록 만들기 위해, 그래서 배우자(파트너)로부터 따뜻하고 공감적
인 반응을 얻어 내기 위한 정말 필사적인 노력으로, 이처럼 날카로운 말들을 마치 돌
멩이를 상대방에게 계속 집어던지듯이, 배우자(파트너)에게 죽어라고 퍼붓고 있
는 것이다. 마치 내가 배우자(파트너)에게 도저히 견딜 수 없을 만큼의 힘든 고통을 안겨
주게 되면, 배우자(파트너)가 예전에 나를 사랑해 주던 그 모습으로 다시 돌아올 것이라
고 믿는 것처럼 말이다.

내가 배우자(파트너)에게 계속 상처를 주면, 그 사람이 나를 좀 더 따뜻하게 대해 줄 것
이라고 믿게 된 이유는 무엇일까? 차라리 배우자에게 내가 원하는 그것을 달라고,
더 많은 애정과 관심을 내게 달라고, 좀 더 날 사랑해 달라고, 아니면 내게 좀 더
자유를 달라고, 내가 원하는 그것이 무엇이든 간에, 거기에 대해서 좀 더 솔직하
게 말하는 게 낫지 않을까? 왜 그렇게 쉽게 서로에게 말로 표현하지 못하는 것일
까? '이마고커플스워크숍'을 진행하던 어느 날, 나는 참석자들에게 이 질문을 큰
소리로 물어보았다. 이것은 단순히 사람들의 설득을 얻어 내기 위해 묻는 그런
수사적인 질문이 아니었다. 사실은 나 자신이 정말 궁금해서 물어본 질문이었는
데, 아무리 생각해도 나는 그 답을 알아낼 수가 없었다. 그러던 중 우연히 아기들
에 대한 설명을 하는 도중에, 아기들은 뭔가가 힘들면 본능적으로 일단 울기부
터 시작하며 반응한다는 말이 떠올랐다. 그 순간 갑자기 번쩍하며 답이 생각났
다. 이번에도 역시 우리의 '오래된 뇌'에게 그 답(책임)을 물어야만 하는 것이었
다. 아기였을 때 우리는, 엄마로부터 보살핌을 받기 위해 귀엽게 미소 짓지 않았
었다. 그렇다고 내가 어디 어디가 불편하다고 꼭 집어서 말로 표현할 수도 없었
다. 우리는 그저 입을 벌려서 울어 젖혔을 뿐이었다. 그리고 우리가 그렇게 더 크
게 울며 소리를 지르면 지를수록 엄마가 더 빨리 와 준다는 것을 배우기까지는, 사실

그리 많은 시간이 걸리지 않았다. 그래서 이런 방법이 성공하자, 우리는 이 전략을 우리 뇌의 기억창고 속 깊숙이 각인시켜 놓았다. 그러니까, 내가 어떻게 해야 이 세상이 나의 필요(욕구)에 대해 응답해 주는지를 저장해 놓은 것이다. 네가 좌절을 겪을 때면, "네 주변 사람들을 자극하고 화나게 해. 누군가 널 구하러 달려올 때까지 최대한 그들에게 기분 나쁘게 굴란 말이야."라고 말이다.

내가 힘들다는 것을 알리고자 하는 이런 유치한 구조 신호는, 힘겨루기(주도권 잡기)에 여념이 없는 대부분의 커플(부부)들에게 나타나는 아주 공통적인 특징이다. 이와 관련하여, 내 기억에 뚜렷이 남아 있는 한 가지 사례를 설명하고자 한다. 몇 년 전에 나는 결혼한 지 25년이 된 한 부부를 상담한 적이 있다. 남편은 자신의 아내가 아주 이기적일 뿐만 아니라 자기에게 보복하고자 하는 복수심에 빠져 있다고 확신하고 있었다. "이 여자는 제 생각이라곤 눈곱만큼도 안 해요." 그는 아내가 자신을 얼마나 무시하는지를 무수한 예를 들어 나열해 가며 불평을 터뜨렸다. 그러는 동안 아내는 남편의 말이 틀렸다는 태도로 의자에 앉아 말없이 고개를 가로젓고 있었다. 그리고 남편의 말이 끝나자마자, 이번엔 아내가 의자에서 몸을 빼 앞으로 나오면서 아주 강하고 진지한 목소리로 내게 말했다. "제발 제 말을 좀 믿어 주세요. 저는 정말 남편을 기쁘게 할 수 있는 일이라면 뭐든지 다 하고 있어요. 저는 저 사람을 기쁘게 해 주려고 제가 할 수 있는 건 전부 다 했어요. 남편의 필요에 따라서 때론 남편과 함께하는 시간을 더 많이 보내기도 하고, 덜 보내기도 했어요. 이번 겨울엔 남편 때문에 심지어 스키까지 배웠다고요. 전 원래 추위라면 딱 질색인데 말이에요. 근데 그게 다 무슨 소용이 있겠어요? 남편을 행복하게 해 주려고 제 딴엔 정말 별별 짓을 다 해 봤지만, 아무 소용도 없는 짓이었다고요!"

나는 남편이 이런 궁지에서 벗어나도록 도와주기 위해서, 남편으로 하여금 아내가 남편인 자신을 기분 좋게 해 줄 수 있는 일 한 가지를, 아주 구체적으로 아내에게 직접 얘기해 보도록 요청했다. 아내가 그것을 해 주면 내가 정말 사랑받고 있다고 느낄 것 같은 일 한 가지, 그러니까 좀 더 실제적이고, 아내가 마음만 먹으면 바로 행동으로 옮길 만한 것으로서, 구체적으로 측정이 가능한 것으로 아내에게 말해 보도록 했다. 그러자 그는 헛기침을 하며 우물쭈물 망설이더니 잔뜩 볼멘 목소리로, "아니, 나하고 결혼생활을 한 지가 25년이나 됐는데도, 지금껏 내가 뭘 원하는지도 모른다는 게 어디 말이 되는 거예요? 그게 바로 나한테 아무런 관심도 없다는 증거지 뭐겠어요? 한마디로 이 여자는 내 생각이라곤 눈곱만큼도 안한다니까요!"

다른 사람들과 마찬가지로 이 남자 역시 유아기적인 수준의 세계관에 매달려 있는 것이다. 그가 요람에 누워 있는 아이였을 때, 내가 뭔가를 필요로 할 때면, 언제든지 엄마가 나에게 몸을 기울여서 내게 뭐가 필요한지 척척 알아내서 알아서 다 해 주던, 그런 커다란 존재로서 경험을 했던 것이다. 내가 필요한 것들에 대해서, 내가 말 한마디 하지 않아도, 그저 때가 되면 착착 다 알아서 젖도 먹여 주고, 옷도 입혀 주고, 몸도 씻겨 주던 그런 보살핌을 받았었다. 우리가 말하는 법을 배우기도 전 발달단계에서 오래전에 이미 학습된 이 강력한 교훈은, 그의 마음속에 영원히 지워지지 않을 만큼, 아주 강하게 각인이 되어 있었다. 우는 것 말고는 달리, 손가락 하나 까닥하지 않아도, 내가 무엇을 필요로 하는지를 딱 알아차려서 그것을 나에게 주도록 되어 있었다. 그가 어렸을 때는 이런 대응 방식(우는 것)이 효과를 매우 잘 발휘했었지만, 그러나 어른이 된 지금에 와서는 그가 필요로 하는 것들이 훨씬 더 복잡해졌다. 더군다나 그의 아내는 요람 주변을 오가며 헌신적으로 그를 돌보아 주던 그런 엄마가 결코 아닌 것이다. 게다가 이 아내 역시, 결코 남편에 못지않은—남편이 알면 정말 깜짝 놀라 기절초풍을 할 일이겠지만—자기만의 요구 사항과 기대들을 잔뜩 가지고 있는 것이다. 그리고 또 아내는 사실 남편을 정말 행복하게 해 주고 싶긴 하지만, 정작 자기가 뭘 어떻게 해야 남편이 행복해하는지 그 방법을 잘 몰랐기 때문에, "이게 당신이 원하는 그거 맞아요? 아니면 이게 맞나요? 아니에요?"라고 하나하나 물으면서 하나씩 알아맞혀야만 하는 '성인판 당나귀 꼬리 붙이기 놀이(술래가 눈을 감은 채로 당나귀 그림에 꼬리를 붙여서 나중에 완성된 그림을 보고, 누가 더 잘했는지를 겨루는 게임—역자 주)'를 하는 수밖에 없는 것이다.

커플(부부)들이 내가 무엇을 원하는지 표현을 하지도 않으면서, 내 파트너가 내가 원하는 것을 알아서 해 주지 않는다고 끊임없이 비방을 한다면, 사랑하고 협력하는 마음이 사라지게 되는 건 당연한 일이다. 대신 그 자리에, 어떻게든 내가 이 힘겨루기에서 이겨서 주도권을 잡아, 상대방이 내 요구 사항을 들어주지 않고는 견딜 수 없게끔 만들고야 말겠다는, 그런 무시무시한 마음이 들어서게 된다. 그러고는 파트너가 자신의 필요를 채워 줄 수밖에 없도록 만들기 위해 안간힘을 쓰게 된다. 그래서 만약에 배우자(파트너)가 새로운 적의를 다지며 아무리 반격해 와도, 거기에 절대로 굴하지 않고 견뎌 내려 한다. 도대체 우리는 왜 그러는 걸까? 그 이유는 우리의 무의식 안에서는, 만약에 나의 욕구(필요)가 채워지지 않는다면 나는 죽어 버릴지도 모른다는 크나큰 공포를 느끼고 있기 때문인 것이다. 이것이 바로 프로이트가 말한 '반복적인 강박(Repetition Compulsion)'의 아주 전형적인 예다. 반복적인 강박이란 아무런 효과도 없는 행동을 자꾸 되풀이하는 성향을 말한다.

어떤 커플(부부)들은 평생을 으르렁거리며 서로에게 적의를 보이면서 살아간다. 그들은 상대방의 방어막을 꿰뚫을 수 있는 능력을 갈고 닦아서 어떻게든 배우자의 영혼에 타격을 입히고야 만다. 그 결과, 그 분노가 폭발해서 폭력으로 이어지는 일이, 사실은 놀랄 만큼 우리 주변에서 흔히 일어난다.

힘겨루기(주도권 잡기)의 단계

힘겨루기(주도권 잡기)에 빠져 있을 때는, 삶이 참 혼란스럽다. 판단 기준도 없어지고, 이런 상태가 언제 어디서부터 시작됐는지, 또 언제 끝이 날는지 전혀 감이 잡히지 않는다. 그러나 멀찌감치 거리를 두고 바라보게 되면, 사실 힘겨루기(주도권 잡기)는 앞으로 어떻게 진행될지 예측이 가능한 몇 가지 과정을 밟는다. 공교롭게도, 이것은 마치 죽음을 눈앞에 둔 사람이나 가까운 사람의 죽음을 지켜보는 사람이 경험하는 슬픔의 과정과도 아주 흡사하다. 하지만 이 죽음은 실제 사람의 죽음이 아니다. 그것은 로맨틱한 사랑이라는 착각의 죽음일 뿐이다.

우리는 가장 먼저, 충격을 받는다. 창문이 열리고 고통스러운 생각들이 나의 의식 속을 파고들면서, 무시무시한 진실의 순간을 맞이하게 된다. 그리고 이렇게 외치게 된다. "이 사람은 내가 결혼하려고 생각했던 그 사람이 아니야." 바로 그 순간에, 나의 결혼생활이 내가 어린 시절에 겪었던 그 고통과 외로움의 연장전이 될 것이라는 놀라운 예감이 든다. 이제 그토록 오랫동안 고대해 오던 나의 치유는 한낱 환상으로 끝이 나게 된다.

그리고 충격에 뒤이어 부정을 하게 된다. 너무나 실망이 큰 나머지, 우리는 도저히 이 사실을 받아들이려고 하지 않게 된다. 어떡하든 배우자(파트너)의 부정적인 특성들을 긍정적인 차원에서 바라보려고 최선을 다해 본다. 하지만 아무리 부인하고 또 부인해 봐도, 더 이상은 버텨 내기가 어려워지고, 결국엔 배신감을 느끼게 된다. 그래서 우리는 사랑에 빠지게 됐던 그 이후로 그 사람이 완전히 변해 버렸다고 믿거나, 아니면 내가 지금까지 그 사람의 진짜 인간성을 모르고 속아 왔던 거라고 생각한다. 그리고 당신은 고통스러워한다. 그리고 당신이 얼마만큼 고통스러운가는 당신이 처음 사랑에 빠졌을 때, 당신의 배우자(파트너)에게 품었던 그 환상과 가장 최근에 드러난 배우자(파트너)의 실체와의 차이, 그 괴리감의 정도에 비례한다.

힘겨루기(주도권 잡기) 과정의 세 번째 단계인 분노의 단계를 다 빠져나오게 되면, 마음의 독기가 점점 잦아들게 되고, 이제 그 네 번째 단계인 타협의 단계로 들어가게 된다. 이 단계는 다음과 같이 진행된다. "만약 당신이 술을 끊는다면, 나도 당신이 원하는 성관계에 좀 더 신경을 써 볼게. 내가 부부생활에 더 관심을 가져 볼게." "내가 며칠간 골프 여행을 다녀올 수 있게 해 주면, 다녀와서 아이들하고 좀 더 시간을 보내도록 해 볼게." 만약에 부부상담사들이 부부문제의 근본 뿌리는 다루지도 못한 채, 그저 부부들의 행동 변화를 위한 타협 성사에만 신경 쓰게 된다면, 그것은 단지 부부들 사이에서 계속되고 있는 힘겨루기(주도권 잡기)의 네 번째 단계인 이 타협을 연장해 주고 있는 셈이다.

주도권 잡기의 마지막 단계는 자포자기(절망)다. 이 마지막 지점에 도달하게 되면, 부부는 더 이상 행복이나 사랑을 두 사람의 관계 속에서 찾으려는 희망조차 갖고 있지 않으며, 고통이 이미 아주 오랜 기간 동안 지속되어 왔으며 또 지속된다. 이쯤 되면 부부들의 절반가량은 마지막 남은 희망의 끈조차도 거두어들이고 그들의 관계를 끝내 버린다. 그래도 결혼생활은 함께 유지하기로 결정한 부부들은 겉으로 보기엔 부부 같지만, 사실은 '평행선'을 달리고 있는 소위 '보이지 않는 이혼' 같은 생활을 하면서, 어떤 즐거움이나 행복을 그들의 관계 밖에서 찾으려고 애쓴다. 이미 이 단계에 다다른 커플들 중에서, 어떻게 해서든지 힘겨루기(주도권 잡기)를 해결할 방도를 찾아내게 되고, 그래서 두 사람이 만족할 수 있는 관계를 지속해 가는 커플은 5% 미만으로 보인다.

제1부의 처음 다섯 장에 대한 요약

여러분들의 명확한 이해를 돕기 위해서, 지금까지 이 책의 처음 다섯 장에 걸쳐 설명해 온 내용들을 최대한 간단하게 정리해 보고자 한다. 무엇보다도, 우리는 다음과 같은 두 가지의 기본적인 이유에서 배우자(파트너)를 선택한다. ① 배우자(파트너)는 우리의 양육자들의 긍정적인 특성과 부정적인 특성 둘 다를 모두 지니고 있다. ② 배우자는 우리의 존재의 긍정적인 부분들 중, 특히 나의 어린 시절에 차단된 부분을 보상해 준다. 우리는 무의식적으로 내 배우자(파트너)가 나의 대리부모가 되어서 내가 어린 시절에 박탈당했던 요소들을 다시 채워 줄 것이라는 기대를 가지고 관계 맺기를 시작한다. 그러므로 우리가 치유받기 위해서 해야 할 일은, 어떡해서든지 이 사람을 붙들고 아주 친밀하고 지속적인 관계를 맺는 일뿐인 것이다.

하지만 이런 작전이 별 효과가 없다는 것을 깨닫는 것은 시간이 한참 지나고 나서다. 우리가 사랑에 빠지기는 했지만, 그렇다고 완전해진 것은 아닌 것이다. 그래서 우리는 작전이 성공하지 못한 이유가 배우자가 일부러 나의 필요(요구)를 무시하기 때문이라고 단정 짓게 된다. 그래서 또 우리는, 사실 내 배우자(파트너)는 내가 무엇을 언제 어떻게 해 주기를 원하는지 정확하게 알고 있으면서도, 어떤 이유 때문인지는 몰라도 일부러 내가 원하는 것을 보류하고 해 주지 않는다고 믿게 된다. 그래서 화가 나기 시작한다. 그렇게 생각하니까, 배우자(파트너)의 부정적인 점들이 보이기 시작한다. 이제 우리는 우리 자신의 거부된 부정적인 특성들을 상대방에게 투사하게 됨으로써, 문제를 해결하기는커녕 더 복잡하게 만든다. 상황이 악화되면 악화될수록 우리는, 내가 나의 배우자(파트너)로 하여금 내 요구를 들어주게 하고 나를 만족시키게 만드는 최선의 방법은, 그 사람을 아주 기분 나쁘게 만들고 성가시게 만드는 것뿐이라고 단정 짓는다. 우리가 요람 속 갓난아기 시절에 터득했던 것처럼, 내가 내 배우자(파트너)가 달려오지 않고는 못 배길 만큼 더 끈질기고 더 시끄럽게 고래고래 소리를 지른다면, 언젠가는 날 구하러 올 것이라고 믿는다. 그리고 이 시점에서 더욱 더 이 주도권 잡기를 치열하게 만드는 결정적인 이유가 생기는데, 그것은 만약에 내가 내 배우자를 어떻게 해서든지, 그러니까 살살 달래든지 억지를 쓰든지, 아무튼 결과적으로 어떻게든 내 요구를 들어주게 만들고 나를 잘 돌봐 주도록 만들지 않는다면, 나는 그 어떤 두려움보다도 더 지독한 두려움, 즉 죽음의 공포에 직면할 수밖에 없을 것이라는 무의식적인 믿음이 그 기저에 깔려 있기 때문이다.

지금까지 정리한 요약 내용 중에 드러나지 않은 부분이 있는데, 그것은 로맨틱한(낭만적인) 사랑과 힘겨루기(주도권 잡기) 사이에는 실제로 거의 차이가 없다는 것이다. 겉으로 보기에는 이 '사랑(결혼)의 관계'의 첫 두 단계가 전혀 다른 별개의 세계처럼 보인다. 두 사람이 서로에게서 발견했던 환희는 미움으로 바뀌고, 서로에게 넘치던 호의는 '네가 이기나 내가 이기나 어디 한번 해 보자'는 식의 싸움으로 전락한다. 그러나 여기에서 주목해야 할 중요한 점은, 그 아래 놓여 있는 근본적인 주제는 여전히 똑같다는 사실이다. 즉, 두 사람은 아직 본래의 온전함을 회복하기 위한 방법을 찾고 있는 것이며, 또 내 배우자(파트너)가 나를 건강하게 만들어 주고 온전하게 만들어 줄 수 있을 것이라는 그 믿음에 여전히 매달려 있다는 것이다. 그런데 힘겨루기 단계에서의 주된 차이점이 뭐냐 하면, 그것은 파트너가 나에 대한 사랑을 아직 유보하고 있다고 내가 인식하고 있다는 점이다. 이런 식으로 생각하다 보니, 전략을 바꿔 봐야겠다는 궁리를 하는 것이고, 이제는 더 이상 서로를 기쁘게 해 주기 위해 노력하지도 친근하게 다가가려고도 하지 않은 채, 속으로는 파트너가 자기를 따뜻하게 사랑으로 반응해 주기를 바라면서도,

도리어 서로에게 상처를 주곤 한다.

그렇다면, 이 혼란의 미로에서 벗어날 수 있는 길은 어떤 것일까? 정녕 힘겨루기(주도권 잡기) 외에는 달리 방법이 없는 것일까? '의식적으로 깨어나기(되어 가기)'라고 부르는 다음 장에서 우리는, 새로운 형태의 관계 방식인 '의식이 깨어 있는 파트너십(살아 있는 협력관계)'에 관해 이야기할 것이다. 여기에서 우리는 사랑하는 두 사람이 '의식이 깨어 있는 파트너십' 안에서 어떻게 서로의 어린 시절의 갈망을 충족시켜 줄 수 있는지를 보게 될 것이다.

제2부

의식이 깨어 있는 파트너십
(살아 있는 협력관계)

Getting the Love You Want:
A Guide for Couples

제6장
의식적으로 깨어나기
(되어 가기)

결혼생활이 아무런 위기도 겪지 않고, 그저 개인적인 관계로
유연하게 발전해 가는 경우는 거의 없거나 전혀 없다. 고통이 없는 의식의 탄생은 없다.
―칼 구스타프 융(Carl G. Jung)

이 책 제1부의 다섯 장을 읽어 보면, 대부분의 부부(커플)관계에서 문제를 일으키는 주원인이 오래된 뇌 때문이라는 사실을 쉽게 떠올리게 될 것이다. 우리를 길러 준 부모님(혹은 주 양육자)을 닮은 사람을 배우자(파트너)로 선택하도록 유도한 것이 바로 오래된 뇌다. 나와 배우자의 실체를 제대로 구분할 수 없게 만드는 복잡한 방어기제들―투사, 전이, 내재화―의 원천이 되는 것도 이 오래된 뇌다. 좌절감을 느낄 때마다 '울고불고 따지기'와 같은 유아기적인 반응을 일으키는 바람에 도리어 소외감만 더욱 깊어지게 만드는 것도 오래된 뇌 때문이다.

하지만 오래된 뇌는 '사랑하는(결혼) 관계'에서 긍정적인 역할을 담당하기도 한다. 오래된 뇌의 몇 가지 전술에 자기 패배적인 면이 있는 게 사실이긴 하지만, 그 근원적인 동기는 우리의 행복과 안녕을 위해 반드시 필요한 것이다. 어린 시절의 정서적인 상처를 치유하고자 하는 무의식적인 동기를 바탕으로, 우리로 하여금 인간으로서의 영적인 잠재력을 깨닫게 하여 다른 사람을 돌보아 줄 수 있는 사랑스러운 사람이 되게 하고, 보다 온전해질 수 있도록 우리를 이끌어 주자는 것이다. 그리고 또한 우리로 하여금, 우리가 투사와 전이로 인해 잠시 동안 눈이 멀

어서 배우자(파트너)의 실체를 제대로 못 알아보기도 하지만, 결국엔 배우자(파트너)와의 좋은 파트너십(동반자관계)을 이루기 위해, 더 크게 성장할 수 있는 전제조건을 마련하게 해 주려는 것이다.

　다만 오래된 뇌의 문제점은, 어디로 가야 하는지 그 방향성을 잘 모른다는 것이다. 마치 눈이 먼 동물이 샘이 있는 곳을 찾아 길을 헤매는 것과 마찬가지다. 그래서 효과적이고 중요한 오래된 뇌의 목표를 달성하기 위해서는, 반드시 새로운 뇌의 도움을 받아야만 한다. 새로운 뇌야말로 무언가를 선택하고 의지를 발휘하게 해 주며, 또한 나의 배우자(파트너)는 나의 부모가 아니라는 사실과, 오늘이 항상 계속되는 것이 아니며 어제 또한 오늘이 아니라는 사실을 우리에게 알려 주는 역할을 하는, 우리 존재의 아주 중요한 부분인 것이다. 그러므로 우리가 삶의 다른 영역에서 흔히 활용하고 있는 합리적인 기술들을 우리의 '사랑하는 관계'에 집중적으로 적용시킬 필요가 있다. 그렇게 함으로써, 만약 우리가 오래된 뇌의 강력하고 직관적인 충동과 새로운 뇌의 분별력과 인지력을 효과적으로 잘 결합시키는 작업동맹 전선을 구축하기만 하면, 무의식의 목적을 좀 더 쉽게 깨달을 수 있을 것이다. 따라서 오래된 뇌의 직관과 새로운 뇌의 빈틈없는 지각이 함께 결합되면, 우리는 점점 힘겨루기(주도권 잡기)의 좌절감에서도 벗어날 수 있게 될 것이다.

새로운 뇌와 오래된 뇌의 합병

　만약 새로운 뇌가 좀 더 적극적으로 역할을 수행한다면, '사랑하는(결혼) 관계'가 과연 어떻게 달라질 수 있을까? 오래된 뇌의 반응에 의해 지배되는, 우리 주위에 가장 흔한, 아주 전형적인 사랑 관계인 무의식적인 파트너십을 지닌 부부(커플)의 상호작용이 새로운 뇌, 즉 이성과 적절하게 조화를 이룬 '의식이 깨어 있는 파트너십'에서는 어떻게 달라지는지, 그 대표적인 예를 하나 소개하고자 한다.

　당신이 행복하게 아침식사를 하고 있는데, 갑자기 배우자가 와플이 탔다면서 당신에게 시비를 건다고 한번 상상해 보라. 당신의 안전을 책임지는 영원한 보호자인 오래된 뇌는 당신에게 당장 배우자와 맞짱을 뜨든지, 아니면 도망을 치든지 둘 중 하나를 선택하라고 부추길 것이다. 당신에게 시비를 거는 그 사람이 당신의 배우자인지 아닌지를 당신의 오래된 뇌는 별로 상관하지 않는다. 다만 중요한 것은 당신이 지금 공격을 받고 있다는 것이다. 만약 당신이 당신의 오래된 뇌가 자동 반사적으로 반응하도록 가만 내버려 둔다면, 아마도 당신은 배우자가 툴툴거리며 시비를 걸어오는 즉시 똑같이 말대꾸를 하면서 통렬하게 반격을 가해 갚아주려 할 것이다. 이렇게 말이다. '어~ 그러셔? 그래, 내가 그까짓 와플 좀 태웠다고 그 난리야? 아니, 그렇게 말하는 당신은 왜 여기 테이블 위에 바보처럼 이렇게 시럽이나 흘리고 다니는 건데, 엉!' 아니면 반대로 이 충돌에서 멀리 도망가려고 식탁에서 일어나 방을 나가 버리든지, 혹은 옆에 있는 신문을 집어 들고 거기에 머리를 쿡 처박든지 할 것이다. 당신이 어떤 방식으로 대응을 하느냐에 따라서, 당신의 배우자도 당신으로부터 또다시 공격을 받았다고 느끼거나, 혹은 당신으로부터 버림을 받았다고 느낄 것이고, 거기에 따라서 아마 또 다시 맹렬하게 반격을 가해 올 것이다. 이렇게 끊임없이 계속 작동되고 있는 감정기계에 시동이 한번 걸리게 되면, 배우자와 함께 다정하게 아침식사를 즐기고 싶었던 당신의 바람은 완전히 깨져 버리고 만다.

그런데 정확히 지금 이 상황이야말로, 새로운 뇌가 등장해서 덜 자극적인 방식으로 당신이 반응할 수 있도록 도와줄 수 있는 아주 절호의 기회다. 이때 가능한 한 가지 접근 방법은—이 방법에 대해서는 다음 장에서 자세하게 살펴보게 될 것이다—당신이 배우자가 한 말을 그대로 반복해서 중립적인 어조로 확인을 해 주는 것이다. 먼저, 배우자가 화가 난 것에 대해서 인정을 해 주는 것이다. 주의할 점은, 다짜고짜 당신의 방어기제로 달려들어서 방어적이 되지 않는 것이다. 예를 들면, 당신은 이런 식으로 말할 수 있을 것이다. "내가 또 와플을 태워서 당신이 화가 많이 난 것 같은데?" 그러면 아마도 당신의 배우자는 이런 반응을 보일 것이다. "맞아. 난 자기가 와플을 또 태워서 냄새가 많이 나는 데다, 그래서 음식이 이렇게 많이 낭비되는 게 너무나 속상해. 다음부터는 자기가 와플을 만들 때 좀 더 주의를 해 줬으면 해!" 이 순간 당신은 계속해서 당신의 새로운 뇌의 능력을 믿고, 아까처럼 다시 한번 방어적이지 않은 태도를 견지하면서, 다음과 같이 반응할 수도 있을 것이다. "당신 말이 맞아. 당신 말처럼 낭비되는 음식이 있으면 안 되지. 그럼 내가 가서 좀 더 긴 전기코드를 한번 찾아볼게. 그걸 연결시켜서 와플 굽는 기구를 요리하기 편하게 여기 가까운 데로 가져오면 좋을 것 같아. 그렇게 하면 좀 더 와플을 가까이서 지켜볼 수가 있고, 아마 안 태우고 잘 구울 수 있지 않을까?" 당신이 이렇게 반응하게 되면, 아마도 당신의 배우자(파트너)는 당신의 이성적인 어조와 대안책을 생각해 주는 능력에 안심이 되어서, 곧 화가 풀리면서 마음이 차분해지고 한결 더 온순해질 것이다. "그래? 그거 참 좋은 생각인 것 같은데. 그리고 자기가 참고 나한테 화내지 않고 말해 줘서 고마워. 사실 내가 오늘 아침 좀 예민해진 것 같아. 일이 잔뜩 밀려 있는 데다 도무지 그걸 다 어떻게 처리해야 할지 감도 못 잡겠거든." 당신 속에서 화가 치밀려는 그 순간, 힘이 들겠지만, 당신이 기꺼이 그 분노에 대해서 창조적인 반응을 모험적으로 감행한 덕분에, 당신과 당신의 파트너(배우자)는 치고받고 싸우는 유치한 싸움꾼이 되지 않고도, 서로의 속마음도 털어놓고 상의할 수 있는 친구 사이가 될 수 있는 것이다.

일단 당신이 이처럼 방어적이 되지 않으면서, 동시에 비난에 대처하는 데 익숙해진다면, 아마도 당신은 다음과 같은 아주 중요한 발견을 하게 될 것이다. 그것은 배우자와의 대부분의 상호작용에 있어서, 당신이 방어적이 되어 방어기술을 사용할 때보다 도리어 방어적이 되지 않은 채 당신의 방어무기들을 내려놓았을 때가 실제로는 더 안전하다는 사실이다. 왜냐하면 그렇게 하게 될 때, 당신의 배우자(파트너)가 당신을 당신의 원수가 아닌 동지로 느낄 테니까 말이다. 당신이 이런 식으로 오래된 뇌가 아닌 새로운 뇌에 의지하게 되면, 아침식사 준비를 하다가 와플이 탔다고 아내가 짜증 좀 부린 일을 갖고 마치 예리한 칼로 당신 몸 어디라도 찔리는 공격이라도 받은 것처럼, 아내와 당장 맞짱을 떠야 하는지 아니면 도망쳐야 하는지, 그렇게 본능적으로 반응하게 되는 일 또한 훨씬 잘 절제할 수 있을 것이다. 또한 역설적이게도, 당신이 이 새로운 뇌에 의존하게 된다면, 결과적으로는 자동반사적인 무의식적 방어기제의 원래 목표와 똑같이 당신을 다치지 않게 하고 더욱 안전하게 지킬 수 있는 그 목적이 성취되는 것이다.

앞의 사례는 무의식이 목표로 하는 일을 이루기 위해 우리가 의식적인 뇌의 유연성과 분별력을 신뢰하는 것이 얼마나 중요한지를 잘 설명해 주는 한 가지 예다. 이제 '의식이 깨어 있는 파트너십(살아 있는 결혼관계, 동반자관계)'이 과연 무엇을 의미하는 것인지에 대해, 좀 더 포괄적인 관점에서 살펴보기로 하자. 그렇다면 우리는 '의식이 깨어 있는 파트너십'을 어떻게 정의할 것인가? 의식이 깨어 있는 파트너십은 두 사람 모두를 정신적으로나 영적으로 최대한 성장하게 해 주는 관계라고 정의할 수 있다. 즉, 안전하게 보호받고 치유받으면서도 온전한 존재가 되고자 하는, 무의식의 근본적인 충동과 욕구를 잘 알아차릴 수 있을 만큼 의식이 잘 깨어 있으면서, 동시에 그런 무의식의 방향과 우리 자신이 의식적으로 잘 협력해서 새롭게 잘 만들어 가는, 그런 관계다.

당신이 의식적으로 깨어 있게 될 때, 거기엔 어떤 차이가 있을까? 다음에 열거한 항목들은 태도와 행동에 있어서의 핵심적인 차이점을 강조한 것이다.

'의식이 깨어 있는 파트너십'의 특징들

1. 당신은 당신과 배우자(파트너)와의 '사랑하는 관계(결혼관계)'에는 하나의 숨겨진 의도가 있다는 것, 즉 우리의 어린 시절의 상처를 치유하고자 하는 목적이 있다는 사실을 잘 인식하고 있다.

   따라서 오로지 표면적인 필요와 욕구에만 초점을 맞추기보다는, 그 밑에 감추어진, 아직 다 해결하지 못한 우리의 어린 시절의 문제들이 놓여 있다는 것을 인식하는 법을 배운다. 이렇게 엑스레이 사진을 찍듯이, 당신의 사랑의 관계(결혼생활)를 들여다보면, 일상적인 상호작용에서도 더 많은 의미들을 발견할 수 있게 될 것이다. 그리고 설령 두 사람 사이에 좀 당황스러운 일이 발생한다 해도 그 상황을 더 잘 이해할 수 있게 되고, 또한 상황을 통제할 수 있는 능력도 갖게 될 것이다.

2. 당신은 배우자(파트너)에 대한 이미지를 좀 더 정확하게 갖게 될 것이다.

당신이 사랑에 빠진 그 순간부터, 당신은 연인과 양육자(부모)를 한데 뒤섞어 버렸다. 그래서 시간이 좀 더 지나고 나자 당신의 배우자(파트너)의 본질적인 실체는 점점 더 흐릿해져 갔고, 당신은 당신의 부정적인 특성들을 배우자(파트너)에게 투사하기 시작했다. 하지만 당신이 '의식이 깨어 있는 파트너십'으로 나아감에 따라 이런 환상에서 점차 벗어나, 배우자의 진실한 모습을 보다 명확하게 보기 시작할 것이다. 당신은 이제 당신의 배우자를 더 이상 당신을 구해 줄 구원자가 아닌, 상처를 받았고, 어떻게든 치유받고 싶어서 몸부림치고 있는 한 인간으로 바라볼 수 있게 되는 것이다.

3. 나의 필요와 욕구에 대해서, 배우자(파트너)와 대화할 책임이 나에게 있다는 것을 알고 있다.

'무의식적인(의식이 잠자고 있는) 파트너십'에서는, 나의 욕구를 배우자(파트너)가 알아서 해결해 줄 것이라는 어린 시절의 믿음을 떨쳐 내지 못한다. 하지만 '의식이 깨어 있는 파트너십'에서는, 우리가 서로를 잘 이해하기 위해서는 좀 더 분명한 의사소통 경로를 발전시켜야만 한다는 사실을 받아들인다.

4. 보다 계획적이고 의도적인 상호작용을 하게 된다.

'무의식적인 파트너십' 수준에서는, 그저 별다른 생각 없이 무심코 감정적으로 대응하는 경향이 있다. 다시 말해서, 당신의 오래된 뇌의 유치한 반응대로, 당신의 행동을 지배하게끔 그냥 허용해 주는 것이다. 하지만 '의식이 깨어 있는 파트너십' 관계에서는, 보다 더 건설적인 태도로 행동하도록 자신을 단련시키게 된다.

5. 내가 나의 욕구와 소망을 소중하게 여기는 만큼, 배우자(파트너)의 욕구와 소망 또한 소중히 여기게 된다.

'무의식적인 파트너십'에서는, 배우자(파트너)가 해야 하는 역할이 마치 요술처럼 척척 알아서 나의 필요를 채워 주는 것이라고 생각했었다면, '의식이 깨어 있는 파트너십'에서는, 이러한 자아도취적인 관점을 버리고 나의 에너지를 기꺼이 배우자(파트너)의 필요를 채워 주는 쪽으로 전환시킨다.

6. 내 성격의 어두운 면을 끌어안는다.

'의식이 깨어 있는 파트너십'에서는, 다른 사람들과 똑같이 나 또한 내 성격의 부정적인 특성들을 가지고 있다는 사실을 인정한다. 이렇게 내 본성의 어두운 면에 대한 나의 책임을 내가 기꺼이 받아들이게 될 때, 나의 부정적인 특성을 배우자(파트너)에게 투사하려는 경향 또한 줄어들게 되고, 결과적으로 적대적인 분위기 또한 줄어들게 될 것이다.

7. 나의 기본적인 욕구와 소망을 만족시키기 위해, 새로운 기술을 배운다.

힘겨루기(주도권 잡기)를 할 때는, 어떻게 해서든지 배우자가 나의 욕구를 만족시킬 수 있게 만들려고 온갖 달콤한 말로 구슬리기도 하고, 바가지도 긁어 대고, 또 비난하기도 한다. 하지만 당신이 이 단계를 벗어나게 되고, 그래서 자기 파괴적인 전술을 그만두게 되면, 배우자(파트너)가 실제로 나를 위한 자원이 된다는 사실을 곧 깨닫게 된다.

8. 나 자신을 들여다보고, 나의 장점과 부족한 점이 무엇인지를 탐색한다.

당신이 배우자(파트너)에게 끌렸던 이유 중 하나는, 그 사람이 당신에게 부족한 어떤 장점과 능력을 가지고 있었기 때문이다. 그렇기 때문에 배우자와 함께 있을 때, 당신은 마치 당신이 온전해지는 것 같은 환상마저 들었다. 하지만 '의식이 깨어 있는 파트너십'에서 진정으로 온전한 느낌을 회복할 수 있는 유일한 방법은, 당신 안에 감추어져 있던 특성들을 발전시키는 것뿐이라는 사실을 깨닫게 된다.

9. 당신은 사랑하고 싶고, 더욱 온전해지고 싶고, 그리고 온 우주와 하나가 되고 싶어 하는 당신의 본성적인 욕구를 더 잘 인식할 수 있게 된다.

신이 우리에게 주신 천성의 일부로서, 우리는 무조건적인 사랑을 할 수 있는 능력과 우리 주변의 세상과 일체감을 경험할 수 있는 능력을 가지고 있다. 하지만 사회적인 제약과 불완전한 양육방식들로 인해, 이러한 특성들을 잃어버리게 된 것이다. 그러나 '의식이 깨어 있는 파트너십'에서는, 당신은 자신의 이러한 최초의 본성을 다시 발견하기 시작한다.

10. 지속적인 사랑의 관계를 만들어 가는 것이 얼마나 어려운지를 받아들인다.

'무의식적인 파트너십' 수준에 있었을 때 당신은, 바람직한 '사랑의 관계'를 맺는다는 것이 당신이 얼마나 훌륭한 배우자를 선택하느냐에 달려 있다고 믿었었다. 하지만 '의식이 깨어 있는 파트너십' 수준에 있는 당신은, 무엇보다도 당신 자신이 훌륭한 파트너가 되어야만 한다고 깨닫는다. '사랑으로 맺어지는 관계'에 대하여 당신에게 좀 더 실제적인 관점이 보강되면서, 더욱 바람직한 '사랑의 관계'에는, 계속 변화하고 더 성장하기 위한 깊은 헌신과 훈련, 용기가 필요하다는 사실과, 또한 이 '사랑의 관계'를 충족시켜 가는 일이야말로 참으로 어려운 과정이라는 사실을 깊이 깨닫게 된다.

나는 여러분이 이러한 '의식이 깨어 있는 파트너십'을 만들어 가는 데 많은 어려움이 뒤따른다는 사실을 받아들여야 하는 필요성에 대하여 역설한 앞의 열 번째 항목을 좀 더 꼼꼼히 살펴보았으면 한다. 왜냐하면 변화하고 성장하겠다는 당신의 자발적인 노력이 우선되지 않는다면, 나머지 아홉 가지 항목 중 어느 것도 결실을 맺을 수 없기 때문이다.

사랑하는 사람이 되어 가기

우리는 누구나 어린아이처럼 인생을 살고 싶은 욕구가 있다. 그리고 그 욕구는 충분히 이해할 만하다. 편안하게 식탁에 앉아서 누군가가 건네주는 우유 한 잔을 시원하게 마시고는 싶지만, 그렇다고 힘들게 소를 키우고, 젖을 짜는 수고까진 하고 싶지 않은 것이다. 뒷문을 열고 나가 포도송이를 한아름 따서 들어오고는 싶지만, 그렇다고 힘들게 씨를 뿌리고, 포도 넝쿨을 돌보기 위해 힘을 들이고 싶진 않을 것이다. 이렇게 안일한 소망은 '사랑의 관계(결혼생활)' 속에서도 얼마든지 찾아볼 수가 있다. 초인적인 슈퍼맨 같은 사람과 사랑에 빠져 그냥 그렇게 영원토록 행복하게 살고는 싶지만, 그렇다고 내가 그 사람의 사랑의 욕구를 다 충족시켜 주어야 할 책임까지는 감수하고 싶지 않은 것이다. 그래서 우리가 좌절하는 경험을 하게 될 때, 그 원인과 해결책을 나 자신의 내부에 집중해서 찾으려 하기보다는 나의 밖, 그러니까 외부의 탓으로 돌리려 하는 경향이 있다. 그것을 가리켜 심리학적 용어로는 '외면화(Externalization)'라고 하는데, 이것이 사실은 이 세상의 많은 불행의 원인이 되기도 한다.

어느 날 월터(여기서는 그분의 이름을 이렇게 부르겠다.)라는 내담자가 슬픈 표정을 하고 어깨를 축 늘어뜨린 채, 상담 시간에 맞춰 날 찾아왔다.

"무슨 일이라도 생겼나요? 오늘은 좀 안 좋아 보이시네요." 내가 월터에게 물었다.

"하빌 박사님, 전 지금 너무나 괴로워요. 제겐 정말 친구가 하나도 없어요." 그가 의자에 푹 주저앉으면서 내게 말했다.

그러자 내가 그를 동정하는 심정으로 말했다. "정말 슬프시겠어요. 친구가 없으면 정말 외로울 수밖에 없죠."

"네. 맞아요. 근데…… 전 잘 모르겠어요. 지금까지 제 인생에 단 한 명의 친구조차 없었다는 사실을 말이죠. 아무리 둘러보고 또 둘러봐도, 도저히 친구로 지낼 만한 그런 사람 하나를 전 찾을 수가 없었어요."

그는 시무룩하고 아주 불만스러운 목소리로 한참 동안을 이야기했고, 나는 그의 퇴행적이고 유치한 상태를 받아 주면서, 계속 짜증이 올라오고 있는 걸 간신히 참고 억눌러야만 했다. 그는 이런 식의 세계관에 갇혀 있었다. 그 세계관이란, 그러니까 '이 세상 어딘가엔 그 사람 이마에 〈나는 월터의 친구〉라고 도장이 찍혀 있는 그런 사람들이 계속 돌아다니고 있을 것이기 때문에, 내가 할 일은 그런 사람을 발견할 때까지 계속 찾아다니는 것이다.'와 같은 것이다.

내가 크게 한숨을 쉬면서 말했다. "월터, 당신한테 왜 친구가 없는지 전 알 것 같은데요. 근데 혹시 당신은 그 이유를 알고 있나요?"

그러자, 그가 귀를 쫑긋 세우며 내게 말했다. "아뇨. 전 정말 모르겠어요. 아시면 제발 좀 알려주세요."

"당신에게 친구가 하나도 없게 된 그 이유는 말이지요. 이 세상 어디에도 그런 친구란 없기 때문이에요."

그의 어깨가 다시 축 처졌다. 나는 확고하게 말했다. "네. 제 말이 틀림없어요. 저기 저 밖에 친구 같은 그런 건 따로 없어요. 당신이 원하는 그런 친구란 이 세상엔 존재하지 않는단 말입니다. 그런 건 없다고요." 이 말을 듣고 그는 몹시 서글픈 표정을 지으며 고개를 푹 숙였다. 나는 그가 그렇게 서글픈 상태에서 속이 타들어 가도록 잠시 동안 내버려 두었다. 그리고 얼마 후에 의자에서 몸을 앞으로 내밀면서 그에게 더 가까이 다가앉으며 말했다. "월터, 지금부터 제 말을 한번 잘 들어 보세요! 이 세상에 있는 모든 사람들은 전부 낯선 사람들뿐입니다. 그러니까 제 말은 당신이 정말 친구를 원한다면, 당신이 직접 저 밖으로 나가서, 당신이 친구를 만드세요!"

오랫동안 월터는 지속되는 우정을 만들기 위해선 자신의 시간과 에너지를 쏟아야만 한다는 내 말에 저항했다. 그는 자기 일에 열정적이고 책임감도 강한 사람이었지만, 친구와의 친밀감을 쌓기 위해서 자기가 따로 할 일이 있는 건 아니고, 언젠가 제대로 된 사람을 운명처럼 딱 만나야만 그런 우정을 발전시킬 수 있다는 아주 어린애 같이 유치한 고정관념을 마냥 붙들고 있었던 것이다. 하지만 우정이란 시간을 두고 서서히 발전해 가는 것이며, 상대방에 대한 배려와 따뜻한 관심, 그리고 인내심을 필요로 한다는 사실을 인정하지 않았기 때문에, 지금까지 그는 혼자서 그렇게도 외로운 인생을 살아가고 있는 것이다.

월터가 우정에 관해서 견지해 온 그런 수동적인 태도는 그의 애정 관계에서 더욱 분명하게 드러났다. 이대로라면, 월터는 자신이 원하는 그런 이상적인 여자를 도저히 만날 수가 없을 것 같았다. 그렇게도 고통스러웠던 (신랄한 법정 공방 끝에, 아내에게 자녀에 대한 양육권을 빼앗겼던) 이혼의 아픔으로부터 벗어나자마자, 그는 새로운 연인을 만나 보기 위해 필사적으로 노력해 왔다.

이전의 결혼생활에서 그를 괴롭혔던 가장 큰 문제는, 그가 감정이 아닌 관념과 생각에만 빠져 있다는 것이었다. 그는 굉장한 지적 능력을 발휘하면서 그 뒤에 자신의 약점을 감춰 놓았는데, 이것 때문에 허물없이 친밀한 관계를 만들거나 지속하기가 참 어려웠던 것이다. 그는 여섯 달 동안 집단상담 치료에 참가했었지만, 매번 참석할 때마다 예전에 아내에게 들어 왔던 것과 똑같은 메시지—그러니까, 사람들과 자기 감정을 나눌 줄 모른다는 것과 감정적으로 거리를 둔다는—를 다른 집단원으로부터 계속해서 들었다.

어느 날 저녁, 집단상담 치료 중에 한 집단원이 마침내 그에게 직접 말했다. "당신이 당신의 고통에 대해서 얘기할 때, 난 당신의 고통을 전혀 느끼질 못하겠어요. 그리고 우리 집단원이 서로 포옹을 나눌 때조차도, 그러니까 난 당신이 나를 포옹하는데도 당신이 진정으로 날 안고 있다는 그런 느낌이 들지가 않아요." 월터는 그제야 처음으로 정신이 번쩍 들면서, 그동안 전처의 불평에도 그럴 만한 이유가 있을 수 있겠다는 사실을 깨닫게 되었다. "저는 전처가 항상 너무 사납게 대들고, 따지고, 불평만 하는 그런 여자라고만 생각했거든요." 월터는 고백했다. "전처의 말이 어떤 면에서는 옳을 수도 있겠다는 생각을, 이제까지 단 한 번도 해 본 적이 없었어요. 제가 만약 그녀의 말에 좀 더 귀를 기울였더라면, 저는 아마도 저 자신에 대해서 좀 더 중요한 것들을 배울 수도 있었을 텐데 말이에요."

이런 깨달음을 받아들이고 난 후에 월터는 치료 과정에 더욱 열의를 보였고, 마침내 자신의 감정적인 장벽을 깨뜨리는 작업이 가능하게 되었다. 이렇게 그가 정서적으로 다시 살아나기 시작하자, 마침내 새 여자 친구를 만나 만족스러운 관계를 맺을 수 있게 되었다. 나와의 마지막 상담에서 월터는 그동안의 상담치료에 관한 자신의 생각을 나누었다. "아주 간단한 이 한 가지 사실을 깨닫기까지, 저에겐 2년이라는 세월이 걸렸어요. 좋은 관계를 맺기 위해서는, 나 스스로가 기꺼이 변화하고 성장해야만 한다는 것 말이에요. 제가 이 사실을 십 년 전에만 미리 알았더라면, 아마도 전 지금 전처와 제 아들과 함께 아주 잘 살고 있었겠지요."

'사랑의 관계(결혼관계)'는 '힘들이지 않고' 쉬운 것이어야 하고, 어떤 인위적인 노력도 들어가지 않는, 그런 '자연스러운' 것이어야만 한다고 믿었다고 해서, 그런 월터를 우리가 비난할 수만은 없다. 힘들이지 않고 그저 편하게 살고 싶어 하는 게 우리 인간의 본성이니 말이다. 우리도 아기였을 때, 우리가 원하는 것을 얻지 못하면 금세 실망하고, 또 원하는 것을 얻으면 금세 만족했다. 우리가 아직 아기였을 때, 아주 일찌감치 수천 번에 걸쳐 이런 식의 거래를 수도 없이 반복하다 보니, 어느새 우리는 이러한 거래 방식을 이 세상을 살아가는 하나의 고정된 방식으로 정형화하게 되었고, 마침내는 결혼관계(사랑의 관계)에서조차 희생과 위험을 감수하면서까지도 이러한 구닥다리 방식을 고수하게 되었다. 그래서 우리는 사랑받기 위해서는 우리가 먼저 사랑하는 사람이 되어야만 한다는 너무나도 분명한 사실을, 너무나도 더디게 이해한다. 이는 어떤 감상적인 차원을 가리키는 그런 말이 아니다. 다시 말해서, 꽃을 보내고, 연애편지를 쓰고, 성관계를 위한 새로운 테크닉을 배우라는 뜻이 아니다. 물론 이러한 모든 노력과 활동들이 '사랑하는 관계'에 어느 정도 활력소가 되어 주는 것은 분명하다. 하지만 우리가 사랑하는 사람이 되기 위해서는, 먼저 이 책의 제1부에서 우리가 논의했던 것처럼, 자기 파괴적인 전술과 신념들을 모두 내던져야만 하고, 대신 그 자리를 보다 생산적인 전술과 믿음으로 채워야만 하는 것이다. 그리고 더 나아가 '사랑하는 관계'에 대한 관념과 배우자(파트너)에 대한 관념, 그리고 궁극적으로는 나 자신에 대한 관념들 모두를, 우리는 **새롭게 변화시켜야 한다.**

변화에 대한 두려움

더 만족스러운 관계를 만들어 가기 위해, 우리가 거쳐 가야만 하는 변화의 길목에서, 우리를 가로막는 방해 요인은 바로 **변화에 대한 두려움**이다. 변화를 두려워하는 것은 인간의 기본적인 본성에 속한다. 우리는 긍정적인 변화를 경험할 때조차도 불안해한다. 예를 들면, 승진, 새집으로의 이사, 혹은 휴가를 갈 때조차도 걱정을 한다. 그것이 편안한 것이든 아니든 간에, 그것이 우리의 정해진 일상을 깨트리는 것이면 그게 무엇이든 우리의 **오래된 뇌**에는 경종이 울린다. 즉, 우리의 오래된 뇌는 아직 지도에 없거나 조사된 적이 없는, 그래서 혹시나 위험이 여기저기 도사리고 있을지도 모를 그런 미지의 영역에 우리가 진입하고 있으니, 우리에게 긴장하고 만반의 경계 태세를 취하라고 경고를 해 주는 것이다.

사람들의 발에 밟히고 밟혀서 잘 닦인 길만 따라 걸어가고픈 소망은 어린아이들에게서도 발견된다. 우리 딸 리아가 두 살 반이 되었을 때, 남동생 헌터도 많이 자라서 머리 부분에 덮개가 있는 바구니 모양의 요람에 눕히기에는 불편할 정도가 되었다. 그래서 헬렌과 나는 리아를 어린이 침대로 옮기고, 헌터는 리아가 쓰던 아기 침대를 쓰도록 해야겠다고 결정했다. 어린이 침대는 아이가 한밤중에 뒹굴어도 굴러떨어지지 않게끔, 침대 양쪽으로 15센티미터 높이의 가로대가 붙어 있었다. 리아가 새 침대에서 자고 일어나던 첫날 아침에, 우리는 리아가 평상시 잠에서 깰 때마다 그랬던 것처럼 친숙한 울음소리를 들었다. "아빠! 아빠! 엄마! 엄마!" 그래서 리아의 방에 들어가 봤더니, 리아가 무릎을 꿇은 채로 두 손으로 작은 난간을 붙잡고 "여기서 나 좀 꺼내 줘요."라고 하는 것이 아닌가. 리아는 마치 자신이 전에 사용하던 아기 침대에 설치되어 있던 60센티미터 높이의 난간 가장자리를 붙잡고 있는 것처럼 쩔쩔매고 그 자리에 서 있는 것이었다. 리아는 가로대 위로 쉽게 기어 올라 넘어올 수도 있고, 아니면 가로대가 없는 침대의 끝부분까지 몇 발자국 걸어와서 바로 뛰어내리면 될 것이었다. "리아야, 이제 넌 네 힘으로 얼마든지 새 침대 밖으로 나올 수가 있단다." 나는 리아에게 열과 성의를 다해서 설명을 했다.

"아니요. 난 못해요. 난 여기 갇혀서 꼼짝도 못하겠단 말이에요." 리아가 아랫입술을 쑥 내밀면서 말했다.

"리아야, 이 아래쪽을 보렴." 나는 가로대 난간이 없는 침대 끝부분을 손으로 탁탁 치면서 애원하듯이 말했다. "그냥 여기로 내려오기만 하면 되는 거야." 리아는 그 자리에서 몸을 잔뜩 움츠린 채 무릎을 꿇고 계속 앉아 있었다. 결국 우리는 리아가 있는 침대 위로 올라가 어떻게 하면 되는지 시범을 보여 줘야만 했다. 리아는 우리의 격려에 힘을 얻어서 우리 뒤에 바짝 붙어 서서 우리가 하는 대로 따라 할 수가 있었고, 그리고 마침내 변화에 대한 두려움을 극복하고, 침대 밖으로 나올 수가 있었다.

변화에 직면했을 때 극단적으로 마비되는 현상에 대하여, 어느 날 저녁뉴스를 보다가 우연히 접하게 되었다. 한 지역 TV 방송국에서 한 어린 소년에 대한 이야기를 보도했는데, 이 아이는 아주 심각한 면역결핍을 지니고 태어나서, 태어나는 순간부터 생명을 위협하는 세균들의 침입을 차단하기 위해 인공 유리관 안에 갇혀 살아야만 했다. 헌신적인 엄마와 아빠는 매일매일 아기의 곁을 지켰지만, 인공 유리관을 사이에 두고 아기와 떨어져 지낼 수밖에 없었고, 항상 인공 유리관 안에 비치된 기다란 무균장갑을 끼고 나서야 겨우 아이와 접촉할 수가 있었다.

다섯 번째 생일이 지난 직후에 아이는 성공적으로 골수 이식 수술을 받았고, 정교한 검사들을 거친 후에 의사들은 이제는 아이의 면역체계가 무균실을 떠나서도 살 수 있을 만큼 면역기관이 충분히 발달되었다고 판단했다. 드디어 아이가 밖으로 나가기로 예정된 날, 인공 유리관이 열리자 엄마와 아빠는 너무나 기뻐하며 아이를 향해 두 팔을 벌렸다. 드디어 난생 처음으로 아들을 끌어안고 입맞춤을 할 수 있는 시간이 다가온 것이다. 그러나 놀랍게도, 아이는 인공 유리관 끝 한쪽에 잔뜩 웅크리고 앉아 있는 것이 아닌가! 아이의 부모가 아이를 계속해서 불러 보았지만, 아이는 꼼짝도 하지 않았다. 결국엔 아빠가 유리관 안으로 기어 들어가서 아이를 데리고 나와야만 했다. 그런데 아이가 방 안을 한번 둘러보더니 갑자기 울음을 터뜨리기 시작하는 것이었다. 태어나서 지금까지 가로 3미터 세로 2.4미터의 폐쇄된 유리 공간 안에서만 쭉 살아왔던 이 아이에게는, 그 방이 너무나도 크게 보였을 것이 분명했다. 부모는 아이를 안심시켜 주기 위해, 아이를 안아 주고 입맞춤을 해 주었지만, 신체적인 접촉에 익숙하지 않았던 아이는, 부모님의 포옹을 물리치려고 몸을 뒤로 빼고 자꾸 피하려고만 했다.

며칠 후에 이 이야기의 마지막 부분이 방송되었는데, 아이가 점차 유리 공간 밖의 생활에 편안해지고 있다는 것을 보여 주었다. 그러나 아이가 유리관 밖으로 나오던 그날은, 아직 익숙하지 않은 세상을 마주해야만 하는 두려움이 세상 밖을 탐험하고자 하는 욕구보다 훨씬 더 강했던 것이 확실했다.

그 어린아이는 유리관 안에서 5년 동안을 살았었다. 나를 찾아오는 부부(커플)들은 억압적이고 성장을 방해하는 제한적인 관계 속에서 2년, 10년, 20년, 아니 심지어 40년 이상이나 살아온 사람들이다. 그렇게 아주 오랜 세월을 반복되는 행동을 습관화하며 살아왔기 때문에, 변화에 대해 몹시 힘들어하는 건 당연한 일이다. 하지만 나는 그들에게, 새로운 형태의 인간관계 맺기를 배울 때 생길 수밖에 없는 일들을 너무 걱정하지 말고, 수십 년 동안 속으로 억눌러 왔던 그 고통과 두려움—처음부터 잘못된 행동의 원인—에 **직면할** 것을 요청한다.

약속의 땅

'의식이 깨어 있는 파트너십'을 만들어 가기가 얼마나 어려운지 통찰을 제공하기 위해서, 모세와 약속의 땅에 대한 이야기를 간략하게 압축하여 여기에 설명해 보고자 한다. 나는 이 이야기가 인간의 심리를 비유적으로 표현한 것이라고 본다. 이야기는 다음과 같이 전개된다.

> 수백 년 전에 이스라엘 민족은 지중해 근처에 있는 국가 안에서 거대한 부족을 이루며 살고 있었다. 그런데 그 땅에 가뭄이 들어, 그들은 살아남기 위해 남쪽으로 이주해서 이집트까지 갔다. 이집트에는 창고마다 곡식으로 가득했다. 그러나 곡식

을 얻는 대가로 이스라엘 백성들은 이집트 사람들의 노예가 되어 무자비한 학대를 받아야만 했고, 밀짚도 없이 벽돌을 만드는 고역스러운 노동을 해야만 했다. 이렇게 처량한 생활을 한 지 어언 400년이나 지난 어느 날, 모세라는 이름의 한 남자가 등장해서 이스라엘 백성들에게 이렇게 말했다. "쯧쯧. 슬퍼할 만도 하지요. 당신들은 아무런 대가조차 받지 못한 채, 이토록 고통스러운 삶을 반복하며 살아가고 있군요. 당신들은 자신들이 누구인지, 받은 유산이 무엇인지조차 잊어버렸군요. 당신들은 이집트의 노예가 아닙니다. 당신들은 바로 모든 신들 가운데서도 가장 위대한 신이며 창조주이신 야훼 하나님의 자녀들입니다. 여러분은 그분이 선택하신 특별한 백성들이란 말입니다."

모세의 이 말이 잠자던 이스라엘 백성들의 인식을 흔들어 깨웠고, 비로소 자신들이 그동안 얼마나 정신적으로 속박되어 있었는지를 깨닫게 해 주었다. 그러자 그들은 불안해지고 불행해졌다—나에게 상담을 받으러 오는 수많은 커플들도 이와 크게 다르지 않다.

이스라엘 백성들은 약속된 땅의 비전에 끌려서 모세를 따라 나섰다. 그러나 그들은 그 여정이 얼마나 고통스러울지 전혀 예상하거나 준비가 되어 있지 않았을 뿐 아니라, 하나님이 자신들을 보호하실 것이라는 믿음 또한 극히 적었다. 그래서 홍해라는 첫 번째 난관에 봉착했을 때, 그들은 모세를 향해 신랄하게 **비난**하기 시작했다. "당신이 우리를 좀 더 잘 살게 해 주겠다고 큰소리쳐서 그동안 잘 살고 있던 편안한 집에서 우리를 끌어내더니, 이제 저 거대한 바다 앞에 길이 막혀 다 죽게 되었으니 이를 어쩔 셈이오! 아니 이집트에 묫자리가 없어서 우리를 이 사막까지 끌고 나와 죽게 만들려는 것이요? 도대체 우리를 어떻게 하려는 셈이오?"

사실 모세 자신도 뭘 어떻게 해야 할지 난감해하고 있었다. 하지만 그는 자기가 믿음을 갖고 있으면, 반드시 길이 나타날 것이라고 믿고 있었다. 모세가 그들의 운명에 대해서 곰곰이 생각하고 있을 때, 수평선 위로 거대한 먼지가 구름처럼 몰려왔다. 무서워 죽을 지경이 다 된 이스라엘 사람들은, 그 먼지가 바로 자신들을 붙잡아서 다시 노예생활을 시키려고 질풍노도와 같이 쫓아오는, 수천의 이집트 군사들이 일으키는 먼지라는 사실을 알게 되었다.

바로 그때, 모세가 손을 들어올리는 순간, 강한 동풍이 일어나면서 기적적으로 홍해가 갈라졌다. 이 위대한 기적에 놀라서 이스라엘 사람들은 마지막으로—그들이 알고 있는 유일한 고향이었던—이집트 땅 쪽을 한번 되돌아보고는, 잔뜩 겁에 질린 채 간신히 용기를 내어 모세를 따라 홍해가 갈라져 축축한 틈 사이로 걸어 들어갔다. 바닷물은 백성들의 오른쪽과 왼쪽에 벽처럼 서 있었다. 그들이 무사히 바다를 건넜을 때 모세가 다시 한번 손을 들어올리자, 바닷물이 만든 그 거대한 벽이 무너져 내렸고, 뒤쫓아 오던 이집트 군사들은 갑자기 밀려드는 격류 속으로 휘말려 죽었다.

이스라엘 백성들은 한동안 무사히 바다를 건너게 된 것을 기뻐하며 축하할 수가 있었다. 하지만 그들이 새 땅을 바라보았을 때, 척박하고도 사람의 흔적도 없는 불모의 땅, 사막의 한 끝에 도착했음을 알고 당황하여 어쩔 줄 몰라 했다. 그들은 또다시 괴로워하며 소리를 질러 대기 시작했다. "바로 당신이 잘 살고 있던 우리의 삶을 다 망쳐 놨소. 당신이 우리를 부추겨서 이토록 긴 여행을 따라오게 만들었잖소. 게다가 하마터면 이집트 사람들에게 잡혀 죽을 뻔했는가 하면, 또 홍해에 빠져 거의 죽을 뻔했지. 그런데 이제 먹을 음식도 없고 물 한 방울도 없는 이 메마른 황무지 땅에서, 길도 못 찾고 우릴 여기서 정녕 죽게 내버려 두겠다는 거요?"

이러한 공포에도 불구하고, 이스라엘 백성들은 몸을 움직여서 여행을 계속하는 수밖에는 별다른 도리가 없었다. 낮에는 구름기둥이, 그리고 밤에는 불기둥이 이끌어 주는 대로 낯선 땅을 떠돌며 그렇게 여러 달을 헤매고 다녔다. 엄청난 어려움을 겪었지만 자비로운 하나님은 기적을 베푸셔서 그들의 짐을 가볍게 만들어 주셨고, 드디어 이스라엘 백성들은 사막의 끝자락에 도착했다. 저 언덕 너머에 바로 그 약속된 땅이 있다고 모세가 말했다. 그리고 그 지역을 미리 살펴보기 위해 정탐꾼을 몇 명 보냈다. 그러나 그들이 돌아왔을 때, 그들은 훨씬 더 나쁜 소식을 가지고 돌아왔다. "약속의 땅에는 확실히 젖과 꿀이 흐르고 있어요. 하지만 이미 점령되어 있습니다! 그곳은 가나안 사람들의 터전이 되어 있는데, 그들은 키가 2미터가 훨씬 넘는 거인들이에요!" 이 말을 들은 군중은 겁에 질려서 소리를 질러 댔다. 그리고 안전을 보장받으며 무사하게 살았었던, 이집트에서의 삶을 또다시 그리워했다.

바로 그때 하나님께서 이스라엘 백성들에게 말씀하셨다. "너희는 믿음이 없기 때문에, 그리고 아직도 계속해서 이집트를 기억하기 때문에 옛날의 삶을 기억하지 못할 새로운 세대가 태어날 때까지 앞으로 40년 동안을 더 이 사막을 떠돌아다녀야만 한다. 그때가 되어서야 비로소 이 약속의 땅에 들어갈 수가 있다." 그래서 이스라엘 백성들은 40년을 더 사막생활을 해야만 했다. 그동안 아이들이 태어났고, 노인들은 죽었다. 그리고 마침내 새로운 지도자가 나타나서, 이스라엘 백성들의 힘을 한데 모아 가나안 땅을 차지하기 위한 힘겨운 싸움을 시작하게 되었다.

우리가 잘 알고 있는 이 출애굽 이야기로부터, 우리가 '사랑하는 관계(결혼생활)'를 탐색하는 데 도움이 될 만한 어떤 것을 배울 수 있을까? 이 이야기로부터 우리가 배울 수 있는 진실 중 하나는, 우리 중 대부분은 별 즐거움도 없는 틀에 박힌 상호작용을 반복하면서, 마치 잠에 취한 사람처럼 '사랑하는 관계'를 하고 있다는 것이다. 마치 이집트에서 400년 동안이나 노예생활을 했던 이스라엘 백성들처럼, 우리는 우리 자신이 누구인지를 잊어버린 채로 살아가고 있다. 워즈워스(Wordsworth)가 말한 대로, 우리는 이 세상에 '영광의 구름을 몰고' 나타났지만 어느새 그 불은 꺼졌고, 우리 자신이 참으로 온전하고 숭고한 영적 존재라는 사실조차 까맣게 잊어버린 채 살아가고 있는 것이다. 우리는 아무런 보상도 받지 못한 채 그저 지루하게 반복되는 일상을 살면서, 이러한 우리의 불행의 원인을 배우자(파트너)의 탓으로 돌리며 비난한다.

이 이야기는 우리가 변화에 대한 두려움을 극복하지 못한 채로, 거기에 갇혀 살고 있는 포로라는 사실을 일깨워 준다. 내가 부부(커플)들에게 새로운 행동을 모험 삼아 시도해 보라고 요청할 때마다, 그들은 내게 화를 내곤 한다. 새로운 관계를 시도해 보느니, 차라리 이혼을 해서 가족을 해체하고 재산도 나누겠다는 이들도 있다. 그들은 마치 저 앞에 길이 활짝 열려 있는데도, 홍해 앞에서 부들부들 떨었던 그 이스라엘 사람들과 똑같다. 나중에 그들이 결혼생활의 고단한 여정을 지속하면서 겪게 될 감정적인 어려움은 마치 이스라엘 백성들을 추격해 오던 그 이집트 군사들과 2미터가 넘는 가나안의 거인들에 비유할 수가 있다. 그러나 보이는 곳에 적이 있었던 이스라엘 사람들과는 달리, 부부(커플)들의 적은 바로 그들

내부에 있다. 그 적은 바로, 깨달음의 의식의 수준으로 나오겠노라고 위협을 하고 있는, 우리 자신에게 거부되고 억압된 자아다.

이 모세 이야기의 마지막 진실은, 우리 모두는 아무런 희생도 치르지 않으면서도, 아주 편안하게 삶의 보상이 우리에게 주어지기만을 바라고 있다는 것이다. 이스라엘 백성들은, 약속의 땅이 마치 하나님께서 이미 다 만들어 놓고서 아담과 이브에게 주셨던 그 에덴동산과 같은, 그런 곳이기를 바랐던 것이다. 이와 마찬가지로, 우리 또한 우리가 사랑에 빠져서 결혼을 하는 것만으로 우리의 모든 고통이 다 치유될 수 있기를 바라고 있다.

우리는 모두, '아름다운 공주가 잘생긴 왕자를 만나서 오래오래 행복하게 잘 살았다'는 그런 동화 속 나라에서 살고 싶어 한다. 그러나 이스라엘 백성들은 약속의 땅을 하나의 기회, 즉 새로운 현실을 창조할 수 있는 기회로 볼 수 있었을 때에야 비로소 그 땅에 발을 들여놓도록 허락을 받을 수가 있었다. 마찬가지로, 우리도 '사랑의 관계(결혼생활)'를 우리 자신의 변화와 자아 성장을 위한 도구와 기회로 바라볼 수 있을 때라야 비로소 우리 자신의 무의식의 열망을 채워 줄 수 있을 것이다.

앞으로 전개될 내용

이번 제6장은 이 책에서 전환점이 되는 부분이다. 지금까지는 오래된 두뇌의 반사적인 반응에 의해 특징되는 '무의식적인(의식이 잠자고 있는) 파트너십'에 관하여 설명했다. 이 책의 나머지 부분에서는, 어떻게 하면 당신의 파트너십(결혼생활, 사랑의 관계)을 좀 더 의식이 깨어 있고 서로의 성장을 지향하는 관계로 전환시킬 수 있을지에 대해서 설명해 보고자 한다. 앞으로 전개될 내용을 잠깐 살펴보면 다음과 같다. 제7장에서는 헌신이라고 하는 조금은 진부한 개념에 대해서 살펴보고, 또 이 헌신이 왜 정서적인 성장을 위해 필요한 전제조건이 되는지, 그 이유에 대해서 설명해 보고자 한다. 제8장에서는 당신의 '사랑의 관계(결혼)'를 안전지대—로맨틱한 사랑의 친밀감에 다시 불을 붙이는 편안하고 안전한 환경—로 변화시킬 방법을 제시하고자 한다. 그리고 제9장에서는 당신과 당신의 파트너(배우자)에 대해 더 많은 정보를 수집할 수 있는 요령을 알려 준다. 제10장은 당신 자신의 어린 시절의 필요를 충족시킬 수 있는 유일한 방법은, 당신이 파트너(배우자)가 필요로 하는 욕구를 충족시켜 주기 위해 온 마음을 다해 헌신할 때라야 비로소 가능하다는 역설적인 생각을 탐색한다. 제11장에서는 당신의 '사랑의 관계' 안에 놓여 있는 부정성(Negativity)을 모두 제거함으로써, 두 사람 사이에 깊은 연결감을 생성하는 것에 관해 논의한다. 제12장은 의식이 깨어 있는 파트너십(살아 있는 협력관계)을 상당히 잘 공유하고 있는 두 커플과의 인터뷰 내용이다. 이 책의 맨 마지막인 제3부에서는, 제1부와 제2부에서 얻게 된 모든 통찰들을 좀 더 잘 이해할 수 있게끔 해석해 주고, 보다 실제적이면서 성장을 이끌어 내는 행동으로 바꾸어 줄 실습활동들을 제시하고 있다. (제3부의 '이마고 실습'은, 제1부와 제2부 모두를 잘 읽은 후에 실시하는 게 중요하다. 여러분이 이 실습의 이론적 배경을 잘 이해하게 되면, 실습이 훨씬 더 의미 있는 활동이 될 것이다.)

제7장
헌신에 대한 결정: 탈출구를 닫아라!

내 남은 여생 동안 나와 함께할 삶,

그것은 바로 결혼이라는 아주 불가사의한 삶이다.

―드니 드 루즈몽(Denis De Rougemont)

상담을 하기 위해 부부(커플)들이 처음 상담실에 들어올 때, 내가 그들에 대해 아는 거라곤 거의 없거나, 전혀 없다. 하지만 내가 확신할 수 있는 것 중 하나는, 이 두 사람은 그들 사이에서 활기찬 관계(연결)를 잃어버렸다는 것이고, 그리고 무슨 문제인지는 몰라도 서로 힘겨루기(주도권 잡기) 싸움을 하다가 만신창이가 되어 버렸다는 사실이다. 길고 곡절이 많은 비뚤비뚤한 길 어디쯤인가를 한참 헤매고 있을 이 두 사람은, 결혼할 배우자를 잘못 골랐다는 사실을 깨닫고 그 충격에 비틀거리고 있는 신혼부부일 수도 있다. 집안일 돌보랴 직장일 하랴 정신이 하나도 없는 데다, 십대 자녀들은 반항하지, 만나기만 하면 둘은 다투게 되어 부부관계가 계속 악화되기만 하는 중년부부일 수도 있다. 혹은 서로에 대한 감정이 식을 대로 다 식어서, '사이좋은' 이혼을 곰곰이 생각하는 노년의 부부일 수도 있다. 각자의 사정이야 어떻든 간에, 나는 그들이 '로맨틱한 사랑의 단계를 지나서 갈등에 휩싸이고 있는 상태'에 있다고 정확하게 추정할 수가 있다. 그들은 모두 중요한 무엇인가를 잃어버렸다. 그리고 그것을 되돌리고 싶어 한다. 하지만 그것을 어떻게 다시 회복할 수 있는지 그 방법을 모르고 있는 것이다.

몇 년 전까지만 해도, 나와 대부분의 동료들이 사용했던 접근 방식은 '주도권 잡기(힘겨루기)'의 세부적인 항목 속으로 직접 파헤쳐 들어가는 것이었다. 그러니까 처음 몇 번의 상담을 통해서, 부부(커플)들의 주된 문제가 의사소통 때문인지, 섹스 때문인지, 돈 때문인지, 자녀 양육 방법 때문인지, 역할에 대한 기대 때문인지, 술 때문인지, 약물에 대한 의존 때문인지, 아니면 다른 어떤 것들 때문인지를 결정하고 난 뒤에, 그 다음 몇 달 동안 상담을 진행하면서 부부들로 하여금 이러한 문제들에 대한 통찰을 얻게 함으로써 문제를 해결할 수 있도록 도와주곤 했다. 이 상담치료 과정에서 가장 핵심적인 부분은, 부부들로 하여금 각자가 자신의 감정을 좀 더 직접적으로 전달할 수 있도록 지도하는 것이었다. "메리가 당신에게 그런 식으로 말했을 때, 당신의 기분이 어땠는지 직접 메리에게 말해 보실래요?" 혹은 "당신이 왜 먼저 전화를 끊었는지 조지에게 한번 설명해 보세요." 그리고 매번 상담이 끝날 때마다, 나는 그들이 계약에 협상하도록 도와주면서, 앞으로의 행동 방침을 상세히 열거하도록 이끌어 주곤 했다. 예를 들면, 조지는 메리에게 하루에 한 가지씩 칭찬을 해 주기로 하고, 메리는 입을 꼭 다물고 침묵 속으로 움츠러드는 대신, 조지에게 직접적으로 말로 자신의 분노를 표현하겠다는 데 합의하게 했다. 이 방법은 계약상의 결혼관계를 위한 상당히 기본적인 문제해결 중심이자 갈등해결적인 상담이었다. 아직도 많은 상담치료사들이 이런 기법들을 사용하고 있다.

우리와 함께 상담을 하면서, 부부들은 서로에 대해서 참 많은 것들을 알게 되었다. 그리고 의사소통에도 제법 능숙하게 되었다. 하지만 당황스럽게도 주도권 잡기(힘겨루기) 싸움을 완전히 넘어서는(해결하는) 부부(커플)는 거의 없었다. 부부들은 그들을 상담에 오게 만든 그 진짜 주제에 관해서 집중하기보다는, 도리어 누가 먼저 계약상의 내용을 어겼는지를 놓고 따지고 있었다. 그런 모습을 보면서 나는 상담사로서의 나의 본분이 그저 그들의 부부갈등이 어느 정도인지 그 양을 재고, 어떤 일정한 형식에 맞추어 그 갈등을 포장해 주는 것에 불과한 것이 아닌가 하는 의구심이 들었다.

초보상담사 시절에 나는, 나의 상담 과정에 대해 슈퍼비전을 받고 있었는데,

이러한 좌절 경험을 나의 수퍼바이저에게 털어놓았다. "도대체 제가 뭘 잘못하고 있었던 것일까요? 제가 상담했던 부부(커플)들은 왜 그렇게 더디게 향상되는 것일까요?" 상담사로서 내가 한 일이란 게 고작 그들로 하여금 또 다른 싸움거리를 제공해 준 것처럼만 느껴졌다. 나의 수퍼바이저는 그 이유를 알겠다는 듯이 미소를 짓고는, 내가 상담사로서 내담자들이 스스로 변화할 마음이 있는지 없는지에 대해 충분히 고려하지 않는 것 같다고 상기시켜 주었다. 만약 그들이(내담자가) 정말 변화하고 싶어 한다면, 언젠가는 반드시 변화할 것이라고 장담하면서 말이다. 그는 나에게 거기에 대한 확신을 갖게 해 주었다. 아마도 나는 내가 해야 할 일과 그들이 해야 할 일을 혼동하고 있었던 것 같다. 나의 수퍼바이저는 상담사로서의 나의 역할이, 그들로 하여금 자신들의 문제를 직시할 수 있도록 도와주고, 다른 사람들과 의사소통을 할 수 있게끔 방법을 가르쳐 주며, 그들 나름대로의 길을 계속 나아갈 수 있도록 촉진해 주는 것이라는 점을 일깨워 주었다.

그로부터 몇 년이 지나고 난 뒤에야 나는 부부상담이 효과를 발휘하려면 돈이나 역할 혹은 성적인 갈등과 같은 그런 피상적인 문제에만 머물러서는 안 된다는 것을 깨달았다. 이처럼 표면적인 문제 밑에는, 사실은 훨씬 더 큰 주제가 숨겨져 있었다. 한 여성 내담자가, "내 남편과 나는 다른 어떤 상담사들도 결코 도와줄 수가 없는, 훨씬 더 큰 싸움을 진행하고 있어요. 우리는 그 문제들을 말로는 어떻게 표현할 수가 없더라고요. 상담사들도 그게 뭔지 통 보지를 못하더라고요. 그런데 그게 우리 두 사람의 크고 작은 모든 갈등에 불을 붙이는 연료 같은 거란 말이에요."라고 내게 말했던 것처럼 말이다.

이 여성 내담자가 언급하고 있는 '훨씬 더 큰 문제'는 부부(커플)관계 문제로, 상담을 하러 오는 대부분의 부부(커플)들에게서 흔히 나타나는 문제다. 많은 사람은 어린 시절에 관계가 깨어지는 경험을 했다. 이 말의 뜻은, 그들의 양육자가 자신들의 근본적인 필요를 채워 주질 못했었고, 특히 안전에 대한 필요와 부모-자녀의 견고한 유대관계에 대한 자신들의 필요를 충족시켜 주지 못했다는 의미다. 그러므로 세월이 지나 그들이 성인이 되어서 자신들의 친밀한 파트너를 사귀게 되면, 과거 어린 시절과도 아주 비슷한, 가까운 관계에서 깨어졌던 과거의 그 경험이 현재의 사랑하는 관계에서도 다시 재연되는 것을 경험하게 된다. 그들은 더 이상 자신이 파트너(배우자)와 연결되어 있다는 느낌을 갖지 못한다. 그리고 파트너 또한 종종 나와 비슷하게 '관계가 깨어짐'을 경험하게 되는데, 이럴 때 두 사람이 서로에게 도움이 되는 짝이 되고 친구가 되면 정말 좋겠지만, 그러기보다는 안타깝게도 서로를 비방하는 데 더 많은 시간을 쏟게 된다. 의사소통 기술을 더 늘리고 행동계약을 다시 새롭게 한다고 해서, 두 사람이 그토록 고대하던, 두 사람을 제대로 연결시켜 줄 수 있는 다리가 놓아지진 않는다.

그러므로 부부관계를 정말 제대로 치료하기 위해서는, 이전과는 전혀 다른 방식으로 부부문제를 다루어야만 한다는 깨달음이 내게 오기 시작했다. 이 문제를 두고 여러 가지로 궁리하다가, 나는 1950년대에 『정신의학의 대인관계 이론(The Interpersonal Theory of Psychiatry)』을 썼던 정신분석학자 해리 스택 설리반(Harry Stack Sullivan)의 말이 생각났다. 설리반은 "개인의 내면에서 무슨 일이 일어났는가는 별로 중요하지 않다. 정작 중요한 것은 과연 그 사람들 사이에서 무슨 일이 일어났는가이다."라고 말했다. 나는 이 문제를 두고 헬렌과 토론했다. 그녀는 유대인 신비주의 신학자인 마틴 부버(Martin Buber)가 아주 비슷한 철학을 가지고 있다고 내게 깨우쳐 주었다. 설리반과 거의 같은 시대에 쓰인 그의 유명한 책 『나와 너(I-Thou)』에서 부버는, 단어 'I'와 'Thou'에 관심을 두는 것이 아니라, 그 두 단어 사이에 있는 '하이픈(-)'에 관심이 있다는 점을 분명히 했다. 부버는 그곳을 '둘 사이의 신성한 공간(Sacred Between)'이라고 불렀다. 부버에 따르면, 모든 생명들은 만나고 있다.

내가 설리반과 부버를 곰곰이 생각하고 있던 중에, 마치 전깃불이 켜지듯 한 가지 생각이 불현듯 떠올랐다. 내가 어떤 부부와 상담하고 있을 때, 나의 관심의 초점을 두 사람 개인의 갈등의 속성을 파악하는 것으로부터 두 사람 사이의 '관계의 질(Quality of the Relationship)'로 옮겨 가야 할 필요성을 간절히 인식하게 되었다. 그렇게 할 수 있을 때라야만, 비로소 두 사람 사이에 안전하고 견고한 연결을 창조해 낼 수 있도록 도와줄 수 있기 때문이다. 일단 그들이 자신들의 새로운 관계에서 확실하게 안전감을 느끼게 되면, 그들은 수십 년 전 양육자들로부터 겪었던 그 깨어진 관계를 다시 치료하기 시작할 수 있다.

　이런 지식들을 토대로 하여 나는 부부(커플)들과 집중적으로 작업하기 시작하면서, 피상적인 문제에는 시간을 덜 들이고, '깨어진 관계'에 더 초점을 맞추고 거기에 좀 더 많은 시간을 들이기 시작했다. 부부(커플)들이 현재의 부부관계에서 자신이 필요로 하는 것들을 상대에게 요구하는 것으로부터, 이제 그들의 '관계'가 그들에게 필요로 하는 것이 무엇인지 '관계'로 초점을 옮기기 시작했을 때, 부부치료에 괄목할 만한 향상이 나타나기 시작했다.

헌신에 대한 필요

　이러한 새로운 관계 패러다임을 가지고 부부(커플)들을 보면서, 나는 부부(커플)들에게 반드시 필요한 첫 번째 단계가 바로 두 사람 모두가 똑같이 상담치료 과정에 대해 깊이 헌신할 것을 요청해야만 한다는 것을 알게 되었다. 첫 번째 규칙 중 하나는, 적어도 연속해서 12회 동안 상담을 받으러 오겠다는 것에 동의해야만 한다는 것이다. 정말로 어쩔 수 없는 긴급한 경우를 제외하고는, 평소에 일정을 잘 조정해서 매번 예약 시간에 빠짐없이 참석할 수 있도록 해야 한다. 내가 이처럼 열두 번의 상담에 헌신적으로 성실하게 참석할 것을 요구하는 이유는, 나 자신의 경험과 통계조사 자료를 통해서도 알 수 있듯이, 대부분의 부부(커플)들은 서너 번쯤 상담을 하고 나면 그만두기 일쑤고, 거의가 다섯 번째 상담이 이루어지기 전에 상담을 종결한다는 것을 알게 됐기 때문이다. 흥미롭게도 이때쯤이 되면, 무의식적인 문제들이 속속 드러나기 시작해서 종종 불안을 일으키곤 한다. 우리 모두가 잘 알고 있듯이, 불안을 줄이는 가장 확실한 방법은 회피다. 어떤 부부(커플)들은 이러한 자신들의 불안을 회피하는 방법 중 하나로, 상담을 하면 할수록 도리어 문제가 더 악화되었다고 주장하면서, 상담치료사를 신랄하게 비난하고 해고해 버리기도 한다. 또 어떤 부부들은 "도저히 시간을 맞추기가 어렵다."라며, 상담 예약 시간을 지키지 못한다. 이처럼 회피하는 행동은 매우 공통적인 현상이기 때문에 나는 부부들에게 반드시 열두 번의 상담에 참여함으로써 헌신적인 모습을 보여 달라고 강조한다. 12회의 상담에 헌신적으로 참가하는 것은, 이렇게 회피하는 것을 그 싹부터 아예 잘라 버리는 효과가 있다. 그러나 모든 부부(커플)들이 12회의 상담으로 충분하다는 말은 아니다. 아주 심하게 갈등을 겪는 부부(커플)들이라면, 적어도 일 년이나 아니면 그 이상 더 오랫동안 상담 작업을 해야 한다. 그러나 나는 상담 기간에 상관없이 모든 부부(커플)들에게 상담 초기에, 두 사람이 반드시 상담에서 일어나는 초기의 저항을 견뎌 내고, 달아나고 싶도록 만드는 불안도 함께 이겨 내고, 그리고 상담치료 과정에 충분히 몰입하겠다는 보증을 미리 받아 놓는다.

내가 부부(커플)들과 상담할 때 하는 두 번째 작업은, 그들의 **부부관계 비전을 분명하게** 하는 것이다. 그들의 부부관계에서 서로 싫어하는 모든 것들을 다 듣기 전에, 내가 정작 알고 싶어 하는 것은, 정작 두 사람은 그들의 관계가 어떻게 되기를 바라는지다. 그들이 **꿈꾸는 최고의 관계**, 만약 그런 꿈같은 관계 속에서 살고 있다면, 그 관계는 과연 어떤 것일까? 이 비전을 명확하게 규정하는 것은, 과거와 현재의 실망스러운 상황에서부터 보다 희망적인 미래로 에너지를 전환시켜 주게 된다. 비전을 성취하는 것이야말로 **부부상담 치료의 목표**다.

아무리 심각한 위기에 처한 부부라 할지라도, 놀랄 만큼 쉽게 이런 비전을 만들어 낸다. 부부관계 비전 작업에 착수할 때, 나는 부부들에게 '우리'라는 말로 시작하고, 또 자신들이 갖고 싶은 부부관계 내용을 긍정적인 문구를 사용하여 기록하도록 요청한다. 그리고 마치 미래가 바로 지금 여기에 이미 실현되어 있는 것처럼, 현재 시제로서 작성하도록 한다. 예를 들면, "우리는 함께 있는 것을 서로 즐긴다." "우리는 경제적으로 안정되어 있다." "우리는 둘 다 좋아하는 일을 하면서 함께 시간을 보낸다." 단 한 번의 상담을 통해서도, 그들은 각자의 부부관계에 대한 자신의 비전을 정의하고, 또 두 사람의 공통적인 요소를 추려 내어, 이러한 요소들을 공동의 목표로 결합시킬 수가 있다. 이런 작업을 통해서 일단 자신들의 관계 비전이 확실해지면, 나는 부부들에게 명상이나 기도를 하듯이 이 관계 비전을 매일 읽도록 요청한다. 그렇게 반복하는 과정을 통해서, 이 관계 비전은 점차 잠재의식 속에 깊숙이 각인된다.

함께 머물러 있겠다는 헌신에 대한 합의

　우리의 '관계 비전'을 만드는 작업은 보통 두 번째나 세 번째 상담 회기 중에 이루어지곤 하는데, 이 작업이 끝나고 나면 나는 부부들에게 두 번째 헌신, 즉 12주의 상담 기간 동안을 함께 머물러 있겠다고 약속해 줄 것을 요청한다. 이런 요청을 하는 이유는 분명하다. 만약 부부(커플)관계를 지속하지 않을 거라면, 즉 작업해야 할 '관계'가 없다면 '관계치료'란 것도 불가능해지기 때문이다. 그러므로 부부상담을 하는 세 달 동안은 헤어져 있어도 안 되며, 자살이나 살인 혹은 정신착란과 같은 극단적인 방법으로 관계를 끝내서도 안 된다. (별거나 이혼이 부부들이 관계를 끝내 버리려고 할 때 쓰는 가장 흔한 방법이긴 하지만, 가끔 미쳐 버릴 것만 같다고 호소하는 부부들도 상당히 있으며, 더 극단적이고 폭력적인 방법들까지도 상상하는 부부들이 있다.) 이와 같은 네 가지의 도망가는 길, 즉 별거, 자살, 살인, 정신착란 모두를 막아 버리겠다는 결단을, 나는 '헌신'에 대한 합의라고 부른다. 이 책의 제3부에서, 가장 먼저 수행하게 될 실습 활동 중 하나가 바로 이 '헌신'에 대한 합의라는 것을 알게 될 것이다.

융합하는 자와 고립하는 자의 역학 관계

　사랑하는 관계에 있는 두 사람은 종종 함께 머무르고자 하는 헌신에 대해 반응하는 방식이 서로 정반대인 경우가 많다. 전형적으로, 한쪽은 안도감을 느끼는 데 비해서 다른 한쪽은 위협받는 느낌을 가질 수 있다. 안도감을 느끼는 쪽은 대개 관계에서 '융합하는 사람'으로서, 애착하고 싶은 욕구가 아직 충분히 채워지지 않은 채로 성장한 사람이다. 반면, 위협을 느끼는 사람은 '고립하는(따로 떨어져 있고 싶어 하는) 사람'으로서, 자율성에 대한 욕구가 아직 충분히 채워지지 않은 사람이다. 헌신하자는 약속에 융합하는 사람이 안도감을 느끼는 이유는, 안정된 관계가 보장되므로 자신이 버려질지도 모른다는 무의식적인 두려움을 줄여 주기 때문이다. (융합하는 사람의 내면에는 항상 이런 두려움이 내재되어 있기 때문에, 관계가 힘들어지면 이 두려움을 더 크게 느끼게 된다.) 이와는 정반대로, '고립하는 사람'이 함께 머무르고자 하는 결심으로 인해 불안해지는 이유는, 이 합의로 인해서 중요한 탈출구가 차단되는 바람에 이제는 관계에 몰두할 수밖에 없다는 사실이, 자신의 오래된 공포를 다시 불러일으키기 때문이다. 이와 같이 헌신적으로 함께 머무르고자 한 합의는 한 파트너에게는 두려움을 덜어 주는 반면, 다른 한쪽에게는 더 악화시키는 결과를 가져온다.

　이 합의에 따라 부부가 함께 머물기로 하는 동안, 나는 이들이 덫에 걸렸다고 생각하며 불안해하지 않도록 걱정을 덜어 주려고 한다. 이렇게 함께 머무르기로 합의한 기간은 3개월뿐이며, 그 기간이 끝나고 난 뒤에는 아무 부담 없이 원하는 대로 다른 결정을 해도 된다고 일깨워 준다. 대부분의 사람들은 우리가 제한된 일정한 양의 시간을 다루고 있기 때문에, 한번 해 볼 만하다고 여긴다. 덧붙여서 나는, 두 사람이 함께 머무르기로 합의함으로써 오히려 파트너가 덜 집착하게 되거나 덜 공격적이 될 것이라고 설명해 준다. 그리고 '고립하는' 파트너에게는 다음과 같이 설명해 준다. "당신의 파트너가 당신의 관심에 그토록 갈망하는 이유 중 하나가, 파트너가 당신을 감정적으로 필요로 할 때, 당신이 그 필요를 채워 주지 못했기 때문입니다. 그런데 당신이 함께 머무르기로 합의하고 파트너와 함께 두 사람의 관계에 집중하여 작업하기로 결정했으므로, 당신의 파트너도 이제는 당신으로부터 버림받을지도 모른다는 그 두려움이 사라지게 될 것이고, 따라서 더 이상 당신을 뒤쫓아 가야 할 필요도 느끼지 않을 것입니다." 이상하게도, 3개월 동안 관계를 끝내지 않고 관계 안에 함께 머무르기로 합의를 하고 그렇게 실천하는 경우에, 3개월이 지난 뒤에는 '따로 떨어져서 지내고 싶어 하던' 그 파트너가, 이전보다도 훨씬 더 심리적으로 여유를 누리게 되는 결과를 종종 목격한다.

　함께 머무르기로 합의한 커플(부부)들의 반응을 통해서, 우리는 '함께 있고 싶어 하는 사람(융합하는 사람)'과 '따로 떨어져 있고 싶은 사람(고립된 사람)'의 복잡한 역학 관계를 살짝 엿볼 수가 있다. 사랑하는 관계(결혼생활)에 있는 두 파트너는, 자율성 확보와 애착이라는 이중적인 욕구를 충족시키기 위해 서로 보이지 않는 경계선을 밀고 당긴다. 대부분의 사람들은, 이 두 가지의 욕구 가운데 어느 하나에 집중하게 된다. 한 사람은 충족되지 않은 애정 결핍을 만족시키기 위해 습관적으로 한 발자국을 들이미는 반면, 다른 한 사람은 충족되지 않은 자율성의 욕구를 만족시키기 위해 습관적으로 한 걸음 뒤로 물러선다. 어떤 커플(부부)들은 그들의 관계가 지속되는 동안(결혼생활 내내), 이처럼 **독특한 댄스 스텝**을 반복하며 머물러 있기도 한다.

놀랍게도, 정반대의 경험을 하는 커플(부부)들도 있다. 여러 가지 이유로 인해 앞으로 나아가던 사람이 뒤로 물러나기 시작하고, 습관적으로 뒤로 물러나던 사람이 놀랍게도 태도를 바꾸는 것이다. 그렇다면 이제 누가 **쫓아다니는 역할**을 맡게 될 것인가? 뜻밖에도, '따로 떨어져 있던(고립된)' 사람이 어느 날 갑자기 아직 채워지지 않은 친밀감에 대한 욕구를 스스로 발견하게 된다. 이제 패턴은 방향이 뒤바뀐 자석의 양극처럼, '따로 떨어져 있겠다던' 바로 그 사람이 쫓아다니는 역할을 하는 것이다. 이것은 마치 모든 커플(부부)들이 두 사람 사이에서 반드시 일정한 거리를 유지하기로 미리 공모라도 해 놓은 것처럼 보인다. 그래서 만약 한 사람이 다른 영역을 침입하기 시작하면 나머지 한 사람은 뒤로 물러나고, 또 한 사람이 그 영역을 떠나기 시작하면 나머지 한 사람은 그 뒤를 쫓아가려 한다. 마치 두 개의 자석이 같은 극끼리 서로를 밀치면서 일정한 거리를 유지하는 것처럼, 파트너 두 사람(남편과 아내) 사이에도 일정한 거리를 유지해야만 하는 보이지 않는 어떤 힘의 장이 있는 것 같다. 부부(커플)가 서로에게 아주 가깝게 연결되어 있고 편안함을 느낀다고 해서, 그 부부(커플)관계가 충분히 안전하다고 말할 수는 없다.

아주 교묘한 탈출구들(파국까지는 가져오지 않는)

나는 이러한 밀고 당기기 게임에 아주 능수능란한 한 부부를 전에 상담한 적이 있었다. 실비아와 리카르도는 '파국까지는 가져오지 않는 탈출구(Exits)'라고 언급한 많은 형태의 도피처들을 가지고 있었다. 그것들로 인해서 그들은 같이 살긴 하지만, 진짜로 함께 있지는 않는 게 가능했다. 그들이 그렇게 서로 떨어져 있는 데 확실히 성공했다는 표시는, 그들이 3년이 넘도록 성관계를 하지 않았다는 것이다. '파국까지는 가져오지 않는 탈출구들'은 종종 찾아내기가 어렵다. 그럼에도 불구하고, 그들의 관계에서 친밀감이라는 많은 양의 에너지를 그곳으로 흘려보내 버린다.

나는 그들에게 단 하루만이도, 두 사람 모두 좋아할 수 있는 일을 함께 해 보도록 과제를 내 주었다. 마침 그 다음날이 토요일이어서, 둘은 교외로 하이킹을 한 다음에 저녁식사를 하기로 했다.

다음 날 아침에 그들이 막 집을 나서려고 할 때, 아내가 두 사람 모두 평소에 잘 알고 지내는 친구(남자)를 불러서 함께 하이킹을 가자고 제안했다. 이 친구를 본 지도 한참이나 됐고, 게다가 그 친구도 도시를 벗어나 교외로 나가는 걸 무척 좋아한다는 것이 아내가 만들어 낸 이유였다. 그러자 남편은 그게 별로 좋은 생각은 아닌 것 같다고 말했다. 그날의 목적은 분명 둘이서만 함께 시간을 보내는 것인데, 도대체 왜 아내는 이런 식으로 일을 망쳐 놓으려 드는 것일까? 둘은 거의 한 시간이 넘도록 열을 올리며 말싸움을 벌였고, 결국 남편이 백기를 들었다. 아내는 그 친구를 불렀고, 친구는 좋다고 하며 동행했다. 함께 갈 그 친구가 오기를 기다리는 동안, 아내는 신문을 읽고 집안을 정리했으며, 남편은 서재로 들어가 청구서 더미를 정리하고 있었다.

친구가 도착하고, 세 사람은 차를 타고 교외로 나갔다. 차를 타고 가는 동안 두 남자는 앞자리에 앉았고—표면상으로는 다리가 길어서 다리를 뻗을 공간이 필요하기 때문이라고 했다—아내는 뒷자리에 앉아서 책을 읽었다. 하이킹을 하는 동안에는, 남편이나 아내 중 한 사람이 번갈아 가며 그 친구와 대화를 했고,

그러는 동안 다른 한 사람은 뒤에서 끌려가듯이 따라갔다.

그들이 시내로 돌아왔을 때, 친구는 집으로 가고 부부는 저녁을 먹으러 갈 계획을 세웠다. 그들은 라이브공연으로 유명한 레스토랑에 가기로 했다. 식당에서 남편은 음악을 좀 더 잘 감상하기 위해서 연주자들 바로 앞 자리에 앉자고 제안했다. 그들은 저녁을 먹으며 대화를 시도해 보려고 했지만, 음악 소리가 너무 커서 서로의 말을 잘 알아들을 수가 없어서 대화를 포기했다. 두 사람은 정확히 8시 45분에 그 식당을 나왔는데, 그 이유는 두 사람 모두 좋아하는 TV 쇼가 시작하는 시간에 맞춰 집에 도착하기 위해서였다. 집에 들어오자마자 자동적으로, 각자 마실 술을 한 잔씩 들고 텔레비전 앞에 자리를 잡고 앉았다. 아내는 11시에 잠자리에 들면서, 남편에게 너무 늦게까지 많이 마시지 말라는 의례적인 말 한 마디와 함께 방으로 들어갔다. 남편은 새벽 1시까지 그 자리에 앉아서 기분 좋게 스카치를 마셔 가며 텔레비전을 보았다. 이 부부는 하루 온종일을 같이 보내면서도, 단 한순간도 서로에게 친해질 만한 틈을 전혀 내주지 않는 참으로 대단한 기술을 보유하고 있었다. 그들 자신은 아직 깨닫지 못했을지 모르지만, 이 부부는 '보이지 않는 이혼'을 한 채로 살아가고 있는 것이다.

보이지 않는 이혼

이렇게 주도권 잡기(힘겨루기) 싸움에 빠져 있는 부부들은 대부분 아주 비슷한 패턴을 따른다. 그들은 사실상 진정한 친밀감 형성이 불가능한 식으로 자신들의 삶을 구조화하는데, 그 방식이 대개 교묘하다. "당신의 배우자는 어떤 식으로 당신을 피하나요?"와 같은 아주 간단한 질문을 통해, 나는 300가지도 넘는 다양한 대답을 얻어 낼 수가 있었다. 여기에서는 그 목록들 중 극히 일부만 소개하겠다. 내게 정보를 제공해 준 사람들의 말에 따르면, 그들의 파트너(배우자)가 자신을 피하는 방식에는 다음과 같은 것들이 있다.

평소에 사용하는 탈출구들의 목록

연애 소설 읽기, 차에 온갖 정성을 쏟기, 핸드폰 붙들고 살기, 자녀들과 지나치게 많은 시간 보내기, 컴퓨터에 매달려 살기, 교회의 온갖 모임에 앞장서기, 보트에서 아예 살다시피 하기, 친정 엄마와 어울려 다니며 시간 보내기, 바람 피우기, 눈 마주치지 않기, 신문에 나오는 기사를 모조리 다 줄줄 꿰고 다니기, 소파에서 잠자기, 스포츠광이거나 저녁식사 시간이 한참 지난 뒤에나 집에 오기, 성관계 중에도 다른 공상에 빠지기, 하루 종일 아프고 피곤하고 앓는 소리 하기, 살이 맞닿는 것 싫어하기, 매일 밤 술 마시기, 거의 매일 저녁 모임에 나가기, 거짓말하기, 성관계 거부하기, 성관계를 하긴 하지만 사랑하진 않기, 테니스 코트나 골프장에서 살기, 폭식하기, 매일 20km씩 조깅하기, 주말마다 낚시 가기, 쇼핑 가기, 자신만의 아지트 따로 갖기, 공상에 빠져 있기, 말하는 걸 거부하기, 계속 담배 피우기, 새벽 두 시까지 비디오게임하기, 핸드폰으로 은밀한 통화하기, 항상 집안일에 매달려 있기, 자위행위하기, 혼자 기타 치기, 개인 구좌를 따로 관리하기, 싸움 걸기, 잡지 읽기, 낱말 맞추기, 퍼즐하기, 결혼하는 걸 기피하기, 술집 가기……

이렇게 수많은 커플(부부)들이 각자 자기 식으로 도망갈 탈출구를 마련해 놓고, 두 사람의 관계에 마치 **구멍이 뚫려 있는 것처럼** 살아가는 모습을 보고 있노라니, 이런 질문을 하지 않을 수 없게 된다. 도대체 왜 이 남자들과 여자들은 그렇게 많은 시간 동안 서로 친밀해지기를 한사코 회피하며 살고 있는 것일까? 사실 여기에는 그럴 만한 두 가지 이유가 있는데, 그것은 **분노와 두려움** 때문이다. 그렇다면 무엇에 대해서 왜 분노하는 것일까? 두 사람의 관계가 로맨틱한 사랑의 단계에 있을 때는, 서로 친밀해지기가 참 쉽다. 왜냐하면 파트너를 통해 자신의 소망이 충족될 수 있을 것이라는 기대감에 한층 부풀어 있기 때문이다. 이때는 마치 파트너가 엄마와 아빠, 의사와 상담치료사를 모두 합해 놓은 사람인 것처럼 보인다. 하지만 몇 달 아니 몇 년이 지나지 않아, 나의 파트너가 헌신했던 것은 날 위한 것이 아니라, 결국 자기 자신을 위한 것이었다는 사실을 깨닫게 되고 분노와 배신감을 느낀다. 암묵적 동의는 이미 깨졌다. 그들은 복수심에 불타서 감정적인 **방어벽**을 세우지만, 속으로는 "당신이 내 욕구(필요)를 채워 주지 않아서 난 지금 당신에게 무척 화가 나 있는 거라고요."라고 말하고 있는 것이다. 그러면서 이제 그들은 두 사람의 관계 밖에서 즐거움과 만족을 찾으려고 애쓴다. 마치 배고픈 소가 담장 밖으로 목을 쭉 내밀고서 풀밭에 난 풀을 뜯어 먹으려는 것처럼, 자신을 만족시켜 줄 만한 대상을 다른 곳에서 찾고 있는 것이다. 하루의 업무가 이미 끝났는데도 밤늦게까지 사무실에 남아 있는 남편과, 남편이 텔레비전을 보는 저녁 내내 아이들에게 동화책을 읽어 주느라 시간을 보내고 있는 아내. 이 두 사람은 서로의 관계 안에서 찾지 못한 즐거움을 각자 다른 곳에서 찾아보려 애쓰고 있는 중이다.

부부가 서로 친밀해지게 되는 것을 피하게 되는 또 다른 이유는, 두려움 때문이다. 특히 어린 시절에 겪었던 고통을 또 다시 반복할 것만 같은 감정적인 고통에 대한 그 두려움 때문에 많은 사람은 무의식적으로, 그러니까 자기 스스로 잘 의식하지도 못한 채, 자신의 배우자(파트너)를 마치 원수라도 대하듯이 그렇게 무심코 반응한다. 우리의 오래된 뇌는 처음에는 그 사람을—그 사람이 나의 부모이든, 배우자(파트너)이든, 이웃집 사람이든 간에—나의 채워지지 못했던 욕구(필요)를 충족시켜 줄 만한 원천이라고 인식을 했었는데, 그런데 자신이 그렇게 기대했던 그런 만족이 자꾸만 유보되는 듯한 그런 느낌이 계속되다 보니까, 오래된 뇌는 그 사람을 나의 만족을 방해하는 고통의 근원으로 다시 분류해 버리고, 이로 인해 다시 죽음의 망령이 되살아나게 된 것이다. 만약 나의 배우자(파트너)가 나를 보살펴 주지도 않고, 나의 근본적인 요구(필요)에 더 이상 관심을 기울여 주지 않는다면, 내가 죽어 버릴 것만 같은 그런 두려움을 느끼게 되면서, 이런 일이 일어나도록 만든 장본인이 다름 아닌 바로 내 배우자(파트너)라고 믿어 버리게 되는 것이다. 가장 기본적인 보살핌조차 제대로 받지 못하는 상황에서 배우자로부터 말로 공격을 당하거나 신체적인 폭력까지 동반된다면, 배우자(파트너)는 훨씬 더 강력한 적으로 분류된다. 그러므로 어떤 이들에게는 그들의 배우자(파트너)를 피하는 이유는 더 좋은 푸른 초장을 찾기 위해서가 아니라, 죽음을 피해 살려고 달아나는 것이다. 이 경우에 맞는 이미지는, 소가 풀을 찾아 느긋하게 어슬렁거리는 그런 전원적인 풍경이 아니라, 사자를 보고 겁을 잔뜩 집어먹은 양이 죽어라고 도망가는 모습인 것이다.

　대부분의 경우, 배우자(파트너)에 대한 두려움은 무의식적이다. 부부(커플)들이 인식하는 두려움의 정도는, 두 사람 사이를 감싸고 있는 경미한 두려움과, 또한 다른 사람들과 함께 어울리고 싶다거나 다른 활동에 좀 더 참여하고 싶은 바람이 거의 전부다. 가끔 그 두려움이 표면 위로 떠오르는 경우도 있다. 내 내담자 중 한 사람은, 남편이 자기 옆에 같이 있는데도 불구하고 자신이 정말로 안전하다고 느낄 때는 내 사무실에서 나와 상담을 하고 있을 때뿐이라고 말했다. 남편은 그녀를 단 한 번도 신체적으로 학대한 적이 없었지만, 그녀는 자신의 삶이 항상 위험에 빠져 있다고 확신할 만큼 두 사람의 관계는 갈등으로 꽉 차 있었다.

탈출구를 닫아라!

　'탈출구(Exits)'란 과연 무엇을 말하는 것이며, 왜 이 탈출구를 막는 게 중요할까? 한마디로 말해서, 탈출구는 우리의 감정을 대화로 표현하기보다는 다른 행위로 풀어 내는 것이다. 그중 한 가지 예를 들어 본다면, 당신의 파트너(배우자)에게 당신이 집에 들어설 때마다 "나는 별로 행복하지 않다."고 직접 말로 표현하기보다는, 그냥 직장에서 밤늦게까지 책상에 앉아 있는 게 당신에겐 훨씬 더 쉬운 일이다. 그렇게 당신이 파트너와 떨어져 있고 싶을 수밖에 없는 충분히 이해할 만한 이유가 당신에게 있다—즉, 당신은 그런 우울함을 느끼고 싶지 않은 것이다. 또한 당신이 파트너(배우자)와 함께 있을 때, 당신이 실제로 어떤 기분이 되는지를 파트너에게 솔직하게 털어놓는다는 것은, 실로 엄청난 용기가 필요한 일이기도 하다. 그러니까 그냥 직장에서 밤늦게까지 머물면서, 그런 고통을 피해 버리는 게 훨씬 쉬운 일이다.

　그러나 당신이 진정으로 만족할 만한 사랑의 관계를 원한다면, 두 사람 모두 자신들의 에너지를 두 사람의 관계 속으로 끌어모아야 할 필요가 있다. 무엇보다 먼저, 당신이 거리를 두는 사람이고 (관계에) 집중하지 않는 사람이라면, 두 사람의 관계에서 무엇이 잘못되었는지를 분명하게 밝혀내는 일은 대단히 어려운 일이다. 그리고 훨씬 더 중요한 것은, 아무리 친한 파트너들이라도 두 사람이 서로를 필요로 할 때, 육체적으로 그리고 감정적으로 함께 있어 주지 못한다면, 다시 연결되기가 매우 어려울 수밖에 없다.

　탈출구를 막는 것에 대해 부부에게 생기는 저항감을 극복하도록 돕기 위해서, 나는 '단계적 변화'라고 하는 원칙을 적용하고 있다. 여러분은 이러한 원칙을 여러분 자신의 삶에서도 아마 발견할 수 있을 것이다. 아무리 어려운 과제라도 그것을 감당할 수 있을 만큼 조금씩 조금씩 나누어 가면, 다루기가 훨씬 더 쉬워진다. 그리고 그 어려운 정도에 따라 등급과 순서를 매기고, 가장 쉬운 것부터 하나씩 하나씩 해결해 가면 된다. 따라서 단계적 변화는 과제 전체를 한결 다루기 쉽도록 이끌어 준다.

　제3부에서 여러분은 **탈출구를 서서히 좁혀 가다가 마침내는 완전히 차단하게 되는** '결단을 위한 지침서'를 발견하게 될 것이다. 그러나 여기서 내가 강조하고 싶은 것은 이 과정은 계속되는 과정이고, 단 한 번으로 끝나 버릴 수 있는 그런 일이 아니라는 것이다. 기본적으로, 이 과정은 당신이 자신의 기분을 행동으로 표출하기보다는 배우자에게 말로써 표현하는 것을 포함하고 있다. 그렇다면 그것이 어떻게 해서 효과를 발휘하게 되는지를 한번 개괄적으로 살펴보기로 하자.

　두 사람의 관계에서 서로 만족스럽지 못해 어쩔 줄 몰라 하며 전전긍긍하는 한 부부가 있다고 한번 상상해 보자. **결혼생활의 공허함을 메꾸기 위해**, 그들은 대리 만족을 느낄 수 있는 다른 것들로 채우며 살아왔다. 먼저 아내의 **탈출구**부터 초점을 맞춰 보자. 아내는 직장 일을 하면서 두 아이를 키우는 일을 책임지는 것 외에도, 지역사회에서도 직책을 맡아 일하며, 사회활동에도 아주 적극적이다. 몸매 관리를 위해 운동도 열심히 하고, 일주일에 두 번 음악 레슨을 받으며, 공상 과학 소설에도 심취해 있다. 물론 이런 활동들 덕분에, 그녀는 그녀의 밑바닥에 숨어 있는 절망감을 조금 덜 느끼는 데 약간의 도움을 받긴 하지만, 그녀의 사랑의 관계에서 꼭 필요로 하는 중요한 에너지가 이런 활동들을 통해 **빠져나가고 있는 것**이다.

　만약 이 아내가 자신의 활동들 가운데 몇 가지만 줄여 가기로 결심한다면, 그

많은 활동들 중에서 과연 어떤 것이 '탈출구'라고 부를 만한 것인지부터 먼저 결정해야 할 것이다. 대부분의 사람들처럼 그녀 또한, 이 활동들 중에서 그 어느 것 하나 제외시킬 만한 것이 없을 만큼, 거기에 대한 정당성을 발견하게 될 것이다. 제3부에서 이 '서약 실습(탈출구를 차단하기)'을 실행해 볼 때도, 누구든지 처음에는 대체 무엇이 탈출구고, 또 무엇이 꼭 필요한 활동이고 온당한 휴식의 형태인지를 헷갈려 할 것이다. 이러한 혼란을 해결할 수 있는 한 방법으로, 스스로에게 이렇게 질문을 던져 볼 수 있다. "내가 이런 활동을 하는 이유 중 하나가 혹시 내가 남편(파트너)과 함께 보내는 시간을 회피하기 위해서는 아닐까?" 대부분의 사람들은 이 질문에 대한 답을 알고 있다. 만약 대답이 '그렇다'라고 한다면, 그 활동은 당신이 파트너(배우자)와의 관계를 피해서 도망가는 탈출구가 되고 있는 셈이다. 그리고 그것이 곧, 당신이 파트너(배우자)와 함께 대화를 해야만 할 주제가 되는 것이다.

이 아내가 스스로에게 이런 질문을 던진 다음에, 본인이 자발적으로 줄이거나 그만둘 활동이 무엇인지를 확인했다고 하자. 그렇게 한 다음에는, 그 어려운 정도에 따라 등급을 매기고, 가장 포기하기 쉬운 활동들부터 먼저 선택한다. 예를 들면, 두 가지 활동에 변화를 만드는 것이 비교적 쉬울 것이라는 판단을 내렸다면, 즉 일주일에 다섯 번 조깅하던 것을 세 번으로 줄이고, 저녁 시간에 소설 읽던 것을 점심 시간에 하고, 대신에 저녁에는 남편과 시간을 함께 보내기로 하는 것이다. 또한 그동안 지역사회에서 맡고 있었던 직책을 다른 사람에게 넘기는 게 쉬운 일은 아니지만, 그렇다고 해서 불가능한 것도 아니라는 결정을 내린다. 다른 활동들은 변화시키기가 훨씬 더 어려울 수도 있을 것이다. 하지만 조금만 더 분발해서, 이 아내가 비교적 쉽게 할 수 있는 것부터 한두 가지만 더 변화를 계속해 나간다면, 아마도 추가로 일주일 중에 몇 시간 정도는, 두 사람만의 부부관계에 좀 더 헌신하고 전념할 수가 있을 것이다. 이 정도만 돼도 아주 괜찮은 출발인 셈이다. 필요하다면 나중에 좀 더 다른 변화들을 시도할 수가 있을 것이다.

이렇게 아내가 자신의 탈출구를 줄여 나가고 있는 동안, 남편 또한 비슷한 과정을 밟고 있을 것이다. 남편 역시 자신의 활동을 검토해 보고, 자신의 탈출구들이 무엇인지를 잘 확인해서, 그것들에 대해 아내(배우자)와 대화를 요청할 것이며, 또한 탈출구들을 체계적으로 줄여 가기 위한 프로그램을 실행할 것이다. 이러한 결단과 실천의 결과로, 남편과 아내는 훨씬 더 많은 시간들을 함께 보낼 수 있게 될 것이다.

우리가 지금까지 말해 왔듯이, **탈출구를 닫겠다는 결심은 지속적으로 반복되는 일인 것이고, 어떤 특별한 순간에 한 번 일어났다가 지나가는 그런 특별한 활동이 아니라는 것이다.** 이것은 상당한 시간을 필요로 하고, 때로는 몇 달씩이나 걸리는 과정이다. 이처럼 시간이 오래 걸리는 이유는, 사람들이 자신의 탈출구를 확인하고 거기에 담겨진 이유까지 발견하고 그것을 잘 이해할 수 있기까지는, 상당한 정신적인 집중과 탐구가 요청되기 때문이다. 더 나아가서 자신의 탈출구에 대해서 파트너(배우자)와 의논을 한다는 것은, 대단한 용기가 필요한 일인 것이다. 하지만 역설적이게도, 일단 두 사람이 여기에 대해서 함께 대화를 시작하게 되면, 탈출구를 줄여 나가다가 결국엔 완전히 폐쇄해 버리는 것까지도 의외로 쉬워진다는 것이다. 두 사람이 공개적으로 탈출구에 대해 함께 대화를 나누는 것은, 두 사람 사이에 매우 깊은 연결감을 만들어 줄 뿐만 아니라, 따로 떨어져서 혼자 있고 싶은 욕구와 필요를 줄여 주게 된다.

탈출구를 폐쇄해 버리는 것에 대해서, 커플(부부)이 함께 의논하기 위한 가장 좋은 방법은 대화를 요청하는 것이다. 여기에 대해서는 이 책에 나와 있는 이마고 대화법을 참조하기 바란다. 부부(커플)들은 다음과 같이 말하는 것으로 대화를 시작할 수 있다. "내가 우리 부부관계에서 탈출구로 사용했던 행동은…… 나는…… 자살에 대한 생각을 많이 하곤 했었어……. 그리고 우리가 사랑을 나누는 동안에도 다른 공상을 하곤 했어……." "내가 그렇게 하는 진짜 이유는…… 내가 당신으로부터 원하는 관심을 얻지 못할 것이라고 느꼈기 때문이야……. 그리고 우리가 사랑을 나눌 때 당신이 너무나 수동적이기 때문이야……." 이렇게 자신의 마음속 깊은 감정들까지 다 표현할 수 있을 때까지 계속해서 말로 표현을 하는 것이다. 그러면 지금까지 그 말을 듣고 있던 파트너(듣는 사람)는, 말하는 사람의 말을 그대로 똑같이 반복해서 반영하기(미러링)를 해 주는 것이다. 그렇게 두 사람 모두가 서로에게 그동안 표현하지 못했던 모든 감정들을 말로 다 표현할 수 있을 때까지 쏟아 내고,

그리고 상대방이 말한 것을 그대로 반영하기를 해 주는 식으로 두 사람이 정기적으로 이마고대화를 계속하게 되면, 관계를 회피해서 탈출구를 통해 달아나고자 했던 필요성은 점점 줄어드는 대신에, 서로 간에 깊은 연결감이 자리 잡게 된다.

이렇게 서로 접촉하는 시간이 많아지게 되는 것에 대한 부부들의 반응은 아주 다양하다. 접촉할 시간이 많아져서 아주 좋아지는 부부가 있는가 하면, 탈출구를 차단시키는 바람에 그나마 고통스러운 상황을 피할 수 있었던 방법들마저 없어져 버렸다고 푸념하는 부부들도 있다. 비록 만족스러운 결과는 아닐지 몰라도 이 실습과정을 통해서 얻어 가는 게 있는데, 그것은 그동안 왜 자신들이 서로를 피하려고 했는지를 이해하기 시작한다는 것이다. 그리고 이것은 부부관계 치료를 시작할 수 있는 아주 중요한 첫걸음이 되는 것이다.

죽음이 우리를 갈라놓을 때까지

이러한 일련의 서약들, 그러니까 ① 최소한 12회의 부부상담 치료에 반드시 참석할 것, ② 부부관계 비전을 정하고 분명히 할 것, ③ 일정 기간 동안 떠나지 않고 함께 머물러 있기로 할 것, ④ 탈출구를 점차적으로 폐쇄할 것과 같은 협의 사항에 서약하도록 부부들을 인도하면서, 나는 이와 같은 하나하나의 개별적인 동의가 궁극적으로는 두 사람으로 하여금 더 큰 헌신을 가져오도록 이끌어 준다는 점, 그러니까 앞으로의 여생 동안, 두 사람이 인생 여정을 함께 할 수 있도록 이끌어 준다는 점을 알려 준다. 물론 상담 초기부터 이런 결심이 서기는 힘들겠지만, 나는 이들이 최고의 정신적·영적인 성장을 이루기 위해서 3개월도 아니고, 3년도 아니고, 30년도 아닌, 자신들의 남은 인생을 몽땅 함께 머물러 있어야 한다는 것을 스스로 깨달을 수 있기를 진심으로 바란다. 어린 시절의 문제들은, 마치 깔끔하게 잘 정리된 단정한 꾸러미처럼, 그렇게 스스로를 드러내 주진 않는다. 처음에는, 서서히 표면에 떠올라서 별로 심각하지 않은 아주 피상적인 문제로 나타난다. 그렇게 여러 번 반복해서 나타난 후에야 비로소 그 문제의 심각성을 인식할 수 있게 된다. 그런가 하면, 어떤 때는 심리적인 욕구가 너무나도 깊이 파묻혀 있어서 특정한 순간에 어떤 위기가 닥치거나, 아니면 인생의 특별한 단계가 되어서야만 그 실체가 드러나는 경우도 있다. 결국은 한 쌍의 부부가 어린 시절 상처의 대부분을 거의 파악하고 치유하게 되는 것은, 일평생을 함께 지내야만 가능한, 그런 작업인 것이다.

몇 년에 한 번꼴로 배우자를 갈아치우는 요즘 시대에, 검은 머리가 파뿌리가 될 때까지 오직 한 사람에게만 헌신해야 한다는 발상은 시대의 흐름에 한창 뒤처진 구닥다리 같은 느낌이 든다. 1950년대에 이미 널리 퍼졌었던 물음이 "이 결혼이 지속될 수 있을까?"였다면, 지금은 "이 결혼을 꼭 지속시켜야만 할 이유가 있을까?"로 바뀌었다. 그리고 수백만 명의 사람들은 이 질문에 "그건 아니지. 꼭 그럴 필요는 없지."라고 거의 결론을 내리고 있다. 사실 역설적이긴 하지만, 대부분의 사람들은 이혼을 또 하나의 개인적인 성장의 기회로 본다. 점점 더 많은 사람이 갖고 있는 가장 대중적인 견해는, 사람을 좀 더 성장하게 하고 변화시키는 것은 결혼생활을 하고 있을 때보다는 도리어 결혼관계가 깨졌을 때라고 말한다. 사람들은 헤어졌을 때에야 비로소 자기 파괴적인 행동에 눈을 뜨게 되고, 다시 만나게 될 새로운 파트너와 함께 그런 문제들을 해결할 기회를 갖게 된다고 믿는 것이다. 하지만 첫 번째 관계(결혼생활)에서 자신들을 삐걱거리게 만들었던, 그 역기능적인 행동들의 동기가 된 무의식적인 욕구(필요)들을 제대로 이해하지 못한다면, 그래서 다시 새로운 파트너와도 그 욕구들을 어떻게 채워 가야 할지를 잘 터득하지 못한다면, 그 파트너와의 관계(결혼생활) 또한 여전히 바닷속에 잠겨 있는 암초에 부딪혀서 좌초할 것이 불 보듯 뻔하다.

역설적이게도, 헬렌과 내가 사랑하는 관계(부부관계)에 대한 이 심리학적 연구에 몰입을 하면 할수록, 보수적인 결혼 지지자들의 입장에 더 힘을 실어 주게 되는 것을 발견하게 된다. 우리 두 사람은 도덕적인 이유에서가 아니라 심리적인 이유에서, 그러니까 '죽음이 우리를 갈라놓는 순간까지' 평생을 함께하겠다고 맹세한 부부들은, 그 혼인 서약을 지키기 위해서 정말 모든 노력을 다해야만 한다고 확신을 하게 되었다. 부부가 정절을 지키는 것과 헌신에 대한 맹세는 두 사람 모두에게 안전하다는 느낌을 만들어 주는데, 이러한 안전감이 부부로 하여금 자신들의 무의식적인 주제와 어린 시절의 상처들을 치유할 수 있게끔 이끌어 준다. 이것이 바로 진정으로 서로에게 헌신한 모든 사랑하는 관계에 깃들어 있는 무의식적인 목적인 것이다.

제3부에서는, 우리는 서로에 대한 헌신과 서약을 더욱 깊이 있게 함과 동시에 성장과 변화로의 과정을 시작하게 될 것이다. 18가지의 '이마고 실습'을 모두 끝마치기 위해, 내가 제안하는 시간은 앞으로의 10주간이다. 여러분이 앞으로 이두 달 반 동안에 부부관계 향상을 위해서 소중한 시간을 바친다면, 여러분의 부부관계의 비전을 실현하기 위해 필요한 모든 준비 사항들이 다 갖추어지는 셈이다. 만약 여러분에게 좀 더 많은 시간이 필요하다면, 그렇게 하라고 말하고 싶다. 설령 아무리 많은 시간이 걸린다 하더라도, 당신이 당신의 사랑을 위해서 당신 자신에게 새로운 기회와 가능성을 준다는 것은, 이 세상 그 어떤 것보다도 가장 가치 있는 투자인 것만은 확실하다.

제8장
나 자신과 파트너(배우자)에 대해 더 많이 알아 가기

당신은 진리를 알게 될 것이고,

그리고 진리는 당신을 자유롭게 해 줄 것입니다.

－요한복음 8장 32절

사람들은 누구나 원칙적으로는 자기 파트너(배우자)가 그 사람만의 관점을 가지고 있고, 그리고 그 관점이 나름대로 일리가 있다는 사실을 인정은 하지만, 그것을 감정적으로 받아들이는 건 참 힘들어한다. 우리는, 우리가 이 세상을 있는 그대로 가장 정확히 잘 보고 있다고 믿고 싶어 한다. 그래서 내 파트너(배우자)가 나와 다른 의견을 가지고 내 의견에 동의해 주지 않을 때, 내 파트너(배우자)가 뭘 잘 모르고 있거나 왜곡된 시각을 갖고 있는 것이라고 믿고 싶어 한다. 그렇지 않다면, 어떻게 내 파트너(배우자)가 그렇게도 틀린 생각을 할 수 있단 말인가?

물론, 자기 자신만의 아주 개인적인 세계관에 푹 빠진 채로 살아가는 사람들도 간혹 있긴 하다. 내가 상담하는 내담자들 중에, 진이라는 이름을 가진 남성의 경우에는 이런 점이 매우 두드러져 보였다. 진은 아주 잘나가는 회사의 중역인데 아주 똑똑했고, 자신의 지적 능력 하나만 가지고도 주변 사람들을 아주 능수능란하게 주도했다. 그의 아내 주디는 마음이 온화하고 참 친절한 여성인데, 그는 그런 아내를 완전히 무시하는 데도 일가견이 있었다. 아내 주디는 턱을 아래로 내리고 어깨는 앞으로 웅크린 채로, 마치 벌을 서고 있는 어린아이처럼 남편

옆에 쪼그라져 앉아 있곤 했다.

이 부부와의 상담 초기에, 나(하빌)의 부부상담 목표 중 하나는 어떻게든 주디의 기를 살려서, 강압적인 남편 앞에서도 자신의 의사를 분명하게 표현할 수 있을 만큼 용기를 북돋워 주는 것이었다(심리학 교재에서는 이 과정을 '치료적 균형을 맞춘다'고 말한다). 아내인 주디가 한두 마디 말이라도 하려 들면, 남편 진은 아내가 무슨 말을 하고자 하는 것인지 전혀 들어 보지도 않은 채 곧바로 뛰어들어 무조건 말을 가로막고, 그녀가 하는 모든 말에 집중적으로 반박을 해댔다. "그건 그럴 리가 없어. 아냐. 그건 거짓말이야. 그건 절대로 사실이 아니야."라고 퉁명스럽게 내뱉곤 했다. 그리고 나선 반드시 자신의 입장을 방어적으로 설명하기 시작하는데, 진의 변론은 언제나 똑같았다. "하빌 박사님, 이건 단지 저의 의견만이 아닙니다. 이건 실제로 일어나고 있는 사실 바로 그 자체니까요." 나는 이런 진의 태도를 보면서, 그가 '자신의 관점만이 옳고, 자신만이 어떤 사실을 제대로 파악하고 있다고 스스로 믿는 사람'이란 걸 알 수 있었다.

이런 사람으로 하여금 그의 관점이 얼마나 편협한지에 대해 말로 납득시킨다는 것은 사실상 거의 불가능해 보였다. 그는 우리의 대화를 마치 법정 공방을 하듯 논쟁거리로 바꿔 놓기가 일쑤였다. 거기에서 누가 승자가 될는지는 불 보듯 뻔한 것이었다. 그러다 어느덧 8회기 상담이 시작되었을 때, 내게 문득 한 가지 영감이 떠올랐다. 주디가 최근에 진과 시아버지를 함께 만났던 이야기를 용기 내어 말하기 시작했다. 주디, 진 그리고 시아버지는 셋이서 함께 저녁식사를 하러 나갔고, 그 자리에서 시아버지가 남편의 자존심에 상처가 될 만한 말을 했다는 것이다. 하지만 주디가 보기에는, 시아버지로서는 남편을 위해 건설적인 의견을 제시해 주려고 했던 것인데, 남편은 그것을 마치 아버지가 자신에게 잔인하고 악의에 찬 비난을 하는 것처럼 오해하여 들은 것 같다고 말했다. "아냐, 당신이 또 잘못 짚었어! 아니 어떻게 몰라도 그렇게 모를 수가 있지?" 진이 낮고 단조로운 말투로, 단번에 주디에게 면박을 주면서 말했다.

그때 내가 그들의 대화에 끼어들어, 잠시 동안만 자신들의 의견 차이를 접어 두고, 한 10분 동안만 클래식 음악을 하나 들어 보면 어떻겠냐고 제안을 했다.

그리고 마침 상담실에 있었던 프랑크의 〈바이올린 소나타 A장조〉가 녹음된 테이프를 꺼내고, 그 음악을 들으면서 어떤 이미지가 마음에 떠오르는지를 집중해 보도록 요청했다. 이런 나의 제안에 대해 두 사람은 조금 당황하는 듯이 보였고, 나는 특히 진이 많이 초조해하는 것을 느꼈다. 아마도, '아니 도대체 이런 음악을 듣는 게 도대체 우리 부부문제를 해결하는 데 무슨 도움이 된다는 거야?'라고 의문이 들었을 것이다. 하지만 지금까지 진은 나를 충분히 신뢰하고 있었고, 또 내 상담치료 방식을 인정하고 있었기 때문에, 조금은 엉뚱한 듯한 나의 이번 제안에 대해서도 그렇게 하는 데는 분명 무슨 그럴 만한 이유가 있을 것이라고 이해해 보려는 것 같았다.

우리 세 사람은 의자에 등을 기대고 편안히 앉아서 함께 음악을 들었다. 2악장까지 다 듣고 난 후에, 내가 그 음악 테이프를 정지시킨 다음, 그러니까 지금 나 자신이 저 지뢰밭 속으로 걸어 들어가고 있다는 사실을 뻔히 알면서도 마치 그게 아무렇지도 않다는 듯이, 주디와 진에게 이 음악을 어떻게 감상했는지를 물었다.

그러자 진이 먼저 입을 열었다. "정말 아름다운 음악이네요. 대단히 서정적이에요. 특히 제1악장에 나오는 바이올린 부분이 전 참 좋았어요." 진은 그 음악의 몇 소절을 흥얼거리기까지 했다. 나는 음을 그냥 듣기만 하고도 그걸 기억해서 장단에 맞춰 흥얼거리는 그의 음악적인 능력에 사뭇 놀랐다. 그가 지닌 많은 재능들 중엔 분명히 절대 음감 또한 포함되어 있는 것 같았다. "정말로 아름다운 멜로디예요." 그는 말을 이어 갔다. "무슨 이유인지, 내 마음속에 떠올랐던 이미지는, 흠…… 바다였어요. 이 음색은 어쩐지 드뷔시의 소나타를 생각나게 하네요. 비록 프랑크가 덜 인상적이긴 하지만, 감각적인 색채는 둘 다 비슷한 점이 있어요. 그건 아마도 작곡가가 프랑스인의 기질을 물려받았기 때문이겠지요."

나는 주디에게 몸을 돌려서, 그녀의 의견은 어떤지 물어보았다.

"재미있네요." 그녀의 목소리는 너무나 작아서, 내가 그녀의 이야기를 알아들으려면 귀를 쫑긋 세우고 아주 애를 써야만 할 정도였다. "저는 이 음악에 대해서 좀 다른 느낌을 받았어요." 그녀는 가죽 안락의자에 몸을 더 깊이 파고들어 앉으

며, 그 이상은 더 자세하게 말하고 싶은 의지가 없는 것처럼 보였다. 그렇게도 유
창한 남편의 비평에 대해서, 어떻게 자신의 생각을 비교라도 할 수 있겠는가?

내가 그녀의 의견을 재차 물었다. "이 음악을 듣는 동안 당신에게 떠올랐던 것
을 말해 보세요, 주디. 난 당신이 어떻게 느꼈는지 알고 싶어요."

"글쎄요." 주디가 목소리를 가다듬으며 말했다. "제겐 이 음악이 **폭풍우**를 떠오
르게 했어요. 특히 피아노 부분에서 그랬어요. 사실 전체적으로 모든 화음에서
폭풍을 몰고 오는 구름과 바람의 이미지가 떠올랐어요. 그리고 어둑어둑해지는
하늘도요."

"여보, 도대체 무엇 때문에 그렇게까지 드라마틱하게 생각하게 됐지?" 갑자
기 진이 마치 아랫사람을 가르치는 듯한 말투로 주디에게 물었다. "난 사실 거
의 잠이 들 뻔했거든. 그 정도로 너무나 편안한 느낌이었단 말이야. 좀 더 주의
를 귀 기울여서 이 음악을 다시 한번 잘 들어 봐, 주디. 그러면 당신도 내가 하는
말이 무슨 말인지를 알게 될 거야. 이 음악은 이제껏 작곡된 음악들 중에서도 가장
서정적인 작품들 중 하나라고. 안 그래요, 헨드릭스 박사님? 그렇게 생각하지
않으세요?" (다른 많은 사람이 그렇듯이, 이 사람도 상담사가 자기 편이 되어 주길 간
절히 바라면서, 어떻게든 상담사에게 자신의 생각을 이해시켜 보려고 무던히 애를 쓰
고 있었다.)

"그래요, 진." 마지못해 내가 대답했다. "저도 이 음악에서 그런 부드러움을 느
꼈어요. 때때로 마음을 편안하게 해 주는 그런 로맨틱한 음색도 느꼈어요." 그런
다음, 주디를 향해서 내가 말했다. "하지만 주디, 난 당신의 의견에도 전적으로
동의해요. 이 작품에는 격정적이면서도 드라마틱한 느낌을 생생하게 느끼게 해
주는 부분이 있으니까요. 그래서, 저는 두 분 모두의 느낌이 전부 다 맞다고 생각해
요." 그러자 진이 손가락으로 의자의 팔걸이를 톡톡 두드리기 시작했다.

"그럼, 한번 이렇게 해 보면 어떨까요?" 내가 말했다. "이제 두 분이 이 음악을
다시 한번 들어 보는 거예요. 그런데 이번에는, 두 분이 서로 상대방의 관점을 뒷
받침해 줄 만한 증거를 한번 찾아보는 겁니다. 그러니까 진, 당신은 이 음악에서
극적인 긴장감을 찾아보세요. 그리고 주디, 당신은 좀 더 편안하고 서정적인 감

성을 찾아보는 거예요."

그리고 나는 그들에게 음악을 한 번 더 들려준 후에, 그들의 의견을 다시 물어보았다. 이번에는 두 사람 모두가 조금 전에는 놓치고 지나쳤던 소나타의 음에 귀를 기울였다. 그런데 진이 아주 흥미로운 관찰을 했다. 그가 처음에 이 음악을 들었을 때는, 본능적으로 바이올린 소리에 마음이 끌렸지만, 이번엔 의도적으로 피아노에 관심을 집중했더니, 자신과 주디가 왜 그렇게 서로 다른 느낌을 받았는지를 자신도 알 수 있을 것 같다는 것이다. "아, 이 음악에는 긴장감을 주는 부분도 꽤 많이 담겨 있네요." 그는 주디의 의견을 인정했다. "특히 2악장 도입 부분의 피아노 아르페지오 부분이 더 그래요. 이 부분은 제가 처음에 들었을 땐 미처 듣지 못했던 아름다운 부분이에요. 아마도 그땐 분명히 제 마음이 딴 데 쏠려 있었던 것 같아요. 듣는 사람에 따라서는 이 음악이 마치 폭풍우 치는 것처럼 들릴 수 있다는 게 이해가 돼요." 한편, 주디 또한 이 음악을 다시 들었을 때, 진이 처음에 받았던 그 느낌을 이해할 수가 있었다. 두 번째로 이 음악을 듣게 되었을 때, 이번에는 이 음악이 그녀에게 처음처럼 그렇게까지 압도적으로 다가오진 않았던 것이다. "이 음악에는 사랑스럽고 평온한 그런 부분들도 있네요. 사실 1악장은 전체적으로 아주 조용하고 부드러운 것 같아요."라고 주디가 말했다.

두 사람은 서로 상대방의 관점에서 똑같은 음악을 다시 들으면서, 이 소나타에는 자신들이 처음 들었을 때보다 더 풍부한 다른 요소들이 훨씬 많이 담겨져 있다는 사실을 알게 되었다. 거기에는 평화로운 부분들도 있고, 드라마틱한 부분들도 있고, 참 복잡하고도 다양한 요소들이 함께 포함되어 있었던 것이다.

"만약 우리가 이 음악을 연주하는 연주자들에게, 그분들은 과연 이 음악에 대해 어떤 느낌을 가지고 있는지 이야기를 한번 들어 본다면 어떨까 하는 생각이 드네요." "그리고 또 음악사학자들은 이 음악에 대해서 뭐라고 말할까요? 그들은 분명 이 음악에 대해 좀 더 많은 이야기들을 들려줄 수 있겠죠? 그러면 이 소나타가 지니고 있는 그 깊이가 훨씬 더 깊어질 것만 같아요."라고 진이 말했다.

나는 우리의 대화가 이런 식으로 흘러가는 게 너무 기뻤다. 나의 모험은 성공적이었다. "이것이 제가 두 분이 알게 되었으면 하고 바랐던 바로 그것입니다."

라고 내가 말했다. "이게 바로 이 연습의 전체적인 목적입니다. 만약에 두 분이 이와 같이 열린 마음으로 모든 것을 바라보시게 된다면, 아마도 두 분은 다음의 두 가지 사실을 깨닫게 될 것입니다. 첫째로, 두 분의 관점은 나름대로 각각 타당하다는 것입니다. 두 번째로, 현실은 두 분 각자가 알고 계신 것보다 훨씬 더 크고 복잡하다는 거지요. 그래서 다만 우리가 할 수 있는 일은, 세상이 우리에게 주는 인상들을 모으는 겁니다. 매번 진실에 좀 더 가까이 다가가기 위한 목표로서, 더욱 더 많은 스냅 사진들을 찍어 가면서 말이죠. 그러나 한 가지만은 분명해요. 만약 두 분이 서로의 관점을 존중하고, 그리고 그렇게 하는 것이 나 자신의 관점을 좀 더 풍요롭게 만드는 방법이라는 사실을 인정하기만 한다면, 두 분은 좀 더 선명하고 정확한 사진을 찍을 수 있게 된다는 것입니다."

　나는 이 부부가 서로를 이해하고자 하는 마음가짐이 준비된, 그런 새로운 분위기를 감지하였고, 그래서 다시 조금 전에 남편 진이 그의 아버지를 만났던 이야기를 꺼냈다. 진은 그제야 비로소 아버지가 자신을 비판한 그 이면에는, 어느 정도의 좋은 의도가 있었다는 사실을 받아들일 수가 있게 되었다. 하마터면 그는 프랑크의 소나타에서 피아노의 한 부분을 그저 흘려보냈던 것처럼, 아버지가 좋은 의도로 한 말을 한 귀로 듣고 한 귀로 흘려보냈을지도 모른다. 주디 또한 진과 시아버지 간에 오랫동안 지속되어 온 그 긴장감에 대해서 좀 더 이해할 수 있게 되었다. 주디가 남편과 시아버지 두 사람 사이에서 일어났던 과거의 힘들었던 이야기들을 토대로 하여, 그날 두 사람이 저녁식사 때 있었던 그 대화를 다시 떠올리게 되었을 때, 별 뜻 없이 좋은 의도로만 들렸었던 그 시아버지의 말에 대해서, 남편이 대체 왜 그렇게까지 화를 내면서 열띤 반응을 했는지도 이해할 수 있게 되었다. 드디어 두 사람은 한쪽 눈으로만이 아닌 두 개의 눈으로 세상을 제대로 보기 시작한 것이다.

감추어진 지식의 원천

내가 보는 나의 관점에 제한된 속성이 있다는 사실을 인정하게 되고, 또 나의 파트너(배우자)의 관점이 가지고 있는 그 나름대로의 타당한 진실을 내가 받아들일 수 있게 된다면, 그때부터는 우리 앞에 더욱 완전한 세상이 펼쳐지게 될 것이다. 즉, 파트너(배우자)가 가지고 있는, 나와는 다른 관점을 우리 관계의 갈등의 원인으로 보는 대신에, 그것이 도리어 나의 지식의 원천이 될 수 있다는 사실을 깨닫게 되는 것이다. "내 눈에는 보이지 않는데, 당신이 보고 있는 건 무엇인가요? 당신은 이미 알고 있는데 내가 아직 모르고 있는 건 무엇인가요?" 이렇게 커플(부부) 관계 안에서, 나와 파트너(배우자)는 끊임없이 배움의 기회를 얻게 되는 것이다. 우리가 어떤 사람과 상호작용을 하든 간에, 거기에는 언제나 최소한의 진실과 실낱같은 통찰들이 담겨져 있으며, 우리는 그것들을 통해서 나 자신만의 숨겨진 모습과 총체적인 모습을 희미하게나마 엿볼 수가 있는 것이다. 그리고 내가 더 많이 알아 가면 알아 갈수록, 더 이상 로맨틱한 환상이 아닌 실질적인 사랑, 즉 나 자신과 파트너(배우자)에 대해 새롭게 드러나는 **진실을 바탕으로 한** 그런 사랑을 만들어 갈 수가 있는 것이다.

제6장에서 우리는, 여러 특정한 영역들에 관해서 우리의 지식을 늘려 가야 한다고 설명했다. 우리는 우리의 커플(부부)관계 안에서 아직 드러나지 않은 미해결 과제들과 거부된 성격적 특성들, 나의 파트너(배우자)가 지닌 내면의 세계, 그리고 커플(부부)관계 속에 내재되어 있는 치유의 능력을 깨닫고 알아 가야 한다. 우리가 주디와 진의 부부관계에서 보았듯이, 이러한 정보들을 얻기 위해서는 서로의 관점을 가치 있게 여기고 배우려는 마음가짐이 있어야만 한다. 즉, 두 사람 모두가 자신의 세계관을 넓혀 가고자 하는 의지를 드러내는 바로 그때에, 비로소 일상생활의 세세한 부분들이 다 정보의 황금 광산이 되는 것이다.

이렇게 숨겨진 정보들을 발견할 수 있는 아주 좋은 순간들이 있다. 그때는 바로, 당신이 파트너(배우자)에게 말로 그리고 무언으로 비난을 쏟아붓고 있는 그때다. "당신은 한 번도 제시간에 집에 들어온 적이 없어! 당신이란 사람은 도대체 믿을 수가 없는 사람이야. 당신은 왜 나에게도 기분 전환이 필요하다는 사실을 몰라? 당신은 정말 당신 자신밖에 몰라." 아마도 당신은 이런 말들을 내뱉으면서, 당신의 파트너(배우자)에 관한 한, 당신이 아주 정확히 묘사를 하고 있다고 믿고 있을 것이다. 그러나 진실은, 이런 말들이 다름 아닌 당신 자신의 모습을 묘사하고 있다는 것이다.

우리가 반복적으로 내뱉는 감정 섞인 불평들 속에는 사실 아주 많은 정보들이 포함되어 있는데, 다음의 예를 들어 그 점을 설명해 보겠다. 한 아내가 자기 남편에게, 남편이 계획성이 없다고 항상 불평을 해 댄다고 가정을 해 보자. "당신은 도대체 계획이란 걸 몰라요! 그래서 난 당신이란 사람을 도대체 믿을 수가 없어요!" 그 말을 듣고 있던 남편이 아내에게, 그렇게 말하는 구체적인 증거들을 대라고 요구하자 아내가 기다렸다는 듯이 잽싸게 대답했다. "당신이 휴가 계획을 짤 때면 난 정말 어처구니가 없어요. 또 캠핑이라도 한번 가려고 하면, 당신은 어쩜 그렇게도 꼭 필요한 물품들만 그렇게 꼬박꼬박 빠뜨리고 와서 우릴 이렇게 고생을 시켜요. 또 아이들에게는 어떻고요. 당신이 아이들의 생일을 단 한 번이라도 제대로 기억한 적이 있어요? 그리고 어쩌다 당신이 한번 요리를 하면, 항상 부엌을 정신없이 어질러 놓잖아요!" 물론 여러분도 예상하겠지만, 남편은 아내가 퍼붓는 이런 비난들을 전면 부인하며, 도리어 아내를 비난하기 시작한다. "아니, 내가 도대체 언제 그랬다는 거야! 당신은 도대체 왜 그렇게 과장이 심해? 당신이야말로 진짜 나보다 훨씬 더 정신이 없는 사람이잖아!"

어떻게 이렇게 격한 말다툼이 유용한 정보로 다시 바뀔 수가 있을까? 첫째로, 만약에 아내의 이런 비난들 속에 아주 일말의 진실이라도 혹시 담겨 있을 수 있다는 사실을 남편이 인정한다면, 남편은 자기 자신에 대해서 매우 중요한 사실들을 배울 수 있는 기회를 갖게 된다. 대부분의 커플(부부)들은 자신의 파트너(배우자)가 갖고 있는 가장 큰 약점, 즉 아킬레스건을 건드리는 데 있어서 아주 최고의 전문가다. 불행하게도, 우리는 이렇게 중요한 정보들을 비난이라는 방식을 통해서 전달하기 때문에 파트너(배우자)의 즉각적인 방어만 초래하게 되는 것이다. 만약 남편이 자신을 방어하는 데 급급하기보다는 아내의 말에 좀 더 귀를 기울여서 들을 수 있다면, 자신의 삶 속에서 실제로 잘 정리되어 있지 않은 그런 부분들이 아내의 말 속에 잘 담겨져 있다는 사실을 깨닫게 될 것이다. 비난을 들을 때 우리가 고통스러운 이유는, 그것이 대체로 정곡을 찌르는 말이기 때문이다. 만약 남편이 아내의 비난 속에 담긴 진실을 인정한다면, 아마도 남편은 **자신이 거부했던 자신의 중요한 특성들**에 대해서 더욱 깊이 깨달을 수가 있을 것이다. 그렇게만 되면, 이제 남편은 더 이상 자신의 특성을 아내에게 **투사**할 필요가 없어지게 된다. 그래서 도리어 남편이 좀 더 **성장**하고 변화하기 위해 필요한 정보들을 제공받을 수 있게 되는 것이다.

비난의 내용을 자세히 들여다보면, 다음과 같은 원칙들이 담겨 있음을 알 수 있다.

 원칙 1: 당신에 대한 파트너(배우자)의 비난에는 사실상 어느 정도의 근거가 있다.

앞에서 언급한 부부가 서로에 대한 비난을 통해서 배울 수 있는 것에는 또 어떤 것들이 있을까? 아내가 조금 더 열린 마음을 갖게 된다면, 자신이 어린 시절에 받았던 상처에 대해서 아주 가치 있는 정보를 얻을 수가 있을 것이다. 먼저, 자신이 남편에 대해 말했던 비난의 내용들을 종이 위에 한번 적어 본다. "당신은 정말 계획성이 없어요!" 이제, 다음의 질문에 답을 해 보도록 하자.

- 내 파트너(배우자)가 이런 식으로 행동할 때, 나는 어떤 기분을 느끼는가?
- 내 파트너(배우자)가 이런 식으로 행동할 때, 나는 무슨 생각이 드는가?
- 나의 이러한 생각과 감정들 아래, 아주 깊은 곳에 깔려 있는 감정은 무엇인가?
- 내가 어렸을 때, 이런 생각과 감정들을 가져 본 적이 있었는가?

이렇게 간단한 분석 과정을 통해서, 아내는 남편의 행동이 자신이 어린 시절에 경험했던, 어떤 강렬한 기억들을 떠올리게 하는지를 알아볼 수가 있다. 이러한 분석 과정을 통해서, 아내가 자신의 부모는 늘 계획성이 없었고, 자신의 필요를 채워 줄 시간이나 여력이 없었다는 사실을 떠올리게 되었다고 한번 가정을 해 보자. 그렇다면 아내는 당연히 남편이 이와 비슷한 행동을 보이게 될 때 자신이 어린 시절에 부모에게 느꼈던, 그때와 똑같은 두려움에 휩싸이게 되는 것이다. 즉, 남편에 대한 아내의 비난에는, 어린 시절 어린아이였던 그녀의 애처로운 울부짖음이 담겨져 있는 것이다. "왜 도대체 날 돌보아 주는 사람은 아무도 없는 거야?"

이러한 분석 과정은, 또 다음의 두 번째 원칙을 발견할 수 있도록 우리를 안내해 준다.

 원칙 2: 나의 파트너(배우자)에게 내가 반복적으로 내뱉는 나의 감정 섞인 비난의 대부분은, 사실은 나 자신의 충족되지 못했던 필요(욕구)를 위장하여 내뱉는 발언들이다.

우리가 비난으로부터 얻을 수 있는 또 다른 정보가 있는데, 이것은 상당한 수준의 자기분석을 요구한다. 남편에 대한 아내의 비난은, 그녀 자신의 모습을 묘사하고 있는 이야기일 가능성이 있다. 다시 말해서, 계획성이 없다고 남편을 비난하는 아내 역시, 남편 못지않게 자기 자신이 계획적이지 못한 사람일 수가 있다는 것이다. 이것이 사실인지 아닌지를 알아보기 위해서, 아내는 자기 스스로에게 다음과 같은 질문을 던져 볼 수 있다. "남편에 대한 나의 비난이 어떤 식으로든지 나에게도 적용되는 부분은 없을까?" 이때 아내는, 자신의 계획적이지 못한 모습이 남편과는 아주 다른 방식으로 보일 수 있다는 사실에 주목해야 한다. 예를 들어, 아내는 부엌을 아주 깔끔하게 정리해 놓으며, 휴가 계획 또한 아주 신속하고 훌륭하게 만들어 낼 수 있다. 그리고 이것은 남편이 아주 어려워하는 부분이다. 그러나 직장에서 업무의 우선순위를 정하는 일이나 가족의 재정을 관리하는 일들은 아내에게 있어 무척 어려운 일일 수 있는 것이다. 이러한 새로운 통찰을 가지고서, 아내는 혹시라도 자신이 자신의 부정적인 부분을 거부하고 싶은 마음에 남편에게 그것을 **투사**하고 비난했던 것은 아닌지를 한번 살펴볼 수 있을 것이다. 만약 아내가 그것이 어느 정도는 사실이라고 깨닫게 될 수 있다면, 아내는 자신의 부정적인 특성들과 남편의 부정적인 특성들을 분리시키기 위해 꼭 필요한, 중요한 정보를 새로 지니게 될 것이다. "나는 이런 부분에서는 계획적이질 못하고, 남편은 또 저런 부분에서 정리를 못하지." 이것을 심리학적인 용어로 말하면 아내는 자신의 투사를 '인정'하고, '철회'하게 되는 것이다. 예수님은 이것을 좀 더 시적으로 표현하셨다. "네 형제의 눈에 있는 티끌을 보기 전에, 네 눈 속에 있는 들보부터 걷어 내라."고.

이러한 통찰은 비난에 관한 다음의 세 번째 원칙으로 우리를 안내해 준다.

> **원칙 3:** 내가 파트너(배우자)에게 반복적으로 내뱉는 감정 섞인 비난의 일부는, 나 자신의 거부된 부분을 정확하게 표현한 것일 수 있다.

반복적인 비난이 자신의 거부된 자아를 보여 주는 것이 아니라면, 그것은 대개는 나의 또 다른 무의식적 부분인 **잃어버린 자아**를 나타내는 것일 수 있다. 만약 이 아내가 자신의 행동을 정밀하게 관찰한 후에, 자신의 삶의 모든 분야에서 완벽하게 잘 정리하고 있는 자신을 발견하게 되었다면, 남편에 대한 그녀의 비난은 조금 덜 계획적이 되고, 그래서 좀 더 편안해지고, 그리고 좀 더 융통성이 있으면서 더욱더 즉흥적이고 싶어 하는 자신의 소망을 담고 있을 수도 있는 것이다. 그러니까 아내가 남편의 조심성 없는 행동을 비난하게 될 때, 사실 그녀는 속으로 남편의 자유로운 행동에 화가 나 있는 것일 수도 있다는 것이다. 우리가 우리의 파트너(배우자)가 너무 혈기가 왕성하다고, 그리고 지나치게 섹시하다고, 혹은 너무 장난기가 심하다고, 또 일에 너무 **빠져** 있다고 비난을 하고 있을 때, 사실 그것은 나 자신의 미숙하거나 억압되어 있는 나의 정신 영역을 재확인시켜 주는 말일 수가 있는 것이다.

끝으로, 우리가 비난을 통해 배울 수 있는 네 번째 원칙에 한번 주목해 보기로 하자.

 원칙 4: 파트너(배우자)를 향한 나의 비난 중 일부는, 나 자신의 잃어버린 자아를 확인할 수 있도록 나를 도와줄 수가 있다.

다음 장에서 소개하게 될 '행동수정요청 대화법'이라는 연습을 통해서, 나는 우리가 서로에 대한 비난을 통해서 얻게 된 지식을, 우리 자신의 성장을 위해 효과적으로 전환시키는 방법에 대해서 소개하고자 한다.

파트너(배우자)의 내면세계를 이해하기

지금까지 우리는 파트너(배우자)에 대한 나의 비난을 자세히 들여다보는 작업이, 우리 자신에 대한 정보를 얻을 수 있는 아주 탁월한 방법이 될 수 있다는 것을 확인하였다. 그렇다면, 파트너(배우자)의 내면세계에 대하여 좀 더 알아 갈 수 있는 방법은 과연 무엇일까? 여기에 대한 답으로 우리가 우리의 의사소통 경로를 향상시킴으로써 그것이 가능하다고 말할 수 있다. 사실 지난 수천 시간 동안, 우리의 파트너(배우자)는 자신의 생각과 감정과 바람들을 우리에게 증언해 왔다. 하지만 우리에게 등록되어 있는 정보는 그중 아주 적은 양에 불과하다. 그러므로, 우리가 파트너(배우자)의 주관적인 세계를 좀 더 깊이 이해하기 위해서는, 좀 더 효과적인 방법으로 경청하고 의사소통을 하는 훈련이 필요하다.

효과적인 경청과 의사소통을 하기 위해서, 언어학의 한 분야인 의미론에 대해 간략히 알아 둘 필요가 있겠다. 쉽게 말해서, 똑같은 말을 나와 파트너(배우자)는 전혀 다른 의미로 해석할 수 있다. 우리는 각기 다른 가족환경 속에서 서로 다른 삶을 살아왔기 때문에 각자 자신만의 어휘 목록을 지니고 있다. 간단한 예로서, "테니스를 치자."라는 아주 평범한 말이 다른 두 가족에게 어떻게 다른 의미가 될 수 있는지를 알아보자. A라는 가족에게 이 짧은 말이 지니고 있는 속뜻은 다음과 같다. "집에 굴러다니는 낡은 라켓을 찾아 들고서, 가까운 공원으로 걸어가, 한 사람이 그만두자고 할 때까지 네트를 사이에 두고 공을 주고받자. 규칙은 중요한 게 아니다. 운동을 한다는 게 중요하다." 그러나 B라는 가족에게 있어서, "테니스를 치자."는 말은 상당히 다른 의미를 갖는다. "스포츠 센터에 있는 실내 코트를 예약하고, 200달러짜리 라켓을 들고, 한 사람이 확실하게 승리할 때까지 아주 거칠게 경쟁적으로 경기를 하자." A 가족에서 성장한 마크는 B 가족에서 성장한 수잔과 테니스를 칠 때, 그녀가 보이는 공격성과 결연함에 흠칫 놀라게 될 것이다.

또 다른 평범한 한 예로, "그 문제에 대해 우리 이야기해요."라는 말이 수잔과 마크에게 어떤 식으로 연상되는지를 한번 알아보자. 수잔의 가족에게 있어서, "그 문제에 대해 우리 이야기해요."라는 말의 의미는, "어른들이 모두 식탁에 둘러앉아 그 문제를 해결할 수 있는 행동계획을 결정할 때까지, 다양한 관점을 이성적으로 차분하게 토의하자."이다. 반면에, 마크의 가족에게 있어서 이 똑같은 말이 갖는 의미는, "지금은 간단하게 이야기를 나누고, 혹시 나중에 이 문제가 좀 더 심각해지면, 그때 가서 다시 이야기를 나누자."는 의미다. 다시 말해서, 다소 형식이 없는 마크 가족의 접근방식에는 아무리 어려운 문제라 할지라도 시간이 지나면 다 저절로 해결될 수 있다는 철학이 깔려 있다. 그래서 수잔이 마크에게 아들의 학교 성적이 별로 좋지 않다고 말하면서 "우리 이 문제에 대해 함께 이야기 좀 해요."라고 제안을 했음에도 불구하고, 마크가 그저 간단하게 몇 마디를 하고는 혼자 텔레비전을 켜고 거기에 집중하는 걸 보면서, 수잔은 몹시 화가 났다. 화가 난 수잔은 문이 부서져라 쾅 닫아 버리고 밖으로 나가 몇 시간째 돌아오지를 않았고, 마크는 왜 상황이 이렇게 됐는지 몰라 어리둥절했다. 도대체 마크가 무엇을 잘못한 것일까? 그에게서 굳이 잘못을 찾자면, 아마도 자신이 아내와 똑같은 언어를 사용하고 있다고 잘못 믿고 있다는 것이다.

부인(否認)

우리가 각자 자신만의 고유 언어를 가지고 있다는 문제 외에도, 의사소통을 방해하는 또 다른 장애물이 있다. 그중에서도 아마 가장 흔한 장애물 중 하나는 '부인(Denial)'일 것이다. 즉, 우리는 파트너(배우자)가 하려는 말을 쉽게 믿으려 들지 않는다. 최근에 있었던 한 예를 살펴보자.

아미라와 조셉이라는 부부가 주말에 내가 진행하는 '이마고커플스워크숍'에 참석했다. 조셉은 마흔 살의 기자이고, 아미라는 스물다섯 살의 텔레비전 연기자다. 두 사람 모두 아주 매력적이고 꽤 성공한 사람들이다. 그런데 토요일 저녁, 워크숍이 중간쯤 진행되었을 때, 이 부부의 갈등의 핵심이 점점 드러나기 시작했다. 토론 시간에 조셉은 아이를 너무나 갖고 싶다는 말을 먼저 자진해서 꺼냈다. "저는 나이가 많아서 아마도 아빠가 채 되기도 전에 할아버지가 될 거예요."라며 탄식하듯 말했다. 그러나 아미라는 나중에 아이를 갖고 싶었다. 그녀는 이제 막 자신의 경력을 쌓기 시작했고, 30대 중반까지는 아이 때문에 시간을 뺏기고 싶지가 않았다. 그녀는 조셉과 결혼 전에, 아이를 늦게 갖고 싶어 하는 자신의 의사를 분명히 했다고 항변했다. "전 이 문제에 대해서 수도 없이 반복해서 이 사람에게 이야기를 했어요. 그런데도 도대체 제 남편은 저의 말을 전혀 듣질 않아요. '난 아기를 가질 준비가 되어 있지 않다.'라는 문구가 커다랗게 쓰인 티셔츠라도 입고 다닐 걸 그랬나 봐요!" 남편 조셉도 아미라가 자신의 입장을 그렇게 분명하게 이야기했었다는 사실은 인정했다. 그러나 그는 그녀가 그 말을 그렇게 진심으로 말한 건 아닐 거라고 생각했다. "나는 아미라가 그저 농담으로 그런 말을 한다고 생각했어요. 그렇지 않으면, 아니 어떻게 연속극에서 작은 배역 하나를 연기하는 일이 엄마가 되는 것보다 더 중요할 수가 있겠어요?" 조셉은 아이를 갖고 싶은 자신의 다급한 욕구를 충족시키는 게 너무나 중요한 나머지, 아내의 삶의 우선순위를 무시해 버렸던 것이다.

이렇게 우리 모두는 파트너(배우자)에 대한 나의 기대와 현실이 충돌하는 '분

쟁지역'을 무수히 지니고 있다. 그래서 나의 파트너(배우자)가 나의 기대에서 벗어난 행동을 하게 될 때, 나의 기대에 대한 환상을 내가 유지할 수 있게끔 도와줄 만한 수많은 무기들을 가지고 있다. 먼저, 우리는 파트너(배우자)를 비난할 수가 있다. "당신이 그런 식으로 느끼다니, 당신은 정말 나쁜(배은망덕한, 둔감한, 상스러운, 멍청한, 악독한, 무식한, 어리석은 등등) 사람이야!" 그리고, 파트너(배우자)를 '가르치려' 들 수도 있다. "당신은 그렇게 느끼면 안 되지. 당신은 ……하게 느껴야만 한다고." 그리고 또 파트너(배우자)를 위협할 수도 있다. "만약 당신이 생각을 바꾸지 않는다면, 나는 ……할 거예요." 우리는 또 파트너(배우자)를 무시할 수도 있다. "그래? 그것 참 흥미롭네. 근데 내가 말하려는 게 뭔지 알아? 그게 뭐냐면, ……." 그리고 우리는 파트너(배우자)를 분석할 수도 있다. "당신이 그런 말도 안 되는 생각과 감정을 갖는 이유가 뭔지나 알아? 그건 몇 년 전 당신의 어머니가 ……했기 때문이야." 이러한 무기들을 사용함으로써 우리가 바라는 것은, 파트너(배우자)의 자아의식을 깎아내리고, 그 자리에 파트너(배우자)에 대한 나의 이기적인 환상을 끼워 넣으려는 것이다. 그런데 불행하게도 이것은, 사실 나의 파트너(배우자)의 어린 시절에 이미 똑같이 일어났었던 상황이다. 그러니까 내 파트너(배우자)의 양육자들(보통 부모) 또한 아주 다양한 방법으로 내 파트너에게 똑같이 이런 식으로 말을 했던 것이다. "지금 네가 느끼는 감정들 중에서 단지 이 부분만 일리가 있구나. 그리고 지금 네가 하는 행동들 중에서 아주 극히 일부분만 허용이 될 수가 있어." 이렇게 우리는 파트너(배우자)의 상처받은 감정을 따뜻하게 감싸 주기는커녕, 그 상처 위에 긁어 부스럼을 내고 있는 것이다.

이마고대화법

이런 비극적인 상황을 피하기 위해서, 우리는 **새롭게 대화하는 방법을** 배워야만 한다. 이 대화법은 또한 새로운 방식의 배움이기도 하다. 나는 헬렌과 이마고 동료들과 함께, '이마고대화법(Imago Dialogue)'이라는 훈련을 점진적으로 만들어 냈다. 이 이마고대화법에는 다음의 세 가지 단계가 있다. 그것은 반영하기, 인정하기 그리고 공감하기다.

당신과 파트너가 '의식이 깨어 있는 파트너십'을 형성할 수 있도록 도와주기 위해서, 이마고대화법 안에는 다음과 같은 다양한 내용(역할)들이 제공되어 있다. 첫째로, 이마고대화법은 당신으로 하여금 당신의 파트너(배우자)가 하는 말 하나하나, 단어 하나하나 있는 그대로 초점을 맞출 수 있도록 이끌어 준다. 일반적인 사람들은 파트너(배우자)가 말할 때, 단어 하나하나에까지 초점을 기울이지는 않는다. 당신이 파트너(배우자)의 이야기를 듣고 있을 때, 정작 당신이 하는 것은 지금 당신이 듣고 있는 내용에 대한 반응이다. "지금 남편이 나에게 말하기를, 이번 휴가를 따로따로 갔으면 좋겠다고 말했다. 그렇다면 이건 무슨 뜻인가? 남편이 나와 함께 보내는 시간을 줄이고 싶다는 뜻인가? 아님, 다른 사람을 만나고 싶다는 말인가?" 어떤 의미에서, 당신은 파트너가 한 말을 잘 듣는다기보다는 당신의 마음속에서 일어나고 있는 반응들을 듣고 있는 것이다. 이렇게 당신이 파트너(배우자)의 말에 집중하기보다는, 당신의 내면에서 일어나고 있는 반응들에 초점을 맞추게 되면, 당신의 파트너(배우자)는 당신과 단절됨을 느끼게 된다.

두 번째로, 당신의 파트너(배우자)가 하는 말을 주의 깊게 잘 듣고, 그 말이 당신의 파트너(배우자)에게 무슨 의미인지를 확인해 본다면, 당신은 당신과 전혀 다른 내면의 세계를 경험하고 있는 다른 한 사람과 함께 살고 있다는 사실을 발견하게 될 것이다. 이러한 자각의 과정을 '분화(Differentiation)'라고 부르는데, 사실 이것은 안전하고 친밀한 커플(부부)관계를 만들기 위해 꼭 필요한 전제조건이 된다. 한 나무에 달려 있는 비슷비슷하게 생긴 무수한 나뭇잎들을 보더라도, 완전히 똑같은 나뭇잎은 단 하나도 없다. 만약에, 당신이 당신의 파트너(배우자)와 똑같다고 생각한다면, 당신은 파트너(배우자)의 존재 자체를 부인하고 있는 것이다. 건강한 부부(커플)관계에서는, 나의 배우자(파트너)를 '나'의 연장선에 있는 사람으로서 나와 살고 있는 것이 아니라, 나와 다른 사람으로서 나와 함께 살고 있다는 사실을 깨닫는다. 당신의 배우자는 당신과 동등하게 자기 자신만의 중요하고 타당한 관점을 지니고 있는, 한 사람의 독특한 개인인 것이다. 따라서 부부(커플)가 서로 분리된 각자 다른 존재라는 사실을 잘 인식하지 못할 때, 바로 그 점이 **부부(커플) 갈등**의 핵심 원인이 되는 경우가 종종 있다.

　마지막으로, 이마고대화법을 계속해서 정기적으로 사용하게 되면, 당신과 당신의 배우자(파트너) 사이에 깊은 **감정적인 연결고리**가 만들어진다. 이것은 특히 부부(커플)가 어떤 갈등을 겪고 있을 때 더욱 그렇다. 이렇게 구조화된 이마고대화법은 부부(커플)들로 하여금 안전한 느낌을 주고, 또 배우자(파트너)와 지속적으로 연결될 수 있도록 도와준다. 우리가 안전함을 느낄 때, 우리는 더 이상 나 자신을 **방어**하지 않게 된다. 또한 우리가 어린 시절 이후로 감추어져 있어 그동안 볼 수 없었던 나 자신의 숨겨진 부분들이 보이기 시작한다. 그리고 나의 배우자(파트너)에게 이런 것들을 표현해도 좋을 만큼의 **충분한 신뢰감**을 느끼게 된다. "나는 음악에 소질이 있어." "나는 원래 평화로운 사람이야." 그래서 당신의 이런 경험들을 언어로 표현하게 될 때, 이런 것들이 당신의 존재 깊숙이 다시 짜여 들어오게 되며, 당신은 당신 자신이 더욱더 '온전함을 향해 되어 감'을 경험할 수 있게 된다. 그래서 궁극적으로 이러한 경험은, 당신으로 하여금 개인의 한계를 넘어서 당신 자신을 좀 더 확장되게 함으로써, 저 우주와 다시 연결될 수 있도록 도와준다. 당신의 파트너와 함께 이야기를 나누는 경험이 이런 깊은 수준에까지 도달하게 될 때, 그것은 영적인 경험이 되는 것이다. 개인적인 관계에서 당신이 진정한 연결을 경험하게 될 때, 당신은 우주적인 차원에서 초월적인 것과 연결이 되는 것이다.

이마고대화법의 세 가지 단계

1단계: 반영하기(거울 비춰 주기)

이제 이마고대화법의 세 가지 단계를 자세히 살펴보기로 하자. 첫 번째 단계는 반영하기(Mirroring)다. 배우자(파트너)에게 하고 싶은 중요한 말이 있을 때, '나는 ……'으로 시작되는 짧은 문장으로 자신의 생각이나 감정을 표현한다. 예를 들면, "나는 내가 당신을 위해 정성껏 준비한 요리를 당신이 그다지 고마워하지 않을 때, 당신을 위해 저녁을 준비하는 것이 그리 즐겁지가 않아요."라고 말한다. 그러면 배우자(파트너)는 방금 들은 말을 상대방에게 그대로 다시 반복해서 되돌려 말해 준다. 그런 다음, 자신이 정확하게 들었는지를 확인한다. "내가 당신의 말을 잘 알아들었는지 한번 들어 봐요. 당신은 당신이 나를 위해 정성껏 준비한 요리를 내가 그다지 고마워하는 것 같지 않을 때, 당신이 나를 위해 저녁식사를 준비하는 것이 그렇게 즐겁지가 않다는 말이지요. 내가 잘 이해했나요?" 배우자(파트너)가 당신의 말을 제대로 이해했다고 느껴질 때까지, 이 과정을 반복한다.

반영하기는 이마고 커플치료에서 사용되고 있는 다른 많은 접근방법들과 마찬가지로, 나와 헬렌의 관계 경험으로부터 시작되었다. 결혼 전에, 우리는 각자의 관점을 서로에게 관철시키려고 벼르고 있었는데, 갑자기 헬렌이 대화를 멈추며 말했다. "그만해요. 우리는 지금 서로의 말을 듣고 있지 않잖아요? 그럼 우리가 서로 번갈아 가면서 말하고 듣기를 한번 해 보는 건 어떨까요? 당신이 말을 할 때 나는 듣기만 하고요. 그리고 내가 당신으로부터 들은 것을 다시 말해 주는 거예요. 그러고 나서 서로 역할을 바꾸는 거예요. 내가 말하고 당신은 듣고요." 나는 기꺼이 거기에 동의했다. 그리고 우리는 아주 좋은 대화를 나눌 수가 있었다. 또한 보통 때와는 다르게 우리는 우리가 서로에게 좀 더 가까워져 있음을 느낄 수가 있었다.

내가 듣는 것(경청)의 중요성을 몰랐던 사람은 전혀 아니었다. 상담치료사로서 나는 모든 내담자들의 말을 주의 깊게 듣는 습관을 갖고 있었으며, 부부들에게 서로의 이야기를 주의 깊게 듣도록 격려하기도 했다. 그러나 나는 이 반영하기를 부부가 서로의 말을 이해하고 문제를 해결하도록 돕는 하나의 방법으로만 여기고 있었던 것이다. 하지만 헬렌과의 이 새로운 경험이 있기까지는, 반영하기가 더 많은 치료효과를 가져올 수 있다는 사실까지는 미처 깨닫지 못하고 있었다. 반영하기는 부부가 서로에게 연결된 느낌을 강화해 줄 수 있는데, 이것은 정말 가치 있는 일이다.

몇 년이 지난 후에, 나는 반영하기 연습에 하나의 단계를 더 추가했다. 즉, 듣는 사람(Listener)이 말하는 사람(Speaker)의 말을 잘 반영했다고 여겨지면, 듣는 사람으로 하여금 다음과 같이 말하도록 했다. "거기에 대해서 좀 더 이야기해 줘요!" 이것은 말하는 사람에게 그 주제에 관해서 더 이야기할 수 있도록 기회를 주는 것이다. "내가 저녁을 준비하는 데까진 적어도 한 시간이나 걸려요. 그리고 난 정말 맛있는 음식을 만들려고 최선을 다한다고요. 그런데 당신이 아무 말도 없이 그냥 음식만 먹고 있을 때, 난 정말 슬퍼져요." 말하는 사람이 자기가 더 이상 할 말이 없다고 느낄 때까지, 충분히 계속해서 이야기를 할 수 있게 말이다.

부부들과의 계속되는 상담을 통해서, 반영하기 연습 중 "거기에 대해서 좀 더 이야기해 줘요!"라는 부분이 이 이마고대화가 성공한 핵심 사항 중 하나라는 사실을 발견하게 되었다. 당신이 파트너(배우자)에게 더 이야기를 해 주도록 요청하게 될 때, 당신은 파트너에게 당신이 배우자의 내면세계에 관심을 가지고 있다는 메시지를 전달하고 있는 것이다. 그리고 이 점이 두 사람으로 하여금 서로에게 깊은 연결감을 갖게끔 도와준다. 이러한 추가적인 정보가 듣는 사람으로 하여금 자기 파트너(배우자)의 관점을 좀 더 충분히 이해할 수 있도록 도와주기 때문에, 듣는 사람 또한 혜택을 얻게 되는 것이다. 그러는 동안 당신의 파트너(배우자)는, 자신이 계속해서 말을 해도(표현해도) 된다는 격려를 받으면서, 이전에는 말로는 다 표현하지 못했던 생각이나 감정을 이야기하고 있는 자기 자신을 발견하게 될 것이다. 당신의 파트너(배우자)가 이렇게 자신의 생각과 감정을 말로 표현할 수 있게 될 때 당신의 파트너는 그것들을 자신의 자아의식으로 통합할 수 있게 되고, 그것이 당신의 파트너(배우자)로 하여금 좀 더 온전한 자기 자신이 되어 가도록 돕는 게 될 것이다.

반영하기 과정은 이해하기 쉬운 단계들로 이루어져 있지만, 부부(커플)들이 평소에 서로에게 이야기하던 방식, 그러니까 서로 잘 들리지 않던 그 평행선 독백과는 사뭇 다른 새로운 방식이다. 이렇게 오랜 옛 습관을 바꾸기 위해서는, 좀 더 많은 연습이 필요하다. 다음의 대화는 사람들이 **반영하기**를 할 때 흔히 범하는 실수들이다. (이것은 평행선 독백을 잘 보여 주는 사례이기도 하다.) 이 내용은 '이마고 커플스워크숍'에서, 대화 시연을 위해 자원했던 한 커플의 대화의 일부이다. 나는 이 커플에게 자신들이 겪고 있는 민감한 문제들 중 하나에 대해, 그들이 평소에 집에서 대화하듯이 이야기를 나눠 보라고 했다. 그레그와 쉴라는 결혼한 지 몇 개월이 지난 신혼부부였는데, 사람들 앞에서 대화 시연을 보여 주기 위해 스스로 자원했다. 그레그가 먼저 대화를 시작했다.

> 그레그: 쉴라. 난 당신이 담배 피우는 게 정말 신경이 쓰여. 당신이 내 주변에서 담배를 피울 때는, 좀 더 신경을 써 줬으면 좋겠어.

내가 **반영하기** 연습에 대해서 아직 쉴라와 그레그에게 소개하기 전이었기 때문에, 쉴라는 그레그의 말에 본능적으로 그리고 즉각적으로 자신을 **방어하기** 시작했다.

> 쉴라: 당신이 나와 함께 살자고 했을 때, 당신은 이미 내가 담배를 피운다는 걸 잘 알고 있었잖아. 처음부터 당신은 그 사실을 알고 그걸 받아들인 거잖아. 그런데 도대체 왜 그렇게 나에게 늘 비판적인 거야? 당신이 날 있는 그대로 받아들여 줘야지. 그리고 내가 담배를 줄이려고 얼마나 애쓰는지 당신도 잘 알고 있잖아.

그러자 그레그는 더욱 강력해진 비난으로 쉴라의 말을 반박했다. 이들의 대화는 이제 탁구 경기처럼 되어 버렸다.

> 그레그: 나도 당신이 담배를 줄이려고 노력한다는 점은 인정해. 그리고 재미있는 점은 당신이 이곳에 와서 '금연'이라고 쓰인 표지를 보고선 담배를 피우지 않았다는 거야. 그런데 우리 집엔 온통 당신이 피운 담배 냄새로 진동을 하잖아.
>
> 쉴라: 여긴 우리 집이잖아. 아니, 내가 내 집에서 담배를 피울 권리도 없단 말이야!?

쉴라가 이 마지막 메시지를 힘을 주어 말했을 때, 몇몇 관중은 쉴라에게 박수를 보냈다. 이들의 탁구 경기는 1 대 0으로 쉴라가 앞서가고 있었다. 이제 내가

중재에 나서야 할 때였다.

하빌: 그래요. 좋아요. 지금까지의 대화를 다시 한번 해 보도록 합시다. 그리고 이번에는 이것을 대립이 아닌 연결을 위한 연습으로 바꿀 수 있는지 한번 알아봅시다. 그레그가 방금 전의 대화에서 처음 했던 말로 다시 한번 시작을 해 주겠어요?

그레그: 나는 우리가 함께 가정을 이루어서 정말 좋아요. 하지만 당신이 담배를 피우는 게 내게 이렇게까지 힘든 일일지는 내가 미처 깨닫지를 못했어.

하빌: 좋아요. 이제 이 말을 좀 더 이해하기 쉽게 좀 더 간단하게 말해 주세요.

그레그: 그러니까…… 당신이 담배 피우는 것이 나를 힘들게 해. 처음에는 나도 이렇게까지 힘들 거라곤 생각하지 못했는데, 정말 힘들어.

하빌: 네. 좋아요. 이제 쉴라는 자신을 방어하거나 남편을 비난하지 말고 그저 남편의 생각과 감정을 그대로 반영해 주세요. 그런 다음, 당신이 그레그의 말을 잘 이해했는지를 물어봐 주세요.

쉴라: 내가 담배 피우는 걸로 당신을 힘들게 해서 정말 미안해.

하빌: 아, 아니에요. 당신에게 사과를 하라는 게 아니에요. 그레그가 한 말 그대로 다시 남편에게 들려주면서, 당신이 남편의 감정을 이해하고 받아 주고 있다는 것을 보여 주세요.

쉴라: 그레그, 다시 한번 말해 줄 수 있을까요?

그레그: 당신이 담배 피우는 게 날 힘들게 해. 나도 처음엔 이렇게까지 힘들 줄 몰랐는데, 너무 힘들어.

하빌: 이제 남편의 말을 아주 따뜻하게 받아 주시고, 그냥 그 말 그대로 남편에게 다시 들려주세요.

쉴라: 차라리 제가 담배를 끊는 편이 더 낫겠다는 생각이 들어요. (그러자 워크숍 참가자들이 모두 웃었다.)

하빌: 쉴라, 심호흡을 크게 한번 해 볼까요? 그리고 당신의 행동들 중 하나가 그레그를 힘들게 하고 있다는 것을 생각해 보세요. 그리고 그것을 당신의 행동에 대한 비난으로 듣기보다는, 도리어 그의 행복에 대한 염려로 들어 보세요. 당신의 행동이 정당하고 아니고의 문제가 아니라, 그레그는 불편을 느끼고 있고, 당신은 그런 남편에게 마음을 쓰고 있

어요. 많은 사람 앞에서 이런 대화를 한다는 게 어렵다는 걸 알아요. 그리고 이것이 두 분께 아주 중요한 문제라는 것도 알아요.

쉴라: 이 문제를 해결하기 위해 내가 할 수 있는 일은…….

하빌: 아니요. 지금 문제를 해결하려고 하지 마세요. 그냥 그레그가 하는 말과 그 안에 담겨진 감정을 그대로 반영해 주기만 하면 돼요. 그래서, 그레그가 느끼고 있는 감정을 당신이 이해하고 있다는 것을 그가 알게 해 주는 거예요.

쉴라: (크게 심호흡을 한다.) 알았어요. 이제 이해한 것 같아요. ……내가 담배 피우는 게 당신을 힘들게 한다는 것을 이해해. 그러니까 당신 말은, 우리가 함께 살기 전까지는 당신은 그게 당신을 얼마나 힘들게 할지 잘 몰랐다는 말이지. 그런데 지금 그것 때문에 당신이 아주 힘들어…… 이게 당신이 하려는 말이 맞아?

하빌: 아주 잘했어요, 쉴라. 그레그의 걱정이 당신의 목소리에 담겨져 있음을 느낄 수 있었어요. 그레그, 당신도 느꼈나요? 쉴라가 당신이 하려는 말을 잘 이해했나요?

그레그: 네! (그의 얼굴 표정이 한결 편안해져 있었다.) 그게 바로 제 심정이에요. 정말 안심이 되네요! 쉴라가 제 말을 이렇게 귀담아 들으려 한 건 처음이에요.

여기서 그레그의 반응을 보아 알 수 있듯이, 자신이 보낸 메시지가 누군가에게 정확히 전달되고 받아들여지게 될 때, 우리는 아주 큰 만족감을 느끼게 된다. 하지만 안타깝게도 대부분의 부부(커플)관계에서 이런 경우를 보기가 드물다. '이마고커플스워크숍' 집단에서는, 이렇게 반영하기 연습을 커플(부부)들의 시연을 통해서 보여 준 후에, 커플들이 각자의 방으로 돌아가서 아주 간단한 문장을 가지고 연습을 하도록 했다. 그리고 다시 집단으로 돌아와, 이 연습의 경험을 함께 집단에서 나누게 되는데, 모두가 다 한결같이 아주 신기하고 기분 좋은 경험이었다고 고백했다. 나의 파트너(배우자)가 내 이야기에 관심을 갖고 귀를 기울인다는 것은, 그 커플들이 미처 예상하지 못했던 엄청난 기쁨이었던 것이다.

2단계: 인정하기(확증하기)

부부(커플)들이 서로에 대한 반영하기 연습에 익숙해지게 되면, 이마고대화법의 다음 단계인 인정하기(Validation)를 시도하도록 안내한다. 이 단계에서 그들은 상대방의 말 속에 내재되어 있는 논리를 알아차리는 방법을 배우게 된다. 다시 말해서, 커플들은 서로에게 "당신이 지금 말하는 게 이해가 돼요. 당신이 어떻게 생각하고 있는지, 그리고 왜 그렇게 생각하게 됐는지 이제 내가 알 것 같아요."라고 말하게 된다.

내가 처음 인정하기의 위력을 알게 된 것은, 1960년 내가 아주 젊었을 때부터다. 나는 이때의 경험을 아직도 생생하게 기억하고 있다. 그때 나는 정신분열증 환자들이 치료를 받고 있는 한 정신병원에서 설교를 하는 원목으로 임명이 되어, 켄터키주 루이빌로 가게 되었다. 그 일을 처음 시작하면서 나는 아주 간단한 훈련을 받았는데, 그 내용은 다음과 같았다. "가서서 할 수 있는 한 그분들과 친해지도록 최선을 다하세요." 시간이 지나면서 나는 좀 더 많은 지도를 받게 되었지만, 처음 몇 주 동안은 마치 '성공하든 실패하든 당신이 알아서 하세요'라는 식이었다. 처음 만난 환자들 중에 내가 친해지려고 노력했던, 아주 몸이 마른 50대쯤의 한 남성이 있었는데, 여기에선 그의 이름을 레오나르도라고 부르도록 하겠다. 레오나르도는 줄담배를 피우는 사람이었고, 언제나 자욱한 담배연기 뒤로 그의 얼굴을 볼 수가 있었다. 그런데 오랜 세월이 지난 지금까지도 내가 그 남자를 기억하는 이유는, 그가 자신을 예수라고 확신했기 때문이다.

내가 그 사람을 처음 만났을 때, "레오나르도 씨, 안녕하세요? 제 이름은 하빌입니다."라고 말을 건넸다. 그러자, 그는 담배를 꺼내면서 내게 이렇게 말했다. "저는 예수입니다. 레오나르도가 아닙니다." 그의 말에 나는 흠칫 놀랐지만, 그런 반응을 숨긴 채 대답했다. "아~ 예, 저는 원목인데요, 예수님에 대해서는 전 조금 다른 생각을 가지고 있어요. 아무튼 만나서 반가워요."

시간이 지나면서, 흔들림 없이 자신을 예수라고 확신하고 있는 레오나르도에게 관심을 갖게 되는 나를 발견했다. 나는 그의 믿음이 틀렸음을 이해시키기 위해 노력하지 않았다. 왜냐하면 나의 그런 노력이 아무 소용이 없는 일이라는 걸 처음부터 알았기 때문이다. 대신, 나는 그의 믿음에 내재된 논리를 알아보기로 했다. 레오나르도는 마침내 나에게 안전함을 느끼기 시작했고, 그의 머릿속에서 들리는 목소리 몇 개를 내게 털어놓았다. 그에게 들리는 목소리들이 정확히 무엇인지, 그리고 그 목소리들은 내가 소리 내어 말하는 것과 똑같이, 그 사람에게 있어서는 그 목소리가 진짜라는 사실을 이해하고 보니, 나는 자기 자신을 예수라고 철석같이 믿고 있는 레오나르도가 전적으로 이해가 된 것이다. 나는 그 사람이 예수님이라고 생각하지는 않았지만, 그러나 그가 왜 자기 자신을 그렇게 믿고 있는지를 이해할 수가 있게 되었다. 그리고 그의 세계 안에서 나는 그가 하는 모든 말들이 전부 다 이해가 되었다.

내가 레오나르도를 예수님이라고 부르려고 결심한 날이 되었다. 나는 그것이 신성모독이라고 생각하지 않았다. 사실 나는 이게 내가 그를 존중하는 하나의 형태라고 여겼다. 그의 머릿속은 이미 전쟁터인데 거기에 나마저 분쟁을 추가할 무슨 이유가 있을까? 만약 그가 자기 자신을 예수라고 생각한다면, 나는 그의 말을 그대로 존중하기로 했다. 그래서 그날 아침, 나는 그에게 다가가 "안녕하세요, 예수님."이라고 인사를 건넸다. 그런데 놀랍게도 그가 "나는 예수님이 아닙니다. 나는 레오나르도입니다."라고 대답했다. 나는 잠시 머뭇거리다가 "그러나 당신은 지난 몇 주 동안 나에게 당신이 예수님이라고 말했잖아요!"라고 말했다. "맞아요. 하지만 지금 내 안의 목소리는, 내가 더 이상 당신(하빌)에게 예수님이 될 필요가 없다고 말하고 있습니다."라고 그가 말했다. 나의 인정하기가 그 사람으로 하여금 좀 더 온전한 정신으로 한 걸음 더 가까이 다가가도록 도와준 셈이다.

반영하기에 인정하기(확증하기)를 더하기

내가 커플들과 함께 처음 이마고대화 연습을 시작했을 때는, 반영하기(거울 비춰 주기)로만 의사소통 연습을 끝냈다. 그리고 그들로 하여금 서로의 메시지 속에 들어 있는 내면의 논리를 계속 확증하라고까지 요청하진 않았었다. 그런데 점점 더 많은 임상 경험을 하게 되면서, 나는 이 대화의 과정에서 **인정하기(확증하기)** 가 아주 중요하다는 것을 확실히 깨닫게 되었다. 나는 내가 처음으로 커플들에게 **인정하기(확증하기)** 를 반영하기(거울 비춰 주기)에 더해 보도록 요청했던 그 당시를 기억한다. 이 책에서 리타와 더그라고 부르게 될 두 사람은 당시에 40대였다. 리타는 학교교사였고, 더그는 보험설계사였다. 그들의 핵심 문제는, 두 사람이 서로 감정적으로 잘 연결이 되지 않는 것이었다. 리타가 어떤 중요한 문제에 대해서 남편과 이야기를 하려고 할 때마다, 더그는 감정적으로 매우 움츠러든 상태에서 별로 내키지 않는 태도로 대답을 하곤 했다. 어느 정도의 시간이 지난 후에, 나는 더그가 그렇게 움츠러드는 이유 중 하나가, 리타가 비판적이라고 더그가 느끼고 있기 때문이라는 사실을 알게 되었다. 그러니까 더그는 리타의 끊임없는 비판을 어떡하든 막아 보려고 애를 쓰고 있는 것이었다. 다시 말해서, 더그는 리타와의 관계가 좋아지도록 해 보려고 자기 나름대로 자신만의 방식에 따라 꽤 애를 쓰고 있는 것이었다. 그러나 또 다른 한편으로는, 더그가 그렇게 내키지 않는 태도로 리타에게 반응을 함으로써, 그녀를 화나게 만들고 있다는 것도 충분히 이해할 수 있었다. 리타는 또한 그녀 나름대로 더그와의 감정적인 연결이 이루어지게 해 보려고 자기 목소리를 높였고, 그래서 마침내 그가 어떤 반응을 보일 때까지, 자신의 말을 과장하곤 했던 것이다. 이 글을 쓰는 지금도 나는 리타를 폭발시켰던 그 분노에 대해서, 더그가 반응했던 그 장면을 생생히 떠올릴 수가 있다. 그는 숨을 아주 얕게 쉬기 시작했고 얼굴이 후끈 달아올랐었다. 그리고 팔짱을 끼고 그녀로부터 되도록 아주 멀리 몸을 뒤로 젖혀서 앉아 있곤 했다. 만약 리타가 아주 더 길게 자기주장을 하면, 마침내 더그가 반응을 하긴 하지만, 안타깝게도 그의 반응은 대부분 냉담한 반응이었고, 그리고 비판적인 것이었고, 언제나 그녀의 분노의 불덩이에 휘발유를 끼얹는 꼴이 될 뿐이었다.

이들이 이러한 파괴적인 패턴을 깨뜨릴 수 있도록 돕기 위해서, 나는 두 사람에게 '반영하기' 연습을 가르쳐 주었다. 이것은 그들에게 많은 도움이 되었다. 왜냐하면 리타는 소나기처럼 퍼붓던 말을 천천히 해야만 했고, 더그는 연결된 상태에 계속 머물러 있어야만 했기 때문이었다. 하지만 이 연습은 내가 늘 보아 오던 그런 정도의 결과까지는 가져오지 못했다. 그들의 의사소통이 극적으로 좋아지긴 했지만, 그렇다고 두 사람이 서로 연결되었다는 느낌이 크게 향상된 것 같지는 않았다. 나는 좀 당황한 나머지, 어느 날 리타를 향해서 이렇게 물었다. "지금까지는 당신이 얻지 못했지만, 더그로부터 정말 얻고 싶은 게 있다면 그게 무엇인가요?" 그녀의 반응은 즉각적이었다. "나는 더그가 내게, 내가 하는 말이 일리가 있다고 말해 주길 바라요. 다시 말하자면, 내가 미치지 않았다고 내게 말해 주는 거예요." 그때 내 머릿속에 한줄기 섬광이 번쩍 스치고 지나갔다. 그러니까 리타는 단지 자신의 말이 그냥 들리기만을 원하는 것이 아니었다. 그녀는 자신의 생각하는 과정이 확실히 인정되기를 바라고 있는 것이다. 그녀는 남편이 자기에게 당신의 세계관이 일리가 있다고 말해 주기를 바라고 있는 것이다. 그 말을 듣자마자 내가 더그를 향해서, 혹시 리타를 위해서 이 반영하기(거울 비춰 주기)에 한 가지를 더 추가해서 시도해 볼 수 있겠는지를 물어보았다. 그리고 나는 더그에게, "더그, 방금 리타가 한 말을 그대로 반영해 준 다음에, 그녀에게 '지금까지 당신이 한 말이 이해가 돼요. 당신 말이 일리가 있어요.'라고 말해 줄 수 있나요?"라고 물었다. 그러자 그는 잠시 생각에 잠긴 듯하더니, "하지만 만약에 제가 그녀의 말이 잘 이해가 되지 않거나, 일리가 있는 것 같지도 않으면, 그럼 전 어떻게 해야 하나요?"라고 말했다. 그래서 나는 더그에게, 자신이 리타의 말을 확증하기 위해서 그녀의 의견에 대해서 반드시 동의를 해야만 하거나, 또는 자신의 의견을 포기할 필요가 전혀 없다는 점을 설명해 주었다. 그리고 그저 잠시 동안만 자신의 세계관을 내려놓고, 단지 리타의 말을 그녀의 입장에서 한번 이해해 보겠다는 정직한 노력만 하면 된다는 것을. 더그는 곰곰이 생각을 해 보더니 한번 노력해 보겠다고 말했다.

그러자 리타가 말했다. "근데 나는 지금 내가 무슨 말을 했는지가 잘 기억이 나지 않아요." 그러자 더그가 리타의 말을 그대로 받아서 그녀에게 반영해 돌려주었다. 이때, 이 대화 연습의 다음 부분을 내가 체계적으로 정리해 주기를 미처 기다리지를 못한 채, 리타가 다시 불쑥 말했다. "그런데 더그, 당신은 지금 내 말에 동의하시는 거예요?" 그러자 더그도 재빠르게 똑같이 받아쳤다. "아니지. 동의하진 않아."하고 더그가 호전적으로 대답했다. 또 다시 리타가 고집스럽게 질문해 댔다. "그렇지만 내 말이 당신에게 일리 있게 들리기는 하지요? 내가 하는 말이 타당하지 않나요? 그럼, 당신 생각엔 내가 미쳤다고 보나요? 네? 내가 미쳤나요?" "아니야. 난 당신이 미쳤다고 생각하진 않아. 하지만 한 가지 확실한 것은 나는 당신 생각에 동의하지 않는다는 거야."라고 더그가 말했다. 그러자 갑자기 리타가 의자에서 벌떡 일어나더니 더그의 팔을 움켜잡고는 "그래서, 당신에겐 내가 지금 하는 말이 일리 있게 들리기는 한다는 거죠?"라고 말했다. "그래. 맞아. 당신의 관점에서 보면, 확실히 그렇지! 그래, 당신의 말은 일리가 있어. 그렇지만 난 단지 이 문제를 당신과는 다르게 보고 있다는 것뿐이야." 이 말에 리타가 어떻게 반응했는지를 나는 결코 잊을 수가 없다. 그녀가 갑자기 더그 앞에 무릎을 꿇고 주저앉더니 엉엉 울음을 터트리기 시작한 것이다. "난, 그게, 그게 …… 당신으로부터 내가 가장 듣고 싶었던 말이에요. 이전까지 난 그런 말을 들어 본 적이 없었어요, 당신으로부터, 그리고 그 어느 누구로부터도. 난 정말 미치지 않았단 말이에요. 내 말에도 나름대로 일리가 있다는 것, 그것 말이에요."

결국 이제야 누군가가 그녀의 진심을 제대로 확인해 준 셈이었다. 오늘날까지 우리는, 얼마나 공격적으로 우리의 분리된 현실을 방어하면서 살아가야 하는지를 실감한다. 이것은 나 자신을 잃어버리게 될 것 같은, 자아상실의 두려움과 깊이 연결되어 있는 게 확실하다. 만약 내가 당신이 보는 방식으로 바라본다면, 나는 나의 관점을 포기해야만 할 것 같다. 만약 내가 당신의 경험에 동참하기라도 한다면, 그렇게 되면 아마도 나의 경험은 아무 짝에도 쓸모없는 것이 되고 말 것 같다. 만약 당신이 말한 것이 다 진실이라면, 그렇다면 내가 말하는 것은 다 거짓임이 분명하다. 우주의 중심은 하나일 수밖에 없고, 그 중심은 바로 나인 것이다. 그러나 만약 내가 용기를 내어 나의 관점을 잠시 유보할 수 있다면, 그래서 상대방의 진실의 실체를 그 일부분만이라도 바라볼 수 있게 된다면, 그러면 아주 기적 같은 일이 일어나게 된다. 무엇보다도 먼저, 당신은 당신의 주변이 점점 더 안전하다고 느끼게 될 것이다. 왜냐하면 상대방이 더 이상 당신의 세계관에 도전하려고 들지 않기 때문에, 그래서 당신이 당신의 방어벽을 낮출 수 있게 되기 때문이다. 당신이 이렇게 할 때, 당신은 기꺼이 상대방의 진실의 실체를 더 받아들일 수 있게 된다. 당신은 또한 '당신-중심'적인 입장을 버렸기 때문에, 당신의 진실의 실체가 노출되는 것을 더 기꺼이 허용할 수 있게 될 것이다. 그렇게 함으로써 우리가 서로 놀라게 될 사실은, 저 높이 끌어올려졌던 사다리가 녹슨 경첩을 삐꺽거리며 다시 내려오기 시작하는 것이다. 그래서 그렇게 당신과 나는 서로 하나로 연결이 되어 가는 것이다.

3단계: 공감하기

이마고대화의 세 번째 단계는 공감하기(Empathy)다. 공감하기는 인정하기(확증하기)에 이어 곧바로 온다는 게 맞는 말이다. 만약 당신이 주의 깊게 상대방의 말을 경청하고, 그리고 그 말을 통째로 이해하는 것은 물론이요 그 말 뒤에 있는 논리를 인정할 수 있게 된다면, 당신은 그 사람의 생각 뒤에 있는 감정까지도 인정하고 반응하고 있는 것이다. 그때, 당신이 해야 할 첫 번째 작업은, 그 사람의 감정이 어떤 감정일까를 상상해 보려고 노력하는 것이다. 만약 목소리나 얼굴 표정에 의해서, 상대방의 감정이 그 사람이 한 말을 뛰어넘어 당신에게 전달되어 온다면, 당신은 그것들을 직관해 내는 데 별 어려움이 없을 것이다. 하지만 만약에 상대방의 감정이 그리 분명하지 않게 느껴진다면, 당신은 그 사람이 어떤 감정을 느꼈을지를 상상해 보아야 할 것이다. 그리고 어떤 경우에서든지 당신이 상대방의 감정을 정확하게 인식하였는지를 상대방에게 확인해 볼 필요가 있다. "당신 말을 듣고 보니, 당신이 왜 내가 당신을 소홀하게 대했다고 말하는지 이해가 돼요. 그리고 당신 말을 이해하고 보니, 아마도 당신은 내가 그렇게 당신을 소홀하게 대했던 그 일로 인해, 마음에 상처를 받았을 것 같아요. 이게 당신이 느낀 감정이 맞나요?" 이런 방식으로 당신이 당신의 파트너가 느낀 감정을 정확하게 확인해 준다는 것은, 당신이 파트너의 실재를 존중하고 있으며, 파트너가 느꼈던 그 감정에 대해서도 당신이 함께 아파하고 있음을 더 분명하게 해 준다는 것을 의미하는데, 이것은 치유에 있어서 아주 핵심적인 요소다. 이때, 받는 사람(Receiver)이 보내는 사람(Sender)이 어떻게 느꼈을지를 상상해 보고, 자신이 상상한 감정이 상대방의 감정이 맞는지 확실하게 확인을 요청하는 것은, 보내는 사람이 느끼게 될 공감받는 경험을 더욱 심도 깊게 해 준다. 자신의 감정이 어땠는지에 대해서 확인 요청을 받은 파트너는, '아, 이 사람이 정말 나의 감정에 대해서 존중해 주는구나. 내가 어떻게 느끼고 있는지에 대해 진심으로 신경을 많이 쓰고 있구나.'라고 생각하게 될 것이다.

어떤 사람들에게는, 그들이 생각하는 과정을 확증해 주는 것이 감정을 확증해 주는 것보다 더 중요하다. 그러나 대부분의 사람들에게는, 공감을 받는 것이 자신들의 치유에 있어서 아주 핵심적인 요소다. 일단 누군가가 자신의 핵심 감정을 확인해 주게 되면, 그 사람은 자기 자신이 사랑받고 있고, 또 온전해지는 느낌을 갖게 된다. 남녀 간의 성별 차이에 대한 우리의 고정관념을 부추기는 말인 것 같아서 이렇게 표현하기에 좀 조심스럽기는 하지만, 내 임상 경험에 비추어 볼 때, 남자들보다는 여자들이 더 공감하기를 가치 있다고 여기는 것 같다. 적어도 처음에는 그렇다. 만약 당신이 잠시 멈추어서 여기에 대해 생각해 본다면, 이 말에는 일리가 있다. 우리의 문화에서, 아니 사실 대부분의 문화에서 남자보다는 여자가 감정 표현을 좀 더 자유롭게 할 수 있게끔 허용되어 있다. 아직까지도 많은 남자들은 자신의 감정, 특히 부드럽고 온화한 감정이나 두려움과 연약한 감정을 드러내는 게 남자답지 못한 일이라고 믿고 있다. 그래서 어쩌다가 그런 타입의 남자들이 다른 사람 앞에서 자신의 감정을 내보이게 되면, 그런 남자를 배우자가 공감해 줄 거라고 기대하기란 어려울 것이다. 아마도 배우자는 그런 순간적인 흐름을 놓쳐 버리기가 십상일 것이고, 대신에 남자들의 그 철벽같은 논리에만 집중하는 걸 보게 될 것이다.

반면에, 대부분의 여성들은 남성들과는 정반대의 경험을 해 왔다. 우리의 문화는 여성들이 온전한 감정 상태로 있는 것을 허용해 주는 문화였다. 하지만 여성들은 상대적으로 감정적인 부분이 부족한 남성들과 함께 살아가야만 했다. 그들의 배우자는 공감하기를 잘 못할 뿐 아니라, 자신들 또한 그러한 감정들을 지니고 있다는 사실조차 순식간에 완전히 잊어버린다. "아니, 도대체 왜 당신은 좀 더 이성적일 수가 없는 거지?" "아니, 왜 당신은 나와 같아질 수는 없는 거지?"

커플(부부)들이 반영하기와 인정하기, 공감하기의 세 단계를 숙달하게 되면, 그런 성별의 차이도 점점 줄어들기 시작한다. 감정적으로 억압되었던 남자는 여성 배우자만큼이나 공감하기를 아주 가치 있게 여기기 시작한다. 이런 일이 생기는 이유는, 내가 배우자의 감정을 인정하고 이해한다는 것이 나로 하여금 나 자신의 감정에 대해서도 더 편해지도록 만들어 주기 때문이다. 그러는 동안 감정적으로 더 불붙기 쉬웠던 여성은, 감정에 덜 휩싸이게 된다. 왜냐하면 (감정에 대해서) 금욕적이었던 배우자에게 내 감정을 좀 알아 달라고 하기 위해 나의 감정을 더 증폭시켜야 할 필요가 없어졌기 때문에, 즉 그녀는 이제 남성 파트너에게 자신의 감정을 표현하는 게 덜 힘들어졌기 때문이다. 특히 분노의 감정에 대해서 더 그렇다. 분노가 일단 수용되고 충분히 인정되기만 하면, 얼마나 빠르게 흩어져 가는지를 보게 되는 건 아주 놀라운 일이다.

당신이 상상하는 것처럼, 배우자와 서로 감정을 공감하는 것이 얼마만큼 편안한가는 상당 부분 상황에 의존한다. 부부가 서로 같은 경험을 공유하였고, 그리고 거기에 대해서 유사하게 반응하게 될 때, 그걸 공감하기란 아주 쉽다. 예를 들어, 당신과 내가 엄청난 지진을 함께 경험했다고 가정해 보자. 그리고 우리 둘 다 하나도 다치지 않고 살아남았다. 그리고 우리의 집이 아직도 견고하게 기반 위에 서 있는 것을 보고 안심이 되었다. 하지만 우리 둘 다 어쩌면 정말 죽을지도 모른다고 생각했던 그런 무서운 순간들이 있었다. "정말 무서웠어!"라고 당신의 배우자가 소리친다. 그러면, 당신은 즉각적으로 "아우, 당신도 그랬구나! 왜냐하면 나도 정말 무서워 죽는 줄 알았거든." 우리가 함께 똑같이 겪은 상황에 대해 똑같이 반응하기 위해서, 뭘 더 이해해야만 된다거나 어떤 노력을 더 해야만 할 필요를 전혀 느끼지 않는다. 당신이 그렇게 느낄 때, 나 역시 당신과 똑같이 느끼고 있기 때문이다. 우리는 서로 거기에 똑같이 반응하고 있다.

그러나 공감하기는 좀 더 도전적인 반응이다. 공감하기는 당신이 굳이 똑같은 경험을 하지 않았다 하더라도, 다른 사람이 경험하는 것을 이해하는 능력이다. 예를 들어, 당신의 배우자가 지진을 겪었지만 당신은 사업상의 이유로 800km쯤 떨어진 곳에 있었다고 한번 가정해 보자. 그런데 배우자가 당신에게 전화를 걸어, 당시의 끔찍했던 상황을 설명하면서, "여보, 나 정말 너무 너무 무서워~!"라고 소리를 지른다. 비록 당신이 직접 그 끔찍한 지진을 경험하진 않았지만, 그래도 당신이 아내 입장이 되어서, 아내에게 그런 상황이 얼마나 무서웠을지를 상상해 본다는 것이 사실 그리 어렵지만은 않을 것이다. 그래서 당신이 잠시 그 상황을 상상해 보고 난 뒤에, "여보, 당신이 정말 얼마나 무서웠을까 상상이 돼요."라고 반응할 수 있게 되는 것이다.

그러니까, 문제가 언제 발생하느냐면, 바로 똑같은 사건을 놓고 두 사람이 전혀 다르게 반응할 때 발생하는 것이다. 예를 들면, 당신의 배우자는 비행기를 타는 것에 대해 겁을 먹을 수가 있다. 그러나 당신은 비행기가 이륙하거나 혹은 착륙할 때도, 푹 잠을 자 버릴 만큼 아무렇지 않을 수 있다. 이런 상황에서, 그러니까 당신은 자신이 경험한 것이 배우자가 경험한 것과 너무나 다르기 때문에, 아내가 그렇게까지 겁을 먹는 것에 대해 공감을 하는 게 어려울 수 있다. 당신은 아내에게, "여보, 한번 숨을 깊이 들이쉬어 봐요."라고 말할 수 있을 것이다. 혹은 "여보, 어디 한번 다른 생각을 떠올리도록 노력해 봐요. 그러면 아마도 그런 겁먹은 기분이 멀리 날아가 버릴 수 있을 거야!"라고 말할지도 모른다. 그런데 사실 아주 솔직히 말한다면, 당신은 그냥 어디론가 사라져 버리고 싶어질지도 모른다. 다시 말해서, 당신은 자신과는 전혀 다른 경험을 한 아내의 마음을 어렵사리 공감해 주기를 시도하기보다는, 그저 그런 아내의 감정을 마주하지 않은 채, 어떡하든 그 자리를 피해서 비켜 가고 싶어 할지도 모른다.

하지만 가장 어려운 상황이 정말 어떤 거냐면, 당신의 배우자가 부정적인 감정에 아주 강하게 휩싸여 있는 바로 그때, 불쌍한 영혼을 지닌 당신이 바로 거기에 걸려들어 아주 자극적인 반응을 하는 것처럼 보이게 되는 것이다. "난 정말 당신에게 화가 난다고. 왜 그런지 알아? 내가 이미 제니스에게 집에서 방을 잘 치우고 있으라고 말을 했는데도 불구하고, 당신이 제니스에게 영화 보러 가도 된다고 허락을 해 줬기 때문이라고." 아니면, "당신이 그렇게 여러 사람들 보는 앞에서 폴과 희희낙락거리는 걸 보면서, 내가 얼마나 모욕감을 느꼈는지 알아? 당신의 그런 행동이 날 얼마나 화나게 하고 가슴에 한 맺히게 하는지, 도대체 당신이 알기나 해?" 이런 당신의 본능적인 반응은 바로, 당신 자신을 방어하는 것이다. 그리고 반격을 가하는 것이다. 사실 공감을 한다는 것은, 당신의 마음속에서 가장 멀리 떨어져 있는 일인 것이다. 공감을 한다는 것은 실로 엄청난 훈련과 연습과 감정적인 성숙을 필요로 하는 일이다.

보내는 사람의 책임

우리가 처음 이마고대화법을 개발하여 커플(부부)들에게 적용하기 시작했을 때, 메시지를 '보내는 사람(Sender)'의 책임에 대해서는 사실 그다지 초점을 맞추지 않았었다. 우리는 그저 메시지를 '보내는 사람'은 아무것도 제지를 받지 않은 채로, 자신의 생각과 감정을 표현할 수 있는 특권을 가져야만 한다고 생각했었다. 그리고 '듣는 사람'에게는 아무 반응도 하지 말고, 그저 들은 것은 그게 무엇이 되었든 간에 실제로 거울을 비춰 주듯이 똑같이 반영을 해 주라고 격려해 주었다. 하지만 시간이 지나면서, 이마고치료사들과 '이마고커플스워크숍' 인도자들을 훈련시키면서 대부분의 커플(부부)들에게 있어서 아무 반응도 하지 않는다는 것이 참으로 어려운 일이라는 사실을 깨닫게 되었다.

우리 동료들이 '듣는 사람'과 말하는 사람 역할을 지도하면서, 실험적인 연습을 하나 시작하게 되었는데, 그것은 말하는 사람의 책임이라는 개념을 개발한 것이다. 즉, 말하는 사람은 듣는 사람이 자신의 메시지를 듣기가 수월하도록, 몇 가지 규칙을 지켜야만 한다는 것이다. 그 첫 번째 규칙은, 말하는 사람이 자신의 좌절 상황에 대해서 말할 때, 나를 주어로 사용해야만 한다는 것이다. "당신이 그런 식으로 우리 옆집 사람을 대함으로써, 당신이 내게 얼마나 모욕감을 주었는지 몰라요."라고 불쑥 말하는 것 대신에, "나는 창피함을 느꼈어요, 당신이 옆집 사람을 그런 식으로 대할 때."라고 말을 하게 하는 것이다. 그리고 두 번째 규칙은, 말하는 사람은 배우자(파트너)의 성격적인 면에 대해 어떤 비판적인 말을 하기보다는, 대신에 그 사람의 행동에 초점을 맞추어 말을 하라는 것이다. 예를 들면, "당신은 언제나 그렇게 늦네요. 당신은 책임감이 하나도 없나 봐요."라고 말하는 것 대신에, "당신이 그렇게 늦을 때, 나는 좌절감을 느끼게 되고 그리고 무섭기도 해요."라고 말을 하는 것이다. 여기에 덧붙여서, 말하는 사람은 듣는 사람이 충분히 편하게 들을 수 있을 정도로, 자신의 감정의 긴장감을 어느 정도 조절할 수 있어야 한다. 결국 말하는 사람인 당신의 목표는 듣는 사람인 배우자에게 상처를 주지 않고서, 두 사람 사이가 깊이 연결되는 것이다.

우리는 말하는 사람이 책임감을 가지고 말을 하는 것이, 듣는 사람이 잘 들어 줘야 하는 것 못지않게 중요하다는 것을 알게 되었다. 두 사람이 서로 연결되어 있다는 그 느낌에 손상을 주지 않은 채 두 사람 사이에 대화가 잘 이루어지게 될 때, 당신은 부부관계에서 아주 안전하고 또 지속적인 연합을 창조하는, 매우 효과적인 도구를 하나 숙달하게 되는 것이다.

그런데 혹시, 당신이 이런 식으로 배우자와 함께 대화를 한다는 게 좀 지루하진 않을까?

이마고대화법이 정말 도움이 되긴 하지만, 사람들은 거의 공통적으로 다음과 같은 반응을 보인다. "아니 그런데요, 우리가 정말 의미 있는 대화를 하기 위해서, 꼭 이런 단계들을 다 일일이 따라서 해야만 하나요?" 이 질문에 대한 나의 대답은 '아니요'다. 당신이 지금 가장 원하는 게 효과적인 의사소통뿐이라면, '반영하기(거울 비춰 주기)' 하나만으로도 아마 충분할 것이다. 하지만 만약 당신이 (말로 하는) 의사소통을 넘어서, 두 사람이 마음으로 소통하는 단계로 넘어가기를 바란다면, 당신에게는 이마고대화법 3단계가 모두 필요할 것이다. 나는 여기서 군이 이마고대화법이 시간 낭비인 것 같다거나, 혹은 좀 인위적인 것처럼 보인다는 그런 견해들에 대해 반박하여 설명을 하고 싶지 않다. 아마도 당신은 이 '이마고대화 구조'에 대해서 반발하고, 다시 옛 습관으로 되돌아가고 싶어질지도 모른다.

내 친구에게는 열일곱 살이 된 아들이 하나 있는데, 그는 꽤 잘나가는 야구 선수다. 이 친구의 아들은 고등학교를 졸업하기도 전에, 벌써 유명한 프로구단에 발탁되어 특별 강습을 받게 되었다. 그런데 그를 담당한 프로구단의 새 코치는, 그가 공을 던지고 치는 방법에 관해 알고 있는 모든 것들을 전부 새로 바꾸기를 바랐다. 그리고 그에게는 어떤 근육을 만들기 위해, 또 다른 근육을 늘리기 위해서 반복해야만 할 일련의 운동 스케줄이 주어졌다. 그리고 또 그는 자신에게 전혀 익숙하지도 않은 자세와 손모양을 하고서는, 하루에 100개도 넘는 공을 반복해서 치도록 지시를 받았다. 때때로 그는 울음이 터져 나올 뻔하는 걸 겨우 참아 내야만 했다. 왜냐하면, 자신이 지금까지 야구에 대해서 알고 있었던 그 모든 것들을 전부 다 내팽개쳐야만 할 것처럼 느껴졌기 때문이다.

이마고대화법도 이와 마찬가지다. 지금까지 당신에게 깊이 각인되어 있었던 그 과거의 습관들을 다 던져 버리고, 당신에게 전혀 새로운 구조화된 방법을 채택하도록 요구할 것이다. 아마도 당신은 상당한 시간 동안 당신이 강요당하고 있다는 느낌을 받게 될지도 모른다. 그러나 당신이 점점 더 그 혜택을 맛보기 시작함에 따라, 당신은 점점 덜 저항적이 될 것이다. 그리고 결국엔, 경우에 따라서는 시간이 좀 더 걸릴 수도 있겠지만 (사실 이렇게 되기까지 몇 년씩 걸리는 사람도 있다.) 당신은 다른 사람과 관계하는 방식의 근본적인 변화를 실제로 경험하게 될 것이고, 그리고 이 이마고대화법에 완전히 익숙해진 나머지, 더 이상 이런 연습을 하지 않아도 되는 수준에 이르게 될 것이다. 그날이 올 때, 당신은 그저 (말로) 대화만을 하는 것이 아니고, (마음으로) 교류를 하게 되는 것이다.

이마고 정밀작업

일단 커플(부부)들이 어떻게 이마고대화를 하는지 배우게 되면, 이마고 정밀작업(Imago Workup)이라고 부르는 정보수집 도구가 소개된다. 그중 과거를 떠올리는 회상작업 등을 통해서 부부들은 각자가 어린 시절에 받았던 상처에 대해서 더욱 깊이 이해할 수 있게 된다. 이 작업이 끝나게 되면, 그들이 각자 경험하게 된 회상작업에 대해서, 이마고대화법을 사용하여 함께 나누고 반영하게 된다. 이러한 연습은 커플(부부)들로 하여금 서로를 있는 그대로, 영적인 온전함을 추구해 가는 상처 입은 존재로서 바라보게 하는 데 아주 효과적인 방법이다.

이 연습을 시작하기 전에, 커플(부부)들은 먼저 눈을 감고 긴장을 풀어 편안한 자세를 갖는 것이 좋다. 그리고 다른 생각이 들어 산만해지지 않도록 종종 마음을 차분하게 가라앉히는 데 도움을 주는 고요한 음악을 틀어 놓기도 한다. 긴장이 풀어지고 충분히 편안하게 되었을 때, 나는 그들에게 자신이 기억할 수 있는 한 가장 어렸을 때 아이였던 자신을 떠올려 보게 하고, 그때 살았던 집을 기억해 보도록 안내한다. 그리고 상상하는 장면이 어느 정도 실제처럼 진행되면, 자기가 기억해 낼 수 있는 한 가장 어린아이였던 자신을 상상해 보면서, 그 아이가 지금 부모님을 찾아 집안을 여기저기 찾아다니는 것을 상상해 보도록 한다. 그들이 처음 만나게 될 사람은 바로 '엄마'다. 혹시 엄마가 안 되면, 나의 어린 시절에 가장 가까이서 나를 돌봐 주었고 내게 큰 영향을 주었던, 그 여성 보호자를 만난다. 그런데 갑자기 그들에게 놀라운 마법 같은 힘이 주어져서, 엄마(혹은 어떤 여성 보호자)의 긍정적인 성격 특성과 부정적인 성격 특성들까지 모두 다 아주 맑은 수정처럼 투명하게 다 들여다볼 수 있게 되었다고 하자. 그러면 당신은 이제 이러한 성격적인 특성들에 계속 주목을 하면서, 내가 엄마에게 항상 (그토록) 원했었지만, 그럼에도 불구하고 엄마로부터 받지 못한 게 무엇이었는지, 엄마에게 직접 말하고 있는 자기 자신을 상상해 본다.

거의 비슷한 방법으로 나는 그들이 아빠, 혹은 그들의 어린 시절 가장 큰 영향을 끼친 주 양육자 중에서 남성 보호자를 (상상 속에서) 만나도록 한다. 이런 식으로 주요 인물들에 대한 정보들을 충분히 얻었을 때, 나는 그들이 천천히 현실로 돌아올 수 있도록 안내를 하고 눈을 뜨게 한 다음, 종이 위에 그 정보들을 작성하게 한다.

이렇게 간단한 연습을 통해서 얼마나 많은 정보들을 우리가 얻을 수 있는지를 알게 되면, 대부분의 사람들은 상당히 놀라워한다. 예를 들면, 한 청년은 이 연

습을 하고 나서, 자신이 어린 시절에 얼마나 외롭고 고립되어 있었는지를 처음으로 깨
닫게 되었다고 말했다. 그 청년은 자신이 지금까지 자신의 삶에서 아주 중요한 결
정적인 정보들을 차단한 채로 살아왔다는 것을 알게 되었다. 왜냐하면 그런 것
들이 그에겐 아무 의미가 없었기 때문이다. 네 명의 형제자매가 있었고, 목사인
아버지와 매우 헌신적인 가정주부인 어머니가 있었던 가정에서 아주 잘 성장했
던 그가, 어떻게 그렇게까지 외로울 수가 있었을까? 그러나 심상여정 속에서 그는
어린 시절의 집 안 구석구석을 돌아다니며 끊임없이 아버지를 찾아다녔지만, 결
국엔 못 찾고 말았다. 그래서 마침내 엄마를 만나게 되었을 때, 자연스럽게 물어
보게 된 그의 질문은 "엄마는 도대체 뭐가 그렇게도 바빴어요? 왜 엄마는 내가
그렇게까지 엄마를 필요로 했었다는 사실을 몰랐어요?"였다. 이러한 통찰을 갖
게 된 것이 그로 하여금 자신의 만성적인 우울증을 이해하는 데 큰 도움을 주었
다. "그걸 깨닫게 되기까지, 제가 왜 그런 깊은 슬픔을 지니고 있었는지 정말 풀
리지 않는 수수께끼였어요."라고 그가 말했다.

　　일단 사람들이 이런 심상여정 작업을 마치고 나면 그들은 배우자를 선택하고
자 할 때, 자신을 그토록 끌리게 만들었던 자신의 파트너에 대한 내적 이미지, 즉
이마고를 구축하는 데 필요한 정보를 얻게 되는 것이다. 이때, 이들에게 필요한
작업은 어린 시절 자신에게 중요했던 주 양육자들의 긍정적인 면과 부정적인 면
들에 대하여 좀 더 자세한 정보들을 모으는 것이고, 그리고 그중에서도 나 자신
에게 가장 많은 영향을 끼쳤던 것들에 대해서 더 집중을 하는 것이다. 그 이유는
이 부분이 바로 내가 나의 짝(파트너, 배우자)을 선택하는 과정에 있어서 파트너(배우자)로
부터 내가 찾아내고자 했던 바로 그 부분이기 때문이다.

　　이 작업이 끝날 때쯤에 나는, 커플(부부)들로 하여금 그들이 이 작업을 통해서
깨닫게 된 것에 대해 서로 나누게 한다. 이때, 서로가 상대방에게 온전히 집중하
여 서로의 말을 하나도 빠짐없이 잘 경청할 수 있도록 요청한다. 특히 주의해야 할
점은 상대방의 말을 해석하려 들지 않는 것이다. 그리고 그 사람이 말한 것 이상으
로 확대해서 과장하려 들지 않는 것이다. 그리고 상대방이 말하는 것을 자기 자신
의 경험에 맞춰서 비교하려 들거나, 분석하려고 하지 말아야 하는 것이다. 이 이마

고대화 연습 과정에서 '듣는 사람'에게 허용이 되는 유일한 말은 반영하기(거울 비춰 주기)에 관련된 말로서, 자신이 '말하는 사람'의 말을 얼마나 잘 이해하고 있는지를 알려 주기 위해서 하는 말뿐인 것이다. 이 연습을 통해서 얻게 될 가장 큰 유익은, 나의 배우자의 그동안의 신경증적이고 그렇게도 나를 당황하게 만들었던, 그리고 그렇게도 충동적인 행동 너머에 있는 배우자의 상처들이 내게 보이기 시작한다는 것이다. 그러면서 그동안 나의 배우자가 이런 상처들을 치유받기 위해서, 나름대로 처절한 몸부림을 치고 있었다는 사실을 점점 더 알아차리기 시작하는 것이다. 이러한 놀라운 경험을 통해서 부부들은 점점 더 서로에게 연민과 동정심을 일으키게 되고, 그리고 **점점 더 서로에게 협조적이고 지지적이 되어 가**면서, 감정적으로 더욱 친밀해지기 시작하는 것이다.

부모-자녀 대화법

이 책이 처음 출간된 이래, 지난 십수 년간에 걸쳐 정말 셀 수도 없이 많은 참가자들이 '이마고커플스워크숍'과 '이마고관계치료'에 너무 큰 도움을 주었다. 그중에서도 이마고치료 최고의 마스터 트레이너인 마야 콜먼(Maya Kollman)은 '부모-자녀 대화법(The Parent-Child Dialogue: PC Dialogue)'이라는 새로운 대화법을 제시했다. 이마고커플스워크숍에서는 이 '부모-자녀 대화법'을 이마고 정밀작업 후에 바로 실시하게 되는데, 이 훈련을 통해서 커플(부부)들은 서로의 어린 시절의 상처에 대해서 더 깊이 이해할 수 있게 되고, 그리고 그만큼 더 서로에 대해 공감하는 능력이 한층 증가하게 된다. 부모-자녀 대화법을 할 때, 커플(부부)은 서로의 얼굴을 바라보며 마주 앉아서, 둘 중 한쪽이 부모(혹은 주 양육자) 중 한 사람의 역할(듣는 사람, 받아 주는 사람)을 맡는다. 그리고 다른 한쪽은, 자기 자신을 마치 어린아이로 상상을 하면서, 그 어린아이의 입장에서 부모에게 이야기를 하는 말하는 사람, 보내는 사람이 되는 것이다. 이때, 부모(주 양육자)의 역할을 하는 사람은, 다음의 질문을 함으로써 대화를 시작한다. "네가 아이로서 부모(엄마, 아빠)인 나와 함께 사는 게 어떤지 내게 말해 줄 수 있겠니?" 그러면 아이 역할을 맡은 사람(말하는 사람)은 아이로서 말을 한다. 그 아이가 하는 말을 '듣는 사람(가상부모 역할을 하는 사람)'이 아주 따뜻하게 공감하면서, 거울 비춰 주기를 통해 반영하기를 해 주며, 부모(주 양육자)로서 다음과 같이 물어본다. "그중에서도 너에게 가장 상처가 되었던 것, 가장 힘들었던 것이 무엇이었는지를 내게 말해 주겠니?" 그러면 이 질문에 대해서, 말하는 사람은 아이의 입장이 되어서, 그 당시에 자신이 아이로서 가장 힘들었고 상처가 되었던 것에 대해서 충분히 이야기를 하는 것이다. 이때, '받아 주는 사람'[여기서 받아 주는 사람은 가상부모 역할을 하는 것인데, 가상부모 역할이란 도널드 위니컷(Donald Winnicott)이 강조했던 참 충분히 좋은 엄마(As If A Good Enough Mother)의 역할로 원래 부모와는 다르게 상처받았던 그 아이를 치유해 주기에 충분히 좋은 따뜻한 가상부모의 역할을 의미한다—역자 주] 역할을 하고 있는 파트너는 아이가 하는 말에 좀 더 따뜻하게 공감하고, 반영하기를 해 주면서, 다시 다음과 같이 묻는다. "그때 네가 나에게서 가장 받고 싶었던 것은 무엇이었니? 네가 그토록 받고 싶었지만 받지 못했던 그것은 무엇이었니? 그리고 그때 너는 내가 어떻게 해 줬으면 하고 바랐니? 그리고 또 내가 너에게 어떻게 해 주면, 네가 그동안 받은 상처가 치유되는 데 도움이 될 수 있겠니?" 이때, 대부분의 아이는 이렇게 말한다. "난 아빠(엄마, 주 양육자)가 나를 위해 거기에 그렇게 좀 있어 줬으면 했어요. 그리고 내가 무슨 말을 할 때, 내 말을 좀 잘 들어 주었으면 하고 바랐어요." 그러면 양육자 역할을 하는 배우자는, "나는 네가 지금 말한 그 모든 것들이, 네가 그것들을 필요로 하는 대로 모두 다, 반드시 다 채워질 수 있기를 간절히 바란다. 그리고 나로 인해 네가 받은 고통에 대해서, 그리고 네가 나로부터 필요로 하는 것들에 대해서 이렇게 말해 줘서 정말 고마워."라고 말하면서 마무리한다. 그런 후에, 이제 서로 역할을 바꾸어 다시 반복해서 연습한다.

부모-자녀 대화법 훈련은 두 사람 모두에게 있어서 아주 강력한 치료 경험이 된다. 이 훈련에서 아이 역할을 한 파트너는, 다른 연습에서보다 훨씬 더 깊이 있게 어린 시절의 상처와 만나게 된다. 그리고 부모(양육자)의 역할을 한 파트너는 상대방 배우자가 어렸을 때, 그 사람의 가장 취약했던 경험에 대해서 아주 깊은 이해를 갖게 된다. 이 대화 훈련에서 가장 흥미로운 점은, 바로 이 훈련을 통해 얻게 되는 가장 놀라운 결과에 관한 것인데, 그것은 바로 들어주는(받아 주는) 역할을 하는 배우자의 아주 따뜻한 공감적인 반응이 말하는(보내는) 사람이 과거에 자신의 실제 부모로부터 경험했던, 그러니까 자신에게 깊은 상처를 주었던 그 반응과는 너무나도 확연히 다른 것이라서, 바로 이 새로운 경험을 통해서 말하는 사람(아이 역할)의 오래된 상처가 치유되기 시작한다는 것이다. 만약에 그 당시에 그 부모(양육자)가 아이였던 이 사람에게 이렇게 따뜻한 공감적 반응을 해 주었더라면 어땠을까? 그랬더라면 아마도, 아예 처음부터 그런 감정적인 상처는 생겨나지도 않았을 것이다.

이마고 부모-자녀 대화법에서 나를 가장 매혹시켰던 것은, 어린 시절로 돌아가 보내는(말하는) 사람 역할을 하는 배우자가, 과거로부터의 자신의 상처에 대해서 말을 할 때, 그 말을 듣고 있는(받아 주는) 배우자는 종종 자신이 지금까지 자신의 배우자를(지금 말하고 있는 이 배우자를) 무의식적으로, 그 사람의 어린 시절의 상처를 또다시 들추어내면서, 그 사람이 과거에 상처받았던 것과 아주 비슷한 **방법으로 그 사람을 좌절시켜 왔다는 사실을 인식하게 된다는 것이다.** 하지만 이 대화의 실습 구조에서는 (받아 주는 사람의) 그런 깨달음을 표현할 수 있도록 구성이 되어 있지 않다. 여기서 중요한 것은, 보내는 사람이 어린 시절로 돌아가 자신이 부모로부터 가장 필요로 했지만 받지 못했던 것에 대해 충분히 표현을 하게 될 때, 그 이야기를 들으면서 받아 주는 사람은 자신이 배우자(보내는 사람)의 치유를 돕기 위해 과연 무엇이 필요한지에 대한 새로운 통찰을 얻게 된다는 것이다. 이마고 부모-자녀 대화법은 커플(부부)들이 어떻게 서로의 치유자가 될 수 있는지를 가르쳐 주는 아주 훌륭한 치료법이다.

제9장

두 사람(커플, 부부)만의 안전지대를 만들어 가기

완전한 사랑이란, 그 사람의 불행해진 모습을 통해서 그 사람을 사랑하게 되는 것을 의미한다.

—쇠렌 키르케고르(Soren Kierkegaard)

일단 부부(커플)가 '함께 머물러 있기'로 작정하고, 부부(커플)관계에 대한 부부상담치료작업에 같이 전념하기로 결심했다면, 이제부터는 그들이 서로를 더 이상 적이 아닌 한 팀이 되도록 도와줄 수가 있다. 서로를 못 잡아먹어 안달이 나 있는 두 사람을 데리고, 그들을 영적이고 정신적인 성장의 길로 이끌기 위해 아무리 애를 써 봤자 헛수고일 뿐이다. 그래 봐야 아까운 시간만 낭비할 뿐이다. 두 사람 간의 관계 비전을 향해 가장 확실하고 빠르게 나아가기 위해서 그들에게 가장 필요한 것은, 바로 그들이 서로의 친구이자 협력자가 되는 것이다.

하지만 어떻게 하면 이런 일이 가능할까? 서로의 근본적인 차이를 해결할 기회조차 없이도, 어떻게 주도권 잡기(힘겨루기) 싸움을 끝낼 수가 있을까? 사랑과 연민은 부부상담치료 과정의 처음에 오는 것이 아니고, 끝 무렵에 다다르게 되어서야 오는 것인데.

그런데 나는 행동과학을 연구하면서, 이러한 딜레마에 대한 해결책을 찾아낼 수가 있었다. 즉, '로맨틱한 사랑'의 환경을 인위적으로 재구성할 수 있도록 도와줌으로써, 부부가 서로에게 느끼는 감정에 영향을 주게 하는 것이다. 이렇게 되면, 두 사람은 마치 두 사람이 행복했던 시절에 그랬던 것과 똑같이, 서로를 대하면서 서로를 기쁨의 원천으로 재확인하기 시작하고, 그 덕분에 더 자발적으로 열심히 부부상담치료 과정에 참여할 수가 있는 것이다.

통찰, 그리고 행동의 변화

몇 년 전까지만 해도 나는, 직접적인 접근방법을 통해서 내담자의 행동을 변화시키고자 하는 아이디어에 거부감을 가졌었다. 전통적인 정신분석치료 과정에 입각하여, **상담치료사의 목표는 내담자로 하여금 그들의 감정적인 장벽을 제거하도록 도와주는 것이라고 나는 배웠다.** 따라서, 부부들이 배우자로부터 느끼는 감정들을, 그들의 어린 시절부터 남겨져 온 욕구나 소망과 정확하게 연결시킬 수만 있다면, 두 사람의 관계는 자동적으로 더 이성적이고 어른스러운 관계로 발전할 수 있게 될 것이다.

이러한 가정은 의사가 일단 하나의 질병을 치료하게 되면, 환자는 자동적으로 완전하게 건강을 되찾게 된다는 의학적인 모델을 전제로 하고 있는 것이다. 대부분의 심리치료 형식이, 19세기 의학에 뿌리를 두고 있는 정신분석을 그 기반으로 하고 있기 때문에, 심리치료가 일반적인 생물학적 가정에 바탕을 두고 있다는 게 결코 놀랄 일은 아니다. 하지만 부부들을 대상으로 한 다년간의 임상 경험을 통해서, 헬렌과 나는 **부부(커플)관계치료에 있어서는 이러한 의학적 모델이 별로 유용하지 않다는 확신을 갖게 되었다.** 의사가 병을 치료하면, 인체는 유전적인 프로그래밍에 따라 자동적으로 회복 과정을 밟는다. 우리 몸에 있는 각 세포는 손상을 입거나 병에 걸리지 않는 한, 그것이 정상적으로 기능하는 데 필요한 모든 정보들을 다 간직하고 있다. 그러나 결혼(부부)관계를 좌지우지하는 유전자 코드 같은 것은 존재하지 않는다. 오래도록 사랑하는 관계란, 생물학적 조건에 의해 만들어진 문화적 부산물이기 때문이다. 사회적으로 어떻게 해야 하는지 요구되는 지시 사항들을, 우리가 뱃속에서부터 배우고 태어난 것이 아니기 때문에, 몇 달 아니 몇 년 동안 효과적인 부부상담을 받고 나서도, 불행한 관계 속에서 빠져나오지 못할 수가 있는 것이다. 부부들이 감정적인 장애물을 제거하고, 또 그들이 겪고 있는 어려움의 근본적인 원인까지도 통찰하게 될 수 있을지는 모르지만, 아직도 습관화되어 있는 고착된 행동을 떨쳐 버리기란 아주 힘들다.

따라서 다른 부부치료사들처럼, 나도 부부들로 하여금 그들의 관계를 재구성하도록 돕기 위해서, 내 역할을 적극적으로 해야만 한다고 결론을 내렸다. 어린 시절의 상처를 알아차리는 일이 심리치료에서 아주 중요한 요소이긴 하지만, 그것만으로는 충분하지 않다. 부부들은 어떻게 하면 비생산적인 행동을 그만두고, 그 자리를 더욱더 효과적인 행동으로 대체할 수 있는지를 배울 수 있어야만 하는 것이다.

특별히 마음을 써서 서로를 돌보아 주는 행동

행동적인 접근방법이 부부 사이의 사랑과 호의적인 마음을 회복하는 데 있어서 매우 효과적이라는 것이 거듭 확인이 되었다. 심리학자 리처드 스튜어트는 『부부들의 변화 돕기: 부부상담의 사회학습적인 접근(Helping Couples Change: A Social Learning Approach to Marital Therapy)』에서, 부부가 서로를 소중하게 배려하는 행동만으로도, 서로에 대한 사랑을 더욱 깊이 느낄 수 있는 실습 활동들을 제시한다. '특별히 마음 써 주는 날'이라고 부르는 이 실습 활동은, 남편과 아내로 하여금, 상대방 배우자가 자신을 기쁘게 해 줄 수 있는 긍정적이고 특별한 방법들을 구체적으로 작성해 보도록 안내한다. 예를 들면, 남편은 다음과 같이 기록할 수 있을 것이다. "우리가 텔레비전을 보는 동안, 나는 당신이 내 어깨를 15분 동안 안마를 해 주면 좋겠어." 아니면 "일요일 아침에는 당신이 아침식사를 침대로 갖다 주면 좋겠어." 이런 식으로 부부가 서로에 대한 감정과는 상관없이, 서로에게 마음을 써서 하루에 몇 가지씩 상대방을 배려하는 행동을 계속해 주는 것이다. 스튜어트는 이러한 돌봄의 행동이 '상담치료를 시작하고 처음 일주일 동안에, 아주 세세한 부분까지 매우 의미 있는 변화를 일으켰으며, 이렇게 탄탄하게 견고해진 바탕 위에서, 그 다음 단계의 변화를 지속시킬 수 있다.'는 사실을 발견했다.

이러한 '행동에 의한 접근방법'이 실제로 효과가 있는지를 알아보기 위해서, 나는 존슨 부부(해리엇과 데니스)에게 이 방법을 한번 적용해 보기로 했다. 내가 존슨 부부를 선택한 이유는, **상대방 때문에 자신이 불행해졌다고 여기는 정도가 다른 부부들 못지않게 아주 심각했기 때문이다.** 아내 해리엇의 주요 걱정거리 중 하나는, 언젠가는 남편인 데니스가 자신을 떠나갈 것이라는 것이었다. 그래서 데니스의 관심을 어떻게든 붙잡아 두기 위한 필사적인 노력으로, 그녀는 일부러 보란 듯이 다른 남자들과 시시덕거렸다. 하지만 놀랍게도, 그녀가 아무리 경박한 행동을 보여도, 데니스는 그녀가 다른 행동을 했을 때와 똑같은 반응, 그러니까 아주 **냉정한 침묵으로 일관했다.**

상담 중에 데니스는 만약에 해리엇이 바람을 피우게 된다면, 자신은 거기에 적응하도록 끝까지 노력할 것이라고까지 말했다. 남편의 조용하면서도 영웅인 척하며 거드름을 피우는 행동은 아내를 돌아 버리게 만들었다. 왜냐하면 아내는 어떡하든 그런 남편의 방어벽을 뚫고 들어가, 남편으로 하여금 자기에게 조금이라도 더 관심을 갖게 만들어 보기 위해, 온갖 애를 쓰고 있었기 때문이다. 아주 드문 일이기는 하지만, 어쩌다가 겨우 남편의 속을 긁어 뒤집어 놓기라도 하면, 남편은 전형적으로 '따로 떨어져 있고 싶은 사람'의 행동을 보여 주곤 했다. 즉, 어떻게든 집으로부터 도망을 나가고자 하는 것이다. 그렇게 대부분의 싸움은, 남편인 데니스가 휑하니 나가 자신의 자가용인 아우디 승용차 속으로 안전하게 몸을 숨기고 급히 집을 빠져나가는 것으로 끝이 나곤 했다.

나는 두 사람에게 실제적으로 어떤 실습 활동을 실행하게 하면 좋을까 생각하면서, 두 사람이 처음 사랑에 빠졌을 때 서로를 어떻게 대했는지를 내게 이야기해 달라고 했다. 나는 그들이 하는 얘기를 들으면서, 이 두 사람이 전혀 다른 사람들에 대한 이야기를 하고 있는 것은 아닌가 하는 착각마저 들었다. 데니스와 해리엇, 이 두 사람이 함께 일요일에 자전거를 타러 나가거나, 퇴근 후에 함께 만나서 영화를 보러 가거나, 하루에 두세 번씩 전화 통화를 하곤 했을 것이라곤 도무지 상상이 되질 않았기 때문이다.

어리둥절한 정신을 겨우 수습하고 나서, 내가 두 사람에게 물었다. "만약에 두 분이 오늘 저녁에 집에 돌아가서 그 당시에 그랬던 것처럼, 한번 다시 시작해 본다면 어떨까요? 그러니까 두 사람이 서로에게 사랑을 얻으려고 애쓸 때 그랬던 것과 똑같은 방식으로 한번 서로를 대해 보는 거지요." 두 사람은 아주 황당한 표정으로 나를 바라보았다.

잠시 생각에 잠긴 듯하던 데니스가 말했다. "전 아주 불편할 것 같군요. 제가 느끼는 것과 다르게 행동을 한다는 점이 영 내키지가 않는군요. 그게 …… 가식적인 것 같아요. 해리엇에 대한 제 감정이 예전과는 많이 다른데도, 마치 안 그런 것처럼 아내를 대해야 한다는 게 말이죠. 그런데 제가 도대체 왜 그래야만 하는 거죠?"라고 말했다.

해리엇도 맞장구를 쳤다. "이건 마치 무슨 연극을 하는 것 같아요. 우린 그렇게 행복하지는 않지만, 그렇지만 적어도 서로에게 솔직하려고 노력은 하고 있거든요."

이 실험에 참여하는 것이, 현재 두 사람이 처해 있는 난국을 헤쳐 나가는 데 도움이 될 수 있다는 점을 진지하게 설명한 후에야, 두 사람은 처음의 거부감에도 불구하고 한번 시도를 해 본다는 것에 동의했다. 나는 두 사람에게 실습 활동에 대해서 아주 주의 깊게 설명을 해 주었다. 즉, 두 사람은 일단 집에 가서 각자 서로의 목록을 만든 다음, 자발적으로 하루에 서너 가지씩 상대방에게 도움을 주는 행동을 해 주어야만 한다. 그런데 이 행동은 선물이 되어야만 한다. 다시 말해서, 서로를 기쁘게 해 줄 수 있는 고마운 기회로 여겨야지, 물물교환처럼 생각해서는 안 된다는 것이다. 그리고 제일 중요한 것은, 거기에 점수를 매겨서는 안 된다. 즉, 서로에게 베푸는 것에만 초점을 맞추어야 하는 것이다. 두 사람은 내가 설명한 대로, 이 실습 활동을 최선을 다해 실천하겠다는 약속을 한 후에 상담실을 나갔다.

다음 상담이 시작되었을 때, 먼저 데니스가 실험 결과에 대해 보고했다. "하빌 박사님, 전 박사님이 뭔가를 훤히 꿰뚫어 보고 있다고 생각합니다. 박사님이 하라는 대로 따라서 했더니, 지금은 우리 두 사람의 관계에 훨씬 더 희망을 갖게 됐어요."

나는 데니스에게 거기에 대해서 좀 더 얘기해 달라고 요청했다.

"지난번 상담을 하고 난 다음날, 무슨 까닭인지는 잘 모르겠지만, 몹시 우울한 기분에 사로잡혀서 차를 몰고 시내를 돌아다녔습니다. 아무튼 저는 박사님이 시키신 대로 한번 시도해 보기엔, 지금만큼 더없이 좋은 기회가 없다고 생각을 했지요. 그래서 꽃 가게에 들러 해리엇에게 줄 꽃을 몇 송이 샀지요. 그게 아내가 쓴 목록에 있는, 제가 좀 해 줬으면 하고 원하는 요구사항 중 하나였거든요. 그래서 사실 별로 내키지는 않았지만, 데이지 몇 송이를 골랐지요. 왜냐하면 해리엇이 항상 데이지를 좋아했던 기억이 나더군요. 그때 점원이 제게 카드가 필요하냐고 묻길래, '당연하죠.'라고 대답을 했죠. 그리고 '어차피 우리가 이 많은 돈을 들여서 상황을 좀 더 좋아지게 해 보려고, 이렇게 부부상담도 받고 있는 거잖아. 그렇다면 이것도 해 보고 저것도 해 보고, 한번 다 시도해 보는 게 더 낫지 않겠어!'라고 혼잣말을 했죠. 그런 다음에 집에 와서 그 카드에, '당신을 사랑해'라고 썼어요." 그는 잠시 멈추어 숨을 돌리고는 천천히 다시 말을 이어갔다. "그런데 하빌 박사님, 저를 정말 놀라게 했던 게 뭔지 아세요! 글쎄 제가 해리엇에게 그 꽃을 건네 주던 그 순간에, 정말로 제가 아내를 아끼고 있다는, 그런 마음이 들었다는 것 아닙니까!"

이어서 해리엇이 말했다. "제가 그 카드를 읽으려는데, 눈물이 나더라고요. 이 사람이 제게 사랑한다고 말했던 게 참 오랜만이었어요." 두 사람은 서로를 기쁘게 해 주기 위해서 어떤 행동들을 실천했는지를 끊임없이 상세하게 설명했다. 아내는 남편이 가장 좋아하는 요리인 팟로스트(Pot Roast: 쇠고기를 약한 불에 천천히 찌는 요리-역자 주)와 감자 팬케이크를 만들어 주었다. 남편은 잠자리에서 서로 등을 돌리고 누워서 자지 말고, 마주 보고 누워서 잠에 들자는 아내의 요구사항에 동의했다. 아내는 털실과 바늘을 꺼내서 남편이 입을 스웨터 조끼를 짜기 시작했다. 이런 일들을 하나하나 세세히 열거할 때, 두 사람 사이에서 어떤 긴장감이라곤 전혀 찾아볼 수가 없었다. 두 사람이 상담실을 나갈 때, 남편은 아내가 코트 입는 것을 거들어 주었고, 아내는 미소를 지으며 "여보, 고마워요."라고 말했다. 이건 아주 사소한 일이기는 하지만, 그동안 두 사람 사이에서는 이 정도까지도 서로를 기분 좋게 해 주는, 그런 바람직한 '주고-받기' 행동조차 거의 없었던 것이다.

나는 두 사람에게 앞으로도 계속해서, 이렇게 서로에게 마음을 써 주는 돌봄의 행동들을 실천하도록 요청했고, 그들은 매번 상담에 올 때마다 점점 더 부부관계가 향상되는 모습을 보였다. 두 사람은 서로에게 더욱더 친절하게 대하게 됐을 뿐만 아니라, 서로의 불만 밑에 숨어 있었던 깊은 문제들까지도 기꺼이 탐색해 보고자 했다. 그 결과, 상담 시간에 서로에게 불평하는 시간이 점점 줄어들었고, 대신에 무엇보다도 두 사람의 불행을 야기하게 된, 가장 근본적인 원인이었던 어린 시절의 주제를 탐색하는 데 더 많은 시간을 할애할 수 있게 되었다.

스튜어트의 행동접근 방법이 두 사람에게 큰 도움이 되었다는 것이 입증되었기 때문에, 나는 이 모델을 활용하여, '다시 처음처럼 낭만적으로 사랑하기(Re-Romanticizing)'라는 이름의 강화된 훈련모델을 만들었다. 왜냐하면, 이 훈련이 '갈등이 없는 로맨틱한 사랑의 상호작용 상태'로 또다시 되돌리는 회복을 가져다줄 수 있기 때문이다. 그 후 나는 다른 내담자들에게도, 이 '다시 처음처럼 낭만적으로 사랑하기' 훈련을 소개해 주었는데, 예외 없이 거의 모든 경우에 있어서, 인위적으로 하루 중 서로에게 사랑스러운 행동을 하는 횟수를 늘려 가기 시작하자, 상대방을 더욱 안전하게 느끼고 더 사랑하게 되었다. 이 방법은 두 사람 사이의 감정적인 유대감을 더욱 강화시켰고, 그 결과 부부상담에 있어서도 훨씬 더 빠른 진전을 보였다.

'다시 처음처럼 낭만적으로 사랑하기' 실습 활동에 대해서는, 앞으로 제3부에서 더 구체적으로 설명할 것이다. 여러분이 파트너와 함께 이 책에서 지시한 지시 사항대로 각 실습 활동들을 주의 깊게 충실히 따라 하다 보면, 두 사람의 관계가 금세 향상되는 경험을 하게 될 것이다. 이 실습 활동들이 두 사람 사이의 뿌리 깊은 깊숙한 갈등들까지도 모두 다 해결할 수 있을 만큼 그렇게 고안된 것은 아니지만, 적어도 두 사람 사이에 다시금 안정감과 즐거움을 되찾을 수 있도록 두 사람을 이끌어 주고, 두 사람 사이에 친밀감이 더욱 많아지도록 발판이 되어 줄 수 있을 것이다.

'다시 처음처럼 낭만적으로 사랑하기' 훈련이 효과가 있는 이유는?

이렇게 간단한 연습 활동이 그렇게까지 대단한 효과를 가져오는 이유는 무엇 때문일까? 그 분명한 이유는, 이러한 긍정적인 행동들이 매일매일 반복됨에 따라, 당신의 오래된 뇌가 당신의 배우자를 '당신을 돌보아 주는 사람'으로 인식할 수 있게 되었기 때문이다. 과거의 고통스러웠던 기억들은 이제 긍정적인 상호 교류들로 인해 새롭게 덧입혀지면서, 이제부터 배우자는 더 이상 자신에게 죽음과 같이 힘든 것들을 불러오는 그런 사람으로 분류가 되지 않고, 도리어 나를 살게 해 주는 나의 삶의 근원으로 인식할 수 있게 되는 것이다. 그렇게 드디어 두 사람 사이가 친밀해지는 길이 열리게 되는데, 이것은 오직 즐겁고 안전감을 느낄 수 있는 환경 안에서만 가능한 일이다.

그러나 이 실습 활동이 이렇게 좋은 결과를 가져오는 데는 또 다른 미묘한 이유들이 있다. 그중 하나는, 이 실습 활동들을 통해서 사람들은, 이 사람이 진심으로 나를 사랑한다면, '내 마음이 어떤지 내가 말해 주지 않아도, 당연히 내 마음을 잘 알 수 있어야만 한다'는, 그런 유아기적인 믿음을 깨트리게 되는 것이다. 로맨틱한 사랑에 빠져 있을 때 사람들은, 내 파트너는 내가 무엇을 원하는지 정확히 알고 있을 것이라는 잘못된 믿음을 가지고서 행동한다. 그래서 만약에 내 파트너가 은밀하게 감추어져 있는 나의 비밀스러운 소망을 만족시켜 주지 못한다면, 그것은 내 파트너가 나를 기쁘게 해 주고 싶은 마음이 부족하기 때문이라고 생각한다. 아니면 다 알고 있으면서도 일부러 의도적으로 그러지 않는 것이라고 짐작해 버린다. 그러니 나 또한 파트너를 기쁘게 해 주고 싶어 하지 않는 건 당연하다. 그러므로 '다시 처음처럼 낭만적으로 사랑하기' 실습은 커플(부부)들로 하여금, 이렇게 잘못된 텔레파시에 의존하려는 생각을 줄이고, 상대방 파트너에게 그 사람이 어떻게 하면 나를 즐겁게 해 줄 수 있는지, 그게 무엇인지를 정확하게 서로 이야기를 나누도록 권유함으로써, 이러한 악순환을 예방할 수 있도록 이끌어 준다.

또한 이 실습 활동의 결과로서 나타나는 아주 중요한 결과들 중 하나는, 그동안 힘겨루기(주도권) 싸움에서, '내가 당했던 대로 나도 너에게 똑같이 앙갚음을 해 주고 말겠다.'는 그런 보복심리가 사라지게 된다는 것이다. '다시 처음처럼 낭만적으로 사랑하기' 실습 활동에 참여할 때, 커플들은 상대방 파트너가 어떤 행동을 하는지와 상관없이, 각자의 독자적인 계획대로 상대방을 기쁘게 해 주라는 지도를 받는다. 즉, 자신의 계획에 따라서 충실하게, 하루 동안 파트너에게 마음을 써 주기로 작정했던 대로 파트너를 배려하는 행동을 베풀어 주는 것이다. 이렇게 하면, 내가 받은 만큼 나 또한 상대방에게 호의를 베풀고자 하는 마음이 자연스럽게 생겨나게 된다. 당신이 나를 위해 이렇게 멋진 일을 해 주었으니, 나도 당신을 위해서 똑같이 근사한 일을 해 주어야지 하고 말이다. 대부분의 결혼생활은 마치 잡화점 가게처럼 운영된다. 사랑하는 행위가 마치 가게에서 거래할 때 동전처럼 계산된다. 하지만 이런 종류의 사랑은 오래된 뇌에는 제대로 정착될 수가 없다.

만약에 존이 낚시를 가고 싶은데, 그것을 허락받을 요량으로 마사의 어깨를 주물러 주는 것이라면, 마사의 머릿속에 장착되어 있는 감식기는 이렇게 작동된다. "어렵쇼! 이것 좀 보게. 여기에 꼬리표가 붙어 있네. 그렇다면 내가 이 선물에 기분 좋아할 이유가 하나도 없지. 왜냐하면 나중에 이 빚을 갚아 줘야만 하니까." 마사는 존의 배려하는 행동이 그녀를 위한 것이 아니라, 존 자신을 위한 것이라는 사실을 잘 알고 있기 때문에, 무의식적으로 존의 행동을 거부한다. 그녀의 오래된 뇌가 받아들일 수 있는 유일한 사랑은, 거기에 어떠한 꼬리표도 붙어 있지 않은 그런 사랑뿐이다. "내가 당신의 어깨를 주물러 줄게. 왜냐하면 나는 당신이 이것을 좋아한다는 사실을 알기 때문에." 이렇게 대가를 바라지 않는 마음으로, 상대를 기쁘게 하기 위한 의도만으로 어깨를 주물러 주는 배려 있는 행동만이 '선물'로서 다가오는 것이다.

이것이 선물로서 다가와야만 하는, 그러니까 이런 선물을 받고 싶은 우리의 욕구와 필요는, 사실 우리의 어린 시절로부터 줄곧 이어져 온 것이다. 아기였을 때 우리는, 아무런 가격표가 매겨지지 않은 그런 사랑을 받았었다. 적어도 우리가 태어나서 처음 몇 달 동안은, 누군가가 우리에게 다가와서 우리를 토닥이거나 흔들어 주고, 또 안아 주거나 먹을 것을 준다고 해서, 거기에 일일이 답례를 할 필요가 없었다. 그런데 성인이 된 지금도 우리는, 우리 존재의 일부에서는 아직도 어린 시절 그때 그 시간 속에 정지된 채로, 여전히 이런 형태의 무조건적인 사랑을 갈망하고 있는 것이다. 우리는 거기에 대한 보답으로서 내가 뭔가를 해 줄 필요가 전혀 없는, 그런 대가 없는 사랑을 받고 싶어 하고, 그런 돌봄을 받고 싶어 한다. 만약에 나의 파트너(배우자)가 내가 그 사람에게 무슨 행동을 어떻게 해 주었기 때문이 아니라, 그런 것과는 전혀 상관없이 어떤 대가조차 바라지 않으며 그저 나를 기쁘게 해 주기 위해서 마음을 써서 나를 배려하는 행동을 해 준다면, 아마도 나는 오랫동안 채워지지 않았었던 진정한 사랑에 대한 무의식적인 욕구가 충족될 수 있을 것만 같다.

이 실습 활동의 세 번째 좋은 점은, 나를 기쁘게 할 수 있는 요소는 나 자신만의 독특한 기질과 인생 경험에서 비롯된 결과물인 것이며, 나를 기쁘게 해 주는 요소와 파트너(배우자)를 기쁘게 하는 요소는 전혀 다를 수 있다는 사실을 깨닫게 해 준다는 것이다. 대부분의 커플(부부)들은 종종 상대방의 필요와 취향을 위한 것이 아닌, 자기 자신의 욕구와 취향에 맞추곤 한다. 예를 들면, 나와 상담했던 한 여성은 남편의 마흔 살 생일에 깜짝 파티를 열어 주려고 했다가 오히려 큰 낭패를 겪은 적이 있다. 그녀는 남편의 친구들을 모두 초대하고, 남편이 가장 좋아하는 요리를 하고, 남편이 가장 좋아하는 1960년대 로큰롤 음악도 준비하고, 아주 재미있는 게임까지도 준비했다. 파티가 열리는 동안, 남편은 아주 즐거운 시간을 갖는 것처럼 보였다. 그러나 몇 주 후 상담 시간 중에 남편이 용기를 내어, 사실은 그날 자신은 남모르게 비참한 기분이었다고 아내에게 털어 놓았다. "나는 그렇게 시끌벅적하게 내 생일을 보내는 걸 좋아하지 않아. 당신도 잘 알잖아. 더군다나 나는 내 마흔 번째 생일은 더더욱 그러고 싶지 않았어. 내가 정말로 원했던 것은 그냥 당신이랑 우리 아이들과 함께 집에서 조용한 저녁 시간을 보내는 것이었어. 그렇게 거창하고 시끄러운 파티를 좋아하는 사람은 내가 아니고 당신이잖아."

아내는 '무엇이든지 남에게 대접받고 싶은 대로 그 사람을 대접하라.'는 황금률을 남편에게 곧이곧대로 지킨 셈이다. 물론 일부러 그런 것은 아니었지만, 그녀가 별 생각 없이 남편을 위해 준비했던 파티는 남편의 취향을 따른 것이 아닌, 자신의 취향에 맞춘 파티였던 것이다. '다시 처음처럼 낭만적으로 사랑하기' 실습은, 부부(커플)들로 하여금 서로에게 '무엇이든 파트너가 대접받고 싶어 하는 그대로 그 사람을 대접해 주도록' 훈련함으로써, 이런 문제가 발생하지 않게 해 준다. 또한 이 실습은 내가 상대방을 위한다고 하면서 아무렇게나 생각 없이 하던 행동을, 배우자의 특별한 욕구를 채워 주고자 하는, 그러니까 '목표'가 아주 분명한, 아주 의도적인 행동으로 바꾸어 준다.

부부(커플)들이 서로에게 이렇게 목표가 분명한 행동들을 지속적으로 실천하게 될 때, 두 사람의 표면적인 관계가 향상이 되는 것은 물론이고, 중요한 점은 두 사람의 오래된 상처 또한 치유가 되기 시작한다는 것이다. 그 한 예로서, 나는 나 자신의 개인적인 경험을 여러분과 나누고자 한다. 내 아내인 헬렌과 나는, 우리가 내담자들에게 과제로 내주었던 것과 똑같이, '다시 처음처럼 낭만적으로 사랑하기' 실습을 성실하게 수행했다. 우리는 이 연습을 수도 없이 반복한 나머지, 이제는 우리의 관계에 완전히 통합이 되어, 별 생각이 없이도 그냥 할 수 있을 만큼 익숙해질 정도가 되었다. 나를 위해서 헬렌이 내게 좀 해 주었으면 하고 내가 바라는 것들 중 하나는, 우리가 잠자리에 들기 전에 헬렌이 이부자리를 펴 주는 것이다. 이 요청은 40여 년 전의 나의 오래된 기억으로부터 비롯된 것이다. 어머니가 세상을 떠나신 후, 마이즈 리 누나가 나를 따뜻하게 돌보아 주었다. 당시에 누나는 열여덟 살밖에 안 되었고 갓 결혼한 신부였지만, 나를 아주 세심하게 잘 보살펴 주었다. 그 중에서도 내가 누나에게 가장 감동을 받았던 일들 중에 하나는, 내가 잠자리에 들기 전에 누나가 항상 내 방에 들러서 내 이부자리를 정리해 주고, 내 침대 옆에 내가 마실 수 있도록 우유나 오렌지 주스를 꼭 챙겨 주었던 일이다. 나는 지금도 내가 침대에 올라가기 전에, 헬렌이 나를 위해서 이부자리를 정리해 주면, 마이즈 누나가 다시 떠오르고, 그때 누나가 나를 위해 챙겨 줬던 고마운 일들이 떠오르면서, '아! 내가 정말로 사랑을 받고 있구나' 하는 느낌이 든다. 좀 더 깊은 차원에서 들여다보면, 이와 같은 단순한 행동이, 부모-자식과도 같은 그런 중요한 유대관계를 새롭게 창조해 준다는 것이다. 그렇게 할 때, 우리는 다시 한번 안전하게 보호받는다는 느낌을 갖게 되고, 또한 우리의 어린 시절의 상처는 '사랑의 안전지대가 되어 준 성숙한 관계 안에서' 조금씩 치유되는 것이다.

파트너를 깜짝 놀라게 해 줄 선물과도 같은 '뜻밖의 돌봄 행동 목록'

여러 커플(부부)들에게 '다시 처음처럼 낭만적으로 사랑하기' 실습 활동을 소개한 후에, 나는 흥미로운 현상에 주목하게 되었다. 그러니까 이러한 실습 활동들의 결과로서 나타나는 긍정적인 효과가, 몇 달이 지나고 나면 별로 특별할 것이 없는 그저 담담한 일처럼 되어 버리는 것이다. 커플(부부)들이 실습 활동에 따른 지시 사항들을 성실하게 잘 따랐음에도 불구하고, 처음에 실습 활동을 시작했을 때 느꼈었던 그런 깊은 수준의 기쁨을 더 이상 경험하지 못하고 있다는 것이다. 그래서 생각하게 된 것이, 이 실습 활동에 '무작위적 강화(Random Reinforcement)'의 개념을 구축할 필요가 있다는 것이다.

행동과학의 원리 중 하나인 '무작위적 강화'에 따르면, 아무리 기분 좋은 행동일지라도, 만약 그것이 예측이 가능하도록 규칙적으로 반복해서 발생한다면, 그 효과성을 잃어버리게 된다는 것이다. 예를 들어서, 만약에 당신의 파트너(배우자)가 매일 아침 당신을 위해 커피를 침대로 가지고 와 준다면, 가끔씩 그런 일이 일어나는 것만큼 그렇게까지 그 일이 특별한 것으로, 더 이상 당신이 그렇게 특별하게 대접을 받는다고 느껴지지는 않는다는 것이다. 반면에 '무작위적 보상'은, 그것을 '받는 사람'으로 하여금 불확실성과 기대감을 증폭시켜서 보상의 효과를 만들어 낸다. 이 개념은 실험실에서 특별한 대가를 보상해 가며 동물들을 훈련시키던 과학자들에 의해 우연히 발견되었다. 어느 날 특별한 보상을 주는 기계가 고장이 나서 제 기능을 하지 못하는 바람에, 동물들은 자신들의 노력의 대가에 대한 보상을 받지 못하게 되었다. 그래서 그다음 날 그 기계가 수리되어, 원래대로 규칙적인 보상이 다시 재개되었을 때, 그 동물들은 그 이전보다 훨씬 더 높은 동기를 가지고 과제를 수행함으로써, 훈련시키는 사람들을 놀라게 하였다. 즉, **예측할 수 없는 보상이 동물들의 수행능력을 더욱 향상시켰던 것이다.**

이런 '무작위적 강화' 현상은 매일의 일상생활에서도 쉽게 찾아볼 수가 있다. 대부분의 남편과 아내들은 생일이나 크리스마스, 혹은 결혼기념일 같은 특별한 날에 서로 선물을 주고받곤 한다. 이런 선물들은 너무나 의례적인 것이라서, 우리는 그걸 아주 당연한 것으로 여긴다. 선물을 주고받는 게 즐거운 일이기는 하지만, 전혀 예상조차 하지 못했던 그런 상태에서 아주 깜짝스럽게 선물을 받을 때만큼 그렇게까지 감동적이지는 않다. 행동과학자들은 이렇게 일상적인 선물이 우리에게 그다지 큰 감동을 주지 못하는 이유는, '우리의 정신 신경체계가 예측이 가능하고 반복되는 즐거움에는 그만큼 둔감해지기 때문'이라고 설명한다. '다시 처음처럼 낭만적으로 사랑하기' 연습을 할 때도 이와 똑같은 원리가 적용된다. 만약에 부부가 서로를 배려하기 위한 행동을 몇 가지로 고정해 놓고 거기에서 벗어나지 않는다면, 예를 들어 매일 밤 잠자리에 들기 전에 서로의 등을 긁어 준다거나, 아니면 매주 토요일마다 꽃다발을 항상 가져다준다거나 하는, 그렇게 일상적이고 규칙적인 행위만 계속된다면, 아마도 그 전에 비해서 점차 그 즐거움이 경감되기 시작할 것이다. 그러므로 관심을 불러일으키기 위해서는, 가끔씩 커브 볼과 같은 변화구를 던져야 할 필요가 있는 것이다.

그래서 나는 이처럼 언제 보상을 받게 될지 알 수 없는, 그런 긴장감과 궁금증을 유발시킬 수 있는, '뜻밖의 돌봄 행동 목록' 작성하기 실습이라는 개념을 생각해 냈다. 여기서 '뜻밖의 돌봄 행동 목록'이란, 평소에 내 파트너가 원했던, 그래서 내게 자주 요청했던 것들을 기초로 하는, 그러나 그것들을 뛰어넘는, '뜻밖의 돌봄의 행위들'을 말한다. 우선 파트너의 희망사항과 꿈이 무엇이었는지에 대해서 꼼꼼하게 주의를 기울이며 목록을 작성해 본다. 예를 들면, 옷 가게 쇼윈도에 진열되어 있던 원피스가 참 마음에 든다고 무심코 말했던 아내는, 어느 날 그 옷이—그것도 자기 사이즈까지 정확하게 맞는—자신의 옷장에 걸려 있는 것을 보고, 너무 기뻐할 것이다. 오페라 〈길버트와 설리반〉이 재미있을 것 같다고 관심을 보였던 남편은, 어느 날 우편함을 열어 보고, 아내가 보내 온 사랑이 넘치는 러브레터와 함께 동봉된, 〈길버트와 설리반〉 티켓 두 장이 들어 있는 것을 발견하게 될 것이다. 이처럼 '정기적으로 서로를 배려하는 돌봄의 행동들' 위에, '예기치 않은 뜻밖의 즐거움'까지 함께 병행하게 된다면, 부부가 함께 실행하는 이마고 실습 활동이 주는 효과는 지속적으로 더욱 크게 상승하게 될 것이다.

부부가 함께 재미있게 즐기며 놀자! 에너지가 넘쳐나게 해 줄 재미있는 활동들의 목록

얼마 후에 나는, '다시 처음처럼 낭만적으로 사랑하기' 과정에 또 하나의 항목을 추가했다. 그러니까, 부부가 서로를 계속해서 배려하고 뜻밖의 즐거움을 주는 행동들 외에도, 매주 두 사람이 함께 '에너지가 넘쳐나게 해 줄 재미있는 활동들'을 하도록 요청했다. 예를 들면, 즉흥적으로 서로 몸을 껴안고 뒹구는 레슬링, 간지럼 태우기, 서로 마사지해 주기, 같이 샤워하기, 둘이 손을 잡고 깡충깡충 깨금발 뛰기나 댄싱처럼, 두 사람이 일대일로 할 수 있는 활동이면 무엇이든 다 좋다. 괜한 긴장감을 일으키지 않고 게임을 재미있게 즐길 수 있다면, 테니스와 같이 경쟁적인 스포츠도 추천할 만하다고 생각한다.

'다시 처음처럼 낭만적으로 사랑하기' 연습에 내가 이렇게 '에너지가 넘쳐나게 해 줄 재미있는 활동'을 추가하게 된 이유는, 그동안 부부들이 작성한 '서로를 배려하는 돌봄의 행동목록'을 살펴본 결과, 대부분의 커플들이 상당히 수동적인 활동들을 선택하는 경향이 있다는 걸 발견했기 때문이다. 즉, 부부들은 두 사람이 어떻게 같이 재밌게 지낼 수 있는지를 거의 잊어버렸다는 얘기다. 이런 경향에 주목하자마자, 나는 즉시 모든 내담자들을 대상으로 조사를 실시해 보았고, 그 결과 부부들이 함께 웃고 즐기며 재미있게 노는 시간은 평균적으로 일주일에 겨우 10분 정도밖에 안 된다는 것을 발견하게 되었다. 그러므로 이렇게 황량한 통계 수치를 향상시키는 것이 아주 급선무로 느껴졌다. 만약에 커플들이 함께 재미있게 즐기면서 놀 수 있다면, 서로를 즐거움과 안전함의 원천으로 인식하게 될 기회도 많아질 것이고, 그렇게 되면 서로의 감정적인 결속력 또한 더욱 강화될 수 있다는 사실을, 난 잘 알고 있기 때문이다. 우리의 오래된 뇌는 이러한 긍정적인 에너지의 흐름을 잘 기록해 두면서, 그러한 즐거운 활기를 유발하는 데 연관이 되어 있던 이 사람이, 자신의 생명과 안전에도 관련되어 있다는 것을 기억하게 된다. 따라서 두 사람은 더 깊은 무의식적인 차원에서 서로에게 연결되기 시작할 것이다.

즐거워지는 것에 대한 두려움을 떨쳐 버리자!

이렇게 부부들로 하여금, 서로를 뜻밖에 깜짝 놀라게 해 줄 수 있는 깜짝 선물과도 같은 돌봄의 행위들, 즉 '뜻밖의 돌봄 행동 목록'과 함께, 부부가 함께 재미있게 즐기고 활기가 넘쳐 나도록 만들어 줄 수 있는 활동들의 목록들인 '펀 리스트'를 추가함으로써, 이제 커플(부부)들은 보다 긍정적인 분위기 속에서 부부상담을 시작할 수 있게 도와줄 수 있는, 아주 유용한 도구들을 갖게 되었다. 그러나 개인을 성장할 수 있게 이끌어 주는, 다른 모든 실습들이 그러하듯이, 이 단순한 실행 또한 종종 저항에 부딪히게 된다. 그러니 어느 정도의 거부감은 당연히 그러려니 해야 한다. 그도 그럴 것이 남편과 아내가 지난 5년 동안을 상대방을 마치 원수처럼 여기며 지내 왔는데, 느닷없이 서로에게 러브레터를 쓰기 시작한다는 게 아무래도 영 어색할 수밖에 없을 것이다. 그러다 보니 이런 실습이 아주 인위적이고 억지로 하는 것처럼 여겨질 것이고—그리고 사실 이도록 의도적으로 작정하고 하는 일이기도 하고—그래서 아마도 오래된 뇌에게는 이 일이 익숙하지도 않을 것이고, 또 아직 습관이 안 된 일이라서 매우 부자연스럽게만 여겨질 것이다. 이처럼 거부감이 생길 수밖에 없는 그런 자동적인 저항을 줄여 나갈 수 있는 유일한 방법은, 그저 그 행동이 친숙하게 여겨지고, 그래서 그렇게 해도 괜찮을 만큼 충분히 편안해져서, 아주 안전하게 느껴질 때까지, 계속해서 반복하는 것뿐이다.

하지만 이 연습에 저항을 느끼는 더 깊은 원인은, 역설적이긴 하지만 우리가 즐거움을 두려워한다는 사실에 있다. 의식적인 수준에서 우리는 상당히 오랫동안 행복을 추구해 왔다. 그러니까 의식적인 차원에서 우리는, 행복해지기 위해서 무슨 일이든지 다 하려고 한다. 그런데도 우리가 행복을 두려워하다니? 그게 무슨 말인가? 도대체 왜? 이러한 반응을 이해하기 위해서 우리는, 온전히 살아 있다는 느낌이 매우 즐거운 것임을 기억할 필요가 있다. 우리가 어린아이였을 때, 우리의 생명력은 무궁무진했고, 우리는 강렬한 기쁨을 경험했다. 그러나 이러한 우리의 기쁨은 우리를 돌보아 주었던 사람들(대부분 부모)에 의해서 대부분 삭제되고, 우리는 어느 정도의 기준 안에서만 안전하며, 그 기준에 적응을 해 나가게 된 것이다. "여자애들은 그렇게 소리지르거나 뛰면 안 된다." "소파에서는 점프를 하지 마라." "조심해라, 이제 그만 나무에서 내려와라." "넌 너무 시끄럽구나." 그래서 우리는, 우리의 즐거움을 차단시켜야만 했다. 왜냐하면 그것이 우리를 돌보아 주던 사람들(대부분 부모) 자신의 억압된 상태를 위협하는 것이 되었기 때문이다. 그들 자신들 또한, 아주 오랫동안, 호수에서 다이빙하는 것과 언덕에서 구르는 것과, 사람들이 다니는 길에서 재미삼아 깡충깡충 뛰는 것과 같은 것들을 포기해 왔다. 그래서 이러한 한계가 우리 자신에게 강요되었을 때, 때로는 벌까지 받아 가면서, 우리는 그 즐거움과 고통 사이에서 전혀 있을 것 같지도 않은 어떤 연상을 만들어 내기 시작한 것이다. 그 이유는 우리가 만약 어느 정도의 즐거움이나 꽤 높은 수준의 기쁨을 느낀다면, 우린 무시당했고 꾸짖음도 당하고 벌을 받아야만 했기 때문이다. 그래서 우리의 무의식 안에서는, 이러한 부정적인 자극들이, 마치 죽음에 대한 공포처럼 불러일으켜졌던 것이다. 결국 우리는 이런 불안을 줄이기 위해서, 스스로의 즐거움을 제한시킬 수밖에 없었던 것이다. 이렇게 해서 우리는, 우리 자신이 온전히 살아 있다는 것은 아주 위험한 일이라는 사실을 터득하게 된 것이다.

그러나 어린아이들이나 생각해 낼 것 같은 이런 이상한 논리들을 적용시켜 가면서도, 우리는 즐거움과 고통을 거의 같은 것처럼 여기게 만들어 준 우리 부모나 사회를 원망하지도 않는다. 오히려 우리는 "부모님이 이렇게까지 나의 즐거움을 제한하는 걸 보니, 난 이런 즐거움을 느낄 만한 가치가 없는 게 확실해."라고 스스로에게 말했다. 아무튼 부모님이 나의 필요를 채워 줄 능력이 없었다거나, 아니면 의도적으로 나의 행복을 차단시킨 것이라고 생각하기보다는, 나라는 사람이 원래 그럴 만한 가치가 없어서 그런 것이라고 믿는 편이 우리에겐 더 안전했던 것이다. 그렇게 우리는 우리의 마음속에서 즐거움에 대한 금지 명령을 점점 더 강화시켜 나갔다.

상당한 정도의 억압을 받으며 성장한 사람들일수록, '다시 처음처럼 낭만적으로 사랑하기' 연습을 힘들어하는 경향을 보이곤 한다. 그런 사람들은 파트너에게 자신을 잘 돌보아 달라고 요청하는 것을 극도로 어려워했고, 또 파트너가 그렇게 해 주려고 할 때마다 훼방을 놓곤 했다. 예를 들면, 내 내담자 중 아주 자존감이 낮은 남성 한 분은, 아내가 자신을 하루에 한 가지씩 칭찬을 해 주었으면 좋겠다고 요청 목록에 작성했다. 그런데 사실 아내에게는 이 요청이 그리 어려운 일이 아니었다. 왜냐하면 아내가 생각하기에 남편에게는 칭찬받을 만한 점들이 아주 많이 있었기 때문이다. 그래서 아내가 그에게 어떤 칭찬을 하려고 들기만 하면, 그는 그런 아내의 말에 즉각적으로 반박을 하거나, 아니면 아내의 칭찬이 아주 무색해질 정도로, 아내가 칭찬한 자신의 행동을 아주 팍 깎아내려, 그게 아무런 의미가 없는 것 같은 수준으로 떨어뜨리곤 했다. 만약에 아내가 "참, 어젯밤에 당신이 우리 아들 로비한테 그렇게 말해 줘서 너무 좋았어요."라고 말하면, 그는 "글쎄, 하지만 난 좀 더 자주 로비에게 그렇게 말해 줬어야만 했어. 난 지금까지 로비와 함께 충분한 시간을 보낸 적이 없었잖아."라고 말하면서, 자기 자신을 비판함으로써 아내의 칭찬을 거의 무효로 만들어 버리곤 했다. 자신에 관해서 뭔가 좋은 소리를 듣는 것이, 그에게 있어서는 자아 이질적인 것, 즉 자기 자신이 알고 있는 자기 이미지(자아상)와 모순되는 것으로 여겨졌다. 이처럼 그는 자신에 대한 부정적인 입장을 견지하고자 하는 결심이 너무나 강해서, 나는 그로 하여금 아내의 살가운 칭찬의 말에 대해서 자동적으로, "응, 그래, 고마워."라고 고마움을 표현하도록 연습을 하게 했고, 또한 동시에 아내가 하고 싶은 만큼 충분히 나를 칭찬할 수 있도록 내버려 두고 아내의 칭찬을 있는 그대로 받아들이는 훈련을 해야만 했다.

내게 상담을 받으러 온 또 다른 남자는, '다시 처음처럼 낭만적으로 사랑하기' 연습에 대해서, 또 다른 형태의 저항을 보였다. 그는 지시 사항을 도저히 이해하지 못하겠다는 태도를 보였다. 그와의 두 번째 상담에서 내가 이 실습에 대해 충분한 설명을 하고 나자, 그 사람이 "헨드릭스 박사님, 저는 박사님의 말씀이 도대체 무슨 소리인지 하나도 이해할 수가 없어요. 그러니까 제가 뭘 어떻게 해야 한다는 겁니까?"라고 말했다. 그러자 나는 그 사람이 확실히 이해하고 있는지를 거듭거듭 확인하면서, 실습의 지시 사항들을 다시 한번 요목조목 설명해 주었다. 하지만 그가 내 말을 이해하지 못한 진짜 이유는, 그로서는 누군가(여기서는 아내)에게 자신을 기쁘게 하기 위해 뭔가를 해 달라고 직접 요청을 한다는 게 너무나도 어려운 일이라서, 그가 그렇게 하는 이유는 그런 사실을 감추기 위한 하나의 방편이라는 사실을 알게 되었다(어떤 남자들에게 있어서는, 누군가에게 자신을 기쁘게 하기 위해 뭔가를 해 달라고 부탁하는 것이, 마치 자신의 나약함을 인정하고 부족함을 드러내는 것으로 여겨지고, 그런 나약함을 드러내기보다는 차라리 그 즐거움을 포기하는 편이 도리어 더 안전하다고 느껴질 수가 있다－역자 주). 나는 그런 남자들의 심리를 잘 알고 있었기 때문에, 그가 그런 감정적인 장애물을 뛰어넘어 갈 수 있도록 다시 다음과 같이 설명해 주었다. 즉, 아내에게 나를 기쁘게 하기 위해 뭔가를 해 달라고 요청한다는 일이, 마치 나 자신의 이익만을 추구하는 것처럼 이기적으로 보일는지 몰라도, 아내의 입장에서는 사실 아내로 하여금 **더욱더 사랑받는 여자**가 될 수 있는 법을 배울 기회가 될 수 있다는 것을 알려 주었다. 그런데 이 방법이 제대로 들어맞았다. 이렇게 좀 덜 이기적인 맥락으로 말을 바꾸어서 설명해 주었더니, 그는 재빠르게 이 실습 활동을 이해했다. 그는 이제야 비로소 "넌 사랑받을 자격이 없어."라고 속삭이는 자기 내면의 악마에게, "자, 이제 그만 좀 싸우고 휴전하자."라고 외칠 수 있게 되었다. 그는 연필을 꺼내 들고서 불과 몇 분 만에, 아내가 자신을 위해서 해 주었으면 하고 바라는, 요청 목록을 26가지나 금세 적어 냈다.

　　이 실습을 더 힘들어하는 사람들은, 따로 떨어져 있고 싶어 하는, 고립된 성향을 가진 사람들이다. 그런 사람들은 이 실습에 협조는 하고 싶어 하지만, 그러나 파트너가 과연 나를 위해서 무엇을 해 주면 좋을는지를 잘 생각해 내지 못한다. 이들은 마치 아무런 욕구나 필요도, 어떤 바람조차 없는 사람처럼 보인다. 하지만 사실은 너무나 강압적인 부모 밑에서 스스로를 방어하기 위해 어렸을 때부터 세워 두었던, 그 심리적인 방패 뒤에 숨어 있는 것이다. 그들은 아주 어렸을 때부터, 자신의 영역을 침범하는 강압적인 부모로부터 자신의 자율성을 지키는 방법이란, 곧 자신의 생각과 감정을 드러내지 않고 가만히 간직한 채 있어야만 하는 것임을 깨달았던 것이다. 혹시라도 부모님에게 자신에 대한 중요한 정보가 조금이라도 새어 나가기라도 한다면, 당장이라도 부모님이 자신들의 공간에 침입해 올 것이 불 보듯 뻔했던 것이다. 그러므로, 대부분의 고립자들은 절대로 눈에 띄지 않게 행동을 하고, 자신의 감정을 스스로에게조차 잘 드러내질 않는다. 결국, 그냥 덮어 놓은 채로 아무것도 모르고 지내는 것이 가장 안전한 길이기 때문이다.

내가 앞에서도 언급했던 것처럼, 고립된 사람들은 종종 친밀감의 욕구가 충분히 채워지지 못했던 융합하는 사람과 결혼을 함으로써, 자신의 의도와는 상관없이, 자신의 어린 시절의 갈등을 또다시 재연하는 경우가 허다하다. 이런 식으로 그들은 어린 시절에 자신을 그토록 소진시켰던 갈등을 지속시키는 것이다. 하지만 이것은 단지 과거에 대한 무의미한 재연이거나, 고통에 대해서 신경증적으로나 강박적으로 집착하는 그런 것이 아니고, 인간의 근본적인 필요를 해결해 보고자 하는, 무의식적 행동인 것이다. 융합하는 사람과 고립된 사람으로 짝을 이룬 커플이 이 실습을 하게 될 때, 두 사람의 행동이 둘로 확연하게 서로 나누어지는 것을 예상할 수 있다. 고립된 사람은 아주 힘들게 겨우 한 가지, 잘해 봤자 겨우 한두 개 정도의 요청 목록을 적어 내는 데 비해, 융합하는 사람은 '내가 원하는 것은 ~'으로 시작되는 항목들을 아주 신이 나서 휘갈겨 쓴다. 얼핏 보면, 고립된 사람은 요청 사항이 거의 없는 아주 자부심이 강한 사람인 것처럼 보이고, 반면에 융합하는 사람은 요구 사항이 끝도 없는 사람인 것처럼 보인다. 그러나 실상은 사랑받고 싶고, 또 돌봄을 받고 싶어 하는 욕구를 가지고 있다는 점에서 두 사람이 모두 똑같은 것이다. 다만, 어찌하다 보니 두 사람 중 한 사람이 다른 사람에 비해서 좀 더 그런 감정에 더 맞닿아 있는 것뿐이다.

커플(부부)이 무슨 이유로 이 실습에 대해 거부감을 느끼든 간에, 거기에 대한 나의 처방전은 언제나 똑같다. 즉, '설명을 들은 대로 정확하게 이 실습을 꾸준히 계속할 것. 그리고 이 실습을 하다가 혹시 불안해진다 하더라도 절대로 중단하지 말고 계속할 것. 아니 그러면 그럴수록 도리어 이전보다 더 열심히, 좀 더 적극적으로 연습할 것. 그렇게 하기만 하면, 결국 그 불안은 사라지게 될 것임. 반드시.' 당신이 충분한 시간을 들여서 오랫동안 반복해서 이 연습을 계속 하게 되면, 당신의 뇌는 이와 같은 새로운 현실에 점차 적응을 해 나가게 될 것이다. 낮은 자존감을 갖고 있던 사람이라 하더라도, 차츰 긍정적인 자기정체감을 지니게 되는 것이다. 고립된 사람 또한 자신의 감추어졌던 필요를 자신이 다른 사람과 나눈다고 해서, 그것이 자신의 독립성에 피해가 가는 것이 아니라는 사실을 발견하게 될 것이다. 그리고 새로운 행동에 대해 가졌던 두려움은, 도리어 그 행동이 가져다줄 그 즐거움에게 자리를 내주게 될 것이고, 안전과 생명이 서로 연합하기 시작할 것이다. 이처럼 파트너를 배려하고 돌보아 주기 위해 베푸는 따뜻한 돌봄 행동은, 한 개인의 성장을 위해 아주 신뢰할 만한 매우 훌륭한 도구인 것이다.

통찰력과 행동의 변화

앞으로 계속 이어지는, 이 책의 다음 여러 장에서 여러분이 읽어 보게 될, 여러분이 파트너를 배려하고 돌보는 행동들을 실천하게 되고 또 다른 여러 연습들을 하게 되었을 때, 그 결과 여러분이 얻게 될 **통찰력**과 그에 따른 **행동의 변화**가 함께 동반될 때, 그것이 얼마나 강력한 결과를 가져오는지에 대해서 나는 깊은 확신을 갖게 되었다. 커플(부부)들은 자신들의 **사랑의 관계(결혼)**의 무의식적 동기를 잘 이해하지 못한다. 설령 그 점을 제대로 이해하고 있다 할지라도, 그런 통찰력만으로는 그들의 어린 시절의 상처까지 치유할 수는 없다. 또한 두 사람의 관계에서 어떤 행동의 변화가 시작되었다고 해서 그것이 능사가 아니다. 그 행동의 변화 이면에 감추어져 있는 그 변화의 진짜 이유와 동기를 제대로 이해하지 못한다면, 그건 아무런 소용이 없다. 즉, 행동의 변화가 없는 통찰력이나, 통찰력이 결여된 행동의 변화, 이 두 가지 모두, 커플 두 사람의 성장이라는 측면에서 볼 때, 그 한계를 벗어나기가 어렵다. 나는 여러 경험들을 통해서, 가장 효과적인 형태의 부부상담치료는, 이 두 가지의 개념을 하나로 결합하는 것임을 알게 되었다. 즉, 우리 자신이 사랑하는 관계(결혼)의 무의식적인 동기에 대해서 좀 더 많이 알아차리게 되고, 이러한 통찰을 파트너에 대한 배려와 돌봄, 그리고 지지적인 행동으로 전환시켜 나갈 때, 당신은 파트너와 함께 좀 더 의식이 깨어 있는 관계, 그리고 궁극적으로는 더 많은 보상을 주고받을 수 있는 그런 관계를 만들어 나갈 수 있을 것이다.

제10장
두 사람(커플, 부부)만의
교육과정을 구성하기

인생의 가장 큰 비밀 중 하나는,

정말로 가치 있는 일은 내가 그 사람을 위해

진짜 도움이 되는 일을 했을 때뿐이라는 사실이다.

-루이스 캐럴(Lewis Caroll)

이 책에서 우리는 지금까지, 커플(부부)들로 하여금 좀 더 '의식이 깨어 있는(살아 있는) 파트너십'을 만들 수 있도록 돕기 위한, 가장 기본적인 초기 단계에 관해서 설명했다. 두 사람의 관계에 좀 더 많은 에너지를 집중하기 위해, 탈출구들을 줄여 나가는 결심과 헌신에 대해 설명하기도 했다. 그리고 보다 깊은 친밀감 형성을 위해서, 두 사람 사이에 기분 좋은 상호작용을 증가시키는 방법에 대해서도 설명했다. 또한 여러분 자신과 배우자(파트너)에 대해서 좀 더 알아 가는 여러 가지 방법들에 대해서도 이야기했다. 이제 우리는 우리의 어린 시절의 깊은 상처들을 어떻게 치유할 것인지에 대해서 좀 더 집중해 보고자 한다. 이 장에서 나는 배우자에 대한 당신의 만성적인 좌절감을 성장을 위한 통로로 전환시킬 수 있는 방법에 대해서 설명하고, 다음 장에서는 더욱더 격렬하고 폭발적인 부부갈등의 진짜 원인을 제거하는 방법에 대해서 설명을 할 것이다.

커플(부부)들이 이 책 제9장에서 설명한 '다시 처음처럼 낭만적으로 사랑하기' 실습을 몇 주 동안 실행하다 보면, 서로에 대한 긍정적인 감정이 되살아나는 경험을 하게 되면서, 마치 두 사람이 처음 사랑에 빠졌을 때 느꼈었던 것처럼 서로에게 강한 결속력을 느끼기 시작할 것이다. 하지만 이렇게 서로 더 친밀해지고 서로를 잘 돌보아 주는 분위기에 점점 더 익숙해질 무렵에, 두 사람을 크게 낙담시킬 만한 그런 사건이 또 발생할 수가 있다. 그런데 그게 뭐냐하면, 바로 이 커플(부부)로 하여금 애당초 부부상담을 받으러 올 수밖에 없게 만들었던 바로 그 문제가 또다시 고개를 들기 시작하는 것이다. 이제 두 사람은 예전과 똑같이 그토록 자신들을 괴롭게 만들었던 바로 그 문제, 즉 두 사람을 도저히 같이 지낼 수 없게 만들었던 바로 그 문제 때문에 또다시 시달리게 된다. 이건 마치 '다시 처음처럼 낭만적으로 사랑하기' 실습을 통해 낭만적인 사랑을 다시 살려냈다가, 결국엔 또 다시 힘겨루기로 되돌아가 그 사랑이 그만 해체되어 당장 끝장나 버리는 것처럼 보일 것이다.

이처럼, 좋은 감정이 계속해서 지속되지 않는 이유는, 기분 좋은 상호작용들이 더 증가해 감에 따라, 두 사람은 서로를 무의식적으로 마치 예전에도 그랬던 것처럼, 이 사람은 내가 원하는 '모든 것을 다 가진 사람', 즉 마술 같은 힘으로 나의 온전성을 전부 회복시켜 줄 수 있는 아주 이상적인 배우자감으로 또다시 간주해 버리기 때문이다. 분노도 가시고 힘겨루기도 철회되었으니, 이제 두 사람은 다시 한번 구원을 얻어 내기 위해 서로에게 의존하게 되는 셈이다. 그러고는 또다시, 두 사람 중 아무도 상대방의 그 깊은 필요를 채워 주고자 하는 동기나, 또 거기에 필요한 기술들을 가지고 있지 않다는, 아주 씁쓸한 사실을 다시 한번 확인하게 되는 것이다. 대부분의 사람들은, 사실 첫 번째 결혼을 통해서 아주 정신이 번쩍 들게 만든 바로 그 깨우침을 갖게 되는 것인데, 그게 뭐냐면 내가 배우자로부터 가장 필요로 하는 것들은, 사실상 내 배우자가 가장 잘 못하는 것, 그렇기 때문에 사실은 내 배우자가 내게 해 주기가 가장 어려운 것이라는 사실이다. 부부문제의 가장 중심에 놓여 있는 이 딜레마를 어떻게 해결할 수가 있을까? 이 질문은 내(하빌)가 부부상담치료사로 활동하던 초창기 시절에, 나를 몹시도 괴롭혔다. 그러니까, 다음의 두 가지 사실, 즉 (1) 우리는 어린 시절에 받은 상처를 지닌 채로 성인이 되어 사랑의 관계 안으로 들어가게 되는 것이고, 또 (2) 우리 자신도 모르는 사이에, 처음에 내게 상처를 만드는 주 원인이 되었던, 나의 부모님(주 양육자)과 아주 많이 닮은 그런 사람을, 나도 모르게 내가 무의식적으로 배우자로 선택한 다는 사실을 가정해 본다면, 우리가 성인이 되어 사랑에 빠지는 것이나 우리의 결혼생활은 우리의 어린 시절의 불행을 치료할 수 있거나 회복하는 것이 아니라, 오히려 어린 시절의 불행을 또다시 반복할 수밖에 없게 만드는 운명인 것처럼 보인다.

몇 년 전에 내(하빌)가 어떤 단체에서 강의를 하던 중에, 이처럼 비관적인 견해가 아주 강렬하면서도 너무나 분명하게 내 마음속에 파고든 적이 있었다. 나는 강의 중에 '배우자를 선택하는 과정에 있어서의 자기 파괴적인 속성'에 대해서 설명을 하고 있었다. 그런데 한 여성이 손을 들어 말했다. "헨드릭스 박사님, 그렇다면 옛 상처에다 또다시 그런 상처를 받지 않으려면, 전혀 매력이 느껴지지 않는 사람과 결혼을 하면 되지 않겠어요? 그렇게 되면 부모님과 똑같은 문제를 갖고 있는 사람들과 또다시 얽혀 들진 않을 거 아니에요?" 그 말에 모두가 웃음을 빵 터트렸지만, 그 순간 나는 아무런 해결책을 제시해 줄 수가 없었다. 중매로 결혼을 하거나, 별자리를 보고 하거나, 아니면 인터넷 데이트 서비스로 결혼을 하는 경우가 어쩌면 무의식적인 선별 과정을 거쳐 결혼을 하게 되는 경우보다 더 잘 살게 될 확률이 높을지도 모르겠다는 생각마저 들었다. 우리가 '배우자 선택 과정(Partner Selection Process)'에 있어서 우리 부모(양육자)와 긍정적이고 부정적인 특성이 아주 비슷한 사람을 배우자로 선택하는 경향이 있다는 말은, 부부관계 그 첫 시작부터가, 그리고 결혼생활의 결과 또한 거의 뻔한 숙명인 것처럼 여겨지고, 그러니까 그것을 그냥 받아들이라는 것처럼 들릴 수 있을 것이다. 내가 부부들에게 해 줄 수 있는 유일한 충고란 게 겨우 '내가 이 사람과 결혼하려고 하는 진짜 이유가 뭔지'에 대해 좀 더 알아차리고, 냉담하고 엄연하게 잘 수용하라는 정도였다. 깨달음, 통찰, 이해와 수용, 주로 이런 단어들이 내가 제시해 줄 수 있는 것들이었다.

당시에 나(하빌)는 그 부부들과 똑같이, 부부문제로 심리치료사에게 상담을 받고 있던 처지였다. "하빌, 당신은 당신 어머니가 당신을 위해 뭘 할 수 있는 여력이 없었다는 사실을 받아들여야만 합니다."라고, 그 치료사는 내게 말하곤 했다. "그리고 당신 아내 역시, 당신에게 당신이 원하는 걸 해 줄 수가 없어요. 당신의 아내가 당신의 어린 시절을 보상해 줄 수는 없는 거예요. 당신은 이제 그런 과거의 갈망들을 포기해야만 돼요." 이걸 다른 말로 한다면, "어렸을 때도 당신은 당신이 원하는 것을 얻을 수 없었고, 지금도 당신은 그걸 얻을 수가 없을 거니까, 그러니까 이제 좀 어른이 되어서 그냥 견디며 살아가야만 해!"였다. 그래서 나도 사실 그 치료사가 말하는 대로 그대로 받아들여 한번 살아보려고 노력을 해 봤지만, 내 존재의 중심에서는, 아직 해결되지 않은 채로 남아 있는 나의 미해결과제를 그냥 그대로 내버려 두고 싶어 하질 않았다. 내 속 어딘가에서는, 나도 안전하게 사랑받으며 양육받을 권리가 있다며, 그 권리를 절대로 빼앗기지 않으려고 발버둥을 치고 있었던 것이다. 나는 내게 상담을 받으러 왔던 내담자들을 꼼꼼하게 조사해 본 결과, 그들 또한 자신들의 욕구와 필요에 끈질기게 매달리며 집착하고 있다는 사실을 발견할 수 있었다. 그들은 그러한 욕구나 필요들을 억압할 수는 있었을지 모른다. 아니, 그것을 부정해 볼 수도 있을 것이다. 그리고 또 다른 사람들에게 투사를 할 수도 있을 것이다. 하지만 그렇게 한다고 해도, 자신의 어린 시절의 그 욕구와 필요들을, 단 한순간이라도 떠나보내거나 포기할 순 없었을 것이다. 결국 지금까지와는 아주 다르고 정말 더 좋은 그런 방법이 있어야만 하는 것이다. 그래서 나는 계속 더 찾아보기로 했다.

왜 자기애는 효과가 없을까?

결국 나(하빌)는, 어린 시절의 욕구(필요)를 해결할 수 있는 그 가능성에 대해서 좀 더 낙관적인 견해를 가지고 있는 한 상담치료사를 찾아냈다. 이 치료사는 우리가 어린 시절에 채워지지 못했던 것을 자기애(Self-Love)를 통해서 채워질 수 있다고 믿고 있었다. 따뜻한 보살핌을 받고 싶었던, 양육에 대한 나의 갈망을 극복할 수 있도록 도와주는 그의 기법 중 하나는, 이 책의 앞부분에서 내가 말했던 그 부엌 장면에서 엄마와 함께 있는 어린 시절의 나를 상상해 보는 것이었다. 그는 나를 아주 깊은 이완 상태로 이끈 다음 이렇게 말했다. "하빌, 당신 자신을 엄마의 따뜻한 관심을 받고 싶어 하는 어린아이라고 한번 상상해 보세요. 지금 엄마는 당신으로부터 등을 돌리고 난로 앞에 서 있습니다. 당신이 얼마나 엄마의 품에 안기고 싶어 하는지를 상상해 보세요. 이제 엄마를 큰 소리로 불러 보세요. 그리고 엄마가 당신에게 돌아서서 당신을 향해 환한 미소를 가득 담은 채, 당신에게 다가와서 당신을 번쩍 들어 올리는 상상을 해 보세요. 이제 엄마가 당신을 꼭 끌어안고 있습니다. 당신의 팔로 당신의 가슴을 꼭 끌어안아 보세요. 그리고 이제 그 아이를 바라봐 주세요. 그 아이가 바로 지금 당신 앞에서 당신이 자기를 껴안아 주기를 기다리고 있습니다. 그 아이를 꼭 붙잡고 껴안아 주고 사랑으로 가득 채워 주세요. 이제 그 아이를 당신의 품에 꼭 끌어안아 주세요. 그 행복해하는 어린아이를 당신 안으로 들여보내 주세요."

내가 엄마에게 사랑받고 있는 장면을 생생하게 떠올릴 수 있다면, 모성애에 대한 나의 욕구(필요)가 점차 채워질 수 있을 것이라는 것이 바로 그 치료사의 신념이었다. 그의 접근방식은 한동안 효과가 있는 것처럼 보였다. 매번 상담을 마칠 때마다, 나는 전보다 외로움을 훨씬 덜 느꼈고, 그리고 또 내가 더 사랑받는 것처럼 느껴졌다. 하지만 그런 감정은 점점 사라져 갔고, 그리고 내 마음엔 또다시 텅 빈 공허감이 밀려왔다.

이러한 접근방식이 별로 효과가 없는 이유는, 그것을 오래된 뇌가 방해하기 때문이다. 우리가 아기였을 때, 우리는 우리 자신의 신체적이고 정서적인 욕구나 필요를 스스로 채울 수가 없었고, 우리를 고통스럽게 하거나 기쁘게 만들어 주던 것들이 마치 마술처럼 외부세계로부터 들어왔던 것이다. 우유병이나 엄마의 젖이 나타나면, 우리의 배고픔은 충족되었다. 누군가 우리를 꼭 껴안아 주면, 우리는 안도감을 느꼈다. 그러나 혹시 요람 안에 나홀로 남겨져 울고 있으면, 우린 화가 나고 무섭기도 했었다. 점점 더 나이가 먹고 성장해 가면서, 우리의 오래된 뇌는 수동적인 세계관 안에 그대로 얼어붙은 채 남아 있게 된다. 즉, 다른 사람들이 내게 어떻게 행동해 주느냐에 따라, 내게 좋은 감정과 나쁜 감정이 만들어지게 되는 것이다. 우리 스스로가 우리 자신을 돌볼 수가 없으며, 누군가 다른 사람이 우리를 대신해서 보살펴 주어야만 하는 것이다. 그러니까 상처받은 나의 어떤 부분은 나의 내부로부터 오는 나를 향한 사랑을 받아들일 수가 없다. 왜냐하면 우리 자신에게는 나의 자기애를 받아들일 방법이 없기 때문이다. 우리만이 아니라 그 누구도 그렇게 할 수가 없다. 구원은 '내부'의 일이 아니다. 그것은 다른 사람에 의해서 내가 돌보아짐을 통해 얻는 결과인 것이다. 그러나 그 당시에 나는 이러한 기본적인 진리를 잘 알지 못했었다.

우정의 한계

우리는 점차로, 우리를 치유해 줄 수 있는 사랑은 외부로부터 와야 한다는 사실을 받아들이기 시작했다. 하지만 그 사랑은 반드시 배우자로부터 와야만 하는 것일까? 친한 친구로부터 올 수는 없는 것인가? 이러한 가능성에 대해 골똘히 생각하고 있을 때, 나는 여러 집단상담을 인도하면서, 우정의 치유적 가능성에 대해 관찰할 수 있는 기회가 있었다. 집단상담을 진행하다 보면, 종종 집단 참가자들 간에 긴밀한 유대관계가 형성되곤 하는데, 인도자로서 나는 이러한 결속력을 활용하여 우정과 상호 지지를 권장했다. 한번은 아주 신경이 예민하고 애정표현이라고는 거의 없는 엄마에게서 자라난 메리와 아주 강한 모성애가 느껴지는 수잔이 짝을 이루게 했다. 그리고 수잔으로 하여금 메리를 자기 무릎 위에 앉히고 그녀를 쓰다듬어 주면서, 메리가 혹시 감동에 겨워 울거든 실컷 울 수 있도록 내버려 두게끔 요청했다. 이 실습을 통해 메리가 마음에 위안을 얻은 것은 사실이지만, 그렇다고 상처가 치유될 만큼은 아니었다. "나는 수잔과 포옹하는 게 참 좋았어요. 하지만 수잔은 내가 포옹하고 싶어 하는 그 사람이 아니에요. 내가 포옹하고 싶어 하는 사람은 수잔이 아닌 다른 사람이에요."라고 메리가 말했다.

이와 비슷한 실험을 수없이 많이 거친 후에, 우리는 우리가 찾고 있는 그 사랑은, 안전하고 친밀한 관계 안에 있는 그런 사람으로부터 오는 것이 아니라, 바로 우리의 이마고와 가장 잘 들어맞는 이마고 짝(Imago Match), 그러니까 우리 부모님과 아주 비슷해서 우리의 무의식이 어린 시절 그 부모님과 혼동을 일으킬 수밖에 없었던 바로 그 사람으로부터 오는 것임에 틀림이 없다고 결론을 내렸다. 다시 말해서, 나의 이마고와 가장 비슷하게 들어맞는 이마고 짝을 만나서, 어떻게든 나의 어린 시절의 미해결과제를 해결해 보는 것만이, 우리의 어린 시절의 상처를 지워 낼 수 있는 거의 유일한 길인 것처럼 보였다. 우리는 다른 사람들과 포옹도 하고 서로에게 관심을 주고받으면서 행복을 느낄 수는 있다. 그러나 그 효과는 일시적인 것이다. 그것은 마치 설탕과 뉴트라스위트(Nutrasweet; 저칼로리 감미료—역자 주)의 차이와도 같은 것이다. 우리의 미각은 인공감미료의 맛에 속아 넘어갈 수는 있다. 하지만 우리의 몸은 그것으로부터 어떤 영양가도 얻어 내질 못한다. 이와 똑같이, 우리는 원래 우리를 양육해 주었던 그 부모의 사랑을, 아니면 그 부모와 너무나도 비슷해서 우리의 무의식적인 수준에서는 마치 그 사람이 우리의 부모인 것처럼 거의 혼돈할 수밖에 없는 그런 사람으로부터의 사랑을(어린 시절의 미해결과제를 해결할 만한—역자 주) 너무나 목말라 하고 있는 것이다.

그러나 이러한 결론은 또다시 우리를 그 최초의 딜레마로 되돌려 놓고 말았다. '아니, 도대체 나의 배우자가 나의 부모와 거의 똑같은 그런 부정적인 특성들을 가지고 있다면, 그런 배우자가 어떻게 나를 치유할 수 있다는 거지?' 나는 나의 배우자가 나의 감정적인 상처를 달래 주기만을 고대하고 있는데? 만약 거리가 멀게 느껴지고 자기 생각에만 골몰한 아버지 밑에서 자란 딸이 무의식적으로 일 중독인 사람을 남편으로 선택했다면, 어떻게 이 여성이 이 남자와의 결혼생활을 통해서 자신의 미해결 충족 욕구, 즉 자신의 아버지로부터 그토록 필요로 했지만 채워지지 않았던 그런 다정함과 친밀감에 대한 욕구를 채울 수가 있을까? 만약 우울하고 성적으로 억압된 엄마 밑에서 자란 아들이 자신의 엄마와 똑같이 우울하고 쌀쌀맞고 불감증인 여성과 결혼하기로 결정한다면, 그가 과연 무슨 수로 자신의 성적인 감각과 즐거움을 다시 찾을 수 있을까? 어렸을 때 일찍이 아버지가 돌아가신 여성이 자기와 결혼하기를 거부하는 남자와 동거를 시작한다면, 어떻게 그녀는 자신이 그토록 필요로 하는, 안전하면서도 사랑받고 있다는 느낌을 가질 수 있을까?

이러한 딜레마에 대한 대답이 우리의 마음속에서 구체적인 모습을 갖추기 시작했다. 그것만이 아주 유일한 논리적 결론이었다. 즉, 우리가 치유되기 위해서는 우리(배우자와 나)가 변해야만 하는 것이다. 일 중독자인 남편은 기꺼이 아내에게 자신의 에너지를 쏟아야만 하는 것이다. 우울하고 쌀쌀맞은 아내는 자신의 에너지와 성적인 감각을 회복해야만 한다. 결혼하긴 싫고 마지못해 같이 사는 연인(남자)은 아내와 더 친밀해지기 위해서, 그의 장벽을 낮춰야만 한다. 이렇게 될 때만이, 비로소 우리가 평생 동안 그토록 기다려 온, 그런 일관성 있는 돌봄을 자신의 파트너(배우자)에게 제공할 수가 있는 것이다.

바로 이 시점에서, 우리는 '무의식적인 배우자 선택 과정'에 대해서, 다시 새로운 관점으로 바라보기 시작했다. 사실 내가 가장 필요로 하는 바로 그것이, 공교롭게도 사실은 내 배우자가 내게 해 주기가 가장 어려운 부분이라는 것이다. 하지만 놀랍게도, 바로 그 부분이 또한 내 배우자가 꼭 성장해야만 하는 부분이라는 사실이다. 예를 들면, 만약 메리가 신체적인 접촉과 애정표현을 잘 못하는 부모 밑에서 자라났다면, 메리가 성인이 되어서 신체적인 접촉을 불편하게 느끼는 조지와 같은 남편을 선택할 가능성이 높다. 즉, 메리에게 아직 채워지지 않았던 어린 시절의 필요와 욕구는, 그러한 필요를 채워 주기 힘든 조지와 아주 잘 맞아떨어진다. 그렇지만 만약에 조지가 메리의 그러한 필요와 욕구를 충족시켜 주기 위한 노력으로 애정표현에 대한 저항을 진정으로 극복하고자 한다면, 메리는 그녀가 그토록 갈망해 오던 신체적인 안정을 얻게 될 뿐만 아니라, 배우자인 조지 역시 서서히 자신의 성적 감각과의 접촉을 회복할 수 있게 될 것이다. 다시 말해서, 내가 배우자의 치유를 위해서 기꺼이 노력하다 보면, 나 자신의 반드시 치유되어야 할 그 핵심적인 부분 또한 동시에 회복이 되는 것이다! 결론적으로, 이러한 '무의식적인 배우자 선택 과정'을 거쳐서, 두 사람은 서로에게 상처를 주는 부부가 될 수도 있고, 또 서로를 치유할 수 있는 부부가 될 수도 있는 셈이다. 즉, 부부가 어떤 부부로 맺어질 것인가는, 두 사람이 과연 얼마만큼 기꺼이 치유되고, 성장하고, 함께 변화되고자 하는가 하는 마음가짐에 따라 그 결과가 달려 있다고 말할 수 있다.

이론을 실제 결혼생활 속에서 실천해 보기

우리는 결혼생활이 실제로 치유적 가능성을 현실화할 수 있게 만들자는 데 그 초점을 맞추기 시작했다. 그런데 그런 과정에서 아직 해답을 얻지 못한 질문이 하나 있었는데, 그것은 "배우자의 필요를 채워 주기 위해서, 어떻게 하면 나 자신의 한계도 극복해 낼 만한 그런 용기를 낼 수 있을까?"였다. 이 질문에 대한 답을 얻기 위해서, 우리는 '다시 처음처럼 낭만적으로 사랑하기' 실습과 아주 비슷한, 새로운 실습 과정을 개발하기로 했다. 그래서 둘 중 한 사람이 상대방에게 자신이 바라는 여러 가지 요청사항을 전달하긴 하지만, 그 요청사항을 다 듣고 난 후에 그 요청을 들어주고 말고는, 요청을 받은 사람이 마음대로 할 수 있게 했다. 그런데 이때 배우자가 상대방에게 요청하는 내용이, 상대방이 맘만 먹으면 즐겁게 해 줄 수 있는 그런 것들이 아니라, 그 요청대로 따라 주기가 아주 힘든 행동상의 변화인 경우도 많다. 실제로 이 실습에서의 요청사항들은 한결같이 논쟁적인 요소에 그 초점을 맞추고 있다. 예를 들어, 자기 배우자로 하여금 좀 더 적극적이 되어 확신에 차서 어떤 행동을 해 줄 것을 요청하는 것이거나, 혹은 좀 더 호의적이 되어서 자신을 마냥 용납해 주는 것이거나, 아니면 더 이상 꾀를 내서 나를 조종하지 말도록 하는 요청 같은 것들이다. 한마디로 그 요청사항의 핵심은, 배우자가 지닌 부정적인 특성들 중에서도 가장 두드러진 것들을 극복할 것(뛰어넘어 갈 것)을 요청하는 것인 셈이다.

이와 같이 막연한 것 같은 요청사항들은, '다시 처음처럼 낭만적으로 사랑하기'에서도 그랬던 것처럼, 아주 구체적이고, 측정이 가능하고, 시간이 제한되고, 마음만 먹으면 바로 행동으로 옮길 수 있는, 그런 행동이 가능한 활동으로 바뀌어야만 한다. 그렇지 않으면 그 요청을 받게 된 배우자는, 자신이 뭘 또 어떻게 해야 하는 건지 거기에 대한 충분한 정보도 갖지 못하거나, 또 잘못 해석하거나, 교묘하게 회피적인 행동을 하게 될 수도 있다. 또한 '다시 처음처럼 낭만적으로 사랑하기'에서처럼, '스트레칭 연습(Stretching Exercise: 이마고부부치료에서 이 연습은,

나는 이대로도 괜찮지만 배우자의 치유를 위해서, 내가 나의 손을 쭉 뻗어 아직 채워지지 않은 나의 배우자의 필요와 욕구에 응답하기 위해서, 나에겐 힘들고 도전이 되겠지만 기꺼이 나 자신을 확장시키려는, 자발적인 자기 성장을 향한 결심과 헌신을 의미한다-역자 주)' 또한 그것은 어떤 계약(혹은 의무)에 의해서가 아니라, '선물'이라는 원칙에 따라야 한다. 그렇지 않으면, 우리의 무의식 안에서 혹시 그러한 행동의 변화를 거부할지도 모른다. 이 점이 정말로 중요하다. 만약 둘 중 한 사람이 어떤 조그마한 변화를 보인 다음에, 자신이 이렇게 노력한 만큼 내 배우자가 거기에 맞춰 행동해 주기를 바라고 있다면—"만약에 앞으로 당신이 좀 더 날 잘 돌보아 준다면, 나도 자기에게 덜 강압적이 되도록 좀 더 노력해 볼게"와 같은 식이라면—아마도 이 전체 과정은 또다시 힘겨루기로 전락해 버리고 말 것이다. 그리고 그렇게 된다면, 아주 오래전부터 쌓아 왔던 적대감이 다시 갑자기 확 타올라서, 이제 치유의 가능성마저 다 사라져 버리고 말 것이다. 그러므로 사랑을 다시 되돌려 받기 위해서가 아니라, 단지 나의 배우자가 정말로 사랑받을 자격이 충분하다는 그런 이유로, 어떡하든지 우리는 우리 **자신의 한계를 극복하고 파트너를 사랑할 수 있는 능력을 좀 더 개발할 방법을 배워 가야** 할 것이다.

우리는 이처럼 새로운 실습의 전체적인 틀을 만들어 놓고, 거기에 좀 더 세부사항들을 채워 나가기 시작했다. 그런데 문제는, 우리가 배우자에게 바라는 행동의 변화가 무엇인지를 어떻게 정확하게 잡아낼 수 있을 것인가다. 남편과 아내는 서로를 비난하고 불평하는 거야 얼마든지 잘할 수가 있지만, **자신이 배우자에게 정말 뭘 원하는지, 그것을 아주 정확하게 구체적으로 말할 수 있는 그런 재주를** 지니고 있기란 참 쉽지 않기 때문이다. 이러한 요청사항이 자신의 의식의 수준까지 떠오르지 않는다면, 그것을 제안하는 게 어떻게 가능할 수 있을까? 이런 부분을 집중적으로 치료하려 든다면 아마 몇 달, 아니 심지어 몇 년이 걸려야만 하지 않을까?

그런데 천만다행으로 좀 더 쉬운 해결책이 있다는 걸 알게 되었는데, 그것은 바로 커플(부부)들이 서로를 어떻게 비난하는지를 들여다보는 것이다. 앞 장에서도 설명했던 것처럼, 커플(부부)들이 서로에 대해서 오랫동안 거의 만성적으로 쏟아 대는 불평들만 분석해 보아도, 그들이 어린 시절에 받고 싶었지만 받지 못했던 그 필요와 욕구가 무엇이었는지를 정확하게 그려낼 수가 있다. 세세한 부분들, 누가 언제 무엇을 했는지까지 다 나타나진 않더라도, 어릴 적 경험했던 생생한 원자료들이 마치 금방이라도 떠오를 듯 표면 가장자리에 놓여 있게 된다. 부부가 함께 몇 달, 몇 년씩 살아가다 보면, 피상적으로 드러난 것들은 다 닳아 없어져 버리고, 돌처럼 아주 단단한 껍질에 쌓여 있는 근본적인 필요만을 드러내게 된다. "당신이란 사람은 절대로 ……한 적이 없잖아." "당신은 항상 ……하잖아." "당신이 언제 한 번 ……해 준 적이라도 있어?" 그런데 이러한 비난의 핵심에는 자신이 어린 시절에 꼭 받고 싶었지만 받지 못했던 바로 그것—그런 애정, 지지, 보호, 독립, 따뜻함, 애착—에 대한 간절한 애원이 숨겨져 있다. 그러므로 이 실습을 위한 요청사항 목록을 제시하기 위해선, 커플(부부)들은 먼저 그러한 만성적인 욕구불만과 좌절 속에 숨어 있는, 자신이 진정 원하는 희망사항(욕구)이 무엇인지를 가려낼 필요가 있다. 그렇게 하면, 커플들은 이런 막연한 희망들을 그 희망(욕구)을 충족시켜 줄 수 있는 구체적인 행동으로까지 바꾸어 갈 수가 있을 것이다. 이처럼 긍정적이고 구체적인 요청사항 목록들이, 두 사람이 앞으로 부부(커플)관계 안에서 지속적으로 작업해 나갈 두 사람의 교과과정이 될 것이다.

교과과정 구성하기

이렇게 '자신의 희망사항을 구체적인 행동으로 내게 해 주도록 요청하는 실습'이 얼마나 효과가 있는지에 대해서, 아주 최근에 있었던 부부워크숍(이마고커플스워크숍)에서 있었던 한 사례를 들어 설명하고자 한다. 사람들 앞에서 시연을 시작하기 위해, 나(하빌)는 참가자들 중에서 혹시 배우자에 대한 불만사항을 한번 말해 볼 자원자가 있는지를 물었다. 그러자 밝은 색상의 사라사(날염) 드레스를 입고 있는, 아주 매력적인 금발의 여성 멜라니가 손을 들었다. 그녀는 처음엔 남편인 스튜어트에 대해서, 그저 피상적으로 보일 만한 그런 불만을 털어놓았다. "스튜어트는 기억력이 정말 형편없어요. 점점 더 나빠지는 것 같아요. 이 사람의 기억력 때문에 저는 늘 잔소리를 해 대죠. 이 사람이 기억력 향상 과정이라도 밟았으면 좋겠어요."

학자풍에 콧수염을 기른 스튜어트는 멜라니의 옆자리에 앉아서, 마치 자기 차례가 오기만을 기다렸다가 그 신호라도 받은 사람처럼, 지겹다는 듯한 말투로 즉시 자신을 방어하기 시작했다. "무슨 말이야? 멜라니, 난 변호사라고. 난 수천 페이지의 법률 조항과 변론 요지들을 암기해야만 한다고. 내가 얼마나 기억력이 뛰어난데, 무슨 그런 말을 해?"

멜라니가 다시 자신의 불만사항을 언급하기 전에, 내(하빌)가 멜라니에게, 남편인 스튜어트가 기억을 잘 못해서 자신을 가장 난처하게 했던 일이 무엇이었는지를 물어보았다. 그리고 또 그의 기억력 때문에, 자신이 가장 화가 난 게 언제였는지 물어보았다.

그녀는 잠시 생각하더니, "제가 이 사람에게 부탁한 일을 잊어버렸을 때인 것 같아요. 지난 주 같은 경우엔 함께 점심을 먹으러 가기로 한 약속을 깜빡 잊어버렸지 뭐예요. 어디 그뿐인 줄 아세요? 절 정말 화나게 만든 건, 며칠 전에 우리가 파티에 같이 참석했을 때, 글쎄, 저를 자기 친구들에게 소개하는 걸 또 잊어버린 거예요. 거기서 저는 완전히 바보가 된 기분으로 멍하니 서 있었어요."

그때 내(하빌)가 재빠르게 그녀에게 문장줄기 첫머리를 주면서, 그걸 사용해서 그 문장을 완성하여 자신의 감정을 표현할 수 있도록 이끌어 주었다. "그가 그렇게 했을 때, 내가 느꼈던 심정은……." 나는 멜라니로 하여금 그녀가 그렇게 바보가 된 것처럼 멍하니 서 있었을 때, 그때 그녀의 내면 깊숙이 놓여 있었던 더 깊은 감정이 과연 무엇이었는지, 예를 들면 그것이 슬픔이었는지, 아니면 분노인지, 혹은 두려움이었는지를 그녀가 집어낼 수 있도록 도와주고 있었다. 그러니까 기본적으로 나는, 그녀가 하는 비난 속에 숨겨져 있는 자신의 욕망(희망사항, 필요)을 직접 확인할 수 있도록 도와주려고 애쓰고 있었는데, 그것은 내가 워크숍을 처음 시작할 때 설명했던 내용과도 같은 과정이다. 이때 중요한 것은, 먼저 그녀가 자주 반복해서 경험하는 주요 감정이 무엇인지를 확인하는 것이고, 그리고 그 감정 뒤에 숨어 있는 두려움이 무엇인지를 알아내고자 하는 것이다.

"음…… 스튜어트가 그런 식으로 행동할 때면, 난 내가 사랑받지 못한다고 느껴요. 이 사람이 나를 소중하게 여기지 않는구나. 그때 난 거절당한 기분이에요." 그때 내가 또 다른 문장줄기를 멜라니에게 귀띔해 주면서, 그녀로 하여금 나머지 빈 부분을 채워 가며 말하도록 함으로써, 자신이 자주 반복해서 느끼는 감정과 어린 시절을 연결할 수 있도록 이끌어 주었다. "내가 그런 심정을 느낄 때, 그것이 나에게 생각나게 하는 게 뭐냐면……." 그러자 멜라니가 곧바로 다음의 말로 나머지 빈칸을 채우며 말했다. "그것이 나에게 생각나게 하는 것은…… 바로 아빠야…… 아빠. 아빠는 날 위해 있어 준 적이 없었어. 아빠는 언제나 다른 일들 때문에 하도 정신이 없어서, 부모가 참석해 줘야 하는 체육 행사에 오는 걸 잊어버리곤 했어." 그때 내가 그녀에게 다음 세 번째 문장줄기를 주었다. "이 일과 관련해서 나를 가장 두렵게 하는 것은……." 그녀가 말했다. "난 아빠가 날 더 이상 사랑하지 않을까 봐…… 겁이 났어. 내가 아빠에게 중요하지 않은 사람일까 봐……."

그때 내(하빌)가 스튜어트에게로 향하여, 멜라니의 좌절 경험에 대해서 스튜어트가 다시 진술하도록 부탁하면서, 지금까지 멜라니가 말했던 것을 마치 거울을 비춰 주듯이 있는 그대로 반영을 하되, 전체 내용을 '요약 반영하기(Summary Mirroring)'를 해 주도록 요청했다. 스튜어트는 나에게 약간의 코칭을 받으면서 마침내 다음과 같이 말했다. "만약 내가 당신이 말한 걸 전체적으로 잘 이해했다면, 당신이 경험한 좌절이 뭐냐면, 내가 기억력이 안 좋다는 거야. 그러니까, 내가 당신이 내게 부탁했던 것을 잘 잊어버린다는 거지. 그리고 또 내가 파티에서 당신을 무시했다는 거고. 그런데 그게 당신으로 하여금 생각나게 하는 게 뭐냐면, 당신이 어렸을 때, 당신 아빠가 항상 딴 일에만 정신을 쏟고 있어서, 당신은 당신이 사랑받지 못한다고 느꼈었고, 그리고 당신 아빠가 당신을 사랑하지 않을까 봐 두려웠던 거야. 내가 잘 이해한 건가?" 그러자, 남편이 자신이 말한 내용들을 모두 잘 기억하면서 반영해 주는 것에 깜짝 놀라 하며, 멜라니가 눈물을 글썽이면서, "응, 맞아."라고 대답했다.

나(하빌)는 스튜어트에게 멜라니가 경험한 것에 대해서 인정(확증)하기를 해 주고, 또 그녀가 어린아이로서 느꼈을 감정을 한번 상상해 봄으로써 공감하기를 시도해 볼 수 있는지 물어보았다. 이것은 그에게 참 어려운 일이고, 자기 자신을 설득하는 과정이 필요한 것이긴 했지만, 아무튼 마침내 그가 말했다. "나는 당신이 어땠을지가 이해가 돼. 그러니까 당신 아빠가 자주 딴 데 정신이 팔려 있고, 그래서 당신의 학교 행사도 잊어버렸던 것처럼, 당신이 나한테 뭘 해 달라고 부탁했는데 내가 그걸 까먹었을 때, 그게 당신으로 하여금 당신 아빠가 그렇게 잊어버리곤 했던 그 경험을 기억나게 한다는 게 이해가 돼. 그러면 당신은 또 상처를 받고, 당신이 사랑받지 못한다고 느끼게 된다는 것도……, 그리고 당신 말이 모두 다 이해가 돼. 정말 당신이 이해가 돼."

그러면서 바로 그때, 갑자기 스튜어트가 자발적으로 너무나 자연스럽게 공감하기를 했다. "그래서 내가 그렇게 뭔가를 깜빡 잊어버리게 되면, 아마도 당신은 엄청 많이 화가 났을 것 같아. 난 그렇게 상상이 되는데, 근데 그게 당신이 느낀 감정이 맞아?"라고 그가 말하자, 멜라니는 흐느껴 울면서 스튜어트가 말한 게 다 맞다고 확인해 주었다. 그러면서, 멜라니는 남편이 자신의 말을 정말 제대로 들어주었다고 느꼈으며, 또 자신이 남편에게 중요한 사람이구나 하고 느끼게 된 것이 이번이 난생 처음이라고 말했다.

그러고 나자, 내가 멜라니에게 그녀의 좌절감 이면에 숨어 있는 그 두려움과 상처를 없애기 위해서, 무엇을 어떻게 해 주길 원하는지를 말해 보게 했다. '언제나' 혹은, '전혀 아니다'와 같이 아주 포괄적인 단어들을 사용해서 자신이 원하는 것이 무엇인지를 설명해 보도록 했다. 그 이유는 무의식적인 마음속에서 우리의 소망은 어떤 경계선을 갖고 있지 않기 때문이다. 우리가 원하는 것은 '언제나, 모든 것'이다. 나는 사람들에게 이러한 포괄적인 소망을 말로 표현한다는 것이 정말로 중요하다는 사실을 알게 되었다. 이 작업은 비록 그들이 그것을 당장 얻지는 못한다 할지라도, 적어도 자신의 좌절 속에 박혀 있는 자신의 어린 시절의 소망에 초점을 맞출 수 있도록 도와준다. 그녀가 여기까지 작업을 하게 되면, 그 후에 그녀로 하여금 좀 더 실행할 만하며, 맘만 먹으면 한 입 거리처럼 작은 행동들로 쪼개어 실현이 가능한 행동들로 나누어 보도록 요청할 생각이었다.

"내가 가장 원하는 것은, 당신에게 있어서 내가 언제나 중요하다는 것과 당신이 항상 나를 생각하고 있다는 것, 그리고 언제나 내가 당신에게 일보다 더 중요하다는 것을, 내가 아는 것이야."라고 멜라니가 말했다. 처음에는 스튜어트의 얼굴이 이런 요청을 받으면서 부드러웠었는데, 나중에 보니 거기에 압도당한 것 같았다.

"멜라니, 이제는 당신이 더 돌봄을 받고 있고, 또 당신이 중요하고, 그리고 사랑받고 있다고 느끼는 데 도움이 될 만한, 그런 특별한 행동들의 목록을 한번 써보세요."라고 내가 이어서 말했다. "그래서 당신의 삶에 있어서 스튜어트가 어떻게 긍정적인 힘이 될 수 있는지에 관한 구체적인 정보를 그에게 줄 수 있겠어요?" 멜라니는 그러겠다고 대답했다.

그런 다음, 나(하빌)는 멜라니와 스튜어트를 포함하여 그 집단의 모든 사람들에게 몇 가지 아주 상세한 지시사항들을 제공했다. 그 내용은 다음과 같다.

여러분의 파트너가 여러분에게 요청하는 행동들은, 여러분이 어렸을 때 허용되어 본 적이 없는 것들이라서, 여러분이 그걸 실행하기가 어려울 수도 있을 겁니다. 그러므로 여러분이 약간의 저항을 느끼는 것도 이해할 만합니다. 어떤 요청들은 응답해 주기가 거의 불가능하다고 느껴질 수도 있을 거예요. 하지만 만약에 당신이 기꺼이 당신의 파트너가 당신으로부터 받고 싶어 하는 그것을 파트너에게 주기를 원한다면, 당신은 당신의 어린 시절부터 차단되어 온 당신의 일부를 활성화하게 되는 것이고, 그리고 당신의 감추어졌던 부분을 개발하게 되는 것입니다. 그러니까, 당신의 배우자가 당신으로부터 가장 필요로 하는 바로 그것이, 당신 자신이 성장할 수 있는 기회이며, 초청장입니다.

나는 '이마고커플스워크숍' 참가자들로 하여금, 각자 자신들의 방으로 돌아가 자신들이 파트너에 대해 가지고 있는 고질적인 불평들을 알아내고, 그리고 그 불평의 핵심에 있는 '아직 충족되지 않은 자신의 욕구들'을 구분해 내어 그것들을 자신의 어린 시절의 경험과 연결시켜 보도록 요청했다. 그리고 '아직까지 채워지지 않았던 그 필요와 욕구들'을 채워 줄 만한, '아주 구체적이고 실천이 가능한 행동의 목록들'을 제시하라고 요청했다. 이때, 두 사람은 서로의 목록들을 보면서, 그것을 행동으로 옮기기에 얼마나 어려울지를 각각 그 난이도에 따라 등급을 매겨야 한다. 여기서 주의해야 할 점은, 이 실습의 목적이 이러한 정보를 두 사람이 서로 나눈다고 해서, 이 행동의 목록대로 상대방의 필요를 다 채워 줘야만 한다는 그런 의무감과 책임을 느낄 필요는 없다는 것이다. 그러므로 이 실습의 진정한 목적은, 커플이 서로에 대해서 좀 더 알아 가게 되고, 또 서로에 대해 공감할 수 있는 능력을 개발하고자 하는 데 있는 것이다. 그러므로 만약 한 파트너가 기꺼이 자신의 팔을 뻗어서 애써 새로운 행동을 실행해 보기로 결심을 한다면, 그 사람은 이제 그러한 실행을 위한 몇 가지 특별한 행동지침을 갖게 되는 것이다. 그런데 요청을 하는 사람이 자신의 입장에서, 그 요청에 따라 실행을 하고자 하는 파트너에게 그 사람의 의무와 책임에 대해서 상기시키려 든다면, 이 실습이 어떤 거래나 흥정 같은 것으로 추락해 버리고 말 것이고, 결국엔 이 실습의 전체적인 경험이 아마도 어떤 억울함이나 분노, 그리고 실패로 끝날 가능성이 높다.

전체 집단이 다시 모였을 때, 멜라니가 자원해서 자신의 목록들을 공개하고 싶어 했다. 그녀는 SMART[Specific(구체적이고), Measurable(측정이 가능하며), Achievable(실행이 가능한), Relevant(어린 시절 욕구와 필요들과 연관)이 있는, Time-limited(시간이 제한되어 있는)-역자 주] 지침을 잘 따라서, 자신의 요청을 구체적이고(Specific), 측정이 가능하고(Measurable), 실행할 수 있으며(Achievable), 자신의 어린 시절과 연관이 있으면서(Relevant), 또 시간에 제한을 두는(Time-limited) 것으로 만들었다. 여기에 그 몇 가지 예가 있다.

"나는 당신이 앞으로 4주 동안, 일주일에 하루 저녁 시간을 나를 위해서 따로 할애해 주기를 바라요. 그리고 나와 함께 그날 밤을 밖에서 데이트하면서 보내 줬으면 해요. 그리고 그날 나와 데이트하는 동안, 당신이 나에게 사랑한다고 세 번 말해 주기를 원해요."

"나는 당신이 다음 주 목요일 점심시간에 당신의 사무실에서 나를 만날 때, 나를 당신의 친구들에게 소개해 주기를 원해요. 그리고 앞으로 세 달 동안, 내가 당신 사무실에 갈 때마다 당신이 나를 또 다른 친구들에게도 소개해 주길 바라요."

"나는 당신이 다음 번 내 생일 때, 특별한 선물을 당신이 직접 사고 직접 포장해서 내게 주었으면 해요. 그리고 그 생일날 하루 동안에 내 눈을 똑바로 바라봐 주는 걸 세 번 해 주었으면 해요. 그리고 그렇게 한 번 할 때마다 일 분씩 바라봐 주면서, 내게 이렇게 말해 주었으면 해요. '당신은 내 인생에서 가장 중요한 사람이에요.'"

"나는 당신이 앞으로 3주 동안, 아무 용건 없이 하루에 한 번씩 내게 전화를 걸어 아무 이야기나 수다를 떨어 줬으면 좋겠어요."

"나는 당신이 앞으로 두 달 동안, 우리가 함께 나가서 저녁식사를 할 때, 내 의자를 당겨 주는 것을 잊지 말아 주었으면 좋겠어요. 그리고 내게 고개를 숙여서 입맞춤을 해 주면 좋겠어요."

"나는 당신이 앞으로 두 달 동안, 당신이 사무실에 있는 동안 시간을 잘 사용해서, 토요일과 일요일에는 일할 필요가 없기를 바라요."

"나는 당신이 앞으로 4주 동안, 저녁식사하러 집에 올 때, 만약 15분 이상 늦어질 것 같으면 꼭 내게 미리 전화로 알려 주길 바라요."

"나는 당신이 앞으로 석 달 동안, 당신이 당신 혼자 쓰는 침실로 가지 않고, 우리가 함께 한 침대에서 잠들 수 있으면 좋겠어요."

그리고 내 설명에 따라, 스튜어트는 멜라니의 요청사항들을 쭉 훑어보고는 자신이 실행하기 어려운 난이도에 따라 각각 등급을 매기고, 그중에서도 자신이 비교적 쉽게 실천할 수 있을 것 같은 요청 목록 하나를 골라냈다. 사실 그는 전체 집단 앞에서, 바로 그날 있을 저녁식사 시간부터 자신이 멜라니의 의자를 끌어당겨 주는 일을 기억하고 실천해 보는 것으로, 이 실습을 한번 실행해 보겠다고 이미 발표를 했었다. 자신의 기억력이 형편없는 것에 관하여 멜라니가 불평을 했을 때 보였던 그의 적대적인 반응에 비한다면, 지금 멜라니가 요청한 이렇게 구체적이고 특별한 요청사항들에 대해서, 자신이 기꺼이 그렇게 한번 해 보겠다고 말하며 선뜻 나서는 그의 태도에는 아주 뚜렷한 차이가 있었다. 그런데 무엇이 스튜어트로 하여금 멜라니의 이런 요청까지도 응할 수 있게끔 만들어 주었을까를 한번 생각해 보면, 그 이유는 자신(스튜어트)이 만약 이런 행동을 멜라니에게 실행해 준다면, 그것이 멜라니로 하여금, 그녀가 어린 시절에 충족되지 않았었던 그 필요(욕구)들 중 하나를 해결해 줄 수 있다는 점을, 스튜어트가 충분히 이해했기 때문이다. 그리고 또 그게 가능했던 또 다른 이유는, 스튜어트 자신에게 직접 자신의 난이도에 따라 스스로 등급을 매길 수 있게끔 충분한 자유가 허용되었으며, 그리고 또 그 요청 목록들 중에서도, 자신이 하고 싶으면 하고 하기 싫으면 안 할 수도 있는 선택을 자신이 마음대로 할 수 있었기 때문이다.

그러나 멜라니의 '행동수정요청 목록'에는, 스튜어트가 실천하기가 매우 어려운 목록들도 몇 가지 포함이 되어 있었는데, 그것들은 바로 스튜어트 자신의 성장을 위한 잠재적 가능성도 함께 지니고 있는 것들이라 할 수 있다. 예를 들면, 스튜어트에게 있어서 자신만의 침실을 포기하기란 너무나 어려운 일이었다. "난 정말로 나 혼자만의 시간을 소중히 여겨요. 내게 있어 내 방을 포기한다는 건 정말 너무나 어려운 일이에요. 그래서 지금으로선 그렇게 한다는 게 전혀 마음이 내키질 않아요."라고 그가 말했다. 그런데 그게 바로 멜라니가 가장 원하는(필요로 하는) 사항이었다는 사실이, 내게는 그리 놀라운 일은 아니었다. 실제로 한쪽 파트너(배우자)가 가장 원하는 희망사항이, 바로 파트너(배우자)가 가장 꺼리는 사항과 일치하는 경우는 너무 흔하기 때문이다.

"나는 우리가 부부로서 같이 한 침대에서 잠들지 않는다면, 우리가 정말로 결혼했다고 할 수 없을 것 같아요. 난 당신이 그렇게 당신 방으로 가 버리고 난 후에, 한 주 동안을 나 혼자 울면서 잠이 들었어요. 난 당신과 따로따로 자는 게 너무 너무 싫단 말이에요!"라고 그녀가 말했다. 나는 멜라니가, 남편에게 자신이 얼마나 간절히 남편과 한 침대에서 잠들고 싶어 하는지를 알리는 것이 남편에게도 중요한 정보이긴 하지만, 그렇다고 해서 남편으로 하여금 반드시 그렇게 하도록 강요할 수는 없는 것이라는 사실을 알려 주었다. 두 사람의 관계에서 그녀가 행할 수 있는 정당한 권리는 배우자인 스튜어트에게 자신의 필요를 알려 주는 것이며, 그리고 동시에 그의 필요를 충족시켜 주기 위해 그녀 또한 그녀 자신의 행동을 변화시켜 가는 것이다.

행동 속에 들어 있는 아주 복잡한 변화들

이렇게 멜라니가 자신의 행동수정요청 목록 발표를 마치자, 이번엔 스튜어트가 자신의 요청 목록을 발표하겠다고 자원했다. 스튜어트 역시 만성적인 불만사항들을 확인했고, 그것들 중에서 자신의 희망사항들을 따로 가려낸 다음, 그리고 그것을 다시 '어린 시절에 자신이 필요로 했지만 채워지지 못했던 필요(욕구)들'과 연결시켰고, 또 그 필요들을 충족시켜 줄 만한, 파트너에게 요청할 구체적인 행동수정요청 목록을 작성했다. 스튜어트가 아내인 멜라니에게 갖는 주된 불만은, 그녀가 너무 비판적이라는 것이다. 스튜어트는 멜라니가 항상 자신을 비난하고 있다고 생각하고 있었다. 그리고 그렇다고 느낄 때마다 자신이 너무나 고통스러웠으며, 그건 아마도 자신이 아주 비판적이었던 부모 밑에서 자라났기 때문인 것 같다고 고백했다. "내가 이 워크숍에서 얻은 모든 정보들을 종합해서 가정해 본다면, 아마도 바로 그런 점이, 내가 당신에게 끌렸었던 가장 중요한 이유 중 하나인 것 같아."라고, 스튜어트가 미소를 띠며 곁눈질로 나를 힐끔 바라보면서 말했다. 그래서 스튜어트가 작성한 구체적인 요청사항 중 하나는, 앞으로 두 달 동안 하루에 한 번씩 멜라니가 그를 칭찬해 주었으면 하는 것이었다. 그러자 멜라니는 스튜어트가 요청한 그대로 실행하기가 한동안은 힘들 것 같다고 말했다. "저는 제가 그렇게 스튜어트를 혹평했다고 생각하지 않아요." 그녀가 아주 진지하게 말했다. "문제는 스튜어트가 너무나 무책임한 행동을 많이 한다는 데 있는 거예요. 그러니까 기본적인 문제는 저의 태도가 아니고, 이 사람의 행동이에요." 멜라니가 그렇게 스튜어트를 칭찬하기가 어렵다고 말하는 주된 이유는, 남편의 **불평**이 정당하다고 받아들이지 않았기 때문이다. 그녀는 자신이 남편에게 끊임없이 불평이나 해 대는 그런 사람이 아니라, 자신이 남편의 성격을 있는 그대로 제대로 판단하고 있는 것으로 확신했다. 스튜어트는 자신의 박탈된 부정적인 특성을 껴안고 옛집으로 다시 되돌아온 것이었다.

그러나 '행동수정요청(BCR) 대화'의 장점 중 하나는, 스튜어트가 멜라니를 어떻게 평가했든 간에 거기에 대해 멜라니가 굳이 **동의**를 해야만 할 필요는 **없다**는 것이다. 그녀는 단지 하루에 한 번씩 자신을 칭찬해 달라는 그 간단한 요청사항을 들어주기만 하면 그뿐인 것이다. 그래서 멜라니는 결국 스튜어트의 요청을 들어주게 되었고, 그렇게 하면서 남편의 긍정적인 면들에 대해서 조금씩 눈을 뜨게 되었으며, 마침내 그동안 자신이 얼마나 남편의 부정적인 면들에 대해서만 몰두하고 비판을 했었는지를 깨닫게 되었다. 결과적으로, 두 사람 모두 이 실습을 통해서 큰 도움을 받았다. 스튜어트는 응당 자신이 받을 만한 자격 있는 칭찬을 아내로부터 받을 수 있게 되었고, 또 멜라니는 자신이 그동안 받아들이지 못하고 부인해 왔던 부정적인 특성들을 받아들이고 변화할 수가 있었다. 그러니까, 남편을 치유하는 과정을 통해서, 그녀 자신 또한 좀 더 온전하고 사랑스러운 사람으로 변화되어 가고 있었던 것이다.

부부들이 몇 달 동안 이 실습을 충실하게 따라 하다 보면, 이 실습 속에 숨어 있는 또 다른 혜택들을 발견하게 된다. 즉, '파트너(배우자)에게 사랑을 보내게 되면, 그 사랑에 자신의 상처 또한 어루만져지고 치유된다'는 것이다. 자신이 갖고 있었는지조차 잘 몰랐던 상처들까지 말이다. 스튜어트와 멜라니는 나와 개별적으로 부부상담을 일 년 이상 이어갔다. 이마고 부부워크숍에 참석한 후, 약 6개월 정도가 되었을 때에야 비로소, 스튜어트는 멜라니와 함께 침실을 쓰는 데 대한 거부감(저항)을 극복할 수가 있었다. 스튜어트로서는 사실 멜라니와 한 침대에서 잠을 잔다는 게 썩 마음이 내키진 않았지만, 그래도 그렇게 하는 게 멜라니에게 얼마나 중요한지를 이해했기 때문에, 그래서 한 달 동안만 시험 기간을 한번 가져보기로 동의했다.

첫 주 동안 스튜어트는 같이 잠을 자는 데 어려움을 겪었고, 자신이 그렇게 시도하기로 동의한 것을 후회했다. 자기가 혼자 쓰는 독방에서는, 언제든지 창문을 열어서 신선한 공기를 맘껏 들어오게 할 수도 있었고, 잠이 안 올 때는 불을 켜고 책을 읽는 것도 자기 마음대로 할 수가 있었다. 그런데 지금은 마치 덫에 걸려 버린 느낌이었다.

2주째가 되자 그럭저럭 잠은 들 수 있게 되었지만, 아직도 뭔가 찝찝하고 어쩔 수 없이 뭔가를 양보하고 있는 것만 같이 느껴졌다. 그런데 3주째가 되자, 함께 한 침대를 쓰는 것도 꽤 괜찮은 것 같다는 생각이 들었다. 무엇보다도 멜라니가 아주 행복해했다. 그리고 또 두 번째로는, 전보다 훨씬 더 자주 섹스를 즐기게 되었다. 언제라고 굳이 정해 놓지 않고도 성관계를 갖기가 더 쉬워진 것이다. 그렇게 실험해 보기로 한 마지막 주가 되자, 그는 지금 새로 바뀐 방식대로, 아내와 함께 한 방에서 살아가기로 마음을 먹었다. "지금은 제가 아내가 제 옆에서 함께 자는 것에 더 익숙해진 것 같아요. 저는 그동안 제가 혼자 있는 걸 좋아한다고 생각해 왔는데, 꼭 그렇지만은 않은 것 같아요."라고 스튜어트가 고백했다.

멜라니와 스튜어트의 관계는 점점 더 좋아졌고, 그 후 몇 달 동안 상담을 계속해 오면서, 멜라니는 이제 두 사람 사이에 모든 게 다 좋아져서, 더 이상 스튜어트가 꼭 자기 옆에서 자지 않아도 괜찮다고 말했다. "난 당신이 당신 혼자 방에 있는 걸 얼마나 좋아하는지 잘 알아요. 난 당신과 함께 자는 게 훨씬 더 좋긴 하지만, 이젠 더 이상 그렇게 하지 않아도 괜찮아요."라고 멜라니가 말했다. 멜라니는 행동수정요청(BCR) 대화를 통해서, 스튜어트가 자신을 소중하게 여기고 아낀다는 충분한 확신을 느낄 수 있었기 때문에, 이제 더 이상 그런 특별한 요청을 굳이 요구하지 않아도 될 정도가 된 것이다. 그런데 정말 놀라운 사실은, 스튜어트의 입장이 멜라니가 요청한 일과는 상관없이 아주 달라지게 되었다는 것이다. "난 이제 내 방에 혼자 있게 되면 외로울 것 같아. 나 혼자서 뭘 해야 할지도 잘 모르겠고."라고 스튜어트가 말했다. 그 말을 들으며, 멜라니가 깜짝 놀랐다.

대체 무슨 일이 일어난 것일까? 좀 더 친밀감을 느끼고 싶어 했던 멜라니의 필요에 마지못해 응해 주던 과정에서, 스튜어트가 자기 자신의 감추어진 욕구를 발견하게 된 것이다. 나는 스튜어트와의 대화를 통해서, 그의 어머니와 아버지가 다정하게 말로 이야기를 주고받거나, 신체적으로 애정을 표현하는 것을 아주 어색해했다는 사실을 알게 되었다. 스튜어트는 그렇지만 그런 것들 때문에 사실 자신이 힘들어한 적은 없었노라고 주장했다. "하지만 저는 그분들이 저를 사랑했다는 사실을 잘 알고 있었어요. 그분들은 그걸 좀 다른 방식으로 표현했던 것뿐이에요."라고 그가 말했다. 이것을 다른 말로 표현한다면, 자신에게 애정을 쏟아 주지 않는 부모에게 적응하기 위해서 그는, 자기 자신에게는 그런 애정 따위는 아무 필요가 없다는 결론을 내리게 된 것이다. 스튜어트는 계속 말을 이어 갔다. "제가 어렸을 때, 친구들 집에 놀러 갔던 게 기억이 나요. 그런데 친구 부모님들이 제 부모님보다 더 상냥하게 제게 애정표현을 했어요. 어떤 친구 엄마는 절 꼭 끌어안고 입을 맞추었어요. 그래서 전 그 아줌마가 제 근처에 있으면 너무나 불편했어요. 전 저의 부모님의 양육방식에 훨씬 익숙해져 있었던 거지요."

처음에 스튜어트는 애정표현이 풍부하고 상냥한 멜라니의 성격에 끌려서 결혼을 했지만, 결국엔 결혼한 지 얼마 되지 않아서부터 친밀감에 대한 그녀의 필요가 자신에게 너무 버거운 것 같아서 자꾸만 움츠러들게 되었고, 그건 마치 스튜어트가 어렸을 때, 자신에게 신체적으로 애정표현을 다정하게 했던 어른들을 불편해하고, 그것으로부터 멀리 벗어나 보려 했던 것과 비슷했다. 하지만 자신의 문제의 본질에 대해서 통찰을 얻게 된 지금, 두 사람의 커플관계를 더욱 의식이 살아 있는(깨어 있는) 관계로 만들고 싶은 욕구와 함께, 그는 자신의 거부감(저항)을 극복하고, 멜라니가 필요로 하는 것에 응할 수가 있었다. 그리고 그 과정에서 애정에 대해서 그동안 억압되었던 자기 자신의 욕구를 알아차릴 수 있었고, 자신의 숨겨져 왔던 욕구를 만족시킬 수 있었다.

나는 수많은 부부(커플)들과 함께 상담을 해 오면서, 이러한 사례처럼 부부 두 사람 모두가 함께 치유되는 현상을 많이 목격했다. 즉, 대부분의 부부(커플)들은 서로가 동일한 필요(욕구)를 지니고 있지만, 둘 중 한 사람은 그 욕구(필요)를 분명하게 표현하는 반면에, 또 다른 파트너는 자신의 욕구를 부인하고 있다는 사실을, 나는 아주 자신 있게 말할 수 있다. 그런데 자신의 욕구를 부인하는 그 파트너가 자신의 거부감(저항)을 극복하고, 상대방이 드러낸 욕구(필요)를 채워 주게 될 때, 우리의 무의식의 마음의 일부에서는 그와 같은 상대방에 대한 애정 어린 행위를, 그것이 우리 자신을 향하는 것으로 이해한다는 사실이다. 즉, 타인에 대한 사랑을 통해서, 결국 나 자신에 대한 사랑이 성취되는 셈이다.

왜 이처럼 독특한 방식으로 작동이 되는지를 이해하기 위해서, 이 책의 첫 부분에서 논의했던 뇌에 관한 내용을 다시 생각해 보면 좋겠다. 우리의 오래된 뇌는 외부세계가 존재하는지를 잘 알지 못한다. 그것은 단지 대뇌 피질이 만들어 내는 상징에 대해서만 반응할 뿐이다. 오래된 뇌는 이처럼 외부세계와의 직접적인 연결고리가 없기 때문에, 모든 행동이 전부 내부로만 향해 있는 것으로 받아들인다. 그러므로 우리가 배우자를 더욱 관대하게 대하고 더 사랑하면 사랑할수록, 우리의 오래된 뇌는 이러한 행동들이 바로 우리 자신을 향한(위한) 것으로 이해하게 된다는 것이다.

거부감(저항) 넘어서기와 그에 따른 보상

멜라니와 스튜어트 부부가 '행동수정요청 대화'를 통해 얻게 된 세 가지의 중요한 혜택을 요약하면 다음과 같다.

1. 파트너에게 '행동수정요청'을 요청한 배우자는, 아직까지 채워지지 않았었던 자신의 어린 시절의 필요(욕구)를 어느 정도 해결할 수가 있었다.
2. 상대방 배우자의 요청에 따라 행동을 변화시킨 배우자는, 자신의 잃어버렸던 자아의 모습을 다시 되찾을 수 있었다.
3. 자신의 행동을 수정하고 변화시킨 배우자는, 상대방과 동일한, 자신의 억압되어 있던 욕구(필요)를 충족시킬 수가 있었다.

이 모든 성장의 결과로, 두 사람 사이에 긍정적인 감정이 극적으로 상당히 많이 증가되었다. 스튜어트와 멜라니 부부 모두가, 서로의 근본적인 필요(욕구)들을 채워 줄 수가 있었기 때문에, 자기 자신에 대해서도 더욱 기분이 좋아졌다. 또한 두 사람은 서로 상대방에 대해서도 아주 많이 호감을 느끼게 되었는데, 그 이유는 배우자가 나의 필요(욕구)들을 만족시킬 수 있게끔 도와줬기 때문이다. 이러한 경험이 그들로 하여금 자신들의 거부감(저항)을 벗어 던지게 하고, 더 기꺼이 긍정적이면서 서로를 따뜻하게 돌보고 배려하는 행동을 향해 팔을 뻗어 나아갈 수 있도록 이끌어 준다. 이와 같이 우리가 자신의 필요(욕구)가 무엇인지를 확실히 밝혀 알아차리게 되고, 또 그 욕구들이 우리의 과거와 어떻게 연결되어 있는지를 명확히 이해하고, 그리고 그 욕구(필요)들을 긍정적인 요청의 형태로 바꾸어 명확하게 세분화하는 단순한 과정들을 통해서, 우리의 커플(결혼)관계를 각자의 성장을 위해 나 자신을 지지하는 도구로 전환시킬 수 있는 것이다.

저항

이런 유익한 변화에는 언제나 어느 정도의 저항이 따르기 마련이다. 프로이트의 통찰 중 하나는, 모든 소망 밑에는 그 소망이 이루어지는 것에 대한 두려움이 깔려 있다는 것이다. 그래서 정작 당신의 파트너(배우자)가 당신이 그토록 바라 오던 대로 당신을 대접해 주기 시작하면, 당신은 즐거움과 함께 두려움이 뒤엉킨, 아주 묘한 감정을 경험하게 된다. 배우자가 나를 잘 대해 주는 게 결코 싫은 건 아니지만, 나의 내면의 일부에서는 내 자신이 그런 대우를 받을 만한 자격이 없다고 생각하는 것이다. 사실 그렇게 긍정적인 행동을 받아들일 때, 당신 자신의 내면의 어떤 부분은 당신이 아주 강력한 금기사항을 위반하고 있다고 믿는다. 나는 이전에 '즐거움에 대한 금기'에 대해 설명하면서, 이렇게 흔히 나타나는 반응들에 대해서 언급한 적이 있는데, '행동수정요청 대화'를 실행하게 되면, 당신의 저항이 훨씬 더 심해질 것이다.

한 가지 예를 들어 설명한다면, '저항의 속성'에 대해서 좀 더 명확하게 이해하는 데 도움이 될 것이다. 만약에 당신이 조금이라도 잘못을 저지른다면, 그때그때 그 잘못을 바로 지적해야만 성이 풀리는 그런 부모 밑에서 당신이 자라났다고 가정을 해 보자. 양육방식이야 잘못되었지만, 아무튼 부모님은 우리를 좀 더 잘되게 하려는 마음에서, 우리가 잘못한 것들을 하나하나 들춰 가며 그런 잘못들을 우리가 다시는 하지 않게끔 우리를 가르치셨다. 부모님은 아마도 그분들이 우리에게 우리가 무엇을 잘못했는지를 일일이 가르쳐 주면, 우리가 그것을 바로잡으려는 동기를 심어 줄 수 있을 것이라고 생각했을 것이다. 하지만 그분들이 그런 양육방식을 통해서 우리에게 한 것이라곤, 사실 우리의 자신감을 떨어뜨린 일뿐이었다. 그래서 우리가 어떻게든지 부모님의 그런 부정적인 영향력으로부터 벗어나서 뭔가 소신을 갖고 좀 시도해 보려 들면, 당신이 그때 듣게 된 말은 "너무 나대지 좀 마라."였다. 그렇게 우리는 부모님의 그런 식의 반응에 또다시 상처를 받곤 했지만, 그때 우린 너무 어렸고, 부모님의 말에 순응하는 것 외엔 달리 방법이 없었다. 그렇게 하지 않았더라면 우리의 생존이 위태로웠을 테니 말이다. 시간이 지남에 따라, 우리는 우리 부모님의 그 부정적인 관점을 마치 나 자신의 것인 양 동일시를 하게 된다. '난 시건방지구나.' 이렇게 잘못된 자기인식에 덧붙여, 당신 자신을 향한 부정적인 감정들은 결국 자기혐오로 아주 깊이 당신 내면에 자리 잡게 된다. 그래서 나중에 성인이 된 후에 당신이 배우자감을 찾고자 할 때, 당신은 거의 무의식적으로, 당신의 부모님의 가장 비판적인 속성들을 지속적으로 강화시킬 만한, 그런 사람을 배우자로 선택하게 되는 것이다. 그리고 이제 다시 한번, 당신은 공격을 당하게 된다. 그런데 이번엔 당신 자신이 스스로를 혐오하는 내부로부터의 공격과 함께, 동시에 외부에서, 그러니까 당신의 배우자로부터 또 공격을 받게 되는 것이다.

어떤 이유에서든 간에, 이제부터 당신의 배우자가 당신에게 좀 더 친절하게 대하기 시작했다고 한번 가정을 해 보자. 아마도 처음에는 이런 갑작스러운 변화가 너무 좋고, 당신은 이렇게 한없이 즐기며 살 수 있을 거라고 생각할지도 모른다. 하지만 시간이 점점 지나면 지날수록, 당신의 내면의 목소리가 이렇게 말한다. "넌 결코 존중받을 수 없어. 그건 네게 허락된 게 아니야. 만약 이런 식으로 계속 나아간다면, 넌 결코 살아남지 못할 거야. 너의 존재는 다른 사람들의 손에 달려 있어. 그 사람들은 네가 온전하게 살아가도록 절대 내버려 두지 않을 거야!" 이러한 내면의 목소리를 잠재우기 위해, 당신은 당신의 배우자의 행동을 깎아내릴 만한 아주 그럴듯한 방법들을 찾아내게 된다. 당신은 아마도 일부러 싸움을 걸거나, 배우자의 행동의 동기에 의심을 품게 될지도 모른다. 너무나 어처구니가 없게도, 당신은 당신이 지금까지 그렇게도 필사적으로 바라던, 바로 그런 따뜻한 사랑과 확증으로부터 자신을 멀어지게 하는 방법을 찾게 되는 것이다. 도대체 왜 이러는 것일까? 당신의 무의식적인 수준에서, 당신은 배우자로부터 사랑을 받아들이는 일을 너무나 위험한 것으로 느끼고 있기 때문이다. 왜냐하면 그것은 당신이 그런 사랑을 받을 만한 자격이 없다고 한, 당신의 부모의 관점과는 아주 모순이 되기 때문이다. 당신이 부모의 선언과 정반대의 행동을 한다는 것은, 당신이 버림을 받게 되거나 죽어 버릴 수도 있다는 굉장한 두려움을 불러일으키는 것이다. 그러니까 당신의 오래된 뇌의 입장에서 본다면, 부모의 분노를 촉발시키기보다는, 차라리 배우자의 사랑으로부터 아주 멀리 도망쳐 버리는 편이 더 안전하다고 느낄지도 모른다.

'사랑받기를 거부하는 방어'는, 대부분의 사람들이 생각하는 것보다 훨씬 더 흔하다. 그러한 두려움은 칭찬을 받아들이지 못하는 것에서부터, 아주 친밀한 파트너십을 만들지 못하는 것에 이르기까지 그 범위가 아주 다양하다. 이러한 두려움을 극복하는 방법은 단 하나, 이 과정을 계속해서 반복하는 것뿐이다. 나는 내담자들에게 그들이 자신의 불안을 어느 정도 다스릴 수 있을 때까지, '행동수정 요청 대화'를 계속 실행할 것을 권장한다. 충분한 시간을 들여서 이 대화 실습을 하다 보면, 자신들의 성장을 방해해 오던 여러 금기사항들은 모두 지나간 과거의 유령일 뿐이고, 그것이 지금 현재의 나의 삶에 아무런 영향도 끼칠 수가 없다는 사실을 깨닫게 될 것이다.

나는 새로운 행동을 향해 자기 자신을 확장해 나아가는 것을 아주 탁월하게 잘하는 한 남성과 상담을 한 적이 있었다. 자신과 자녀들에게 더 많은 시간을 할

애해 달라는 아내의 요청에 대한 응답으로, 그는 일에서의 우선순위를 하나하나 다시 정리하고 있었다. 그리고 주말마다 일거리를 집으로 가져오던 것도 중단했고, 주중에는 거의 저녁 6시까지는 어떻게든 집에 오려고 애를 썼다. 하지만 아내가 자녀를 위해 좀 더 적극적인 부모가 되어 달라고 요청을 했을 때, 그는 저항하고 싶은 충동 속으로 거의 곤두박질을 쳤다. 그러던 어느 날, 내 사무실로 들이닥쳐서는 아주 폭발을 하고 말았다. "헨드릭스 박사님, 만약 제가 지금 단 하나라도 여기서 뭘 더 바꿔야만 한다면, 전 지금 당장 죽어 버릴 것 같아요. 전 더 이상 제가 아닌 것 같아요. 나라는 사람의 인격이 전부 다 없어져 버리는 것만 같아요."

배우자가 바라는 대로 내가 바뀐다는 것은, 이제까지 친숙하게 지내던 '나의 모습'을 떠나보내야 함을 의미한다. 지금까지 앞만 보고 성공을 향해 달려 온 이 출세한 기업의 중역은, 이제 더욱더 너그럽고 자녀를 잘 돌보아 주는 **부모가 되어**만 하는 과정에 있었다. 무의식적인 차원에서 본다면, 이러한 변화는 그에게는 죽음과도 같았다. 나는 만약에 그가 그의 행동을 계속 변화시켜 간다면, 가끔씩 불안감이야 느끼긴 하겠지만, 그렇다고 결코 죽지는 않을 것이라며 그를 안심시켰다. 그(사람 자체)는 없어지지 않을 것이라고 알려 줬다. 왜냐하면 그의 행동이나 그의 가치관, 혹은 그의 신념이 곧 그 사람 자신은 아니기 때문에, 그 사람 자신이 사라지는 것 같은 일은 없을 것이라고 말했다. 그리고 나는 그가 확신을 가질 수 있게끔 이렇게 말했다. "사실, 당신은 그런 모든 것들을 다 합해 놓은 것보다 훨씬 더 큰 존재입니다. 그리고 만약에 당신이 지금까지 당신의 행동과 신념 중에서, 당신을 제한적이게 만들었던 그런 부분들을 변화시켜 간다면, 당신은 아마 좀 더 원래의 당신 자신이 되어 갈 것입니다. 즉, 전체로 통합된, 사랑스러우며 영적인 존재, 어린아이 때의 모습처럼, 다시 그 시절로 돌아가게 될 것입니다. 또한 당신은 이번 기회를 통해서, 당신이 그동안 직장에서 남보다 더 성공하기 위해서, 저쪽으로 밀어붙여 놓았었던, 당신의 인격 중에서도, 좀 더 다정다감하고 남을 잘 배려하고 돌보는, 그런 측면을 개발할 수 있을 것입니다. 그렇게 되면 당신의 가족들은 그 혜택을 보게 될 것이고, 그리고 동시에 당신 또한 좀 더 온전한 인간이 되어 갈 것입니다."

나는 그에게 그 죽을 것 같은 두려움을 극복하기 위해서는, 두려움을 자극할 수 있는 활동들을 계속해야만 한다고 말해 주었다. "처음엔 정말 죽을 것처럼 생각될 거예요. 당신의 내면 깊숙한 곳에서 들리는 목소리는 아마도, '이제 그만해! 정말 해도 해도 너무하잖아! 이렇게 계속하면 난 죽어 버리고 말 거라고! 난 정말 죽는 다니까!'라고 말할 거예요. 하지만 그래도 당신이 만약 멈추지 않고 계속해서 변화하려는 시도를 한다면, 당신의 오래된 뇌는 계속해서 반복적으로 재생에 재생을 거듭하다가, 결국엔 그 처음의 목소리가 잠잠해지게 될 것입니다. '나 죽어 버릴 것 같아. 나 죽을 것 같다고……. 내가 지금 정말 죽어 가고 있는 건가? 그런데, 내가 지금 죽어 가고 있는 건 아니네!'라고 말하게 될 것입니다. 그러니까, 궁극적으로 죽을 것 같은 두려움은 자기 성장을 위한 활동에 더 이상 방해 요소가 될 수 없을 겁니다!"

자기초월적인 사랑, 아가페

'행동변화요청(BCR) 대화'가 당신의 관계 안에서 통합되면, 사랑하는 사람과의 관계치료 효과는 단지 무의식적인 기대를 뛰어넘어서, 이제 일상적인 생활이 될 것이다. 사랑하는 관계는 감추어진 욕구를 서로가 기꺼이 채워 줌으로써 치유되고 온전해지며, 파트너와 깊은 연결감을 경험할 수 있게 해 준다. 하지만 당신이 원하는 것이 정작 무엇인지 분명하게 밝히지도 않고, 또 상대방에게 요청하지도 않고, 또 서로 간에 상호작용도 하지 않는데, 그저 당신이 그렇게 바라고 있다고 해서 그런 관계가 그냥 저절로 생겨나진 않는다. 당신은 좀 더 계획적으로, 그러니까 분명한 의도를 가지고, 보다 의식적인 차원의 상호작용을 통해서 당신의 오래된 뇌의 반발을 조절해야만 한다. 이제는 그만, 당신이 아닌 저 외부세계가 당신을 알아서 돌보아 줄 것이라는 그런 헛된 기대를 내려놓아야만 한다. 그리고 당신의 치유를 위해서, 당신 자신이 그 책임을 짊어져야 한다. 그렇게 하기 위해서는, 이 말이 좀 역설적으로 들리겠지만, 당신의 에너지를 당신의 배우자

(파트너)를 치유하는 데 집중해야만 한다. 아주 깊은 수준의 심리적이며 영적인 치유가 일어나는 시점은 바로, 당신의 에너지를 자신에게서 당신의 배우자를 향해 전환하게 될 때다.

배우자에게 감정적인 맞대응을 하지 않고, 그것을 요청(Request)으로 바꾸어 가게 될 때, 그리고 그것이 서로를 향한 비난과 갈등을 해결하는 일상적인 방법이 되었을 때, 우리는 이제 우리의 배우자(파트너)와의 '의식이 살아 있는(깨어 있는) 파트너십'으로 향하는 여정의 새로운 단계에 도달하게 된다. 다시 말해서, 여러분은 이제 두 사람 사이의 힘겨루기 단계를 뛰어넘어, 깨달음의 단계를 지나 변혁의 단계로 함께 나아가게 되는 것이다. 이제 당신의 커플관계는, 서로를 아끼고 서로를 진심으로 사랑함에 그 기반을 두는 새로운 관계가 형성되는 것인데, 이러한 사랑은 그리스어로 '아가페(Agape)'라 부르는 사랑으로 가장 잘 설명될 수 있을 것이다. 생명의 힘인 에로스가 당신 자신을 향하던 것으로부터 당신의 배우자에게로 그 방향을 전환하여(다시 정하여), 당신 자신을 초월하여 그 사람을 진정으로 사랑하게 될 때, 그 사랑은 아가페가 된다. 그렇게 되면, 하나의 사랑은 또 다른 사랑으로 꼬리를 물고 이어지기 때문에, 과거의 고통은 서서히 지워지게 될 것이고, 그리고 당신 두 사람은 본래에 있었던 그 온전함의 실체를 함께 경험해 가게 될 것이다.

제11장
두 사람(커플, 부부)만의
신성한 공간 만들기

말하기 전에, 자신에게 물어보라.

이 말이 꼭 필요한 것일까?

내가 지금 하려는 말이 사실인가?

차라리 말하지 말고 침묵하는 게 더 낫진 않을까?

―쉬르디 사이 바바(Shirdi Sai Baba, 인도의 고행자)

이 책을 통해서 우리는, 지속적인 사랑을 만들어 내는 데 있어서 '안전감'이 참으로 중요한 역할을 한다고 강조해 왔다. 함께 지내는 데 있어서 무엇보다도 두 사람이 서로에게 충분히 안전감을 느끼지 않는다면, 두 사람 사이가 '열정적인 친구' 사이로까지 발전하기는 거의 어려울 것이다. 그리고 커플(부부) 사이에서 신체적인 안전감을 느끼는 게 당연히 중요하지만, 정서적인 안전감도 느낄 수 있어야 한다. 안전감이 없이는, 커플(부부)들이 서로의 마음속에 있는 말을 꺼내기가 어려울 것이고, 자신의 감정을 충분히 표현하기도 힘들 것이며, 진정으로 자기 자신이 될 수가 없을 것이다. 만약 커플(부부) 사이에 안전감이 없다면, 설령 두 사람이 아무리 간절히 원한다 하더라도 자신들의 무기를 내려놓고 무장해제하기란 사실상 쉽지 않을 것이고, 그리고 파트너와 진정으로 연결되기가 매우 어려울 것이다. 사실 우리는 그렇게 만들어진 것이다. 위험은(안전하다고 느끼지 못할 때), 우리를 방어하게 만든다.

이 책의 전반부에서 우리는 초기 작업을 통해서, 커플(부부) 사이의 공간(Space Between)에 안전감을 조성할 수 있도록 돕기 위한 다섯 가지 과정을 구성했었다. 여러분의 기억을 돕기 위해서, 여기에서 그 다섯 과정을 다시 언급해 본다면, ① 두 사람 간의 친밀감을 방해하는 탈출구(Exits) 닫기, ② 서로를 더 잘 이해하고 연민을 느낄 수 있게 하기 위해 이마고대화법(Imago Dialogue)을 사용하여 대화하기, ③ 과거에 서로가 사랑에 빠졌을 때 그랬던 것처럼, 서로를 다정다감하게 돌보는 행동들(Caring Behaviors)과 파트너를 즐겁게 해 줄 수 있는 깜짝 놀라게 하는 행동을 해 주기, ④ 부모-자녀 대화법(Parent-Child Dialogue)을 사용하여 자신의 어린 시절에 대해 서로 이야기를 나눔으로써 상대방에 대해 새로운 이미지 갖기, ⑤ '행동수정요청(Behavior Change Request: BCR) 대화법'을 사용함으로써 상대방에 대한 비난(잔소리)을 요청(Request)으로 전환시켜 좌절감(Frustration)을 재구성하기가 그것이다. 이러한 실습 훈련들은 커플들로 하여금, 서로에 대한 신뢰와 호의적인 마음이 더 많이 생기게 해 주고, 매일매일의 일상적인 삶에서 즐거움을 더 많이 경험하게끔 도와준다.

이러한 기본적인 훈련 활동들을 개발하는 것 외에도, 헬렌과 나는 커플(부부)들이 자주 경험하게 되는 아주 격렬한 감정들—즉, 몹시 화를 내거나, 혹은 너무나 슬퍼서 비탄에 빠져 버리는—을 어떻게 하면 잘 다룰 수 있게 도울 수 있을까, 그 방법을 찾느라 수년간을 몰두했는데, 이렇게 폭발적인 감정들은 대개 그 사람의 어린 시절의 고통과 반감(좌절, 실망)이 그런 감정에 불을 붙이는 연료(원인)인 것으로 밝혀졌다. 누군가가 자신의 오래 묵은 분노를 자기 배우자에게 쏟아 내게 될 때, 그 부부관계는 전쟁터가 될 게 뻔하다. 반면에 그 분노를 억압했을 때 역시, 그 부부관계를 파국으로 몰고 갈 가능성이 높다. 사람들이 자신의 존재에 있어서, 이렇게 중대한 부분을 간과하거나 부인하게 될 때, 결국엔 삶에 대한 우리의 감정과 사랑할 수 있는 능력을 질식시키게 된다. 자신들의 관계를 가장 안전한 항구로 만들기를 원한다면, 커플(부부)들은 자신들의 강렬한 감정들(분노나 슬픔)을 잘 다룰 수 있는 방법을 알아야만 하는데, 그렇게만 되면 커플(부부)은 더 가까워질 수 있게 되고, 서로 연결되어 있다는 느낌을 지속시킬 수 있게 될 것이다.

하빌의 이야기

나(하빌)는 나 자신의 직접적인 경험을 통해서, 감정을 억압했을 때의 파괴력에 대해 잘 알 수 있게 되었다. 나는 내 인생의 첫 32년 동안을, 거의 준 병리적인 정도의 우울함을 가까스로 억누르며 참고 살아왔다. 나의 감정적인 무감각(Emotional Numbness)은, 내 첫 번째 결혼생활이 실패로 돌아간 주된 이유 중 하나였다. 부모님이 돌아가셨을 때 나는 몹시 우울했는데, 그 이유는 내가 부모님의 죽음에 대해서, 나의 슬픔과 분노를 제대로 표현하지 못했기 때문이었다. 이제 와서 돌이켜 볼 때 참으로 놀라운 사실은, 내가 겨우 여섯 살의 나이에 부모님 두 분을 모두 조실부모하고서도, 거기에 대해서 그렇게까지 감정적인 고통을 크게 겪어 보지 않았다는 것이다. 아버지는 내가 겨우 18개월 되었을 때 돌아가셨는데, 나는 그 일에 대해선 아무런 기억이 없다. 그 일이 있은 지 5년 후에, 어머니 또한 갑작스레 뇌졸중으로 돌아가셨다. 사람들의 말에 의하면, 나는 그때도 거의 아무런 내색을 하지 않았다고 한다. 울지도 않았다고 한다. 사실 나는 그때, 친척 어른들이 나를 어디론가 데려갔었고, 나를 보며 '참 용감한 아이'라고 칭찬했던 것을 아직도 기억하고 있다. 그저 순진하기만 했던 어린아이의 논리에 따라서, 나는 그 사람들이 내게 해 줬던 칭찬을 가지고, 보편적인 가정 하나를 만들어 냈다. "내가 나의 고통을 부인하면, 나는 사랑받는다."

나는 이 교훈을 아주 잘 학습했다. 청년 시절에 나는, 내 인생의 초창기를 다시 되돌아볼 수가 있었다. 나는 나 자신에게, '나는 부모님이 두 분 다 돌아가셨기 때문에 참 다행이다.'고 말했다. 부모님이 돌아가셨기 때문에, 내게는 농장을 떠날 수 있는 기회가 주어졌고, 또 도시로 나가서 누나들과 함께 살면서 더 좋은 교육도 받을 수가 있었다. 이러한 신화는 나름대로 꽤 쓸모가 있었다. 나는 아주 어린 시절에 무감각에서부터 버림받음의 고통까지를 모두 경험했다. 그런데 나는 나 자신을 불쌍한 고아가 아니라, '아주 운이 좋은' 사람으로 여겼다. 나에겐 내 운명을 비통해하며 낭비할 시간이 없었다. 그리고 나는 내 나이에 너무도 벅찬 도전거리들에 과감하게 도전을 했고, 그리고 대부분 성공을 거두었다. 나는 내 방식대로 살았다. 그러나 그로부터 수십 년이 지나고, 내 첫 번째 결혼생활 중에 오랫동안 억압되었던 감정들이 터져 나옴으로써, 나의 결혼생활을 사정없이 파괴해 버렸다. 고통으로부터 차단되었던 나는, 충분히 살아 있는 게 아니었다. 살아남기 위해서 나는, 나의 존재의 핵심적인 부분을 무감각하게 만들어야만 했던 것이다. 그리고 나도 모르게 무의식적으로 내가 놓쳐 버린 것들을 얻기 위해서 아내에게 의존해야만 했다. 그리고 나는 감정적인 접촉과 신체적인 접촉에 목말라 했다. 그러나 내 첫 번째 아내는 내가 그토록 원하던 것을 내게 채워줄 수가 없었다. 그 이유는, 부분적으로는 그녀 자신의 어린 시절의 결핍 때문이었고, 또 다른 면에서 그녀는 나를 차갑고, 뭘 자꾸 요구하면서, 사실 자기는 전혀 베풀지도 않는, 아주 결핍된 사람으로 경험했기 때문이다. 그것은 악순환이었다. 내가 더 많은 걸 요구하면 할수록, 그녀는 그만큼 더 주지 않았다.

우리의 관계에서 일어난 가장 강력한 사건은, 바로 그녀의 아버지가 돌아가신 다음 날 발생했다. 우리는 침실에 단 둘이 남아 있었다. 아내에겐 아버지의 죽음에 대한 슬픔이 엄청나게 몰아치고 있었다. 그녀는 그칠 줄을 모르고 울고 또 울었다. 나는 팔로 그녀를 감싸 안았다. 그러나 내 몸은 뻣뻣하게 굳어져 있었다. 내가 감싸 안은 포옹에는 그 어떤 따뜻함도 없었다. 속으로 나는 매우 갈등하고 있었다. 머릿속으로는, 내 아내가 아버지의 죽음에 이렇게 우는 건 너무나 당연한 일이라는 걸 알고 있었고, 그리고 나는 그런 아내를 위로해 주고 싶었다. 하지만 내 존재의 상당히 많은 부분은 아주 냉담했고, 아내를 전혀 측은히 여기고 있질 않았다. 그런 부분의 나는 속으로 이렇게 생각하고 있었다. "아니 도대체 뭐가 그렇게 슬프다는 거지? 난 이보다 훨씬 어린 나이에 부모님 두 분이 다 돌아가셨지만 울지도 않았는데, 도대체 이 여자는 왜 이렇게까지 감정적인 거지?" 나는 그 순간에조차, 내가 내 인생 초반에 배웠던 그 교훈을 집요하게 붙들고 있었던 것이다.

그리고 몇 년 후 내가 33세가 되었을 때, 나는 처음으로 상담치료사를 만났다. 내가 도움이 필요해서 만났던 건 아니고, 내가 받고 있었던 교육 훈련과정의 한 부분으로서, 내게 개인적인 상담 경험이 권장되었기 때문이었다. 첫 번째 회기 중에 상담사는, 내게 부모님에 대해서 이야기를 해 달라고 요청했다. 나는 두 분다 내가 어렸을 때 돌아가셨지만, 사실 그 결과로 내게는 도리어 많은 행운이 따라왔다고 말했다. 두 분이 다 돌아가시는 바람에, 누나들과 같이 살 수 있게 되었고, 또 고향인 남부 조지아를 떠나 더 좋은 교육을 받을 수가 있었으며, 기타 등등 ······.

"그럼, 당신의 어머니의 죽음에 대해서 한번 말해 볼래요?"라고, 그 상담사가 잘 편집되어 있는 나의 자서전적 이야기를 싹둑 자르며 말했다.

나는 엄마가 어떻게 돌아가셨는지를 말하기 시작했다. 그런데 어찌된 이유인지, 내 목이 좀 조여 오는 느낌을 받았다.

"어머니의 장례식에 대해서 한번 얘기해 줄래요?"라고 그가 말했다. 그래서 내가 다시 한번 말을 하려고 했다. 그러자 또 다시 내 목이 꽉 옥죄이는 것처럼 느껴졌다. 그리고 정말 너무나 놀랍게도, 그때 나는 와락 울음을 터뜨리고 말았다. 난 흐느끼며 정신없이 울기 시작했다. 그 누구도 나를 멈추게 할 수는 없었다. 나는 다 큰 어른이었지만, 그땐 마치 여섯 살 먹은 꼬마 아이처럼 흐느끼며 울고 있었다. 그렇게 한참이 지난 후에, 상담사가 친절한 눈빛으로 나를 바라보면서, "하빌, 당신은 이제야 어머니의 죽음에 대해 슬퍼하기 시작한 거네요."라고 말했다.

이렇게 중대한 날이 지난 후에, 나는 나 자신의 고통과 분노를 새로 느끼기 시작했다. 과거로부터 온 것들은 물론이고, 또 현재의 것들까지도. 또 나는 걱정을 점점 덜 하게 되었다. 그리고 나는 다른 사람들에 대해서, 좀 더 많이 측은지심(연민)을 느끼게 되었다. 그리고 나의 필요나 소망이 무시되는 경우에, 다른 사람들이 정상적으로 느끼는 슬픔이나 분노의 감정들을 나 또한 경험할 수가 있었다. 그렇지만 더 이상 격렬히 화를 내거나 우울에 빠지진 않았다. 나는 나의 감정 전체와 다시 통합이 되었기 때문에, 다시 충분히 생생하게 살아 있음을 느끼기 시작했던 것이다. 그 결과, 나는 내가 누구인지, 또 내가 지금 어디에 있는지에 더 접촉할 수 있게 되었고, 또 내 자신의 가슴(심장)의 리듬에 열려 있게 되었다.

실패했던 시도

우리는 1988년에 출판되었던 이 책의 초판에서, 커플들로 하여금 그들의 억압된 분노를 풀어내는 것을 돕는 훈련을 소개했었다. 그것을 우리는 "**충분히 담아두기 연습(Full Container Exercise)**"이라고 불렀다. 그것은 자아를 억눌린(답답한) 마음으로 가득 찬 그릇으로 보는, 심리학의 정신역동 모델에 기초한 것이었다. 이 학설에 따르면, 그러한 감정을 쏟아 내게 하는 것은 사람들로 하여금 불안과 우울함을 없애 주고, 좀 더 만족스러운 삶을 살아가게끔 도와준다는 것이다.

우리는 이 이론에 동의했다. 그래서 그것을 커플들을 위한 새로운 기법으로 채택했다. 우리는 먼저, 커플들로 하여금 의자에 앉아 서로의 얼굴을 마주보게 했다. 그리고 우리는 한쪽 배우자를 '보내는 사람(Sender)', 그리고 다른 쪽 배우자를 '받는 사람(Receiver)'이라고 지명했다. 그리고 우리는 '보내는 사람'으로 하여금, 그들의 관계를 방해하는 만성적인 좌절에 대해서 이야기를 하게 했다. "당신은 항상 늦어요." "당신은 내 말을 전혀 듣질 않아요." "당신은 집안일을 도와주지 않아요." "당신은 언제나 골칫덩어리예요." "당신은 내가 말하는 걸 중요하게 여기지 않아요." 그렇게 말한 후에, 우리는 보내는 사람으로 하여금, 파트너와의 그런 좌절의 경험이 자신의 고통스러웠던 어린 시절의 경험과 어떻게 관련이 되어 있는지를 잘 생각해 보도록 했다. 그래서 일단 그 두 경험 사이에 어떤 연결이 만들어지면, 보내는 사람으로 하여금 그 좌절감(불만스러움)을 표현해 보도록 했다. 그리고 그 좌절감이 아주 노골적인 분노로 표현이 될 때까지, 짜증을 더 증폭시키도록 그들을 북돋워 주었다. 그리고 또 한편으로는, '받는 사람'의 심리 상태를 보호하기 위해서, 받는 사람으로 하여금 보내는 사람의 분노에 공격을 받는다는 느낌을 갖지 않게끔, 분노를 피하고 막아 내는 상상의 방패를 만들어 보게 했다. "보내는 사람의 분노는 당신(받는 사람)에 관한 것만이 아닙니다. 이 분노의 원래 뿌리는 보내는 사람(배우자)의 어린 시절로부터 비롯된 것입니다."라고 받는 사람에게 설명해 주었다. 우리는 일단 이러한 급진적인 카타르시스(노골적인 분노의 폭발)가 완성이 되고 나면, 커플들로 하여금 원래의(진짜) 좌절을 다룰 수 있도록 도왔다. 이때 이 책의 제10장에서 설명한, '확장하기' 훈련(Stretching)을 사용하도록 했다.

불과 몇 년 전까지만 해도 우리는, 이 '충분히 담아두기' 연습을 이마고치료의 주요 기법 중 하나로 여겼었다. 하지만 시간이 지나감에 따라 그것의 좋은 면도 있지만, 그렇지 않은 부분도 있는, 혼합된 결과를 가져온다는 사실을 알게 되었다. 이 '충분히 담아두기' 연습의 마지막 부분인 '확장하기' 훈련은 언제나 효과가 있었다. 하지만 이 실습의 첫 부분인 감정적인 카타르시스(분노를 증폭시켜 뿜어내도록 이끌어 주는) 부분은, 가끔씩 우리가 원래 의도했던 것과는 정반대의 효과를 가져오곤 했다. 어떤 커플들은 이전보다 더 큰 갈등을 겪게 되었다고 보고했다. 그러다가 우리는 마침내, 우리의 이런 임상적 경험을 확증시켜 주는, 어떤 심리치료사가 임상실험을 바탕으로 실행한 연구결과를 발견하게 되었다. 그래서 우리는 모든 워크숍과 개인상담에서, 더 이상 '충분히 담아두기' 연습을 사용하지 않기로 결정을 했다. 그리고 『세계 최고의 커플테라피 이마고: 당신이 원하는 사랑 만들기(Getting the Love You Want: GTLYW)』의 이번 개정판에서는, 그 실습내용을 모두 삭제했다. 사랑하는 관계에 있는 두 사람에게 분노를 터트리게 하는 것이, 그것이 비록 구조화된 연습이고, 또 상담치료사의 감독 아래 시행을 한다 할지라도, 좋은 점보다는 해로운 점을 야기할 수 있음을 인지했기 때문이다. 이것은 치료이론이 임상을 통해서 실제로 지지되지 않음을 보여 주는 분명한 사례다.

왜 분노가 분노를 낳는가?

그렇다면 이 '충분히 담아두기' 실습에서 뭐가 잘못된 것인가? 우선 첫째로, 이 연습에서 받는 사람 역할을 하는 배우자가 아무리 보내는 사람(상대방 배우자)이 표현하는 그 분노를 피해 보고 막아 보려 애쓴다 할지라도, 보내는 사람의 분노 폭발에 여전히 겁을 먹게 되고 큰 위협을 느낄 수밖에 없다는 것이다. 우리의 오래된 뇌는, 나의 배우자(보내는 사람)의 분노가 우리 부부의 치유를 위한 임상적인 연습

중 하나라는 사실을 구분하기가 어렵다는 것이다. 이렇게 받는 사람이 잔뜩 겁을 내고 있는데, 공감하기 순서에서 보내는 사람의 심정을 제대로 공감해 내기가 힘들 수밖에 없는 것이다. 가령, 받는 사람이 보내는 사람의 경험을 잘 반영해 주고, 적절하게 응답을 해 주었다고 하자. "참 유감이에요. 당신이 그런 고통 속에 있다니……." 하지만 솔직히 말한다면, 우리의 일차적인 본능은 (폭풍에 대비해서) 출입구를 닫아 버리거나, 아니면 배를 버리고 달아나 버리고 싶어지는 것이다.

그리고 이 훈련에는 훨씬 더 당황스러운 문제가 있다. 이 훈련을 마친 후에 화를 쏟아 낸 배우자(보내는 사람)는, 그 다음 날에 더욱더 화가 난다는 것이다. 그러니까, 원래 억압된 분노를 쏟아 내고자 고안이 되었던 이 '충분히 담아두기' 실습이, 도리어 화를 계속해서 만들어 낼 가능성이 있는 것으로 보이기 시작했다.

나(하빌)는 왜 헬렌이 신경과학에 관한 책을 읽기 시작했는지를 이해할 수 있었다. 그녀는 이 분야에 아주 흥미를 느끼고 있었다. 그 부분적인 이유로는 관계 역동에 관해서 새로운 빛을 비춰 주었기 때문이다. 어른들의 뇌는, 우리 두 사람이 처음에 생각했던 것보다 훨씬 더 적응을 잘한다는 사실을 알게 되었다. 나도 점차 흥미가 생겨서 그 문헌들을 읽어 가기 시작했다. 그리고 과학자들이 수십 년 동안의 연구를 통해서, 아이들의 뇌는 경험에 의해서 대단한 영향을 받는다는 사실을 발견하게 되었다. 만약에 신경 연결이 자극을 받지 않으면, 그것들은 제거된다. 하지만 아이가 새로운 경험을 하게 될 때는, 새로운 경로가 형성된다. 이러한 가소성(적응성)이 아이들로 하여금 대단히 효율적이면서도 적응력이 좋은 두뇌를 제공해 주어, 삶이 제공해 줄 모든 것들에 준비될 수 있게 해 준다.

한때 과학자들은, 성인의 뇌는 아주 딱딱해지고 경험에 둔하게 되어서, 거의 영향을 받지 않을 것이라고 믿었다. 초창기 생각에 따르면, 사춘기를 지난 후에 두뇌가 변할 수 있는 유일한 방법은, 나이가 들어가면서 신경세포를 상실하게 되는 것이다. 하지만 두뇌 활동에서의 물리적인 변화를 보여 줄 수 있는 정교한 영상 장치 덕분에, 성인의 두뇌에 대한 이러한 절망적인 관점은 수정이 되었다. 이렇게 정교한 영상 이미지로 인해서 성인의 뇌도 활동을 하며, 생각도 하고, 심지어 느낄 수도 있어서, 성인의 뇌의 물리적인 구조에 변화를 가져오게 한다는 사실을 분명히 알게 되었다. 비록 성인의 뇌가 아이의 뇌만큼 그렇게까지 적응적이진 못하다 하더라도, 계속해서 반응을 잘하는 기관으로 남아 있는다는 말이다.

그리고 좀 더 많은 다른 연구들을 통해서, 성인들이 특별한 활동에 더 많이 참여하면 할수록, 신경세포들 또한 그 일에 맞게 결집된다는 사실을 확인해 주었다. 즉, 두뇌는 필요하다면 새로운 군대를 소환할 수 있는, 군대의 지휘관처럼 행동한다는 것이다. 하버드대학교 의학 연구자들은 한 연구에서 자원참여자 집단원들로 하여금, 일주일에 두 시간 동안 피아노 연습을 하도록 했다. 그리고 매번 피아노 연습을 마칠 때마다, 신경과학자들은 자원자들의 뇌 영상 이미지를 찍었다. 그 결과, 그 참가자들의 피아노 연습 때 손가락 활동과 연관된 부분들의 크기를 측정할 수가 있었다. 분명한 것은, '연습하면 완전해진다'는 말의 근거 중 하나가, 우리가 어떤 활동을 계속 반복하게 되면, 그만큼 더 많은 신경세포들이 소집되어 그 일에 투입된다는 것이다.

주목할 만한 것은, 연구자들은 사람들이 단지 어떤 특정적인 활동을 상상하기만 해도 실제로 활동을 했을 때와 똑같은 두뇌 팽창이 일어난다는 사실을 발견하게 된 것이다. 피아노 실험의 연장으로서, 하버드대학교 연구팀은 또 다른 집단의 자원참여자들로 하여금, 그들이 어떤 음악을 연주하고 있는 상상을 해보도록 요청했다. 그들 앞에는 피아노가 없었다. 그들은 손과 손가락을 절대로 움직이지 않을 것을 요청받았다. 그리고 그 한 주 동안 그 자원참여자들의 뇌를 모두 영상으로 촬영하였다. 주말이 되었을 때, 신경과학자들은 실험 참여자들이 실제로 피아노를 연주했던 사람들과 거의 똑같이 신경통로가 팽창되어 있는 결과를 보고 깜짝 놀랐다. 즉, 정신훈련과 상상하기를 통해서, 실제로 우리의 두뇌에 새로운 전선(경로)을 놓을 수 있다는 사실을 발견하게 된 것이다.

커플(부부)들과의 치료작업의 목적을 위해서, 우리는 사람들의 생각이 변하면 두뇌의 변화를 가져올 수 있다는 사실에 열렬히 흥미를 갖게 되었다. 두뇌에 대한 두 가지 개념들, 즉 우리 인간의 뇌가 '경험에 의존'되어 있고, 또한 '사교적'이라는 사실이 우리가 우리의 관계를 좀 더 잘해 보려고 배우고자 하는 데 있어서, 많은 도움이 된다. 한 세기(백 년) 전에는, 심리학은 운명론에 입각한 것으로 '생명의 작용은 운명적'이라고 믿었다. 그러나 오늘날에 이르러, 우리는 사람들이 새로운 경험들을 통해서, 그리고 다른 사람들과의 관계를 통해서, **사람들의 두뇌에 다시 새롭게 전선을 깔아 놓을 수 있는 가능성이 있다는 사실**을 알게 되었다.

파트너(배우자) 안아 주기 연습

지금까지의 모든 이야기를 종합해 보면, 성인의 두뇌도 변화가 가능하다는 새로운 발견과 함께, 우리 커플에 관한 관찰들과 또 여러 이마고치료사들의 커플에 대한 (비슷한) 관찰들이 합해져서, 이마고치료를 수정하도록 만들었다. 무엇보다도, 우리의 이마고치료사 동료들과 우리는 더 이상 커플들로 하여금, 서로를 향해서 해묵은 분노를 표현하도록 촉진하지 않는다. 새로운 연구결과는, 분노에 머무르는 것은 잠재적으로 분노를 누그러뜨리기보다는 오히려 분노를 더 확장시킬 수 있다는 것을 보여 주기 때문이다. 우리는 보통 화를 터뜨리는 것을 마치 맥주의 거품을 불어 날리는 것처럼 생각하곤 한다. 계속 몇 번만 훅~ 하고 불어 젖히면, 결국엔 다 날아가 버리게 될 것처럼 말이다. 그런데 그게 아니고, 그것은 마치 불에다가 바람을 불어 넣어 주는 것과 같다. 그러니까, 당신이 더 많이 불면 불수록, 불꽃이 더 뜨거워지게 되는 원리인 것이다. 생리학적인 수준에서는, 규칙적으로 계속해서 분노를 표현하는 것은 부정적인 감정에 기여하고 있는 두뇌의 한 부분을 더 크게 확장시키는 것이다. 다시 말해서, 당신이 하는 대로 당신이 얻어 가게 되는 셈이다. 하지만 대뇌의 아주 많은 부분들이 분노에 기여하고 있기 때문에, 화를 내는 반응은 조건화된 반응일 수도 있다.

두뇌에 관한 또 다른 사실은, 우리의 무의식적인 마음은 **모든 분노를 자아를 향한 위협적인 것으로 경험한다는** 것이다. 우리의 뇌는 그 분노가 나 자신을 향한 것인지, 아니면 다른 사람을 향한 것인지를 판단하지 못한다. 실제로 '거울신경세포(Mirror Neurons)'라는, 현상에 대한 신경과학에서의 새로운 연구를 통해서, 뉴런이 다른 사람의 뇌에 불을 지를 때, 똑같은 뉴런이 우리 자신의 뇌에도 불을 지른다는 사실을 밝혀냈다. 즉, 다른 사람이 화를 낼 때, 우리도 화가 나게 된다는 것이다. 이것을 다른 말로 하면, 당신이 보는 것이 곧 당신이 느끼는 것이다.

그래서 지금 우리는 커플들이 분노보다는 감정을 나누도록 촉진한다. 예를 들면, 어린 시절에 경험했던 슬픔이나 두려움 그리고 슬픔과 같은 감정들이다. 분노 밑에 놓여 있는, 분노에 비해 불붙기가 더 어려운 감정들, 그런 감정들을 그대로 수용해 줄 수 있는 파트너 앞에서 표현을 하게 되면, 적대감이 강화되지 않고 완화시키는 데 도움이 된다는 사실을 알게 되었다. 커플들이 어린 시절의 상처를 함께 나누게 되면, 서로의 과거에 대해서 좀 더 깊이 이해할 수 있게 된다. 그들은 서로의 아픔에 대해 더욱 새롭게 공감을 경험하게 된다. 궁극적으로 커플들은 서로를, '나쁜' 사람이 아닌, '상처 입은' 사람으로 바라볼 수 있게 된다. 이와 같이 보다 더 정확한 렌즈를 통해서, 커플들은 자신들의 관계의 갈등 대부분이, 지금의 결혼생활에서 서로에 대한 어떤 악랄한 의도에서 생겨난 것이 아니라, 어린 시절의 고통으로부터 비롯되었다는 사실을 이해할 수 있게 된다.

'부모-자녀 대화법' 외에, 커플들이 함께 어린 시절의 경험을 나누도록 촉진하기 위해 사용하는 실습으로, '파트너(배우자) 안아 주기' 실습이 있다. 이 실습은 억압된 감정을 완화시키는 데 도움이 되는데, '충분히 담아두기'와는 달리, 부정적인 감정들을 더 이상 유발하지 않아도 된다. 나(하빌)는 산책을 하다가 이 훈련의 특별한 형태에 대해 힌트를 얻게 되었다. 산책을 하다가 나(하빌)는 내 오랜 습관대로 유리창 너머로 책방 안을 들여다보고 있었는데, 양육에 관한 한 책의 제목 속에 들어 있는, 'Holding(붙들어 주기)'이라는 단어가 눈에 들어왔다. 그 책의 표지에는 엄마가 아이를 무릎에 앉힌 채, 아이의 얼굴을 엄마의 왼쪽 가슴, 심장 위에 놓게 하고, 아이를 꼭 끌어안고 있었다. 많은 엄마들은 본능적으로 아이를 이런 자세로 안아 준다. 이런 자세가 유아에게는 대단히 편안한 자세인 것처럼 보이는데, 그 이유는 아마도 엄마의 심장 소리를 가장 가까이서 들을 수 있고, 또 엄마의 가슴에 이렇게 포근히 안겨 있는 것이 마치 엄마의 자궁 속에 있었던, 너무나도 편안했던 그 태초의 상태를 떠올리게 해 주기 때문이 아닐까 싶다. 나는 그 그림을 들여다보면서, 커플들이 이런 자세로 서로를 품에 안아 주면서, 자신의 어린 시절의 경험을 함께 이야기하고 있는 장면을 상상하기 시작했다. 내 직감으로는, 부부들로 하여금 이와 같이 '본래적 껴안기의 자세(아기가 엄마 품에 안기는)'를 실습하게 한다면, 부부들에게 감정의 홍수를 불러일으키게 될 것이 틀림없을 것이라고 생각했다.

집으로 돌아와서 내가 이 생각을 헬렌과 나누었을 때, 심리치료 초창기에 사용했던 치료모델―상담사가 내담자를 붙들어 주고 편안하게 해 주는―을 떠올리게 되었는데, 그 핵심적인 내용은 내담자를 '재양육해 주기(Reparenting, 다시 부모 되어 주기)'다. 이 통찰을 바탕으로, 우리는 그와 비슷한 방식의 '품에 안아 주기' 실습을 개발해 냈다. 그러나 치료사가 내담자를 붙들어 주기보다는, 그 대신에, 배우자가 서로를 붙들어 주도록 요청함으로써, 두 사람 사이에 결속되는 경험이 치료사와 내담자 사이가 아닌, 커플들 사이에서 발생할 수 있게 했다. 우리는 먼저 배우자 중 한 사람을 편안한 자세로 앉게 하고, 안기는 파트너의 머리를 안아 주는 파트너의 가슴 위로 놓게 하고 품에 안아 주게 했다. 이런 자세로 커플들은, 자신의 고통스러웠던 어린 시절의 경험을 파트너에게 자세하게 들려준다. 그러는 동안, 안아 주는(받는 사람) 역할을 하는 파트너는, 안긴(보내는 사람) 파트너가 하는 말을 부드럽고 따뜻하게 거울로 비추듯이 반영해 준다.

우리는 '품에 안아 주기' 실습을 다음 '이마고커플스워크숍'에서 실험해 보기로 했다. 존과 비비안은 좀 나이가 지긋한 부부인데, 자원해서 처음으로 시범을 보이기로 했다. 나는 존을 벽에 기대어 앉도록 했다. 그러고는 비비안이 마치 어린아이처럼 존을 팔로 껴안고, 비비안의 머리를 존의 왼쪽 가슴 위로 가로질러 기대어 존에게 안기도록 안내했다. 그런 다음에, 존으로 하여금 비비안에게 혹시 그녀가 그녀의 어린 시절로부터 뭔가 떠오르는 게 있는지 기억해 보도록 요청하게 했다. 그리고 그녀의 기억의 흐름을 돕기 위해서, 그녀가 말하는 것에 소리를 내어 맞장구를 쳐 주고, 또 그녀가 말하는 것을 그대로 반영해 주게 했다. 그리고 그녀가 그녀의 생각이나 감정을 표현하는 사이사이에, "거기에 대해서 더 말할 게 있으면 내게 말해 줄래요?"라고 요청하게끔 했다.

　존과 비비안은 잠시 순간적으로 좀 어색해하는 것 같더니, 곧 내가 두 사람에게 알려 준 대로 잘 따라서 했다. 비비안은 자신이 하고 싶은 말을 거의 대부분 두 사람 사이에만 들릴 만큼, 아주 작은 목소리로 이야기했다. 존은 몸을 가까이 구부려서, 온 신경을 그녀에게만 집중하여, 그녀가 하는 말을 경청했다. 그렇게 그들의 속삭이는 말은 몇 분 동안이나 계속되었다. 그러다 갑자기 비비안이 흐느끼기 시작했다. 그러자 존이 그녀를 좀 더 바짝 꼭 껴안아 주었고, 부드럽게 흔들며 달래 주었다. 존의 눈에서도 눈물이 흘러넘치고 있었다.

　이런 경험은 커플(부부)들에게 아주 강력한 것이다. 비비안의 고통을 향한 존의 측은지심은, 그 방 안에 있던 모든 참가자들에게도 너무나 명확하게 느껴졌다. 그리고 그 순서 후반에 두 사람이 서로의 역할을 바꾸어서, 이번엔 비비안이 존을 안아 주는 역할을 함으로써, 존으로 하여금 자신도 파트너에게 안김을 받은 상태에서 자신의 이야기를 하면서, 안전하게 돌봄을 받는다는 게 어떤 것인지를 경험해 볼 수가 있었다. 그 후에, 두 사람이 전체 집단원 앞에서 자신들의 경험을 나누게 되었을 때, 두 사람은 모두 서로의 내면세계에 대해서 좀 더 많은 것들을 알게 되고 잘 이해하게 되었으며, 서로에 대해 아주 깊은 공감을 느끼게 되었다고 말했다. 수많은 다른 커플들처럼, 그들 또한 어린 시절에, 두 사람 모두 아주 비슷한 상처(무시, 모욕)를 받았으며, 그것을 견디면서 성장했으며, 하지만 그것에 대응하는 방식은 서로 많이 달랐다는 사실을 알아차리게 되었다. 두 사람이 자신들의 결혼에 가지고 온, '무의식적인 숙제(Unconscious Agenda)'가 드러나기 시작한 것이다. 그리고 그 과정 속에 두 사람의 상처 또한 치유되고 있었다.

　커플들이 '품에 안아 주기' 실습에 참여하게 될 때, 두 사람은 그들이 평생 동안 그토록 갈망해 오던 그 해답을 얻게 된다. 이때, 그들의 오래된 뇌는 배우자를 대리부모로 간주하게 된다. 오직 이 시간 동안만은, 부부가 서로에게 아주 적절히 잘 대응해 주는 대리부모가 되어 보는 것이다. 정말 잘 받아 주고, 따뜻하게 돌보아 주고, 아주 침착하고, 진심으로 관심을 기울여 배려해 주며, 결코 비판하지 않는 그런 부모 말이다. 만약에 당신이 당신을 진심으로 사랑해 주는 파트너로부터 이렇게 따뜻한 관심과 돌봄을 받게 된다면, 당신이 과거로부터 가져온 그 어떤 고통도 지금 여기에서 치유될 수가 있는 것이다.

모든 부정성을 제거하라

일단 '충분히 담아두기' 실습을 이마고치료에서 빼 버리고, 그 대신에 '품에 안아 주기' 실습을 더하고 나자, 커플들은 매우 빠른 속도로 좋아지기 시작했다. 그들의 갈등은 더 진정이 되었고, 서로에 대한 감탄도 늘어났다. 그러나 그 기반을 좀 더 튼튼하게 다져야만 할 여지가 있었다.

우리는 커플들이 모든 형태의 부정성을 다 제거하게 될 때만, 훨씬 더 기쁨을 주는 (즐거운) 관계를 갖게 된다는 사실을 발견하게 되었다.

이것은 아주 노골적이고 뻔한 화(분노), 수치심 그리고 비판을 없애는 것은 물론이고, 감지하기 힘들고 미묘한 것들까지도 모두 제거하는 것을 포함하는 것인데, 이미 잘 알려져 있는 술책들, 즉 '도움이 되고자 한다면서 하는' 비판, 관심주지 않기, 은혜라도 베푸는 것처럼 재수 없게 굴기, '묵살하기', 그리고 따분하고 지쳤다는 투의 말투를 사용하는 것 등을 모두 없애는 것을 다 포함하는 것이다. 이 금지 조항대로라면, 심지어 부정적인 생각을 하는 것조차도 제거함을 그 목표로 한다. 우리는 우리의 내부에, 파트너로부터 나오는 비언어적인 단서조차도 아주 기민하게 포착할 수 있는 안테나를 가지고 있기 때문에, 파트너가 나에 대해 갖고 있는 부정적인 생각과 함께 나오는 자세와 표현의 그 미세한 변화까지도 다 찾아낼 수가 있는 것이다. 다시 말해서, 이러한 부정적인 차원이 제대로 처리되기 전까지는 두 사람의 관계에서의 완벽한 변화는 결코 이루어지지 않을 것이라는 걸 의미한다.

기억해야 할 것은, 우리의 목표는 부정적인 생각과 행동 뒤에 있으면서 감정을—우리의 억눌린 감정의 창고나 늘려 가는—억누르는 것이 아니고, 도리어 그 감정들을 밖으로 끌어내어 그것들이 실제로 무엇을 하려는지를 똑바로 알아차리자는 것이다. 그리고 우리가 이 앞 장에서 논의했던 것처럼, 두 사람의 관계의 문제의 실타래를 풀어내기 시작하는 가장 좋은 방법은, 당신이 그 문제에 대해 무엇을 어떻게 기여했는지를 정확히 알아차리는 것이다. '아이구, 내가 이 부분에서 또다시 내 파트너에 대해 이런 비판적인 생각을 하게 된 거구나. 그런데 이것이 내게 말하고 있는 건 뭐지? 내가 혹시 지금 나의 부정적인 태도를 계속 키우고 있는 건 아닐까?'

이 작업은 좀 벅찬 일인 것처럼 보인다. 하지만 그 보상은 대단하다. 부정적인 성향이 물러나면서, 그 공백을 채우기 위해 선의의 마음이 물밀듯이 밀려오는 것이다. 의식적으로 노력을 하는 게 아닌데도, 당신이 연애할 때 그랬던 것처럼, 배우자의 감탄할 만한 특징에 집중하고 있는 나 자신을 발견하게 될 것이다. 전과 비교해 볼 때 이번에 뭔가 달라진 게 있다면, 그것은 당신이 당신의 태도(관심, 배려)를 계속 유지할 수 있게 하는 통찰과 도구를 지니고 있다는 것이다. 이렇게 하는 동안, 당신의 파트너는 훨씬 더 긍정적인 관점에서 당신을 바라보게 될 것이며, 두 사람은 그 따뜻한 불빛 안에서 더욱더 번창하게 될 것이다. 결국, 두 사람을 성장시켜 주고 보호해 줄 수 있는 신성한 공간이 두 사람의 공간 사이에, 잘 자리 잡히게 될 것이다. 그 결과로 갈등은 없어지고, 연결이 깊어지며, 열정이 넘쳐나게 될 것이다.

부정성이란 무엇을 말하는가?

나는 우리 모두가 잠시 멈추어서, 우리가 '부정성/부정적인 것(Negativity)'이라고 이야기할 때, 그것이 무엇을 의미하는지를 명확히 했으면 한다. 부정적인 것이란 당신이 파트너에 대해서, '당신이 생각하는 것, 그걸 그렇게 생각하는 건 잘못된 거야. 그리고 당신이 행동하는 방식은 틀렸어.'라는 메시지를 지니고 있는 생각이나 말 혹은 행동을 가리킨다. 그것은 본질적으로 당신이 당신의 파트너가 가지고 있는 당신과의 '다른 점'을 거부하고 있는 것이다. 우리는 가끔 내 파트너가 나를 불편하게 하는 말을 하거나 행동을 할 때, 그 파트너를 부인하고 싶은 욕구를 느끼는 것이다. 사실, 나의 파트너는 그저 자기 자신으로 존재하고 있을 뿐인데도 말이다. 하지만 이 점을 이마고의 관점에서 살펴보면, 우리가 파트너에 대해서 가지고 있던, 어떤 고정된 이미지가 위협을 받았거나, 혹은 내 파트너가 아직까지 내가 말로 표현하지 못했던, 나의 어떤 필요(욕구)를 채워 주는 데 실패했기 때문인 것이다.

일반적으로, 사랑하는 관계에서 부정적 성향은 부인(Denial)의 형태로 나타난다. "난 당신이 그렇게 했다는 걸 믿을 수가 없어요!" "당신은 예전에는 단 한 번도 그런 말을 한 적이 없었어요!" "그건 당신의 진심이 절대로 아닌 거예요." "당신은 절대로 그럴 사람이 아니죠." 그런데 사실은, 당신의 파트너는 당신과는 전혀 다른 소망과 필요를 가지고 있는, 아주 다른 별개의 사람이라는 사실이 당신에게 분명해지기 시작하는 것인데, 바로 그때 당신은 자신이 위협당하고 있다고 느끼는 것이다. 당신의 거부는 당신의 환상을 붙들고자 하는 필사적인 계략인 셈이다. "그렇지 않다고 말하라니까!"

당신의 파트너가 당신이 투사한 그 이미지로부터 계속 멀어져 갈 때, 당신은 하나씩 하나씩 더 큰 총과 대포를 꺼내 드는 경향이 있다. 당신의 무기고에는 수치심, 비난, 비판, 경계선 침범하기, 회피하기, 그리고 심지어는 노골적인 저주까지도 들어 있다. 첫째로는 당신의 수치심이다. "그럼 당신은 어떤 느낌이 들어야 한다고 생각해?" "당신은 내 친구를 그런 식으로 대접한 것에 대해 정말 부끄럽게 여겨야 돼." 본질적으로 당신은 파트너가 스스로 죄책감을 느끼게 하려고 노력하고 있는 것이다.

그 다음은 비난이다. "당신은 늦었어. 그리고 그게 바로 나를 화나게 만든다고. 그래서 난 당신하고 아무 말도 하기가 싫어." "만약에 당신이 그렇게까지 화만 내지 않는다면, 우린 그 문제를 당장 해결할 수도 있어." 이렇게 당신이 배우자를 비난할 때, 당신은 당신에게 있는 좌절에 대한 모든 부담감을 파트너에게 떠넘기는 것이다.

다음으로 당신은, 당신이 받아들이기 힘든 당신의 파트너의 어떤 행동에 덧붙여서 그 사람의 성격적인 특징까지도 비판하기 시작한다. "당신은 너무 무정해."

"당신이란 사람은 도대체 믿을 수가 없어." "당신은 언제나 당신 자신만 생각하지." 당신은 파트너를 당신의 좌절의 원천으로 만들 뿐만 아니라, '나쁜' 사람으로 만들려고 하는 것이다.

더 교묘한 계략은, 마치 엑스레이(X-ray)로 투시를 하는 것처럼, 당신이 파트너의 심리적 영역과 행동 영역을 침범하는 것이다. "당신이 정말로 생각하는 것은 그게 아니지." "당신이 그렇게 괴팍한 이유는, 당신이 일에 지나치게 집착하기 때문이야." "당신이 만약 내 말을 정말로 귀담아 듣는다면, 내가 당신이 필요로 하는 게 뭔지를 제대로 알려 주겠어."

마지막 무기는 절대주의다. "당신은 절대로 내 말에 귀를 기울인 적이 없지!" "당신은 힘든 일은 언제나 나에게 떠넘기고 있지." "그게 바로 당신이란 사람이야." "내가 아주 간단한 제안이라도 하려고 하면, 당신은 항상 노발대발하지."

이러니 우리의 파트너들이 그렇게까지 우울해하고, 밤늦게까지 일하고, 술을 그렇게도 많이 마시고, 사랑은 전혀 나누고 싶어 하지 않고, 그리고 혼자서 그렇게 늦게까지 잠도 안 자는 게 당연한지도 모른다. 나와 함께 있는 게 내 파트너에게는 그리 안전한 공간이 아닌 것이다. 그들은 난도질을 당해서 잘게 잘려지고, 분해되고, 끝내는 거부당한 것이다. 이것은 정서적인 전멸이다. 기본적인 수준에서 모욕(경멸)이라는 말밖에는 더 이상 표현할 방법이 없다. 이렇게 유독한 상황에서는, 어떤 사람도 더 이상 성장하거나 치유될 수가 없는 것이다. 우리가 원하는 사랑을 얻기 위해서 우리는 부정적인 것이라면 어떤 형태이든지 간에 상관없이, 전부 다 제거해야만 할 필요가 있는 것이다.

부정적인 것을 중지해야만 할 또 다른 이유가 있다. 내가 파트너를 향해서 쏟아내는 모든 부정적인 것들은, 부메랑처럼 또 다시 내게로 돌아와 바로 나 자신에게 나쁜 영향을 끼친다는 것이다. 오래된 뇌는 그것이 밖을 향한 것인지, 아니면 자신의 내면을 향한 것인지를 잘 구별하지 못하기 때문이다. 이 이론은 한 사람이 다른 사람을 향해 소리를 지르게 될 때, 고함을 듣는 사람에게 스트레스 호르몬인 코르티솔(Cortisol)이 더 많이 분비된다는 연구결과에 의해 뒷받침되어 왔다. 이것은 우리가 예상했던 그대로다. 하지만 더 흥미로운 것은, 이 스트레스 호르몬 코르

티솔의 증가가 화를 내는 사람에게서도 똑같이 나타난다는 것이다. 그러니까, 우리가 다른 사람을 향해서 뿜어내는 그 모든 부정적인 것들은, 사실 그게 어떤 형태이든지 상관없이 **결국 자기학대에 해당하는 것**이라고 말할 수 있다.

최후의 직선 코스

헬렌과 나(하빌)에게 있어서는, 우리의 사랑의 관계에서 부정적인 것들을 모두 제거한 일이, 우리 관계의 **마지막 전환점**이 되었다. 우리가 이것을 성공했을 때, 마침내 우리는 우리가 한 사람의 성인으로서 그토록 바라던 관계를 성취하게 된 것이다. 정말로 안전하고, 친밀하고, 그리고 아주 열정적인 관계를 이루게 된 것이다. 우리 두 사람에게 있어서, '부정적인 것을 제거한다는 것'은 다음의 두 단계를 통해 이루어진 과정이다. 첫 번째 단계는, 힘겨루기(주도권 잡기)를 통해서 점진적으로 부정적인 것을 없애 가는 것이다. 어떤 이들은 우리 두 사람이 모두 상담치료사이기 때문에, 둘이 협력하면 이 힘겨루기(주도권 잡기) 과정을 피해 갈 수도 있지 않을까 생각할지 모르나, 그건 결코 그렇지 않다. 이 책을 읽고 있는 수많은 독자들과 똑같이, 헬렌과 나 역시도 아주 힘든 어린 시절을 보냈다. 우리 둘은 아주 철저하고, 매우 의욕이 넘치는 사람들이었고, 그리고 우리 모두 제각기 엄청난 완벽주의에 물들어 있었다. 게다가 우리는 거의 대부분의 일들에 대해서 자기만의 강력한 의견을 가지고 있었고, 각자가 자신이 '옳다'고 생각하는 성향도 같았다. 누가 옳은지를 가려내기를 선택할 것인가, 아니면 '관계'를 선택할 것인가, 그 둘 중 하나만을 선택해야 한다는 사실을 진정으로 깨닫기까지는 참으로 오랜 세월이 흘러야만 했다. 최악의 상황이었을 때, 우리 부부의 갈등은 우리가 상담을 해 주었던 그 수많은 커플들의 수준과 별반 다르지가 않았다.

우리 부부 또한 수년간에 걸쳐서 그동안 이 책에 나와 있는 실습(훈련)들을 직접 실행함으로써, 우리 부부문제의 대부분을 극복할 수가 있었다. 우리 두 사람은 이마고대화법을 연습했고, 그리고 직접 우리 부부관계 속에서 그리고 아이들과의 관계에서도 이마고대화법을 성공적으로 활용했다. 그리고 우리는 우리의 갈등을 해결하고, 서로를 이해하게 만드는 이 이마고대화법의 힘에 대해서 아주 감탄했다. 우리는 더 사려 깊은 연인 사이가 되었고, 말과 메모와 선물과 사려 깊은 몸짓언어 등을 통해서, 서로에게 사랑과 감사의 표시를 더 자주 할 수 있게 되었다. 그리고 시간이 지나면서, 우리는 사업의 동반자로서 서로 조화롭게 협력하는 방법도 배웠다. 우리에게는 종종 서로를 향한 깊은 사랑의 감정에 푹 빠지게 되는 순간들도 있었다. 그러나 그것으로 다 충분한 것은 아니었다. 우리는 여전히 우리 두 사람의 관계 속에 아직도 도사리고 있는, 사라지지 않고 머물러 있는 그런 긴장감을 느낀다.

마침내 우리가 발견하게 된, 겉으로는 잘 드러나지 않았지만 정작 근본적인 문제인 부정적인 것들이 우리의 관계를 해치는 걸 허락하고 있었다는 것이다. 그렇게 하는 데까진 그리 많은 게 필요하지 않았다. 우리는 종종 비판적인 지적, 짜증(참지 못하는 것), 목소리 톤을 높이는 것, 아주 시끌벅적한 논쟁 속으로 빠져들어 가기도 했다. 우리가 부정적인 것들 속으로 빠져들어 갈 때 그 아픔은 예리하다. 부정적인 것은 우리가 원하는 것을 결코 우리에게 가져다주지 않는다. 그것은 상황을 더 악화시킬 뿐이다. 정신을 좀 차린 후에 보면, 우리가 서로 연결되어 있다는 그런 느낌을 다시 회복하기까지는 적어도 몇 시간, 심지어는 며칠씩이나 걸리기도 한다는 사실을 깨닫게 된다. 결국 서로에게 부정적이 된다는 것은 비합리적이고, 모욕적이며, 비생산적인 것이라는 것이 대낮처럼 분명해졌다. 모든 형태의 부정적인 것들을 완전하게 제거하는 것만이 유일한 해결책이라는 점에, 우리 두 사람의 의견이 완전히 일치했다. 그래서 우리는 '부정성 제로 만들기(Zero Negativity)'에 맹세를 했고, 모든 부정성 끊기에 돌입하게 되었다.

그리고 우리의 결심을 강화하기 위해서 규칙을 하나 만들었다. 둘 중 누구든지 부정적인 말이나 행동을 하는 사람은, 반드시 상대방에게 아주 긍정적인 말 세 가지를 함으로써 그것을 상쇄하여야 한다. "어젯밤에 당신이 그렇게 피곤했는데도 불구하고, 나의 말을 귀담아 잘 들어줘서 참 고마워요." "내가 이사회의 이사들에게 쓴 편지에 대해서, 당신이 참 대단한 피드백을 해 주었어요." "나는 당신이 바쁜데도 시간을 내서 나와 함께 산책을 할 때, 무척 좋아요." 긍정적인 말은 그 말을 할 때마다 각기 독특해야 하고, 또 구체적이어야 하며, 이전에 이미 했던 말을 다시 반복해서는 안 된다. 이 규칙에 감춰져 있는 혜택은, 우리가 화가 나 있을 때는 서로에 대해서 잘 보지 못하고 그냥 넘어가 버렸던, 서로에 대한 아주 놀라운 점들을 다시 발견하게 된다는 것이다.

우리가 이렇게 서로에게 감사하는 말들을 주고받게 될 때, 그것이 우리 두 사람 사이에 사랑의 흐름을 증가시켰다. 우리 두 사람이 서로 상대방에 대해서 진정으로 감탄하게 된 점에 대해서 칭찬을 할 때마다, 우리는 거의 단 한 번도 빼지 않고 그렇게 할 때마다, 항상 서로 진심으로, 깊이 감동했다. 점차적으로 우리의 감탄은, 서로에 대한 '거의 만성적인 경배'와도 같은 수준으로 진전되어 갔다.

궁극적으로, 우리는 일상생활 속에서 지속적으로 할 수 있는, 우리가 서로 원했던 존경을 서로 주고받을 수 있게 되었다. 더군다나, 우리는 그렇게 하는 것이 오히려 더 쉬운 일이라는 사실도 알게 되었다. 이제 우리에게는 우리의 관계가 가장 신성한 장소가 되어, 이제 그것을 훼손하고 싶은 생각이 전혀 없었다. 과거와 같은 행동을 또다시 되풀이한다는 건 아예 상상할 수조차 없는 일이었다.

헬렌과 나는, 우리 두 사람이 지금까지 함께 이루어 낸 일에 대해 무척 축복을 받았다고 느껴져서, 두 번에 걸쳐서 우리 둘을 위한 특별한 '재언약 의식'을 하기로 했다. 첫 번째 의식은, 우리 이마고 공동체의 오랜 동료들과 매년 함께 개최하는 연차대회 콘퍼런스에서였다. 우리는 그동안 배워 온 것들을 토대로 새로운 언약의 맹세를 작성하여, 전체 집단원 앞에서 그 맹세를 쭉 낭독했다. 그러자 우리 동료들이, 우리 두 사람을 허공에 들어 올리고는 온 방을 돌아다녔고, 모든 사람들이 함께 목소리를 높여 노래를 부르며 춤을 추었다.

그로부터 두 달 후에 우리는 다시 우리가 교인으로 출석하고 있는 뉴욕의 장엄한 리버사이드 교회에서 새해 전야 의식을 치렀다. 목사님은 우리로 하여금 250여 명의 가족들과 모든 친구들 앞에서 우리의 맹세를 하나씩 속속들이 낭독하게 했고, 그 후에 우리를 데리고 허드슨강 위에 있는 웅장한 홀로 옮겨 갔다. 거기에서 우리는 자정이 다 될 때까지 먹고 춤추며 고기를 구워 먹고, 서로 축하건배를 하며 보냈다. 그리고 새해 폭죽이 터졌을 때, 그곳에 있는 모든 사람들이 바로 우리 두 사람만을 위해서 거기에 있는 것처럼 느껴졌다. 우리는 새해를 축하하는 모든 사람들을, 우리의 사랑과 미래에 대한 목격자들로서 함께 포함시킨 것이다.

샘과 아멜리아

그리 오래지 않아, 헬렌과 나는 '부정적인 것'에 대해 우리가 배우게 된 것들을 통합하여 곧바로 우리가 하는 '이마고부부상담치료'의 회기와 '이마고커플스워크숍'에 적용했다. 그렇게 한 후로 우리는, 어떤 커플들은 얼마나 빠르게 부정적인 것들을 잘 제거해 내는지, 심지어는 아주 심각한 곤경에 빠져 있는 커플들조차도 그렇게도 빨리 부정적인 것들을 제거해 낼 수 있다는 것을 발견하고 참으로 기뻤다. 우리는 최근에 진행된 일주일간의 이마고워크숍을 통해서, 아주 놀랍고 빠른 변화를 직접 목격하게 되었다. 여기에 소개할 샘과 아멜리아의 이야기는, '소유함'과 그 다음으로 '부정성을 제거하는 일'이 당신의 사랑의 관계에 가져다주는 치유적인 능력을 아주 잘 말해 주는 절절한 실제 사례다.

샘과 아멜리아 커플은, '이마고커플스워크숍' 첫날부터 다른 커플들과는 달리 아주 눈에 띄었다. 집단 회기 동안에도 다른 모든 커플들은 반원 모양을 만들어 함께 나란히 앉았고, 쉬는 시간 동안에도 다른 커플들은 서로 편안하게 이야기를 나누었다. 이 커플들은 다 침몰해 버린 관계를 인양하기 위해 이 워크숍에 온 게 아니고, 자신들의 부부관계의 질을 좀 더 개선하기 위해서 참석했기 때문에, 서로에게 애틋한 눈빛과 스킨십을 규칙적으로 주고받았다. 그런데 샘과 아멜리아는 그러지 않았다. 그들도 서로 대화를 하긴 했지만, 그건 딱 실습활동에 참여할 때뿐이었다. 그들은 의자도 한 발짝 이상 서로 떼어 놓고 앉아서, 마치 우연한 접촉조차 서로 금지하고 있는 것처럼 보였다. 우리가 그 커플을 바라볼 때마다, 아멜리아의 얼굴과 온몸은 큰 슬픔으로 인해 아주 무거워 보였으며, 샘은 멍한 표정에다 아주 창백해서 꼭 시들어 가는 것처럼 보였다. 두 사람은 식사를 하러 올 때도 둘이 서로 다른 시간에 왔고, 앉을 때도 따로따로 식탁에 앉곤 했다. 그들은 마치 이혼을 향해서 쏜살같이 질주하는 부부처럼 보였다.

'이마고커플스워크숍' 셋째 날에, 내(헬렌)가 샘과 아멜리아를 따로따로 상담하고 난 뒤에, 아멜리아가 아주 의미심장한 돌파구를 하나 만들어 냈다. 그녀와 샘은 자신들이 서로로부터 거리를 두기 위해 사용했던 술책, 즉 탈출구로 사용했던 것들이 무엇이었는지를 확인하는 작업을 하고 있었다. 그러던 중, 어떤 시점에서 아멜리아가 노트북을 내려놓더니, 내게 다가와 질문을 했다. "비판도 탈출구인가요?" 조용한 목소리로 그녀가 물었다. "배우자를 끊임없이 비난하면서 관계로부터 도망가는 게 가능한가요?" 비판이란 이미 확실히 검증된 탈출구이며, 두 사람 중 어느 한쪽이나 쌍방 모두가 공격을 받고 있는 한, 친밀감은 전혀 가능하지 않다고 내가 대답해 주었다. 아멜리아는 고개를 끄덕이면서 자기 자리로 돌아갔다. 그리고 실습활동이 끝난 후 30분 동안의 쉬는 시간이 주어졌을 때, 우리는 각 커플들로 하여금 자신들의 탈출구에 대해서 이마고대화법을 사용하여 이야기를 나누도록 했다.

그 후 이른 오후 시간에 우리가 집단으로 다시 모이게 되었을 때, 내(헬렌)가 누가 자신이 배우게 된 것에 대해서 나누고 싶은지를 물어보았다. 아멜리아가 맨 먼저 손을 들었다. "나는 완전히 황폐해 있었어요." 그녀의 목소리는 낮았고, 떨리고 있었다. 그녀의 목소리를 듣기 위해서, 다른 커플들은 더 몸을 굽히고 좀 더 가까이 다가가 앉았다. "난 완전히 패배자였어요. 난 내가 이 사람을 항상 비난하고 있었다는 걸, 지금에서야 알아차렸어요. 우리 부부는 부부상담사에게 두 번이나 부부상담을 받은 적이 있어요. 그렇지만 나 자신에 대해서 이런 걸 알아차리게 된 적은 없었어요. 우리 부부관계에서 난 내가 지금까지 해 온 게 너무 끔찍하게 느껴져요. 난 지금 어디로 가야 할지를 모르겠어요. 뭘 어떻게 해야 할지 아무것도 모르겠어요. 만약 내가 더 이상 비난을 하지 않는다면(거두어들인다면), 내게는 남아 있는 게 아무것도 없어요. 그럼 내가 샘에게 할 수 있는 말이 단 하나도 없어요. 지금 나의 심정은, 마치 내가 절벽에 튀어나와 있는 선반에서 발을 떼는 것 같아요. 이 발을 떼게 되면, 내가 얼마나 오랫동안 떨어져 내릴 것인지, 아니면 어디에 내리게 될 건지 정말 모르겠어요." 그 말을 듣고 우리 모두는 마치 얼어붙은 것처럼 꼼짝도 못하고 있었다. 다른 사람들 앞에서 이렇게까지 솔직한 고백을 하는 경우가 그리 흔치 않기 때문이다.

　내가 아멜리아와 샘에게, 혹시 앞으로 나와서 자신들의 이야기를 계속 해 줄 수 있는지 물어보았다. 그들은 둘 다 고개를 끄덕였다. 우리는 의자 두 개를 가운데로 돌려놓아, 그들이 서로의 얼굴을 마주보고 앉을 수 있게 했다. 아멜리아와 샘이 의자에 앉자, 아멜리아의 호흡이 흐트러졌다. 그때, 샘이 손을 뻗어 그녀의 손을 잡아 주었다. 그리고 그들은 서로의 눈을 바라보았다. 이때, 모든 탈출구들이 닫혔다.

　두 사람과의 눈높이를 맞추기 위해서, 내가 무릎을 꿇었다. "혹시 가능하다면, 지금 두 분의 관계가 어떻게 느껴지는지 말해 줄 수 있나요?"

　아멜리아가 먼저 말했다. "저의 비판은 교묘하지 않아요. 아주 공공연하죠. 이 사람 면전에서 말이죠. 만약에 남편이 내가 위협을 느낄 만한 그런 어떤 짓이라도 하려 든다면, 나는 절대로 이 사람이 어디로 도망가도록 내버려두질 않아요. 만약에 이 사람이 내가 좋아하지 않는 어떤 행동이라도 하게 된다면, 예를 들면 파티에서 어떤 여자와 시시덕거리기라도 한다면, 저는 집으로 오는 길에 저의 세 번째 단계를 적용하지요. 저는 제가 지켜봤던 그대로를 아주 정확하게 말해요. 그러면 남편은 '아니야, 난 그런 짓을 하지 않았어.'라고 말을 해요. 그러면 제가 이렇게 말하죠. '당신은 한 시간 동안 정확하게 이런저런 짓을 했고, 그리고 당신이 그 여자를 이런저런 식으로 바라보았고, 또 당신은 이런저런 말을 했고, 그리고 당신은 그 여자의 여기를 이렇게 만졌잖아!'라고 비난을 해요. 제가 하는 비난은 정말 너무나도 철저해서, 저는 제가 정말 백 퍼센트 완전히 옳다고 확신을 하고 있었죠. 저는 제가 이 사람을 아주 궁지에 몰아넣어서 제게 항복하게 만들어버리고, 그래서 이 사람이 자기가 얼마나 나쁜 사람인지를 믿게 만들 수 있다면, 이 사람이 바뀌게 될 것이라고 그렇게 믿은 거예요. 그래서 전 지난 20년 동안 그렇게 행동해 온 거예요. 아마 그보다 더 오래됐을지도 몰라요."

"그래서 효과가 있던가요?"

"아뇨. 전혀요." 그녀가 어이가 없다는 듯이 웃었다.

이제 남편인 샘의 차례가 되었다. "우린 어차피 이혼을 할 것이기 때문에, 이 워크숍에 오지 않으려고 했어요. 그래서 워크숍 첫날 대부분의 시간 동안 이제 앞으로 난 어디로 가서 어떻게 살아야 할지를 속으로 계획하고 있었어요. 저는 우리 부부관계에서 그 어떤 것도 해결하기 위해 시도해 볼 생각이 아예 없었어요. 그래서 전 당신과 하빌이 하는 말들이 하나도 들리지 않았어요. 제가 여기서 배워야 할 건 단 하나도 없었거든요. 전 여기서 해결하고 싶은 게 아무것도 없었어요. 전 그냥 속으로 계속 생각만 하고 있었을 뿐이에요. '도대체 내가 지금 여기서 이 사람하고 뭘 하고 있는 거지? 아이구, 난 여기서 도망가야 돼!'"

나는 샘에게 아멜리아가 자신을 그렇게 비판할 때, 거기에 맞서서 어떻게 자신을 방어했는지를 물어보았다. 그러자 아멜리아가 끼어들어, 샘을 대신해서 대답했다.

"샘은 반박해 오지 않았어요." 그녀가 말했다. "샘은 단지 움츠러들었어요. 샘은 정서적으로 도망가거나, 아니면 다른 방으로 들어가 버렸어요. 그러면 저는 이 사람을 쫓아갔어요. 그렇게 되면 저는 이 사람을 훨씬 더 비난할 수가 있었거든요."

아멜리아는 놀라울 만큼 솔직하게 자신의 말을 계속 이어갔다. "지난 이틀 간의 워크숍 동안에, 저는 제가 바로 그 '비난하는 사람'이라는 사실을 받아들이는 것 외엔 별 도리가 없다는 사실을 알았어요. 제가 만약에 이 사실을 부인하려 든다면, 아마도 저는 제가 이미 겪었던 고통보다도 훨씬 더 큰 고통을 앞으로 겪어야만 할 거예요. 저는 저 자신에 대한 통찰에 완전히 휩싸인 나머지, 다른 사람의 말이 전혀 귀에 들리지 않았어요. 그리고 단 한마디도 할 수가 없었어요. 전 그냥 깨달은 거예요. '아! 이게 내가 한 짓이구나. 그러니까 나는 항상, 비난만 하고 있었구나! 나는 내가 모든 것을 통제하려고 했었구나. 나는 샘이 하는 모든 걸 다 알고 싶어서, 이 사람을 작은 상자 안에 가두어 놓으려고 했던 거구나. 내가 여기서 살아남아야 하니까, 이 사람을 여기 작은 상자 안에 넣어 두려 한 것이구나!' 그런데 갑자기 오늘 오후에, 제가 이 사람을 통제할 수도 없고 비난할 수도 없다는 사실을 직시하게 된 거예요. 내가 이런 짓을 당장 그만두어야만 한다는 것을요. 이젠 다른 선택의 여지가 없다는 것도 말이죠. 이제 제 눈이 떠졌으니, 항상 비판만 하던 짓을 그만두어야 하는 거죠. 이건 정말 정신 나간 짓이에요. '아! 정말 비판이란 것은 아무런 효과가 없는 것이구나! 비판은 내가 원하는 것과는 정반대의 것을 내게 가져다 줄 뿐이구나! 그래서 결국에, 내 기분만 아주 나빠지게 만들어 버리는 거구나!'"

그날 오후와 다음 날에 걸쳐서, 아멜리아와 샘은 좀 더 개인상담도 받고, 또 지지를 얻고 싶어서, 나(헬렌)를 찾아왔다. 쉬는 시간 동안에도, 두 사람은 자기들끼리만 따로 앉아서, 아주 진지하면서도 또 놀라워하며, 열심히 이야기를 나누었다. 그들의 몸짓언어는, 두 사람이 처음 워크숍에 도착했을 때와는 사뭇 다른 것이었다. 둘은 서로에게 몸을 기울이고, 서로의 눈을 바라보면서, 계속해서 서로를 어루만졌다. 두 사람 사이에 연결이 이루어졌음이 명백해졌다.

금요일은 워크숍의 마지막 날이었는데, 아멜리아가 샘과 함께 전체 집단 앞에 나와서 이야기를 좀 하고 싶다고 말했다. 어젯밤에 두 사람에게 아주 놀라운 일이 생겨서, 그것을 나눴으면 한다는 것이다. 두 사람은 서로 손을 잡은 채로, 반원 모양의 집단 앞에 나왔다.

샘이 먼저 이야기를 시작했다. "우리는 여러 해 동안 잠자리를 같이 하지 않았어요. 우리 두 사람 모두 그렇게까지 가까워지는 걸 원치 않았어요. 그런데 어젯밤에 저 혼자 침대에 누워 있었는데, 도저히 잠들 수가 없었어요. 아멜리아는 저만치 자기 침대에 있었지요. 전 아내가 노래하는 소리를 들을 수 있었어요."

그러자 아멜리아가 말을 이어갔다. "전 눈을 똑바로 뜨고 깨어 있었어요. 사실은 샘에 대해 부정적인 생각을 하고 있었지요. 그런 생각을 물리쳐 보려 해 봤지만 잘 안 되더라고요. 그때, '내가 만약 이렇게 내 침대에 그냥 머물러 있고, 그리고 이렇게 비판적인 마음 상태에 계속 머물러 있다면, 우리 결혼생활은 곧 이대로 끝장이 나겠구나!' 하는 생각이 갑자기 들더라고요. '내가 만약 여기에서 배운 것들을 당장 행동으로 실천해 보지 않는다면, 우리에겐 더 이상 아무런 희망이 없겠구나!' 저는 그때, 제가 샘에게 다가가서 말을 붙여야만 한다는 걸 깨달았어요. 하지만 전 겁이 났어요. '만약에 내가 우리의 틀을 깨 버리게 되면, 모든 게 달라질 텐데. 그럼 어떡하지?' 정말 무슨 일이 일어나게 될지, 전 전혀 알 수가 없었어요. 바로 그때, 제 마음속에서 하빌과 헬렌이 말하는 소리가 들렸어요. '계속해서 페달을 밟고 돌리세요. 이 실습 활동을 멈추지 말고 계속 나아가세요.' 그래서 제가 벌떡 일어나, 바로 샘 옆으로 가 누웠지요. 그리고 '당신과 이마고대화법으로 이야기를 나누고 싶어요.'라고 말했지요. 그러자 이 사람도 그러자고 했어요. 그래서 저는 제 생각과 느낌을 말하기 시작했어요. 샘은 제가 말하고 있는 동안, 거기에 저와 같이 있어 줬어요. 제가 하는 말을 이 사람이 귀담아서 들어 준 거예요. 또 제가 말하는 걸 지지해 주었어요. 그러고는 제가 한 말을 다시 저에게 반영해 주었어요. 그리고 또 제가 한 말을 확증해 주었어요. 정말 믿어지지 않을 만큼요. 정말 대단했어요. 그리고 그 다음으로 일어난 일은, 그러니까 제가 알아차리게 된 것은, (글쎄) 저에게 있었던 그 모든 두려움이 평화와 고요로 바뀌게 되었다는 거예요. 그리고 제가 이 사람에게 너무나 놀라운 사랑을 느끼게 되었다는 거예요. 저는 이 사람에게 정말 못되게 대했지만, 이 사람은 기꺼이 저의 말을 귀담아 들어 주고, 그리고 저를 이해하려고 했어요."

샘이 말했다. "저에게는 그게 아주 쉬운 일이었어요. 저는 그저 이마고대화법의 단계를 따라 했을 뿐이었어요. 왜냐하면 아내의 말에 제가 어떻게 반응해야 할지를 이미 알고 있었기 때문에, 전 훨씬 자신감을 느꼈던 거지요. 아내에게 어떻게 해 줘야 할지를 전 이미 잘 알고 있었어요. 그래서 움츠러들거나 도망갈 필요가 없었던 거예요. 단지 아내를 제 마음에 안고서, 그녀를 상처받은 아이로 바라보기만 하면 되었어요."

"저는 우리 관계에서 진정한 힘을 처음으로 보았어요." 아멜리아가 말했다. "안전해질 수 있는 실제적인 방법 말이에요. 이전에는 저는, 안전은 수비를 얼마나 잘하는지에 달려 있다고 생각했지요. 그런데 비판적이고 통제하려는 것 대신에, 이 사람 앞에서 더 솔직해지고, 저의 연약함을 있는 그대로 드러내는 것이 우리 두 사람을 연결해 주는 유일한 방법이라는 사실을 이제 알게 되었어요. 우리 부부는 거의 수십 년 만에 처음으로, 서로에게 손을 내밀어 줄 만큼 안전감을 느꼈어요. 우리 두 사람을 연결시켜 주는 다리를 발견한 거예요."

샘과 아멜리아 부부는, 딱 일주일 만에 두 사람의 관계를 변화시키기 위해서 반드시 필요한 통찰들과 기술 대부분을 습득한 것이다. 앞으로도 두 사람이 해야 할 일들이 많이 있다. 그런데 이들은 아주 현명하게도, 이마고치료사와 함께 그 일을 계속해 나가기로 결심을 한 것이다. 내 생각으론 이 두 사람에겐 이미 가장 중요한 변화가 발생했다. 즉, 서로를 비판하거나 회피하는 것과 같은 방어기제들을 사용하고 거기에 의존하는 것이 두 사람의 사랑을 파괴하고 있다는 사실을, 두 사람 모두 뼛속 깊이 깨닫게 된 것이다. 아멜리아가 먼저 용기를 내어서, 자신의 부정적인 면을 솔직하게 받아들이고 인정하자, 곧 샘이 자신의 팔을 뻗어서(자신을 확장하여), 아내를 용서하고, 위로해 주었다. 그러자 아멜리아는 이제 자신이 사용해 오던 모든 무기들을 다 내려놓아도 좋을 만큼, 처음으로 **충분한 안전감**을 느낀 것이다.

핵심장면을 재구성하기

'핵심장면을 재구성하기(Core Scene Revisions)'는 우리가 커플들로 하여금 부정성을 제거할 수 있도록 돕기 위해, 신뢰하고 자주 사용하는 실습 활동이다. 이 실습은 커플들이 서로를 비판하고 회피하는 것도 모자라 아예 서로에게 고함을 질러 가며 아주 오래 질질 끄는 싸움을 하게 되는, 그런 커플들을 위해 고안된 것이다. 이렇게 커플 두 사람 사이에서, 자주 반복해서 발생하는 싸움 장면을 가리켜 우리는 '핵심장면(Core Scene)'이라고 부르는데, 그 이유는 두 사람이 각자의 어린 시절의 핵심적인 트라우마 경험을, 결혼생활에서 또다시 반복해서 재연하고 있기 때문이다. 기본적으로, 커플 중 한 사람이 어린 시절에 적응해 온 방식은, 자기 파트너가 어린 시절 적응해 온 방식과는 정반대인 경우가 거의 대부분이어서, 이렇게 성장 과정에서 적응해 온 방식이 서로 정반대인 커플들이 서로 싸우게 될 경우에는, 거의 두 배로 상처를 받게 된다. 전형적으로, 대부분의 핵심장면은 두 사람에게 아주 깊은 정서적인 상처를 안겨 주게 되어, 마치 벽이 둘로 나뉘어 갈라지듯이 교착 상태에 이르는 결과로 끝나게 된다. 사랑이 시작되려면, 그 전에 이렇게 무익하기만 하고, 또 서로에게 상처만 주고받는 일은 끝이 나야만 한다.

잭과 데보라, 두 사람은 거의 꼭두새벽까지 밤새도록, 똑같은 싸움을 거의 매일 반복해 왔다. 이 커플은 자신들의 싸움을 가리켜 '새벽 세 시까지의 전투'라고 불렀다. 왜냐하면 거의 틀림없이 그 시간이 되어서야 싸움이 끝나곤 했기 때문이다. 그렇다고 해서 그 싸움이 그렇게까지 폭발적인 것은 아니었지만 아주 서로를 지치게 하고 기진맥진하게 만드는, 하지만 어떤 해결책도 찾지 못한 채로 똑같이 되풀이해서 결국엔 또 교착 상태에 다시 빠지게 만드는 그런 싸움이었다. 새벽 세 시까지의 전투를 치르고 나면, 두 사람은 며칠 동안을 너무나 지치고, 아주 우울하게 지내야만 했다.

상담을 하던 중에, 두 사람이 벌이는 싸움에 혹시 어떤 공통점이 있는지를 확인해 보기 위해, 두 사람이 최근에 벌였던 싸움에 대해서 아주 상세하게 설명해 줄 것을 요청했다. 그러자 잭이 재빠르게 자신들의 싸움에서의 반복적인 속성을 알아차렸다. 그리고 일단 두 사람이 싸움의 수위를 가장 낮은 수준으로까지 낮출 수가 있게 되자, 두 사람 모두 크게 웃었다. 그런데 그런 후에, 잭이 약간 슬픔이 담겨 있는 목소리로 이렇게 말했다. "저는 제가 이렇게 할 수 있다고 해서 그것 때문에 저 자신이 전혀 자랑스럽게 여겨지지가 않아요. 제가 정말 궁금한 것은, 도대체 왜 우리는 똑같은 함정에 계속해서 빠지게 되는 것일까요? 정말 아주 지겨워 죽겠어요." 두 사람의 설명에 따르면, 그들의 핵심장면은 다음과 같다.

장면 1: 저녁 다섯 시. 잭이 직장에서 집으로 돌아온다. 그리고 데보라와 마주치게 되는데, 그녀는 잭이 집안일을 좀 거들어 주길 바라고 있다. 데보라 입장에서는, 그게 어떤 일이든 간에 다 좋을 것 같다. 휴가 계획을 세워 준다거나, 마당일을 좀 해 주거나, 아니면 우편물을 분류해 주거나. 잭은 자신이 당연히 그런 일들을 기쁘게 하겠다고 말한다. 하지만 지금은 아니고 나중에, 저녁 조깅을 마치고 난 후에 말이다.

　　장면 2: 잭이 조깅을 하러 나간다. 그리고 다시 집으로 돌아온다. 잭이 문을 열고 집으로 들어오자, 데보라가 다시 잭에게 다가가서, 이제 그 일을 좀 해 줄 수 있는지 물어본다. 잭이 대답하기를, "당연하지. 당연히 하고 말고. 내가 샤워만 좀 하고 나서……."

　　장면 3: 잭이 샤워를 하고 있다. 데보라가 따라와서 지금이 딱 그 일을 해야만 할 시간이라고 말한다. 그러자 잭이, "내가 한 잔만 마실 수 있게 좀 놔두면 안 되겠어?"라고 말한다.

　　장면 4(이 드라마의 클라이맥스): 잭은 계속해서 몇 잔째 마시고 있다. 그래서 그는 이제 조금 편안해지기 시작했고, 아주 즐기고 있다. 그러자 데보라가 방으로 들어와서 생짜증을 낸다. "지금 당장 그 일을 해 주든지, 아니면 '나 그거 하기 싫어!'라고 솔직하게 말을 하든지, 둘 중 하나를 하라고요. 정말 당신은, 날 돌아버리게 만든다고요!"라고 소리를 빽 지른다. 그러자 잭이 반격하면서 이렇게 말한다. "사실은 나도 정말 꼭 하고 싶었다고. 하지만 제발 내게 좀 시간을 달라고. 난 정말 피곤하다고. 좀 쉬고 싶단 말야. 제발 날 좀 귀찮게 하지 마."

　　잭이 낱말 맞추기 퍼즐 게임을 하고 있거나 TV를 보면서, 아내의 말을 무시한다. 그러자 그녀가 신경질적이 된다. "당신이란 사람 정말 미워 죽겠어!"라고 큰 소리를 지르며 악을 쓴다. "당신은 그렇게 하겠다고 말은 해 놓고, 절대로 자기가 말한 대로 하는 걸 본 적이 없어. 그리고 당신은 내가 하는 말을 전혀 귀담아 듣질 않아. 난 내가 지금 사람이 아닌 로봇하고 사는 것 같아. 당신에게선 아무것도 느낄 수가 없어." 그러자 잭은 아내의 화로부터 어떻게든 벗어나 보려고, 지금까지 자기가 하고 있던 일에 더욱더 집중하려 든다. 하지만 더 이상 진정되지가 않자, 일어나서 집을 나가 버린다.

　　장면 5: 잭이 밤늦게 집으로 돌아온다. 그는 술을 더 많이 마셨다. 데보라가 한

번 더 공격을 퍼붓는다. 그렇게 싸움이 계속되고, 데보라가 아주 지독한 비판을 잭에게 퍼붓고, 잭이 아내를 달래 보려 하다가 그게 잘 안 되면 무시해 버린다. 그러다가 결국엔 두 사람 모두 이 신파조의 싸움에 넌덜머리를 내게 되고, 다시 절망에 빠져 서로에게 등을 돌린다.

그럼 여기서 잠시 이 드라마를 한번 분석해 보기로 하자. 만약에 누군가가 잭과 데보라에 관해서 심리학 교과서를 가지고 들여다본다면, 잭은 '수동적-공격형'으로 설명할 수 있을 것이다. 잭은 데보라가 자신의 삶을 조정하려 들고, 또 자기만의 공간을 침범하려 들기 때문에 아주 화가 나 있다. 하지만 그렇다고 해서 막상 그것을 직접적으로 표현하는 것은 두려워하고 있다. 대신에 그는 교묘하게 시간을 벌며, 핑계를 댄다. 조깅을 하고, 샤워를 하거나, 술을 마시고, 또 낱말 맞추기 퍼즐 게임을 한다. 다시 말해서, 그가 이 관계 안에 만들어 놓은, 수많은 탈출구들을 최대한 활용하고 있는 것이다. 그런데 데보라는 '공격적-공격형'이라고 할 수 있다. 잭은 "저 여자는 불독이에요."라고, 조금 감탄하는 듯한 어조로 말한다. 그녀는 자기의 요구사항이나 화가 난 것을 아무런 거리낌도 없이, 아주 노골적으로 드러낸다. 이 두 사람의 핵심장면에서 더 이상 줄여질 수가 없는 부분이 뭐냐 하면, 데보라가 공격을 하면 할수록 잭이 더 움츠러든다는 것이다. 그리고 잭이 움츠러들면 들수록, 데보라는 더 자신이 버림받는 것처럼 느낀다는 점이다. 사실 데보라가 잭에게 그렇게 화를 내는 진짜 이유는, 그녀의 극심한 공포를 감추기 위한 것이다. 그녀는 홀로 남겨지게 될까 봐 겁을 먹은 것이며, 잭의 둔함이 그녀로 하여금, 마치 실체가 없는 유령 같은 배우자와 살고 있는 것처럼 느껴지게 만들었다.

나는 데보라와 잭에게, 이와 같은—은유적인 표현이 아니고 진짜 말 그대로, 이렇게 벽이 쫙 갈라져 완전히 두 쪽으로 나뉘어 버린 것 같은—교착 상태를 끝내기 위해서는, 두 사람만의 드라마를 새로 써야만 할 것이라고 설명해 주었다. 그래서 나는 두 사람에게 집에 돌아가서 해야 할 숙제를 하나 내 주었는데, 종이와 연필을 가지고, 지금보다 훨씬 나은 해피엔딩을 가져올 수 있는 드라마 한 편을 새로 써 오도록 제안했다. 그리고 그 새로운 선택을 통해 만든 드라마를 아주 여러 번에 걸

쳐 읽어 봄으로써, 과거에 습관적으로 해 오던 그 익숙했던 드라마보다 더 익숙
해져야만 한다고 말해 주었다. 어떠한 변화라도 그것이 두 사람에게 도움이 될
수가 있다는 점을 확신시켜 준 것이다. 지금까지 두 사람이 반복적으로 해 오던 싸
움을 핵심장면으로 인식할 수 있다는 것은 아주 긍정적인 움직임인 것이다. 게다가
거기에 단 하나의 행동이라도 바뀔 수 있게 할 수 있다면, 그것은 새로운 해결책
의 가능성을 창조하는 것이다.

　잭과 데보라의 핵심장면을 수정할 수 있는 몇 가지 방법이 여기 있다. '제발 그
만 좀 귀찮게 하고 물러서라'고 말하는 잭의 요청을 기본적으로 존중하여, 데보
라가 조금 덜 공격적이 되는 것이다. 그리고 잭에게 한 번 어떤 일을 부탁했음에도
불구하고 아무런 반응을 얻지 못한 경우에는, 더 이상의 요청을 하지 않아야 한다.
그렇게 되면, 잭이 움츠러들 필요 또한 좀 줄어들 것이다. 그렇게 되면, 잭은 샤
워를 하거나 낱말 맞추기 퍼즐을 하기 전에, 데보라가 부탁했던 그 집안일을 해
볼 수 있는, 심리적인 공간을 조금 확보할 수 있게 될지도 모른다.

　아니면 잭이 자신의 입장을 좀 더 솔직하게 드러내는 쪽으로, 다시 각본이 써
질 수도 있을 것이다. "아냐. 난 그런 일을 하고 싶지 않아. 그 일이 내게는 그렇
게 중요하지 않아. 차라리 난 다른 일을 하는 편이 더 좋겠어." 이렇게 잭이 자기
주장을 확실히 하게 되면 데보라는 많이 놀랄 테지만, 만약에 잭이 계속해서 자
신의 우선순위를 주장한다면 결국엔 데보라도 안심이 될 것이다. 왜냐하면 궁극
적으로 데보라가 정말로 원했던 배우자는 로봇처럼 자동화되어 있는 사람이 아
니라, 독립적이고 또 자신감이 넘치는 그런 사람이기 때문이다.

　이 두 가지의 새로 개정된 시나리오들은, 사실 단 하나의 행동으로 줄여서 실
행할 수도 있다. 그것은 '요청과 응답'이다. 그러나 만약에 두 사람 사이에 좌
절 경험이 계속된다면, 두 사람은 행동 2로 옮겨가야 한다. 즉, 데보라가 잭에
게 '행동수정요청(BCR) 대화'를 요청하는 약속을 정하고, 그녀의 좌절 경험을
SMART(Specific, Measurable, Achievable, Relevant, Time-Limited) 요청으로 전환시
키면 되는 것이다.

　핵심장면을 정확하게 규정하고, 거기에 대한 대안을 다시 작성하는 일은 아주 효과

적인 도구가 될 수도 있다. 커플들이 자신들이 해 온 싸움을 객관화할 수 있다면, 그리고 그 드라마 속에 들어 있는 핵심요소들을 파악할 수가 있다면, 그래서 다른 선택들을 만들어 낼 수 있다면, 그들은 지금 싸울 것인지 아니면 도망칠 것인지 둘 중 하나를 선택해야만 하는 오래된 뇌의 반응을 물리치기 위해서, 우리의 이성적인 새로운 뇌를 사용하고 있는 것이다. 그들은 그들의 감정이 더 고요하고 긍정적인 방향을 향해서 흘러갈 수 있게 할, 새롭고 중립적인 경로를 개척해가고 있는 것이다.

긍정적인 칭찬의 홍수 퍼붓기

이마고 실습 활동들 중, 한 가지를 더 설명하고자 한다. 이 실습은 커플들로 하여금 자신들의 '부정적인 것(Negativity)'을 뒤에 남겨 두고 떠나갈 수 있게 할 뿐 아니라, 감정적인 독소가 더 이상 없는 미래를 바라볼 수 있게끔 도와줄 것이다. 이 마지막 연습은 커플들 사이에서 가능할 수 있는 최고의 사랑과 존경의 표현이며, 웅장한 결말인 것이다. 우리는 그것을 '긍정적인 칭찬의 홍수 퍼붓기(Positive Flooding)'라고 부른다.

사랑하는 관계에 있는 두 사람이, 먼저 서로에 대해 높이 평가하고 있는 점들을 하나도 빠짐없이 다 작성한다. 그 목록에는 상대방의 신체(몸)와 성격의 특성들, 그리고 지금까지 그 사람이 내게 해 주었던 행동들과 호의적인 것들 중에서, 내가 높이 평가하고 고마워하는 것들, 그리고 파트너에 대한 사랑과 존경에 대한 전반적인 표현들을 모두 작성한다. 그리고 파트너끼리 교대로 번갈아 가면서, 상대방에 대한 이런 특별한 사랑의 표현을 마치 '홍수가 난 것(봇물이 터진 것)처럼' 흘러넘치도록 퍼부어 주는 것이다.

이 실습의 두 번째 부분에서는, 각자가 종이를 꺼내서 서로에게 칭찬받고 싶어 하는 자질의 목록들을 받아 작성한다. "나는 당신이, 내가 가족을 부양하기 위해서 열심히 일하고 있는 것에 대해서, 감사하다고 말해 주면 좋겠어." "그리고 또

나는 당신이, 내가 당신의 말을 열심히 귀담아 듣는 것을, 당신이 얼마나 좋아하는지, 내게 말해 주면 좋겠어." "그리고 나는 당신이, 나의 길고 날씬한 다리를 좋아한다고 내게 말해 주길 바라." 이때 파트너는 각자 작성한 목록을 서로 교환하고, 그리고 교대로 파트너의 특별한 요청에 따라서, 마치 댐의 수문이 열리기라도 한 것처럼 서로에게 칭찬의 말을 마구마구 쏟아 낸다. 이것은 마치 성탄절에, 당신이 원하는 소원 목록을 모두 작성하는 것과 같다. 그런데 오직 지금 이 경우에 한해서, 당신은 당신이 원하는 모든 것들을 전부 다 받을 수 있는 것이다.

헬렌과 나는, 우리 두 사람의 부부관계를 위해서 이 '긍정적인 칭찬의 홍수 퍼붓기' 실습을 정기적으로 하고 있다. 우리가 이 훈련을 직접 고안했고, 또 이 실습이 시행되는 것을 수도 없이 지켜봤지만, 그럼에도 불구하고 우리 두 사람은 이 실습을 할 때마다 매번 서로에게서 받는 사랑과 칭찬의 강렬함에 여전히 큰 감동을 받곤 한다. 이 실습은 우리가 서로, 아주 깊이, 그리고 철두철미하게 사랑을 받고 있다는, 그 확실한 느낌을 가질 수 있게 만들어 준다.

'이마고커플스워크숍'에서는 이 실습을 참석한 모든 커플들이 동시에 실시하게 한다. 각 커플 중, 먼저 한 사람(받는 사람)이 의자에 앉는다. 그때, 다른 한 사람(보내는 사람)은 그 의자 주변을 천천히 돈다. 처음 몇 분 동안은, '보내는 사람'이 받는 사람의 신체적인 특징들―우아한 입술 주변의 곡선, 비단 같은 피부, 잘생긴 코, 기타 등등―중에서 자신이 좋아하는 게 무엇인지를 설명한다. 그리고 그 다음의 몇 분 동안은, 조금 더 커진 목소리로, '받는 사람'의 성격적인 특징들 중에서, 내가 칭찬하고 싶은 점―신뢰할 수 있음, 정직함, 친절함, 용감함, 똑똑함 등등―에 대해서 얘기한다. 그리고 이제 세 번째는, '보내는 사람'이 '받는 사람'이 그동안 나를 위해 호의적으로 해 주었던 것―내가 감기 걸렸을 때 날 잘 돌보아 준 것, 눈보라가 몰아치던 때 자동차 바퀴에 체인을 감아 준 것, 내 원가족 모임에 기꺼이 가 준 것, 내 원가족 중 한 사람이 사망했을 때 내게 위로가 되어 준 것―에 대한 감사함을, 방금 전보다 좀 더 큰 소리로 말한다. 그래서 이 실습이 최고조에 다다랐을 때는, 칭찬을 퍼붓는 배우자(보내는 사람)가 '받는 사람'에 대한 사랑과 감사를 아주 전체적(포괄적)으로 표현하고, 선언을 하는 것이다. "내가 이렇게 멋진 사람과 결혼을 했다는 사실이 정말 믿어지지 않아." "난 정말로 당신을 사랑해!" "당신을 진짜로 사랑해!" "내가 당신을 사랑한다고!" "당신이 바로 내가 꿈에 그리던 그 여자야!" "당신은 나의 최고의 친구야." "내 애인이야!" 이 선언을 할 때에, '보내는 사람'이 소리를 지르며 점프를 하면서, 온몸으로 사랑을 표현할 수 있으면 더 좋다. 이렇게 하게 되면, 에너지가 금방 확 퍼져 나가게 된다. 요란한 웃음 소리가 터져 나오게 되고, '보내는 사람'과 '받는 사람'이 서로를 껴안고 포옹을 하고, 너무 좋아 기쁨의 눈물을 흘린다.

　우리 중 대부분의 사람들은, 누군가가 나를 향해서 아주 강력한 어조로, "내가 당신을 사랑해요." "당신은 정말 너무 멋져요!"와 같은 말을 들어 본 적이 거의 없다. 대신에 우리는, 사람들로부터 "좀 조용히 해라." "저리로 꺼져 버려." "넌 네 일이나 신경 써라." "넌 미친 거야!"라고 소리지르는 말을 들어 왔다. 이 '긍정적인 칭찬의 홍수 퍼붓기' 실습은 물이 가득 차 있는 댐의 수문을 활짝 열어서, 사람들에게 기쁨의 홍수를 마음껏 쏟아부어 주는 것이다.

제12장
두 가지 다른 관계의 초상화

행복한 결혼생활을 가능하게 하는 건 무엇일까?

이 세상의 모든 남자와 여자들이 이 질문의 답을 찾고 있다.

내 생각에, 이 질문의 답은 분명히 찾을 수 있다.

결혼한 두 사람이 서로가 가장 필요로 하는 게 무엇인지 찾고,

어떻게 해서라도 그 필요를 채워 주려 하고, 서로를 만족시켜 줄 수 있는 방법을,

둘이 함께 발견해 가려고 하는 그 과정을 통해서⋯⋯.

─펄 벅(Pearl Buck)

하빌의 이야기

나(하빌)는 상담사가 아닌, 목회자로서의 삶을 먼저 시작했다. 어린 소년이었을 때, 나는 조지아주의 스테이츠보로에 있는 제일침례교회에 다녔다. 우리 교회는 1년에 한 번을, 지역사회 젊은이들을 위한 특별한 날로, 청년주일(Youth Sunday; 중·고등학생들이 그날의 예배 전부를 주관하여 이끄는 특별한 예배─역자 주) 특별예배를 드리고 후원했다. 내가 열다섯 살이 되던 해에, 나는 스테이츠보로 고등학교에 다니고 있었는데, 미국 내에서 각 주를 대표하는 참가자들만 범국가적으로 겨루는 전국웅변대회에 출전하여 6등으로 뽑혀 상을 받게 되었다. 그 소식을 우리 교회 목사님이 들으시고, 청년주일에 나에게 설교를 하도록 맡기셨

다. 난 지금도, 내가 정장에 넥타이를 차려 입고, 강대상 뒤쪽에 서 있었던 게 기억이 난다. 내 등 뒤로 식은땀이 흐르고 있었다. 난 청년들과 부모님들로 가득 찬 교회를 둘러보았고, 겨우 입을 열어 말을 하기 시작했다. 그런데 이상하게도 내가 염려했던 것과는 달리, 내가 말을 하기 시작하자 이전의 불안은 어디론가 사라져 버렸고, 난 아주 열정적으로 꽤 괜찮은 설교를 했던 게 분명했다. 왜냐하면 내가 설교를 마치자, 몇몇 사람들이 내게 다가와, "넌 아무래도 목사가 되는 게 좋을 것 같다."라고 말해 줬기 때문이다.

우리 교회의 조지 로블 목사님도 그렇게 생각하셨던 게 분명했다. 몇 주 뒤에 목사님이 나를 사무실로 부르셔서, "하빌, 저 마을 밖 20마일쯤 떨어진 곳에 작은 침례교회가 하나 있는데, 그 교회는 얼마 전부터 목사님이 안 계셔서, 그 교회 사람들이 내게 전화를 해서 앞으로 몇 주 동안 주일에 설교를 해 줄 사람을 소개해 달라고 했는데, 네가 한번 해 보지 않을래?"라고 말씀하셨다. 청년주일 설교를 성공적으로 마쳐서 굉장히 기뻤던 나는, 그렇게 하겠노라고 대답했다.

그 조그마한 교회에서, 나는 몇 주 동안 주일마다 설교를 했다. 그러자 내가 잘하고 있다는 소식이 조지 로블 목사님 귀에도 들어갔던 것 같다. 그때 이후로, 목사님은 나를 '소년 설교자'쯤으로 생각하셨던 것 같다. 그리고 그 후로 몇 년 동안을 그 근방의 다른 작은 마을에서도, 혹시 목사님을 대신해 설교할 사람이 필요한 경우엔 나를 보내셨다. 내가 열일곱 살이 되었을 때, 나는 조지아주 가이튼이라는 작은 마을에 있는 소나무길 침례교회에 종신 설교자로 임명되었다. 그 일은 풀타임으로 일하는 목회자의 업무로, 주일마다 두 번 설교를 하는 것 외에도 다른 목회 업무까지 포함하는 것이었다. 그리고 내가 열아홉 살이 되었을 때, 그 교회보다 더 큰 교회로부터 정식으로 청빙을 받아서 나는 담임 목회자가 되었고, 내가 대학교를 마칠 때까지 그 교회에서 목회를 했다.

지금에 와서 그때 당시의 내 삶을 되돌아보면, 내 나이 겨우 17세에 고등학교를 다니면서 목회를 시작해 21세에 대학교를 마칠 때까지 이 두 교회에서 내가 목회를 할 수 있었던 것은, 내 인생에서 내가 받았던 진정한 선물이었다는 것을 깨닫는다. 소나무길 교회 교인들은 무척이나 사랑이 많아서, 나의 숨겨진 우울과 외로움을 많이 달래 주셨다. 나는 그분들의 사랑에 힘입어서, 나 자신에 대한 믿음도 더 많이 생겼다. 나는 목회자로서, 오십 명이 넘는 사람들에게 세례를 주었고, 열여덟 명의 장례식을 치렀으며, 네 커플의 결혼식 주례까지 했다. 고등학교를 다닐 때 섬겼던 교회는 불과 30마일밖에 안 떨어져 있었지만, 내가 조지아 메이컨에 있는 머서대학교에 입학한 다음에 사역했던 교회까지는 학교에서 세 시간이나 떨어져 있었다. 그렇지만 나는 내가 받았던 목회자 사례비로 한 학기 등록금인 450달러를 지불하고도 쓸 만한 차까지 구입해서 학교까지 운전을 하고 다닐 수가 있었다. 나는 주중에는 대학에서 아주 열심히 공부를 했고, 그리고 주말마다 차를 운전해서 다시 교회로 돌아가 설교를 하고 목회 업무도 했다. 여름방학 동안에는, 여러 교회들부터 청년부흥회를 인도해 달라는 요청을 받아서, 조지아주에서부터 저 캐롤라이나 해변 지역까지 사발팔방을 두루두루 오르락내리락하며 수많은 사람을 예수님께로 인도하였고, 청년부흥회 강사로 널리 이름을 날렸다.

대학교 3학년이 되던 해에, 나는 굉장히 훌륭한 철학 수업과 성서비평학 수업을 듣게 되었는데, 그때, 내 눈앞에 '논리적 사고'라는 아주 새로운 세상이 펼쳐졌다. 내가 추상적 사고의 영역에 몰입을 하면 할수록, 이 세상의 어떤 것도 더 이상 단순해 보이지가 않았다. 내 설교는 그때부터 세부적인 사항들을 구체적으로 따져 묻는 신학적 질문들로 가득 차게 되었다.

그리고 난 성경을 언어학적으로 분석해서는 단 한 사람의 영혼도 예수님께로 인도할 수 없다는 사실을 금세 깨닫게 되었다. 내가 그 운명적인 철학 수업과 성서비평 수업을 마친 바로 그 여름에, 꽤나 큰 도시에 있는 한 교회로부터 부흥회를 이끌어 달라는 요청을 받게 되었다. 그곳은 내가 1년 전에 굉장히 놀라운 사건을 일으켰었던 바로 그 교회였다. 첫째 날 밤에, 부흥회가 열렸던 경기장에, 이 소문난 소년 설교자의 설교를 들으려고 약 1,500여 명의 사람들이 모든 좌석을 가득 메웠다. 개회 설교 제목은 '영원한 삶'의 개념, 그리고 그 '영원한'이라는 단어가 곧 우리의 삶의 질을 의미하는 것인지, 아니면 삶이 지속되는 기간을 의미하는 것인지에 관한 것이었다. 내가 둘째 날 밤에 설교를 하려고 강단에서 일어나 위쪽을 올려다보니, 발코니 쪽에 빈 좌석 몇 개가 눈에 들어왔다. 그리고 셋째 날 밤에는, 경기장 1층 좌석들이 텅텅 비어 있었다. 그렇게 한 주간의 부흥회가 끝나 갈 무렵에는, 아주 신앙심이 깊은 소수의 신자들만이 남아 내 설교를 들었다. 그렇게 부흥회가 전부 다 끝났을 때, 그 교회 담임목사님이 내게 마음을 좀 터놓고 이야기를 해 보자면서 나를 구석으로 데리고 갔다. 그분은 작년 부흥회에서, 내가 120명의 사람들로 하여금 예수님께 자신들의 삶을 바치기로 결정하도록 이끌었던 사실을 끄집어냈다. 그런데 올해엔 겨우 8명만이 복도를 따라 내려와 헌신했던 것이다. "하빌, 너 지금 대학에 다니고 있지? 그렇지?" 그의 목소리엔 실망의 기색이 아주 역력했다. 나는 말없이 고개를 끄덕였다. "음, 대학이 너를 망쳤구나." 그가 말했다.

복음을 전하는 사람으로서의 나의 짧은 경력은 끝으로 치닫고 있었다. 그렇지만 철학과 종교에 대한 나의 지적 호기심은 더욱 커져만 갔다. 대학교 4학년 때, 나에게는 심리학이라는 세 번째 관심 분야가 생겼다. 내게 있어 신학과 철학, 그리고 심리학은 하나의 실상을 들여다보는 다른 세 개의 창이었다. 인간의 존재라는 실상에 대해서 신학과 철학, 그리고 심리학은 내게 조금씩 다른 관점들을 각각 제공해 주었다. 나는 내가 이 세 가지 창을 동시에 사용하여 실상을 들여다본다면, 훨씬 더 큰 그림을 볼 수 있을 것이라고 믿었다. 내가 시카고대학교 대학원에 입학했을 때, 내가 그토록 보길 원했던 그 큰 그림이 바로 심리학과 종교를 이어 주는 새로운 학문 안에 존재하고 있다는 사실을, 난 발견했다.

그 시점 이후로 내 삶에 일어난 사건들은, 이 세 가지 학문들 중 오직 심리학 쪽으로만 나를 이끌어 갔다. 내가 마침내 목적지에 도착해서 눈을 들어보니, 나는 커플(부부)치료라는 비교적 특수한 분야에 발을 딛고 있었다. 조지아주 남쪽 지방에서 소년 설교자로 시작했던 나는, 어느새 어퍼맨해튼에서 부부상담사로 일하게 되었다. 그렇지만 내가 설교를 하고, 세례를 주고, 그리스도께로 영혼을 데리고 갔었던, 그 몇 년의 시간들이 내게 결코 무의미했던 것은 아니었다. 지금까지도 그 경험은 내가 세상을 바라보는 데 있어 굉장히 많은 부분을 차지하고 있다. 나는 사람이 영적으로 온전한 것과 심리적으로 온전한 것은 떼려야 뗄 수 없는 관계라고 생각한다. 그리고 내가 부부상담사로서 지금 하고 있는 일이, 내가 여름 부흥회 때 했던 하나님의 일과 굉장히 많은 부분에서 닮아 있다고 느낀다. 커플(부부)들의 깨어진 관계를 치유하고, 또 그들이 열정적으로 서로를 사랑하는 진정한 친구가 될 수 있도록 내가 도울 수 있을 때, 나는 내가 그들을 하나님께로 더 가까이 데려가는 것이라고 믿는다.

헬렌의 이야기

나(헬렌) 또한 종교적인 교육을 거쳤다. 나는 텍사스의 달라스에서 성장했는데, 어머니는 남침례 교인이었고, 아버지는 석유 사업가였다. 두 분은 모두 각자 하는 일이 너무나 바빴기 때문에, 난 그분들 중 누구와도 가깝게 지낼 수가 없었다. 나는 남부의 전형적인 문화―여자는 그저 예쁘게 보이고, 남자에게 맞춰 가며 살고, 돈을 벌거나 대부분 중요한 일은 남자가 다 알아서 하는 그런 문화―에서 흔히 사람들이 말하는, '남부 출신의 예쁜 아가씨(Southern Belle)'처럼 살아가도록 길러졌다. 그리고 난 남부감리교대학교(SMU)에 입학했고, 거기서 내게 프러포즈를 한, 아주 젊은 남자애와 결혼을 했다. 졸업 후에 2년 동안 내가 아이를 낳고 엄마가 될 때까지(아직은 나 자신이 석사학위 과정에 진학할 만큼 그렇게 똑똑한 건지 확신이 없었기 때문에, 그 기간 동안), 달라스에서 저소득층 사람들만 모여 사는 동네에서, 전부 흑인 학생들만 다니는 고등학교 교사로 일했다.

내 남편은 우리 아버지가 운영하는 석유 회사에서 일을 하고 있었는데, 재정적인 문제가 불거져서 결국에 우리 두 사람은 아주 고통스러운 이혼을 하게 되었다. 그런 일을 계기로, 나는 나 자신의 목소리를 찾는 데 집중하게 되었는데, 그 이유는 내가 고통 속에서 아파하는 이들을 돕는 것에 어떤 소명감을 느꼈기 때문이다. 나는 반드시 심리학 석사과정을 마치고, 심리치료사가 되고 싶었다. 내가 하빌을 만났을 때, 나에게 정말 중요한 주제들에 대해 함께 대화가 가능한 그런 사람을 만났다는 사실이 정말 보물처럼 느껴졌다. 우리는 꽤 오랜 기간 동안 연애를 했고,

그리고 내가 하빌에게 청혼을 했고, 그가 받아들였다(와우!). 결혼 후에 나는 공부를 계속했고, 임상심리학 박사과정을 거의 절반 정도 마쳤었다. 그리고 우리 가족이 소유하고 있는 석유 회사로부터 내게 배당금이 지급되었을 때, 나는 그 돈을 여성평등의 강화를 돕기 위한 여성후원금 자선활동을 위해 사용했다. 왜냐하면 나는 여성들에게 좀 더 힘을 실어 줘서, 여성들의 목소리와 가치가 우리 문화 속에 흘러가게 되면, 남성들의 목소리와 함께 좀 더 동등한 파트너십을 이룰 수 있게 되리라고 믿었기 때문이다.

내 인생의 초창기였던 그 젊은 시절에 나는 가진 자와 못 가진 자의 간격, 남자와 여자의 역할 차이, 하나님과 죄인 사이의 분리됨, 신앙과 여성주의의 결렬 등에 관한 의식에 고무되어 있었다. 그 어디를 둘러봐도 모두 다 나뉘고 깨어져 있었다.

하빌과 나, 우리 두 사람이 가지고 있는, 아주 다양하면서도 각기 다른 렌즈들, 즉 신학, 철학, 교육, 자선활동, 심리학, 여성주의 속으로, 그렇지만 '나뉘고 깨어져 있음'이라는 공통된 주제를 부여잡고, 우리는 그 속으로 다이빙을 하곤 했다. 우리 두 사람에게는, 우리가 그 문을 하나하나 열어젖힐 때마다, 각 문마다 이러한 파열들이 너무나도 뚜렷하게, 아주 가시적으로 보였다. 그게 경제적인 문제이든, 성차별에 관한 것이든, 인종차별의 문제이든, 아니면 하나님과 멀어진 인간의 타락에 관한 것이든, 혹은 인간의 성적 욕망에 대해 프로이트가 말하는 그 성적 억압에 관한 것이든 말이다.

연애 초기에 우리는 카프라의 『물리학의 도(The Tao of Physics)』라는 책을 함께 읽었는데, 이 책은 우리 두 사람을 양자물리학과 신경과학 분야에 대해 관심을 갖고 탐구하도록 이끌었으며, 깨어져 있음(Brokenness)의 원인이 분리(Separation)로부터 비롯된 것이라는 점을 이해할 수 있게 해 주었다. 그런데 우리가 이와 같이 각각의 학문 분야들을 아주 충분하게 섭렵하고 깊게 들여다보게 되면 결국엔 공통된 한 가지 주제가 떠오르게 되는데, 그것이 바로 '관계'였다. 다시 말해서, 우리가 어떤 것을 들여다보는지에 상관없이, 원자를 구성하는 입자들부터 신경세포들, 그리고 저 우주에 이르기까지, 그 어떤 것도 외따로인 것은 없었다. 즉, 분리되어 있는 건 없다는 게 사실이다. 가끔씩, 연결되어 있는 것에 대한 우리의 자각이 흐릿해질 수야 있겠지만, 그러니까 사실, '분리'는 우리의 착각일 뿐이라는 말이다. 우리는 연결되어 있지 않을 수가 없다. 만약에 우리의 삶의 초기관계의 경험들이 우리가 느끼는 고립감(외로움)의 주된 이유가 맞다면, 우리가 가장 친밀감을 느끼는 관계들을 통해서, 우리가 서로 연결되어 있음을 경험하는 것이 최고의 치유 방법이 될 것이다.

하빌과 내가 이 책의 다른 부분에서도 다루었던 것처럼, '어려운 부부'가 된다는 게 어떤 것인지, 우리 두 사람은 그것에 대해 개인적으로 너무 잘 알고 있다. 심지어는 뉴욕 최고의 심리치료사라는 전문가들조차도, 우리 부부를 도와주는 데 실패를 했기 때문이다. 우리 부부는 실패를 인정했고, 게다가 이혼하겠다고 발표까지 했었다. 그러던 어느 날 갑자기, 우리 두 사람은 우리 부부관계가 부정성으로 가득 차 있다는 사실을 깨닫게 되었고, 바로 그 순간, 마치 우리 머릿속에 번쩍 정신이 들게 만드는 자명종 소리가 아주 크게 울려 퍼지는 것 같았다. 우리 부부 사이의, 우리 둘만의 그 공간이 판단과 비판, 그리고 우리가 한때 경험했던 연결의 끊어짐과 그 결과로서 오는 불안과 그 불안을 불러오는 수치심으로 가득 찼었다. 정작 우리의 결혼생활을 구해 주고 우리 부부 사이에서 다시 연결감을 가질 수 있도록 우리를 도와주었던 건 다른 게 아니고, 바로 우리 부부가 **부정성 제로 만들기**에 함께 헌신하여, 매일 저녁에 우리의 부정성 제로 훈련이 제대로 지켜졌는지를 같이 확인하고, 정말 우리 관계에서 이 **부정성이 제로**가 될 때까지 우리 두 사람이 그것을 직접 실천함으로써 가능했던 것이다.

그리고 궁극적으로는, 우리가 우리 두 사람 사이의 공간, 그러니까 우리 둘만의 그 신성한 공간 안에 하나님의 영이 들어오셔서, 그 안에 거하실 수 있도록 그분을 그곳으로 초청해 드렸을 때, 그 공간이 안전감으로 꽉 채워지는 것을 우리 두 사람이 경험하게 되었다. 그렇게 우리는 다시 원점으로, 우리 두 사람의 원래 뿌리로 다시 돌아올 수 있게 되었다. 무엇이 우리로 하여금 '**부부관계치료는 곧 영적 여정(Spiritual Path)**'이라는 사실을 깨닫게 해 주었을까? 행동의 변화와 '돌봄의 행동들' 그리고 '어린 시절의 경험들'과 같은 일상적인 것들에 대해 사람들이 서로 대화를 하는 것이, 그 사람들로 하여금 '신성한 것 혹은 신적인' 경험을 할 수 있도록 돕는 것과 정말 어떤 연관이 있는 것일까? 그렇다. 이 둘은 확실히 연관이 있다. 우리가 이러한 대화 연습과 행동들을 직접 실행하게 될 때, 우리는 우리 자신을 뛰어넘어서는 경험, 즉 우리 파트너(배우자)에 대해서 '진정한 경이로움(놀라움)'과 같은, 그런 아주 특별한 경험을 하게 되는 것이다.

하빌과 내가 이 책에서 '영적(Spiritual)'이라는 단어를 사용할 때, 우리는 이 '영적'이라는 단어를 사람들이 흔히 사용하고 있는 그런 의미로 사용하는 것은 아니다. 다시 말해서, 사람들이 교회에 가거나, 혹은 어떤 종교의 교리를 따르거나, 또는 명상이나 금식, 아니면 기도를 통해서 어떤 특별한 심령의 상태에 이르는 것을 의미하는 것이 아니다. 우리가 '영적'이라는 단어를 사용해서 말하고자 하는 것은, 우리가 인간으로서 태어나면서부터 타고나는 **영성**을 말한다. 마치 우리의 성(Sexuality, 性)이 우리 존재의 한 부분인 것과 같이, 우리 존재의 한 부분인 영성을 말한다. 우리가 엄마의 자궁 속에 잉태되었던 바로 그 순간에 선물로서 주어졌던 영성, 비록 우리가 어렸을 때 그것을 어떻게 경험했었는지 잊히긴 했지만, 하지만 만약에 우리가 성인이 되어서 오래된 상처를 치유하는 법을 배우게 되고, 그리고 또 파트너와 즐겁게 연결되는 그런 경험을 하게 되면 또 다시 원래대로 재생하게 될, 그런 영성을 의미하는 것이다. 우리가 우리 자신의 내면에서 '근본적인 내면의 일치성'을 자각하게 될 때, 우리는 아주 놀라운 발견을 하게 된다. 그것은 바로 우리가 이 세상의 다른 것들과 더 이상 **단절되어** 있지 않다는 발견인 것이다. 그런데 그것은 오직, 이 세상의 아름다움과 복잡함을 자유로이 경험할 수 있는, 우리 자신의 존재(이 기적)에 우리 **자신이 연결되어** 있을 때만 가능한 것이다. 이 우주는 우주 자신의 의미와 목적을 지니고 있으며, 우리는 우리보다 훨씬 더 거대한 이 우주 전체의 한 부분으로서 나 자신을 경험하게 된다. 결혼생활 초창기에, 헬렌이 도스토예프스키가 한 이런 말을 즐겨 인용하곤 했다. "살아 있는 하나님을 직접 얼굴을 맞대어 만나 보고 싶어 하는 사람은, 결코 하나님을 만나 볼 수가 없을 것이다. 사람을 **진심으로 사랑하는** 그 길을 통하지 않고는……."

이렇게 높은 경지에 오를 수 있는 가장 확실한 방법은, 두 사람이 사랑으로 서로를 돌보며 겸허하게 길을 함께 가는 것이다. 우리가 함께 용기를 내서 우리 자신의 존재의 진실은 무엇이고, 또 우리 파트너의 존재는 진정 무엇인지를 밝혀 보고자 할 때, 인간이 경험할 수 있는 가장 만족스러운 삶의 여정은, 우리 두 사람이 심리적이며 영적인 파트너십(관계)을 이루었을 때라는 사실을 발견하게 될 것이다.

통합하기

지금까지 우리는 이러한 치유 과정이 어떻게 일어나는지와 그 다양한 방법들에 대해서 자세하게 알아보았다. 이제는 잠시 한 걸음 뒤로 물러나, 이 전체적인 치유 과정에 대해 대략적으로 정리를 해 보기로 하자. 첫 번째 단계는 우리의 상처를 치유하기 위해 우리의 관계를 새롭게 재구성하는 것이다. 그렇게 하기 위해서 우리는 먼저 안전하고 서로를 신뢰할 수 있는 분위기를 만들어야 한다. 그리고 우리의 탈출구들을 닫고, 서로에게 다시 헌신하기로 새롭게 다짐하며, 서로를 기쁘게 하려는 확실한 의도를 가지고 행동함으로써 안전하면서도 서로를 북돋워 주는 그런 환경을 만들어 가야 한다. 또한 솔직하고 효과적으로 의사소통하는 방법을 배움으로써 관계 안에서 서로가 더 안전함을 느끼고, 서로의 관점을 있는 그대로 받아들일 수 있다. 우리가 이렇게 관계를 맺는 새로운 방식에 대한 거부감을 극복할 수 있게 되면, 내 파트너를 좀 더 뚜렷하고 분명하게 바라볼 수 있게 된다. 그리고 파트너가 그동안 내게 드러내 놓고 함께 나누지 못했던, 그 사람의 두려움과 약점, 그리고 욕구들이 있었다는 사실을 새롭게 깨닫게 된다.

그리고 이제부터는 파트너를 기쁘게 해 주려는 확실한 의도를 가지고, 파트너와 나만의 그 사이 공간이, 돌봄의 행동들과 재미있는 활동들, 깜짝 놀라게 해 주는 행동들도 넘쳐날 수 있도록 계속 나아간다. 이러한 노력들이 두 사람의 관계 안에 안전감과 즐거움을 지속적으로 제공해 준다. 그리고 우리가 과학적 지식을 통해서 새롭게 알게 된 한 가지 사실은, 하나의 신경 연결 통로(Neural Pathways)

에서, 긍정성과 부정성이 한꺼번에 전달될 수가 없다는 점이다.

　그리고 우리는, 우리의 오래된 상처들에 대해 좀 더 알아차릴 수 있게 된다. 우리가 왜 그토록 필요로 했던 그런 충분한 보살핌과 양육을 받을 수가 없었는지, 그리고 우리 존재의 본질적인 부분들이 어떻게 억압이 되었는지, 그런 것들에 대해서 좀 더 확실히 알아보기 위해, 우리는 과거를 들여다본다. 그래서 우리는 상담도 받고, 기도도 하고, 또 삶에 대해 성찰을 하면서, 매일매일 일어나는 사건들을 보다 정확하게 관찰함으로써 이런 작업들을 한다. 그리고 우리는 새로운 통찰을 얻을 때마다, 그것을 파트너와 함께 나눈다. 그렇게 하는 이유는, 이제부터는 파트너가 내가 알려 주지 않아도 우리의 마음을 읽을 수 있어야만 한다는 그런 헛된 추측이나 기대를 하지 않기 때문이다. 우리의 파트너(배우자)가 자신의 생각과 감정을 우리와 나눌 때, 이러한 나눔이 서로에 대한 성스러운 신뢰에 기초해 있다는 사실을 우리는 알고 있기 때문에, 이해와 연민(측은지심)의 마음으로 귀를 기울여 그 사람의 이야기를 듣는다. 그리고 우리는 점차적으로, 우리 두 사람의 존재가 지니고 있는 어두움과 밝음 모두를 전체로서 다 받아들이기 시작한다.

　치유 과정에 있어서 이다음의 단계는 아마도 가장 어려운 단계일 것이다. 이 단계는 우리가 우리 자신과 파트너에 대해서 새롭게 알게 된 정보에 따라 어떤 행동을 할 것인지를 결정하여 그것을 행동으로 옮기는 것인데, 그 이유는 내가 내 파트너의 치유자가 되기로 결심을 했기 때문에 그렇게 하는 것이다. 그러니까, 우리가 우리 자신의 필요에만 초점을 맞추려는 그런 우리의 무의식적 본능을 거부하고, 이제부터는 나의 파트너의 필요에 초점을 맞추는, 의식이 깨어 있는 선택을 하는 것이다. 이렇게 하기 위해서 우리는 변화에 대한 두려움을 극복해야만 한다. 우리가 파트너가 필요로 하는 것을 충족시켜 주게 될 때, 놀랍게도 우리는 다음과 같은 발견을 하게 된다. 내 파트너를 치유하는 과정을 통해서, 내가 예전에 잃어버렸었던, 나 자신의 일부가 서서히 회복되어 가는 것이다! 즉, 우리가 어린 시절, 나 자신으로부터 단절되었던 나의 일부가 다시 통합되어 가는 것이다. 우리는 이 과정을 통해서 생각하고 느낄 줄 아는 능력을 회복하게 되고, 또 성(性)적으로나 영적으로 더 살아 있는 나를 자각하게 된다. 그리고 우리 자신을 창의적인 방식으로 표현할 수 있는 능력을 회복할 수 있게 된다.

그리고 우리는 지금까지 우리가 배워 온 과정들을 되돌아보면서, 우리의 삶에서 고통스러웠던 순간들이 사실은 우리가 성장하기 위한 기회였다는 사실을 깨닫게 된다. 그래서 이제는 고통을 차단하기 위해 급급하기보다는, 우리 스스로에게 다음과 같이 묻게 되는 것이다. "지금 이 순간에 드러내고자 하는 진실은 무엇인가? 슬픔과 불안과 좌절감이라는 감정들 뒤에 숨겨져 있는 원초적인 감정들은 무엇인가?" 그리고 우리는 그 밑에 숨어 있는 그 원초적인 감정들이, 곧 슬픔과 죽음에 대한 두려움이며, 또 이것은 우리 모두가 느끼는 흔한 감정이라는 사실 또한 알게 된다. 마침내 우리는, 이처럼 원초적이고 강렬한 감정들을 표현하기 위한 안전하고 성장 지향적인 방법들을 찾아냄으로써, 더 이상 이러한 감정들이 우리의 관계를 위태롭게 만들도록 허용하지 않는다.

우리의 결혼생활에 있어서, 한동안 드러나지 않았고 감추어져 있었던 무의식적 요소들, 즉 두려움, 어린 시절의 필요들, 오랫동안 묵혀 있던 고통들이 하나하나 수면으로 떠올라서, 그것들이 그대로 받아들여짐으로 인해 결국 다 사라져 간다. 그렇게 우리의 어린 시절의 상처가 치유되고, 우리가 우리의 내면 깊숙이 숨겨져 있었던 부분들을 더 많이 알아차리게 되면 될수록, 우리는 우리 안에 이미 태어날 때부터 내재되어 있는 합일과 연결성이라는 새로운 감각을 지니게 된다.

두 사람이 서로 친밀한 사랑의 관계를 만들어 가는 것은 영적 여정이다. 그런데 이 길은 그렇게 즐겁기만 한 여정이 아니다. 의식이 깨어 있는 파트너십(결혼생활)을 만들어 간다는 것은, 거의 매일 전투적이 되어 모든 것들을 하나하나 몸소 실천해야만 하는 그런 힘든 과정이 요구된다. 그래서 마침내 당신의 뇌가 재구조화되고, 그리고 또 당신과 파트너가 함께 협력하고 열심히 노력한 결과로 이러한 새로운 변화들이 점점 더 안정적이 되어 감에 따라, 이제는 이 새로운 관계 방식이 과거의 방식보다 훨씬 더 편안하게 느껴지게 될 것이다. 이제 당신은 아주 다른 실재—한결같이 연결이 지속되는—속에서 살아가기 시작할 것이다. 이제 두 사람은 좀 더 많은 시간을—더 줄어든 시간이 아니고—함께 보내게 될 것이다. 그리고 두 사람은 서로의 의견의 차이점들을 더 많이 경험하게 될 것이다. 하지만 그 차이는 창조적인 긴장감이 있는 것으로 오히려 혼자만의 고립된 관점을 뛰어넘을 수 있는 좋은 기회가 될 것이다. 그래서 두 사람이 모든 것에 하나가 되었으면 하는 당신의 바람은 점차 사라져 가고, 도리어 파트너가 나와 다른 점에 대해 장황하게 떠들어 대는 자신을 발견하게 될 것이다. 그러다가 만약에, 당신이 혹시라도 부정성 쪽으로 다시 살짝 돌아가기라도 하면, 다시 긍정성 쪽으로 연결하고자 되돌려 가는 과정이, 그 이전보다는 훨씬 더 빨라질 뿐만 아니라 좀 더 쉬워질 것이고, 그리고 훨씬 덜 고통스러울 것이다. 우리가 커플(부부)들에게 자주 사용하는 비유들 중 하나는, "계속 카누(배) 안에 머물러 있으면서, 노를 저어라."다. 당신이 만약 물살이 센 급류 속에 휘말려 있는 자신을 발견하게 되어 혹시라도 노 젓기를 중단하게 된다면, 그것이야말로 바로 당신이 피해야만 할 최악의 선택인 것이다. 하지만 두 사람이 함께 힘을 합쳐서, 지금까지 우리가 배운 대로, 이 새로운 치유적 도구들을 가지고, 결코 중단하지 않고 계속해서 노 젓기를 힘차게 해 나간다면, 어느새 이런 급류도 그리고 풍랑도 다 지나가게 될 것이다. 이 과정을 좀 더 실감나게 설명해 주기 위해, 지금부터 두 커플(부부)의 실재적인 사례를 여러분에게 들려주고자 한다.

이 두 커플은 서로 많이 다르다. 우리가 먼저 만났던, 첫 번째 커플인 앤 마틴과 그레그 마틴은 40대다. 이들은 결혼한 지 5년밖에 되지 않았다. 그런데 두 사람 다 재혼이고, 이전 결혼에서 태어난 자녀들이 있으며, 둘 다 맞벌이 직장인이다. 이 부부는 재혼한 지 얼마 안 돼서 '이마고부부치료'를 받았으며, 결혼 3년째에 그들이 겪었던 주요 갈등들을 대부분 해결했었다. 그리고 두 번째 커플인 케니스와 그레이스는 60대 중반인데, 결혼한 지는 35년이 되었다. 이 부부에게는 장성한 자녀들이 4명 있다. 케니스가 주로 수입의 대부분을 벌어들이고, 그레이스는 주로 집안일을 한다. 케니스와 그레이스는 지금처럼 어느 정도 만족스러운 부부관계를 이루기 전까지, 거의 30여 년 동안이나 수많은 갈등을 겪었다. 이 부부는 우리 두 사람을 알게 되고 또 이마고 이론을 접하기 전에, 이미 자기 나름대로의 방식으로 노력한 결과 어느 정도 만족할 만한 부부관계를 이루게 된 경험을 가지고 있다.

여기에서 우리가 주목할 것은, 이 두 부부의 차이점이 아닌 그들의 **공통점**이다. 이 두 부부는 치유를 위해서, 서로의 개인적인 필요들을 충분히 충족시켜 줄 만한 그런 친밀한 사랑의 관계, 즉 두 사람 모두가 각각 안전감을 느끼고 있으며, 또한 생명력이 넘치고, 사랑받고 있다고 느끼며, 서로 연결감을 느끼는 그런 좋은 관계를 이루게 된 것이다.

앤과 그레그

앤과 그레그는 1981년에 뉴멕시코주 산타페에서 만났다. 달라스에서 살고 있던 앤은, 두 명의 친구들과 함께 산타페에서 주말을 보내고 있었다. 앤이 이혼한 지는 3년이 지났고, 그동안 몇 명의 남자들을 가볍게 만나기긴 했지만, 이제는 재혼을 하고 싶다고 생각하게 된 지는, 사실 얼마 되지 않았다. "전 더 이상 가벼운 만남을 계속하고 싶지 않았어요."라고 앤이 말했다. "전 뭔가 좀 오래 함께 갈 수 있는, 그런 진지한 만남을 원하고 있었어요." 그렇지만 앤이 그 주말에 당장 그런 남자를 만나 보겠다고 생각을 한 건 전혀 아니었다. 앤은 그저, 그녀의 친구인 조시, 셀리와 함께 즐거운 시간을 보낼 생각에 잔뜩 들떠 있었을 뿐이었다. 그 금요일 밤에, 세 여자는 호텔 라운지에 나와 왕창 수다를 떨고 있었다. 같이 저녁을 먹으면서, 조시가 자기는 남자를 만나는 데 별 재주가 없다며 한탄을 했다. 그러자 앤이 장난스럽게, 조시의 코치가 되겠다고 나서면서 조시에게 이렇게 말했다. "네가 남자를 유혹하기 위해서, 특별히 뭔가를 해야만 할 필요는 전혀 없어. 그냥 네가 호감 가는 사람이 저기 보이잖아? 그러면 그냥 그 사람이 있는 쪽을 쳐다봐. 그리고 그 사람이 널 바라보잖아, 그러면 넌 그냥 웃음을 지어주면 되는 거야. 그리고 혹시 누가 너한테 같이 춤을 추자고 하면, 그냥 일어나서 같이 추면 되는 거야. 그러면 아까 너한테 호감을 느꼈던 그 남자가, '아! 이 여자가 기꺼이 춤을 추고 싶어 하는구나!'라고 생각하고, 용기를 내서 너에게 다가오게 될 거라니까?"

이렇게 앤은 조시에게 남자를 어떻게 홀릴 수 있는지에 대해 조언을 해 주면서, 재밌는 시간을 보내고 있었다. 그러다가 앤이 슬쩍 위쪽을 쳐다보았는데, 한 남자가 혼자서 앤이 있는 쪽으로 걸어 들어오는 게 보였다. 그 남자는 키가 크고 호리호리했으며, 코듀로이 재킷을 입고 있었다. 앤은 그가 '깔끔하면서도 강인해 보인다.'라고 혼자 생각했던 걸, 지금도 기억하고 있다. 그리고 또, 그 남자에겐 어떤 강한 존재감이 있으며, 뭔가 자신감이 있고 똑똑해 보인다고 앤은 생각했다. 그러면서 앤은 자신이 조시에게 늘 조언해 주던 것에 대해선 완전히 잊어버리고 말았다. "애들아, 이제부터 저 남자는 내 거야."라고 앤이 조시에게 말했다.

그레그도 역시 앤과의 만남에 대해 아주 생생하게 기억하고 있었다. 그는 시내에서 주말을 보내면서, 그의 세 번째 아내와 곧 이혼하게 된 것을 자축하고 있었다. 사실, 그는 앤을 만나기 바로 전날에 이혼서류를 제출했다. 그레그가 시내에서 좀 좋은 시간을 보내고 싶다는 생각을 하긴 했지만, 그렇다고 해서 오래 지속되는, 그런 커플 관계를 만들어 보고 싶다는 생각 같은 건 전혀 없었다. 그도 그럴 것이, 그는 이미 세 번이나 결혼해서 쭉 실패를 경험했기 때문이다. 그레그는 라운지에 들어가서 그냥 주변을 한번 쭉 둘러보았다. 그리고는 키가 크고, 생기발랄한 30대 중반의 금발 여성인 앤을 바로 알아보았다. 그리고 곧바로 그녀에게 끌렸다. 조금 지나서 그레그는 앤에게 같이 춤을 추자고 청했다.

"우리는 곧바로 이야기를 나누기 시작했어요." 앤이 말했다. "정말 대부분의 남자들이 여자랑 어떻게 대화를 나눠야 하는지를 잘 모르거든요. 그런데 우리는 굉장히 빠르게 대화를 이어갔어요. 나는 그레그의 그런 점이 참 좋았어요." 앤은 그레그가 그녀의 학력에 전혀 위축되지 않았던 점 또한 좋아했다. (그녀는 박사학위를 취득했고, 서던대학교에서 상담전공 부교수로 재직 중이었다.) 그녀와 데이트했던 남자들 중 몇 명은 그녀의 지적인 능력에 주눅이 들곤 했었다. 그래서 앤은 그런 남자들에게 덜 위협적으로 보이기 위해서, 자기 직업을 '선생님(교수가 아닌)'이라고 말하기도 했다. "그렇지만 저는 그레그에게는 어떤 것도 숨길 필요가 없다는 걸 바로 알았어요." 그녀가 말했다. "그레그는 자기도 공학박사 학위를 가지고 있으며, 자기는 똑똑한 여자를 좋아한다고 말했어요."

그레그와 앤은 저녁 내내 이야기를 하고 춤을 췄다. 그리고 그레그는 그녀가 머무는 호텔까지 앤을 데려다주었다. 그리고 다음 날 아침, 다시 만나 아침식사를 같이 하고 산책을 했다. 두 사람 사이에 서로에 대한 끌림이 강하긴 했지만, 그렇다고 또 엄청나게 강한 건 아니었다. 만약에 그 다음 주에 앤이 그레그에게 충동적으로 카드를 써 보내지 않았더라면, 그들의 관계는 아마도 그 주말에 끝나 버렸을지도 모른다. 그레그는 그 카드를 읽자마자 곧바로, 앤에게 전화를 해서 자기가 주말에 그녀를 만나러 달라스로 가도 되는지를 물어보았다. 사실 앤은 주말에 다른 계획이 있었지만, 그레그와 함께 시간을 보내기 위해서 일정을 조정했다.

"그게 다예요." 앤이 말했다. "우리 관계는 그렇게 시작이 됐고, 그리고 그 후로 점점 더 깊어졌어요. 마치 약에 취한 것 같았다니까요?" 앤이 그때 그 시절을 되돌아보면, 그레그와의 관계에 그렇게 갑자기 뛰어들게 된 건 그녀 입장에서도 참 놀라운 사건이었다. 그레그에게는 참 안 좋은 조건들이 많이 있었다. 그는 한 번도 아니고, 아니 두 번도 아니고, 세 번이나 결혼을 했다가 이혼을 했다. 그리고 그중 두 번의 결혼생활에서 생긴 아이들이 무려 4명이나 있었다. 앤이 썼던 박사논문 주제가 바로 의붓엄마, 의붓아빠가 되어 사는 이들의 고충에 관한 것이었기 때문에, 자기가 그레그와 관계를 지속하게 되면 곧 어떤 상황이 발생하게 될지를 그 누구보다 너무 잘 알고 있었다. 무엇보다도, 앤과 그레그는 400km나 멀리 떨어진 곳에 살고 있었고, 두 사람 모두 아주 좋은 직장을 가지고 있었다. "아마도 정신이 멀쩡한 사람이었다면, 당연히 이런 여러 가지 요소들을 잘 생각해 본 다음에 서둘러서 관계를 정리했어야 당연한 거죠." 그녀가 말했다. "그렇지만 우린 서로에 대한 끌림이 너무 강했어요."

이렇게 강력한 이끌림의 근본적인 원인은 무엇일까? 우리가 그 해답을 찾고 싶다면, 앤과 그레그의 어린 시절에 대해 알아봐야만 한다. 앤은 외동딸이었다. 그녀가 어렸을 때, 아빠는 군인이어서 휴가를 나올 때만 겨우 아빠를 볼 수가 있었다. 앤의 엄마도 앤이 태어난 지 6개월이 됐을 때, 앤을 할아버지와 의붓할머니에게 맡겨 놓고, 해군에 입대를 했다. 1년 후에 엄마가 돌아왔을 때, 앤은 할아버지,

할머니와 너무 밀착이 되어 있었기 때문에 엄마와 살기 위해 또다시 할아버지, 할머니와 생이별을 해야만 했다.

앤이 아주 어렸을 때부터 겪었던 이런 인생 초기의 **버림받음의 패턴**이 앤이 일곱 살이었을 때 엄마와 아빠가 이혼을 함으로써, 그 상처가 더욱 악화되었다. 아빠는 이혼 후에 그 도시를 떠났고, 앤이 열세 살이 되었을 때, 적십자에 편지를 보내 아빠가 사는 곳을 겨우 알아내기 전까지, 앤은 아빠를 한 번도 만나 본 적이 없었다. 앤은 어린 시절 엄마와 함께 했던 시간들을 분명하게 기억하고 있었다. 엄마는 변덕이 심하고 굉장히 사교적인 사람이었는데, 대체적으로 앤이 필요로 하는 것보다는 자신의 욕구를 더 중요시하곤 했다. 엄마는 외박을 하고 다음 날 늦게까지도 집에 들어오지 않는 날이 꽤 많았다. 앤은 아침에 일어났을 때 집에 아무도 없다는 걸 발견하고도, 마치 아무 일도 없다는 듯이 아주 씩씩하게 혼자서 학교 갈 준비를 했다.

가끔 엄마가 곁에 있기는 했지만, 그렇다고 앤을 잘 돌보아 주거나 애정을 표현해 주는 법이란 거의 없었다. "엄마가 절 안아 주거나, 만져 주거나, 쓰다듬어 줬던 그런 기억이 전혀 없어요." 그녀가 말했다. 하지만 엄마는 앤에게 있어서, 그녀가 너무나도 절실히 필요로 했던 자긍심의 근원이었다. "엄마는 정말 내가 아주 괜찮다고 생각했어요. 그리고 진심으로 내 능력을 믿어 줬어요. 엄마는 정말 단 한 번도 제게 싫은 소리를 하거나, 절 비난한 적이 없었어요."

자기 스스로를 돌봐야만 했기 때문에, 다른 한편으로는 자기 혼자서도 자기 일을 잘한다고 엄마가 칭찬을 해 줬기 때문에, 앤은 책임감이 있으면서 아주 자립심이 강한 아이가 되었다. 그녀는 집에서 받지 못했던 그 돌봄을 받아 보고자 학교와 교회를 의지했다. 하지만 그녀는 양육 과정에서 편안함과 따뜻함을 충분히 경험하지 못한 결핍으로부터 오는 고통들을 외면했다. 왜냐하면 그 고통이 너무나도 컸기 때문이다. 하지만 밖에서 보기에 그녀는 아주 자신감이 넘치고 당당한, 젊은 여성이었다.

앤의 남편인 그레그는 다섯 명 중 맏이였고, 아칸소주에 있는 농장에서 자라났다. 그레그가 가장 기억에 남는 어린 시절의 기억은, 엄마와 아빠 사이에 별다른 애정이 없었다는 것이다. "소리를 엄청 지르고 싸우셨어요." 그가 말했다. "주로 엄마가 소리를 질렀어요. 자기주장이 굉장히 강한 분이거든요. 화가 많으셨어요. 하지만 사랑이 참 많은 분이기도 했어요."

그레그 가족에게는 항상 돈이 문제였다. "엄마가 돈에 대해 투덜거리면, 아빠는 못 들은 척 가만히 계셨어요." 그레그의 설명에 따르면, 아빠는 친절하고 똑똑한 분이지만, 추진력이 부족한 편이었다. "아빠는 일은 열심히 하셨지만, 별로 성취한 것은 없었어요." 그레그가 말했다. "아빠는 늘 미래에 대한 기대만 붙들고 사는 사람처럼 보였어요. 이런 식으로 말하곤 하셨죠. '만약 8월에 비가 오기만 하면, 4,700kg 정도의 옥수수를 수확할 수 있을 거야. 그러면 모든 게 다 괜찮아질 거야.' 혹은 '비가 오면 콩이 열릴 거야.' 아빠는 항상 '내년에는 모든 게 다 좋아질 거야.'라고 말하곤 했어요. 아빠는 모든 게 다 괜찮아질 거라는 예측을 하면서, 그렇게 버텨 왔던 것 같아요." 그레그가 아빠에 대해 가장 답답해했던 부분 중 하나는, 아빠는 늘 꿈만 꾸었을 뿐 정작 그 꿈을 정말 이루어 보려고 하진 않았다는 것이다. "아빠는 늘 비행기를 한 대 갖고 싶다고 말씀하셨어요." 그레그가 말했다. "그건 아빠한테는 정말 소중한 꿈이었던 것 같아요. 그런데도, 아빠는 그 꿈을 성취하기 위해서, 정말로 아무것도 안 하셨어요. 저 같으면, 제가 만약 비행기를 진짜 가지고 싶었더라면, 저는 그 꿈을 현실로 만들었을 거예요. 그 목표를 이루기 위해서라면, 저는 뭐라도 했을 거라고요. 아빠는 그저 되는대로 사셨어요."

그레그의 부모님은 결코 그레그나 그의 동생들을 학대하진 않았다. 그렇지만 그의 말에 따르면, "애정이 넘치는, 예를 들면 자녀를 포용해 준다거나 하는, 그런 집은 아니었어요." 그레그는 머릿속으로 무언가를 생생하게 상상하면서, 아무런 목적도 없이 농장 주변을 하염없이 돌아다니면서 대부분의 시간을 거의 혼자서 보냈다. 그레그는 그의 어린 시절을, 그럭저럭 꽤 행복했던 시절이었다고 기억한다. "전 꽤 명랑한 편이었어요. 딱히 뭐 저를 그렇게 힘들게 하는 일도 없었고요. 하지만 전 대개 혼자였어요. 사람들과 좀 거리를 두었다고나 할까요? 친구가 좀 있긴 했지만, 아주 가깝게 지내진 않았죠. 그래도 별로 외롭진 않았어요. 친구들과 좀 동떨어져 있었을 뿐이죠. 저는 제가 다른 사람들과 뭔가 좀 다르다고 느꼈어요. 그러니까, 남들보다 제가 못하다는 것도 아니고, 더 낫다는 뜻도 아니에요. 그냥 좀 달랐다는 거죠."

그레그는 그의 삶의 꽤 오랜 시간 동안 사람들과 거리를 두며 살았다. 그런데 그의 그런 고립을 깬 것은 그의 두 번째 결혼생활에서였는데, 놀랍게도 그와 가까워지는 데 성공한 사람은 그의 아내가 아니고, 그의 친구(남자)였다. 그가 어떻게 그런 일이 일어났는지를 설명했다. "이 친구는 그냥 가끔 부담 없이 만나는 친구였는데, 계속 저랑 친해지고 싶어 하더라고요." 그레그가 말했다. "처음에는 그 친구를 그리 좋아하진 않았는데, 그 친구가 제게 계속 가까이 다가오더라고요. 항상 제게 뭔가를 같이 하자고 제안했어요. 근데 그게 잘 안 먹히니까, 아내들까지 동원해서 부부동반 골프 시합을 하자고 하더라고요. 그래도 전 계속 안된다고 했는데, 그 친구가 끝까지 밀어붙이더라고요. 그래서 제가 마침내 저 혼자 속으로 이렇게 말했던 게 기억이 나요. '어차피 이 자식은 떨어져 나갈 놈이 아니니까, 그냥 차라리 좀 알고 지내는 편이 낫겠다.' 저는 제 나름대로 친구들이랑 지내는 방식이 있는데, 이 친구는 그냥 그걸 뚫고 들어왔다고나 할까요? 자기 방식으로 제멋대로 밀고 들어온 거죠. 그렇게 제 인생에서 처음으로 사귄 진짜 친한 친구가 그 친구예요. 얼음을 깼다고 봐야죠. 그 덕분에 전 정말 누구랑 친하게 지낸다는 게 어떤 건지 배우긴 했는데, 아직도 제가 먼저 나서서 그런 관계를 만들려고 하진 않아요. 예전처럼 전 혼자서도 잘 지내니까요."

그레그는 고등학교에서 만난 여자 친구와 첫 결혼을 했다. "그 사람은 참 편했어요." 과거를 회상하며 그레그가 말했다. "제 첫 번째 아내는 연인이라기보다는 그냥 친한 친구 같았어요. 정말 진하고 강렬하게 사랑했던 적이 한 번도 없었거든요." 그 결혼은 11년 동안 이어졌다. 그레그는 아내와 자기가 서로 지적 수준이 다르고, 또 둘 사이에 공통점도 거의 없다고 느꼈다. 하지만 그렇다고 해서 그런 이유만으로 결혼을 끝내 버릴 순 없었다. 그는 서로의 차이가 이혼을 정당화할 만한 사유가 되진 않는다고 생각했기 때문이다. "우리에겐 애가 둘이나 있었어요." 그가 말했다. "그리고 저희 가족이나 아내 가족들한테도, 우리가 서로 너무 차이가 나서 이혼을 하겠다고 한다는 건 정말 말도 안 된다고 생각했어요." 결국 그레그는 다른 여자와 관계를 맺었다. "지금 와서 생각해 보면, 전 결혼생활을 끝내기 위한 구실이 필요했던 것 같아요. 누가 봐도, 바람을 핀다는 건 충분히 이혼할 만한 사유가 되잖아요? 바람을 피웠으니까 이혼을 당한 거구나 하고 말이죠."

그레그는, 자기 인생 최대의 실수는 바람을 피운 그 여자랑 결혼을 한 것이었다고 말했다. "그 여자는 그렇게 다정한 사람은 아니었어요. 똑똑한 여자였고, 그리고 제가 육체적으로 그 여자에게 좀 강하게 끌렸었죠. 하지만 제가 결혼을 하고 싶어 하는 그런 유형의 여자는 아니었어요. 우리 사이엔 정말 문제가 많았어요. 성적인 문제도 있었고, 의사소통 문제도 있었어요. 그 여자는 저를 늘 의심했어요. 제가 다른 여자하고 바람을 피우고 있지 않냐며 언제나 절 추궁했어요." 폭풍과도 같았던 그 관계는 5년 만에 끝이 났다. 그레그는 이 두 번째 아내와의 관계에서 또 아이 한 명을 얻었고, 두 번째 아내가 이전의 결혼 관계에서 낳은 아들 한 명도 양자로 입양을 했다. (그래서 그레그는 총 네 아이의 아버지가 된 것이다. 첫 번째 결혼에서 두 명, 두 번째 결혼에서 두 명.) 그의 두 번째 아내가 서너 번이나 이혼하겠다고 협박을 하자, 그레그가 아내에게 이렇게 말했다. "그래, 이혼해. 난 지금 나갈 거고, 다신 안 돌아올 거야. 당장 이혼수속 밟아!"

그 후, 그레그는 4년 동안을 싱글로 지내다가 다시 세 번째 아내와 결혼했다. 그녀는 앨라배마주의 부유한 집안 출신이었다. 그녀는 그레그보다 나이가 다섯 살이 많았다. 그리고 그레그의 두 번째 아내와는 다르게, 상류층 여성이었다. 그는 자신이 이 여자와 결혼을 한 가장 큰 이유가, '자신의 열 살짜리 딸에게 엄마가 있었으면 해서'였다고 말했다. 그 딸은 그레그의 네 명의 자녀들 중 유일하게, 현재 그와 함께 살고 있는 아이였다. "저는 그 여자가 제 딸에게, 제가 해 줄 수 없는 많은 것들을 해 줄 수 있을 거라고 생각했어요." 그레그와 세 번째 아내는 좋은 친구였다. 그리고 그레그는 그녀를 많이 존경했다. 그에 따르면, 그 결혼에서 특별히 나쁜 점은 없었다. "그렇다고 특별히 좋은 점도 없었어요. 그렇게 엄청 좋지도, 그렇게 나쁘지만도 않았어요. 대화도 별로 없었고 친밀감도 없었죠. 함께 나눌 일도 없었고요. 그녀는 저에게 친밀감을 느꼈다고 생각해요. 하지만 제 마음은 아주 멀리 있다고 느꼈죠. 그렇게 해서 세 번째 결혼도 끝이 났어요."

그레그가 이렇게 결혼과 이혼을 몇 번씩이나 하는 걸 보면서 여러분은 좀 놀랐겠지만, 사실 이혼하기는 쉽고, 결혼에 대해 도움이 될 만한 정보란 거의 없었던 그 시절에 그레그로서는 자신이 해 볼 수 있는 몇 안 되는 방법들 중에 하나를 선택한 것이다. 다만 그레그가 이 과정을 통해서 절실하게 깨닫게 된 것은, 이 세 번의 결혼 모두가 자신에게 별 도움이 되지 못했다는 것이다. 그 세 번의 결혼 모두가 다 무엇인가 빠져 있었고, 그리고 그의 인생 또한 그랬다. 그리고 그 세 번의 결혼이 다 실패한 데는 그로 하여금 도저히 결혼생활을 견딜 수 없게 만들었던, 그럴 만한 이유가 다 있었던 것이다.

앤의 첫 번째 결혼도 그레그의 첫 번째 결혼과 아주 흡사하게 꽤나 차분했고, 전통적이었으며, 어떤 사건 사고도 없이 무난했다. 남편인 알버트는 사립고등학교에서 일하는 수학 교사였다. 결혼 후 10년 동안은 아주 순조롭고 평화로웠다. "알버트는 학교 일로 바빴고, 저도 어린 두 딸을 키우느라 정신이 하나도 없었어요." 앤이 순탄치 않았던 어린 시절을 보냈었기 때문에, 그녀에겐 결혼생활에 대해 본보기로 삼을 만한 좋은 모델이 없었다. "저는 텔레비전이나 책이나 아니면 주변 사람들이 살아가는 모습을 보면서, 결혼생활에 대한 어렴풋한 이미지를 갖게 된 것 같아요. 하지만 구체적으로 결혼이 정말 어떤 건지, 또 어떻게 해야 되는지 아무것도 몰랐어요. 첫 번째 결혼은 그저 표면적이고 겉돌기만 한 수준이었던 것 같아요. 그렇다고 그때 당시엔 그렇게 피상적으로만 느끼진 않았어요. 그 당시에 우린 우리가 할 수 있는 최선을 다하고 있었으니까요."

결혼한 지 10년째 되던 해에 알버트가 마음의 병을 겪어 위기가 오기 전까지는, 결혼생활은 비교적 순조롭게 돌아갔다. 알버트가 겪었던 고통은 그들이 살면서 그런 일이 생길 것이라고 전혀 생각하지 못했던 것이었다. 알버트는 갑자기 고통이 심해져서 의사를 만나러 갔다. 의사는 그가 너무 불안이 심해서 아픈 것이라고 말하면서, 그가 잠을 잘 수 있도록 진정제를 처방해 주었다. 알버트는 의사의 말에 충실히 따랐고, 약을 받으러 약국에 갔다. 그리고 그가 집으로 돌아와서 앤에게 처음으로 했던 말은, "근데 '불안'이 무슨 뜻이지?"였다. 앤도 거기에 대해 잘 설명을 해 줄 수가 없었다. "그럴 정도로, 우린 그때 그렇게 어리숙했어요."라고 앤이 말했다.

알버트는 그 약을 한 통씩이나 먹었지만, 전혀 나아지지가 않았다. 마침내 그는 시도해 볼 만한 다른 해결책을 하나 찾아냈는데, 그것은 일상으로부터 철회하는 것이었다. 그는 대부분의 시간을 혼자서 보냈다. 앤과 함께 있다 해도, 몸은 같이 있어도 마음은 저만큼 멀리 떨어져 있었다. 왜냐하면, 알버트는 자신의 내면의 안정을 유지하는 데만도 너무나 정신이 없었기 때문이었다. 알버트가 거리를 두자, 앤은 무척 고통스러워했다. 앤이 의식적으로 알아차리진 못했지만, 이 일로 어렸을 때 버림받았던 기억들이 또다시 되살아났던 것이다. 그래도 앤은 어떻게든지 알버트와 잘해 보려고 최선을 다해 보았지만, 그 어떤 방법도 먹히질 않았다. 절망 속에서, 앤은 알버트로부터 멀어지기 시작했다. "저 혼자서 자신을 돌보던, 저의 어린 시절의 방식으로 다시 돌아간 거죠. 철저하게 나 혼자만의 사람이 되어, 아무에게도 도움을 청하거나 나누지도 못한 채 고통에 대처했던, 그 오래된 대처기제(Coping Mechanism) 말이에요."

두 부부 사이에 친밀감이 별로 없었던 문제 말고도, 앤과 알버트에게는 또 다른 어려운 문제들이 생기기 시작했다. 앤이 말하길, "알버트는 제가 교사의 아내 역할을 훌륭히 해 주길 바랐어요. 제가 사람들에게 호의적이고, 낯도 잘 안 가리고, 또 무슨 일이 있을 땐 적극적으로 참여하는 성격이다 보니까, 학교 사람들이 저를 참 좋아했었어요. 하지만 전 사실 제가 그 역할을 하는 게 별로 맘에 들지 않았어요." 알버트와는 반대로, 앤은 알버트가 계속 교사로만 남아 있는 게 불만이었다. "전 그이가 다시 대학으로 돌아가서 행정학 학위를 받았으면 하고 바랐어요. 그래서 그이가 학교에서 행정 일을 하는 높은 위치로 올라갔으면 하고 바랐거든요. 그러면 가르치는 데서 오는 부담도 좀 덜할 테니까요." 앤이 지금에 와서 그때 상황을 되돌아보면, 남편이 그렇게 행정직을 하길 바랐던 데는 사실 앤 자신이 갖고 있던 숨겨진 다른 동기가 있었다는 것을 알아차리게 되었다. "의식적인 차원에서 보면, 저는 그때 알버트가 학위를 따면 그게 얼마나 알버트한테 도움이 될까, 그렇게만 생각하고 있었어요. 그런데 사실, 무의식적으로는 제가 이루지 못했던 저의 열망을 알버트에게 투사하고 있었던 거지요. 학교로 돌아가고 싶었던 건, 사실 저였어요. 전 직업을 가지고 뭔가 제대로 이루어 보고 싶었는데, 저의 좌절된 출세 욕구를 알버트한테 떠넘겼던 셈이죠."라고 그녀가 말했다.

알버트는 결국 대학으로 돌아가 박사학위를 받았다. 그리고 아이들이 자랐을 때, 앤은 상담전공 석사과정에 입학했다. 거기에서 앤은 자신의 어린 시절을 이해하는 데 도움이 될 만한 수많은 정보들을 얻을 수가 있었다. 하지만 자신의 결혼생활에 적용할 만한 지식은 별로 얻지를 못했다. 게다가 앤이 쭉 관찰해 본 결과, "사실 제가 알고 있던 상담사들 대부분이 우리 부부관계와 비교해서 큰 차이가 없거나, 심지어는 더 사이가 안 좋기도 하더라고요. 대부분 이혼을 준비 중이거나, 바람을 피우거나 그런 거예요. 근데 제가 뭐하러 그런 사람들한테 조언을 구하겠어요?"

그러는 동안, 앤과 알버트의 갈등은 점점 더 깊어져 갔다. 알버트는 박사과정을 끝내자마자 학교로 돌아가 교사 일을 계속하기로 결정했고, 앤은 엄청난 충격을 받았다. "그가 박사학위 과정을 다 마치면, 그것이 그가 다른 직업을 갖는 데 훌륭한 발판이 될 거라고 전 생각했거든요. 언젠가 제가 알버트에게 물어봤어요. '앞으로 20년 동안 우리 인생은 어떤 모습일까?' 그러자 알버트가 말하길, '지금이랑 똑같겠지 뭐.' 그래서 제가 말했어요. '아니야, 난 싫어. 난 지금처럼 살고 싶지 않아.' 제가 기대했던 앞으로의 20년 동안의 삶은 지금보다는 훨씬 나은 삶이었어요. 저는 제 삶에 마치 뭔가 비어 있는 것처럼 공허하게 느꼈었거든요. 아주 굉장히 중요한 뭔가가 빠져 있다는 그런 느낌이었어요."

결혼이 이 지경에 이르자, 둘 사이엔 사랑이 거의 없었다. "우린 별로 싸우진 않았지만, 서로 의견이 다르고 잘 조화하지 못했죠. 전 그 사람이 좀 달라지길 원했고, 그 사람은 제가 변하길 바랐죠. 저는 점점 더 독립적인 사람이 되어 가고 있었어요. 그는 저와 결혼할 당시 생각했던, 그렇게 상냥하고 내조해 주는 그런 아내를 원했죠. 우리는 개인적으로는 각자 성장해 가고 있었지만, 그렇지만 각자의 성장을 우리의 관계 안으로 통합시키질 못했어요. 우리는 어디서 도움을 받아야 할지도 몰랐고, 그리고 지금 와서 생각해 보면 딱히 도움을 원하지도 않았던 것 같아요. 우리의 관계는 완전히 죽어 있었어요. 망연자실한 상태였죠. 우린 우리가 받지 못했던 뭔가를 서로에게 받고자 했어요. 근데 정작 우리가 무엇을 원하고 있는지조차 정확히 몰랐던 거예요. 우리 자신의 필요(욕구)와의 접촉을 잃어버린 거죠. 만약에 우리 부부관계에서 정말 무슨 일이 일어나고 있었는지에 대해서 우리 두 사람이 얼마나 이해하고 있었는가, 그 정도를 1부터 10까지 숫자 중에 표시해 본다면, 아마 3정도였을 거예요."

　앤과 알버트는 1978년 2월에 이혼했다. 그때 두 자녀는 열세 살, 열 살이었다. "큰 딸은 자기 아빠처럼 그 상황을 아주 냉정하게 받아들이더라고요. 하지만 둘째 딸은 자기가 얼마나 고통스러운지에 대해서 아주 많이, 그리고 분명하게 표현했어요. 그리고 화가 나면 화가 나는 대로 행동했어요." 앤은 상담 및 생활지도 전공 박사과정에 합격하여, 공부를 하기 위해 캘리포니아 버클리로 두 딸을 데리고 이사를 갔다. 거기에서 앤은 상담사 훈련의 일환으로 다양한 주제에 대해 상담을 받았다. 그러면서 조금씩 자기 스스로에 대해서 잘 이해하지 못했던 부분들이 이해가 되기 시작했다. 자신이 그렇게 첫 번째 결혼에서 만족하지 못했던 이유는, 겉으로는 자신만만해 보이는 자신의 겉모습과는 달리, 그 아래 숨겨져 있는 아주 불안하고 두려움이 많은 자신의 또 다른 모습 때문이었다는 사실을 깨닫기 시작했다. "어렸을 때 버림받았던 것 때문에 아직도 아파하고 있다는 것을, 전 처음으로 깨달았어요. 그 고통을 부둥켜안고 있었지만, 그런 줄 몰랐어요. 전 그 고통으로부터 이미 벗어났다고 생각했지만, 사실은 제 삶의 모든 구석마다 영향을 끼치고 있었던 거죠." 언젠가 상담사가 앤에게 혹시 불안으로 인해서 크게 고통을 경험한 적이 있느냐고 물어보았는데, 앤은 "글쎄요. 그런 적 없는데요."라고 대답했다. 나중에서야 앤은, 자신이 사는 동안 늘 계속해서, 끊임없이 밀려오는 불안과 싸워 왔다는 사실을 깨달았다. "제 불안은 마치 탄막포화를 집중사격 하듯이 퍼붓는 거나 마찬가지였어요. 제가 만약 불안 발작을 경험했다 하더라도, 그건 마치 저 큰 바닷속에 있는 조약돌 하나 정도밖에 안 됐을 거예요. 하지만 전 제가 얼마나 불안해하는지를 전혀 알아차리질 못했었죠. 말하자면, 불안이 제2의 천성처럼 되어 버린 거예요. 원래 세상 사는 게 다 그런 거지 뭐 하면서요."

마침내 앤은 텍사스로 이사를 갔고, 그 지역의 꽤 큰 대학에서 상담 및 생활지도 전공 부교수가 되었다. 그때 앤은 하빌과 헬렌의 이마고부부치료에 대해 알게 되었고, 사랑하는 관계의 심리학에 대해 좀 더 포괄적인 이해를 할 수 있었다. "그리고 더 중요한 게 뭐냐면, 어떻게 하면 더 나은 **결혼생활**을 할 수 있는지, 그 모델을 알게 되었다는 거예요. 누가 제게 잘 설명을 해 주고, 어떻게 해야 하는지 그 방법이 제시된 모델을 알려 주면, 저는 잘할 수 있거든요. 사실 그때까지만 해도, 저는 재혼에 대해서 굉장히 경계하고 있었어요. 저는 저 자신에게 묻고 또 물었죠. '도대체 뭘 근거로 다음이 지금보다 더 나을 거라고 생각하는 거지?'"

이런 생각을 하고 있었을 때쯤, 앤이 그레그를 만나게 된 것이다. 그렇다면, 과연 앤과 그레그가 서로에게 끌렸던 무의식적인 동기가 무엇이었는지를 알아보기 위해서, 두 사람의 첫 만남을 좀 다른 관점에서 한번 살펴보기로 하자. 앤은 그레그에 대한 첫인상에 대해서 설명하길, 그레그는 지적이고 내적으로 만족할 줄 아는, 다른 사람들의 선망의 대상이 되는 성품을 지닌 사람이며, 재능도 아주 뛰어난 사람이었다. 앤이 지금은 그레그를 처음 만났던 그 당시보다, 훨씬 자기 자신에 대한 자각이 더 깊어졌기 때문에, 그 당시에도, 그레그가 **정서적으로 함께 있어 주지 못할 사람**이라는 신호를 계속해서 보내고 있었다는 사실을 깨닫게 되었다. 해군에서 군복무를 하느라 늘 집을 떠나 있었고, 그리고 나중에는 앤을 버렸던 아버지처럼, 그리고 밤늦게까지 집에 돌아오지 않았던 엄마처럼, 지나치게 자기 자신만을 의존하며 세 번의 이혼 경력이 있는 그레그 역시, 앤을 자기에게 가까이 다가오지 못하도록 했다. 그런 그레그의 고립감이 앤의 원초적인 충동을 자극했다. 다시 말해서, 다른 사람과의 거리를 두고 나홀로 떨어져 있으며, 감정적으로 함께 나눠 주지 못하고 냉담한, 그런 사람과 가까워지고 친밀감을 나누고 또 그 사람이 나를 의지하게 되도록 변화시켜 주고 싶은, 앤의 그 강렬하고 오래된 열망에 불이 지펴진 것이다. 그래서 그레그와의 만남으로 인해, 지금까지 해결되지 않았었던, 앤의 모든 미해결과제가 전부 다 선명하게 드러날 수밖에 없게 된 것이다.

　그렇다면, 그레그는 왜 앤에게 끌렸던 것일까? 따뜻하고, 사랑이 많으면서도, 불안하고 변덕스러우며, 공격적일만큼 적극적으로 자기가 원하는 것을 끝까지 이루려고 하는 앤을 보면서, 그레그는 자기 엄마를 떠올렸다. "앤을 보면서 저는 앤이 우리 엄마만큼이나 사랑이 많을 거라는 걸 금방 알았어요. 그리고 또 저의 엄마만큼이나 저를 짜증나게 할 수 있는 사람이라는 것도 느꼈어요. 그런데 그 중에서도 제가 가장 확신했던 게 뭐냐 하면, 이 사람을 만나게 되면 뭔가 한바탕 하겠다는 걸 알았어요. 저는 입으로는 조용히 편하게 살고 싶다고 말했지만, 사실은 뭔가 도전이 되는 그런 삶을 원했던 거예요." 그리고 그가 비록 알아차리진 못했지만, 사실 그가 원했던 게 또 하나가 있었다. 그것은, 다른 사람과 거리를 두기 위해 그레그가 세웠던 마음의 벽, 그 벽을 뚫고 들어올 수 있는 그런 여자와 관계를 맺는 것이었다. 몇 년 전에, 수도 없이 그 벽을 두드리다가 결국엔 그 벽을 부수고 그에게로 다가와 줬던 그 친구처럼 말이다. 그레그가 앤을 처음 만났을 때, 앤에게는 그 벽을 뚫을 수 있는 의지력과 그 의지대로 할 수 있는 결단력이 있다는 것을 그는 느꼈던 것이다.

　두 사람은 만난 지 겨우 넉 달 만인, 1982년 새해 첫날에 결혼했다. 처음 몇 주 동안은, 서로 쉽게 친밀감을 느낄 수가 있었다. "전 이 세상 사람 그 누구보다도 앤을 믿었어요."라고, 그레그가 말했다. 하지만 어느 정도 시간이 지나자, 그레그는 앤이 친밀감을 무기로 사용하고 있다고 느꼈다. "앤이 저의 개인적인 영역을 침범하는 질문들을 한다고 느꼈어요. 앤은 늘 제가 무슨 생각을 하고 있는지, 그리고 제 기분이 어떤지를 알고 싶어 했어요." 그래서 그레그는 점차 입을 다물기 시작했다. 입을 다물고 혼자 가만히 담아 두는 게, 그에겐 더 안전하고 익숙한 것이었다. 그렇지만 감정적으로 상처받기 쉬운 상태가 된다는 것이 그에겐 익숙하지 않은 일이었다. 그레그가 거리를 두게 되었을 때, 앤은 그녀의 첫 남편이었던 알버트가 자기에게 거리를 두었던 것과 똑같은 일이 이 결혼에서도 반복되고 있다는 것을 느꼈다. 앤은 화가 나서 더 많은 것들을 그레그에게 요구하게 되었고, 그리고 그레그가 자신을 떠날 준비를 하고 있다고 확신하게 되었다. "그녀는 정말 미친 사람처럼 행동했어요. 저에 대해 온갖 의심을 다 하고, 그리고 제가 뭘 계획하고 있는지를 알아내려 했어요. 그런데 사실 저는 아무것도 계획하고 있지 않았거든요. 마치 짐승들이 자기 상처를 핥고 있는 것처럼, 저 역시도 그 사람의 다음 공격에 대비해서, 그저 그러고 있었을 뿐이에요." 앤은 그레그의 독립성을 보고 그가 매력이 있다고 느꼈었고, 그레그 또한 앤의 적극적인 성격을 보고 그녀가 매력이 있다고 느꼈었다. 두 사람이 로맨틱한 사랑에 빠지는 단계에서는, 서로에게 끌리도록 만들어 주었던 바로 그 특성들이, 결혼의 다음 단계인 힘겨루기 단계에서는 서로에게 고통을 주고 있는 것이다.

앤은 중요한 사건 하나를 기억하고 있었다. "제가 어떤 일 때문에 정말 힘들었거든요. 직장에서 굉장히 안 좋은 일이 있었어요. 제가 그 일에 대해서 그레그에게 말하는 중에, 전 울기 시작했어요. 그러자 그레그가 저를 쳐다보며 이렇게 말했어요. '난 사람들한테 위로 같은 거 해 주지 않아. 난 원래 그런 거 잘 못하거든. 그래서 안 하는 거야. 그러니까 나한테 위로받으려고 하지 마.' 어쩌면 당연한 말일 테지만, 사실 제가 그 무엇보다도 그레그한테 원했던 게 바로 절 위로해 주는 거였거든요."

그런 일이 있은 지 얼마 안 돼서, 또 다른 어려움들도 있었다. 두 사람 사이의 네 자녀들이 모두 10대 청소년이 되자, 앤과 그레그의 관계엔 더 복잡한 일들이 많이 생겨났다. 관계를 그냥 끝내 버리고 싶었던 그런 순간들이 정말 셀 수도 없이, 두 사람 모두에게 있었다. 앤의 입장에서는, 그녀로 하여금 관계에 머물게 만들었던 단 한 가지 이유는, "만약 제가 그레그와 헤어지고, 또 다른 사람과 새로운 관계를 맺는다고 해도, 그레그와의 관계에서 있었던 것과 똑같은 문제들을 또 다시 반복할 수밖에 없다는 게 불 보듯 뻔했어요. 그리고 그 사람을 바라다보면서, 전 확실히 알게 되었어요. 이 사람이 바로, 내가 함께하고 싶은 사람이라는 것을요. 이 사람이라면 정말 노력해 볼 만한 가치가 있다고 생각했어요. 우린 비록 서로를 힘들게 하긴 했지만, 우리 사이에 끌리는 매력 또한 너무 강했거든요."

　외부의 도움 없이는, 자신들의 문제를 해결할 수 없을 것이라고 생각했기 때문에, 앤은 헬렌과 내(하빌)가 인도하는 '이마고커플스워크숍'에 그레그를 초청했다. 그녀는 이마고 이론에 대해 굉장히 잘 알고 있었지만, 그레그에게 이마고 이론을 설명하기를 꺼렸다. "저 자신이 상담사이다 보니까," 앤이 설명했다. "그레그가 하는 행동을 두고 이건 잘했고, 저건 아니라고 말한다는 게 좀 두려웠어요. 예전에 사귀었던 사람에게 제가 그런 식으로 했다가 좀 힘들었었거든요. 그래서 제가 아닌, 제삼자가 그레그에게 그런 설명을 해 주는 편이 훨씬 더 낫다고 생각했어요."

　'이마고커플스워크숍'을 통해서, 그레그는 두 가지 중요한 통찰을 얻었다. 첫째로, 앤을 '상처받은 아이로 상상해 보기' 실습을 하면서, 그의 마음이 많이 움직였다. "지금까지 단 한 번도 그녀의 고통을 이렇게까지 이해해 본 적은 없었어요."라고 그가 말했다. "그런데 갑자기 앤이 어떤 고통을 겪어 왔는지가 정말 이해가 되기 시작하는 거예요. 앤이 항상 저한테 그렇게 말했었거든요. 제가 앤한테 말을 걸지 않으면, 마치 자신이 버림받은 것처럼 느껴진다고요. 이전에는 그게 무슨 뜻인지를 전혀 몰랐어요. 다 큰 여자가 어떻게 버림받았다고 느낄 수가 있겠어요? 전 살면서 그런 경험을 해 본 적이 전혀 없었거든요. 그런데 안내를 따라 상상하기 실습을 하게 되었을 때, 그 실습을 하는 동안 갑자기 그녀가 상처받은 네 살짜리 아이로 보이기 시작하는 거예요. 그리고 여덟 살짜리 아이인 앤이 아침에 눈을 떠서 일어났는데, 집에 아무도 없다는 걸 확인하는 모습도 상상이 되었어요. 이렇게 아이의 모습이 그려지니까 아이였던 앤이 이해가 되고, 또 아이인 앤의 심정도 느낄 수 있게 되었어요. 어린아이인 앤과 연결이 된 것이죠. 정말 그게 너무나도 제 가슴에 와 닿았어요. 이 경험으로 인해서 저는, 그녀가 어떤 불평을 하더라도 더 잘 들어주게 되었고, 또 어떻게든 그녀를 이해해 보려고 노력하게 되고, 움츠러드는 제 성향도 고쳐 보려고 노력하게 되었어요."

　그레그가 '이마고커플스워크숍'에서 얻게 된 또 하나의 통찰은, 의사소통 기술에 관한 것이었다. 워크숍에서 반영하기 시연을 지켜보면서, 앤의 강렬한 감정들을 대처하는 데 있어 이 반영하기가 엄청난 도움이 될 수 있을 거라는 사실이었다. 앤과의 관계에서 처음으로 반영하기를 해 보았던 그 순간을, 그레그는 이렇게 기억하고 있었다. "그때, 앤과 제가 함께 차를 타고 가고 있었어요. 앤은 정말 화가 많이 나 있었어요. 제 기억으론 우리 애들 중 한 아이와 저와의 관계에서 일어난 일 때문에, 앤이 뭔가가 마음에 안 들어서 잔뜩 화가 났던 것 같아요. 앤이 두 주먹을 불끈 쥐고 머리끝까지 화를 냈던 게 기억이 나요. 마치 앤이 번갯불을 집어 사방팔방으로 던지는 것 같은 느낌이었고, 전 그저 그걸 피하는 수밖엔 별 도리가 없었지요. 본능적으로라면 아마 저도 그 번갯불을 그녀를 향해 같이 집어 던지거나, 아니면 그냥 마음의 문을 홱 닫아 버리던가 했겠지요. 옛날 방식대로라면 아마 그렇게 했겠죠. 하지만 전 그녀의 말을 한번 반영해 보기로 아주 의식적인 결정을 내렸지요. 그래서 전 감정에 따라 맞대응을 하지 않았어요. 그리고 그녀를 비난하지도 않았어요. 그저 그녀가 말하는 것을 잘 들어 주었고, 그리고 그녀가 말한 것을 그대로 다시 반영해 주었어요. 그렇게 앤의 말을 듣다 보니, 마치 제가 앤의 분노를 어느 정도 흡수하는 것 같은 느낌이 들었지요. 그러자 앤도 점점 분노를 가라앉히게 되었고, 마침내 한결 진정된 상태가 되었어요. 그렇게 되자, 우리는 아주 차분하게 이성적으로 대화를 나눌 수가 있었어요. 제가 그녀의 분노에 휘둘리지 않았고, 도리어 그녀의 분노를 담아 줄 수 있었어요." 이러한 경험을 통해서 그레그는 자기 스스로에 대해서 아주 뿌듯함을 느꼈고, 그리고 앞으로도 앤과의 관계를 잘해 나갈 수 있겠다는 새로운 희망을 얻게 되었다. "저는 마침내 앤을 공격하거나 저 혼자만의 동굴 속으로 들어가 버리지 않고도 저 자신을 지켜낼 수가 있게 되어 너무 좋았어요."

　마침내 그레그는 이 반영하기가 마치 하나의 습관이 되어 버렸다고 할 정도로 아주 잘할 수 있게 되었다. 앤이 표현하는 강렬한 감정으로 인해서 위협을 느낄 때마다, 그레그는 갑옷을 갖춰 입고, 그녀의 이야기를 잘 들어 가며, 그녀와의 연결을 계속 이어 갈 수가 있었다. 그레그가 말했다. "그 반영하기 덕분에, 이제 앤은 더 이상 그렇게까지 화를 많이 내지 않게 되었어요. 그냥 그렇게 안 하게 된 거예요. 이전 방법이 더 이상 먹히질 않으니까요. 그때보다 지금, 우리는 훨씬 나아졌죠. 우린 이제 대화가 돼요. 말이 통해요."

앤과 그레그는 그들이 '이마고커플스워크숍'에서 배워 온 또 하나의 도구인 '행동수정요청(BCR) 대화법'을, 집으로 돌아온 뒤에 실행에 옮겼다. "우린 싸우는 대신에, 서로가 원하는 것에 대해서 요청을 하기 시작했어요."라고 앤이 말했다. "그게 엄청난 차이를 만들었지요." 두 사람 모두 다, 처음엔 이 '행동수정요청 대화법'을 실행에 옮기는 걸 참 힘들어했다. 이 대화법을 실행하기가 그렇게까지 어려운 이유는, 두 사람이 너무 달랐기 때문이다. 그레그에게 있어서는, 다른 사람의 도움을 받지 않고도 자신의 힘만으로 혼자 살아가는 것에 대한 자신만의 자부심이 걸림돌이 되었다. 그래서 다른 사람, 그중에서도 특별히 앤으로부터 자신이 뭔가를 필요로 하고 있다는 사실을 인정하기가 아주 힘들었다. 하지만 그레그에게 도저히 부인할 수 없는 요청사항이 하나 있었는데, 그것은 아무런 계획도 없이, 그저 마음이 내킬 때 좀 더 자발적으로 섹스를 좀 더 많이 했으면 하는 것이다. "전 제가 집에 돌아왔을 때, 앤이 아주 섹시한 잠옷을 입은 차림으로 저와의 섹스를 간절히 원하고 있는 그런 장면을 자주 상상해 보곤 했어요. 하지만 그런 일은 결코 일어나지 않았죠." 그레그는 마침내 그가 더 섹스를 자주하고 싶다면, 반드시 자신이 그것을 앤에게 요청해야만 한다는 사실을 깨닫게 되었다. "전 저의 욕구에 대해서 좀 더 솔직해져야만 할 필요가 있었죠. 앤이 제 마음을 다 읽을 수는 없으니까요."

그런데, 앤은 이 '행동수정요청 대화법'을 실행하기 어려워하는 이유가 좀 달랐다. 앤에게 있어서는 자신이 원하는 것을 요청하는 일이 전혀 어려운 게 아니었다. 개인상담을 통해서 앤은 자기 자신을 좀 더 깊이 이해하게 되었기 때문에, 어린 시절에 충족되지 않았던 자신의 욕구가 무엇인지를 아주 잘 알 수 있게 되었다. 그래서 그러한 필요를 잘 충족시켜 줄 수 있도록, 앤은 그레그가 자신에게 어떻게 행동을 해 주면 도움이 되겠는지를 아무런 망설임도 없이 요청할 수가 있었다. 그런데 정작 앤이 힘들어하는 것은, 그레그가 자신의 요청에 따라 그렇게 행동을 해 주었을 때, 그가 그렇게 마음을 써서 자신을 배려해 주는 그 관심과 행동을 기꺼이 받아들이는 게 어려웠기 때문이다. 앤은 그 어려움을 다음과 같은 예를 들어 설명했다. 그레그는 엔지니어링 회사를 운영하는 사장이기 때문에,

지방으로 출장을 많이 다녀야만 했다. 그런데 앤이 그레그와 떨어져 있게 되면, 앤은 마치 자신이 꼭 버림받을 것만 같은 두려움을 훨씬 더 많이 느끼게 되었다. 그래서 그러한 불안감을 달래기 위해, 앤은 그레그에게 매일매일 자신에게 전화를 걸어 주도록 부탁을 했다. 특히, 그레그가 집을 비우고 지방 출장을 갈 때는, 매일매일 절대로 빼먹지 말고 자기에게 전화를 꼭 해 달라고 신신당부했다. 그래서 그레그는 흔쾌히 앤의 요청에 따라, 매일매일 전화를 했다. 그런데 그렇게 매일매일 전화를 받은 지 몇 주가 지나자, 앤은 또다시 불안해지기 시작했고, 그리고 이제는 그레그가 자신에게 더 이상 전화를 하지 말아야만 될 만한 이유에 대해 생각해 내기 시작했다. 통화료가 너무 비싸다느니, 혹은 '전화하느라 내가 당신 시간을 너무 잡아먹는 것 같아.'라고 혼자 중얼거렸다. 하지만 그레그의 노력을 무너뜨리려고 하는 앤의 그런 무의식적인(자신이 잘 알아차리지 못하는) 방해에도 불구하고, 그레그는 멈추지 않고 매일매일 전화를 걸어 앤과 통화를 했다. 그러자 마침내, 앤은 매일매일 자신에게 전화를 해 주는 그레그의 선물을, 아주 마음 편안하게 받아들일 수가 있게 되었다.

작년 한 해 동안, 앤과 그레그는 자신이 무엇을 필요로 하는지를 상대방에게 잘 알려 주고, 그리고 또 그것을 내 파트너가 내게 구체적으로 어떻게 해 주었으면 좋겠는지를 요청하는 일에 좀 더 능숙해져 갔다. 그렇게 해서 그레그가 얻은 결과 중 하나는, 앤이 원하는 게 무엇인지를 알아내는 데까지 걸리는 시간이 전에 비해 훨씬 짧아지게 되었다는 것이다. "전에는 앤이 원하는 게 무엇인지를 알아내려고 무지하게 애를 썼어요. 전 정말 앤을 행복하게 해 줄 수 있는 게 있다면 뭐든 가리지 않고 다 했지요. 이렇게도 해 보고 저렇게도 해 봤는데, 좀처럼 앤은 그런 제 마음을 알아주지 않더라고요. 만약에 제가 그런 식으로 계속해 왔더라면, 지금쯤 완전히 지쳐서 나자빠졌을 거예요. 하지만 지금은 제 마음이 훨씬 편해요. 왜냐하면, 이제는 앤이 제게 뭘 바라는 게 있다면, 직접 제게 부탁을 할 테니까요. 그래서 전 이런 방식이 훨씬 좋아요. 저는 저 자신의 필요와 욕구를 스스로 잘 돌보고, 그리고 또 앤은 앤대로 자기 자신의 필요와 욕구를 잘 돌보고, 그러다가 우리가 서로에게 필요로 하는 게 있으면 서로에게 구체적으로 요청을 하게 될 것이고, 그러면 우리 두 사람 모두 서로를 위해서 당연히 그렇게 해 줄 거니까요. 그리고 이제부터는 적어도 우리 두 사람이 서로가 원하는 게 뭔지를 알아내려고, 굳이 서로의 마음을 알아내기 위해 애를 쓰거나 쓸데없는 에너지를 낭비하는 일 같은 건 없을 테니까요."

앤이 그레그와의 관계에서 확실하게 밝혀 둔 자신의 필요는 안전감과 분명한 지지, 확신에 관한 욕구였다. "나는 당신으로부터 어마어마한 정도의 확신을 필요로 하고 또 원해요." 이러한 자신의 필요(욕구)를 충족시켜 주기 위해서, 앤은 그레그에게 이렇게 알려 주었다. 혹시 자신이 지나치게 감정적이 되어 있을 때, 그러니까 앤이 화가 나 있거나, 의기소침해 있거나, 슬퍼하며 눈물을 흘리고 있을 때는, 그녀가 정말 필요로 하는 것은 다른 게 아니고, 그레그가 그녀를 얼마나 사랑하는지를 듣고 싶어 한다는 것이다. 그래서 앤은 카드에다 그녀가 정말 그레그로부터 듣고 싶어 하는 말을 그대로 적었다. 그리고 그 카드를 그레그에게 건네주면서 이렇게 말했다. "난 당신이 내게 이렇게 말해 줬으면 좋겠어요." 그 카드에는 다음과 같이 쓰여 있었다. "난 당신을 사랑해. 당신이 바로 내가 함께하고 싶어 하는 그 사람이야. 나는 나의 남은 삶의 전부를 당신과 함께 보내고 싶어." 한때 자신은 누군가를 위로해 줄 수가 없는 사람이라고 주장했던 그레그가, 이제는 자신의 마음을 온전히 담아서 파트너인 앤이 그토록 듣고 싶어 하던 바로 그 말을 진심으로 해 줄 수 있게 되었다.

앤과 그레그는 또한 싸우는 방법도 새롭게 배워 갔다. "우리는 정말 솔직하고 분명하게 이야기해요." 앤이 예를 들어 설명했다. "어느 날 그레그의 손을 봤는데, 결혼반지를 안 끼고 있는 거예요. 저는 속이 상했고 배신감까지 느꼈어요. 하지만 혼자 속을 끓이기보다는, 솔직하게 바로 이야기했지요. '난 당신이 결혼반지를 안 끼고 있어서 정말 속상해. 반지는 우리가 결혼했다는 걸 다른 사람들에게 알려 주는 증표잖아. 그건 나한테는 너무 중요한 거야. 그래서 난 정말 화가 나. 난 당신이 결혼반지를 끼지 않는다는 게 무슨 의미인지 정말 모르겠어. 난 당신이 그렇게 하는 게(반지를 끼지 않는 게) 싫어. 그러니까 난 당신이 다시 결혼반지를 끼면 좋겠어.' 그러자 그레그는 방어적이 되어 변명을 하거나 되받아치거나, 심한 말로 도리어 제게 상처를 주거나 하지 않고, 저의 말을 잘 들어 주었고, 그리고 제게 이렇게 말하더군요. '당신이 그런 식으로 느꼈다는 게 난 이해가 돼. 당신이 그렇게 화가 난 것도 이해가 돼.' 그러고는 나중에 자신이 왜 결혼반지를 끼지 않았는지를 설명해 주더라고요. 알고 보니, 제가 결혼 전에 썼던 성을 다시 쓰기 시작한 것 때문에 기분이 많이 상했더라고요. 그러니까 그레그의 속마음으로는, 제가 결혼 전 성을 다시 쓰기 시작한 것이나 자신이 결혼반지를 빼고 있었던 게 피장파장이라는 거죠. 우리 두 사람은 그 문제를 바로 해결하진 못했어요. 문제가 좀 복잡해서요. 하지만 중요한 것은, 저희 두 사람이 솔직하게 서로의 감정을 드러내고 표현했다는 것이고, 또 그걸 서로가 잘 들어 줬다는 거예요. 그리고 나쁜 에너지를 모두 걷어 낼 수가 있었고요. 그래서 우리 두 사람 모두, 더 이상 서로에게 화가 나 있거나 그러지는 않아요. 예전 같았으면, 우리 둘 다 거기에 집착하고, 그래서 끝도 없이 으르렁거리고 싸웠을 거예요."

이러한 노력들 덕분에, 이제 앤과 그레그는 자신들의 필요(욕구)를 충분히 충족시킬 수 있게 되었고, 그리고 또 서로를 있는 그대로 받아들일 수 있는 새로운 단계에까지 거의 다다르게 되었다. "우리 두 사람의 관계가 정말 안전하게 느껴져서, 이제 저는 그레그가 원래 다른 사람에게 자기 속을 잘 털어놓지 않는 사람이라는 사실을, 더 잘 받아들일 수 있게 된 것 같아요." 앤이 말했다. "이젠 그레그의 그런 모습이 더 이상 제게 위협적으로 느껴지지 않아요. 그래서 이제는, 그 사람이 자신의 감정을 표현해 줄 때까지, 제가 기다려 줄 수 있어요. 그 사람을 더 이상 몰아붙이지 않아도 되는 거죠. 그 사람이 화가 나 있으면, 본능적으로야 저는 도대체 무슨 일 때문에 그 사람이 그렇게까지 괴로워하는지 당장 말하라고 다그치고 싶어요. 그래서 빨리 해결해 주고 저도 거기서 벗어나고 싶은 거죠. 그런데 그러다 보면, 이 사람이 힘들어할 때마다 결국 제가 늘 해결사 역할을 하게 되더라고요. 그러던 중 제가 또 하나 깨닫게 된 게 뭐냐면요, 제가 그 사람을 다그치지 않고 좀 기다려 주면, 그이가 자기 나름의 방식대로 그 일을 알아서 해결을 하더라고요. 그리고 만약 그 사람이 그걸 해결하지 못한다 하더라도, 상황을 그냥 있는 그대로 받아들이고 살면 또 되더라고요. 굳이 모든 걸 다 바로잡으려고 애써야 할 필요가 없다는 걸 배우게 된 거죠."

앤과 그레그는 '의식이 깨어 있는 파트너십을 만들어 내는 과정'이 결코 만만치 않다는 것을 인정한 첫 번째 커플이다. 솔직한 자신의 입장을 앤은 다음과 같이 고백했다. "그레그와 함께 부부관계를 좀 더 의식적인 파트너십으로 만들어 가는 과정이, 아마도 지금까지 제가 살면서 했던 일 중에 가장 어려웠던 일인 것 같아요." 그레그도 앤과 비슷한 의견을 말했다. "결혼생활이란 게 꽃을 피우는 일이랑 비슷한 것 같아요. 언제나 꽃에 신경을 써야만 하거든요. 조금이라도 신경을 쓰지 않으면, 금방 잡초가 자라나서 꽃들을 다 덮어 질식시켜 버리거든요." 그레그는 또 다른 비유를 들었다. "정원을 잘 가꾸려면, 좋은 도구를 갖고 있는 게 중요하잖아요. 손으로 물을 떠다 날라 줄 수도 있고, 손으로 흙을 팔 수도 있겠지만요. 그런데 호스를 사용해서 물을 뿌리고 삽을 써서 땅을 판다면, 아주 일이 쉬워지잖아요. 제가 앤이랑 함께 부부로 살면서 느낀 게 바로 그거예요. '우리 두 사람이 정말로 원하는 결혼생활을 이루기 위해서는, 거기에 잘 들어맞는 도구들과 기술들을 우리가 가지고 있어야만 하는 것이구나.'

앤과 그레그가 두 사람의 관계를 향상시키기 위해서 그토록 열심히 노력을 쏟아붓는 이유는, 거기에 따른 보상을 매일매일 받을 수가 있기 때문이다. 그레그가 보기에는, 자신들의 관계에서 일어난 가장 뚜렷한 변화는 두 사람의 감정 상태에 관한 것이다. "결혼생활 초기에 우리 두 사람은 상태가 아주 불안정했어요. 저는 제 감정을 너무 억누르고 있었고, 앤은 자기 감정을 아무 거리낌 없이 드러냈었죠. 그런데 이제 앤은 전에 비해 자기 감정을 그렇게 미친듯이 쏟아 내지 않고, 도리어 저는 좀 더 감정적이 되었지요. 그렇다고 우리가 서로의 예전 모습을 따라 하려고 그러는 건 전혀 아니에요. 서로 조화를 이루려고 하는 거지요. 저희 두 사람은 중간(평균) 지점 주위를 왔다 갔다 하는 것 같아요. 어떨 땐 앤이 저보다 더 감정적이 되기도 하고, 어떨 땐 제가 또 앤보다 더 감정적이 되기도 하지요. 그렇게 우리 둘이 중간 지점을 잘 만들어 낸 것 같아요. 전 정말 안심이 됩니다."

그레그는 결혼생활을 통한 깨달음이, 자신으로 하여금 좀 더 유능한 경영자가 되게 하는 데도 큰 도움이 되었다고 믿는다. "저는 사람들의 숨겨진 문제를 발견해 내는 데 아주 능숙해졌어요. 사람들이 '뭐가 문제다'라고 이야기를 하는데, 근데 그게 진짜 문제가 아닌 경우가 많거든요. 저는 그 문제 이면에 숨겨져 있는 진짜 문제가 뭔지를 찾아내려고 합니다." 그리고 그는 상대방의 입장에서 생각해 보기 시작했다. "저는 스스로 이렇게 물어보곤 하죠. '내가 만약 이 사람이라면, 지금 이 순간에 내가 정말 원하거나 필요로 하는 것은 무엇일까?' 제가 앤의 입장이 되어 그녀의 감정에 공감을 할 수 있게 되다 보니까, 제가 다른 사람을 만날 때도 그 사람 입장에서 생각해 보고 공감할 수 있는 기술을 덤으로 터득하게 된 거예요. 그리고 결혼생활 덕분에, 제가 다른 사람들과 의사소통하는 것도 훨씬 많이 나아졌고, 또 어떤 압력을 받더라도 잘 견뎌 낼 수 있게 된 거죠. 그래서 직장에서도 누군가 제게 화를 내거나 어떤 문제가 생겨도, 제가 방어적으로 행동하지 않으면서도 그 상황을 잘 처리할 수 있게 되었어요."

앤은 그레그와의 결혼생활을 통해서 자신이 좀 더 영적인 존재가 되었다고 생각한다. "저는 이 우주 안에서 가장 강력한 힘은 '우리 안에 계신 그리스도', 곧 성령이라고 믿어요." 앤이 말했다. "그리고 저는 그 힘이 완전함을 향해 나아가고자 하는 우리 인간의 열망과도 똑같다고 생각해요. 제 생각에, 우리가 이 세상에 온 목적은 우리가 될 수 있는 한 '가장 최고의 나'가 되는 거예요. 사랑하고, 살아 있고, 다른 사람에게 친절하면서, 우리 자신의 재능과 능력을 계발하면서 말이죠. 그리고 이렇게 하기 위한 최고의 방법은, 바로 내가 나 자신이 되는 거예요. 이게 무슨 말이냐면요, 내가 나 자신에게 솔직해지는 거예요. 나 자신의 긍정적인 부분만이 아니라 부정적인 면까지도요. 있는 그대로의 나 자신을 내가 온전히 받아들이는 거지요. 그레그와의 관계를 통해서, 저 자신에게 이런 변화가 일어났어요. 이건 정말 좀 역설적인 거예요. 예전에 저는 참 자신감이 넘쳐나는 사람이었는데, 제가 좀 과장이 심했던 것 같아요. 지금의 저는 있는 그대로의 저 자신이 좋아요. 그냥 저의 모든 부분에 대해서요. 저는 지금의 저 자신이 그냥 좋아요. 이젠 저 혼자 있어도 편하고 행복해요. 지금이 과거의 그 어느 때보다도 편안해요. 저는 지금 매 순간순간을 살고 있어요. 불안을 느끼는 정도도 굉장히 낮아졌어요. 정말 이건 예전에 비하면 엄청 달라진 거예요. 이렇게 마음속 깊이 행복을 느끼고 편안해 본 게 제 인생에서 처음이에요."

우리는 앤에게 이 책을 읽는 사람들과 이러한 아이디어를 처음으로 접하는 사람들에게 혹시 도움이 될 만한 애기를 해 줄 수 있는지 물었다. "저는 '당신 자신에게 초점을 맞춰 보세요.'라고 얘기해 주고 싶어요."라고 그녀가 말했다. "그게 무슨 말이냐면, 여러분이 파트너를 위해서 한 것이 결국엔 여러분 자신을 위해서 하는 것이라는 사실을 꼭 깨달을 수 있었으면 해요. 마침내 전 이걸 깨닫게 되었거든요. 제 남편인 그레그가 그토록 필요로 하는 그 미해결과제를 충족시켜 주기 위해, 제가 전혀 익숙하지도 않고 정말 도전이 되는 그걸 위해서 내 팔을 뻗었을 때, 제가 그동안 잃어버리고 있었고 억눌러 왔던 나 자신의 일부분을 다시 찾게 되었다는 것을요. 그러므로 앞으로 당신의 파트너가 당신에게 무언가를 부탁할 때, 당신 자신에게 이렇게 한번 물어보세요. '내 파트너의 요청이 이해가 되는가? 내가 파트너에게 이렇게 해 주는 게 정말 필요하고 당연한 일일까?' 그래서 만약 당신이 파트너의 요청이 이해가 되고, 또 그렇게 해 줄 필요가 있다고 생각이 된다면 그렇게 하세요. 사실 나는 여러분이 파트너의 요청에 대해 어떻게 느끼든지 상관없이, 그냥 그렇게 해 보면 좋겠어요. 왜냐하면, 파트너가 필요로 하는 걸 당신이 충족시켜 주게 될 때, 당신은 당신이 잃어버렸었던 당신 자신의 모습을 다시 회복하게 될 테니까요."

케니스와 그레이스

케니스와 그레이스는 두 사람이 대학에 다니고 있을 때 만났다. 케니스는 의대생이었고, 그레이스는 미술사를 전공하고 있었다. 둘은 봄방학 때 고향으로 가는 버스 옆자리에 우연히 앉게 되면서 친해졌다. 케니스가 그레이스에게 끌리게 된 데는 그럴 만한 이유가 있었다. 케니스가 말했다. "앞에 앉은 여성이 아기를 안고 있었는데, 아기가 하도 소리를 지르고 보채서 아기를 달래느라 안절부절못하더라고요. 그때 그레이스가 그분에게, 제가 아기를 좀 안아 봐도 될까요?'라고 물어봤어요. 그런데 그레이스가 아기를 안고 조금 있으니까, 곧 아기가 잠잠해지는 거예요. 제가 그때 속으로 이렇게 생각했던 게 기억이 나요. '만약에 이런 여자가 내 아이의 엄마라면 얼마나 좋을까?' 그 당시엔 그걸 확실히 알진 못했지만, 사실 제 마음속 깊은 곳에서는 저 자신이 바로 그런 다정함을 원하고 있었던 거죠."

그레이스 역시 케니스에 대한 첫인상이 좋았다. "정말 다정하고 부드러운 사람 같았어요." 오랜 시간 같이 버스를 타고 가는 동안, 그레이스는 케니스가 자신이 학교에서 작성한 보고서에 진심 어린 관심을 보이자 아주 기분이 좋았다. "그 사람이 저의 지적인 능력을 존중해 주는 게 참 좋았어요. 보통 다른 남자들은 그러지 않거든요." 그녀는 집에 돌아오자마자 부모님께, 아주 행동이 단정하고 예의가 바른 그런 남자를 만났다고 말했던 것을 기억한다.

이렇게 의식하고 있는 첫인상의 이면에는, 서로를 끌리게 만든 훨씬 더 강력한 이유가 숨겨져 있다. 그렇다면, 그레이스는 자신도 모르게(부지불식간에), 도대체 어떤 어린 시절의 미해결과제(욕구와 필요)를 가진 채로 케니스와의 로맨스(낭만적인 관계)를 시작하게 된 것일까? 그레이스는 2녀 1남 중 맏딸로 태어났다. 그녀는 자신의 가족을 언제나 시끌벅적하고 사랑이 넘치는 집이라고 설명했다. 가족 구성원들은 자신들이 특이한 사람들이고, 유별난 행동을 한다는 걸 자랑스러워했다. "모두가 예술가 아니면 음악가였어요." 그레이스가 말했다. "계획에도 없이, 그저 맘 내키는 대로 즉흥적인 게 많았죠. 아빠는 이렇게 말하곤 했어요. '저녁 먹고 드라이브나 가자. 설거지는 그냥 놔두고!' 그러면 엄마는 이렇게 말했지요. '설거지 먼저 해야 돼요.' 그러면 아빠는, '지금 당장 떠나지 않으면, 멋진 석양을 놓치고 말 거야.' 그래서 저희 가족 모두가 다 차에 올라타 드라이브를 나가곤 했지요. 우리는 차 안에서 화음에 맞춰 노래를 불렀어요. 우리 가족은 교회에서도 함께 찬양을 부르곤 했는데, 보통은 마지막 노래로 〈우리를 하나 되게 축복하소서〉를 불렀어요."

그레이스는 어린 시절에 대해 좋은 기억을 갖고 있었다. 그녀는 아빠의 꼬마 애인이었다. 하지만 다섯 살 때, 여동생 샤론이 태어난 다음부터 전혀 예상치 못한 일들이 일어나기 시작했다. "언제부터인가 갑자기 제가 관심의 중심에서 벗어나 있는 거예요. 전 마치 내팽겨쳐진 것처럼 느껴졌어요. '도대체 세상에 무슨 일이 일어난 거지? 이제 난 더 이상 귀엽지가 않은건가? 왜 내가 사랑을 받지 못하는 거지?' 혼자 이렇게 생각했던 게 기억이 나요. 전 제가 더 이상 우리 가족이 제일 좋아하는 사람이 아니라는 사실을 도저히 받아들일 수가 없었어요."

그레이스는 엄마가 따뜻하기도 하지만, 아주 심술궂고 혼란스러워서 전혀 종잡을 수가 없는 사람이라고 말했다. 엄마와 그레이스는 좀처럼 잘 지내질 못했다. "엄마 성격이 너무 강해서요, 저 자신의 정체성을 지키려면 엄마와 싸울 수밖엔 없다고 느꼈어요. 그래서 제가 반항아가 된 것 같아요." 그레이스가 과거를 떠올리면서 말했다. 그녀의 아빠는 따뜻하고, 잘 챙겨 주고, 그리고 이야기를 잘 들어 주는 분이었다. 그녀는 아빠와 자기가 굉장히 가까운 사이였다고 말한다. "어떤 사람들은 아버지와 딸 사이가 너무 친한 게 아니냐고 말하곤 했어요."라고 그레이스가 말했다. "고등학교 때, 학교에 갔다가 집에 와서 소파에 누워 있으면, 아빠가 제 등을 주물러 주곤 했어요. 저에겐 그게 그렇게 편안하고 자연스러운 일이었어요. 하지만 그런 우리 부녀의 행동이 엄마로 하여금 질투심을 유발했다는 걸 알아요." 그리고 세월이 좀 지난 뒤에, 그녀는 아빠와 자신과의 관계를 되돌아보면서, 어떤 불안을 느끼곤 했다. "한편으로는, 아빠와 그렇게 가깝게 지낸다는 게 좀 두렵기도 했어요. 그리고 제가 결혼할 때, 아빠가 굉장히 힘들어했던 게 기억이 나요. 결혼 직전에 아빠가 제게 이렇게 말했어요. '난 항상 네가 그냥 우리집에서 함께 지낼 거로만 생각했었다. 결혼 같은 건 절대 하지 않고…….' 농담처럼 말씀하시긴 했지만, 저는 그 말속에서 진심을 느낄 수 있었지요." 아빠와의 관계가 너무 가까워서 마음에 걸리고 불편했던 것 외에도, 그레이스는 아빠가 좀 더 똑 부러지는 성격이었으면 하고 바랐다. "아빠는 그렇게 강한 분이 아니었어요." 그녀가 말했다. "상황이 좀 곤란해지면 슬그머니 어디론가 사라지곤 하셨죠. 저랑 엄마가 말싸움이라도 하면, 아빠는 세차를 하러 가시거나, 꽃을 돌보곤 하셨어요. 한 번도 제 편을 들어주거나 저를 지켜 주신 적이 없었어요."

그레이스가 열 두세 살쯤 되었을 때, 종교적인 체험을 했다. 특별 청소년 예배에 참석했을 때, 그녀는 하나님의 현존에 완전히 압도되는 경험을 했다. 당시에 그레이스는 굉장히 의기양양한 기분과 동시에 죄책감이 느껴져 아주 혼란스러웠다. '하나님이 내 편'이라는 데서 오는 의기양양함과 엄마에게 건방지고 무례하게 대하는 심술궂은 아이라는 데서 오는 죄책감이 뒤섞여 있었다. 그때쯤에, 그녀의 가족은 모두 함께 여행을 가기로 계획이 되어 있었고, 그레이스는 자기는 여행을 떠나지 않겠다며 고집을 부렸다. "제 방에 들어가서 기도하고 울고, 울면서 기도하고를 반복했던 게 기억이 나요. 정확히 무슨 이유로 그랬는지는 저도 잘 모르겠어요. 굉장히 끔찍했던 그 감정만은 기억이 나요. 일종의 정서적 위기였어요. 저 자신이 '아주 나쁜' 사람이거나, '못되고 심술궂은' 사람이라고 느꼈었던, 그런 기억이 나요." 이처럼 자기 자신에 대한 그런 부정적인 관점은, 그 후로도 수년 동안이나 계속해서 반복되었다.

그레이스는 또 자신이 멍청하다는 생각 때문에 종종 걱정을 했다. 그녀가 그렇게 생각하게 된 이유는, 부모님이 그녀에게 왜 그렇게 '멍청한 짓'을 하느냐고 자주 나무랐기 때문이다. "그런데 제가 정말로 멍청했던 게 아니더라고요." 그녀는 마치 자기 자신을 변호하듯이 말했다. "그냥 딴 데 집중하다 보니 어처구니없는 실수를 저지른 것뿐이거든요." 그리고 또 그레이스가 자기 자신에 대해 이런 생각을 하게 된 이유는, 그녀가 생각보다 행동이 앞서는 성격을 갖고 태어났기 때문이다. 그녀는 당당하며, 책임감이 강하고, 일을 앞장서서 주도하는 성격을 가진 어린 소녀였다. 사람들은 그녀가 별 힘도 안 들이고 일을 척척 잘 해낸다고 생각했다. 그녀는 약간만 계획하고 조직을 하고 나면, 곧바로 일에 뛰어들곤 했다. 그녀는 그렇게 일을 척척 잘 해내는 자신의 능력을 스스로 자랑스러워하기도 했지만, 한편으로는 충분히 생각을 하고 난 다음에 그것을 행동으로 옮기는 다른 사람들과 자신을 비교하면서, 심각하게 고민에 빠지기도 했다.

그레이스가 가진 장점들 중 하나는 그녀의 예술적 감각이 탁월하다는 것인데, 이런 면이 청소년이었던 그레이스에게 아주 중요한 영향을 끼쳤다. 고등학생 때 그레이스는, 여름 캠프에서 미술 선생님의 보조교사로 일을 했는데, 어린 아이들이 미술을 통해 자신을 표현할 수 있도록 도와주는 일을 좋아했다. 그 후로 몇 년 동안, 그레이스는 디자인의 자유로운 형식 부분과 초현실주의 회화로 여러

번 상을 받기도 했다. 이렇게 미술은 점점 더 그녀의 삶에서 아주 중요한 부분이
되어 갔다.

그레이스가 어린 시절에 어떻게 살아왔는지를 어느 정도 알아보았으니, 이제
케니스의 어린 시절은 어땠는지 살펴보기로 하자. 케니스는 지금까지 살면서 오
랜 기간 동안 계속해서 상담을 받아 왔다. 그를 처음 상담했을 때, 그는 다음과
같이 말했다. "제가 살아온 삶에 대해 이야기하는 건, 식은 죽 먹기처럼 너무 쉬
운 일이에요." 자신의 말을 증명이라도 하듯이, 그는 단 몇 분 만에 자신이 어떻
게 성장해 왔는지를 포괄적으로 잘 요약해 주었다. "제 어머니는 극성스럽고, 활
기차고, 열정적인 분이셨어요. 인생에서 많은 것을 이루고 싶어 했고, 아버지에
게도 많은 것을 바라셨어요. 그런데 아버지는 소극적이고, 조용하며, 부드러운
분이셨어요. 아버지는 제 삶의 본보기였죠. 제가 소극적이고 조용한 건 아버지
로부터 배웠어요. 어머니는 저한테도 참 많은 것을 원하셨어요. 배가 고픈 사람
처럼 끊임없이 제게 계속 원하시는 분이었어요. 지금 성인이 돼서 어린 시절을
돌아보니까, 어머니가 아버지로부터 충분히 받질 못해서 그러지 않았나 하고 이
해가 돼요. 어머니는 사람들이 감당하기 힘든 독설들을 퍼붓곤 했지요. 제게도
자주 화를 내고, 호되게 비난을 하셨어요. 저는 어머니가 왜 그러는지 잘 이해를
할 수가 없었고, 종종 어머니가 부당하다고만 생각을 했어요. 어렸을 때 '다른 사
람이 내 엄마라면 참 좋았을 텐데.'라고 생각했던 게 기억이 나요. 어떨 땐 어머니와
그럭저럭 지낸 적도 있었지만, 어머니와 친하게 잘 지낸다는 건 정말 상상할 수도 없
는 일이었어요. 어머니가 혹시 절 아침식사로 먹어 치우지나 않을까 겁이 났을 정
도니까요. 제가 잘한 일이 있어도, 그걸 어머니한테는 알려 주고 싶지 않았어요.
그 이유는, 제가 기껏 잘해 놓은 일을 어머니의 자랑거리로나 삼을 게 분명하다
고 생각했거든요. 그래서 아예 그런 빌미를 주고 싶지가 않았던 거예요."

성장 과정 동안 그레이스와 케니스 두 사람이 양육된 방식에는 기본적으로 서
로 비슷한 부분이 있는 것 같다. 두 사람 모두 아버지는 소극적이고 내성적인 반

면에, 어머니는 적극적이며 자기주장이 강하다. 하지만 케니스는 부모 두 분 중 그 누구와도 친하게 지내질 못했다. 케니스는 아버지를 무척 존경하기는 했지만, 어떤 거리감이 느껴졌다. "아버지와 저는 가끔 좋은 시간을 같이 보내기는 했는데, 아버지는 자신의 감정을 드러내는 걸 매우 쑥스러워 하셨어요. 저는 아버지가 절 좋아해 주고, 좀 자랑스럽게 여겼으면 좋겠다고 생각했는데, 하지만 아버지로부터 저를 사랑한다는 말 같은 건 한 번도 들어 본 적이 없어요. 다른 사람을 통해서 아버지가 저를 높이 평가한다는 말을 전해 듣기는 했지만, 제가 직접 들어본 적은 없어요." 케니스의 아버지는 특히 화내는 것에 대해서 늘 조심스러워 했다. "제가 혹시라도 화가 나 있거나 하면, 아버지는 곧바로 뒤로 물러서곤 했어요. 아버지는 저한테 그랬던 것처럼 어머니한테도 똑같이 그렇게 하셨어요. 어머니가 아버지에게 화를 내면, 바로 회피하곤 하셨죠. 그래서 어머니가 저한테 화를 낼 때, 저도 아버지가 그런 것처럼 아주 애매하게 얼버무리며 회피해 보려고 시도해 봤지만, 아버지처럼 어머니로부터 충분한 거리를 두고 물러서 있다는 게 제겐 불가능한 거였어요." 케니스는 이런 어린 시절의 가르침 때문에, 자신의 분노를 두려워하기 시작했다. 자신이 분노를 느끼면, 어머니와 사이가 안 좋아지고, 아버지와도 더 멀어지게 하기 때문이다. "저는 어린 나이에, 남들이 보기에 부드러운 사람이 되자고 맘을 먹었어요."라고 그가 말했다. 하지만 이러한 페르조나(가면), 즉 '거짓 자아'는, 그가 사용한 표현대로라면, '나를 좀 더 다정하게 돌봐 주는 어머니와 좀 더 확고하고 강한 아버지'에 대한 어린 시절의 필사적인 갈망(욕구)을 감추기 위한 한낱 포장일 뿐인 것이다. 그리고 이러한 케니스의 갈망(목마름) 밑에는, 그러한 욕구가 거절된 것에 대한 엄청난 분노가 축적되어 있는 것이다.

케니스와 그레이스 커플은 우리가 이 책의 앞부분에서 설명했던 원리, 즉 같은 상처를 받았지만 전혀 다른 방식으로 방어기제를 발달시킨 두 사람이 종종 부부로 만난다는 원리를 보여 주는 전형적인 예다. 케니스와 그레이스는 둘 다 자기 생각을 강요하는 고압적인 부모로부터 구별된 자신만의 정체성을 만들어야만 한다고 느꼈다. 이는 아동발달 심리학자들이 '개별화와 자율성의 단계'라고 부르는 발달 단계에서, 케니스와 그레이스 두 사람이 중대한 고비를 겪었었다는 것을 의미한다. 케니스는 어머니의 분노를 비켜 가기 위해 소극적이고 '부드러운 사람'이 됨으로써 자신만의 심리적 영역을 형성했고, 그리고 어머니의 침범에 대항하기 위해 반항하고 화를 냄으로써 자신만의 독자적인 정체성을 형성했다. 각자의 해결 방법이 서로 정반대였기 때문에, 그런 상대방에게서 서로 매력을 느꼈다는 게 충분히 납득할 만하다. 그레이스는 케니스의 부드러움과 선량함에 이끌렸고, 케니스는 그레이스의 강인함과 적극성에 감탄했다. 그들은 서로에게서, 자기 자신이 충분히 발달시키지 못했던 본성의 일부를 발견하게 된 것이다. 그런데 그들이 미처 깨닫지 못한 사실은, 이처럼 서로 정반대되는 성격의 특성이 사실은 두 사람 모두가 지니고 있는 서로의 비슷한 상처를 치유하기 위한 노력의 결과였다는 점이다.

상당히 오랜 시간의 기민한 관찰을 통해서, 케니스와 그레이스는 두 사람이 처음에 만났을 때 왜 그렇게까지 서로에게 끌리게 되었는지 그 이유를 꽤 정확하게 알 수 있게 되었다. "저는 저 자신을 돌보아 주기 위해서 그런 연결을 주선하게 된 것 같아요."라고 케니스가 말했다. "그래서 저는 엄마처럼 저를 잘 돌보아 줄 것 같은 그레이스를 선택한 거지요. 그녀는 아주 인정이 많고, 활력이 넘치고, 참 다정했거든요." 그레이스 또한 자기가 왜 케니스와 결혼했는지에 대해 간결하게 설명했다. "저는 '착하고 똑똑한' 남자를 찾아 헤맸던 '못되고 멍청한' 여자였어요. 케니스야말로 제가 필요로 했던 딱 그런 사람이었죠." 의심할 여지도 없이 이러한 긍정적인 요인들이 이 두 사람을 결혼까지 이끌어 준 게 사실이지만, 여기엔 부정적인 요소들도 내포되어 있었다. 그중에서도 가장 명백한 사실은, 두 사람은 자기와 '반대의 성을 가진 부모'와 겪었던 갈등(전쟁)을(남자는 엄마와, 여자는 아빠와) 자신의 결혼생활을 통해 계속해서 그대로 이어 갈 확률이 가장 높은 사람을 자신의 배우자로 선택했다는 것이다. 그레이스는 케니스의 어머니처럼 지배적이고, 대단히 적극적이다. 케니스는 그레이스의 아버지처럼 소극적이고 다정다감하다. 두 사람은 자신들의 어린 시절, 어린아이였던 자신에게 가장 큰 정신적인 고통을 주었던 자기 부모의 부정적인 성격 특성을 그대로 지니고 있는, 그런 사람을 자신의 배우자로 선택한 것이다.

하지만 이러한 부정적인 요인들이 그 정체를 드러낸 것은, 결혼한 지 막 1년이 지나고 난 뒤부터였다. "결혼하고 나서 처음 1년 동안은 아주 이상적이었어요." 그레이스가 말했다. 그런데 문제가 생기기 시작한 것은 결혼한 지 2년이 되던 해, 그러니까 딸이 태어나고 얼마 지나지 않았을 때부터였다. 케니스는 가정의학과 전문의로서 병원을 경영하는 데 어려움을 겪고 있었다. 그레이스는 남편이 새로운 환자를 병원으로 유치하기 위해 좀 더 적극적이지 않은 것에 대해 걱정하고 있었다. "저는 케니스가 병원 경영을 발전시키기 위해 할 수 있는 일이 정말 많다고 생각했어요." 그레이스가 과거를 회상하며 말했다. "하지만 케니스는 현상 유지하는 것에 만족했어요. 저는 그 사람이 생각하지도 못한 수많은 가능성들을 계속 생각하고 있었는데 말이죠."

그레이스가 병원에 오는 환자가 점점 줄어들고 있다는 사실을 알게 되었을 때, 두 사람은 처음으로 크게 싸웠다. "케니스는 병원이 내리막길로 접어들었다는 온갖 신호들을 2년 동안 전부 무시해 버렸던 거예요. 그래서 이제는 뭔가를 시도해 보는 것조차 너무 늦어 버린 거죠. 동료 의사 두 명은 연봉이 더 높은 다른 병원으로 옮겨 갔더라고요. 어느 날 밤, 저는 결국 완전히 폭발해 버리고 말았죠." 케니스는 그날 밤의 싸움을 기억하면서, 아내가 병원에 대해 걱정해 준 게 고마운 면도 있지만, 너무 지나치게 자신의 영역을 침범하는 데 화가 났다. "한편으로는 그녀가 리더십을 발휘해서 나를 잘 이끌어 줬으면 하고 바랐어요." 그가 말했다. "하지만 다른 한편으로는 아내가 너무나 지나치게 내게 요구를 해 대는 게 화가 치밀었어요. 아내는 마치 내가 뭘 해야 하는지를 이미 자기가 다 알고 있다는 듯이, 그리고 자기가 그런 말을 할 만한 자격이 있고, 그게 너무나도 당연한 것처럼 그렇게 이야기를 하더라고요. 나에게 그것이 너무나 당연하다는 듯이 엄청난 요구들을 해 대는 그 모습이, 꼭 우리 어머니하고 똑같다고 느꼈어요."

그레이스가 그때 그 일을 떠올려 보니, 자신 또한 그런 상황에서 다양한 감정들을 느끼고 있었다. "제가 너무 강하고 고집스럽게 밀어붙이고 있지는 않은지 좀 걱정이 되기도 했어요. 제가 좀 성질을 죽이면, 이 사람이 좀 더 주도적으로 변할 수도 있지 않을까 하는 생각도 해 보았어요. 그렇지만 그걸 있는 그대로 내버려 둘 순 없었죠." 처음엔 서로를 매력적으로 보이게 했던, 그 가장 핵심적인 요소들, 즉 그레이스의 당당하고 외향적인 성격과 케니스의 소극적이고 부드러운 성격이 이제는 30년 동안이나 계속되고 있는 **힘겨루기의 근본적인 원인**이 되어 가고 있었다.

케니스는 그레이스가 자신과 정말 잘 맞는 사람인가에 대해 더 의심하기 시작했다. "그레이스가 좀 이런 모습이면 좋겠다 하는 부분들이 점점 더 많이 보이기 시작했어요. 그중 하나만 예로 들면, 제가 지적으로 관심 있는 분야에 그녀는 별다른 관심이 없었어요. 저는 그레이스가 그 분야에 대해서 좀 더 읽어도 보고, 저랑 이야기를 나눌 수 있기를 바랐어요." 한편, 그레이스는 자신이 별로 똑똑하지 않다는 메시지를, 또다시 케니스로부터 받았다. 한때는 자기가 작성한 리포트에 대해서 진정 어린 관심을 보이던 그 남자가, 지금은 그녀가 지적이지 않다고 비난을 하고 있는 것이다.

딸이 초등학교 1학년이 되었을 때, 그레이스는 한 고등학교에서 미술을 가르치는 시간제 강사로 일하기 시작했다. 그해 겨울, 케니스의 어머니가 집에 방문을 했다. 어머니의 방문으로 인해, 케니스와 그레이스는 또 한 번 중대한 갈등을 겪었다. 그 당시에 그레이스는, 학교 일에 굉장히 활발하게 참여하고 있었고, 교회에서 소식지 만드는 일도 했다. 그녀는 시어머니에게 상냥하게 대하기는 했지만, 일을 하느라 너무 바빠서 시어머니를 위해 따로 시간을 낼 수가 없었다. "제가 너무 바빠서, 시어머니께 손님 대접을 제대로 해 드릴 수가 없었어요." 그녀는 과거를 떠올리며 말했다. 시어머니는 그레이스가 일을 마치고 나면, 나머지 모든 시간을 가정주부로서 '요리하고, 청소하고, 바느질하는 데' 쓰기를 바랐지만, 그레이스는 그 기대에 부응하는 것을 거부했다. 아들 부부 집에 머무는 동안, 케니스의 어머니는 대부분의 시간을 혼자서 보내야만 했고, 이런 대우에 너무나도 격분한 나머지 예정보다 이틀 먼저 아들 부부 집을 떠나 돌아가 버렸다. 케니스가 어머니를 모시고 기차역으로 가는 동안, 케니스의 어머니는 그레이스에 대해 쓴소리를 잔뜩 퍼부었다. 성난 어머니와 함께 차에 갇혀 있는 동안, 케니스는 극심한 불안을 경험했다. "어머니가 그레이스를 비난하는 걸 들으면서 저는 그레이스를 변호할 아무런 엄두도 못 내고 있었어요. 아내 편에 서서 어머니께 무슨 말을 할 만한 그런 용기가 없었어요."

　그레이스가 느끼기에, 시어머니가 방문했던 일은 자신의 어린 시절이 또다시 아주 불쾌한 방식으로 재연되는 사건이었다. 또다시 그녀는 쌀쌀맞고 비난을 퍼붓는 어머니 상(像)에 맞서서, 전혀 도움이 안 되는 아주 소극적인 남성이 자신을 지켜 주기만을 바라며 그 남성에게 의지하고 있는 것이었다. "저는 케니스가 제 편에 서서, 시어머니께 뭐라고 말 좀 해 주었으면 하고 바랐어요." 그녀가 말했다. "그 당시에 제가 얼마나 바빴는지를 어머니께 설명해 드릴 수도 있는 거잖아요? 하지만 그 사람은 어머니가 짜증을 낼까 봐 무서워했어요. 그런데 시어머니가 그렇게 화가 났는데 제가 잘 달래 드리지 못했다면서, 저한테 화낼 배짱은 있더라구요."

　이 사건에 대해 설명하면서, 그레이스는 자기 아버지와 케니스의 공통점에 대해서 설명을 했다. "아버지는 엄청 친절하시고 사랑이 많은 분이셨지만, 강한 분은 아니셨어요. 저는 아버지가 좀 저를 보호해 주시고, 저를 이끌어 줬으면 했었죠. 제가 케니스한테 바라는 점과 완전히 똑같죠?" 흥미로운 점은, 그레이스가 케니스에게 화가 났을 때 하는 행동이 그녀의 어머니가 아버지에게 화가 났을 때 하던 행동과 아주 비슷하다는 것이다. "저는 주체할 수 없이 화가 나서 울면서 소리를 질렀어요. 화를 내면서 그를 공포 상태로 몰아넣었죠. 그러면 케니스는 저의 분노를 달래기 위해 최선을 다했어요. 그렇지만 그가 더 '착하게' 굴면 굴수록, 저는 점점 더 화가 났어요. 정말 안 좋은 상황까지 간 거죠." 그레이스는 무의식적으로 엄마의 부정적인 특성들을 받아들여, 자기 자신 또한 그런 특성을 가진 사람이 된 것이다. 그리고 엄마의 그런 특성 때문에 그레이스는 어린 시절 오랫동안 고통을 받았다.

　케니스와 그레이스를 얼핏 보면, 다른 커플들과 마찬가지로 성격이 정반대인 것처럼 보인다. 그레이스는 외향적이고 화를 잘 내는 사람이고, 케니스는 소극적이고 다정한 사람 같다. 그렇지만 케니스의 '사람 좋은' 모습의 또 다른 면을 살펴보면, 사실 케니스는 그레이스만큼이나 화가 많은 사람이다. 그의 분노는 비난을 통해 표출되었다. 이러한 경향은 결혼 초창기에 두 사람의 관계에서

나타났다. "저는 케니스가 저를 좋아한다는 느낌을 받지 못했어요." 그레이스가
말했다. "저와 데이트했던 다른 사람들은 훨씬 더 저에게 친절하게 대했어요. 케
니스는 제가 집안일을 하는 것, 아이들 돌보는 것, 저의 기분, 그리고 저의 지적
인 능력이 모자라는 것까지, 하나하나를 모두 비난했어요. 그리고 늘 선생님처
럼 저를 가르치려고 들었어요. 저에게 이렇게 묻곤 했죠. '너 이거 알아?' 그건 다
른 사람들도 잘 모르는 것인데, 저랑 아무 상관도 없는 것까지 제게 묻더라고요.
그래서 제가 잘 모르겠다고 털어놓으면, 마치 저를 고등학생 다루듯이 가르치기
시작했어요. 결혼한 지 몇 년이 지났을 때, 저는 더 이상 그 사람이 저를 그렇게
대하지 못하도록 했어요. 하지만 그 사람이 저를 정말 사랑으로 대해 준다는 느
낌은 단 한 번도 받아 보지 못했어요. 케니스는 단 한 번도 제가 원하는 방식으로 저
를 사랑해 준 적이 없었어요. 처음 결혼할 때는 저도 자존감이 높았었는데, 점점 더
자존감이 떨어졌어요."

　케니스는 자신이 아내를 비난했다는 것에 대해 솔직하게 털어놨다. "전 이 사
람에게서 정말 많은 걸 원했어요. 그리고 실제로 많은 걸 얻기도 했고요. 이렇게
말하니까, 마치 제가 은혜를 원수로 갚는 것처럼 보이네요. 전 그녀를 불안하게
만들어야만 할 필요가 있었어요. 그게 이 사람을 얼마나 힘들게 만드는지 잘 알
면서도 말이죠."

　케니스는 왜 그렇게도 그레이스를 비난했을까? 독자 여러분이 기억한다면, 케
니스의 인생의 목적은 주도적인 어머니 상을 지닌 여성으로부터 다정한 돌봄을
받는 것이었다. 그렇지만 동시에, 그는 자신이 그 사람에게 먹혀 버리지 않도록
충분한 거리를 유지해야만 했다. 그레이스에게 충분한 애정과 사랑을 줘서 그녀
가 자신에게 관심을 갖도록 하면서도, 한편으론 그녀를 끊임없이 비난함으로써
꼭 필요한 거리는 유지하는 굉장히 섬세한 작업을, 케니스는 무의식적으로 실행
하고 있었던 셈이다.

　그레이스는 케니스가 자신을 중요하고 귀한 사람으로 대한다는 느낌을 거의
받지 못했다. 그래서 그녀는 부부관계에 대해 불안감을 느낄 수밖에 없었다. 그녀는
케니스가 밖에서 어떤 활동을 할 때, 특히 여자를 만날 때 질투심을 느꼈고, 그의

행동을 의심했다. "의사와 사랑에 빠지는 여자들이 정말 많잖아요." 그녀가 말했다. "저는 그가 바람을 피우고 있을 거라고 확신을 했어요." 그러자 케니스는 다음과 같이 털어놓았다. "오랜 시간 동안 한 발은 결혼에 걸쳐 두고, 또 다른 한 발은 바깥에 두고 있었어요. 그리고 언젠가는 더 나은 사람이 내게 올지도 모른다고 생각하면서요. 제가 최고로 좋은 사람을 고른 건 아닐지도 모른다고 생각하면서 말이죠. 이렇게 말하는 게 저도 가슴이 아프지만, 저는 그레이스에게 온전히 헌신하지 않았어요."

그레이스가 시시때때로 분노를 느낄 수밖에 없었던 건, 어떻게 보면 지극히 당연한 일이었다. 그레이스가 말했다. "제가 절대 부인할 수 없는 게 하나 있는데, 제 안에서 분노가 끊임없이 치밀어 올라왔다는 거예요." 그렇지만 그 당시에 그녀는 그 분노가 어디로부터 왔는지 잘 알지 못했다. 그녀가 자신의 분노에 대해 가장 분명하게 알아차릴 수 있었던 시간은 밤에 잠자리에 들 때였다. 그녀는 자기 자신에게 묻곤 했다. '도대체 내가 왜 이렇게 화가 난 거지? 왜 이러는 거지?' 하지만 그녀는 그 답을 찾을 수가 없었다. 지금에 와서 그 당시를 되돌아보니, 케니스가 바로 자신의 분노의 원인이었다는 게 확실해졌다. 케니스가 출산을 도와주고, 또 응급 상황에 대처하느라 늦은 밤까지 일을 해야만 했던 것을 그녀는 기억한다. 자갈길을 따라 내려오는 케니스의 차 소리를 들었을 때, 그녀에게는 '낭만적인 사랑의 느낌'이 확 피어올랐다. 그녀는 그가 정말로 보고 싶었고, 꼭 좋은 일이 일어날 것만 같은 그런 기대감에 부풀어 올라서 그에게 인사를 했다. 그렇지만 몇 분이 지나지 않아서 그녀는 화가 났다. 낭만적인 사랑이 산산조각 나 버렸다. "저는 너무나 실망했어요." 그레이스가 말했다. "그렇지만 사실, 제가 케니스에게 정작 뭘 원했는지도 분명하지가 않았어요."

케니스와 그레이스 두 사람이 지난 25년여 동안을 부부로 살면서 굉장히 많은 변화들이 있었다. 함께 네 명의 아이들을 키웠고, 세 도시에서 살았다. 좋은 해도 있었고, 나쁜 해도 있었다. 그렇지만 그들이 느꼈던 감정만은 늘 똑같았다. 그레이스는 케니스가 자신을 좀 더 많이 사랑해 주고, 부부관계에 더 헌신해 주기를 늘 바랐다. 그리고 그가 좀 더 강한 사람이 되어 주기를 바랐다. 케니스는 그레이스가 자신을 좀 더 많이 사랑해 주고, 조금만 더 다정하게 대해 주기를 진심으로 바랐다. 그리고 그녀와 좀 더 거리를 두고 싶어 했다. 그들 사이에는 늘 팽팽한 긴장감이 흘렀다. 만약 그때가 이혼을 자유롭게 허용하는 사회적 분위기였더라면, 두 사람은 이미 이혼을 했을 것이다. "저는 항상 그 사람에게 이혼하자고 협박을 했어요." 그레이스가 말했다. "결혼한 지 1년밖에 안 됐을 때, 이혼하자는 이야기가 자주 나왔어요. 우리는 서로 너무나 다른 사람들인데, 굳이 서로에게 맞춰 가면서 살아 볼 생각이 없었어요." 그레이스가 가장 후회하는 일 중 하나는, 그녀가 케니스에게 느꼈던 분노를 큰딸에게 낱낱이 털어놓았던 일이다. "딸이 제 말을 이해하기 시작했을 때부터, 저는 딸에게 케니스 욕을 참 많이 했어요." 그녀가 말했다. "지금까지도, 저는 제 딸이 자기 아빠를 미워할까 봐 무서워요."

그들의 결혼이 가장 밑바닥을 쳤던 시기는, 그들이 40대였을 때였다. 케니스는 제2의 사춘기, 즉 중년기 위기를 겪고 있었다. 이전까지만 해도, 그는 자기 자신이 전도유망한 청년이라고 생각했다. 삶은 하나의 모험이었고, 수많은 길이 그에게 열려 있었다. 그런데 어느 날 주변을 돌아보니 비로소 자기 모습이 눈에 들어왔다. 결혼은 생명력을 잃었고, 자신은 '그저 그런' 의사였으며, 그가 의사로서 가졌던 열정마저 사라져 버렸다. "저는 아무 생각 없이 아기를 받고 있었어요. 밝은 미래에 대한 환상은 사라졌어요." 그가 말했다. 이러한 발견에, 그는 오랜 기간 동안 우울을 겪었다.

그동안 그레이스는 종교에 대한 믿음이 흔들리는 위기를 겪었다. 교회는 그녀의 삶에서 아주 중요했다. 그녀가 아주 어렸을 때부터 믿어 왔던 것이, 갑자기 그녀에게 와 닿지가 않았다. 그녀는 새로운 의미를 찾기 시작했다. 그렇지만 그녀가 의미를 찾으려 하면 할수록, 기댈 곳이 점점 더 없어졌다. 그녀는 절망 가운데서 케니스에게 도움을 청했다. "전 그 사람에게 이렇게 말하곤 했어요. '당신이 뭘 믿는지 말해 주면, 나도 그걸 따라 믿을게요!' 그렇지만 그는 저에게 책 몇 권을 주기만 했어요. 한번은 그가 제게 폴 틸리히(Paul Tillich)의 책을 가져다 주었고, 저는 앉아서 그 책을 읽으며 울곤 했어요. 저는 그 책을 잘 이해할 수가 없었어요. 저는 저 자신이 결국 미쳐 가고 있다고 확신을 했어요. 점점 더 정신줄을 놓아 버렸지요. 보수적인 복음주의자가 저를 완전히 이해하기에는 제가 너무 똑똑했었고, 그리고 진보적인 신학자를 이해하기엔 전 너무 멍청했어요. 저는 종교적으로 아무것도 의지할 수가 없는, 그런 진공 상태 속에 있었어요."

케니스도 그레이스가 겪었던 그 혼란을 기억했다. "그레이스는 자기가 겪고 있는 도덕적, 종교적 혼란을 제가 정리해 주길 바랐어요." 그가 말했다. "노력해 보기는 했지만, 그렇게 하지 못했어요. 그녀는 폭풍과도 같이 강렬한 고통과 분노를 겪었어요. 그녀의 영혼은 극심한 고통 속에 빠져 있었어요. 마치 그레이스가 제 목을 조르면서, 빨리 답을 내놓으라고 하는 것처럼 느껴졌어요. 저는 그녀를 위해 정말 뭐라도 해 줘야만 하는 그런 상황이었는데, 계속 실패만 했어요." 케니스는 그레이스를 도와줄 수가 없어서 힘들었다고 말했다. 그렇지만 한편으론, 그녀가 바라는 것을 의도적으로 해 주지 않으려 하고 있는 자기 자신을 또한 발견하게 되었다. "그녀는 제가 강하고 결단력 있는 사람이 되길 원했어요. 종교에 대한 것뿐만 아니라, 전부 다요. 그리고 자기는 어린 소녀가 되고 싶어 했고, 제가 그 소녀의 아빠 노릇을 해 주기를 원했어요. 저는 그게 불공평하다고 느꼈어요. 그리고 그녀가 원하는 그런 강한 사람이 되고 싶지 않았어요. 제가 그렇게 되려면, 정작 제가 필요로 하는 걸 얻기를 완전히 포기해야만 하니까요. 사실은 저도 그런 어린아이가 되고 싶었거든요."

조금씩 위기가 잦아들기 시작했다. 그레이스는 그녀가 겪고 있는 혼란과 질문들까지 포용해 줄 수 있는 교회에 다녔다. 그리고 매우 종교적인 사람인 남편이, 아직까지 자기 곁에 머물러 있는 것을 보고 안심했다. 왜냐하면 그녀는 이제 거의 무신론자가 되었기 때문이다. 그동안 케니스는 자신의 우울증에 대해 도움을 받고자 집단상담 프로그램에 참석했다. 케니스는 상담을 받는 동안 자기 자신에 대해서 아주 중요한 발견을 하게 되었다. 그것은 그가 '부부관계 안에 있는 모든 분노'를 그레이스에게 떠넘겼었다는 것이다. "저는 제가 가지고 있는 모든 분노를 그레이스에게 투사한 거였어요. 저는 다정하고 좋은 사람이고, 그레이스는 화만 내는 아주 못된 사람이 된 거죠. 그럼에도 불구하고, 아직도 제 속엔 아직 다 표현하지 못한 분노가 엄청나게 많이 남아 있었어요. 그리고 제가 저 자신의 분노를 계속 제 안에만 담아 두고 있었던 게 바로 저와 그레이스의 사이를 더욱 멀어지게 하였고, 그것이 그레이스를 계속 화나게 만든 것들 중 하나라는 사실을 깨닫게 되었어요."

케니스는 자신이 화를 낸다는 게 과연 가능한지를 조금씩 시험해 보기 시작했다. "그가 계속해서 상담을 받고 있던 중이었어요." 그레이스가 말했다. "케니스가 용기를 내어, 제게 처음으로 화를 내더라고요. 무엇에 대해서 화를 냈는지는 잘 기억이 안 나요. 다만 그 사람이 제게 목소리를 높였다는 건 분명히 기억이 나요. 케니스는 자신이 그렇게 화를 냈는데도, 제가 자기를 죽여 버리지 않았다는 사실에 놀라 아무 말도 하질 못했어요. 자기가 화를 낸 다음에도, 그렇게 살아 있을 수 있을 거라고는 생각하지 못했던 거죠." 이것은 케니스에게 있어서 매우 의미 있는 경험이었다. 왜냐하면 케니스에게 있어서 화를 낸다는 것은, 절대로 그러면 안 되는 금기 사항이었기 때문이다. 그렇지만 케니스는 여기에 도전을 했고, 살아 있으면서 화를 낼 수가 있었다. 케니스는 자신이 새롭게 발견한 이 능력을 시험하기 시작했다. "저는 한 주에 네다섯 번씩 그레이스에게 화를 냈어요. 제가 화를 낼 수 있다는 걸 증명해 보려고요. 그 다음부터는, 그레이스가 고함을 치면, 저도 같이 고함을 치는 수준까지 왔어요. 어떨 땐 일부러 그녀보다 더 크게 소리를 질렀어요." 그녀는 케니스가 의사 표현을 좀 더 분명하게 하는 사람이길 늘 원했다. 그렇지만 이제 케니스가 자기 목소리를 내기 시작하자, 그런 그의 모습이 그녀에게 좀처럼 익숙하지가 않았다. 그녀는 소극적이었던 케니스의 과거 모습이 가끔씩 그리워지곤 했다.

그레이스는 왠지 모를 불안감을 느꼈다. 케니스는 점점 더 자신감이 넘쳐나고 적극적인 사람이 되어 갔다. 집단 구성원들은 그의 성장을 지지해 주고 격려해 주었다. 집단 구성원들이 케니스에게 공통적으로 했던 말이 하나 있다. 집단원들은 케니스가 자신의 삶에서 그다지 많은 것들을 기대하지 않으며 살아온 것 같다고 말해 주었다. "당신은 지금까지 살아오면서, 자신이 좋은 걸 누릴 자격이 없다고 생각한 것 같아요. 당신의 행동을 보면 그렇게 보여요." 케니스는 그들의 말에 일리가 있다고 생각했다. 그리고 자신이 좀 더 행복하게 살려면, 어떻게 해야 할지를 고민해 보기 시작했다. 케니스는 이때 바람을 피웠다. "제가 그런 일을 저질렀다고 해서, 그 사람들을 비난하고 싶은 생각은 없어요."라고 그가 말했다. "그분들은 제가 너무 저 자신을 드러내지 않고 살아왔다고 생각해서, 저를 격려하고 지지해 주었을 뿐이에요. 바람을 피운 건 순전히 제 생각이었어요. 제겐 그것이 그 당시 저 자신을 위해 무언가 할 수 있는 기회인 것처럼 보였어요. 날개를 펴고 날 수 있는 기회라고 할까요? 그 당시에 그레이스랑 제가 크게 갈등을 겪고 있었던 건 아니에요. 그때는 그럭저럭 잘 지내고 있었어요. 그렇다고 엄청 잘 지내지도 않았지만, 그렇다고 관계가 그렇게 나쁘지도 않았죠. 저는 그냥 짜릿한 모험을 원했어요. 외도는 저 자신을 증명해 볼 수 있는 하나의 방법이었어요."

그렇게 케니스의 외도는 몇 주 만에 끝이 났다. 케니스의 주머니에서 떨어진 모텔 영수증을 그녀가 발견했고, 모든 것이 다 탄로가 났다. 무슨 일이 일어났는지 그레이스는 바로 알아차렸다. "저는 몇 년 동안 케니스를 의심해 왔어요. 그런데 실제로 그 일이 일어난 거예요." 케니스가 바람을 피운 것에 대해서, 그레이스는 그녀가 늘 하던 대로 크게 화를 냈다. "저는 격분했어요. 분노에 차서 소리를 지르며 울어 댔어요." 그녀가 모텔 영수증을 발견하고 이틀이 지난 뒤, 그녀는 부부상담을 예약했다. "전 도움이 필요했어요. 이 상황에 대해서 어떻게 대처를 해야 할지 전혀 몰랐거든요." 그녀가 말했다. "저 자신이 터져 버릴 것만 같았어요. 저는 상담이 마치 법정 같은 곳에 케니스를 데리고 가서, 그가 저에게 이런 고통을 주었다는 사실을 그 사람이 인정하게 만드는 과정 같은 거라고 생각했어요."

상담을 통해서, 케니스와 그레이스는 합의에 이르렀다. 케니스는 그 여자와 더 이상 만나지 않기로 했고, 그레이스는 케니스에 대한 신뢰를 다시 쌓기 위해 노력하기로 했다. 이 과정에서 케니스는 그레이스에 대해서 또다시 아주 중요한 통찰을 얻게 되었다. "제가 바람을 피워서 그레이스가 화를 냈잖아요. 저에게는 그 분노가 너무나 위협적으로 느껴졌어요. 그런데 또 한편으로는 마음이 좀 놓이기도 했어요. 이 사람이 저에게 그렇게 화를 냈다는 건, 그만큼 우리 결혼에 신경을 쓰고 있다는 의미잖아요? 그리고 또, 그녀는 우리의 관계를 회복시키고 좀 더 향상시켜 보려고 애를 썼어요. 이혼에 대해서도 우리 두 사람은 참 오랫동안

이야기를 했는데, 그녀가 이렇게 안 좋은 상황 중에도 뭔가 좋은 일이 일어날 수 있을지 앞으로 지켜보겠다고 제게 말해 줬던 게, 전 참 기뻤어요."

그레이스가 케니스에 대한 신뢰를 회복하기까진 참 오랜 시간이 걸렸다. 케니스가 밤에 집으로 돌아오면, 그녀는 그가 어디를 갔다 왔는지를 굉장히 구체적으로 캐물었다. 케니스는 자신이 그녀의 신뢰를 배신한 것에 대한 책임을 진심으로 통감했다. 그리고 몇 달 동안 아주 참을성 있게 그녀의 꼼꼼한 질문들에 잘 대답을 했다. 그들의 부부관계에 있어서 마지막 위기가 닥친 때가 바로 이 시점이었다. 케니스는 심장질환으로 수술을 받아야만 했다. 수술 경과가 좋았음에도 불구하고, 그레이스는 그가 심장질환으로 수술을 받게 된 것에 그가 바람을 피웠을 때보다 더 큰 충격을 받았다. 케니스가 말했다. "어느 날 저녁, 저희 둘은 침대에 누워 있었어요. 그레이스가 제게 이렇게 말했어요. '자신이 어디로 없어져서 제가 더 빨리 회복할 수만 있다면, 기꺼이 저의 곁을 떠나겠다.'라고요. 그녀는 우리의 결혼생활이 우리 두 사람 중 누구에게도 그렇게 만족스럽지 않았다는 걸 잘 알고 있었어요. 아마도 저의 심장질환이, 제가 앓고 있거나 앞으로 앓게 될지도 모를 더 심각한 '병'의 징후라고 생각을 했던 것 같아요. 그래서 만약에 우리가 서로 따로 떨어져 사는 게 제게 도움이 된다면, 그레이스가 이혼을 하겠다고 말했어요. 그렇지만 그녀는 저를 떠나고 싶지는 않다고 분명히 말했어요. 혹시 우리가 같이 살아서 문제가 더 나빠지지는 않을까 하고 그레이스가 걱정을 한 거지요."

케니스가 건강할 수만 있다면, 그레이스는 자기가 원하는 걸 포기하려고 했다. 케니스에게 이 사건은 큰 전환점이 되었다. "바로 그때, 제가 저의 두 발을 완전히 결혼 안에 두기로 마음을 먹게 되었지요." 그가 말했다. "그레이스보다 더 나은 여자를 찾을 수 없다는 사실을 전 너무나 잘 알고 있었어요. 그레이스는 진짜 좋은 사람이에요. 가끔은 같이 살기가 힘들긴 하지만요. 그런데 사실 모든 사람들이 다 그렇지 않나요? 저는 우리 결혼에 완전히 헌신하기로 마음을 먹었어요."

케니스가 그레이스에게 헌신하기로 마음을 먹게 된 것은 아마도 그녀가 그로부터 아무런 보상도 바라지 않는 그런 사랑을 해 주었기 때문이 아닌지, 내가 케니스에게 물어보았다. 케니스는 자기 어머니로부터 그런 사랑을 받을 수 있기를 늘 원했다고 말했다. 그는 1분 동안 내 질문에 대해 생각했다. "네. 맞아요. 정확히 그게 맞는 것 같아요. 어머니의 사랑에는 늘 조건이 딸려 있었어요. 그런데 그레이스는 자기가 원하는 것을 포기하면서까지 저를 위해 주는, 그런 사랑을 제게 준 거예요."

케니스와 그레이스는 관계 회복을 기념하는 자리 같은 건 따로 갖지 않았다. 그렇지만 아주 뜻깊은 대화를 식당에서 나누었다. 피아노 연주자는 〈나를 지켜 줄 사람(Someone To Watch Over Me)〉이라는 곡을 연주해 주었다. 케니스는 그레이스의 손을 꼭 잡고 말했다. "이렇게 하기로 하자. 내가 당신을 지켜 줄게. 당신도 날 지켜줘." 간단한 사랑의 서약이었다. 서로가 서로를 지켜 주고, 서로가 서로의 최고의 친구(Best Friend)가 되자고 둘은 약속했다.

결혼한 지 30년이 지나고 마침내 케니스는 그레이스에게 온전히 관심을 쏟게 되었고, 완전히 그녀에게 헌신했다. 케니스가 그녀에게 헌신하자, 자연스럽게 그녀의 장점이 보이기 시작했다. "저는 제가 지적인 사람이라는 것을 케니스가 깨닫기 시작했다고 생각해요. 저는 학구적인 사람은 아니지만, 정말 타고난 예술가거든요. 저는 처음으로 케니스가 저에게 진심으로 감탄하고 있다는 걸 느꼈어요." 그러자, 수십 년 동안 그녀를 사로잡았던 그 분노가 점점 사그라지기 시작했다. 왜 그랬을까? 바로 그레이스가 한 말에 그 답이 있다. "그는 저를 진심으로 사랑하고 있어요. 그리고 저는 그걸 알고 있고요."

이렇게 서로를 사랑하고 받아들이는 단계에 이르렀을 때, 케니스와 그레이스가 우리의 커플스워크숍에 처음으로 참석했다. 그들은 다른 사람의 도움을 받지 않고 결혼생활을 하면서 겪었던 난관들을 돌파하는 데까지는 성공했지만, 이마고커플스워크숍을 통해서 더 새로운 통찰들을 얻을 수 있게 되었고, 부부관계를 향상시키기 위해 사용할 수 있는 기술들을 배울 수가 있었다. 커플스워크숍을 하면서 그레이스에게 가장 뜻깊었던 부분은, 한 커플이 '부모-자녀 대화법' 시연을 하는 것을 지켜본 것이었다. 그 커플이 실습(시연)을 통해서, 자신들의 어린 시절의 필요와 욕구가 어떻게 두 사람의 커플관계에 연관이 되는지를 서로 알아차리고 이해하게 되는 과정을 지켜보면서, 그녀는 아주 깊은 감동을 받았다. 그레이스는 자신이 교묘하게 케니스를 비판함으로써 계속적으로 그에게 상처를 주고 있었다는 사실을 깨닫게 되었다. "저는 저 자신이 변하기보다는 그 사람이 바뀌어야만 한다는, 그런 전반적인 바람을 붙들고 있었던 거예요. 그러니까, 이런 통찰을 하게 된 건 참으로 놀라운 깨달음이었던 거죠."

워크숍을 마친 뒤에 케니스와 그레이스는 앤과 그레그가 그랬던 것처럼 '부정성 제로 훈련에 대한 서약(Zero Negativity Pledge)'을 받아들여 실행하였다. 두 사람 모두 아직은 별 생각 없이, 과거의 습관대로 그냥 무의식적으로 상대방에 대해 부정적이 될 때가 간혹 있기는 했지만, 그래도 부정적이 되려고 할 때마다 반복된 훈련을 통해서 점점 더 각자가 그 신호를 의식적으로 잘 알아차리게 되었고, 다시 재빠르게 서로에게 재연결을 시도하려고 했다. 그래서 두 사람은 점점 더, 지금 자신이 무얼 하고 있는지를 알아차릴 수 있을 정도가 되었고, 그리고 이 부정성 제로 실습과정 중에, 두 사람은 어떻게든 상대방을 힘들지 않게 하려고 아주 세심한 주의를 기울였다. "우리는 서로가 좌절스러운 경험을 하게 되었을 때도, 아주 침착하고 조심스러운 방법으로 표현을 하려고 노력을 해요. 그럴 때면, 거의 대부분 '행동수정요청(BCR)'을 통해서 의사 전달을 해요. 왜냐하면 이 방법이 서로에게 더 이상 또 다른 상처를 주지 않고도, 자신의 좌절 경험을 표현할 수 있는 가장 확실한 방법이기도 하고, 또 그 좌절 경험으로부터 우리 두 사람을 다시 회복시켜 주며, 또 재연결이 가능하게 해 주는 가장 쉬운 방법이기 때문이에요. 우리는 더 이상 결코 원한이나 억울함에 머무르게 하지 않아요."

그레이스의 입장에서는, 케니스가 자기를 있는 모습 그대로 받아 준 것이, 그녀로 하여금 자신을 받아들이는 데 있어, 아주 결정적인 역할을 했다. "케니스는 저의 에너지와 결단력, 그리고 화까지 다 받아 주었어요. 그 덕분에 저는, 제 안에 있는 '저의 엄마', 다시 말하면 엄마를 닮아 있는 저의 모습까지도 받아들일 수가 있었어요. 저는 늘 그런 저의 모습을 부인하려고 부단히 애를 썼거든요. 그런데 이 사람이 저를 그냥 있는 그대로 좋아해 주니까, 제가 헛되게 힘써 가면서 굳이 그런 싸움을 이어 갈 이유가 없어진 거예요. 저는 이제 있는 그대로의 저 자신의 모습을 부인하지 않아도 되는 거죠."

케니스의 생각으로는, 그들의 부부관계에서 가장 향상이 된 부분이 뭐냐 하면, 두 사람이 함께 있을 때 좀 더 안전하다고 느끼며, 서로가 서로를 위해 마음 써 주는 걸 느낄 수 있다는 것이다. "우리는 이제 적이 아니고 친구예요."라고 그가 말했다. "그 핵심이 뭐냐 하면, 함께 있을 때 제가 참 안전하다고 느끼게 된다는 거예요. 이 사람이 제 편에 서 있고, 그리고 제가 행복할 수 있도록 저에게 온통 마음을 쏟아 주는 걸 느껴요. 그레이스는 저를 귀하게 여기고, 무엇보다 저를 좋아해요. 저도 이 사람에게 온통 마음을 쏟아요. 이 사람을 격려해 주고, 또 편안하게 해 줘요. 정말 이전과는 굉장히 다르게 느껴져요. 어머니와 제가 얽혀 있었던 것도 이젠 다 끝났어요. 이제는 한 여자가 늘 제 편에 서 있는걸요. 그 사람이 바로 제 아내, 그레이스예요. 저는 그녀와 함께 있으면 이제 마음이 참 편안해요. 그리고 그녀와 함께 있는 게 참 안전하게 느껴져요." 그레이스도 케니스가 한 말에 전적으로 동감했다. "제게도 그게 무척 중요해요. 케니스와 함께 있으면 마음이 참 편안하고, 또 안전하게 느껴져요." 마침내 두 사람 모두에게 안전하고, 안정적이며, 성장을 북돋워 주는 환경에 있고자 하는 오래된 뇌의 원초적인 욕구가 충족이 된 것이다.

케니스와 그레이스는 그 이후로도, 우리가 인도하는 커플스워크숍에 두 번이나 더 참석했다. 그들이 참석한 워크숍에서, 우리는 의식이 깨어 있는 파트너십에 대해서 설명했다. 두 사람은 '의식이 깨어 있는 파트너십(협력관계)'이 어떤 단계에 도착한다고 해서 끝이 나는 그런 게 아니라, 계속해서 이어지는 여정이라는 사실을 알게 되었을 것이다. 아무리 최고로 사랑하는 관계라 할지라도, 어느 정도의 갈등이 있고, 또 적응해야만 하고 변화해야 할 필요가 있는 것이다. 이 부부의 경험 또한 '의식이 깨어 있는 파트너십'에 대한 이러한 관점과 일치하는 부분이 있었다. "저희에게 문제가 전혀 없는 건 아니에요." 그레이스가 말했다. "예를 들면, 케니스는 제가 말을 할 때 그 내용에 대해서, 제가 좀 더 신경을 써서 말을 해 주면 좋겠다고 해요. 제가 말을 하기 전에, 먼저 머릿속에서 좀 생각을 해 보고 말을 했으면 좋겠다는 거예요. 그러니까 제가 하는 말이 자기 기분을 상하게 할 수 있는지를 먼저 생각해 보고 말을 하라는 거죠. 그런데 그렇게 하기가 진짜 어려워요. 저는 생각보다 행동이 앞서는 사람이거든요. 제가 저의 생각을 드러내기 전에, 그 생각들을 먼저 하나하나 살펴봐야 한다고 하면, 정말 너무 이상할 것 같아요. 저는 도리어 케니스가 좀 정반대로 해 줬으면 좋겠어요. 그렇게 미리미리 계산하기보다는, 그냥 좀 내키는 대로 행동해 줬으면 좋겠어요. 그런데 케니스 입장에서는, 그냥 내키는 대로 하는 게 자신이 안전하지 않다고 느껴지나 봐요." 그들은 계속 성장하기 위해 도전하는 것에 대한 양가감정(어떠한 대상에 대해 상반된 두 가지 느낌을 동시에 가지는 것–역자 주)을 표현했다. "아마도 우리 나이와도 관련이 있는 것 같아요."라고 케니스가 말했다. "제 안에 있는 여러 목소리들 중 하나는 이렇게 말하는 것 같아요. 지속적으로 노력을 해야만 돌파할 수 있는 그런 상황이, 이제는 더 이상 제 삶에서 없었으면 좋겠다고요. 우리 부부관계는 이제 제가 정말 편안하다고 느끼는, 그 지점까지 온 것 같거든요. 그렇지만 우리가 성장하고 변화하기를 멈추었다는, 그런 뜻은 아니에요. 이제는 우리가 꽤 괜찮은 지점까지 도달했기 때문에, 그냥 지금 여기에 머물러 있어도 괜찮겠다 싶은 거예요." 이 부부는 우리가 사랑을 끝없이 계속되는 여정으로 설명했던 것에 대해, 어떤 질문을 던지고 있는 것 같다. 그리고 우리에게 이렇게 말하고 있는 듯하다. 사랑은 끝이 없는 여정일 수 있다고, 하지만 그 여정은 시간이 점점 더 지나가면 갈수록 점점 힘이 덜 들게 되는 그런 여정이라고.

앞에서 묘사된 두 쌍의 부부관계는, '의식이 깨어 있는 파트너십(협력관계)'이 어떤 것인지를 잘 보여 주는 훌륭한 사례다. 앤과 그레그, 케니스와 그레이스의 관계를 잘 살펴보면, '의식이 깨어 있는 파트너십(사랑의 협력관계)'에는 다음과 같은 특징들이 있음을 알 수가 있다. 그것은, 자신과 파트너를 있는 그대로 받아들이겠다는 것에 기초를 둔 마음 상태와 태도, 기꺼이 변화되고 성장하겠다는 결심, 자신의 두려움을 마주하기 위한 용기, 서로를 각각 독특한 개성을 지닌, 나와는 다른 고유한 가치와 인격을 지닌 개인으로서 최고 수준의 존중을 담아 대하겠다는 의식이 깨어 있는 결심이다. 이러한 설명을 통해서 알 수 있듯이, '의식이 깨어 있는 파트너십'은, 짧게 달아올랐다가 금세 식어 버리고 마는 그런 낭만적인 사랑의 열병이 아닌, 아주 튼튼한 기반, 즉 기쁨에 넘치는 즐거움과 로맨틱한 사랑의 열병 못지않은, 뜨거운 열정의 기반 위에 굳건히 세워져 있는, **사랑의 협력적인 관계**인 것이다.

사랑의 관계를 좀 더 자세히 살펴보면, '사랑'이라는 단어 하나만으로, 사랑하는 두 사람 사이에서 일어나는, 아주 다양한 감정들을 다 담아낼 수가 없다는 것을 분명히 알 수 있다. 결혼의 처음 두 단계인 낭만적 사랑의 단계와 힘겨루기의 단계에서, 사랑은 반응적(무의식적)이다. 그러니까, 이 단계에서의 사랑은 자신의 욕구(필요)가 충족될 수 있을 것이라는 기대에 대한, 무의식적인 반응이다. 이러한 종류의 사랑을 지칭하기에 가장 적합한 단어는 에로스(eros)다. 에로스는 자신에게 기쁨을 주고 욕구를 충족시켜 주는 대상과 하나가 되고자 하는, 생명의 에너지다. 그런데 서로 친밀하게 된 두 사람이 좀 더 만족스러운 관계를 함께 만들어 가기로 결정을 하게 되었을 때, 그들은 근본적인 탈바꿈(변화)의 단계로 들어가게 되는 것이다. 이 단계에서는 사랑이 의식적으로 깨어 있음과 의지 속으로 녹아 들어간다. 즉, 커플은 의지를 가지고, '**파트너와의 의식이 깨어 있는 파트너십**'을 이루고자 한다. 이러한 종류의 사랑을 지칭하기에 가장 적합한 단어는 아가페(Agape)다. 아가페는 파트너의 힐링을 돕고자 하는, 아주 의도적인 행동의 실천을 통해, 파트너에게로 흘러넘쳐 가는 생명의 에너지다. 의식적인 파트너십(협력적인 사랑의 관계)의 마지막 단계인, 진정한 사랑의 단계에서, 사랑은 '**자발적인 진동(Spontaneous Oscillation)**'이라는 성질을 띤다. 이 '자발적인 진동'은 양자물리학에서 사용되는 용어로서, 입자 사이에서 에너지가 오가는 방식을 일컫는다. 커플이 서로를 왜곡됨이 없이 바라보는 법을 배우게 될 때, 자기 자신을 중요하게 생각하듯이 파트너를 똑같이 중요하게 생각할 수 있게 되고, 대가를 바라지 않고 자신을 내주게 될 때, 상대방의 행복을 위해 온 마음을 쏟게 될 때, 사랑은 어떤 특별한 노력을 기울이지 않고도 두 사람 사이를 자유롭게 흘러가게 된다. 이렇게 성숙한 단계에 이른 사랑을 지칭하기에 가장 적합한 단어는, '에로스'가 아니고, '아가페'도 아니다. 그것은 바로 '**필리아(Philia)**'다. 필리아는 헬라어로서, '친구 사이의 사랑'을 의미한다. 파트너는 더 이상 부모를 대신해 주는 사람이거나 적이 아니다. 파트너는 아주 열정적인 사랑을 나눌 수 있는 친구인 것이다. 바로 이러한 관계 안에서만 우리가 결혼 초창기에 결렬(교착)되었다가 다시 관계가 회복되었을 때, 파트너와 원래 있었던(독창적인) 연결을 경험할 수 있고, 그리고 또 서로가 안전감을 느끼고, 편안하게 긴장감 없이 서로 사랑을 나누고, 기쁨이 넘쳐나는 즐거움을 만끽하며, 아주 깊게 연결될 수가 있다.

커플들이 이렇게 자기보다 상대방을 먼저 배려하는 사랑을 할 수 있게 될 때, 그들은 자신들의 에너지가 막힘없이 자유롭게 흘러가는 것을 경험하게 될 것이다. 이제 더 이상 그들은 자신들의 관계에서 일어나는 사소한 것들에 얽매이지 않게 될 것이며, 실습이라는 그런 인위적인 틀에 맞춰서 따라야 할 필요도 없게 된다. 그들은 자발적인 마음으로, 서로를 사랑과 존경으로 대한다. 이제 이들에게 부자연스럽게 느껴지는 것은, '관계−중심'의 새로운 방식이 아니라, 자기중심적이고 서로에게 상처를 주는, 과거에 그랬었던 주고받음(상호작용)들이다. 마치 처음 사랑을 맺었던 초기단계에서 그랬던 것처럼, 사랑은 굳이 힘들이거나 애를 쓰지 않아도 자연스럽게 일어난다. 하지만 이제 지금의 사랑은 파트너에 대한 환상에 기초한 것이 아니라, 파트너의 실상에 기초를 두고 있다는 점이 다르다.

이렇게 의식이 깨어 있는, 진보된 상태에 이른 커플들이 갖게 되는 특징들 중 하나는 에너지의 방향을 서로에게만 향하는 것이 아니라, 그 에너지가 이 세상의 상처와 아픔을 향하게 된다는 것이다. 그들은 이제 이 세상의 환경을 위해 관심을 갖게 되고, 도움을 필요로 하는 사람들과 좀 더 중요한 주제들에 대해서 점점 더 마음을 쏟기 시작한다. 자신들의 관계 속에서 지금까지 일구어 낸 사랑과 치유의 능력이 이제는 다른 사람들에게로 향하게 되는 것이다.

이러한 진정한 사랑에 대한 설명으로서,『신약성서』의「고린도전서」13장보다 더 나은 것을 우리는 아직 찾지 못했다.

> 사랑은 오래 참고, 친절합니다. 사랑은 시기하지 않으며, 뽐내지 않으며, 교만하지 않습니다. 사랑은 무례하지 않으며, 자기의 이익을 구하지 않으며, 쉽게 성내지 않고, 원한을 품지도 않습니다. 사랑은 불의를 기뻐하지 않으며, 진리와 함께 기뻐

합니다. 사랑은 모든 것을 감싸고 보호해 주며, 언제나 믿으며, 언제나 소망하며,
언제나 견뎌 줍니다. 사랑은 절대로 실패하지 않습니다.

제3부

이마고 실습과정

Getting the Love You Want:
A Guide for Couples

제13장

'의식이 깨어 있는 협력관계(파트너십)'로 가는 이마고 실습 10단계

마지막 제13장에서는, '의식이 깨어 있고, 서로 사랑하며, 그리고 깊이 연결되어 있는 사랑의 관계'를 이루기 위해 고안된 '이마고관계치료(Imago Relationship Therapy: IRT)'에 토대를 둔 이마고 실습 10단계의 과정에 대해 설명하고자 한다. 여기에 수록되어 있는 열여덟 가지의 실습들을 통해서, 여러분은 그동안 사랑의 관계에 대해서 얻은 통찰들을 실제적으로 어떻게 효과적인 기술로 바꿔 갈 수 있는지를 안내받게 될 것이다.

이 이마고 실습들에 대해서 설명하기 전에, 여러분께 알려드릴 게 있다. 여기에 수록된 실습들은 모두 철저하게 검증을 마쳤다. 극히 몇 가지 예외만을 제외한 여기에 수록된 모든 실습과정들은, 우리가 지난 30년 동안 커플(부부)들에게 과제로 내 주고 직접 실습하게 했던 내용들과 완전히 동일한 것이다. 이 이마고 실습들이 매우 큰 효과가 있다는 것은 이미 입증이 되었다. 대부분의 실습과정들은 처음엔 실행하기 쉬운 과제부터 시작을 해서 점점 더 어려운 수준까지 도달할 수 있도록, 난이도의 등급에 따른 점진적 변화의 원리를 따르고 있다. 여러분은 자신이 얼마나 빨리 이 실습을 잘 마치고 있는지, 그리고 이 실습을 통해서 얼마나 배움을 잘 습득하게 되었는지를 확인하고, 자신의 상황에 잘 맞추어 조정을 해야 할 것이다. 그런데 혹시 여러분이 특별히 어렵다고 느끼는 실습과제가 있다면, 그 과제만큼 여러분이 더 성장할 가능성이 있다는 점을 명심해 주기 바란다.

이 이마고 실습을 실행하기 위해서는, 상당한 시간과 대단한 노력이 요구된다는 것을 여러분은 발견하게 될 것이다. 여기에 수록된 모든 실습과정들을 끝까지 다 마치려면, 앞으로 몇 달 동안은 매주 한두 시간 정도를 아무런 방해도 받지 않고 오직 이 실습만을 위해서 할당해야 할 것이다. 그리고 그렇게 필요한 시간을 마련하기 위해서는, 마치 여러분이 매주 이마고치료사와 약속을 정해서 정기적으로 상담을 받는 것처럼, 아이들을 잘 돌보아 줄 육아 도우미를 고용해야 하거나, 혹은 다른 여러 활동들을 포기해야만 할지도 모른다. 이와 같이, 이 이마고 실습과정에 몰두하기 위해서는 **행복한 결혼생활이 얼마나 중요한 것인지**에 대한 분명한 이해가 있어야 하고, 또 자신에게 있어서 가장 중요한 우선순위가 무엇인지에 대한 끊임없는 확인이 있어야만 가능할 것이다.

여러분은 이 실습을 해 보고 싶은 마음이 있지만, 간혹 **파트너가 원하지 않는 경우**가 있다. 대체로 둘 중 한 사람이 상대방보다 문제를 해결하려는 의지가 좀 더 강한 경우이다. 만약 여러분이 파트너보다 이 실습을 직접 해 보려는 데 좀 더 관심을 갖고 있는 경우라면, 여러분 혼자서라도 최선을 다해서 가능한 한 이 실습을 꼭 다 해 볼 것을 권하고 싶다. 관계는 마치 공기로 가득 찬 풍선과도 같다. 풍선 전체의 모양에 변화를 주지 않고 한 부분만 꾹 누르는 것은 불가능하다. 만약에 당신이 파트너의 말을 객관적으로 듣고, 솔직하게 당신의 감정을 나누고, 방어적이 되지 않고, 파트너에게 공격적으로 반응하는 것을 멈추게 될 때, 그리고 당신의 파트너를 기쁘게 해 주기 위한 노력을 기울이기 시작할 때, 당신과 당신의 파트너와의 관계 안에 의미 있는 변화가 나타날 수 있다. 이러한 과정 속에서 당신의 파트너는 그러한 변화에 대해 저항하는 마음이 점차 줄어들게 될 수 있고, 결국에는 남은 이마고 실습들을 당신과 같이 해 나가게 될지도 모른다.

어떤 커플(부부)들은 단 둘이서만 이 이마고 실습을 진행하고 싶어 하는가 하면, 어떤 커플들은 집단 안에서 비슷한 목표를 가지고 있는 다른 커플들의 지지를 받으면서 하고 싶어 한다. 여기에 대해 더 많은 정보를 원하는 분들은 www.HarvilleandHelen.com이나 이마고코리아(http://www.imagokorea.org), 혹은 한국부부상담연구소(http://www.couplekorea.org)나 한국가족상담센터(http://www.familykorea.org)로 문의하기 바란다.

여러분이 이 이마고 실습을 실행하다 보면, '의식이 깨어 있는 파트너십'을 향해 가는 여정이 결코 일직선으로만 뻗어 있는 그런 쉬운 길이 아니라는 것을 발견하게 될 것이다. 길을 가다 보면 대단한 기쁨과 친밀감을 경험하는 순간들이 있는가 하면, 우회해서 돌아가야만 하는 경우도 있고, 긴 정체 구간을 만나기도 하고, 예상치 않게 다시 돌아가야 할 때도 있다. 그런데 우리가 예전으로 다시 돌아가야만 할 때, 낙담을 하게 되거나 퇴보하는 자신 스스로를 비난할 수도 있다. 커플(부부)들은 대개 다음과 같이 말한다. "우린 또다시 옛날의 그 패턴으로 다시 돌아가 버렸지 뭐예요. 우린 이미 그런 시기를 다 넘겼다고 믿고 있었는데! 도대체 우리에게 뭐가 잘못된 거죠?" 그럴 때 우리는, 사랑과 결혼에는 곧게 일직선으로 난 길은 없다고 대답한다. 관계라는 것이 본래 원으로 돌기도 하고, 또 소용돌이처럼 변하기도 해서, 잠잠한 시간과 폭풍처럼 그런 격변의 시기가 주기적으로 반복되는 것이다. 당신은 이미 예전에 겪었던 난관들을 똑같이 반복해서 겪는다고 느끼고 있을지는 몰라도, 거기엔 사실 늘 어느 정도의 변화가 일어나고 있는 것이다. 당신이 아무런 변화도 일어나지 않은 것처럼 느끼고 있는 그 순간조차도, 당신은 그 특정한 현상에 대해서 그 이전과는 또 다른 방식으로, 그리고 또 다른 수준에서 경험이 더 깊어지고 있는 것이다. 당신은 아마도 관계 안에서 무의식적인 요소들을 통합하고 있을 수도 있고, 혹은 이미 일어난 당신의 변화된 의식을 좀 더 확장시키고 있는 중일지도 모른다. 이제 당신은 새로운 감정들과 좀 더 친숙해졌기 때문에, 아마도 이렇게 익숙해진 상황에 대해서 이전보다 좀 더 격렬하게 반응하게 될지도 모른다. 아니면 그와는 정반대로, 당신이 당신의 감정들을 새롭게 이해하고 받아들이는 작업을 어느 정도 했기 때문에 오히려 덜 반응하게 될 가능성도 있다. 우리 자신은 이러한 변화들을 알아차리기가 거의 어렵지만, 그래도 그런 움직임이 언제나 계속되고 있는 것이다. 만약에 당신이 성장하고 변화하려는 결단을 계속해서 확고히 다지면서 다음에 설명하게 될 기법들을 부지런히 실습하게 된다면, 당신은 '의식이 깨어 있는 파트너십'으로 가는 여정 안에서, 아주 지속적인 발전을 이루어 갈 것이 분명하다.

실습하기

우리가 이 책의 제7장에서 논의하였듯이, 이 이마고 실습을 시작하기에 앞서 당신이 사랑의 관계(부부관계)에 대해 헌신하기로 확고하게 결심이 섰다면, 설령 앞으로 변화에 대한 어떤 저항에 부딪힌다 할지라도, 잘 극복할 수 있을 것이다. 지금 이 순간, 당신의 우선순위가 무엇인지를 검토해 보는 시간을 가져 보기 바란다. 당신에게 있어서, 좀 더 사랑이 넘치고 서로를 지지하는 관계를 갖는다는 것이 과연 얼마만큼 중요한 일인가? 당신 자신의 치유와 성장을 위한 과정 중에 당신이 때때로 겪을 수도 있을 그 어려움들을, 당신은 기꺼이 감내하고자 하는가? 만약에 이 질문에 '그렇다.'고 대답한다면, 지금 종이 한 장을 꺼내서, 당신이 이 실습과정에 대해 얼마만큼 기꺼이 그렇게 하고자 하는 의지가 있는지를 한번 적어 보기 바란다. 당신은 다음의 예시에서 사용된 것과 비슷한 방식으로 글을 작성할 수 있을 것이다.

> 우리의 관계는 우리 두 사람에게 있어 아주 중요하기 때문에, 우리 두 사람은 자신과 상대방에 대한 통찰들을 더욱 증가시키고, 그리고 우리의 관계에서 우리가 사용할 수 있는 새로운 기법들을 배우고 훈련하는 일에 헌신하고자 한다. 그리고 이러한 목표를 이루기 위해서, 우리는 이 책에 있는 모든 실습과정들을 아주 주의 깊고 성실하게 실행하기로 동의한다.

여러분이 이마고 실습을 하는 동안, 다음의 두 가지 중요한 원칙을 명심해 주기 바란다.

1. 여러분이 이 실습과정을 통해서 알게 될 정보들은, 당신으로 하여금 파트너의 욕구(필요)가 무엇인지에 대해서 알 수 있도록 구성되어 있다. 하지만 당신이 이러한 정보를 알게 되었다고 해서, 당신이 꼭 그 필요들을 다 충족시

켜 줘야만 하는 의무가 있는 건 아니다.

2. 여러분이 서로의 생각과 감정들을 나누다 보면, 감정적으로 상처받기 쉬운 상태에 놓이게 된다. 그러므로 여러분이 서로에 대해서 얻게 된 정보들을, 애정 어린 마음으로 서로에게 도움이 되는 방식으로 잘 활용하는 것이 중요하다.

〈열 번의 이마고 실습 진행 순서(예시)〉

첫 번째 시간	• 이마고 실습 1 실행하기
두 번째 시간	• 관계 비전을 읽거나 소리 내어 낭독하기(이마고 실습 1) • 새로 추가된 활동: 이마고 실습 2~5 실행하기
세 번째 시간	• 관계 비전을 읽거나 소리 내어 낭독하기 • 또 하나의 부모-자녀대화법 실행하기(이마고 실습 5) • 새로 추가된 활동: 이마고 실습 6~7 실행하기
네 번째 시간	• 관계 비전을 읽거나 소리 내어 낭독하기 • 새로 추가된 활동: 이마고 실습 8 실행하기
다섯 번째 시간	• 관계 비전을 읽거나 소리 내어 낭독하기 • 추가적으로 닫아야만 할 탈출구들이 더 있는지, 필요성 검토하기 • 새로 추가된 활동: 이마고 실습 9 실행하기
여섯 번째 시간	• 관계 비전을 읽거나 소리 내어 낭독하기 • 추가적으로 닫아야 할 탈출구들이 더 있는지, 필요성 검토하기 • 하루에 두세 가지씩 '돌봄의 행동' 실천하기 • 새로 추가된 활동: 이마고 실습 10~13 진행하기
일곱 번째 시간	• 관계 비전을 읽거나 소리 내어 낭독하기 • 추가적으로 닫아야 할 탈출구들이 더 있는지, 필요성 검토하기 • 하루에 두세 가지씩 '돌봄의 행동' 실천하기 • '파트너를 깜짝 놀라게 하기' '활기를 북돋워 주고 파트너를 기쁘게 하고 깊은 감동을 줄 수 있는 행동 실천하기' '긍정적인 칭찬의 홍수 퍼붓기'를 다시 실시하기 • 새로 추가된 활동: 이마고 실습 14 진행하기

여덟 번째 시간	• 관계 비전을 읽거나 소리 내어 낭독하기 • 추가적으로 닫아야 할 탈출구들이 더 있는지, 필요성 검토하기 • 하루에 두세 가지씩 '돌봄의 행동' 실천하기 • '파트너를 깜짝 놀라게 하기' '높은 에너지와 파트너를 기쁘게 하고, 깊은 감동을 주는 행동을 실천하기'를 계속하기, '긍정적인 칭찬의 홍수 퍼붓기'를 매일 짧게 실시하고, 배우자가 내게 요청했던 '행동수정요청' 목록들 중에서, 한 주 동안 3~4개를 실천하기 • 새로 추가된 활동: 이마고 실습 15 실행하기
아홉 번째 시간	• 관계 비전을 읽거나 소리 내어 낭독하기 • 추가적으로 닫아야 할 탈출구들이 더 있는지, 필요성 검토하기 • 하루에 두세 가지씩 '돌봄의 행동' 실천하기 • '파트너를 깜짝 놀라게 하기' '높은 에너지와 파트너를 기쁘게 하고, 깊은 감동을 주는 행동을 실천하기'를 계속하기, '긍정적인 칭찬의 홍수 퍼붓기'를 매일 실시하고, 배우자가 내게 요청했던 '행동수정요청' 목록들 중에서, 한 주 동안 3~4개를 실천하기 • 새로 추가된 활동: 이마고 실습 16 실행하기
열 번째 시간	• 관계 비전을 읽거나 소리 내어 낭독하기 • 추가적으로 닫아야 할 탈출구들이 더 있는지, 필요성 검토하기 • 하루에 두세 가지씩 '돌봄의 행동' 실천하기 • '파트너를 깜짝 놀라게 하기' '높은 에너지와 파트너를 기쁘게 하고, 깊은 감동을 주는 행동을 실천하기'를 계속하기, '긍정적인 칭찬의 홍수 퍼붓기'를 매일 실시하고, 배우자가 내게 요청했던 '행동수정요청' 목록들 중에서, 한 주 동안 3~4개를 실천하기 • 새로 추가된 활동: 이마고 실습 17~18 실행하기
열한 번째부터	• 관계 비전을 읽거나 소리 내어 낭독하기 • 추가적으로 닫아야 할 탈출구들이 더 있는지, 필요성 검토하기 • 하루에 두세 가지씩 '돌봄의 행동' 실천하기 • '파트너를 깜짝 놀라게 하기' '높은 에너지와 파트너를 기쁘게 하고 깊은 감동을 주는, 행동 실천하기'를 계속하기, '긍정적인 칭찬의 홍수 퍼붓기'를 계속해서 매일매일 실시하고, '부정성 제로' 훈련을 실행하되, 달력에 표시하면서 확인하기, 배우자가 내게 요청했던 '행동수정요청' 목록들 중에서, 한 주 동안 3~4개를 실천하기 • 실습 16 복습하기 • 새로 추가된 활동: 파트너를 기쁘게 해 줄 수 있는 '돌봄의 행동'이나, 파트너의 욕구를 충족시켜 줄 '행동수정요청'이 생각날 때마다 추가하기

나중에 필요할 때 다시 읽어 보고 또 사용할 수 있도록, 이 실습을 실행할 때마다 여러분이 작업한 내용과 대답들을 잘 기록하고 보관해 둘 필요가 있다. 이 실습을 시작하기 전에, 당신과 당신의 파트너를 위해 공책을 각각 한 권씩, 종이를 뺐다 끼웠다 할 수 있는 것으로 두 권을 준비하라. 줄이 그어져 있는 종이를 30~40장 정도 끼울 수 있는 공책이면 충분하다. 그리고 실습을 할 때마다 모든 작업 내용을 이 공책에 기록하도록 하라.

이마고 실습 1 　우리(커플, 부부)의 관계 비전

시간: 약 60분

목적: 이 실습을 통해서, 여러분은 당신의 커플(부부)관계가 지니고 있는 잠재력(가능성)을 살펴볼 수 있다.

참고사항: 당신의 파트너와 함께 이 실습을 진행하라.

실행방법:

1. 종이 두 장을 꺼내, 당신과 파트너가 각자 한 장씩 가진다. 그리고 파트너와 조금 떨어져서 각자가 따로따로, 자신에게 깊은 만족을 주는 **사랑의 관계**(연인관계, 부부관계, 결혼관계)에 대한 자기의 개인적인 비전을 담아 짧은 문장을 작

성한다. 여기에는, 당신이 생각하기에 당신의 커플(부부)관계에서 앞으로
도 계속 지니고 싶은 좋은 특성들과, 비록 현재에는 없지만 앞으로 꼭 가졌
으면 하고 바라는 특성들을 모두 포함시키기 바란다. 문장을 작성할 때는
마치 그것이 이미 이루어지고 있는 것처럼, 문장을 현재형으로 작성하여야
한다. 예를 들어, "우리는 함께 재미있는 시간을 보낸다." "우리는 만족스러
운 섹스를 한다." "우리는 애정이 많은 부모다." "우리는 서로를 다정하게
대한다." 그리고 모든 항목들을 긍정적인 문장으로 작성하도록 한다. 즉,
"우리는 싸우지 않는다."라고 쓰기보다는, "우리는 우리의 차이점을 평화롭
게 잘 해결한다."라고 쓰는 것이다.

2. 작성한 문장들을 파트너와 함께 읽고 나눈다. 당신과 파트너가 작성한 것
   들 중에서 공통 항목이 있으면, 그 항목에 밑줄을 긋는다. (전반적인 의미가
   같다면, 다른 단어를 사용한다 하더라도 상관없다.) 당신의 파트너가 작성한 항
   목들 중에서 당신이 미처 생각하지 못했던 것이지만 동의하는 게 있다면,
   그것을 당신의 목록에 추가한다. 공통점이 없는 항목에 대해서는, 지금은
   잠시 그 항목을 제쳐 놓는다.

3. 이렇게 추가 항목들까지 다 포함하여, 당신이 작성한 목록들(당신과 파트너
   가 작성한 항목들 중에서 서로 공통점이 없는 항목들까지 모두 다 포함해서)을 보
   면서, 각각의 항목들이 당신에게 얼마나 중요한지를 1부터 5까지 숫자로
   표시한다. 이때 1은 '매우 중요함'을 뜻하고, 5는 '별로 중요하지 않음'을 의
   미한다.

4. 당신에게 가장 중요한 두 개의 항목에 동그라미를 그린다.

5. 당신과 파트너, 두 사람 모두가 달성하기 어렵다고 생각되는 항목 옆에는
   체크 표시를 한다.

6. 이제 당신의 파트너와 함께 공동 작업을 통해서, '우리(커플, 부부)의 관계 비전' 을 만든다. 다음의 예시를 참조하여 작성하면 된다. 당신과 파트너가 똑같이 가장 중요하다고 동의한 항목들부터 작성해 간다. 두 사람이 모두 달성하기 가 어렵다고 동의한 항목 옆에는 체크 표시를 한다. 이 목록의 가장 아랫부분 에는 다른 것들보다는 덜 중요하다고 점수를 매긴 항목들을 적는다. 두 사람 사이에 어떤 갈등을 일으킬 만한 원인이 될 만한 항목이 있다면, 혹시 두 사 람을 모두 만족시킬 수 있는 문장을 합의해 낼 수 있는지, 서로 대화를 해 보 라. 하지만 그런 문장을 만들 수 없다면(두 사람 중 한 사람이 동의하지 않을 경 우), 그 항목은 '우리(부부, 커플)의 관계비전'에서 제외하기로 한다.

〈우리 커플(부부)의 관계 비전(예시)〉

빌		제니	
1	우리는 함께 즐거운 시간을 보낸다.	1	
1	우리는 서로의 차이를 평화롭게 해결한다.	1	
1	우리는 만족스럽고 멋진 섹스를 즐긴다.	1	
1	우리는 신체적으로 건강하며 활동적이다.	1	
1	우리는 편안하고 솔직하게 이야기를 나눈다.	1	✓
1	우리는 함께 예배를 드린다.	1	
1	우리는 서로에게 최고의 친구다.	1	
1	우리는 편안하고 행복한 아이들을 가지고 있다.	1	
2	우리는 서로를 신뢰한다.	1	
1	우리는 성적으로 신의를 지킨다.	1	
2	우리 두 사람은 만족스러운 직업을 갖고 있다.	2	✓
2	우리는 부모로서 함께 잘 협력한다.	1	
2	우리는 중요한 결정들을 함께 결정한다.	2	
2	우리는 서로의 중요한 욕구들을 충족시켜 준다.	2	
3	우리는 매일 각자의 개인 시간을 갖는다.	4	

3	우리는 서로에게 안전감을 느낀다.	2	
3	우리는 재정적으로 안정되어 있다.	4	✓
4	우리는 우리의 부모님들과 가까이 산다.	5	✓
5	우리는 정치적으로 비슷한 의견을 갖는다.	3	

7. 당신 두 사람이 늘 쉽게 볼 수 있는 곳에 이 목록을 붙여 두라. 그리고 일주일에 한 번씩, 당신이 이마고 실습을 시작할 때마다 '우리(부부, 커플)의 관계 비전'을 큰 소리로 서로에게 읽어 주라.

어린 시절의 상처

(이 책의 제2장을 다시 읽고 복습할 것)

시간: 약 30분

목적:이마고 실습 1을 통해서 당신이 미래에 대한 비전을 세웠다면, 이번 실습
   은 당신을 과거로 데리고 가는 작업이 될 것이다. 이 실습은 당신의 이마고를
   찾아내어 구성하는 작업을 할 수 있도록, 당신의 어린 시절 당신을 주로 양육
   했던 사람(주로 부모)과 기타 중요했던 사람들에 대한 기억을 떠올리게 하기
   위해 고안되었다.

참고사항: 당신은 이 실습을 혼자 할 수도 있고, 혹은 파트너와 같이 할 수도 있
   다. 중요한 것은, 이 실습을 하는 30분 동안은 당신이 어떤 방해도 받지 않
   는 것이다. 이 실습을 시작하기 전에, 다음의 실행방법을 주의 깊게 읽어 보
   기 바란다.

실행방법:

1. 먼저, 천천히 스트레칭을 하여, 긴장을 풀고 몸을 이완한다. 그런 다음, 편

안한 의자에 앉는다. 10번에 걸쳐 숨을 깊게 들이쉬고 내쉰다. 매번 심호흡을 할 때마다, 조금씩 더 몸의 긴장을 풀고 이완한다.

2. 몸과 마음이 편안해짐을 느낄 때, 눈을 감고 어린 시절 내가 살았던 집을 떠올려 본다. 당신이 기억할 수 있는, 가장 어렸을 때 살았던 집을 떠올린다. 그리고 당신 자신을 어린아이로 상상해 본다. 그리고 그 어린아이의 눈으로 그 집을 둘러본다. 이제 집을 돌아다니면서, 어린 시절 당신에게 가장 많은 영향을 주었던 사람들(주 양육자들)을 찾아본다. 그래서 그 사람들을 만나게 되면, 그 사람들의 모습을 더 또렷하게 바라볼 수 있을 것이다. 이제 멈춰서 그 사람들을 한 사람씩 각각 만나 본다. 그리고 그 사람의 긍정적인 특성과 부정적인 특성에 대해서 주목한다. 그리고 그 사람과 함께 지내면서 좋았던 점에 대해서 그 사람에게 말한다. 그리고 또 그 사람과 함께 지내면서 싫었던 점에 대해서 그 사람에게 말한다. 이제 마지막으로, 내가 그 사람이 나에게 이렇게 좀 해 주었으면 하고 바랐지만 받지 못했던 것에 대해서 그 사람에게 말한다. 당신이 화가 나거나 상처가 되었던 것, 슬펐던 것에 대해서 거리낌 없이 다 표현한다. 당신의 상상 속에서 당신을 돌보아 줬던 그 양육자들은, 당신이 느꼈던 감정을 솔직히 말해 준 것에 대해서 고맙게 생각할 것이다.

3. 이 모든 정보들을 다 모은 후에, 눈을 뜨고, 이마고 실습 3에 있는 실행방법에 따라서 이 정보들을 모두 기록한다.

이마고 정밀 검사

(이 책의 제3장을 다시 읽고 복습할 것)

시간: 약 30~45분

목적: 이마고 실습 2에서 모은 정보들을 기록하고 요약한다.

참고사항: 각자 개별적으로 이 실습을 진행해도 좋다.

실행방법:

1. 빈종이 한 장을 꺼내 커다란 원을 그린다. 그리고 원 아랫부분에는 10cm 정도의 여백을 남겨 둔다. 이 원을 가로로 반을 나누어 수평선을 그린다. 그 원의 수평선 왼쪽 위에는 대문자 B를, 아래쪽 왼편에는 A라고 쓴다. (다음의 〈보기〉를 참조하라.)

보기

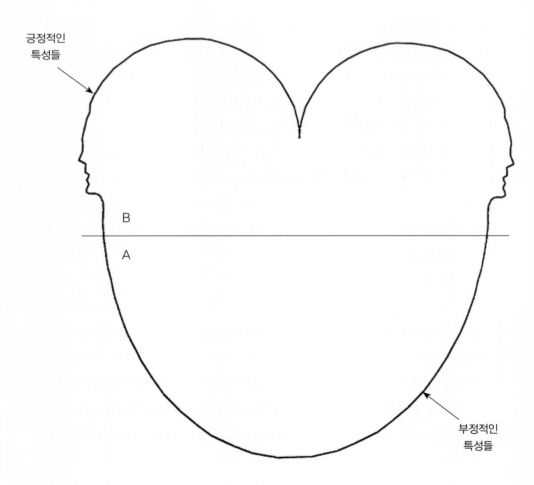

긍정적인
특성들

B

A

부정적인
특성들

2. 원의 위쪽 B 옆에는, 당신의 어머니, 아버지, 그리고 당신이 어렸을 때 당신에게 많은 영향을 주었던 다른 사람들의 긍정적인 성격 특성들을 모두 작성한다. 이 사람들의 긍정적인 특성을 적을 때, 뭉뚱그려서 구분 없이 그냥 적으면 된다. (다시 말해서, 각 사람마다 개인적인 특성을 구분해서 적을 필요가 없다. 그리고 그들의 현재의 특성을 적는 것이 아니라, 당신의 어린 시절을 떠올릴 때 생각나는, 그 당시 그들의 긍정적인 특성을 적는 것이다. 다음과 같이 간단한 형용사나 구절로 표현하면 된다. '친절한' '따뜻한' '똑똑한' '신앙적인' '참을성이 많은' '창조적인' '항상 그 자리에 있는' '열정적인' '신뢰할 만한' 등.)

3. 원의 아래쪽 A 옆에는, 이러한 주요 인물들이 지녔던 부정적인 특성들을 모두 적는다. 다시 말하지만, 개인별로 구분해서 적을 필요가 없다. 뭉뚱그려서 적으면 된다.

   이렇게 긍정적인 특성과 부정적인 특성들 모두를 나열한 목록이, 곧 당신의 '이마고'다.

4. 이 목록들 중에서도, 당신에게 가장 큰 영향을 끼쳤다고 생각되는 긍정적인 특성들과 부정적인 특성들을 동그라미로 표시한다.

5. 원의 아래쪽 빈 공간에 대문자 C를 쓰고, 다음의 문장을 완성한다.
   "내가 어렸을 때 가장 필요로 했지만 받지 못했던 것은 ＿＿＿＿＿＿＿＿ 이었다."

6. 이제 대문자 D를 쓰고, 다음의 문장을 완성한다.
   "내가 어렸을 때, 반복적으로 느꼈던 부정적인 감정들은 ＿＿＿＿＿＿＿ 이었다." (지금은 이 대문자 옆에 적은 내용에 대해 신경 쓸 필요가 없다. 이 내용에 대해서는 이마고 실습 5에서 다시 다루게 될 것이다.)

이마고 실습 4

어린 시절의 좌절 경험

(이 책의 제2장을 다시 읽고 복습할 것)

시간: 약 30~45분

목적: 이 실습을 통해서, 당신은 당신이 어린 시절에 경험했던 주요한 좌절 경험이 무엇이었는지를 명확하게 알아보고, 또 그러한 좌절을 경험했을 때 당신이 거기에 어떻게 반응했는지를 알아보는 데 도움이 될 것이다.

참고사항: 이 실습은 당신 혼자 개별적으로 실시하는 게 좋다.

실행방법:

1. 각자 빈 종이에, 자신이 어린 시절에 반복적으로 경험했던 좌절들에 대해서 작성해 보라. (다음의 〈보기〉를 참조하라.)

2. 그 좌절 경험 옆에는, 당신이 그때 그 상황에 어떻게 대응했는지를 간략하게 기록한다. (당신은 한 가지 이상의 방식으로 반응했을 수도 있다. 당신이 반응했던 모든 방식들을 전부 다 적는다.) 〈보기〉와 같이, 당신이 반응했던 방식들 위쪽에 대문자 E를 적는다.

보기

좌절 경험들	E (반응)
큰형으로부터 충분한 관심을 받지 못했다.	큰형을 귀찮게 했다. 큰형의 관심을 받으려 계속 애썼다.
아버지는 자주 없었다.	가끔 화가 났다. 대개는 아버지를 기쁘게 해 주려고 애썼다. (아버지가 있을 때)
큰형에게 열등감을 느꼈다.	체념하고 열등감을 그냥 받아들였다. 형과 직접 경쟁하지 않으려고 애썼다.
아버지는 술을 너무 많이 마셨다.	무시하려고 애썼다. 가끔 복통으로 배가 아팠다.
니는 나를 과잉보호했다.	모든 것을 다 혼자서만 간직하고 말을 하지 않았다. 어떤 때는 반항했다.

이마고 실습
5

부모-자녀 대화법

(이 책의 제10장을 다시 읽고 복습할 것)

시간: 약 30분

목적:부모-자녀 대화법은 커플(부부)들로 하여금 각자의 어린 시절의 기억에 대한 심화작업을 통해서 서로를 깊이 공감하고 연민의 마음을 증가시키도록 고안되었다.

참고사항: 누가 아이 역할을 하고 누가 부모(혹은 주 양육자, 예를 들면 할머니나 할아버지 혹은 부모를 대신하여 나를 주로 돌보아 주던 양육자) 역할을 할 것인지를 정한다. 아이 역할을 하는 파트너는 자신이 몇 살 어린 아이로서 말할 것인지를 정하고, 마치 지금 자신이 그 당시의 그 아이인 것처럼 현재형으로 말을 한다. 그리고 그 아이가 부모 중 누구와 말을 하고 싶은지를 정한다. 이때 아이가 부모 중 누구와 이야기를 할 것인지, 아니면 다른 어른들 중에서 자기에게 영향을 끼쳤던 다른 사람과 이야기를 할 것인지를 선택할 수 있게 한다. 이때, 부모나 혹은 다른 어른의 역할을 맡게 된 파트너는

그때 당시의 그 어른보다도 훨씬 더 사랑과 연민의 마음을 갖고 있는 돌보는 사람의 역할을 잘 수행하는 것이 중요하다. [이 역할을 가리켜 '재양육해 주기(Reparenting)'라고 하는데, 이것은 도널드 위니컷(Donald Winnicott)이 설명한 '충분히 괜찮은 엄마(Good Enough Mother)'와 같은 역할이라 할 수 있다─역자 주]

실행방법:

1. 두 사람이 서로 얼굴을 마주보고 앉는다. 부모 역할을 하는 파트너(듣는 사람, 받는 사람)가 다음과 같이 말한다.

부모 역할(듣는 사람, 받는 사람): "나는 너의 부모(엄마/아빠)야. 네가 나와 함께 사는 것이 어떤지 내게 말해 주겠니?" [그런데 만약에 그 당시에 부모가 사망했거나, 같이 살지 않았다면, "나와 같이 살지 않은 것이 어떤지 말해 주겠니?" 아니면, "네가 나의 자녀(아들/딸)로 지내는 게 네겐 어떠니?"라고 묻는다.]

그러면 아이 역할을 하는 파트너(말하는 사람, 보내는 사람)는 자신의 어린 시절 고통스러웠던 경험을 다음과 같은 문장줄기(Sentence Stem)를 사용하여 이야기한다.

아이 역할(말하는 사람, 보내는 사람): "내가 엄마(아빠)와 함께 사는 게 내게 어떠냐면 _____.", 혹은 "내가 아빠(엄마)와 같이 살지 않는 게 내게 어떠냐면 _____."

보내는 사람이 이야기를 하고 나면, 부모 역할을 하는 파트너(듣는 사람, 받는 사람)가, 아주 공감하는 태도와 목소리로 파트너의 이야기를 그대로 반영해 준다.

부모 역할: "그러니까 네 말은, 네가 이 엄마(아빠)랑 함께 사는 게 어떠냐면, _____ 그래서 _____ 했단 말이지?"

그리고 자신이 잘 반영했는지를 확인한다.

부모 역할: "내가 네 말을 잘 이해했니?"

그래서 만약 '말하는 사람(자녀 역할)'이 그렇다고 하면, '부모 역할을 하는 사람 (듣는 사람, 받는 사람)'이 "그럼, 거기에 대해서 더 얘기해 줄래?"라고 요청한다.

2. 부모 역할을 하는 파트너가 다음과 같이 묻는다.

부모 역할: "그중에서도 네가 가장 힘든 것, 상처가 된 게 무엇인지 내게 말해 주겠니?"

그러면, 아이 역할을 하는 파트너가 다음과 같이 대답한다.

아이 역할: "나에게 가장 힘든 것, 상처가 된 게 뭐냐면, ＿＿＿＿＿＿."

이야기를 들으며, 중간중간에 부모 역할을 하는 파트너가 반영하기를 한다. 아이 역할을 하는 파트너는 계속해서 다음과 같은 문장줄기를 사용하여 이야 기를 이어 간다.

아이 역할: "그런 일이 있었을 때, 그때 내 마음이 어땠냐면, ＿＿＿＿＿. 내가 그렇게 느
껐을 때, 나는 ＿＿＿＿＿ 라고 생각했어요. 그리고 나는 그 고통을 잊기 위해서
＿＿＿＿＿＿ 을 했어요."

3. 그런 다음, 부모 역할을 하는 파트너가 다음과 같이 묻는다.

부모 역할: "네가 이 엄마(아빠)랑 같이 살면서 좋은 건 무엇이니?"

그러면 아이 역할을 하는 파트너가 대답한다.

아이 역할: "내가 엄마(아빠)와 같이 살면서 좋은 게 뭐냐면, _____."

그러면 부모 역할을 하는 파트너는 아이가 한 말을 그대로 반영해 준다. 아이 역할을 하는 파트너는 계속해서 다음과 같은 문장줄기들을 사용하여 이야기를 이어 간다.

아이 역할: "그런 일이 있었을 때, 그때 내 심정은 _____이었어요. 내가 그렇게 느꼈을 때, 나는 _____ 라고 생각했어요."

그러면 부모 역할을 하는 파트너가 들은 이야기를 그대로 반영해 주고, 반영이 잘 되었는지를 파트너에게 확인한 후에 좀 더 이야기를 하도록 초청한다.

4. 그런 다음, 부모 역할을 하는 파트너가 다음과 같이 묻는다.

부모 역할: "네가 엄마(아빠)인 나와 함께 살면서 가장 좋은 건 무엇이니?"

아이 역할을 하는 파트너가 대답한다.

아이 역할: "내가 엄마(아빠)와 같이 살면서 가장 좋은 것은 _____."

그러면 부모 역할을 하는 파트너가 아이가 한 말을 그대로 반영해 준다. 그런 다음, 아이 역할을 하는 사람은 계속해서 다음과 같은 문장줄기들을 사용하여 이야기를 이어 간다.

아이 역할: "내가 그런 경험을 했을 때, 그때 내 심정은 _____ 이었어요. 내가 그렇

게 느꼈을 때, 나는_____ 라고 생각했어요."

그러면 부모 역할을 하는 파트너가 들은 이야기를 그대로 반영해 주고, 반영이 잘 되었는지를 파트너에게 확인한 후에 좀 더 이야기를 하도록 초청한다.

5. 그런 다음, 부모 역할을 하는 파트너가 묻는다.

부모 역할: "네가 부모(엄마, 아빠)인 나에게 가장 원하는 건 무엇이니? 그런데 받지 못한 건
무엇이니? 만약에 네가 그걸 받았더라면 어땠을 것 같니?"

아이 역할을 하는 파트너가 대답한다.

아이 역할: "내가 엄마(아빠)로부터 가장 원하는 것은 _____이에요. 그런데 만
약에 엄마(아빠)가 내가 가장 필요로 했던 _____ 을 내게 해 주었다면,
아마도 나는 _____ 했을 것 같아요." (아이 역할을 하는 파트너가 어렸
을 때 부모로부터 가장 필요로 했던 것을 설명한다.)

부모 역할을 하는 파트너는 들은 이야기를 그대로 반영해 주고, 반영이 잘 되었는지를 확인한 후에 상대방이 좀 더 이야기를 하도록 초청한다.

6. 아이 역할을 하는 파트너가 더 이상 할 얘기가 없을 만큼 충분히 말했다고
하면, 그때 부모 역할을 하는 파트너가 **요약 반영**을 한다. 아이가 가장 힘들
었고 상처를 받았던 게 무엇이었는지, 그리고 부모(아빠, 엄마)인 나에게 가
장 원했지만 받지 못했던 것에 대해서 요약해서 반영하고, **인정(확증)하기**와
공감하기를 한다. 그런 다음 그게 정확한지를 확인한다.

부모 역할: "그러니까, 네 말은 네가 나랑 살면서 가장 힘들었던 것은 _____이었

고. 그리고 네가 나에게 가장 필요로 했던 것은 _____이었다는 말이지? 난 그게 이해가 돼. 그리고 내가 만약에 그걸 너에게 해 주었더라면 아마도 너에겐 _____이라는 것도 이해가 돼. 그리고 내가 그런 너를 이해하고 보니, 너는 아마도 이런 심정이 아니었을까 하고 상상이 돼. 만약 내가 그렇게 해 주었더라면, 아마도 너는 _____ 한 심정이 아니었을까, 그리고 _____ 라고 생각하지 않았을까. 내가 상상한 게 맞아?"

7. 그리고 나서, **역할 나오기**를 한다. 부모 역할을 하는 파트너가 말한다.

부모 역할: "나는 더 이상 당신의 아빠(엄마)가 아니에요. 나는 당신의 아내(남편)입니다. 난 당신이 당신의 이야기를 나와 함께 나눠 줘서 고마워요."

그러면 아이 역할을 한 파트너가 말한다.

아이 역할: "나는 더 이상 당신의 아들(딸)이 아니에요. 나는 당신의 남편(아내)입니다. 지금까지 내 이야기를 잘 들어 줘서 고마워요."

8. 이제 서로 역할을 바꾸어서(**역할 바꾸기**), 지금까지 한 실습을 다시 실시한다.

9. 역할 바꾸기를 마치면, 종이 한 장을 꺼내서 당신이 이 실습을 통해서 알게 된 당신의 파트너의 **상처**와 **욕구**(필요)에 대해서 요약하여 작성한다. 그리고 서로의 요약된 작성문을 검토하면서, 그것이 얼마나 정확하게 잘 작성되었는지를 확인한다. 그렇다고 해서, 정확하지 않은 부분을 가지고 서로를 비판하거나 다투지 않기를 바란다. 단지 당신의 경험이 보다 정확하게 표현되고 기록되기 위한 것에 초점을 두기 바란다.

10. 실습이 다 끝나면, 이 실습이 당신에게 어떤 경험이었는지를 파트너와 함께 나누도록 한다.

이마고 실습 6

파트너(배우자)에 대해 알아가기(파트너의 프로파일)

(이 책의 제3장을 다시 읽고 복습할 것)

시간: 약 30~45분

목적: 당신이 당신의 파트너에 대해, 그 사람의 어떤 부분을 좋아하고, 또 어떤 부분을 좋아하지 않는지를 알아본 뒤에, 파트너의 특성을 당신의 이마고와 비교한다.

참고사항: 이 실습은 반드시 혼자서 해야 한다. 지금 시점에서는 이 실습의 내용을 파트너에게 알려 주면 안 된다. '이마고 실습 14: 행동수청요청(BCR) 대화법'에서, 여기에서 얻게 된 정보들을 어떻게 건설적으로 활용할 수 있을지를 다루게 될 것이다.

실행방법:

1. 종이 한 장을 꺼내서, 아랫부분에 10cm의 공간을 남겨 두고 큰 원을 그린다. 이마고 실습 3에서 했던 것처럼, 가로로 수평선을 그어 원을 절반으로 나눈다. 다음의 〈보기〉와 같이, 원의 위쪽 왼편에는 대문자 F를, 원의 아래쪽 왼편에는 대문자 G를 써 넣는다.

2. 원의 위쪽 F 옆에는 파트너(배우자)의 긍정적인 특성들을 적어 넣는다. 당신이 처음 파트너에게 매력을 느꼈었던, 파트너의 긍정적인 특성들을 포함시킨다.

3. 원의 아래쪽 G 옆에 파트너(배우자)의 부정적인 특성들을 적는다.

4. 파트너의 긍정적인 특성들과 부정적인 특성들 중에서, 당신에게 가장 많은 영향을 끼친 것으로 보이는 것에 동그라미를 표시한다.

5. 이제 이마고 실습 2로 돌아가서, 그때 작업했던 당신의 이마고 특성과 파트너의 특성을 서로 비교한다. 서로 비슷한 특성들끼리 별 표시를 한다.

6. 종이 아래쪽에 다음의 문장을 완성한다.
   "내가 파트너(배우자)에 대해서 가장 좋아하는 부분은 _____ 이다."

7. 이제 다음의 문장을 완성한다.
   "내가 나의 파트너(배우자)로부터 받기를 원하지만 받지 못하는 것은 _____ 이다."

참고

다음의 이마고 실습 7을 실행하게 되면, 여러분은 자기 자신과 파트너를 좀 더 잘 이해할 수 있게 될 것이다.

보기

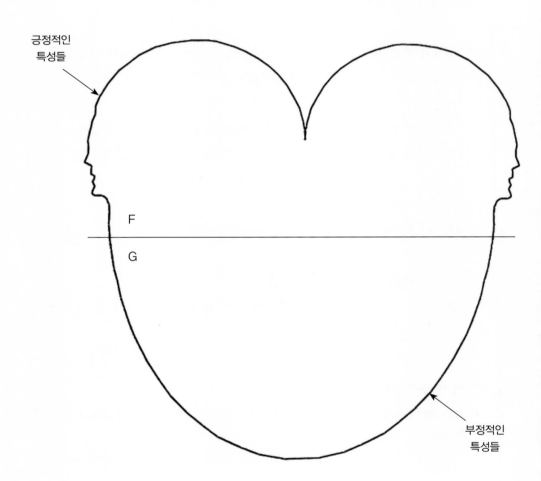

미해결과제

(이 책의 제2장을 다시 읽고 복습할 것)

시간: 15~20분

목적: 실습 2~6을 하며 모은 정보들을 모두 종합하여, 당신의 미해결과제를 알아본다. 이 미해결과제를 해결하는 것이 바로 당신이 당신의 부부(커플)관계에 가지고 온, 당신이 결혼한 진짜(숨겨져 있는) 이유이자 목적인 것이다.

참고사항: 혼자서 이 실습을 진행한다.

실행방법: 종이 한 장을 꺼내서, 다음 굵은 글씨로 되어 있는 부분을 옮겨 적는다. 지시에 따라 괄호를 채워 문장을 완성한다.

나는 [   ]와 같은 특성을 지닌 사람을 만나기 위해서 평생을 기다려 왔다. (괄호 안에 이마고 실습 3의 2단계에서 작성한, B 부분에 동그라미로 표시한 특성들을 옮겨 적는다.)

내가 이러한 사람과 있을 때, 이 사람의 [   ]와 같은 특성들 때문에 힘들다. (괄호 안에 이마고 실습 3의 3단계에서 작성한 A 부분에서 동그라미로 표시한 특성들을 옮겨 적는다.)

나는 이 사람이 나에게 [   ] 해 주기를 바란다. (괄호 안에 실습 3의 5단계에서 작성한 C 부분을 옮겨 적는다.)

나의 필요(욕구)가 충족되지 않을 때, 나는 [   ]와 같은 감정들을 느꼈다. (괄호 안에 이마고 실습 3의 6단계에서 작성한 D 부분을 옮겨 적는다.)

그리고 내가 그렇게 좌절을 겪었을 때, 나는 [   ] 하는 방식으로 대응했다. (괄호 안에 이마고 실습 4에서 작성한 E 부분을 옮겨 적는다.)

이마고 실습 7까지 마친 지금, 당신은 이 실습들의 첫 번째 부분을 마무리하였다. 부부(커플)의 관계비전과, 당신의 이마고 찾기, 어린 시절 당신이 좌절했던 부분들과 이에 대한 당신의 대응 방식, 파트너의 프로파일(당신이 파트너에 대해 좋아하는 부분과 좋아하지 않는 부분), 그리고 당신이 부부(커플)관계에 가지고 온 당신의 숨겨진 미해결과제가 지금 당신의 손에 쥐어져 있다.

이마고대화법

(이 책의 제8장을 다시 읽고 복습할 것)

시간: 45~60분

목적: '이마고대화법' 3단계 실습을 통해서 당신은 파트너가 하는 말을 정확하게 잘 듣고(1단계), 당신의 파트너의 관점을 이해하고(2단계), 파트너의 입장에서 그 관점이 타당하다는 것을 인정(확증)하며, 파트너가 느끼는 감정에 공감하고(3단계), 그것을 표현하는 법을 훈련하게 된다.

참고사항: 당신의 파트너와 이 실습을 자주 훈련하기 바란다. '이마고대화법'은 두 사람 사이의 의사소통과 공동의 치유와 깊은 연결을 이루어 주는 굉장히 효과적인 도구다. 이마고대화법은 '이마고관계치료'의 가장 핵심적인 치유적 과정이다. 처음에는 좀 부자연스럽고 성가신 대화 방식처럼 느껴질 수도 있겠지만, 이마고대화법은 가장 명료하고 효과적으로 의사소통을 이끌어 주는 최고의 방법이다. 연습을 하면서, 당신은 점점 더 유연해질 것이다. 자꾸 연습을 하다 보면, 항상 그렇게 구조화된 프로세스대로 다 따라할 필요가 없어지게 될 것이다. 이마고대화법 3단계가 모두 다 필요한 경우는 대화할 내용이 아주 격앙된 주제이거나, 아니면 대화를 하다 단절이 되었을 때일 것이다. 이마고대화법을 꾸준히 연습하게 되면, 파트너에게 감정적으로 반응하기보다는 안전감을 느끼게 되고, 또 파트너를 더 깊이 이해하게 되고, '파트너의 감정에 더 공감하는 법'을 배우게 되고, 마침내 '파트너에게 깊이 연결되는 경험'을 하게 될 것이다. 그러므로 앞으로 여기에 있는 실습들을 훈련하면서 경험한 것에 대해서 파트너와 나눌 때도, 이마고대화법을 꼭 사용하기 바란다.

실행방법:

1. 당신 파트너 두 사람 중에, 누가 먼저 '보내는 사람'(이마고대화법에서 처음 말하는 사람, 메시지를 보내는 사람)이 되고, 누가 '받는 사람'(이마고대화법에

서 처음 들어주는 사람, 메시지를 받아주는 사람) 역할을 할지 정한다. '보내는 사람'은 다음과 같이 말을 함으로써 대화를 시작한다: "나는 당신과 이마고대화법으로 대화를 하고 싶어요. 지금 해도 괜찮아요?" 당신이 당신의 관계에서 이마고대화법을 사용하기를 원한다면, 요청을 받은 사람이 가능한 한 빨리 이 질문에 대답을 해 주는 것이 중요하다. 만약에 요청을 받은 사람이 지금 하는 게 불가능하다면, 가까운 시간에 언제(예를 들면, "지금부터 적어도 24시간 안에, 그러니까 오늘 저녁이나 혹은 늦어도 내일 저녁 식사 후까지는"—역자주) 당신이 가능할지를 알려 준다. 그러니까 요청을 받은 사람(들어주는 사람, 받는 사람 역할을 먼저 하게 될 사람)이 대화를 요청한 사람(말하는 사람, 보내는 사람 역할을 할 사람)에게, 언제 자신이 파트너의 말에 귀를 기울여 들어주고, '반영하기'를 해 줄 수 있는지를 알려 주는 것이다. 이제 '받는 사람'이 그럴 준비가 되었다면, "지금 괜찮아요."라고 파트너에게 말해 준다.

2. 이제 보내는(말하는) 사람과 받는(듣는) 사람이 서로 얼굴을 마주보고 앉는다. 그리고 서로의 눈을 바라보면서, 동시에 숨을 깊이 들이마시고 내쉬는 것을 세 번 반복한다.

3. 보내는(말하는) 사람이 받는(듣는) 사람에게 꼭 들려줬으면 하는 그 이야기를 짧게 간단한 메시지로 말한다. 보내는 사람이 자신의 이야기를 시작할 때는, 반드시 "나는(내가)……."으로 시작되는 문장을 사용해서, 자신의 생각

과 감정에 대해서 말해야 한다. 특히 처음 이마고대화법을 연습하는 사람이라면, 내용이 아주 간결하고 중립적이어야 한다. (예: "내가 오늘 아침에 일어났을 때, 목이 아팠어요. 오늘 출근하기가 힘들 것 같았어요. 그래서 그냥 집에서 쉬기로 결정했어요.")

4. 받는 사람은 "내가 들은 바로는……" 혹은 "내가 당신의 말을 잘 알아 들었다면……"이라는 문장줄기를 사용하여 '반영하기(Mirroring)'를 한다. 예를 들면, "당신 말은 당신이 오늘 아침에 일어났을 때부터 목이 아팠고, 그래서 일을 나가기가 힘들 것 같아서, 그냥 집에서 쉬기로 결정했다는 거죠? 내가 잘 알아들었나요?" 이때, 말을 하는(보내는) 사람은, 듣는(받는) 사람이 자신이 보낸 말을 정확하게 잘 알아들었는지 아닌지를 받는 사람에게 알려 주어야 한다. 그래서 보내는 사람이 "네, 당신이 잘 알아들었어요."라고 하면, 바로 다음 5번으로 넘어가 진행을 하면 된다. 그런데 만약에, 보내는 사람의 대답이 "아니요."라고 하면, 보내는 사람은 상대방에 대해 조금도 비판적이 되지 않은 상태에서 다만 반영하기에 무엇이 빠졌는지, 아니면 무엇이 더 해졌는지를 알려 주어야 한다. 그러면, 받는 사람은 거기에 대해서 다시 반

영하기를 해 주면 된다. 이 반영하기는 보내는 사람이 자신이 보낸 메시지가 그대로 잘 받아들여졌다고 여겨질 때까지 계속해야 한다.

5. 그런 다음 받는 사람이, "거기에 대해서 더 이야기할 게 있나요?" 혹은 "거기에 대해서 좀 더 이야기해 줄래요?"라고 보내는 사람을 초청하고, 보내는 사람이 더 얘기하고 싶은 말이 있으면 이야기를 계속하면 된다. 그리고 보내는 사람이 하고 싶은 말을 다 마칠 때까지 받는 사람은 보내는 사람의 말을 반영하고, 반영하기를 마친 후에 계속해서 받는 사람이 보내는 사람에게, "거기에 대해서 더 이야기할 게 있나요?" 혹은 "거기에 대해서 좀 더 이야기해 줄래요?"라고 묻는다. ["거기에 대해서 더 이야기할 게 있나요?" "거기에 대해서 좀 더 이야기해 줄래요?"라고 묻는 질문(요청)은 아주 중요하다. 이 질문(요청)을 받게 됨으로써 보내는 사람은 자신의 생각과 감정에 대해서 모두 이야기할 수 있는 기회를 제공받게 되는 것이며, 받는 사람이 보내는 사람의 생각과 감정에 대해 모두 듣고 난 후에야 반영을 하게끔 이끌어 주기 때문이다. 그러면서 동시에, "거기에 대해서"라는 말을 사용함으로써 보내는 사람으로 하여금 한 번에 한 가지 주제(거기)에 대해서만 제한해서 이야기를 하도록 도와준다.]

6. '보내는 사람'이 하고 싶은 말을 다 마쳤을 때, '받는 사람'은 다음과 같은 '문장줄기'를 사용하여 '보내는 사람'이 한 말을 요약 반영한다: "내가 당신 말을 잘 알아들었는지 한번 들어 보세요. 그러니까 당신 말은……." '받는 사람'이 '보내는 사람'의 말을 요약하고 난 후에, 다음과 같이 질문을 함으로써 자신이 요약한 내용이 정확한지를 확인해야 한다: "내가 당신이 한 말을 모두 잘 요약했나요?" [이 '요약하기'는 매우 중요하다. 이 '요약하기'를 통해서 받는 사람은 보내는 사람이 한 말을 좀 더 깊이 이해할 수가 있고, 또한 보내는 사람이 어떤 논리를 가지고 그 말을 했는지를 좀 더 쉽게 파악할 수가 있기 때문이다. 또한 '요약하기'를 함으로써, 이마고대화법의 두 번째 단계인 '인정(확증)하기(Validation)'를 좀 더 쉽게 할 수 있다.] 보내는 사람이, 받는 사람이 자신의 말을 정확하게 알아들었다고 생각한다면(느낀다면), 보내는 사람이 받는 사람에게 "당신이 잘 이해했어요."라고 알려 준다. 그리고 나서 7번 '인정하기' 단계로 넘어간다.

7. 이제 받는 사람은 다음과 같은 '문장줄기'를 사용해서 보내는 사람이 한 말을 인정(확증)한다: "당신이 지금 말하는 게 이해가 돼요. 왜냐면……." "당신 말이 나에게 이해가 돼요. 당신이 지금 말한 걸 볼 때……." "당신이 무슨 말을 하고 싶은지 내가 알겠어요. 그러니까 당신 말은 ……라고 말하는 게 맞죠?" (예: "지금 당신 말을 들어 보니까, 당신이 목도 아프고 몸이 안 좋아서, 그래서 일을 하러 갈 수가 없어서 집에서 쉬려고 결정했다는 게 이해가 돼요.") 받는 사람이 '인정하기'를 할 수 있는 이유는 보내는 사람이 어떤 논리를 가지고 그 말을 했는지를 이해했기 때문이다. 보내는 사람의 입장에서 보면, 이 논리는 '진실'이다. 즉, '보

내는 사람의 진실(Sender's Truth)'이다. 받는 사람은 보내는 사람이 한 말에 동의해야 할 필요가 없다. 그렇지만, 적어도 받는 사람이 보내는 사람 자신의 경험, 그것의 진실, 그 사람이 한 말에 내재된 논리를 알아차리는 것이 꼭 필요하다. 받는 사람은 보내는 사람이 자신이 이해(인정, 확증)받았다고 느끼는지를 확인해야 한다. 보내는 사람이 그렇게 느낀다고 말하면, 이제 이마고대화법의 마지막 3단계인 8번 '공감하기(Empathy)' 단계로 넘어간다.

지금 당신 말을 들어 보니까, 당신이 목도 아프고 몸이 안 좋아서, 그래서 일을 하러 갈 수가 없어서 집에서 쉬려고 결정했다는 게 이해가 돼요.

8. '받는 사람'은 '보내는 사람'에 대해 '공감하기'를 할 때, 다음과 같은 문장줄기를 사용하여 시작할 수 있다: "내가 상상하기에 당신은 아마도…… 심정이었을 것 같아요." 혹은 "내가 상상하기에 그때 당신의 심정은 ……." 예를 들면, "내가 상상하기에 당신은 아마도, 오늘 갑자기 일을 할 수가 없게 돼서, 좌절감을 느꼈을 것 같아요."라고 할 수 있다. 받는 사람이 '공감하기'를 할 때 가장 좋은 방법은, 감정을 표현하는 단어들, 즉 화가 난, 속상한, 행복한 등과 같은 감정언어들 중 하나를 선택해서 사용하는 것이 가장 좋다. 그런데 만약에 당신이 한 단어가 아니라 여러 단어들을 사용하여, 예를 들면 "당신은 지금 일을 하러 가고 싶지 않다고 느끼는군요."와 같이 말한다면, 이것은 공감이라기보다는 당신의 생각을 표현하는 것이 되기 때문이다. 그래서 감정을 공감한 후에, 받는 사람이 "이게 당신의 심정이 맞나요?" 혹은 "내가 당신의 심정을 잘 공감했나요?"라고 질문을 함으로써, 자신의 '공감하기'가 제대로 됐는지를 확인해야 한다. 그래서 만약에 받는 사람이 보내는 사람의 심정에 대해 상상한 것이 보내는 사람의 심정과 달랐거나, 제대로 감지한

게 아니라면, 보내는 사람에게 다시 요청을 해서 보내는 사람이 받는 사람에게 실제로 어떤 감정을 느꼈는지를 설명해 주도록 해야 한다. 그래서 보내는 사람의 심정(감정)이 무엇이었는지가 정확하게 표현되고 확인이 되었을 때, 받는 사람이 보내는 사람에게 "당신이 느낀 심정(감정)이 그것 말고 또 다른 건 없었는지, 당신의 다른 심정들에 대해서 더 말해 줄래요?"라고 질문(요청)을 해서 있으면 더 표현하게 하고, 반영을 하고, 또 확인하면서 보내는 사람이 자신의 감정을 충분히 다 표현할 때까지 대화 과정(프로세스)을 계속하여, 마침내 "아니요. 그게 전부예요. 더 이상의 감정은 없었어요."라고 보내는 사람이 말할 때 마친다.

9. 이렇게 받는 사람이 '반영하기' '인정하기' '공감하기'의 이마고대화법 3단계를 모두 다 마친 후에, '역할 바꾸기'를 한다. 지금까지 받는 사람의 역할을 했던 파트너가 이제부터는 역할을 바꾸어 보내는 사람의 역할을 맡아서, "지금까지 당신의 말을 들은 나의 심정은?" 혹은 "나의 생각은?"이라는 문장줄기를 사용하여, 자신이 파트너의 이야기를 들으면서 경험했던 것, 혹은 자신의 생각과 느낌에 대해서 이야기를 함으로써 '보내는 사람(말하는 사람)'

의 역할을 시작하고, 지금까지 보내는 사람의 역할을 했던 파트너가 이제 '받는 사람'의 역할을 시작하면 된다.

10. '이마고 실습 2: 어린 시절의 상처' 연습을 통해서 여러분이 자신에 대해서 좀 더 알게 된 것을 가지고, '이마고대화법' 3단계를 활용하여, 여러분의 파트너와 대화를 나누기 바란다. 누가 먼저 이야기하고 누가 들을지를 정하고, 한 사람이 이야기를 마친 후에는 그 다음 사람이 이야기를 한다. 당신이 들을 차례가 되면 파트너에게 모든 주의를 기울여라. 당신이 파트너의 말을 그 사람의 입장에서 이해할 수 있을 때까지, 그 사람의 말을 반영해 주어라. 파트너의 말에 내재된 논리를 인정(확증)해 주고, 파트너의 감정에 대해 공감을 표현하라. 파트너가 한 말을 좀 더 분명히 이해하기 위해서 어떤 질문을 할 수는 있겠지만, 파트너의 말을 분석하거나 해석하려고 들지 말아야 하며, 파트너의 말을 비판하거나 불만을 표현해서는 안 된다. 파트너의 어린 시절의 이야기를 들으면서, 파트너가 어린아이로서 상처받는 모습을 마음속에 떠올려 보라. 당신이 '보내는 사람'이 되어 당신의 이야기를 할 때에는 '받는 사람'이 기억하기 쉽도록, 말을 최대한 짧고 간단한 문장으로 잘게 나누어서 이야기하라.

헌신에 대한 결정: 탈출구를 차단하기!

(이 책의 제7장을 다시 읽고 복습할 것)

시간: 약 60~90분

목적: 이 실습은 두 개의 목표를 달성하기 위해 고안되었다. 첫째, 이 실습들을 실행하는 동안, 당신과 파트너가 부부(커플)관계를 유지하도록 돕는 것, 둘째, 당신과 파트너 사이에 안전감이 형성되면서 점진적으로는 두 사람 사이에 친밀감이 향상되는 것이다.

참고사항: 파트너와 함께 이 실습을 실행한다.

실행방법:

1. 당신의 부부(커플)관계를, 다음 예시 그림처럼 점선으로 그려진 사각형이라고 상상해 본다. 이 사각형에서 점선들로 표시되지 않은 틈새의 공간들은 '탈출구(Exits)'를 의미한다. '탈출구'는 당신이 좀 더 안전한 느낌과 필요(욕구)를 충족시키기 위해서 하는 것이지만, 당신의 부부(커플)관계로부터 에너지를 빼앗아 가는, 모든 부적절한 행동과 활동을 의미한다. 사각형의 네 모서리는

부부(커플)관계를 파국으로 치닫게 하는 4개의 탈출구, 즉 **자살, 이혼**(혹은 별거), **살인, 미친 짓**(정신이상)을 의미한다. 당신 자신의 생각과 감정을 잘 관찰함으로써 혹시 당신이 이와 같은 [당신의 부부(커플)관계를 파국으로 치닫게 하는] 탈출구들을 사용하여 부부(커플)관계에서 벗어나려 하고 있는 건 아닌지를 파악하기 바란다. 만약에 당신이 그렇게 하고 있는 거라면, 이 실습들을 마칠 때까지만이라도 당신이 그 탈출구들을 닫기로 지금 결정해 줄 것을 우리는 강력하게 권하고 싶다. 만약에 지금 당장은 그 결정을 하기가 힘들다면, 우리는 당신이 이마고관계치료 전문가에게 연락하여 상담을 받을 것을 적극 추천한다. (imagokorea.org로 연락하기 바란다−역자 주)

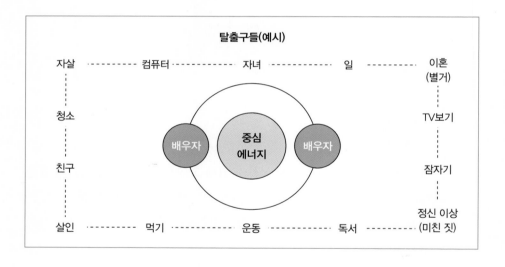

2. 이제 종이 4장을 꺼내, 당신과 파트너가 각자 2장씩을 갖는다. 첫 번째 종이에는 당신이 '평소에 사용하는 일반적인 탈출구들'을 모두 작성한다. '평소에 사용하는 탈출구'란 당신이 파트너를 피하기 위해 주로 하는 행동들을 뜻하며, 과식하기, 늦게까지 일하기, 자녀들과 지나치게 많은 시간을 함께 보내기 등이 있다. (이 책 제7장 '보이지 않는 이혼' 절의 '평소에 사용하는 탈출구들의 목록'을 참고하라.)

3. 이마고 실습 8에서 설명한 이마고대화법의 '반영하기'를 사용해서 당신의 파트너와 서로 순서를 바꿔 가면서, 자신이 알아차리게 된 자신이 평소에 사용하고 있는 탈출구들에 대해 함께 나눈다. (여기에서는 이마고대화법 3단계를 모두 사용하기보다는, '반영하기'만을 사용하는 게 좋을 것 같다.)

> 파트너 A: 내가 알아차리게 된 것은, 내가 주말에 일거리를 집으로 가져오는 이유 중 하나가 내가 당신과 함께 시간을 보내는 게 두려워서, 당신과 갈등이 생기는 걸 피하고 싶어서 그러는 것 같아요.
>
> 파트너 B: 당신 말은, 당신은 나와 함께 시간을 보내는 게 두려워서 주말에 일거리를 집으로 가져온다는 것이지요? 내가 잘 이해했나요?
>
> 파트너 A: 아니요. 아주 정확하지는 않아요. 내가 말한 것은, 내가 일거리를 집으로 가져오는 이유들 중 하나가 내가 당신과 함께 시간을 보내게 되는 게 두려워서, 당신과 혹시라도 갈등이 발생할까 봐 피하려고 그러는 것 같다는 거죠. 갈등이 생기면 불편하니까요. 내가 일거리를 집에 가지고 오는 데는 또 다른 이유들도 있어요.
>
> 파트너 B: 네, 알겠어요. 당신 말은 당신이 주말에도 집에서 일을 하는 이유들 중 하나가, 당신이 나와 함께 보내는 시간을 되도록 적게 보내려고 그러는 건데, 왜냐면, 나와 시간을 같이 보내다 보면 혹시 갈등이 생길까 봐. 그렇게 되면 불편해질 테니까 그게 두려워서 피하려고 그러는 것 같단 말이죠? 그리고 당신이 일거리를 집에 가지고 오는 데는 그것 말고도 또 다른 이유도 있다는 거고요. 내가 잘 이해했나요?
>
> 파트너 A: 네, 맞아요. 당신이 내 말을 정확하게 들었어요.

4. 이제 당신이 작성한 탈출구 목록들을 살펴본다. 그 목록들 중에서 당신이 당신의 부부(커플)관계를 위해서, 기꺼이 없애 버리고 싶은 탈출구 목록들과 이제부터 줄여 보고자 하는 탈출구 목록들 옆에 표시를 한다. 하지만 당신이 생각하기에 지금 당장 결정하여 변화를 주기에는 어려운 탈출구들 옆에는 '×' 표시를 한다.

5. 다음과 같이 합의문을 종이에 작성하고, 빈칸을 채워 문장을 완성한다.

"나는 이번 주말부터 _____(날짜를 기입한다)_____, 집으로 일거리를 가져오지 않고, 그 대신에 당신에게 이마고대화를 요청하여, 내가 왜 그동안 주말에 일을 하려고 했는지와 내가 당신과의 갈등이 생기는 것을 두려워하는 것에 대해서, 함께 이야기를 나누는 것에 대해 동의합니다."

참고

당신의 탈출구 뒤에 숨겨져 있는 두려움에 대해서 파트너와 이야기를 나누는 것은 중요하다. 당신이 '이마고대화법의 안전한 틀' 안에서 당신의 두려움에 대해 말을 한다는 것이 역설적으로 당신의 '회피'라는 탈출구를 닫을 수 있도록 당신을 도와줄 것이다. 당신이 당신의 심정에 대해서 당신의 파트너와 충분히 대화를 나눈 다음에는, 당신의 부부(커플)관계에 속해 있어야만 할, 하지만 그동안 당신의 부부(커플)관계의 에너지를 빼앗아 갔었던 그 탈출구들을 닫는 결정을 하는 것이 중요하다.

이마고 실습
10
서로를 돌보아 주는 행동들

(이 책의 제9장을 다시 읽고 복습할 것)

시간: 약 60분

목적: 당신의 파트너가 당신에게 어떤 행동을 해 줄 때 당신이 기쁨을 느꼈는 지 그 구체적인 정보를 파트너와 함께 나누고, 당신 또한 당신의 파트너를 기쁘게 해 주는 행동들을 일상생활 속에서 꾸준히 계속하기로 결정을 하고 함께 동의한다. 이렇게 함으로써 당신과 파트너는 모두 두 사람의 커플(부 부)관계를 안전한 장소, 즉 안전지대(로맨틱한 **사랑의 불꽃**이 다시 피어날 수 있 는, 아주 편안하고 **따뜻한 환경**)로 만들어 갈 수 있다.

참고사항: 당신이 원한다면, 실행방법 1단계부터 3단계까지는 파트너 없이 당 신 혼자 할 수 있다. 하지만 4단계부터는 파트너와 함께 해야 한다.

실행방법:

1. 첫 번째 할 일은, 당신의 파트너가 지금까지 당신에게 하고 있는 행동들 중 에서 특별히 당신을 기쁘게 해 주는 행동이 무엇인지를 알아보는 것이다. 종이 한 장을 꺼내어, 다음의 문장을 작성해 보기 바란다.

> 나는 당신이 내게 _____해 줄 때 내가 당신에게 사랑을 받고 있고, 그리고 당신이 나를 생각해 주는구나 하고 느껴요.

파트너가 자주 해 주었던 행동들 중에서 가능한 한 많이 작성하되, 아주 구체적이면서 또 긍정적인 것이어야 한다.

예시

- 내 커피 잔이 비어서 당신이 커피를 채워 줄 때
- 신문의 1면을 내가 먼저 읽도록 당신이 배려해 줄 때
- 당신이 집을 나서기 전에 내게 다가와 키스를 해 줄 때
- 당신이 직장에서 일을 하는 동안에, 그냥 나와 이야기가 하고 싶어 내게 전화했을 때
- 당신에게 일어났던 중요한 일들을 내게 설명해 줄 때
- 당신이 내 등을 마사지해 줄 때
- 당신이 내게 사랑한다고 말할 때
- 쇼핑하러 가서 내가 뭔가 갖고 싶은 게 있는지 당신이 내게 물어봐 줄 때
- 당신이 나를 위해 깜짝 선물을 준비해 주었을 때
- TV를 함께 보면서 당신이 내 옆에 가까이 다가와 앉을 때
- 내가 속상해하고 있을 때, 당신이 내 이야기에 귀를 기울여 줄 때
- 당신이 계획을 짜기 전에 내 의견을 먼저 물어봐 줄 때
- 당신이 나와 함께 기도해 주거나 나를 위해 기도해 줄 때
- 당신이 일요일 저녁에 특별한 요리를 준비해 주었을 때
- 당신이 나와 잠자리에서 사랑을 나누고 싶어 할 때
- 당신이 나의 외모에 대해서 칭찬을 해 줄 때

2. 당신 두 사람이 사랑에 빠졌었던, 낭만적이었던 그 시절을 떠올려 보라. 그때는 서로를 위해서 기꺼이 해 주던 배려 있는 돌봄의 행동들이었는데, 지

금은 더 이상 하지 않게 된 그런 행동들이 있는가? 종이 한 장을 꺼내어 다음의 문장을 완성해 보라.

> 당신이 나에게 ＿＿＿＿＿＿＿＿＿해 주었을 때, 나는 내가 당신에게 사랑을 받고 있고, 그리고 당신이 내게 마음을 써 주는구나 하고 느꼈어요.

예시

- 당신이 사랑을 담은 편지를 내게 써 주었을 때
- 당신이 나에게 꽃을 선물해 주었을 때
- 우리가 같이 걸으며, 당신이 내 손을 잡아 주었을 때
- 당신이 내 귀에 섹시한 말을 속삭여 주었을 때
- 당신이 얼마나 날 사랑하는지 말해 주기 위해 내게 전화를 걸었을 때
- 당신이 나를 위해 특별히 저녁 요리를 해 주었을 때
- 당신이 밤늦게까지 나와 이야기하고 사랑을 나누었을 때
- 하루에 2번 이상 당신과 사랑을 나누었을 때
- 당신이 집 문을 나서면서 내게 키스해 주고, 또 집에 돌아와 날 안아 주었을 때

3. 이번엔 당신이, 파트너가 당신에게 그렇게 해 주었으면 하고 늘 바라긴 했지만 아직까지 한 번도 파트너에게 요청해 보지 못했던, 그런데 만약에 당신의 파트너가 당신에게 그렇게 해 준다면 당신이 사랑을 받고 있구나 하고 느낄 것 같은, 이 사람이 날 생각하고 내게 마음을 써 주는구나 하고 느낄 만한 사랑과 돌봄의 행동들에 대해서 생각을 해 보기 바란다. 이러한 기대감은 아마도 당신이 꿈꾸는 이상적인 연인의 모습을 떠올릴 때나, 아니면 당신의 과거의 연애 경험으로부터 생겨났을 가능성이 있다. [그런데 그것이 만약에 현재 당신이 부부(커플)관계에서 겪고 있는 갈등과 직접적으로 연관이 될 만한 행동들이면 안 된다.] 이러한 기대는 당신이 혼자 개인적으로 상상해 왔던 그런 것일 수도 있

다. 할 수 있을 때마다, 파트너에 대한 당신의 요청을 구체적으로 적어 보라. 다음의 문장을 완성하라.

> 나는 당신이 내게 _____해 주기를 바라요.

예시

- 중간에 멈추지 말고, 30분 동안 나에게 마사지해 주기
- 나와 함께 샤워하기
- 내게 깜짝 선물로 은반지나 목걸이를 선물해 주기
- 매년 여름 세 번씩, 나와 함께 배낭여행 가기
- 함께 홀딱 벗고 잠자기
- 한 달에 한 번씩, 나와 아침 겸 점심 먹으러 나가기
- 크리스마스 휴가 때, 내게 소설 읽어 주기
- 선상에서 함께 저녁 먹기

4. 지금까지 앞 단계에서 작성한 세 가지 목록들을 모두 합쳐서, 각각의 '돌봄의 행동 목록'이 당신에게 얼마나 중요한지에 따라서, 그 목록 바로 옆에 1부터 5까지의 숫자로 표시하라. 여기서 1은 '아주 중요함'을 의미하고, 5는 '그다지 중요하지 않음'을 의미한다.

5. 서로의 목록을 교환한다. 이제 파트너의 목록을 살펴본 다음에, 지금 당장은 당신이 파트너에게 기꺼이 해 주기가 힘들 것처럼 생각되는 항목 옆에는 ×표시를 한다. 당신이 ×표시를 하지 않고 남겨 둔 항목들은 당신이 파트너를 위해 기꺼이 실천하고자 하는 목록들임을 확인하라. 이제 내일부터 시작해서 앞으로 2달 동안 매일 ×로 표시하지 않은 항목들 중에 최소 2개씩을 행동으로 실천하기 바란다. 우선, 당신이 실천하기 가장 쉽다고 생각하는 것부터 시작하라. 그렇게 하면서, 내 파트너가 원할 것 같은 돌봄의 행동들

이 생각이 날 때마다 그것을 당신의 목록에 추가하라. 그리고 당신의 파트너가 당신에게 마음을 써서 그런 돌봄의 행동을 해 주면, 거기에 대한 고마움을 말로 표현하라. 이 책의 제8장을 읽으면 알 수 있듯이, 당신의 파트너가 당신을 생각해서 해 주는 돌봄의 행동은 선물이지 의무가 아니다. 그러므로 당신이 파트너에 대해 어떤 감정을 느끼는지에 상관없이, 또 파트너가 당신에게 얼마나 많이 마음을 써서 돌봄의 행동을 해 주었는지는 따지지 말고, 그저 당신이 파트너에게 해 주기로 작정한 행동들을 매일매일 최소한 2개씩 실천하라.

6. 당신이나 파트너가 이 실습을 실천하다가 혹시 어떤 거부감을 느끼게 된다면, 그 거부감을 극복할 수 있을 때까지 이 '돌봄의 행동' 실천하기를 계속하라. (이 책의 제9장 '즐거워지는 것에 대한 두려움을 떨쳐 버리자!' 절을 참고하라.)

이마고 실습 11 파트너를 깜짝 놀라게 해 줄 선물과도 같은 '뜻밖의 돌봄 행동 목록'

(이 책의 제9장 280~282쪽을 다시 읽고 복습할 것)

시간: 약 15~20분

목적: '뜻밖의 돌봄 행동 목록'을 파트너에게 해 주는 목적은, 앞의 이마고 실습 10의 서로를 위해 마음 써 주는 '돌봄의 행동들'을 증가시켜 주는 데 있다. 이 실습은 파트너로 하여금 예상하지 못했던 기쁨을 느끼게 해 준다. 이를 통해서, 부부(커플)는 서로에게 더욱 안전감과 유대감을 느끼게 될 것이다.

참고사항: 이 실습은 반드시 혼자서 하고, 파트너에게는 꼭 비밀로 해야 한다.

실행방법:

1. 당신이 파트너를 위해서 해 줄 수 있는 행동 중에서, 파트너가 깜짝 놀라 하며 기뻐할 만한 행동들을 뽑아서 목록을 작성하라. 절대로 추측을 해선 안 된다. 당신이 전에 파트너를 기쁘게 해 주었던 기억을 더듬어 보라. 아니면, 파트너가 당신에게 했던 말이나 파트너가 넌지시 준 힌트들을 떠올려 보라. 이제 당신이 명탐정이 된 것처럼, 파트너가 아직 드러내지 않고 저 깊숙이 감추어 둔 바람과 갈망에 대해 끈질기게 조사를 해 보라. 여기서 주의할 점은, 파트너가 절대로 눈치채지 못하도록 당신이 작성한 그 목록들을 파

트너가 볼 수 없는 곳에 잘 숨겨 두어야 한다는 것이다.

2. 그 목록들 중에서 한 가지 항목을 골라, '**파트너를 깜짝 놀라게 해 주고, 기쁨을 줄 수 있는 행동**'을 이번 주에 실천하라. 한 주에 하나씩 그 목록을 실천에 옮기되, 무작위로 실행 시간을 선택함으로써 파트너가 전혀 예상할 수 없게 한다.

3. 파트너에게 큰 기쁨을 주는 깜짝 선물과도 같은 행동을 실천할 때마다, 날짜를 잘 기록해 둔다.

4. 종이 한 장을 꺼내서, 파트너가 당신을 깜짝 놀라게 해 주고 기쁨을 안겨 준 날짜를 기록해 둔다. 그리고 파트너가 나를 기쁘게 하기 위해 이런 깜짝 놀라는 행동을 해 준 것에 대해 고마움을 표현한다.

이마고 실습
12

재미있고 활기를 북돋워 주는 활동들의 목록

(이 책의 제9장 282~283쪽을 다시 읽고 복습할 것)

시간: 약 20~30분

목적: 부부(커플) 사이에서 서로가 감정적으로 연결되는 유대감을 더욱 강화해 주고, 커플관계 속에서 더욱 안전감을 느끼며, 보다 많은 즐거움을 느끼도록 고안된 것이다.

참고사항: 파트너와 함께 이 실습을 실행한다.

실행방법:

1. 재미가 있으면서 활기를 북돋워 주는 활동들 중에서 파트너와 함께 하고 싶은 활동을 골라서, 자신만의 목록을 작성한다. 두 사람이 서로 얼굴을 마주보아야 하거나, 서로 몸을 접촉해야 하는 활동, 그러면서도 아주 재미있고 즐겁게 할 수 있는 신체적인 활동들을 포함시킨다. 예를 들면, 테니스, 댄스, 레슬링, 함께 샤워하기, 섹스, 마사지, 간지럽히기, 줄넘기, 자전거 타기 등이 있다.

2. 당신이 작성한 목록들을 파트너와 함께 나누고, 당신과 파트너가 제안한 활동들 모두를 하나로 모아 목록으로 합친다.

3. 그 목록들 중에서 한 가지를 골라, 매주 실천에 옮긴다.

4. 활기를 북돋워 주는 행동, 혹은 아이 같은 행동들에 대해서 당신은 거부감을 느낄 수도 있다. 특히 당신이 부부(커플)관계에서 어떤 갈등을 겪고 있는 경우에는 더 그럴 것이다. 그럼에도 불구하고, 이 실습을 해 나가는 것은 아주 중요하다. 당신의 타고난 성향을 거슬러서 잠시나마 어린 시절 그때 그 모습으로 돌아가는 실험을 시도해 보라.

이마고 실습 13	긍정적인 칭찬의 홍수 퍼붓기

당신은 지금까지 나와 함께했던 최고의 파트너야!

(이 책의 제11장을 다시 읽고 복습할 것)

시간: 약 45분

목적: 당신과 파트너(배우자)가 서로에 대해서 가장 고마워하고 또 좋아하는, 서로의 몸의 구체적인 부분, 파트너의 성격적인 특성, 파트너가 당신에게 해 준 행동과 관련하여, 두 사람이 아주 감정적으로 강렬함을 경험하도록 도와 줄 것이다. 또한 당신이 긍정적인 것에 대해서 아주 강렬하게 말을 하는 것은 당신이 파트너에 대해 강렬하게 부정적인 논평을 하는 당신의 민감성을 감소시켜 줄 것이다. 처음 30분 동안은 서로의 파트너에 대해서 칭찬해 주고 싶은 목록을 각자 작성하는 시간을 가진 다음에, 파트너와 함께 이 실습을 실행하도록 한다.

실행방법:

1. 두 장의 종이를 꺼내서 한 장씩 나누어 갖는다. 각자의 종이를 네 개의 면으로 나눈다. 그리고 한 면에 각각 다음의 네 가지 제목을 적어 넣는다: '신체적 특성' '성격적 특성' '행동' '전반적인 찬사'. 이제 각각의 제목 아래, 당신이 당신의 파트너에 대해서 감사하게 여기는 그 사람의 신체적인 특성들, 당신이 좋아하는 그 사람의 성격적인 특성, 당신의 파트너가 당신에게 해 주

었던 것 중에 당신이 감사하게 여기는 행동, 그리고 당신의 파트너에 대한 전반적인 찬사들을 작성한다. 예를 들면, "내가 당신을 사랑해!" "당신처럼 멋진 사람과 내가 결혼했다는 사실을 난 정말 믿을 수가 없어!"

2. 이제 커플 중 한 사람은 의자에 앉고, 다른 한 사람은 그 주위를 원을 그리며 돌면서 당신이 당신의 파트너에 대해 칭찬해 주고 싶어서 종이에 네 가지 제목별로 작성해 놓은 내용을 소리 내어 말한다. 각 제목에 대해서 약 1분을 할애하되, 다음 제목의 내용으로 이동할 때마다 목소리의 강도를 조금씩 높여 간다. 그러다가 마지막 '전반적인 찬사' 제목의 내용을 말할 때면, 두 팔을 번쩍 들고 바닥을 차며 위아래로 점프를 하면서 아주 강력하게 소리친다.

3. 다시 두 장의 종이를 더 꺼내어, 각자가 한 장의 종이에 앞 단계에서 한 것과 똑같이 네 개의 면으로 나눈 다음, 네 가지 제목을 동일하게 적어 넣는다. 그리고 이번에는, 각 제목 아래에 당신이 파트너로부터 꼭 듣고 싶은 칭찬들을 적어 넣는다. 예를 들면, "나에게, 내가 길고 아름다운 다리를 가지고 있다고 말해 줘." "내가 정말 믿음직한 친구라고 말해 줘." "내가 인내심과 사랑이 많은 부모라고 말해 줘." "당신이 내 피부를 만지는 게 좋다고 말해 줘." "당신이 내가 옷 벗은 모습을 보는 걸 좋아한다고 말해 줘." "내가 당신이 지금까지 함께 했던 최고의 파트너라고 말해 줘." "나와 함께 있어서 당신이 얼마나 행운인지 내게 말해 줘."

4. 이제 서로 순서를 바꿔 돌아가면서 각 제목에 따라 칭찬하기를 실시하되, 다음 제목의 내용으로 이동할 때마다 조금씩 더 강렬하게, 그래서 마지막으로는 칭찬을 마치 홍수처럼 퍼부어 주어서 차고 넘치도록 서로에게 해 준다. 그리고 서로를 격렬하게 포옹함으로써 이 실습을 마쳐라. 이 실습이 불러일으키는 모든 강력한 감정들을 당신 스스로 충분히 느끼도록 하라.

5. 이 실습이 당신에게 어떤 의미가 있는지에 대하여, 파트너와 이마고대화법을 사용하여 대화한다.

6. 이 실습을 일주일에 한 번씩 앞으로 4주 동안 계속 반복하여 실시한다. 그 후로는 매일 단 몇 분이라도, 계속해서 **파트너에게 칭찬의 홍수 퍼붓기**를 실천하라.

행동수정요청(BCR) 대화법

> 나는 당신이 차를 운전할 때,
> 안전하고 편안하게 느낄 수
> 있었으면 좋겠어요. 난 그렇게
> 느끼고 싶어요.

(이 책의 제10장을 다시 읽고 복습할 것)

시간: 약 60~90분

목적: 이 BCR 대화 훈련의 목적은 당신으로 하여금 파트너의 마음속 가장 깊숙이 자리잡고 있는, '파트너에게 아직까지 채워지지 않은, 그런데 사실은 그 사람이 가장 필요로 하는 것'에 대해서 당신이 알게 하고, 그리고 당신의 행동들을 변화시킴으로써 당신의 파트너의 필요를 충족시킬 수 있는 기회를 당신에게 제공해 주는 데 있다. 당신이 자신의 행동을 변화시키는 것에 대해 저항하고자 하는 마음을 뛰어넘어서 당신의 팔을 쭉 뻗어 파트너의 치유를 위해서 한 걸음 더 내딛게 될 때, 당신의 파트너는 자신의 상처가 치유되는 놀라운 경험을 하게 될 것이고, 그리고 그만큼 당신은 자신이 더 사랑을 베풀 수 있는 사람으로, 점점 더 온전하게 성장해 가는 것을 느끼게 될 것이다.

참고사항: 이 실습은 아주 중요한 과정이다. 따라서 우리는 당신이 이 책에 실려 있는 다른 어떤 실습보다도, 이 실습을 당신의 최우선 순위에 둘 것을 추천한다.

실행방법:

1. 이 실습의 첫 번째 순서는, 당신의 좌절 경험들 속에 숨겨져 있는 욕구(갈망)들을 알아차리는 것이다. 종이를 한 장 꺼내어, 두 사람이 각각 **파트너가 하는 행동** 중에서 당신을 힘들게 하는 것들을 모두 작성하도록 한다. 당신의 파트너가 어떤 행동을 할 때 당신은 화가 나고, 짜증이 나고, 걱정되고, 또 의심하게 되고, 억울해하고, 상처받고, 비통해하는가? 당신을 좌절하게 만드는 **파트너의 행동 목록**과, 그럴 때마다 거기에 따라 내가 느끼는 감정들을 모두 작성한 후에, 그 감정들 중에서 혹시 당신이 어린아이였을 때 느꼈었던 그런 감정이 그 목록들 중에 들어 있는지 기억해 보라. 이때, 제니가 작성한 다음의 목록들을 참고하도록 하라.

〈제니의 목록〉

당신이 ＿＿＿＿ (이렇게) ＿＿＿ 할 때, 나는 ＿＿＿ (좌절) ＿＿＿ 을 느껴요.

- 당신이 차를 너무 빨리 몰 때, 나는 **무서워요.**
- 당신이 어디로 가는지 내게 말도 안 해 주고 집 밖으로 나갈 때, 나는 내가 **버림을 받은 것처럼** 느껴요.
- 당신이 우리 아이들 앞에서 나를 비난할 때, 나는 너무 **수치스러움**을 느껴요.
- 당신이 우리 아이들 앞에서 나의 권위를 깎아내릴 때, 나는 **모멸감**을 느껴요.
- 우리가 함께 저녁식사 하는 동안 당신이 신문을 읽고 있으면, 나는 **무시당하는 느낌**과 내가 당신에게 별로 중요한 **사람이 아니라고** 느껴요.
- 당신이 친구들 앞에서 장난스럽게 나에 대해 비난을 할 때, 나는 **수치스러워요.**
- 당신이 내가 말을 하고 있는데, 내 말에 별로 주의를 기울이지 않을 때, 나는 무시당한다고 느껴요.
- 당신이 내가 속상해하거나 울고 있는 나에게서 돌아설 때, 나는 당신에게 **버림받음**을 느껴요.
- 당신이 어떤 결정을 바로 내리지 못하고 있는 나를 비난할 때, 나는 **죄책감**을 느껴요.

- 당신이 내가 집안일을 잘 못한다고 나를 비난할 때, 나는 나 자신이 **수치스러워요.**
- 당신이 나보다 돈을 더 많이 번다는 사실을 매번 지적할 때마다, 나는 **창피**해요.

2. 이제 종이를 한 장씩 더 꺼내, 당신의 각각의 좌절 경험들 속에 숨겨져 있는 욕구(갈망)에 대해 작성하도록 한다. 갈망을 하나씩 쓸 때마다, 그 밑에 몇 줄씩을 남겨 두도록 한다. 그리고 좌절에 대해서는 작성하지 말고, 욕구(갈망)에 대해서만 쓰도록 한다. [당신이 이 두 번째 종이에 작성한 내용을 당신의 파트너에게 보여 줄 것이기 때문에, 오로지 욕구(갈망)에 대해서만 쓰는 게 중요하다.]

예시

욕구(갈망)(제니의 목록에서 첫 번째 좌절 속에 숨겨진)
당신이 차를 운전할 때, 나는 안전하고 편안하게 느낄 수 있으면 좋겠어요. 난 그렇게 느끼고 싶어요.

3. 각각의 욕구(갈망) 밑에, 당신의 파트너가 당신의 욕구(갈망)를 충족시키기 위해 할 수 있는 세 가지의 행동수정요청을 구체적으로 작성한다. 당신의 행동수정요청은 부정문이 아닌 긍정문으로 표현되어야 하며, 아주 구체적이고, 파트너가 하고자 하는 맘만 있으면 바로 행동으로 실천할 수 있는 것이어야 한다. SMART라고 하는 앞글자만 모아 놓은 약자를 기억해 두면 좋다. 즉, 모든 행동수정요청은 **구체적(Specific)**이어야 하고, **측정이 가능한 (Measurable)** 것이어야 하며, **성취가 가능하고(Achievable)**, 파트너의 아직 채워지지 않은 **욕구(갈망)와 관련이 있는(Relevant)** 것으로서, 어느 정도의 **시간 제약(Time-Limited)**이 있어야 한다. 그리고 여기에서 유의할 점은, 파트너에게 하는 이 행동수정은 요구나 강요가 아닌 **요청**이며, 당신의 파트너는 당신의 필요를 충족해 주기 위해서, 또 당신을 위한 **선물**로서 당신이 요청한 그 행동을 실천하는 것이다.

예시

당신의 욕구(갈망): 당신이 차를 운전할 때, 나는 안전하고 편안하게 느낄 수 있으면 좋겠어요. 난 그렇게 느끼고 싶어요.

- **구체적인 요청 1:** 앞으로 한 달 동안 당신이 차를 운전할 때, 나는 당신이 도로 속도 제한 규정을 꼭 지켜 주었으면 하고 바라요. 만약에 도로 상태가 좋지 않으면, 나는 당신이 속도를 좀 더 낮춰 주기를 바라요.
- **구체적인 요청 2:** 앞으로 2주 동안 우리가 차에 타기 전에, 나는 당신이 속도제한을 꼭 지키겠다고 내게 말해 주고, 나를 포옹해 주기를 바라요.
- **구체적인 요청 3:** 다음 주에 두 번 나는 당신이 나와 15분 동안 대화를 하면서, 당신이 속도 제한을 안 지키고 과속으로 운전할 때 내가 어떤 심정이었는지를 물어봐 주고, 그리고 그런 경험이 나의 어린 시절의 두려움과 어떻게 연관되는지 내가 알아차리고 또 당신과 그것을 나눌 수 있도록 나를 도와주기를 바라요.

예시

당신의 욕구(갈망): 내가 속상할 때마다, 나는 당신이 항상 나를 달래 주고 위로해 주기를 바라요.

- **구체적인 요청 1:** 앞으로 한 달 동안 내가 당신에게 속상하다고 말할 때마다, 나는 당신이 내게 다가와서 당신의 팔로 내 어깨를 감싸고, 5분 동안 오롯이 나에게만 집중해 주기를 바라요.
- **구체적인 요청 2:** 앞으로 일주일에 두 번, 나는 당신이 저녁식사를 한 다음에 나와 함께 산책을 나가서, 아무런 방해 없이 오롯이 우리 둘이서 그날 하루를 각자 어떻게 지냈는지 이야기 나눌 수 있기를 바라요.
- **구체적인 요청 3:** 이번 주 동안 당신에게 내가 속상하다고 말할 때마다, 나는 당신이 곧바로 나에게 다가와 나의 눈을 바라봐 주면서 내가 하는 말을 잘 경청해 주고, 그리고 내가 한 말을 그대로 반영해 주기를 바라요.

이러한 (행동수정)요청들을 살펴보면, 그것이 아주 구체적이고 긍정적인 행동임을 알 수 있다. 그런데 다음의 요청은 애매하기 때문에 바람직하지 않다.

아주 애매한 요청: 나는 당신이 내게 신경 좀 더 써 줬으면 좋겠어요.

이 애매한 요청은 다음과 같이 다시 구체적으로 써야만 한다.

구체적인 요청: 당신이 앞으로 2주 동안, 나는 당신이 퇴근해서 집에 오자마자 1분 동안 오롯이 나를 따뜻하게 안아 줬으면 하고 바라요.

다음의 요청은, 요청 자체가 부정적이기 때문에 바람직하지 않다.

부정적인 요청: 나는 당신이 화났을 때, 내게 소리 좀 지르지 않았으면 좋겠어요.

이 요청은 긍정적인 행동으로 설명이 되도록 다음과 같이 다시 써야만 한다.

긍정적인 요청: 앞으로 한 달 동안, 당신이 내게 화가 났을 때, 나는 당신이 평상시에 사용하는 목소리 톤을 사용해서 내게 구체적이고, 시간 제한적이며, 그리고 긍정적인 요청을 해 주기를 바라요.

4. 당신이 두 번째로 작성한 목록[좌절 경험 목록이 아니라, 욕구(갈망)와 요청에 대해 작성한 목록]을 서로 나누도록 한다. 두 사람이 서로의 욕구(갈망)와 요청에 대해 분명하게 잘 이해할 수 있도록 지금까지 배운 의사소통 기술들을 잘 사용하고, SMART에 따른 행동수정요청을 하기 바란다. 그리고 이 작업을 파트너와 함께 하면서 파트너가 당신의 요청을 정확히 이해할 수 있도록 당신이 파트너로부터 어떤 행동을 구체적으로 원하는지, 그리고 얼마나 자주 원하는지, 또 언제 그렇게 해 주기를 원하는지를 파트너에게 잘 알

려 주고, 만약에 요청 목록을 다시 작성해야 할 필요가 있다면 그렇게 하라.

5. 당신이 작성한 목록들을 잘 살펴보고, 각각의 요청들이 당신에게 얼마나 중요한지 정도에 따라서 1부터 5까지의 숫자로 각 항목의 왼쪽에 표시하라. 1은 '매우 중요함'을 의미하고, 5는 '별로 중요하지 않음'을 의미한다.

6. 이제 당신과 파트너는 서로의 목록을 교환하라. 이제 당신은 파트너의 요청 목록을 가지고 있다. 그러면 이제 당신이 파트너의 요청을 하나씩 살펴보면서, 각 항목의 오른쪽에 당신이 그 요청을 들어주기가 얼마나 어려운지를 1부터 5까지의 숫자로 표시하라. 1은 '매우 어려움'을 의미하고, 5는 '전혀 어렵지 않음'을 의미한다.

7. 파트너가 당신에게 요청한 목록을 잘 간직하라. 오늘부터 당신은 파트너가 당신에게 요청한 목록들 중에서, 당신이 가장 들어주기 쉬운 요청들을 한 주에 서너 가지 들어줄 수 있는 아주 좋은 기회가 생겼다. 당신이 당신의 파트너의 요청을 들어주는 행동을 실행하는 것은 '파트너를 향한 당신의 선물'이라는 점을 꼭 기억하라. 중요한 것은, 당신이 어떤 감정을 느끼든지 상관없이, 또 파트너가 당신이 요청한 것을 얼마나 잘 듣고 행동으로 실행하는지(변하는지)에 상관없이 그저 당신은 변함없이 매주 3~4개씩 파트너가 당신에게 요청한 그 목록에 따라 당신의 **행동**을 꾸준히 **변화시켜** 나가기 바란다. (시간이 흐름에 따라 당신의 목록에, 당신의 파트너가 당신에게 꼭 해 주기를 바라는 다른 행동요청들을 추가해도 좋다.)

이마고 실습 15

파트너(배우자) 안아 주기

(이 책 제11장 330~334쪽을 다시 읽고 복습할 것)

시간: 약 30분

목적: 당신으로 하여금 파트너에 대해서 **공감**과 **연결감**이 깊어질 수 있도록 고안되었다. 또한 당신은 당신의 어린 시절의 아픔과 슬픔을 다시 재경험하거나, 혹은 그동안 막혔던 게 풀리는 것 같은 경험을 할 수도 있다.

참고사항: 커플이 15분 이상 아주 편안하게 앉아 있을 만한 장소를 찾아 자리를 잡는다. 등받이 쿠션이 있으면 좋다. 이제 두 사람이 다음의 설명에 따라 서로 순서를 바꿔 가면서 파트너를 안아 주는 훈련을 실행한다. 먼저, 안기는 사람(말하는 사람)이 두 손을 교차하여 가슴 위에 포개어 오므린 채로, 안아 주는 사람의 무릎 위로 안기면서, 고개를 안아 주는 사람의 가슴에 위치한다. 당신이 '안아 주는 사람'의 역할을 할 때나 '안기는 사람'의 역할을 할 때, 지금 설명한 상태가 될 수 있게끔 자각하라.

> **참고**
>
> 이 실습은 소위 말하는 과거를 회상하는 치료가 아니다. 다시 말해서, 두 사람은 지금 현재의
> 성인으로서 말을 하는 것이지, 어린아이로서 말하는 게 아니다.

실행방법: 이제 두 사람 중, 누가 먼저 '안아 주는 사람(Holder)' 역할을 하고, 누가 '안기는 사람(Holdee)' 역할을 할 것인지를 정한다. 긴 소파 같이 편안한 곳에 먼저 '안아 주는 사람'이 앉는다. 이때 오른발은 뻗고 왼발은 반쯤 세운다. '안기는 사람'은 '안아 주는 사람'의 오른쪽에 앉아 자신의 두 손을 교차로 감싸 안고, 몸을 웅크리면서 안긴다. 이때 '안아 주는 사람'의 왼쪽 가슴 가까이에 고개를 두는데, 고개를 왼쪽으로 돌려 안기도록 한다. 이때 '안아 주는 사람'은 두 팔로 마치 엄마가 아기를 안아 주듯이, 아기에게 젖을 줄 때의 자세처럼 안아 준다. 가장 중요한 것은, 두 사람 모두가 얼마나 편안하게 느끼느냐 하는 것이다. 그래서 두 사람이 한동안 그 자세를 지속하고 있어도 충분히 편안한지를 서로 확인하게 하는 게 중요하다.

1. 먼저, '안아 주는 사람'이 '안기는 사람'에게 다음과 같은 요청을 하면서 안아 주기 실습을 시작한다. "당신이 어렸을 때, 무엇이 가장 슬프고 또 좌절(불만)스러웠는지에 대해서 내게 얘기해 줘요." 그러면, '안기는 사람'은 자신이 어린 시절에 상처가 되었던 경험들에 대해서 이야기를 시작한다. 그렇게 이야기가 시작되면, '안아 주는 사람'은 그 말을 잘 들어 주다가, 중간 중간에 '반영하기'를 짤막하게 요약해서 해 준다. (이때, 모든 문장과 단어 하나하나를 일일이 다 반영하기보다는 '말하는 사람'이 충분히 이야기를 할 수 있게 하고, 중간에 "아, 그렇군요. 그런 일이 있었군요. 마음이 참 아팠군요!"와 같이 말하는 사람이 표현한 말을 그대로 반영해 준다 – 역자 주) 만약에 '안기는 사람'이 어린 시절의 힘들었던 경험을 떠올리기를 어려워하여 계속 실습을 진행하기가 어렵다면, 지금 현재의 부부관계 혹은 가장 중요하고 가까운 관계에서 현재 겪고 있는 문제(아픔, 어려움)에 대해서 나누도록 해도 된다. 혹시 '말하는 사람(안

기는 사람)'이 울거나 흐느끼게 되면, '안아 주는 사람'은 그 사람이 감정을 더 잘 표현할 수 있도록 격려를 해 주고, 또 그 감정에 대해 반영을 한다. 예를 들면, "당신 마음이 정말 슬펐겠어요." "당신이 얼마나 고통스러운 세월을 보냈을지, 당신이 그것 때문에 얼마나 아파하는지를 내가 잘 알겠어요." "당신이 그렇게 눈물을 흘리는 걸 보니, 나도 눈물이 나네요."와 같이 말한다.

2. 어린 시절을 기억하는 작업이 마무리가 되면, '안아 주는 사람'이 다음과 같은 질문을 한다. "당신의 어린 시절의 기억 중에서 가장 나빴던 기억이 어떤 것인지 내게 말해 줄래요?" 그러면, '안기는 사람'은 "그중에서 가장 나빴던 게 뭐냐면……"으로 시작해서 자신의 경험을 이야기한다. 이때, '안아 주는 사람'은 아주 공감적으로 잘 경청해 준다. 그리고 '안기는 사람'이 이야기를 마치게 되면, "내게 당신의 이야기를 들려줘서 고마워요."라고 말한다. '안기는 사람'은 "내 이야기를 잘 들어 줘서 고마워요."라고 응답한다.

3. 서로의 역할을 바꾸어서 다시 실습을 계속한다.

4. 이제 당신의 어린 시절의 상처와 아픔에 대해서 종이에 작성한 다음에, 파트너의 어린 시절의 상처와 아픔에 대해서도 함께 기록한다. 나중에 시간이 주어지면, 당신의 파트너가 어린아이였을 때 파트너의 초기 관계 경험을 당신이 상상해 보고, 또 어린아이로서 파트너가 받았던 그 상처와 아픔을 직접 시각화해 보는 작업을 하는 것이 필요하다.

(이 책의 제11장을 다시 읽고 복습할 것)

시간: 약 45분

목적: 당신이 파트너에 대한 부정적인 생각들과 행동들을 중지하고, 그 대신에 사랑스러운 생각들과 행동들로 그것들을 교체함으로써, 당신의 커플관계가 좀 더 안전하고 열정적인 관계로 바뀌어 갈 수 있도록 돕기 위한 것이다.

참고사항: 당신이 파트너의 부정적인 특성들에 대해서 집중하게 되면, 그 사람의 긍정적인 특성들에 대해서는 무시하는 경향이 있다. 한 걸음 더 나아가서, 만약에 당신이 파트너의 그런 부정적인 특성들에 대해 비난이라도 하게 되면 당신의 파트너는 방어적이 될 게 뻔하고, 당신을 공격하려 들지 모른다. 이와 같이 부정적인 분위기에서는 그 자체로 **부정성**이 점점 더 커져 가게 되는 것이다. 이번 실습은 이러한 판도를 바꿔 주는 것이다. 이 실습은 두 사람으로 하여금 파트너의 장점과 긍정적인 특성들에 더 주목하게 하고, 그런 점들에 대해서 파트너를 더욱더 자주 칭찬하도록 격려한다. 그 결과가 어떨까? 두 사람은 서로에 대해서 점점 더 긍정적인 감정을 느끼게 되고, 그렇게 하면 할수록 두 사람은 서로를 점점 더 사랑과 존경으로 대하게 되는 것이다. 이러한 긍정적인 분위기 또한 자기강화적인 것이다. 즉, 당신이 관

심을 쏟으면 쏟는 만큼 더 얻게 되는 원리인 것이다.

실행방법: 이 실습은 두 사람이 각자 따로 한 다음, 나중에 파트너와 함께 이마고대화법을 사용하여 당신이 자기 자신에 대해서 더 알게 된 것들에 관해서 나누도록 하라. 이 실습의 5단계까지는 당신 혼자서 하는 게 좋다. 6단계를 실행할 때는, 파트너를 초청해서 이마고대화법을 사용하여 대화를 나누도록 하라. 그런 다음에, 6단계의 실습들은 나중에 당신이 혼자 따로 시간을 정해서 실행하기 바란다. 안내에 따라 성실히 실행하는 것이 중요하다.

1. 밑줄이 그어진 몇 장의 종이를 준비한다. 그리고 당신이 평소에 당신의 파트너에 대해서 묘사하는 부정적인 표현들을 전부 떠올려 본다. 당신이 화가 났을 때 했던 말들, 그럴 때 부르던 호칭들, 파트너에 대해 생각했던 모든 부정적인 표현들, 하지만 소리를 내어 차마 밖으로는 내뱉지 못했던 그런 것들 말이다. 그 종이의 왼쪽 편에 그런 말들을 적어 넣는다. 그리고 한 단어나 구절을 두 번째 란에 써 넣는다. (거기에 각 특성마다 한두 문장을 더 써 넣을 수 있게 여백을 남겨 두도록 한다.)

2. 이제 각각의 부정적인 말이나 구절을 떠올리게 하는 당신의 파트너의 행동을 기억해 보라. 그리고 그 단어 옆에 그것을 기록한다. 여기에 그 예가 있다.

예시

부정적인 특성	그것과 관련된 행동
항상 늦는	어제 저녁에, 그녀는 집에서 함께 하는 저녁식사에 늦게 왔다.
무관심한	그녀는 내 생일에 나를 위해서 아무것도 준비하지 않았다.
통제하는	그녀는 항상 자신의 방식대로만 하려고 한다. 그래서 우린 언제나 그녀가 보고 싶은 영화만 보게 된다.

3. 당신이 작성한 목록들을 살펴보면서, 그중에서도 당신을 가장 신경 쓰게 하는 파트너의 특성에 동그라미를 친다.

4. 이제 당신의 파트너의 특성들 중, 긍정적인 특성들과 행동들을 작성한다. 당신이 작성한 파트너의 부정적인 특성들의 숫자만큼, 비슷하게 작성하도록 한다. 여기에 그 예가 있다.

예시

긍정적인 특성	그것과 관련된 행동
친절한	어제, 아내가 옆집 할아버지를 병원까지 운전하여 데려다주었다.
재미있는	우리가 밖에 나가 친구들과 외식을 같이 할 때, 아내는 거기 있는 모든 사람들을 웃게 만든다.
근면한	지난 주말에, 아내가 화장실 두 개를 모두 페인트칠했다.

5. 이제 앞에서 작성했던 그 부정적인 목록들을 다시 살펴본다. 처음에 작성했던 부정적인 행동 목록들을 들여다보라. 눈을 감고 당신의 파트너가 그러한 부정적인 행동을 하던 것을 상상해 보라. 당신의 마음속에 그러한 파트너의 **부정적인 이미지**가 확실하게 자리를 잡았을 때, 이제 그 부정적인 이미지를 떠나보내면서 파트너가 당신에게 해 준 것들 중에서 당신이 가장 좋아했던 파트너의 **긍정적인 이미지**를 떠올려 본다. (이때, 당신이 이미 작성해 놓은 파트너의 긍정적인 특성들을 참조하라.) 그리고 그런 긍정적인 이미지를 당신의 마음속에 붙잡으면서, 당신이 그것을 어떻게 느끼고 있는지 알아차려 보라. 당신이 파트너에 대해서 작성한 모든 부정적인 목록들에 대해서, 각 목록마다 하나씩 이 작업을 한다.

6. 이제 당신의 파트너를 초청하여, 당신이 지금까지 1번부터 5번까지 작업을 하면서 배우고 알아차리게 된 것에 대해서 이마고대화법을 사용하여 함께 대화를 나눈다. (이 말은 당신의 파트너에 대해서 당신이 좋아하지 않는 것에 대

해서 파트너와 이야기를 나누라는 것이 아니다. 당신이 당신 자신에 대해서 새롭게 발견하게 된 것, 즉 **자기발견**에 대해서 이야기를 나누라는 것이다.)

7. 앞으로 며칠 동안, 당신의 파트너가 한 것들 중에서 당신에게 어떤 부정적인 생각이 들었을 때 당신 혼자서 그것들을 떠나보내는 작업을 하고, 그리고 당신의 파트너가 한 것들 중에 당신이 좋아하는 것에 대해서 생각해 본다.

8. 앞으로 며칠 동안, 당신의 파트너가 한 것들 중에서 당신의 파트너에 대해서 당신이 감사하는, 오직 긍정적인 것만을 꼭 집어서 파트너에게 반드시 직접 말하도록 한다. 만약에 부정적인 생각이나 기억이 나거든, 그것을 떠나보내도록 한다.

9. 만약에 파트너가 '당신이 그것만은 좀 하지 말았으면' 하고 바라는 말이나 행동을 했을 때는, 비난을 삼가라. 그 대신에, '이마고 실습 14: 행동수정요청(BCR) 대화법'을 요청하여, BCR 대화를 통해서 파트너의 행동에 대해 긍정적인 변화(수정)를 요청하도록 하라.

이마고 실습 17
부정성 제로 훈련과 다시 연결하기 과정

(이 책의 제11장을 다시 읽고 복습할 것)

시간: 약 15~30분

목적: 당신의 커플(부부)관계에서 **부정적인 것들**(예를 들면, 비판, 수치심 혹은 원망)을 모두 제거하는 데 있다.

참고사항: 두 사람이 같이 실행하는 것이 중요하다.

주의사항: 당신이 '부정성 제로 서약서'에 서명을 한다는 것은, 앞으로 30일 동안 어떠한 경우에도 부정적인 행동을 하지 않겠다는 데 동의를 하는 것이다. 그렇다고 당신의 필요와 욕구를 표현하지 말라는 말이 아니다. 오히려 그와는 반대로, 부정적인 것을 서로 주고받는 맞대응에 흔들리지 않은 채로 당신에게 필요한 주제를 잘 다루자는 것이다. 두 사람이 이 서약을 이행하게 되면, 두 사람의 커플(부부)관계를 부정성으로부터 해방시켜 주게 되리라는 것을 명심하라. 그리고 두 사람이 서로를 평가하는 게 아니고, 당신 자신이 당신의 커플(부부)관계를 평가하는 것이다.

실행방법:

1. 이제 두 사람이 앞으로 30일 동안 '부정성 제로'를 실천할 것을 서약하고, 다음의 서약서를 큰 소리로 함께 소리 내어 읽은 후에 서명을 한다.

2. 한 달 동안의 날짜가 표시된 달력을 화장실의 거울과 같이 두 사람이 자주 볼 수 있는 장소에 배치해 놓고, 하루 일과가 끝날 때마다 미리 약속한 시간에 만나서, 그날 하루 동안 두 사람의 관계가 부정적이었는지 여부에 대해 함께 대화를 나눈다. 만약 두 사람 중에 한 사람이라도 부정적이었다고 하면 그 날짜 위에 찡그린 얼굴 표시를 하고, 두 사람 모두 그날이 부정적이지 않았다고 하면 그 날짜 위에 웃는 얼굴 표시를 한다.

3. 만약에 두 사람이 커플관계에서 서로 깎아내려지는 경험을 하게 되면, 그

부정성 제로 서약서

우리 두 사람은 부정성이 우리의 부부(커플)관계에서, 그것이 의도적이든 우연한 것이든 **연결**을 끊어 버린다는 것을 이해하고 있습니다.

그래서 우리는 앞으로 30일 동안을 우리 두 사람 사이의 관계를 **부정성 제로의 영역**으로 만들어 갈 것을 서약합니다.

그 목적을 달성하기 위해서 우리 두 사람은, 서로를 깎아내림으로써 결국엔 두 사람 사이의 연결을 끊어 버리는 일이 생길 만한 소지가 있는 어떤 빌미나 상호작용을 피하기 위해서, 우리가 할 수 있는 모든 노력을 다할 것을 약속합니다.

그리고 만약에 좌절(불만) 경험을 하게 된다면, 우리 두 사람은 그 **좌절(불만)을 요청으로** 바꿈으로써 서로에 대해 비판하는 일 없이 서로에게 자신이 원하는 것을 요청할 것입니다.

만약에 우리가 연결이 끊어짐을 경험하게 된다면, 마치 벌에 쏘인 것처럼 "아야!" "에구머니나!" "우아!"라고 아주 조심스럽게 신호를 보내 준 다음에, 나 자신이 깎아내려지는 경험을 한 것에 대해서 **대화**를 시도함으로써 상대방에게 내가 하고자 하는 말을 다시 전달해 보고, 행동을 또 다시 시도함으로써 끊어진 관계를 다시 되돌리고자 노력할 것입니다.

또한 우리는 앞으로 무슨 일이 발생한다 하더라도 매일 서로에 대해 **감사**한 일 세 가지를 **선물**로 표현할 것을 서약합니다.

_____ (서명)   _____ (서명)

런 경험을 되도록 빨리 회복하고 다시 연결하기 위해 '재연결 과정(Recon-necting Process)'을 사용해야 한다. 우선 파트너에게 당신이 마치 벌에 쏘인 것처럼, "아야!" "에구머니나!" "우아!" 하고 아주 조심스럽게 신호를 보내 알려 줘야 한다. 그리고 당신과 파트너의 재연결을 도와줄 만한 행동을 선별하고, 당신의 파트너로 하여금 이 '재연결 과정'에 참여하게 해야 한다. 당신이 파트너와 다시 연결됨을 느낄 때까지 재연결을 도와줄 여러 가지 방법들이 여기에 있다.

a. 다시 해 주도록 요청하기, 타임아웃(잠시 휴식)을 요청하기, 처음부터 다시 시작하기, 상호작용을 다시 시도하기
b. 당신이 당신의 파트너에게 어떻게 말을 하면 당신이 깎아내리는 것처럼 느끼지 않을지를 **시범**으로 직접 보여 주기
c. 재연결 행동, 사과하기, 꽃 선물하기, 포옹하기와 같은 **행동**을 베풀기
d. 만약에 그 '깎아내려진' 경험 때문에 좀 더 많은 관심과 작업이 필요하다면, '이마고대화법'을 요청하기
e. 당신 두 사람에게만 잘 맞는 '재연결 과정'을 만들어 보기

이 '재연결 과정'을 서로에게 감사하는 표현을 하며 마무리하라.

사랑을 시각화하기

시간: 매일 1분 동안 3번씩

목적: 시각화의 힘을 사용함으로써 두 사람이 커플(부부)관계 안에서 지금까지 달성한 긍정적인 변화들을 더욱 극대화하는 데 있다.

참고사항: 이 실습이 당신 두 사람의 매일매일의 묵상이 되게 하라.

실행방법:

1. 하루에 3번씩 다음과 같이 실천해 보라. 눈을 감고 심호흡을 여러 번 한다. 그리고 천천히 당신의 파트너를 마음속에 떠올려 본다. 당신은 파트너가 어린 시절부터 지금까지 어떻게 상처를 받으며 살아왔는지 잘 알고 있다. 그렇게 상처 입은 그 사람의 이미지로부터 이제는 나와 연결되고, 하나의 영적인 존재로서 그 사람을 바라볼 수 있을 때까지, 마음속에서 파트너의 이미지를 조금씩 바꾸어 가 보라. 그렇게 당신과 연결되고 영적인 존재로

서 시각화한, 당신의 파트너의 이미지를 당신의 마음속에 붙든 채로, 이제 당신의 사랑이 그 사람의 상처를 치유하는 모습을 한번 상상해 보라.

2. 그리고 이제는 당신이 파트너에게 보내 준 사랑의 에너지가 당신에게로 다시 돌아와 당신의 상처를 치유하는 모습을 생생하게 떠올려 본다. 그 사랑의 에너지가 당신과 당신의 파트너 사이를 왔다 갔다 하는 연속적인 에너지의 진동을 생생하게 상상해 보라. 이제 1분이 지나면, 천천히 눈을 뜨고 다시 당신의 일상으로 돌아간다.

> "
> 당신의
> 부부(커플)관계를 위해
> 전문가의 도움이 필요할 때
>
> ”

 독자 여러분 중 어떤 분들은 부부(커플)상담사를 만나서 좀 더 당신의 부부(커플)관계에 대해 더 깊이 이해하고 싶고, 또 부부(커플)관계를 개선하기 위해 필요한 기술들을 배우기를 원할 거라고 생각한다.

 다행히도, 부부(커플)상담에 대한 불필요한 오명은 예전에 비해 많이 줄어들었다. 수년 전만 해도 엄청난 고통을 경험하고 있거나 무척 용기 있는 부부(커플)들만이 부부(커플)상담을 받기로 마음먹었다. 그렇지만 지금은 훨씬 더 많은 부부(커플)들이 되돌릴 수 없는 파국으로 치닫기 전에, 전문적인 도움을 받기로 결정하고 있다. 이 부부(커플)들은 삶의 질을 향상시키기 원하고 있으며, 자신들의 부부(커플)관계보다 더 중요한 것은 아무것도 없다는 사실을 깨달은 것이다. 그들은 또한 부부(커플)상담사에게 도움을 받는 일이 여느 전문가를 만나 도움을 받는 것과 전혀 다르지 않다고 생각하는 건강한 태도를 가지고 있다. 전문가를 만나 도움을 받는다면, 여러분은 빠르고 정확하게 배울 것이다.

 상담사를 만나 상담을 받는 것의 여러 가지 장점 중 하나는, 무의식으로부터 올라온 내용들을 통합하는 데 소요되는 시간을 줄일 수 있다는 점이다. 상담사는 당신이 보지 못하는 부분을 주의 깊게 탐색하고, 무의식에서 올라오는 내용들을 완전히 이해할 수 있도록 도울 수 있다. 당신 스스로 무의식의 메시지를 이해하는 데는 수개월 혹은 수년이 걸릴지도 모를 일이다. 따라서 상담사를 만나 상담을 받는 것이 기약 없이 헛바퀴를 돌리는 것보다는 훨씬 더 시간을 절약할 수 있다.

상담사의 도움을 구하는 것의 또 다른 장점 중 하나는, 안전감을 경험하고 지지를 받을 수 있는 방법을 하나 더 추가하는 데 있다. 당신이 예전에 다루어 본 적 없는 새로운 내용을 상담에서 다루게 될 때, 당신은 불안을 어느 정도 경험할 수 있다. 상담사는 당신의 두려움을 더 잘 이해할 수 있도록 도울 것이다. 상담사가 당신을 안심시켜 주고 통찰력을 발휘할 때, 아마도 당신은 뒤로 물러서기보다는 앞으로 나아갈 수 있을 것이다. 굉장히 많은 문제를 겪고 있는 부부(커플)들에게는, 상담의 이러한 장점이 굉장히 크게 작용할 것이라고 확신한다.

상담을 받아야 하는 여러 가지 이유 가운데 마지막은, 전문적인 상담이 성장을 촉진하는 구조화된 환경을 제공한다는 것이다. 자신을 통제할 수 있는 능력이 모자라거나 동기가 별로 없는 경우, 매주 상담 예약을 잡고 상담사에게 꽤 많은 돈을 지불하는 자체만으로도 변화를 위한 원동력을 얻을 수 있다.

당신이 부부(커플)상담사한테 상담을 받는 데 관심이 있다면, 몇 가지 추천해 주고 싶은 내용들이 있다. 나는 우선 여러분이 개인상담이 아닌 부부(커플)상담을 전문으로 하는 부부상담사를 찾아보기를 권하고 싶다. 왜냐하면 부부(커플)상담사들은 사랑으로 맺어진 관계에서 나타나는 복잡함을 다루는 일에 숙련되어 있기 때문이다. 더 나아가, 나는 당신과 파트너가 함께 상담을 진행하고자 하는 부부(커플)상담사를 찾아보도록 권하고 싶다. 이러한 종류의 부부(커플)상담은 전문가들 사이에서 합동커플치료로 통한다. 두 사람이 각자 다른 상담사를 만나거나 한 명의 상담사를 다른 시간에 만나는 경우에는, 당신이 부부(커플)로서 어떻게 조화롭게 살아갈지에 대해 논의를 하기보다는 당신 개인으로서 어떻게 더 자율적으로 살아갈지에 대해 무심코 더 많이 이야기하게 될 가능성이 있다. 당신의 부부(커플)관계와 직접적으로 연관되지는 않는 주제에 머무는 것이 당신 개인으로서는 도움이 될 수 있으나, 당신의 부부(커플)관계를 향상시키는 데는 최고의 방법이 아니라는 여러 증거들이 있다. 당신과 배우자(파트너)가 부부상담사를 함께 만나면 당신은 자기의 개인적인 문제가 당신의 관계에 어떠한 영향을 미치는지를 명확하게 볼 수 있으며, 그 개인적인 문제와 부부(커플)로서 가지고 있는 문제들을 동시에 해소할 수가 있다.

그렇다면, 부부(커플)상담사를 어떻게 선택하면 좋을까? 자칭 부부(커플)상담사라고 주장하는 사람 중에는 목사, 사회복지사, 심리학자, 정신과 전문의, 교육전문가 등이 있을 수 있다. 이러한 사람들은 상담치료사로서 훈련을 받은 적이 전혀 없을 수도 있고, 혹은 졸업 후에 수년간 상담치료사로서 훈련을 받았을 가능성도 있다. 이러한 이유 때문에 추천을 받아서 상담사를 선택하는 편이 현명하다. 주위 친구로부터 추천을 받거나, 혹은 많은 부부(커플)들에게 성공적으로 부부(커플)상담사를 추천해 준 경험이 있는 주변 사람들로부터 추천을 받는 방법이 있다.

당신이 어떤 부부상담사를 추천받았다면, 당신이 확인해 보아야 할 몇 가지 사항들이 있다. 첫째로, 그 부부상담사가 '국제이마고관계치료연구소(Imago International Training Institute: IITI)'와 같은 기관들이 요구하는 모든 수련 과정을 거치고 부부상담사 자격증을 받은 사람인지를 확인해 보아야 한다. 첫 번째 기준을 통과하였다면, 그 부부상담사에게 상담을 받는 것을 편하게 느낄지 아닐지를 확인하기 위해서, 첫 번째 상담 회기를 예약해야 한다. (어떤 상담사들은 첫 번째 상담 회기를 무료로 제공하기도 한다.) 이 첫 번째 만남에서, 이 부부상담사가 부부(커플)상담에 대해서 어떤 관점을 가지고 있는지를 확인해 보아야 한다. 가장 중요한 것은, 당신의 직감을 신뢰하는 것이다. 당신에게 안전감과 자신감을 심어 주는 따뜻하고, 세심하며, 친절한 부부상담사를 찾기 바란다. 당신이 처음으로 만난 그 상담사가 마음에 들었다고 하더라도, 비교를 하기 위해서 두 명 이상의 다른 상담사를 만나 보기를 추천한다.

당신이 이마고관계치료 훈련을 받은 국제공인 이마고부부(커플)상담사에게 상담을 받기 원하거나 국제공인 이마고커플스워크숍에 참석하기를 원한다면, 한국가족상담센터(www.familykorea.org), 한국부부상담연구소(www.

couplekorea.org) 또는 이마고코리아(www.imagokorea.org)를 살펴보기 바란다. 또한 전 세계에서 활동하고 있는 국제공인 이마고치료사들을 만나기 위해서는 국제이마고관계치료연구소(https://imagocertificationandtraining.com)를 참조하기 바란다.

미주

1988년도 최초 서문

1. 로맨틱한 사랑에 빠져 하게 되거나 연애를 통해 하게 되는 **결혼의 무의식적인 동기와 목적**을 알아차리게 된다면, 의식이 깨어 있는 결혼생활을 이룰 수 있다. 연애를 통해서 하게 되는 결혼은 낭만적인 끌림이 바탕이 된, 두 사람의 자발적인 결합을 의미한다. 낭만적인 끌림은 무의식적인 필요에 의해 나타나는 것이며, 이러한 필요는 어린 시절에 해결이 되지 않은 미해결 과제에 그 뿌리를 두고 있다.

연애를 통한 결혼은 역사를 통해 존재해 왔지만, 19세기 후반까지는 결혼의 주요 형태는 아니었다. 연애를 통한 결혼은 19세기 후반에 이르러서야 서양의 보편적인 문화가 되었다. 낭만적인 **사랑의 관계**는 전 세계의 신화와 문학에 기록되어 있지만, 신화와 문학에 기록된 낭만적인 사랑 관계의 대부분은 결혼 밖의 관계이거나 간통이었다. 이러한 현상에 대해서 논의한 책으로는, 드니 드 루즈몽(Denis de Rougemont)의 『서구세계에서의 사랑(Love in the Western World)』과 몰튼 헌트(Morton Hunt)의 『사랑의 자연사(The Natural History of Love)』가 있다.

16세기 서양에서는 낭만과 결혼이 하나로 합쳐지는 흐름을 보여 주는 역사적 징후들이 있다. 낭만과 결혼의 결합은 '사랑에 빠져 하게 되는 결혼'을 가능하게 하였다. 르네상스와 종교개혁은 개인의 권리에 대한 개념과 민주적인 제도, 여성 지위의 변화를 낳았고, 이후에 결혼은 점차로 개인적인 만족의 원천이 되었으며, 사회를 안정시키는 기본 단위로서 기능하기 시작하였다. 로버트 벨라 등은 『마음의 습성(Habits of the Heart)』이라는 책의 3장과 4장에서 이 과정에 대해 상세한 역사적 분석을 제시하였다. 로버트는, 특히 사랑과 결혼이라는 삶의 영역에서 사회적인 역할과 제도가 요구하는 것과 개인적인 삶의 출현 사이에서 일어나는 긴장에 대한 뛰어난 분석을 제시하였다. 로버트는 19세기에 만연했던 이 긴장을, 오늘날 우리 문화의 '고유한' 특성으로 여겼다.

16세기부터 현재까지, 즉 근현대 이전에 서구세계에서 보편적인 결혼의 형태는 **중매를 통한 결혼**이었다. 중매를 통한 결혼은 정치적·경제적·사회적 지위에 따라 성사되었으며, 특정한 사회적 현실을 유지하는 목적에 이바지하였다. 이러한 형태의 결혼은 오늘날 서구세계가 아닌 곳에서 여전히 많이 나타난다. 또 다른 보편적 결혼의 형태는 **주인과 노예 관계로 맺어진 결혼**이다. 이는 여전히 많은 문화에서 나타나고 역사를 통해 지속되어 왔다. 주로 남성이 돈, 돼지, 물소 등 그 문화에서 통용되는 '화폐'로 여성 배우자를 구매한다. 노예로 구입된 배우자는 대개 아이를 낳아 기르며, 집안일의 대부분을 맡고, 재산이나 권리는 가지지 못하였으며, 주인이 원하거나 필요할 때는 팔리기도 하였다. (나는 최근에 이리안자야의 다니 부족과 수마트라의 바탁 사람들을 방문했다. 다니 부족에서는 아내를 돼지 다섯 마리로 구매할 수 있으며, 바탁 사람들은 아내를 물소 다섯 마리로 구매한다. 이를 현재의 환율로 계산하면 약 5,000달러다.)

사랑으로 맺어진 관계는 모든 문화에 존재할 수 있으며, 실제로 존재해 왔다. 그렇지만 파트너를 서로 선택하여 사랑으로 맺어진 결혼은, 선택의 자유와 성 평등을 전제로 한다. 하지만 파트너를 선택하여 결혼할 수 있는 자유는 여전히 상대적이라고 할 수 있다. 서구세계에서 대부분의 결혼은 여전히 (어떤 힘에 의해) 계획되어 실행되며, 한 사람이 배우자로 선택되는 것은 여전히 그 사람이 얼마나 가치가 있는가에 달려 있다. 과거에는 사회적이고 객관적인 가치를 고려하다가, 현재는 주관적이고 개인적인 가치를 고려할 뿐이다. 민주적인 사회에서는 무의식이 배우자 선택을 담당하며, 파트너의 가치는 특정한 감정적 필요를 충족시킬 수 있는 파트너의 능력에 대한 무의식적 판단에 의해 결정된다. 낭만적인 사랑에 빠져서 하게 되는 결혼이나 연애를 통한 결혼은 부모에 의해 영향을 받으며, 심지어는 결정된다. 그런데 실제로 이 과정은 그 사람의 부모나 배우자가 알아차리지 못한 채로 진행이 된다. 부모의 명령에 따라서 배우자를 선택한다는 건 아니다. 다만, **부모가 나의 양육자로서 지녔던 결함을 보충하기 위해서 배우자를 선택하게 된다는 것**이다. 즉, 낭만적인 사랑에 빠져 하게 되는 결혼은, 무의식의 목적에 꼭 들어맞는 **무의식적인 결혼**인 것이다. 이러한 무의식의 숨겨진 드라마를 의식적인 수준으로 끌어올림으로써, **의식적인 결혼**을 이루어가야 한다는 것이 바로 이 책의 주제다. 이 책의 공동 저자인 헬렌과 나는 무의식이 이끄는 이러한 결혼의 목적이 긍정적이며 아주 건설적이라고 생각한다. 우리가 이러한 무의식의 목적을 깨닫고, 그것과 의도적으로 협력하게 되면, 그 사람의 내면에 깊숙이 자리 잡고 있는, 그 사람의 보편적인 갈망을 충족시켜 주는 치유와 온전함에 도달하게 된다. 역사상 처음으로, 결혼은 심리적 성장을 가능하게 하는 영역이 되었다. 결혼으로 이룰 수 있는 심리적인 성장은 심리치료와 종교적인 훈련, 그리고 사회적인 혁명과 같은 개인적인 구원의 영역이 제공해 줄 수 있는 성장의 크기와 거의 같거나, 그것을 뛰어넘는 것이다. [여기에 대해서는, 칼 융의 『휴대용 융(The Portable Jung)』에 수록된 '심리적 관계로서의 결혼'(p. 163)을 참고하라.]

제1장: 당신이 사랑에 빠지게 되는 진짜 이유

1. 사람들이 자신보다 더 뛰어나거나 모자란 사람들을 파트너로 선택하는 경향이 있다고 설명하는 이 이론은, 커플이 지니고 있는 안정성에 대해 설명해 준다. 대니얼 골만(Daniel Goleman)은 『뉴욕타임즈』 1986년 7월 22일 판에, 연애하고 있는 537명을 대상으로 한 연구에서 밝혀낸 결과를 연재했는데, 그것은 다음과 같다. 자신의 파트너가 자신보다 더 뛰어나다고 생각하는 사람들은 **죄책감과 불안정감**을 느꼈다. 자신의 파트너가 자신보다 모자라다고 여기는 사람들은 분노의 감정을 느끼는 것으로 연구자에게 보고했다. 또한 자기 파트너가 자기와 동등하다고 느끼는 경우에는 두 사람의 갈등이 상대적으로 적었고, 관계가 안정적이었다.

2. 칼 구스타프 융(C. G. Jung), 『분석심리학에 관한 두 개의 에세이(Two Essays in Analytical Psychology)』, pp. 155-156과 『원형과 집단무의식(The Archetypes and the Collective Unconscious)』, 9권, pp. 122-123을 참고하라.

3. 폴 도널드 맥린(Paul D. McLean), 『인간과 그의 동물적인 뇌(Man and His Animal Brains)』. 이는 진화의 관점으로 뇌를 바라보는 여러 가지 방식 중 하나다. 나는 '오래된 뇌'와 '새로운 뇌'라는 용어를 사용했다. 그 이유는 이 단어들이 우리에게 친숙한 단어인 '무의식'과 '의식'보다 더 단순하며, 그 의미가 보다 쉽게 전달되기 때문이다.

4. **자유 대 결정론**의 문제는 다양한 학문들을 두 진영으로 나누었다. 철학과 종교의 영

역에서, 이 문제는 수 세기 동안 해소되지 않는 논쟁거리였다. 심리학의 학파들은 인간을 기계로 바라보느냐, 혹은 유기체로 바라보느냐에 따라 구분된다. 이 문제는 **결혼에 있어서 핵심적인 질문이다.** 만약 우리가 결혼의 여정에 있어서 어떠한 운명에 맞닥뜨리도록 예정되어 있다면, 희망과 변화를 제공하는 치료의 가치는 무엇이란 말인가? 나(하빌)의 생각에는, 서로 반대되는 두 가지의 관점 모두 타당한 경우가 대부분이다. 오래된 뇌/새로운 뇌라는 은유는 이러한 논쟁을 해소할 수 있는 길을 열어 준다. 우리는 결정되어 있는 동시에, 자유롭다. 오래된 뇌에 각인된 생존 방식은 우리가 자극에 대해 어떻게 반응하는지를 결정짓는다. 새로운 뇌는 효과적이지 않은 반응들을 알아차릴 수 있으며, 자극에 반응하는 새로운 방법들을 생각해 낼 수 있다. 오래된 뇌가 내리는 생존에 관한 명령들을 방해할 수는 없지만, 새로운 뇌는 무엇이 위험하며, 무엇이 위험하지 않은지에 대해 오래된 뇌를 다시 교육시킬 수 있다. 우리는 한계 속에서 자유롭다. 그렇지만 한계가 절대적이지는 않다.

5. 이렇게 진화적으로 원초적인 방어들은, 내(하빌)가 나열한 순서의 반대 방향으로 진화되어 왔다고 여겨진다. 진화의 역사 속에서 누군가를 돌보는 반응은, 원초적 감정인 두려움보다 훨씬 뒤에 나타난다. 기본적인 본능으로서 자신을 보호하는 행동은, 누군가를 돌보고자 하는 행동보다, 수백만 년이나 앞서서 나타났다고 여겨진다.

제2장: 어린 시절의 상처

1. 마틴 부버(Martin Buber), 『나와 너(I and Thou)』, p. 76. 인간의 삶의 어떤 부분 중, 사람이 우주와 하나라는 앎이 있다는 생각은, 대부분의 문화와 지역에서 자연스럽게 나타난다. 인간이 우주와 하나라는 앎은 '신비적'이라는 용어로 종종 일컬어지기도 한다. 프로이트는 이러한 경험을 부모-자녀관계 안에서 엄마와 하나 된 경험을 떠오르게 하는 '대양감(Oceanic Feeling, 우주와 하나가 된 느낌)'으로 축소시켰다. 프로이트의 입장은 부버의 입장과는 반대편에 서 있다. 실버먼(Silverman) 등은 『하나됨에 대한 추구(The Search for Oneness)』라는 책에서, 프로이트의 논지에 대해 경험적인 연구를 실행하였고, "하나됨에 대한 무의식적인 환상은, 자신에 대한 감각을 유지하는 경우, 환경에 적응하는 능력을 향상시킬 수 있다."고 결론지었다.

우리는『하나됨에 대한 추구』가 여러 가지 차원을 가지고 있다는 입장을 취한다. 하나됨에 대한 추구는, 우리의 본질적인 부분들로부터 우리가 분리되어 있음을 나타낸다. 사람의 정신세계에서 일어나는 분리는 사회화 과정 중 사람을 억압하는 측면들 때문에 비롯되며, 이는 우리가 우주와 하나라는 앎을 훼방한다. 부버는 이러한 현상을 일컬어 "우리는 태어날 때 잊어버렸다."는 시적인 표현을 사용하였다. 엄마와 하나가 되려는 갈망은 분명한 현실이며, 우리 안의 분리된 부분과 또다시 하나가 되고 싶어 하는 깊은 열망을 나타낸다. 한 사람으로서 온전하다고 느끼는 감각에 대한 추구는, 우리가 우주와 본질적으로 하나임을 깨달을 때 비로소 완성된다. 이 우주로부터 우리와 우리 삶을 지탱해 주는 모성적인 환경이 생성된다. 결혼을 통해서 파트너와 하나가 되려는 충동은, 우리 안의 분리된 부분들과 다시 하나가 되고자 하는 무의식적인 시도이며, 우리 안의 분리된 부분들은 파트너에게 투사되어 있다. 무의식 안에서는 부모와 파트너가 하나이기 때문에, 파트너와의 긍정적이며 감정적인 유대(이러한 유대는 파트너 안에 있는 사랑으로 이루어지며, 이 사랑은 우리에게서 쪼개어져서 파트너에게 투사되어 있다.)는, 개인으로서 자신이 온전하다고 느끼는 감각과, 우주와 우리가 본질적으로 하나라는 앎을 회복시켜 준다. 이러한 회복의 가능성 덕분에, 결혼은 본질적으로 영적인 잠재력을 지닌다.

2. 이곳에서 아동기 발달단계에 대해서 간략하게 정리한 부분은 마가렛 말러(Margaret Mahler)의『인간의 공생과 개별화의 여정에 관하여(On Human Symbiosis and the Vicissitudes of Individuation)』에 그 기반을 두고 있다. 결혼생활에서 다시 나타나는 발달단계에서의 문제점들을 파악하여 밝힌 점은 말러가 전혀 의도하지 않았던 부분이며, 이것에 대한 책임은 전적으로 우리에게 있다. 발달이론들은 그 이론을 창안한 이론가의 관심과 흥미가 무엇이었느냐에 따라 구분된다. 아동기에 대한 현재의 이론들은 성적·사회적·인지적·도덕적·신앙적 발달의 관점들을 포함하고 있으며, 이 모든 발달 영역들은 모든 아이들의 발달 과정과 긴밀하게 연관된다. 그리고 그 아이들의 운명은 그들이 어른이 되어 결혼생활에서 나타난다. 이러한 주장을 자세하게 설명하고 풀어내는 것만으로도 거의 책 한 권의 분량이 되겠지만, 그렇게 하는 게 우리의 관심사는 아니다. 결혼생활에서 다시 나타나는 아동기의 문제들을 조명함으로써 무의식적인 수준에서는 결혼이 아동기의 문제들을 해결하기 위한 시도이며, 그렇기 때문에 결혼을 통해 성장하기 위해서는, 그러한 아동기의 문제들을 해소해야만 한다는 주장을 뒷받침하고자 하는 것이 우리의 의도다.

3. 영어에는 사랑이라는 현상을 의미하는 단어가 단 하나밖에 없다. 이 단어는 굉장히 많은 맥락 속에서 수없이 많은 감정들을 표현하기 위해서 사용이 되며, 그렇기 때문에 다른 단어와 명확하게 구분된 의미를 갖지 않는다. '나는 뉴욕을 사랑해.' '나는 영화를 사랑해.' '나는 섹스를 사랑해.' '나는 너를 사랑해.' 또는 우리가 긍정적인 감정을 가지고 있는 다른 모든 것들에 대해서 이 단어를 사용한다. 결과적으로, 사랑이라는 단어의 의미는 그 단어가 사용되는 맥락에 의해서 주로 결정된다.

최근까지도, 심리학은 사랑에 대해 거의 언급하지 않았으며, 결혼에 대한 연구의 대부분에서도 사랑이라는 주제는 다루어지지 않았다. 이러한 이유는 아마도 **사랑에 빠져서 하게 되는 결혼**이, 우리가 예전에 논의했던 대로 비교적 최근에 나타난 역사적 현상이기 때문이다. 결혼에 관한 이론과 부부치료는, 사랑보다는 계약체결, 갈등해소, 체계분석, 재구조화에 초점을 맞추어 왔다. 프로이트와 융은 라틴어 단어인 '리비도(Libido)'를 각각 다른 방식으로 사용했다. 프로이트는 리비도적 사랑(Libidinal Love)과 자기애적 사랑에 대해서 이야기했다. 리비도적 사랑은 다른 사람에게 향하는 일반적인 성적 에너지를 일컫는다. 이 성적 에너지는 특히 영아 시절에 첫 번째 사랑의 대상인 엄마에게로 향했다가, 나중에 다른 사람에게로 향한다. 두 번째, 자기애적 사랑은 심리적 상처의 결과로서 나타나며, 리비도를 자기 자신에게로 집중하게 된다. 프로이트는 이를 '1차적 자기애'라고 불렀다. 자기 자신에게 쏟은 이러한 사랑이 해소될 때, 리비도는 다른 사람에게로 향하거나, 2차적 자기애로 나타난다. 지그문트 프로이트의 『나르시시즘에 관하여: 입문(On Narcissism: An Introduction)』을 참고하라. 융은 리비도를 **일반적인 생명의 에너지**라는 뜻으로 사용했다. 심리학자나 정신과 의사가 정신분석학을 바탕으로 사랑에 대해 논의한 책으로는, 롤로 메이(Rollo May)의 『사랑과 의지(Love and Will)』, 에리히 프롬(Erich Fromm)의 『사랑의 기술(The Art of Loving)』, 루빈 파인(Reubin Fine)의 『사람의 경험 안에서 사랑이 갖는 의미(The Meaning of Love in Human Experience)』, 윌라드 갤린(Willard Gaylin)의 『사랑의 재발견(Rediscovering Love)』, 나다니얼 브랜든(Nathaniel Branden)의 『낭만적 사랑의 심리학(The Psychology of Romantic Love)』 등이 있다.

사랑이라는 단어가 갖는 막연함을 피하기 위해서, 우리는 그리스어 단어인 에로스(Eros), 아가페(Agape), 필리아(Philia)를 선택했다. 이 단어들은 분명하게 구분된 의미들을 가지고 있으며, 어떠한 현상의 다양한 단계들을 일컫는 데 사용된다. 이 단어들은 또한 **결혼에서 나타나는 사랑의 발달단계**에 대한 묘사를 가능하게 해 준다. 에로스는 우리 문화에서 '성적인' 심지어는 '포르노그래피와 같은'이라는 의미로 쓰이는 에로틱(Erotic)이라는 단어의 어원이다. 그렇지만 에로스는 그리스에서 세상에 대한 열정적인 사랑이라는 의미로 사용된다.

'에로스'는 넓은 의미로 '생명력'이다. 세상의 좋은 점들을 알아차리고 누릴 때, 생명력은 바깥으로 향한다. 세상의 좋은 점들은 성적인 것들을 포함하지만, 그것에만 국한되지 않는다. 에로스는 자신, 그리고 자신의 요구 및 필요를 강조한다는 의미 또한 지니고 있다. 우리가 보기에는, 충분하지 않은 양육 또는 과도한 사회화 때문에 에로스가 좌절되거나 약해질 때, 자기 자신만의 느낌과 생각에 사로잡히거나, 자기 자신의 생존에만 골몰하게 된다. 에로스가 다른 사람, 즉 연인에게 향하여 낭만적인 사랑을 경험하기 전까지는, 이러한 상태가 지속된다. 에로스가 연인에게로 향하는 것은, 인간 본연의 상태인 온전성을 회복하려는 시도다. 온전성을 이루는 데 실패하면, 힘겨루기로 이어진다. 궁극적으로, 힘겨루기는 죽음에 대한 방어다. 프로이트는 에로스와 반대되는 힘으로서, '죽음의 본능' 또는 '타나토스(Thanatos)'를 가정했지만[프로이트, 『본능과 본능의 변화(The Instincts and Their Vicissitudes)』], 우리는 이 부분에 동의하지 않는다. 우리는 에로스가 죽음으로 '이끄는 힘'이 아니라, 죽음의 공포 앞에서 표현되는 하나의 생명의 에너지라고 생각한다. 에로스에 대한 더 자세한 논의는 제10장 주 1에 수록되어 있다.

4. 플라톤(Plato), 『향연(The Symposium)』, p. 143 이후를 참고하라.

제3장: 당신의 이마고(Imago)

1. 프로이트는 부모와 닮은 파트너를 선택함으로써 과거를 다시 경험하는 현상을 가리켜 '반복 강박'이라고 불렀다. 게슈탈트치료의 창시자인 프리츠 펄스는 이 프로이트의 개념을 확장시켰으며, 이 현상을 '미해결과제'라고 불렀다. 펄스에 따르면, 미해결과제는 무의식적인 기억과 감정들이고, 사람들은 이러한 기억과 감정들을 피하려 하지만, 행동으로 이러한 무의식적인 기억과 감정들이 나타난다. 어떤 사람들은 이러한 반복이 과거의 익숙한 것들을 다시 경험하려는 시도이기 때문에, 이를 과거에 그저 머물러 있으려는 목적 없는 행동으로 생각한다. 우리는 이러한 반복이 무언가를 해소하기 위한 시도이기 때문에, 과거를 **반복하려는 목적이 분명하다**는 프로이트의 관점에 동의한다.

2. 『웹스터 사전』에 따르면, '이마고'는 '사람이나 사물을 특정한 방식으로 묘사한 것' '복제품' '닮음' '마음속에 떠오르는 감각적인 인상'을 의미한다. 이마고는 심리학 분야에서 프로이트가 사용한 용어이며, 사실 프로이트가 편집한 학술지의 제목이기도 하다. 이 학술지는 지금은 간행되지 않는다. 융 또한 그의 『전집(Collected Works)』 9권, 60쪽 이후에서, '자기와 다른 성(性)에 대한 마음속 인상'이라는 의미로 '이마고'를 사용하였다. 이 책에서 우리는, 이마고를 '연인'이라는 뜻으로 쓰는 '대상관계' 학파의 사용법을 따르기보다는, 융의 사용법에 더 가깝게 사용하였다. 어떠한 사용법을 따르든지, 이마고는 어린 시절에 경험한 모든 양육자를 내재화함으로써 형성이 되며, 이마고를 다른 사람에게 투사하게 될 때, 낭만적인 사랑의 감정이 생겨난다.

융의 심리학에서 아니마는 남성에 의해 투사되며, 아니무스는 여성에 의해 투사된다. 이 책에서 이마고의 의미는 모든 주요 양육자들이 지니고 있는 특성들의 합이다. 이마고에서는, 동성인 양육자의 특성이 두드러지게 나타날 수도 있고, 혹은 이성인 양육자의 특성이 두드러지게 나타날 수도 있다. 융의 심리학에서와는 달리, 이마고는 남성과 여성 모두에 의해서 투사가 될 수 있다. 임상경험에 따르면, 남자는 자신의 아버지와 닮은 여성을 파트너로 선택할 수가 있고, 여자는 자신의 어머니와 닮은 남성을 파트너로 선택할 수 있다는 것이 너무나도 확실하다. 하지만 모든 경우에 있어서, 이마고는 동성인 양육자의 특성과 이성인 양육자의 특성들의 합(전체)이다.

3. 윌더 펜필드(Wilder Penfield), 『마음의 미스터리(The Mystery of Mind)』, p. 20을 참고하라.

제4장: 로맨틱한 사랑

1. 낭만적인 사랑의 경험, 즉 남성과 여성 사이의 아주 열정적이며 성적인 관계는 가장 오래전에 기록된 인간의 경험들 중 하나다. 낭만적인 사랑의 경험은 고대의 신과 여신(제우스와 헤라), 때로는 신과 사람(큐피드와 프시케), 종종 유명한 사람들(단테와 베아트리체, 이삭과 리브가, 프랭클린 루스벨트와 루시 머서)의 관계에 불을 지폈다. 역사는 평범한 사람들에게 그다지 주목하진 않았지만, 낭만적인 사랑의 경험은, 또한 수많은 평범한 사람들 사이의 관계에 불을 지폈다. 불길과 같은 에로스에 의해 촉발된 어떤 사랑의

관계들은, 역사의 흐름을 영원히 틀어 놓았고(안토니우스와 클레오파트라, 트로이의 파리스와 헬레네), 또 어떤 관계들은 위대한 문학 작품에 영감을 제공해 주었다(단테와 베아트리체, 트리스탄과 이졸데). 이 모두는 사랑을 최고조로 불러일으키며, 또한 가장 오래 지속되는 인류의 이야기들 중 한 부분이다. 이러한 인류의 이야기들 중 대부분은 비극과 죽음으로 끝이 난다(로미오와 줄리엣, 삼손과 데릴라, 랜슬롯과 기네비어). 로버트 린드(Robert Lynd)가 저술한 『시대의 흐름에 따른 사랑(Love Through the Ages)』을 참조하라. 낭만적인 사랑의 에너지가 어디로부터 왔는가에 대해서는, '신들이 주입시킨 것' 혹은 '악마'라는 것부터 시작해서, 질병에 따른 결과라고 하는 등 다양한 설명들이 있다. 큐피드의 화살에 맞아서, 속임수에 빠져 마법 물약을 먹었기 때문에, 우연히 좋은 운수를 불러오는 별들 아래서 태어났기 때문에, 사람들은 사랑에 빠진다. 이 경우, 바깥으로부터 온 무언가, 심지어는 지구 밖의 그 무언가가 낭만적인 사랑에 개입한다. 초자연적인 현상에 대한 믿음이 현저하게 줄어든 오늘날, 낭만적인 사랑에 대한 설명은 좀 더 심리학적이고 주관적인 것이 되었다. 그리고 사람들은 낭만적인 사랑의 에너지가 사람들의 내부로부터 생겨난다고 믿는다.

낭만적인 사랑이 지닌 모습은, 역사 속에서 3단계의 변화를 거쳐 온 것으로 보인다. 각각의 단계들은 남성과 여성의 관계의 변화를 반영한다. 또한, 낭만적인 사랑의 운명은, 사회 구조와 그 문화의 관습에 따라 결정되어 왔다. 11세기 이전의 낭만적인 사랑의 주된 형태는, '영웅적인 사랑'이었다. 영웅적인 사랑에서 나타나는 주요한 주제는, 남성이 여성을 쫓아 마침내 그 여성을 사로잡는 것이다. 이러한 사랑의 형태가 존재했던 사회는 봉건적인 귀족사회였다. 사람들은 주로 결혼 밖의 관계, 혹은 섹스를 하지 않는 사랑의 관계 속에서, 낭만적인 사랑을 추구하였고, 낭만적인 사랑은 이러한 관계들 속에서 주로 존재해 왔다. 이러한 현상에 기여한 요인으로는, 노예의 존재, 노예가 아닌 사람들이 노동에 대해 가졌던 편견, 가정에 필요한 역할들을 노예들이 맡았던 것, 결과적으로는 사랑을 가정에서 추구하기가 어려웠던 점들이 있다. 따라서 사람들은 가정의 바깥, 그리고 결혼제도의 밖에서 사랑을 추구하였다.

11세기 프랑스 남쪽 지방의 음유시인들과 그들의 사랑 노래가 등장할 때, 남녀관계의 급격한 반전이 나타났다. 짧은 시간 안에, 영웅적인 사랑은 '기사도적인 사랑'으로 대체되었다. 여성을 쫓아 사로잡는다는 영웅적인 사랑의 주제는, 여성에게 간청하고 애원하는 기사도적인 사랑에 자리를 내주었다. 힘과 강간의 이미지는, 세련된 구애 행위로 대체가 되었다. 이러한 변화는 '사랑의 재판'이 만들어지는 데 영향을 끼쳤다. 사랑의 재판에서는, 사랑이 갖는 장점들이 논의가 되었고, 재판관들은 주로 **진정한 사랑은 오직 결혼 밖에서만 가능**하며, 또한 성행위가 배제된 관계에서만 종종 가능하다는 결론을 내렸다. 현대의 연인관계는 이러한 역사적인 흐름에 반대되는 방식으로 발달되었다.

결혼으로 나아가는 과정 속에서 나타나는 낭만적인 사랑은, 개인들이 자신의 운명을 선택하고, 정부의 형태를 결정하는 자유와 권리를 가지고 난 후에 나타나기 시작했다. 이러한 경향과 더불어, **여성의 자유와 평등의 증진**은 현대적인 결혼의 형성을 추동하는 힘이었다. 현대적인 결혼이 나타남으로써, 결혼이 갖는 심리적인 과제들도 더불어 나타났다. 몰튼 헌트(Morton Hunt)의 『사랑의 자연사(The Natural History of Love)』와 이시도어 슈나이더(Isidor Schneider)가 편집한 『사랑의 세계(The World of Love)』, 1권을 참조하라.

2. 제인 라(Jane Lahr)와 레나 타보리(Lena Tabori), 『사랑(Love)』, p. 189에서 인용함.

3. 마이클 리보이츠(Michael R. Liebowitz), 『사랑의 화학(The Chemistry of Love)』, p. 37 이후.

4. 낭만적인 사랑이 외부의 힘으로부터 기인한다고 보는 전통적인 관점과는 반대로, 사랑에 대한 현대의 심리학은 낭만적인 사랑이 사람의 마음에서 비롯된다고 본다. 이 책에서는 사랑을 자신, 혹은 자신이 아닌 다른 사람에게로 향하는 하나의 에너지로 여긴다. 사랑이 어디로 향하는지는 그 사람의 필요나 동기에 달려 있다. 사랑이 하나의 현상임에도 불구하고, 사랑은 단계별로 구분되는 형태들로 나타난다. 그렇지만 낭만적인 사랑의 경험이, 우리에게는 외부로부터, 다시 말해서 연인으로부터 기인하는 것처럼 보이기 때문에, 사랑의 기원이 바깥에 있다는 고대의 믿음은 이해할 만하다. 이러한 고대의 믿음은 우리 안의 느낌들을 외부에 있는 대상으로 투영했기 때문에 나타났다. 그렇지만 지금은, 내가 아닌 다른 사람에게 열정적인 사랑을 불러일으킬 만한 힘이 없다는 사실을 우리 모두가 알고 있다. 타인이 그 정도의 힘을 지니고 있는 것처럼, 우리를 착각하게 하는 그 특성들을, 무의식이 타인들에게 부여해 주는 것일 뿐이다. 연인의 성격적인 특성과 더불어, 내면의 욕구를 충족시켜 줄 것으로 보이는 그 이미지 때문에, 열정적인 사랑은 한 개인의 내부에서 생겨난다고 할 수 있다.

5. 로버트 린드(Robert Lynd), 『시대에 따른 사랑의 역사(Love Through the Ages)』,

p. 1165 이후에 수록된 루시우스 아폴레이우스(Lucius Apuleius)의 「황금 나귀(The Golden Ass)」.

제5장: 힘겨루기(일명 주도권 잡기)

1. 우리는 클리포드 세이저(Clifford Sager)가 저술한 『결혼계약(Marriage Contracts)』에서, 커플들이 '결혼으로 가져오는 무의식적인 기대'에 대한 자세한 논의를 처음으로 접했다. 세이저는 의식적인, 전의식적인, 무의식적인 결혼 계약에 대해서 매우 상세한 분석을 제시하였다.

2. 어린 시절 초기의 경험은, 힘겨루기에서 나타나는 믿음들의 근원이 되는 것처럼 보인다. 특히 어린아이가 말을 하기 이전에, 아이가 스트레스를 받을 때에 부모로서 하는 직관적인 행동들 때문에, 배우자는 우리의 모든 것을 다 알고 있을 것이라는 믿음이 생겨난다. 우리가 굳이 요청하지 않아도 배우자는 우리가 필요한 것들을 이미 알고 있다고 믿기 때문에, 배우자가 우리의 필요에 자동적으로 반응하지 않을 때 우리는 분노하게 된다. 파트너에게 내가 필요로 하는 것을 요청하게 될 때, 내가 필요로 하는 것들을 이미 파트너가 알고 있을 것이라고 믿었던 환상이 깨진다. 또 다른 믿음은, 우리가 필요로 하는 것들을 이미 파트너가 가지고 있으며, 파트너가 마음만 먹으면 우리를 만족시켜 줄 수 있다는 것이다. 이러한 믿음은 파트너가 전능하다는 환상이다. 마지막으로, 우리는 파트너는 항상 우리의 필요를 채워 주어야만 하며, 그리고 파트너가 내게 필요로 하는 건 거의 없다고 믿는다. (나를 진짜) 사랑한다면 이것은 파트너가 어디에든 존재한다는 믿음이다. 그러므로 파트너가 우리의 필요를 채워 주는 데 실패할 경우, 우리는 감정적인 고통을 경험하게 되며, 파트너가 나쁘다는 믿음을 갖게 된다. 그래서 결국 파트너는 우리의 적이 되는 것이다.

3. 로버트 바커(Robert L. Barker), 『위기에 놓인 커플들을 치료하기(Treating Couples in Crisis)』, p. 20.

4. 엘리자베스 퀴블러-로스(Elisabeth Kübler-Ross)는 『죽음과 죽어 감에 관하여(On Death and Dying)』에서, 죽어 가는 사람이 겪게 되는 슬픔의 단계들을 제시하였다.

5. 대부분의 내담자 커플들은, 힘겨루기의 5단계 중, 타협의 단계에서 상담을 받기 시작하며, 자신이 필요로 하는 것을 파트너와의 협상을 통해 얻으려는 모습을 보여 준다. 협상은 내가 이것을 할 테니 당신이 저것을 해 달라는 방식으로 진행된다. 커플들이 타협하려는 이러한 모습들 때문에, 커플이 계약을 만들고, 갈등에 대해 타협할 수 있도록 도움을 주는 초기 부부상담의 기법들이 발달되었다고 우리는 믿는다. 상담사들은 커플들이 이미 노력하고 있는 부분들을 그들이 더 잘해 나갈 수 있도록 도움을 주고자 했던 것이다. 상담사들은 타협의 단계가 힘겨루기에서 나타나는 하나의 과정에 불과하다는 사실을 잘 알지 못했다. 커플들이 타협의 다음 단계인 절망의 단계를 지나고 나서, 그들이 파트너에게 가지고 있는 환상들을 떠나보낼 수 있도록 돕기보다는, 상담사들은 자신들도 모르는 사이에 커플들로 하여금, 그들이 타협의 단계에 머물도록 한 것이다. 파트너에 대한 환상을 떠나보내는 것은 의식적인 결혼생활의 전제조건이며, 힘겨루기의 마지막 단계인 받아들임에 앞서 일어나게 된다.

6. 5% 가량이라는 추정치는 잘 알려진 가족료사인 버지니아 사티어(Virginia Satir)의 의견에 근거하였다.

제6장: 의식적으로 깨어나기(되어 가기)

1. '의식적으로 깨어나기'는 심리학 및 영적인 전통에서 공통적으로 나타나는 과정을 일컫는다. 우리의 삶의 대부분은 의식의 수준에서는 거의 알아차리지 못하며 통제할 수도 없는 무의식의 힘에 의해서 주관된다는 이론을 프로이트가 만들기 훨씬 이전에 동양과 서양에서 나타난 고대 신비주의의 전통에 따르면, 보통 사람들의 의식은 환상에 지나지 않으며, 사람들은 깨어 있기는 하지만, 잠자고 있는 것과 같다. 엄밀하게 말하면, '무의식'과 '깨어 있기는 하지만, 잠자고 있는 것' 사이의 차이는 명확하지만, 사물은 보이는 그대로 존재하지 않으며, '진실'을 깨닫기 위해서는 정신에 근본적인 변화가 필요하다는 부분에서는 두 관점은 그 궤를 같이 한다. 이러한 근본적인 변화를 이루기 위해서는, 무의식을 '통찰'해야 하며, 잠에서 '깨어나야' 한다.

통찰을 통해서, 무의식의 내용들이 의식의 수준으로 떠오르며, 깨달음을 통해서 우리의 상징체계 속에 숨어 있는 '실재'를 직접적으로 경험할 수 있다. 우리는 통찰과 깨달음이라는 두 과정을 결합하기 위해서, '의식적으로 깨어나기'라는 표현을 사용하였다. 왜냐하면 통찰과 깨달음의 과정이 결혼생활에도 적용이 되기 때문이다.

2. 『성경』, 「출애굽기」 제12장 37절 이후.

3. 국제공인 이마고부부치료 임상교수인 웬디 팔머 패터슨[Wendy Palmer Patterson; 웬디는 2012년 하빌의 한국 방문 시 함께 초청되어, 우리나라에서 최초로 국제공인 이마고전문가 수련과정을 마이크 보라쉬(Mike Borash)와 함께 진행했다—역자 주]은, 말하는 사람(보내는 사람)의 책임성에 대한 개념과 정의를 창안했다.

4. Imago Dei(이마고 데이)는 라틴어로, '하나님의 이미지(the Image of God)'라는 의미다. Imago Dei는 고대의 유대교와 기독교에서 생성된 오래된 개념으로서, 인간은 하나님의 이미지와 하나님 닮음을 지니고 있다고 주장한다. 그래서 인간은 하나님으로부터 부여받은 아주 특별한 영적인 우수함을 실현할 수 있는 능력을 지니고 있는데, 이 점이 바로 인간이 이 세상의 다른 모든 생명체들과 구분되는 점이라는 것이다. 이러한 영적인 우수함이 우리 인간의 내면에 깃들어 있으며, 그것이 더 발전(성장)되고 발휘되기를 기다리고 있다는 것이다.

제7장: 헌신에 대한 결정: 탈출구를 닫아라!

1. '헌신에 대한 합의'는 교류분석 전문가인 프랭크 어니스트(Frank Ernst)가 만든 '탈출구'라는 개념을 수정한 것이다. 프랭크 어니스트는 오케이 목장(OK Corral)이라는 아이디어를 처음으로 내놓은 사람이기도 하다(참고문헌 목록을 보라). '헌신에 대한 합의' 실습의 목적은 합리적인 마음, 새로운 뇌가 커플관계에 나서도록 이끄는 데 있다. 새로운 뇌는 자신, 관계 그리고 상담에 파괴적인 영향을 미칠 수 있는, 충동이나 감정에 따라 행동하지 않기로 합리적인 결정을 내리게 할 수 있다. 헌신에 대한 합의를 했음에도 불구하고, 관계가 나아지지 않는 커플들을 보면서, 우리는 커플들이 파트너와의 긍정적인 상호작용을 피하기 위해, '파국으로까지는 치닫게 하지 않는 탈출구들'을 사용하고 있다는 것을 발견할 수 있었다.

2. 우리는 커트 루인(Kurt Lewin)으로부터 단계적 변화라는 개념에 대해 처음으로 배웠다. 그는 분석을 지향하는 사회심리학자이며, 집단의 과정과 변화를 다루는 사회심리학의 한 영역을 개척하였다. 단계적 변화는 행동심리학과 사회학습이론에서 흔히 사용된다.

제8장. 나 자신과 파트너(배우자)에 대해 더 많이 알아가기

1. 리차드 스튜어트(Richard Stuart), 『부부들의 변화 돕기(Helping Couples Change)』, p. 17.

2. 우리가 치료적 변화 과정을 구조화시킬 수 있다는 생각을 하게 된 데는, 스튜어트와 행동주의의 공로가 굉장히 크다. 또한 우리는 교류분석(사람들이 무언가를 원할 수 있도록 허용하는 것에 대해 다루는)과 달라스의 정신과 의사이면서 교류분석 전문가인 존 휘태커(John Whitaker)의 영향을 받았다. 존 휘태커는 '원하는 것'을 내담자에게 나열하도록 하는 실습을 개발하였다.

'다시 처음으로 돌아가 낭만적으로 사랑하기 실습'과 '스튜어트의 특별히 마음 써 주는 날 실습'의 그 결정적인 차이는, 우리가 커플들에게 기쁨을 가져다주는 세 가지 종류의 상호작용들을 적어 보라고 한 것에 있다. 하나는 그들의 관계가 낭만적이었던 시기에 경험했던 것, 다른 하나는 그 커플이 현재 경험하고 있는 것, 마지막 하나는 그들이 꼭 경험해 보고 싶었지만, 비난이나 거절이 두려워서 요청해 본 적조차 없는 것이다. 기쁨을 가져다주는 이 세 가지 종류의 상호작용 모두가 자신의 어린 시절에 미처 충족되지 않았던 그 필요들과 연관되어 있다. 이러한 상호작용을 실행에 옮기게 될 때, 무의식 속에 잠들어 있었던 그 어린 시절의 문제들이 다시 건드려지면서, 부부 간의 깊은 갈등을 다룰 수 있는 안전한 환경이 조성된다.

제10장: 커플(부부) 두 사람만의 교육과정 구성하기

1. 아가페(Agape)는 그리스어에서 '사랑'을 뜻하는 두 번째 단어다. 아가페는 사람 사이의 사랑, 신을 향한 사람의 사랑, 사람을 향한 신의 사랑이라는 뜻으로 사용된다. 아가페는 또한 인류에 대한 형제애를 표현하는 사랑의 축제(천주교 미사)를 일컫는 데 사용되

기도 한다. 이 모든 경우에, 아가페라는 단어는 다른 사람을 향한 조건 없는 사랑(무조건적인 사랑)을 의미하는 것으로 보인다. 아가페는 타인이 얼마나 중요한 사람인가와는 전혀 상관이 없으며, 그 사랑을 갚아야 한다는 의무를 타인에게 지우지 않는다. 즉, 아가페는 조건이 없는 선물이다. 바우어(Bauer)의 『그리스어-영어 사전(A Greek-English Lexicon)』, p. 6을 참고하라.

아가페는 그리스 철학에서, 에로스와 필리아라는 양극단의 연결선상에 놓여있는 사랑의 형태 중 하나다. 그러므로 아가페는, 다른 종류의 사랑이라고 하기 보다는, 사랑이 표현되는 하나의 방식이라고 보는 것이 더 맞다. 우리는 이 책에서, 자신에게로 향하던 생명의 에너지인 에로스의 방향을 틀어, 다른 사람에게 향하도록 하는 행위라는 의미로서 아가페를 사용했다. 그러한 의미에서, 아가페는 희생이다. 다만, 희생되는 것은 자신이 아니라, 자신에 대한 집착이다. 아가페는 어떠한 '태도'를 가리키는 명사로 사용이 되긴 하지만, 사람이 다른 사람을 '어떻게 대하는가'의 의미를 지닌 동사로 사용될 수도 있다. 이 두 가지의 의미가 합쳐지게 될 때, 아가페는 '행위'를 통해서 나타나는, 타인에 대한 '태도'라는 의미로 이해될 수 있다. 우리는 이러한 논의를 바탕으로, 아가페를 '진정한 변화를 가지고 오는 힘'이라고 부르고 싶다. 아가페는 에로스가 타인에게 향하도록 함으로써, 관계에서 새로운 뭔가를 불러온다. 이는 '필리아(Philia)'라고 불린다.

제12장: 두 가지 다른 관계의 초상화

1. 이 책은 심리적이며 영적인 치유를 불러올 수 있는, 사랑의 힘에 그 초점을 맞추어 왔다. 연구를 수행하는 심리학자와 의사들은, 이타적인 사랑이 면역체계에 미치는 긍정적인 영향[맥클레랜드(McClelland)]과 이타적인 사랑이 치유과정 전반에 미치는 긍정적인 영향[시걸(Siegel)]에 대한 증거들을 점점 더 확보해 나가고 있다. 이는 사랑이 몸의 기능뿐만 아니라, 우울증과 같은 심리적 과정에도 영향을 미친다[베이스만(Weissman)]는 사실을 의미한다. 또한 결혼에서 오는 스트레스가 면역체계의 활동을 저해함으로써 신체 증상을 불러오며[케콜트-글레이저(Kiecolt-Glaser)], 청소년 자살과 고혈압, 우울증과 같은 심리적인 스트레스에도 영향을 끼치고[포켄버그(Folkenberg)], 잠재적으로는 암까지 유발할 수 있다[레빈슨(Levenson)]고 밝힌 연구들과, 사랑의 에너지를 다른 사람에게 향하도록 하는 이타적인 삶의 방식이 신체적·정서적 건강을 향상시킨다고 한 맥클레랜드의 연구는 서로 깊이 관

련되어 있다. 이러한 연구들은 웰빙과 건강에 있어서, 긍정적인 결혼관계, 사랑의 열정과 함께 친구로서의 친밀감을 지닌 관계로서, 결혼이 갖는 중요성을 부각시켜 준다. 이때 결혼에서의 안전감은 정신적·신체적·정서적·영적 건강에 있어서 필수적이며, 변하지 않는 요소로 여겨진다.

2. '필리아(Philia)'는 영어 단어인 'filial(부모에 대한 자식으로서)'의 어원이다. 필리아의 기본적인 뜻은 형제애와 관련되어 있다. 그렇지만 그리스어에서 'brotherly(형제의)'라는 단어의 의미는, 그저 혈연관계에만 국한되지 않으며, 또한 혈연관계만을 가리키지도 않는다. 필리아는 혈연으로 맺어져 있지 않은 관계임에도 불구하고, 마치 피를 나눈 부모·형제처럼, 돌보고 아껴 주는 태도와 관계 방식을 의미하기도 한다. 이러한 관계맺음의 방식을 통해서, 다른 사람을 낯설게만 바라보는 인식이 사라지며, 따라서 외부 혹은 타인으로부터 오는 위협이 모두 사라지기 때문에, 이는 사람들에게 매우 바람직한 일이다. 그러므로 필리아는 친구관계의 기초이며, 동등한 사람들 사이의 사랑을 의미한다. [바우어(Bauer), p. 866을 참고하라.]

적과 친구를 구분하는 것은, 개인과 집단의 생존에 있어서 매우 중요하다. 그렇지만, 적과 친구를 극단적으로 구분하게 될 때, 개인과 집단의 갈등, 폭력과 전쟁이 발생한다. 진정한 평화, 즉 공포를 동반하지 않는 평화는 오직 친구 사이에서만 가능하다. 서로를 적대하는 관계 속에서도 공포를 동반하는 평화가 가능하기는 하지만, 늘 불안정하다. 생존을 위해서 적과 친구에 대한 반응을 달리 하는 것은 오래된 뇌의 기능으로 보인다. 『신약성서』에, "너의 원수를 사랑하라."라고 하신 예수님의 가르침은 오래된 뇌가 내리는 지시와는 매우 상반된다. 그렇지만 이 가르침은 인류 진화의 역사 속에서 여전히 사람 속에 남아 있는 동물로서의 본능을 다루기 위해 발달시킨 최상의 방법이다.

'행복한' 커플에 대한 연구 프로젝트에서, 모든 커플들이 가장 높은 점수를 준 항목이 '우리는 서로의 최고의 친구다'라는 사실은 참 흥미롭다[라우어와 라우어(Lauer and Lauer), 『오래 지속되는 결혼의 비밀(Marriages Made to Last)』]. 친구 사이의 사랑은 동등한 사람끼리의 사랑이며, 관계맺음의 새로운 방식인 아가페를 통해서 만들어진다.

제13장: '의식이 깨어 있는 협력관계(파트너십)'로 가는 이마고 실습 10단계

1. 크래프트(Craft)와 해리엇(Harriet), 「사랑인가 아니면 환상인가 워크숍에 대한 서술적인 연구(A Descriptive Study of the Love or Illusion Workshop)」, 1984, 미간행, 이스트텍사스대학교(East Texas University).

참고문헌

Apuleius, L. (1932). The Golden Ass. In R. Lynd (Ed.), *Love Through the Ages*. New York: Coward-McCann.

Atkinson, B. J. (2005). *Emotional Intelligence in Couples Therapy: Advances from Neurobiology and the Science of Intimate Relationships*. New York: W. W. Norton.

Barker, R. L. (1984). *Treating Couples in Crisis*. New York: Free Press.

Bauer, W. (1957). *A Greek-English Lexicon of the New Testament and Other Early Christian Literature*, translated by W. F. Arndt & F. W. Gingrich. Chicago: University of Chicago Press.

Bellah, R., Madson, R., Sullivan, W. M., Swidler, A., & Tipton. S. M. (1985). *Habits of the Heart*. New York: Perennial Library.

Bergland, C. (2012, November). The Neurochemicals of Happiness. *Psychology Today*. Retrieved from https://www.psychologytoday.com/blog/the-athletes-way/201211/the-neurochemicals-happiness.

Bohm, D. (1996). *On Dialogue*, edited by Lee Nichol. New York: Routledge.

Boterro, J. (2002). *Mesopotamia: Writing, Reasoning, and the Gods*. Chicago: University of Chicago Press.

Branden, N. (1980). *The Psychology of Romantic Love*. Los Angeles: J. P. Tarcher.

Buber, M. (1958). *I and Thou*. New York: Charles Scribner's Sons.

Buber, M. (1965). *Between Man and Man,* translated by Ronald Gregor Smith. New York: Collier Books/Macmillan.

Ellinor, L., & Glenna, G. (1998). *Dialogue: Rediscover the Transforming Power of Conversation.* New York: John Wiley & Sons.

Ernst, F. (1917, October). The OK Corral: The Grid for Get-on-With. *Transactional Analysis Journal, 1*(4).

Fine, R. (1985). *The Meaning of Love in Human Experience.* New York: John Wiley & Sons.

Flurrymobile. (2017, March 3). U.S. Consumers Time-Spent on Mobile Crosses 5 Hours a Day. *Flurry* (blog). Retrieved from http://flurrymobile.tumblr.com/post/157921590345/us-consumers-time-spent-on-mobile-crosses-5.

Folkenberg, J. (1985, March). Multi-Site Study of Therapies for Depression. *Archives of General Psychiatry, 42.*

Fredrickson, B. L. (1998). What Good Are Positive Emotions? *Review of General Psychology, 2*(3), 300-319.

Freud, S. (1959). The Instincts and Their Vicissitudes (1915). In *Collected Papers, 4.* New York: Basic Books.

Freud, S. (1963). On Narcissism: An Introduction (1914). In *General Psychological Theory: Papers on Metapsychology.* New York: Collier Books.

Friedman, M. (1985). *The Healing Dialogue in Psychotherapy.* New York: Jason Aronson.

Fromm, E. (1956). *The Art of Loving.* New York: Bantam Books.

Garland, E., & Howard, M. O. (2009). Neuroplasticity, Psychosocial Genomics,and the Biopsychosocial Paradigm in the 21st Century. *Health Social Work, 34*(3), 191-199.

Gaylin, W. (1986). *Rediscovering Love.* New York: Viking Penguin.

Gottman, J. M., & DeClaire. J. (2001). *The Relationship Cure: A 5 Step Guide for Building Better Connections with Family, Friends and Lovers.* New York: Crown.

Greenberg, L. S., & Johnson, S. M. (1988). *Emotionally Focused Therapy for Couples.*

New York: Guilford Press.

Gunzburg, J. C. (1997). *Healing Through Meeting: Martin Buber's Conversational Approach to Psychotherapy*. Bristol, PA: Jessica Kingsley.

Hunt, M. (1959). *The Natural History of Love*. New York: Alfred A. Knopf.

Jung, C. G. (1969). *The Archetypes and the Collective Unconscious,* translated by R. F. C. Hull, Bollingen Series XX. Princeton, NJ: Princeton University Press.

Jung, C. G. (1971). Marriage as a Psychological Relationship. In J. Campbell (Ed.), *The Portable Jung*. New York: Viking Press.

Jung, C. G. (1969). Two Essays in Analytical Psychology. In *Collected Work, 7,* translated by R. F. C. Hull, Bollingen Series XX. Princeton, NJ: Princeton University Press.

Kiecolt-Glaser, J. K. Marital Quality, Marital Disruption, and Immune Function. *Psychosomatic Medicine,* in press.

Kübler-Ross, E. (1969). *On Death and Dying*. New York: Macmillan.

Lahr, J., & Tabori, L. (1982). *Love: A Celebration in Art and Literature*. New York: Stewart, Tabori and Chang.

Lauer, J., & Lauer, R. (1985, June). Marriages Made to Last. *Psychology Today, 19*(6).

Levenson, F. F. (1987). *The Anti-Cancer Marriage: Living Longer Through Loving*. New York: Stein and Day.

Liebowitz, M. (1983). *The Chemistry of Love*. Boston: Little, Brown.

Lynd, R. (1932). *Love Through the Ages: Love Stories of All Nations*. New York: Coward-McCann.

Mahler, M. (1968). *On Human Symbiosis and the Vicissitudes of Individuation: Infantile Psychosis*. New York: International Universities Press.

May, R. (1969). *Love and Will*. New York: W. W. Norton.

McClelland, D. C. (1986, June). Some Reflections on the Two Psychologies of Love. *Journal of Personality, 54*(2).

McLean, P. (1964, February 3). Man of His Animal Brains. *Modern Medicine*.

Mitchell, S. A. (1988). *Relational Concepts in Psychoanalysis: An Integration*.

Cambridge, MA: Harvard University Press.

Mitchell, S. A. (2000). *Relationality: From Attachment to Intersubjectivity*. Hillsdale, NJ: Analytic Press.

Penfield, W. (1975). *The Mystery of Mind: A Critical Study of Consciousness and the Human Brain*. Princeton, NJ: Princeton University Press.

Perls, F. S. (1970). The Rules and Games of Gestalt Therapy. With Abraham Levitsky. In J. Fagen & I. L. Shepherd (Eds.), *Gestalt Therapy Now*. Palo Alto, CA: Science and Behavior Book.

Plato. (1948). Symposium. In S. Buchanan (Ed.), *The Portable Plato*. New York: Viking Press.

de Quincey, C. (2005). *Radical Knowing: Understanding Consciousness Through Relationship*. Rochester, VT: Park Street Press.

de Rougemont, D. (1957). *Love in the Western World*, translated by Montgomery Belgion. Garden City, NY: Doubleday Anchor Books.

Sager, C. J. (1976). *Marriage Contracts and Couples Therapy: Hidden Forces in Intimate Relationships*. New York: Brunner/Mazel.

Sagi, Y., Tavor, I., Hofstetter, S., Tzur-Moryosef, S., Blumenfeld-Katzir, T., & Assaf. Y. (2012). Learning in the Fast Lane: New Insights into Neuroplasticity. *Neuron, 73*(6). 1195-1203.

Shafir, R. Z. (2000). *The Zen of Listening: Mindful Communication in the Age of Distraction*. Wheaton, IL: Quest Books.

Scharff, D. E., & Scharff, J. S. (1991). *Object Relations Couple Therapy*. Northvale, NJ: Jason Aronson.

Schneider, I. (Ed.). (1948). *The World of Love*, vols. I and II. New York: George Braziller.

Siegel, B. (1986). *Love, Medicine and Miracles: Lessons Learned About Self-Healing from a Surgeon's Experience with Exceptional Patients*. New York: Harper and Row.

Siegel, D. J. (2007). *The Mindful Brain: Reflection and Attunement in the Cultivation of*

Well-Being. New York: W. W. Norton.

Siegel, D. J. (2012). *Pocket Guide to Interpersonal Neurobiology: An Integrative Handbook of the Mind*. New York: W. W. Norton.

Silverman, L. H., Lachmann, F. M., & Milich, R. L. (1982). *The Search for Oneness*. New York: International Universities Press.

Stolorow, R. D., & Atwood, G. E. (1992). *Contexts of Being: The Intersubjective Foundations of Psychological Life*. Hillsdale, NJ: Analytic Press.

Stolorow, R. D., Atwood, G. E., & Orange, D. M. (2002).*Worlds of Experience: Interweaving Philosophical and Clinical Dimensions in Psychoanalysis*. New York: Basic Books.

Stuart, R. (1980). *Helping Couples Change: A Social Learning Approach to Marital Therapy*. New York: Guilford Press.

Sullivan, H. S. (1953). *The Interpersonal Theory of Psychiatry*. New York: W. W. Norton.

U.S. Census Bureau, Decennial Censuses, 1890 to 1940, and Current Population Survey, Annual Social and Economic Supplements, 1947 to 2017.

Weissman, M. M. Advances in Psychiatric Epidemiology: Rates and Risks of Major Depression. *American Journal of Health,* in press.

Wilber, K. (2000). *Integral Psychology: Consciousness, Spirit, Psychology, Therapy*. Boston, MA: Shambhala Publications.

Yerkovich, M., & Yerkovich, K. (2006). *How We Love: A Revolutionary Approach to Deeper Connections in Marriage*. Colorado Springs, CO: Water Brook Press.

찾아보기

이 책의 공동 저자인 하빌 헨드릭스 박사와 헬렌 라켈리 헌트 박사 부부에 대하여

하빌 헨드릭스 박사와 헬렌 라켈리 헌트 박사는 부부로서, 가정과 일 모두를 함께해 온 평생의 동반자다. 두 분은 부부치료 분야에서 최고의 임상효과로 전 세계적으로 널리 알려진 이마고부부치료를 공동으로 개발하였다. 그리고 두 분은 현재 미국 서던캘리포니아 데이브레이크대학교(www.daybreak.edu)의 공동 챈슬러(Chancellor)이자 이마고부부치료 석좌교수로 재직 중이다.

하빌 헨드릭스 박사(Harville Hendrix, Ph.D.)

하빌 헨드릭스 박사는 현재 미국 서던캘리포니아 데이브레이크대학교의 챈슬러이며, 이마고부부치료 석좌교수(Distinguished Professor)로 재직 중이다. 미국 시카고대학교에서 심리학과 종교 전공으로 석사학위와 박사학위를 취득하였으며, 서던메소디스트대학교의 교수로서 학생들을 가르쳤다. 헨드릭스 박사는 아내 헌트 박사와 함께 부부치료 분야에서 세계 최고의 임상효과로 전 세계에 널리 알려진 이마고부부치료(Imago Relationship Therapy: IRT)를 공동으로 개발하였으며, 국제이마고부부치료전문가 수련연구소(Imago International Training Institute: IITI)의 챈슬러로 재직하고 있다.

헨드릭스 박사의 저서들 대부분은 『뉴욕타임스』 베스트셀러로 약 40개의 언어로 번역되어 전 세계에 널리 보급되고 있는데, 『Getting the Love You Want: A Guide for Couples』, 『Keeping the Love You Find: A Personal Guide』, 『Giving the Love That Heals: A Guide for Parents』, 『Receiving Love: Transform Your Relationship by Letting Yourself Be Loved』 등이 대표적이다. 헨드릭스 박사는 전 세계적으로 널리 알려진 〈오프라 윈프리 쇼〉에 17번이나 초청되어 출연한, 전 세계적으로 널리 알려진 최고의 부부관계 치료 명강사다.

헬렌 라켈리 헌트 박사(Helen LaKelly Hunt, Ph.D.)

헬렌 라켈리 헌트 박사는 현재 미국 서던캘리포니아 데이브레이크대학교의 챈슬러이며, 이마고부부치료 석좌교수로서 재직 중이다. 헌트 박사는 서던메소디스트대학교에서 임상심리학 석사학위를 취득하고, 뉴욕의 유니온신학대학교에서 박사학위를 취득하였다. 헌트 박사는 그의 남편이자 동역자인 헨드릭스 박사와 함께 부부치료 분야에서 세계 최고의 임상효과로 전 세계에 널리 알려진 이마고부부치료를 공동으로 개발하여, 지난 30년 동안 전 세계 60여 개국에 보급하였으며, 10여 권의 이마고부부치료 저서들을 남편인 헨드릭스 박사와 공동으로 집필한 『뉴욕타임스』 베스트셀러 작가이다.

헌트 박사는 또한 지난 18년 동안 여성운동에 활발히 헌신해 왔으며, 특히 여성과 소녀들의 사회적 · 정치적 · 경제적 · 영적 권한 부여를 위해 헌신하고 있는 사립여성기금단체인 The Sister Fund를 창립하여 대표로 활동 중이다. 헌트 박사는 달라스여성재단(Dallas Women's Foundation)과 뉴욕여성재단(New York Women's Foundation) 및 여성기금 네트워크(Women's Funding Network)를 비롯한 여러 여성기금 마련 기관의 설립에 많은 기여를 했으며, 여성운동에 대한 그녀의 놀라운 공헌으로 인해 LEAD 어워드(LEAD Award)와 글로리아 스타이넘 여성 비전 상(Gloria Steinem's Women of Vision Award)을 비롯해 수많은 상을 수상하였으며, '미국 여성 명예의 전당(National Women's Hall of Fame)'에 그녀의 이름이 헌정되었다.

헨드릭스 박사와 헌트 박사 부부는 우리의 삶에 의사소통 능력을 강화함으로써, 부부와 부모-자녀, 가족을 치유하고, 인간관계를 치유하고 세상을 치유하기 위해 비영리기관을 설립하여, 안전한 대화 운동(Safe Conversation), 부정성 제로 훈련(Zero Negativity), 관계를 최우선으로!(Relationship First), 치유사회 변혁 운동에 여러분을 초청하고 있다.

두 저자의 개인 홈페이지: www.harvilleandhelen.com

〈하빌 헨드릭스 박사와 헬렌 라켈리 헌트 박사가 공동 집필한 저서〉

Doing IMAGO Relations Therapy: In the Space-Between

Keeping the Love You Find: A Personal Guide

The Space Between: The Point of Connection

Making Marriage Simple: The Relationship-Saving Truths

Giving the Love That Heals: A Guide for Parents

The Couple Companion: Meditations and Exercises for Getting the Love You Want

The Parenting Companion: Meditations and Exercises for Giving the Love That Heals

The Personal Companion: Meditations and Exercises for Keeping the Love You Find

Receiving Love: Transform Your Relationship by Letting Yourself Be Loved

Receiving Love Workbook: A Unique Twelve-Week Course for Couples and Singles

Getting the Love You Want Workbook: The New Couples' Study Guide

Imago Relationship Therapy: Perspectives on Theory

〈헬렌 라켈리 헌트 박사의 저서〉

And the Spirit Moved Them: The Lost Radical History of America's First Feminists

Faith and Feminism: A Holly Alliance

(왼쪽부터) 오제은 교수, 헬렌 라켈리 헌트 박사, 하빌 헨드릭스 박사, 김혜진 교수

이 책의 공동번역자인 오제은 박사와 김혜진 박사에 대하여

오제은 박사(Jay Oh, Ph.D.)

현재 미국 서던캘리포니아 데이브레이크대학교의 총장으로 재직하면서, 동시에 '결혼과 가족치료(Marriage and Family Therapy: MFT)'와 '이마고부부치료(Imago Relationship Therapy: IRT)' 교수로서 직접 가르치고 있다. 아시아인 최초로, 국제 이마고부부치료전문가 수련연구소(IITI)로부터 국제공인 '이마고부부치료 임상지도교수(Imago Faculty and Clinical Instructor)' 자격을 취득하였으며, '국제공인 이마고부부치료전문가 자격취득과정 (ICT)'을 지도하고 있다. 캐나다 퀸즈대학교를 졸업하였고, 하버드대학교에서 석사학위를 취득하였으며, 토론토대학교와 뉴잉글랜드대학교에서 각각 박사학위를 취득하였다(상담학 박사). 숭실대학교와 백석대학교에서 상담학교수로서 재직하였고, 오레곤대학교와 뉴저지주립 케인대학교의 객원교수로서 '결혼과 가족치료' 전공 대학원생들을 가르쳤으며, (사)한국가족상담협회 회장, 한국부부상담학회 회장, 한국내면아이상담학회 회장, 한국상담대학원협의회 회장 등을 역임하였다.

임상 경력으로는 보스턴 로저스 메모리얼병원(Rogers Memorial Hospital)에서 PTSD 인턴십과 케임브리지 가족치료연구소에서 가족체계치료전문가 과정을, 필라델피아 Council for Relationships(CFR)에서 COAMFTE/AAMFT(미국 결혼과 가족치료협회) 승인 Post-Graduate MFT '결혼과 가족치료' 전문가 과정과 AAMFT 공인 수퍼바이저 자격취득 과정을 마쳤으며, 버지니아 우드브리지, 캘리포니아 파세디나, 뉴저지 페닝턴의 부부치료 수련센터 등에서 이마고부부치료전문가, 이마고부부치료 임상지도교수, 수퍼바이저 과정 등을 마쳤다.

방송 경력으로는 KBS 1TV의 〈아침마당〉, 〈여성공감〉, 〈오제은박사의 목요클리닉〉, MBC TV의 〈MBC 스페셜: 부부솔루션 이마고〉, 〈생방송 오늘아침〉, EBS TV의 〈성공시대〉, 〈당신이 화내는 진짜 이유 2부〉, CTS TV의 〈내가 웃어야 세상도 웃는다〉, CBS 라디오의 〈새롭게 하소서〉 등에 출연했다. 주요 저서와 역서로는 『오제은 교수의 자기사랑노트』, 『상처받은 내면아이 치유』, 『가족: 진정한 나를 찾아 떠나는 심리여행』, 『칼 로저스의 사람-중심 상담』, 『가족치유: 미누친의 구조적 가족치료』, 『이마고 부부관계치료: 이론과 실제』, 『부부관계 패러다임: 이마고 부부관계치료 임상사례 연구집』, 『재혼가정의

적극적인 부모역할』 등이 있으며, 대한민국 학술원 우수학술도서, 문화체육관광부 우수
교양도서, 교보문고 베스트셀러와 스테디셀러로 선정된 바 있다.

숭실대학교 교수로 재직하던 중에, 강의우수 교수상과 Best Teacher상을 3년 연속 수
상하였으며, 전국상담대학원협의회로부터 최우수논문상과 최우수논문 지도교수상을 받
았다. 또한 AAMFT 공식 학술지인『결혼과 가족치료 저널(Journal of Marital and Family
Therapy: JMFT)』편집위원회로부터 최우수논문으로 노미네이트되었으며, 국제이마고부
부치료학회(IRI)로부터 국제발전공로상(International Development Award)과 헬렌 헌트
박사 공동체설립공로상(Dr. Hunt's Award for Community Building)을 수상하였다.

김혜진 박사(Jin Kim, Ph.D., LMFT)

현재 미국 서던캘리포니아 데이브레이크대학교 부부가족
상담대학원의 대학원장이며 '결혼과 가족치료' 주임교수로 재
직 중이다. 오레곤대학교에서 '부부가족치료' 전공 박사 후 과정
을 마친 후, 오레곤대학교의 부부가족치료 석사과정 전공교수로
서 가르쳤으며, 뉴저지주립 케인대학교에서 '결혼과 가족치료' 전
공 정년직 조교수 겸 학과장으로 재직하였다. 뉴욕주립대학교 심
리학과를 졸업하였고(심리학사), 퍼듀대학교에서 '결혼과 가족
치료' 전공으로 석사학위를, 텍사스텍대학교에서 '결혼과 가족

치료' 전공으로 박사학위를 취득하였다. 미국 '결혼과 가족치료사(LMFT)' 자격을 취득
했으며, 미국결혼과가족치료협회(AAMFT)로부터 공인슈퍼바이저(AAMFT Approved
Supervisor) 자격을, 국제이마고부부치료협회(IITI)로부터 국제공인 이마고부부치료전
문가(CIT) 자격을 취득했다.

AAMFT 공식 학술지인『결혼과 가족치료 저널(Journal of Marital and Family
Therapy: JMFT)』의 편집 · 심사위원으로 활동하고 있으며, 김 박사의 연구논문은 JMFT
에 의해 2015년 최고의 학술논문으로 노미네이트되었고, 2016년에는 그해 가장 각광받
는 연구학자에게 수여하는 'Emerging Scholar Award(떠오르는 학자상)'의 수상자로 선정
되었다.

한국에서 이마고 커플(부부)상담을 신청하려면?

국제공인 이마고부부치료전문가(Certified Imago Therapist: CIT)로부터 커플(부부)상담을 받기 원하시는 경우, 한국가족상담센터로 홈페이지에서 상담을 신청하실 수 있습니다.

[신청 및 문의] 한국가족상담센터

홈페이지: www.familykorea.org   대표전화: 02-2285-5915

'국제공인 이마고커플세미나' 참석 신청 방법

'커플스 워크숍: 당신이 원하는 사랑 만들기(Getting the Love You Want)'는 이혼을 결심한 부부 10쌍 중 9쌍이 이 세미나에 참석한 뒤 부부관계가 극적으로 회복되는, 전 세계적으로 가장 탁월한 효과를 인정받은 국제공인 부부치료 프로그램입니다. 국제적으로 공인된 매뉴얼에 따라 결혼 전 예비커플을 포함한 모든 형태의 커플들의 다양한 부부 갈등, 상처와 이슈들을 정서, 심리, 관계, 문화, 신체, 성 등 다양한 주제별로 다루며 부부관계 회복을 통합적으로 접근합니다.

[신청 및 문의] 한국부부상담연구소

홈페이지: www.couplekorea.org   대표전화: 070-7425-0497

'국제공인 이마고관계치료전문가' 자격 취득 방법

국제공인 이마고부부치료전문가 자격취득과정(Imago Clinical Training: ICT)이 2013년 국제이마고부부치료협회(Imago Relationship International: IRI)와 한국부부상담연구소의 협약을 통해 한국에 개설되었으며, 2021년까지 총 8기 190여명의 국제공인 이마고부부치료전문가(CIT)를 배출하였습니다. 국제이마고부부치료전문가수련연구소(Imago International Training Institute: IITI) 소속 임상지도교수(Clinical Instructor: CI)가 직접 진행하며, 총12일간(96시간) 이마고부부치료의 핵심이론과 임상에서 적용 가능한 핵심기법을 심층적으로 수련합니다.

[신청 및 문의] 한국부부상담연구소

홈페이지: www.couplekorea.org   대표전화: 070-7425-0497

이마고부부치료 전공 석사 · 박사과정(한국어) 안내

데이브레이크대학교의 이마고부부치료(Imago Relationship Therapy: IRT) 전공 석사 · 박사과정은 이마고부부치료의 개발자이며 데이브레이크대학교 챈슬러인 하빌 헨드릭스 박사와 헬렌 라켈리 헌트 박사를 비롯하여, 아시아인 최초로 국제공인 이마고부부치료 임상지도교수 자격을 취득한 이마고부부치료전공 주임교수인 오제은 박사와 IITI 임상지도교수(Clinical Instructor & Faculty)인 마야 콜먼, 웬디 패터슨, 르베카 씨어즈, 존 모르텐슨, 코브스 버 드 메르위 교수가 직접 교육과 임상 수퍼비전 등 프로그램을 지도합니다.

[신청 및 문의] 데이브레이크대학교 부부가족상담대학원 이마고부부치료전공

　　　　　　 석사 · 박사과정(한국어)

홈페이지: www.daybreak.edu　**대표전화:** 02-797-0825(한국), (310) 739-0132(미국)

이마고코리아

이마고코리아는 국제공인 이마고부부치료전문가 자격을 취득한 한국의 이마고 전문가 그룹입니다.

[신청 및 문의] 이마고코리아

홈페이지: www.imagokorea.org　**대표전화:** 070-7425-0497

2022 서울 국제이마고컨퍼런스(2022 Seoul Imago International Conference) 안내

국제이마고컨퍼런스가 2022년 9월 26일부터 10월 4일까지 서울에서 개최됩니다. 〈두 사람 사이의 공간에 초점을 맞추고, 이마고관계치료를 실시하기(Doing Imago Relationship Therapy: In the Space-Between)〉라는 주제로 하빌 헨드릭스 박사와 헬렌 라켈리 헌트 박사 부부를 주 강사로 모시고, 전 세계로부터 약 30명의 IITI 임상지도교수님들이 직접 선택특강 및 어드밴스드 과정을 진행합니다. 모든 과정은 선착순으로 마감되며, 일반인들에게도 공개됩니다.

[신청 및 문의] 2022 서울 국제이마고컨퍼런스

홈페이지: www.2022seoulimago.com　**대표전화:** 070-7425-0497

이메일: imagokorea2022@gmail.com

세계 최고의 커플테라피 이마고
당신이 원하는 사랑 만들기
Getting the Love You Want: A Guide for Couples

2022년   1월 25일 1판 1쇄 인쇄
2022년   1월 30일 1판 1쇄 발행

지은이 • Harville Hendrix, Ph.D. · Helen LaKelly Hunt, Ph.D.
옮긴이 • 오제은 · 김혜진
펴낸이 • 김진환
펴낸곳 • ㈜**학지사**
　　　　　　04031 서울특별시 마포구 양화로 15길 20 마인드월드빌딩
대표전화 • 02-330-5114　　팩스 • 02-324-2345
등록번호 • 제313-2006-000265호

홈페이지 • http://www.hakjisa.co.kr
페이스북 • https://www.facebook.com/hakjisa

ISBN 978-89-997-2549-4 93180

정가 20,000원

출판 · 교육 · 미디어기업 **학지사**

간호보건의학출판 **학지사메디컬** www.hakjisamd.co.kr
심리검사연구소 **인싸이트** www.inpsyt.co.kr
학술논문서비스 **뉴논문** www.newnonmun.com
교육연수원 **카운피아** www.counpia.com